工商管理经典译丛 BUSINESS ADMINISTRATION CLASSICS

STRATEGIC MANAGEMENT

SEVENTH EDITION

战略管理

第7版

[英] 理查德·林奇（Richard Lynch） 著
赵雁海 姚 烨 译

中国人民大学出版社
·北京·

工商管理经典译丛

出版说明

随着中国改革开放的深入发展，中国经济高速增长，为中国企业带来了勃勃生机，也为中国管理人才提供了成长和一显身手的广阔天地。时代呼唤能够在国际市场上搏击的中国企业家，时代呼唤谙熟国际市场规则的职业经理人。中国的工商管理教育事业也迎来了快速发展的良机。中国人民大学出版社正是为了适应这样一种时代的需要，从1997年开始就组织策划“工商管理经典译丛”，这是国内第一套与国际管理教育全面接轨的引进版工商管理类丛书，该套丛书凝聚着100多位管理学专家学者的心血，一经推出，立即受到了国内管理学界和企业界读者们的一致好评和普遍欢迎，并持续畅销数年。全国人民代表大会常务委员会副委员长、国家自然科学基金会管理科学部主任成思危先生，以及全国MBA教育指导委员会的专家们，都对这套丛书给予了很高的评价，认为这套译丛为中国工商管理教育事业做了开创性的工作，为国内管理专业教学首次系统地引进了优秀的范本，并为广大管理专业教师提高教材甄选和编写水平发挥了很大的作用。其中《人力资源管理》(第六版)获第十二届“中国图书奖”;《管理学》(第四版)获全国优秀畅销书奖。

进入21世纪后，随着经济全球化和信息化的发展，国际MBA 教育在课程体系上进行了重大的改革，从20世纪80年代以行为科学为基础，注重营销管理、运营管理、财务管理到战略管理等方面的研究，到开始重视沟通、创业、公共关系和商业伦理等人文类内容，并且增加了基于网络的电子商务、技术管理、业务流程重组和统计学等技术类内容。另外，管理教育的国际化趋势也越来越明显，主要表现在师资的国际化、生源的国际化和教材的国际化方面。近年来，随着我国MBA和工商管理教育事业的快速发展，国内管理类引进版图书的品种越来越多，出版和更新的周期也在明显加快。为此，我们这套“工商管理经典译丛”也适时更新版本，增加新的内容，同时还将陆续推出新的系列和配套参考书，以顺应国际管理教育发展的大趋势。

本译丛选入的书目，都是世界著名的权威出版机构畅销全球的工商管理图书，被世界各国和地区的著名大学商学院和管理学院所普遍选用，是国际工商管理教育界最具影响力的教学用书。本丛书的作者，皆为管理学界享有盛誉的著名教授，他们的这些著作，经过了世界各地数千所大学和管理学院教学实践的检验，被证明是论述精辟、视野开阔、资料丰富、通俗易懂，又具有生动性、启发性和可操作性的经典之作。本译丛的译者，大多是国内各著名大学的优秀中青年学术骨干，他们不仅在长期的教学研究和社会实践中积累了丰富的经验，而且具有较高的翻译水平。

本丛书的引进和运作过程，从市场调研与选题策划、每本书的推荐与论证、对译者翻译水平的考察与甄选、翻译规程与交稿要求的制定、对译者质量的严格把关和控制，到版式、封面和插图的设计等各方面，都坚持高水平和高标准的原则，力图奉献给读者一套译文准确、文字流畅、从内容到形式都保持原著风格的工商管理精品图书。

本丛书参考了国际上通行的MBA和工商管理专业核心课程的设置，充分兼顾了我国管理各专业现行通开课与专业课程设置，以及企业管理培训的要求，故适应面较广，既可用于管理各专业不同层次的教学参考，又可供各类管理人员培训和自学使用。

为了本丛书的出版，我们成立了由中国人民大学、北京大学、中国社会科学院等单位专家学者组成的编辑委员会，德高望重的袁宝华同志、黄达教授和中国人民大学校长纪宝成教授，都给了我们强有力的支持，使本丛书得以在管理学界和企业界产生较大的影响。许多我国留美学者和国内管理学界著名专家教授，参与了原著的推荐、论证和翻译工作，原我社编辑闻洁女士在这套书的总体策划中付出了很多心血。在此，谨向他们致以崇高的敬意并表示衷心的感谢。

愿这套丛书为我国MBA和工商管理教育事业的发展，为中国企业管理水平的不断提升继续做出应有的贡献。

中国人民大学出版社

译者序

“知识就是力量。”在全球化趋势愈加明显和市场竞争愈演愈烈的今天，时间的步履不断加快。全球化的冲突、科技的进步、可持续发展思想的深入等，都要求我们以更加积极和负责任的态度来规划未来。

战略是一个企业或组织在一定时期的全局的、长远的发展方向、目标、任务和政策，以及针对资源配置做出的决策和管理。自20世纪中期以来，战略管理在安索夫、波特、明茨伯格，以及王方华、蓝海林、魏江等一大批国内外知名学者和专家的共同努力下得到了长足的发展。目前，战略管理的基本理论已经深入企业实践，对企业管理的现代化起了非常基础的作用，也成为工商管理类各层级学位和非学位培养项目的核心课程。

本书是目前国外战略管理课程中影响很大的教学用书之一。与国外和国内其他通行的教学用书相比，本书由于其清晰的结构、明确的学习目标、翔实的案例、多元化的材料，非常适合工商管理专业的学术型硕士、MBA和本科生使用。尤其是本书突出了战略管理的计划型和涌现型视角，不仅全面总结了战略管理的理论由来，而且通过思考问题、延伸阅读帮助读者更加深入地学习，也可以为致力于战略管理实践的业界人士提供很多有益的思考和启发。

翻译本身也是一个学习的过程。译者在多年的战略管理研究和教学中曾用过国内外很多的教学用书。本着“信、达、雅”的翻译准则，译者对正文的翻译力求严谨准确，对案例则着力增强译文的通顺程度和故事效果，对关键概念不仅保留了英文原文，还以脚注的形式做了进一步说明，对国内读者不太熟悉的特定术语也进行了解读。

特别感谢中国人民大学出版社的编辑石岩老师，正是她在本书翻译出版过程中的支持和理解，使得译者可以在疫情期间完成战略管理方面的修炼和升华。

本书由兰州大学管理学院赵雁海副教授和兰州财经大学工商管理学院姚烨副教授合作翻译。赵雁海负责翻译第1、第2、第3和第5篇，以及全书的统稿工作。姚烨负责翻译第4和第6篇，以及全书的校对、图表的制作等。

兰州大学管理学院吴建组教授、贾旭东教授、王宇副教授也提供了非常有启发性的建议。兰州大学管理学院工商管理学术型硕士唐娜、林鑫、杨萌等同学在资料整理、图表制作、文字和格式校对方面做了大量的工作。在此要感谢兰州大学管理学院和兰州财经大学工商管理学院的师生对本书翻译工作的支持。

由于时间仓促，本书的翻译难免有错误纰漏之处，敬请广大读者谅解。

前言

战略管理主要聚焦于如何决定和落实组织未来的前进方向，因此本书的每一版都不仅要反映这一主题的基本要素，还要体现组织在不同时间点上所面临的各种新挑战。《战略管理》第 7 版平衡了识别组织未来的基本概念，以及会产生重大影响的新机遇和新挑战。因此，本书在结构化和批判性地介绍战略管理基本要素的框架内探讨了一些新的话题，包括社交媒体的重大变革、绿色战略的基本要素以及全球经济中的机遇和问题等。

不仅要用理性思维的视角来思考战略管理决策，还要研究这些决策的创新思维——这是本书的独特之处。本书认为，两种方式都很重要，都可以帮助学生和职业经理人开发行之有效的战略。这种二元视角和 2007 年《战略管理杂志》(*Strategic Management Journal*) 在战略学者中调研的结果是一致的。[1]

此外，第 7 版有以下新的变化：

1. 新增两章，第 14 章关注绿色战略与可持续发展，第 20 章关注商业模式，这些都是相关领域比较新的学术思想。

2. 对案例材料大幅更新，探索全球各类公司不断变化的经济命运、发展中国家的崛起以及通信和其他各类科技的迅猛变革。

学习目标

本书旨在对战略管理进行全面介绍，结构合理，关注最新前沿，同时包括私有和公共部门。本书为模块化的设计，这样既可以概括主要的内容，又可以为那些希望深入了解的人员提供更详细的参考资料。

具体而言，本书的目标如下：

- 总结和概括战略管理的主要研究领域。比如，本书研究了创新、知识和技术战略。

- 介绍战略管理的现实议题和各种问题，这样可以思考组织所面临的各种困境。各章中的案例研究既展示了主要的原则，也提供了供小组和班级讨论的话题，如目标设定、绿色战略和公司治理等。

- 通过实施有效的战略管理来为组织的资产附加价值。在组织资源有限的情形下寻找最佳实践是常见的话题。

- 探讨战略管理中的理性和创新性思维方式。本书认为，经典的公司战略管理的理性视角需要创新思维。比如，本书深入介绍了创业和学习的过程。

- 对主要理论，尤其是其在组织中的实际应用进行批判性评价。很多主要的概念框架在介绍之后都有批判性的评价。目的是让读者仔细地思考这些问题。

- 介绍战略管理过程的国际化影响。大多数案例都有国际性的维度。还有一章专门讲述国际化和全球战略，探讨这一领域中的特定问题。

- 探讨如何在新领域中应用战略理论。除了原先广受欢迎的领导力、创业战略和公共部门战略外，还有关于绿色战略和商业模式的全新章节。此外，对很多案例也进行了修订，体现了全球经济以及新技术方面的主要变革。

谁应该使用本书

本书旨在向本领域的各类学生介绍战略管理。

- 本科生。学习商科以及其他课程的本科生会从本书结构化的介绍中全面了解学科，可以找到贯穿主题的路径。不需要掌握基础知识。

- MBA 学生。他们会从实践性的讨论和理论背景中收获良多，可以将自己的实践经验与这些内容结合起来。

- 研究生。其他专业型硕士将发现全面的理论总结以及相应的评论和背景资料将提供有益的输入。

此外，本书也适用于那些要进行战略管理的中高层管理者。案例研究、结构化的方法以及本书的全面性将为实践应用提供有益的参考。

本书特色

双模型的框架

多年来，关于研究战略管理的视角一直没有达成共识。理性模型——战略选项、战略选择和战略实施——遭到那些更倾向于创新的战略管理人士的批评。因为两种视角并没有达成共识，本书从头至尾都使用了两种模型。两种模型都对制定有效的战略有贡献：它们其实是一个硬币的两面。调研显示，领域内的主要学者已接受了这种二元的视角。

两个新的章节：绿色战略和商业模式

尽管第 6 版首次将绿色战略写入本书，但只是作为相关章节的一部分做了介绍。因为当时在主要的战略研究期刊中对此问题的涉及非常有限。而现在已经有足够的深度研究，可以将其单独写成一章。此外，很多公司已经将绿色战略作为自己战略的重要组成部分。

此外，公司和商业期刊都在使用“商业模式”，并且越来越频繁。这方面有不少新的学术思想，应该进行更广泛的研究。因此，本版第一次在书中专门设了一章。

聚焦的案例材料和书末的综合性长案例

本书有 13 个案例研究和 4 个综合性长案例。编写案例的目的是探讨与所在章节相关的战略问题。这些案例是专门为很多院校流行的大班上课和小组讨论设计的。第 7 版对一部分案例研究进行了更新，有些案例研究是全新的。书末的 4 个综合性长案例大部分是新的。

关键战略原则

为了帮助学习和理解，关键战略原则对主要的知识点进行了总结。

国际性的选题

本书对国际战略管理中的各种问题进行了介绍，相关的案例和实例包括欧洲和美国的知名公司。本书案例也涉及中国、印度、俄罗斯、非洲及地中海东部的国家。此外，还有一章专门探讨国际扩张和全球化战略。

公共部门和非营利组织战略

因为之前的版本中关于公共部门战略的章节广受欢迎，第 7 版保留了这一章。过去，战略管理的原则几乎一直是从商业公司的角度来研究的。比如，竞争优势、以顾客为导向的战略和公司治理。公共部门的理论则有完全不同的知识基础，比如，公共利益的概念、国家的法律框架以及公共行政的作用等。该章将二者结合到一起。对于攻读相关研究生和本科生学位者而言，该章尤其有价值。

创业战略

自第 1 版起，本书就一直非常重视战略中的创新创业活动。越来越多的研究强调创业战略，因此本版添加了这个非常重要的章节，特别强调了有效创业战略中的个人方面。

批判性反思和推荐的延伸阅读材料

每章最后都有对本章关键话题的一个短小的批判性反思。此外，每章中推荐了深入学习的延伸阅读书目。其目的是让学生对章节中的话题进行讨论，而且可以将此作为项目、作业和论文的主题。

目录
CONTENTS

CONTENTS

第 3 篇 战略制定 171

CONTENTS

第 1 篇

导 论

关键战略管理问题

第 1 章　战略管理概述

- 战略管理是什么，它为什么如此重要?
- 战略管理的核心领域是什么，这些领域之间有何联系?
- 区别战略管理的过程、内容和情境。
- 概述战略管理的两种主要视角。
- 区别计划型战略模型和涌现型战略模型。

第 2 章　理论和实践回顾

- 战略管理当前的理念是如何演化发展而来的?
- 战略管理的主要方法有哪些?
- 战略的主要计划型和涌现型视角是什么?
- 战略管理的理论和公司实践之间有何联系?

1 战略管理概述

学习目标

学习完本章后，你将能够：

- 定义战略管理，并解释构成战略决策的五种特殊要素。
- 解释战略管理的核心领域以及这些领域之间的联系。
- 区别战略管理的过程、内容和情境。
- 概述战略管理的两种主要视角。
- 区别计划型战略模型和涌现型战略模型。

引言

战略管理总是令人兴奋且具有挑战性。战略管理要对组织发展的未来方向做出基本的决策：组织的宗旨、组织的资源以及组织如何与其所处的外部环境相互作用。

组织的每个方面都在战略中发挥着相应的作用——无论是人员、财务、生产方式，还是环境（包括组织的客户）。在导论中，我们将介绍如果组织要持续有效地运转，如何将这些不同的领域结构化并进行管理。

战略管理是复杂的，因为研究人员对主题与其构成要素之间的关系还存在不少争议。本章介绍两种主要的路径：计划型过程和涌现型过程，为此专门构建了两种模型来进行探讨。

在研究战略管理的过程中，首先得仔细探究战略管理为什么如此重要，以及战略管理到底包含哪些内容。接着应当明确战略管理的过程、内容和情境之间的区别。最后，要区别两种主要的战略路径（见图 1－1）。

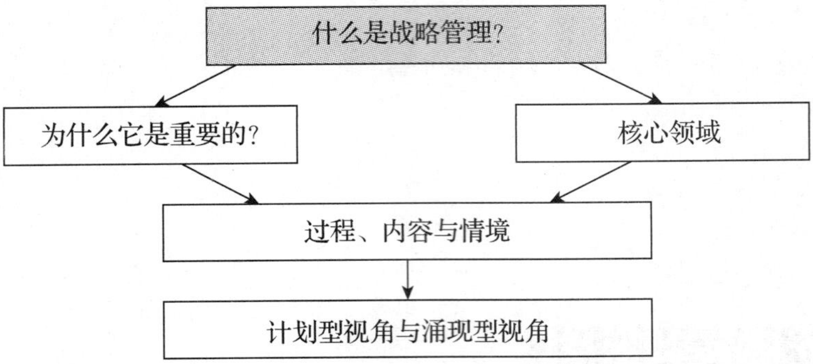

图 1-1 分析战略管理

1.1 战略管理是什么

战略管理的精髓——计划型视角

战略管理（strategic management）可以被描述为组织确定其宗旨以及为实现宗旨所制定的计划和采取的行动。[1]要注意的是，这并不是战略管理的唯一定义。稍后会讨论另一种视角。在此定义中，很明显有这样的含义，即战略可以通过计划来实现，然后随着时间的推移逐步实施：这就像是一个医生开出了治疗某种疾病的处方，计划型①战略由此得名。

就拿众所周知的网络搜索公司谷歌来说，其早先的宗旨是为所有者、朋友和直接雇员创造工作机会。当公司逐渐发展壮大，可以寻找新的顾客和扩大产品范围时，其宗旨就发生了变化。后来的宗旨变得更为宽泛，包含给予比原始创始人范围更大的独立持股人红利，以及为更广泛的客户群提供服务。一直以来，公司的创始人不断通过有计划地拓展其业务来创造新的商业机会，包括国际业务以及谷歌可以提供的其他各种服务。

在这个定义中，战略包含两个重要的部分：公司层战略和业务层战略。图 1-2 展示了战略管理中两个最重要的内容。早期的战略学家安索夫（Ansoff）[2]和德鲁克（Drucket）[3]的论述中都包含战略的这两个层面：基于组织所拥有的资源来确定其未来行动的方向。

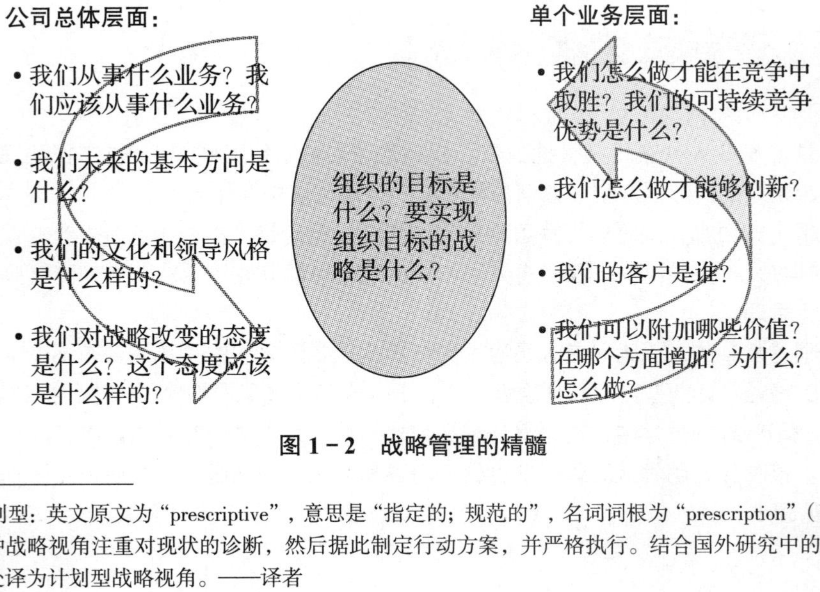

图 1-2 战略管理的精髓

① 计划型：英文原文为“prescriptive”，意思是“指定的；规范的”，名词词根为“prescription”（药方、计划）。作者强调这种战略视角注重对现状的诊断，然后据此制定行动方案，并严格执行。结合国外研究中的相关论述和惯常做法，此处译为计划型战略视角。——译者

- 在公司总体或者总部的层面，基本的决策是要决定公司目前和未来应该进入的业务领域。组织的文化和领导风格在总体层面上也很重要。[4] 比如说，谷歌在欧洲建立了新的总部以便配合其在美洲的业务，国际化的基本战略决策是由组织的总部制定的。谷歌希望将公司的精神带到欧洲总部，为此，公司将新的总部设在了瑞士的苏黎世，不仅以时髦鲜亮的颜色和豆袋沙发布置办公环境，还开始招聘可以融入谷歌独特文化的具有创新精神的团队成员。如下对战略管理的定义指的就是公司层战略：

> 战略管理就是主要目标、目的或者宗旨以及基本政策的模式，或实现这些目标的计划，对宗旨的陈述应该能够定义公司目前或未来的业务领域，并规定公司现在或者未来的性质。[5]

- 在业务层面，战略管理主要关注争取顾客，利用资源创造价值并坚持创建可持续的竞争优势，从而在所有竞争对手中脱颖而出。例如，21 世纪早期，谷歌就曾在新的互联网业务中大量投资，其中包括谷歌的地图系统。如下对战略管理的定义指的是业务层战略：

> 公司的战略就是其内部能力和外部关系的匹配。它描述公司如何应对供应商、客户、竞争对手以及其所处的社会经济环境。[6]

然而，正如前面指出的，对于战略并没有放之四海而皆准的定义。[7] 比如，坎贝尔（Campbell）[8] 等战略学家专注于公司层面的战略。相比之下，更多的研究者如波特（Porter）[9] 更关注业务层面。本书将对两个层面展开研究。

战略管理的另一种视角——涌现型视角

有一部分战略学家并不赞同前述视角。[10] 有些学者，比如奎因（Quinn）就强调了未来的不确定性，而且指出如果一开始就确定某个宗旨和战略，据此制定完整的战略方案很有可能是徒劳。[11]

他们认为战略管理从根本上讲是创业型的和动态变化的，其中不可或缺的要素就是风险。战略管理可以被描绘成随着时间的推移对市场机会的发掘，以及对各种竞争优势的尝试和构建。战略管理的预期目的在实践中并不一定能实现。这样的定义和之前的定义显然截然不同。比如，在将服务投入市场后，谷歌就曾在两个不同的场合改变了其售卖网络广告空间的方式——根据市场经验调整了自己的战略。这说明，随着时间的推移，战略会随着组织内部和外部情形的变化而逐渐演进，涌现型①战略由此得名。

战略管理是什么？现代共识视角

由于前述两种视角对战略管理本质的定义有着根本差异，因此有必要探究对于该话题现在是否已经达成了初步的共识。三位战略学家在 2002—2005 年对此进行了研究。他们总结了 1984—2003 年战略学者和研究者的观点。[12] 在结论中，他们指出，主要的战略研究者和学者对战略管理的定义已经达成如下共识："战略管理是指总经理以所有者的名义所采取的各种有目的和涌现型的积极行动，包括为了提升公司在外部环境中的绩效而对资源的使用。"[13] 从本质上看，这一定义实际上是对前述两个定义的综合，因为该定义包含有目的（本书称为计划型）以及涌现型的视角。本书采用的就是这种达成共识的定义。

同样，这个定义也得到商界领袖的认可。他们认为，传统的战略要素如竞争优势、成本

---

① 涌现型：英文原文为"emergent"，意思是"新兴的，处于发展时期的"。作者在书中多次强调这种战略视角浮现、涌现的特点，即战略由于外界环境的复杂性和不确定性等因素，无法进行计划和安排，因此要随遇而安，在灵活把握和适应外部市场的过程中自发形成战略。结合国外文献相关论述，并和前面的计划型视角对应，本书译为涌现型视角。——译者

控制、质量监控和技术创新等，虽然对公司的成功非常重要，但不能只凭借这些要素获得成功。比如，跨国公司宝洁的首席执行官雷富礼（A. J. Laffley）解释说："游戏的名字叫创新。但要将创新转变成为战略和流程并非易事。"[14]

在这个框架内，计划型和涌现型战略视角的差异可以忽略不计。因此，本书会同时探究计划型和涌现型的流程以及它们对战略管理的影响。当然，本书会更关注前者，因为前者在理论研究中受到的关注更多。

1.2 战略所涵盖的主要话题

当我们更加深入地研究业务层面的行动而且聚焦现在的定义时，每个组织必须在如下三个领域中管理好自己的战略：

1. 组织的内部资源。
2. 组织所处的外部环境。
3. 组织为其工作增加价值的能力。

战略管理可以被看作在组织内部资源和外部关系（涉及客户、供应商、竞争对手等）管理以及其所处的经济和社会环境之间构建联系的过程。[15] 组织通过自己的能力和资源来构建这些联系。这样，组织可以利用其历史、技能、资源、知识和各种理念来确定未来的行动方向。图 1-3 展示了此过程的一些实例。

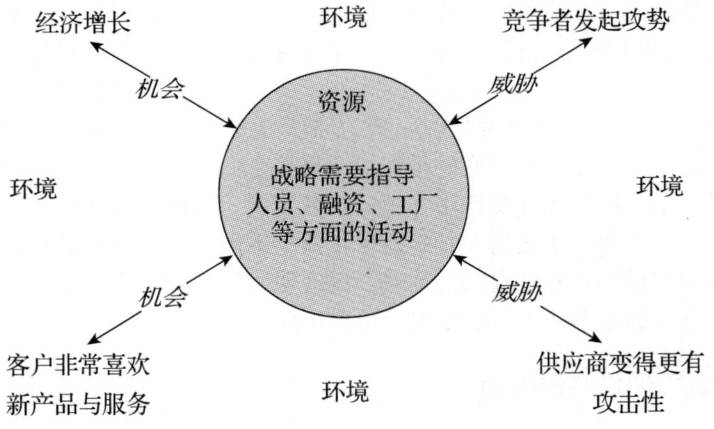

图 1-3 战略管理将组织的资源与其环境联系起来的例子

对一些大型组织而言，这些层面的战略会在公司总部发生，被称为公司层战略管理，涵盖了诸如提高融资能力与管理子公司，这些内容将在第 9 章进行讨论。

资源战略

某个组织的资源和能力既包括人力资源技能，也包括每个部分中的投资和资本。组织要制定战略来优化这些资源的配置。尤其重要的是，要建立可持续的竞争优势，这样才能让组织在竞争中生存下来并不断发展壮大。比如，谷歌的优势就在于拥有独特的秘密算法以处理大量的计算数据，以及它所建立的让顾客满意的网络。而且它对自己的产品品牌以及使用谷歌做广告宣传的客户网络都进行了大量投资。这些都是其资源和能力的组成部分。

环境战略

在此背景下，环境包含组织之外的所有要素：既有全球不断变化的经济和政治环境，也有攻击性更强或更弱的竞争对手、客户和供应商群体。在这个层面，客户和竞争对手更为重要。在战略中，“环境”并不只包含“绿色和保护地球”这样的问题，虽然这些问题也非常重要，是环境概念的重要内涵。

因此，组织要针对自己的优势和劣势，制定与其所处的环境最匹配的战略。比如，谷歌在向市场投放第一个信息搜索引擎的时候就面临竞争非常激烈的环境，要同雅虎和 Ask Jeeves 这样的美国公司竞争。此外，该公司还不得不应对世界不同市场中的经济发展水平问题，这些都会影响客户寻找新产品和服务的决策。

有些战略学家，比如大前研一（Ohmae）[16] 认为，只有面临竞争对手时组织才真正需要战略。没有竞争的威胁，也就不需要战略。这是对战略及其环境的一种狭隘的观点，因为即便在没有竞争对手的垄断条件下，也需要战略来捍卫自己的地位。当全球各国要将原先国家垄断的业务进行私有化时，也需要战略管理。同样，慈善基金会也需要相互竞争来获得捐助者的资金以及志愿者的支持来维系组织的运转。在这样的情境中，战略管理也有一定的意义。

其他的战略学家，比如明茨伯格（Mintzberg）[17] 则认为，环境是如此不确定，在全球层面更是如此，几乎不可能规划长期的战略。战略可能需要拟定，也就是说通过试验在学习过程中逐渐涌现。比如，案例研究 1.1 表明，脸书在其发展的前几年就不断通过增加或调整新服务来调整自己的社交网络战略。更为常见的情形是，组织可能希望通过更有效的运营来增加价值，但快速变化的环境几乎不给管理人员任何机会事先规划。这些专家认为，不可预计的环境使得制定战略更加困难，战略不再只是对未来的简单预测，还应当能够应对诸多不确定性。

附加价值

当然除了环境变化和资源管理的要求之外，还要进一步探究战略管理的宗旨。从本质上讲，组织需要给投入的供给物附加价值。为了确保长期生存，组织必须获得供给物，通过运营使其增加价值，然后将供给物的产出输送给顾客。

比如，谷歌在采购了各类供给物，如软件、能源、技能和电脑设备后，会利用其资源和能力生产出产品——脸书的页面内容——而这些页面的价值要高于用来产出页面的所有供给物的价值之和。脸书给供给物附加了价值，然后将服务提供给了顾客。

战略管理的宗旨就在于创造条件来实现这些关键的附加价值。战略管理必须保证组织能够适应环境的变化，这样组织才能在未来继续增加价值。增值价值和强化价值的方式对于战略管理至关重要。

战略管理既是一门艺术，也是一门科学。没有一种战略可以适用于所有的管理实例。尽管大多数组织都会持续提升自己的能力，但仍然会受到以往的经历和文化的影响，也会受制于其背景、资源和环境状况（这就和我们自己的生活经历一样）。总而言之，战略管理并非没有逻辑，也不是没有科学的方法以及佐证可用。在战略管理流程的最后，当然也有商业判断的余地。

战略决策的关键要素

战略决策中有五种关键要素，与组织是否能够附加价值，以及在市场中通过竞争获得客户是紧密相关的。为了解释这些要素，我们以竞争非常激烈的电脑游戏机市场为例。2010 年，该市场的全球价值大约为 350 亿美元。

1. 现有客户和新客户。客户对于战略管理非常重要，因为是客户而不是竞争对手来做出购买决策。这似乎是非常清楚的事实，然而战略管理的很多文献却更多地关注竞争对手，而不是客户。即便是在公共和非营利领域，客户也是非常重要的。比如，如果微软不能实现足够销量的话，它让新的 Xbox 游戏机上市没有任何意义。事实上，从 2001 年问世到 2011 年为止，微软一共售出了 5 000 万套游戏机。

2. 战略实施过程。至少在一定程度上，战略要解决组织如何发展或者帮助组织朝着既定的目标发展的问题。比如 2001 年秋季，微软在美国市场上投放了 Xbox 产品，2002 年春季在日本市场投放，过了一个月才在欧洲市场上市。2006 年，微软向市场投放了第二代产品 Xbox 360，2010 年 Kinect 体感游戏机上市。值得注意的是，微软在游戏机市场采取的竞争战略是在 20 世纪 90 年代制定的，随后所有的投资都是为了实现这个目标。

3. 构建可持续的竞争优势。为了保证组织的长久生存，战略必须是可持续的。如果游戏机市场只能维持半年的时间，那么微软向市场投放新的 Xbox 游戏机毫无意义。直到 2007 年，微软还持续投资几千万美元来开发此类产品，这些投资需要一些时间才能收回。[18] 除了要具有可持续性，战略只有能产生比现在或潜在的竞争对手更强的竞争优势时，才算真正有效。比起主要竞争对手索尼和任天堂（Nintendo），微软进入全球电脑游戏机市场的时间算是很晚了。因此，微软的新游戏机需要特别的竞争优势，才能说服竞争对手的顾客转向自己的产品。刚开始的时候，微软说自己的产品有最好的图像，有在线网游。之后，微软宣称自己比竞争对手有更好的游戏和更强的计算能力。微软主要的竞争对手——索尼的 PlayStation——只好在 2005 年上市全新的核心芯片，这样才能与之匹敌。构建竞争优势的途径之一就是创新，这也是本书贯穿始终的话题。有些读者可能知道，由于芯片和相关技术出了问题，索尼的 PlayStation 3 不仅推迟上市，还不得不玩追赶微软的游戏。这是和创新技术有关的风险。

4. 利用组织与其所处环境的联系——这样的联系不容易被复制，往往会帮助公司获得超凡的绩效结果。因此，战略必须充分利用组织与其环境的种种联系，包括供应商、顾客、竞争对手以及政府。这样的联系可以是契约性的和正式的，也可以是模糊的和非正式的——并不是说没有法律效力，这样的联系就不重要。以游戏机为例，微软就确保了游戏机和其他主要电脑软件产品——Explorer 和 Windows XP/Vista/7/8——之间的兼容性和联系，这样做并不是因为这样的联系一定会带来利润。

5. 愿景和目标——能显著推动组织朝着超越当前的方向前进。这很有可能需要使用创新战略。在竞争非常激烈的游戏机市场中，对未来有愿景且目标明确显然至关重要。这有可能需要考虑环境，但主要是为了组织：对未来五年游戏机市场前景的判断不仅会挑战在此期间的战略，还会指导相关的战略决策。对微软而言，对 Xbox 的愿景将使它从目前的 Office 文档和展示系列产品转到新的、主打游戏机的家庭娱乐产品，这样就会获得新的收入来源。2010 年推出 Kinect 体感游戏机时，微软在解决公司面临的战略问题时就采取了创新型的解决方案。随着时间的推移，公司的愿景会转化成为具体的目标。2006 年推出变革性的 Wii 游戏机时，任天堂也有了新的使命和目标。

战略管理的结果就是要为组织创造长期的附加价值。虽然直到 2006 年微软在 Xbox 上还没有显著的盈利，但是到 2014 年情况就完全不同了。

总而言之，战略管理是指总经理以所有者和其他利益相关者的名义所采取的各种计划型和涌现型行动，从而可以利用各种资源来提升组织在外部环境中的绩效，以及为组织创造附加价值。

关键战略原则

- 战略管理是总经理以所有者和其他利益相关者的名义所采取的各种计划型和涌现型行动，从而可以利用各种资源来提升组织在其外部环境中的绩效，以及为组织创造附加价值。
- 组织中的战略管理可以从两个层面来思考：公司层面和业务层面。
- 在公司层面，战略管理是主要目标、目的或者宗旨以及基本政策的模式，或实现这些目标的计划。战略管理也包含对公司目前或未来的业务领域的思考。
- 在业务层面，战略管理主要关注公司内部能力和外部关系的匹配，包括供应商、客户、竞争对手以及组织之外的其他主体等。
- 当代学者对战略的共识增加了另一个维度：在已有的战略管理过程中，区分了计划型过程和涌现型过程。
- 要基于组织资源与其环境的联系来制定战略，主要目的是增加附加价值。随后附加价值会分配给所有利益相关者。
- 战略决策有五种关键要素。这些要素主要用来增加价值和打造超越对手的竞争优势：现有客户和新客户；战略实施过程；构建可持续的竞争优势；利用组织与其所处环境的联系；愿景和目标。其中一些要素很可能蕴含着解决战略问题的创新方式。

1.3 战略管理的核心领域

战略管理的三个核心领域分别是战略分析、战略制定和战略实施。

1. 战略分析。战略分析就是要对组织的使命和目标进行检视和分析。战略管理可以为组织的相关人群即利益相关者提供价值，但往往是高管们用最为宽泛的方式来确定组织的总体目标。他们会审视公司的目标以及组织和外界环境的关系，他们还会分析组织所拥有的资源。这些将会在第 3 ～ 7 章中详细说明。

2. 战略制定。这时候要开发战略选项[①]，然后进行遴选。组织要获得成功，应该基于组织的特殊技能及其与外界的特殊关系来制定战略，这些外部关系包括供应商、顾客、分销商和政府。对很多组织而言，这就意味着要建立相对于竞争对手来说长期可持续的竞争优势。当然，战略选项很多，而公司只能选择其中一种或几种。相关内容会在第 8 ～ 12 章中详细介绍。

3. 战略实施。这时候应该实施选好的战略方案。困难会接踵而至，包括实施的动机、权力关系、与政府的协商、并购的选择以及其他很多事项。如果战略无法实施，战略方案写得再好也没有价值。相关内容会在第 13 ～ 15 章详细介绍，还有一章专门讨论另外一个重要话题，那就是绿色战略。

要让战略管理真正可行和发挥作用，这三个领域都得仔细研究。但要注意，不能认为这三个关键领域之间只能是顺序关系。当然不可能凭空来实施战略，很多组织在实施战略之前可能已经和供应商及客户建立了非常牢固的关系，有些公司则还没有。即便是规模小、创立时间短的公司也想试试运气，和别人讨价还价。这就意味着三个关键领域中的各类活动很可能是同时进行的，也就是说实施某些想法的同时还要分析和发展其他新的想法。

表 1－1 列举了战略管理三个领域中的关键术语的定义，其中有一些大家应该很熟悉。为方便区别这些关键术语，表中还列举了个人职业发展实例。当然，表 1－1 中的例子也突出了战略管理三个核心领域中的两个重要基础条件：

1. 判断力和价值观的影响。
2. 关键预测中的高度投机性。

---

① 选项：英文原文为“option”，意思是“可选择的事物；选项”。作者使用该词表明基于组织的资源和能力及其与外部环境的关系打造竞争优势，需要开发不止一种战略选项，并从中进行选择。鉴于该词与战略实施过程中的计划（plan）和方案（program）存在差别，此处译为选项，强调其在战略制定过程中的选择作用。——译者

表 1-1 战略管理三个领域中的关键术语的定义[19]

	定义	个人职业发展实例
使命陈述	根据利益相关者的价值观和期待定义组织所从事的业务领域	成为欧洲知名的实业家
目标（或宗旨）	具体说明要实现的内容以及完成的时间，通常是量化的（注意：并没有明确说明实现结果的方式）	42 岁之前成为一个重要公司的董事
战略	将组织目标或政策以及行动顺序整合为完整的模式或方案，通常要说明实现目标的主要原则，组织为什么会选择特定的路径	1. 获得欧洲名校的 MBA 学位 2. 以进入知名的咨询公司作为进入公司总部的基石 3. 35 岁之前在自己选择的公司中成为业务主管
计划（或方案）	基于战略的特定行动方案，详细说明实现目标的分步骤行动方案	1. 今年以一流成绩获得学位 2. 在商业银行工作两年获得商业经验 3. 从今年 12 月起确定 3 个顶尖商学院备考 4. 下一年 1 月开始申请学校
控制	监控行动方案的实施效果并及时调整，实施过程中也有可能对战略进行调整	结婚和生育可能意味着在上面的前两年中要做出一些妥协，将计划向后调整三年
回报	成功战略的结果，为组织或个人增加价值	高工资和工作满意度

判断力和价值观在实现使命和目标中的重要性说明战略管理并不是精准的科学。当然，在很多战略决策中都有风险。正如表 1-1 中列举的个人职业发展实例所示，当事人要实现自己的宏图，就应该对生命中重要的东西有着非常清晰的认识。而且，选择的职业生涯肯定有无法实现的风险。第 6 章中会进一步介绍价值判断的作用，风险的影响也会在第 10 章详细说明。

此外，在对组织的未来进行预测的时候，战略管理很有可能会高度投机，做出很多重要的假设性研判。例如，表 1-1 中职业生涯后期的发展会遇到不少困难，比如婚姻、家庭和健康方面的问题，有很多目标可能无法实现。考虑到这些风险和不确定性，例子只不过是对一系列理想化想法的呈现。同样，战略管理也可能有那么一种虚假的或是不切实际的战略方向感。

有些战略管理的专著和文章并不认为存在这样的问题，这会暗示大家战略管理对于未来是确定的，但现实中并不是这样。[20] 有些公司也有同样的想法，认为战略在一定期限内可以固化。[21] 这并不是说我们不应该去探究未来的发展方向，只不过我们应该更加清楚这些方向所代表的意义以及所蕴含的风险。

关键战略原则

- 战略管理的三个核心领域是：战略分析、战略制定和战略实施。
- 三个核心领域都需要两个基础条件。判断力和价值观对目标和选择有着非常重要的影响。有些因素有很高的不确定性，且涉及不少的假设和风险。
- 三个核心领域中有很多相互交错的活动，为清晰起见进行了区分，但在现实中很多活动往往可以同时开展。

1.4 情境、内容和过程

研究[22] 表明，大多数情况下，战略管理不仅仅是战略决策和实施。通常要花不少时间来做决策，还要花不少时间才能见效。有两个原因：第一，首先是人员，比如经理、员工、供应商和顾客等。这些人都可能对相应的战略做出自己的判断，也会对初始的决策和随后实施的行为产生影响。第二，当战略实施的时候，环境也有可能发生剧烈的变化。这就使得初选的战略毫无意义，要重新开启战略制定过程。由于这些原因，在制定战略的时候应清晰地分辨过程、内容和情境。每个战略决策都包含这三个要素，不仅要分别考虑，还得统筹思考。

每个战略决策都包含：

1. 情境（context）——运作和开发战略的环境。第 11 章会进一步介绍。

2. 内容（content）——相应战略中的主要行动，第 10 章中会进一步探究。

3. 过程（process）——在充满不确定性的环境中实施战略时，各种行动相互关联或者相互作用的过程。第 5、第 10 和第 11 章中会详细介绍。

这三个要素是战略决策三维立方体的轴心（参见图 1－4）。其中的区别将在第 5、第 10 和 11 章中详细介绍。

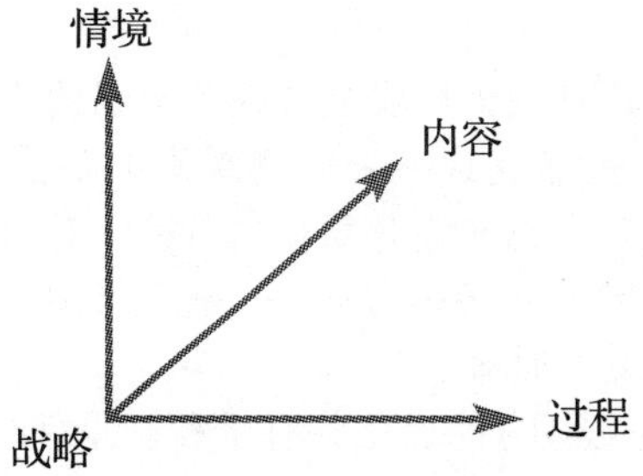

图 1－4　战略决策的三要素

资料来源：Adapted from Pettigrew, A and Whipp R (1991). *Managing Change for Competitive Success*, Blackwell Publishing Ltd, p. 26. Reproduced with permission.

在大部分战略管理中，情境和内容基本上是清晰的，往往是战略制定和执行的方式——过程——会产生很多问题。过程关系到人员和快速变化的环境，因此往往是模糊的，也有可能不切实际。

在战略实施的时候，问题往往会更加复杂，因为过程会影响最初的战略决策。

本书的很多地方，过程、内容和情境的区别会帮助我们理清一些关系。对过程的关注可能会多一点，因为过程是战略管理中的难点。

关键战略原则

- 在战略管理中，应当区分三个关键要素：情境、内容和过程。
- 在大部分战略管理中，情境和内容基本上是清晰的；容易出问题的是过程，因为过程会影响组织中的人员开发和实施战略的方式。
- 过程是在变化的环境中实施战略时各种行动相互关联或者相互作用的方式。过程通常是战略制定中最难的部分。

1.5　过程：三个核心领域的联系

关于过程的两种不同视角

到目前为止，我们所介绍的战略管理可以看作一个统一的、相互关联的话题。重要的是要解释和探究学者们在探讨战略这个话题时存在的根本分歧。由于话题的广泛性和复杂性，对于战略管理的内容、过程和本质有诸多不同观点。目前，总体上有两种战略管理的视角。

1. 计划型视角。有些学者认为战略管理从根本上讲是线性的和逻辑的过程，其起点是我们现在的位置，针对未来规划新的战略（Jauch and Glueck[23]，Argenti[24]）。计划型战略要事先确定目标，其关键要素在战略实施前就要明确。

2. 涌现型视角。其他学者则认为战略是发展性的，是在适应人们需求的过程中自发形成和涌现出来的，会随着时间的推移而持续变化。战略是演变性的、渐进的和持续性的，很难制定出一个可以实施的计划，或者制定计划也没有太大意义（Mintzberg[25]，Cyert and March[26]）。涌现型战略的最终目标是不确定的，其关键要素在战略实施的过程中会逐步确定。持这种观点的理论家认为长期战略的价值非常有限。

在第2章中，我们会仔细研究它们之间的区别。实际上，即便在那些认为战略过程是理性的和线性的专家中也存在不同的观点。明茨伯格[27]指出了产生这些差异的根本原因：

> 通常大家把战略家看成计划大师或者有远见卓识的人，坐在神坛上发号施令、让大家来执行精妙战略的人。虽然我认可未雨绸缪的重要性，也非常清楚在学究充斥的世界中确实需要创新型的视野，但我还是要提出另外一种看待战略家的视角——模式识别者，如果你愿意的话，也可以称为学习者——他们管理的是战略（或者愿景）自己涌现的过程，也可以是精心策划的过程。

值得注意的是，明茨伯格觉得两种观点各有千秋。(两种观点都是有贡献的，而且互相并不排斥。在很多方面，它们就像是人类的大脑，既拥有逻辑性的左半脑，也拥有感性的右半脑。大脑要正常运转，两个半脑缺一不可。[28]) 可以说战略管理的情形也是一样的。所以本书同时参考了计划型和涌现型两种观点的文献。当然，这两种观点也只是对战略管理各个理论派系比较粗略的分类，具体内容在第2章中详细介绍。

对于三个核心领域的影响

1. 计划型视角认为战略管理的三个核心领域——战略分析、战略制定和战略实施——是按照顺序衔接的。这样可以进行战略分析来制定战略，然后再实施。可以在事前像制定计划一样制定战略（见图1-5（a））。

2. 涌现型视角认为三个核心领域在本质上是相互交织的。当然，通常来讲战略分析领域与另外两个领域不同，而且往往在另外两个要素之前发生。由于战略是由包含尝试和失误的试验过程发展而来的，因此无法明确区分战略制定和战略实施：战略制定和实施是紧密联系的，其中一个回应的是另外一个过程的结果。这类关系参见图1-5（b）。

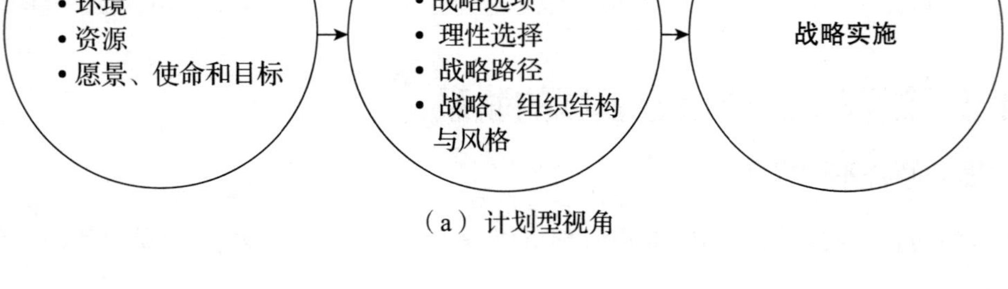

（a）计划型视角

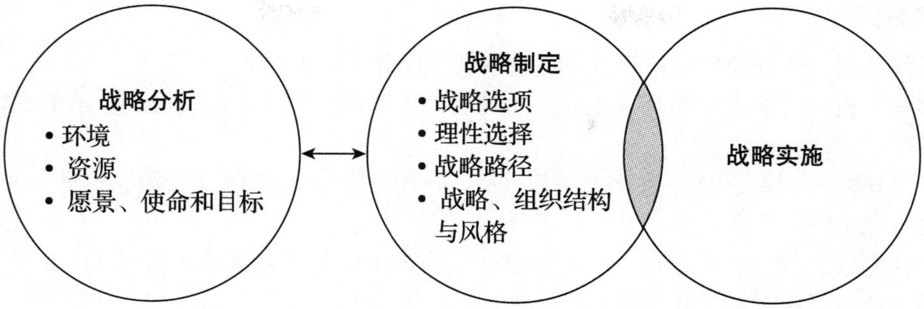

（b）涌现型视角

图 1－5　涉及三个核心要素的计划型和涌现型视角

战略管理模型的开发

基于这两种视角，可以建立很多模型来理解战略管理的运作模式。本书会对模型进行解释。图 1－6 展示了两种不同的模型，每种模型的具体组成成分将在后面的章节中详细说明。

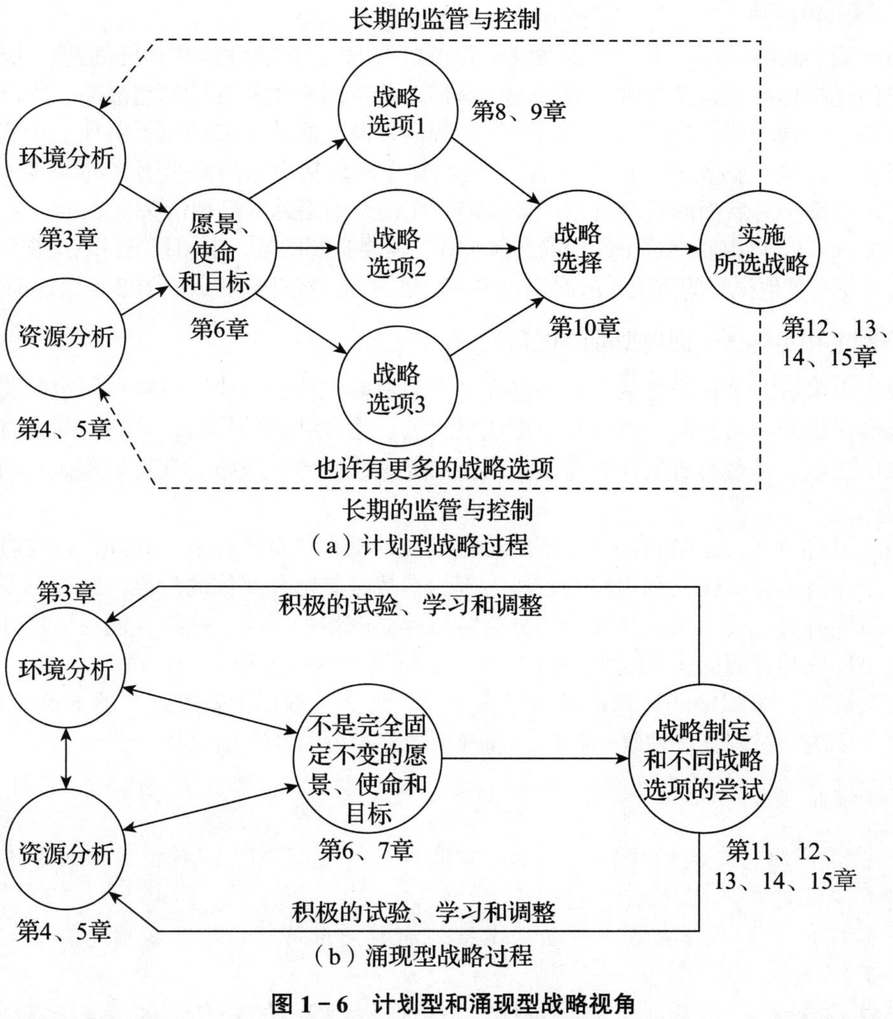

图 1－6　计划型和涌现型战略视角

注：这两种模型展示了战略过程的两种极端情况，对现实中的情况过于简化，现实往往更加复杂，也更具互动性。但它们对于强调和思考战略过程的不同侧面很有价值。

战略分析

不管是计划型还是涌现型视角，分析阶段都可以分成两个部分：

1. 环境分析——检查组织外部正在发生和将会发生的一切（比如经济和政治的变化、竞争态势等）。

2. 资源分析——探究组织内部各种可以利用的技能和资源（比如人力资源、厂房、财务等）。

接着考虑第三个要素：

3. 确立愿景、使命和目标——制定和更新战略方向以及更为具体的目标（比如利润或资本回报最大化，某些时候是社会服务最大化）。

有些战略家将第三个要素置于其他两个要素之前。[29] 他们认为任何组织都是先设定目标，再去分析如何实现这些目标。尽管如此，本书认为，目标应该视环境和组织竞争资源的具体情况来设定。比如说，一个草帽生产商应该考虑市场对其产品的有限需求，以及获得优异竞争资源的微小可能性以后再设定自己的目标。

这样看来，无论是计划型还是涌现型的观点都认可愿景、使命和目标的作用，但两种过程截然不同。

战略制定和实施

按照计划型战略视角，下一个步骤就是要正式考虑实现既定目标的可行选项。随后，要根据确定的选择标准来遴选各种战略选项，这样才能按图索骥实现计划型战略。大部分情况下，在实施这一选项前，要考虑相应的组织、控制以及与实践相关的重要事项。比如，战略中的“资源”应该包括新的工厂和产品，“环境”应该包括由新战略吸引来的顾客。无论是资源还是环境都会对后面的战略决策产生影响，在模型中用外部反馈箭头来表示。

从图 1－6（a）可以看到这个过程的具体步骤。需要强调的是，本图只是计划型视角的一种表现方式，还有其他很多的方法，战略家也没有就确定的路径达成一致。第 2 章会详细介绍。

战略制定和实施——涌现型战略视角

从根本上来看，这种观点认为战略选择和实施更具试验的性质。战略在制定时要通过尝试、试验和讨论来积累经验。这样难以形成最终的、达成共识的战略，战略实际上就是一系列试验性的想法，是参与者集体思考的结果，需要继续完善。战略会在打磨和试验的过程中逐渐涌现。

在涌现型视角下，战略制定和实施的过程其实并没有清晰的界限。此外，也没有必要单独确定一个涉及领导、文化和组织的阶段，因为在战略制定和实施的阶段，这些都要一一明确。尤为重要的是，接下来要和先前的分析阶段建立密切的联系，这样才能在适应性学习策略中反映出环境和资源的快速变化。图 1－6（b）描述了这一过程。

就定义而言，组织中的过程不可能千篇一律，每个过程都千差万别。图 1－6（b）显示了这种视角下决策过程循环往复的特性。涌现型的路径可以各不相同。

关键战略原则

- 战略管理有两种主要的视角：计划型视角和涌现型视角。两种视角互为补充，而且都和战略过程息息相关。
- 计划型视角认为三种战略要素顺序衔接。涌现型视角则认为三种要素在本质上是相互交织的。
- 依照这两种视角可以建立不同的战略管理过程模型。但应该注意，每种模型其实都是妥协的结果，都有可能无法全面反映实际情况。

案例研究 1.1

脸书的战略：可持续的竞争优势在哪里?

经过9年努力，到2013年，脸书建立了世界上最大的社交网络。但与竞争对手相比，公司是否具有可持续的竞争优势尚不清楚。或许由于这个原因，公司在2012—2014年进行了三次并购。

早期的发展

早在2004年，马克·扎克伯格和他的几个朋友还是哈佛大学的学生，他们已经开始写程序，目的是想帮助同学们建立社交网络。脸书的第一版问世了，不仅全免费，而且非常活泼，备受大家喜爱。这项服务获得了巨大的成功，很快就风靡美国各大高校，传遍世界各国。到2013年年初，它已经成为世界上最大的社交网络，活跃用户超过12亿。

2006年前后，在决定将脸书进行商业化的时候，公司引入了很多非创始人的外部投资。各类风投公司的参股支撑了脸书的发展。这其中就包括微软，它以小部分份额换取广告的独家优先权。扎克伯格当了首席执行官，他的一些老同事也留在了公司的不同职位上。当然，脸书也招聘了一批有更多商业经验的新人，确保公司盈利和稳固公司基础。

2013年，因为其业务增长迅速，而且极具试验性质，很多知名的企业家慕名而来。他们看到了脸书的无穷潜力。最后，基于30亿美元年销售额，公司在2013年的估值达1 200亿美元，令世人瞩目。但是公司真的拥有那些可以证明如此高市值的资产吗?

社交网络的顾客和竞争对手

自问世以来，社交网络就令人遐想无限。只要连接上网络，任何人都可以交换信息、照片、事件或者联系方式。到2010年，它已经取代了像谷歌和必应这样的搜索引擎，也取代了以电脑游戏作为在线服务主要功能的很多娱乐性网站。确实，社交网络的活动范围更为广泛，可以让人们以自己喜欢的方式和其他人互动。由于不收费，脸书的利润来自广告费用以及商业用户的链接，后者支持它主要是为了获得新用户。

该模式的巨大成功也催生了其他一些社交网络提供商。比如，2008年MySpace在美国的用户比脸书还要多：前者有6 200万访问者，后者则有3 100万。在英国，脸书以100万用户领先，接着是Bebo，MySpace屈居第三。三者的访问量分别是1 200万、1 100万和900万。世界上最大的媒体公司美国新闻集团（News Corporation）在2008年以5.8亿美元的高价并购了MySpace。同年，美国在线（AOL）以8.5亿美元并购了Bebo。

现在，脸书还在持续创造新的互动方式，包括照片上传、留言墙（用户可以留言）、表情（用户可以互发虚拟的“表情”）、集市（免费的分类广告）以及其他的相关应用。到2010年，脸书已经在市场上独占鳌头，它的竞争者因为不能提供创新的、方便使用的系列社交网络服务而败下阵来。但脸书的服务并不是独一无二的，也不是不能复制的。此外，尽管推特在2013年仍处于亏损状态，但它推出了一种不同的网络服务，注册用户已超过5亿，收益也高达3.17亿美元。

不管怎么说，广告商开始注意到社交网络，特别是脸书的潜力。因为它可以让广告商通过广告投放到达目标群体。2011年，《金融时报》（*Financial Times*）有这样的报道：“各大品牌蜂拥而至，脸书的广告投放收入飞速增长。”[30]但对于社交网络整个行业来说，也并不是一帆风顺的。根据《金融时报》的数据，美国新闻集团在2011年以3 000万美元的低价出售了MySpace，美国在线仅以1 000万美元就出售了Bebo。脸书是不是真的不一样？它有没有可以让公司生存下去的竞争优势呢?

脸书的竞争优势何在

脸书确实比其竞争对手更会开发新服务，也更会重新定位自己的产品。社交网络的主要价值并不是方便电脑专家，而是方便范围更广的人群来交流兴趣、观点和想法。社交网络的发展也遇到过困难。2011年，《金融时报》的约翰·盖珀（John Gapper）认为，“只要社交网络能够不断壮大，持续吸引成千上万的新成员……它们就有产生收益的巨大潜力。但当增长停滞或者迟缓的时候，它们就会有崩溃的危险，因为网络的效应会反向作用。这是自2002年Friendster率先进入在线社交网络领域以来已经形成的模式”。[31]社交网络产业有内生的一些风险，因此需要采取谨慎的战略。

从战略视角来看，脸书到底有哪些其他网络没有的东西？它为什么比其他公司强？它的竞争优势到底是什么？最明显的就是它的社交网络规模。此外，它有一批才华横溢的软件工程师和管理者可以解读市场，然后开发出顾客认可的新服务。但它没有像谷歌搜索引擎那样的专利软件，可以作为杀手锏让自己从竞争者中脱颖而出。

此外，脸书还面临很多新的竞争对手。比如推特，一个可以对任何事物进行即时评价的网络。截至2013年，其每天的点击量高达16亿。谷歌也在2010年推出了Buzz，但不够成功。值得注意的是，到2013年，尽管推特有5亿注册用户，它仍处于亏损状态。脸书也没有在所有的国家都独占鳌头。QQ的即时信息服务在中国有超过5亿活跃用户，而且非常有效（作者2012年在武汉大学时曾亲身体验过）。这些都说明建立社交网络并非难事，也就是说进入门槛很低。这样的社交网络除了规模之外其实并没有什么竞争优势。这就提出了一个关于社交网络商业模式的问题。脸书怎样才能增加收入、获得盈利呢？

脸书的商业模式

在脸书上市的时候，其年销售额接近20亿美元，2013年增长到79亿美元。它所有的收入来源于各类公司在其网络上的广告。脸书的商业模式比谷歌复杂得多。当有人使用谷歌进行搜索，然后点击了某个公司，谷歌会自动记录潜在客户是否转到该公司的网站——专业术语称为广告点击率——这样就可以产生收入和盈利。

社交网络则不一样。它们并不能提供产品或服务以及后续的销售。它们存在的根本目的是方便社交，广告只是使用网站的次要原因。因此，脸书上最成功的广告就是促使顾客在公司网站上挑选东西。比如在2010年，英国的星巴克就曾邀请脸书的用户来选择季节性的饮品，结果销售额增加了15%。由于缺少广告和点击之间的直接联系，很难对社交网络的广告成本和营销进行估值。这样一来，社交网络的广告成本就会比搜索网络低，但这也会降低价值，使得评估社交网络业务的附加价值更加困难。

除了在社交网络拥有的朋友和家人以外，人们对社交网络几乎没有忠诚度。新用户很有可能会选择转向其他的网络。为此，2012—2014年脸书实施了三次并购：

1. 2012年以10亿美元并购Instagram图片分享网站。新的公司居然比脸书增长还快。

2. 2013年以190亿美元并购WhatsApp即时信息应用。新公司每月新增用户超过2 000万。

3. 2014年以20亿美元并购Oculus虚拟现实公司。“每隔10～15年就会出现新的计算平台，”扎克伯格解释说，“对我而言，最令人激动的平台都是关于视觉的……这和平生所经历的其他一切都不一样。”

直到现在，脸书仍任重道远，只有将这些新鲜的事物进行货币化，才能坚持和强化自己的业务战略。

绿色战略

2011年4月，脸书宣布了一项关于定制化工程技术的新倡议，旨在提升能源使用效率和降低成本，并与整个行业的公司共享该规范和最佳实践。

案例问题

1. 脸书的可持续竞争优势是什么？存在于哪些方面？如何产生附加价值？

2. 你认为脸书的战略是可持续的吗？如果你是脸书的负责人，接下来会做什么？

3. 其他公司可以从脸书最近的战略中吸取什么教训？你是否愿意花钱去建立一个新的社交网络？

批判性反思

战略管理的本质

过去20年中，关于战略管理争执不休的主要问题就是计划型和涌现型战略过程的不同。很多公司强调，它们需要“战略计划”来为竞争性的环境（销售、顾客、新产品和服务）以及资源（财务和现金、人员、工厂）进行未雨绸缪的规划。很多要素需要多年的开发才能投入实践。这样，清晰的战略计划就不可或缺，而且会有计划型的战略制定过程。

其他公司则对战略持有更为创业性的或实验性的视角。理解快速变革的市场并及时应对也很重要。此外，长期的战略规划很有可能会出问题，产生很多预料不到的结果。因此，在战略制定的过程中应该更有创新性，应该采用涌现型视角。

你怎么看？你认为哪种视角更好？

是不是两种视角各有所长？如果是，你将如何应对同一公司中不同的视角？

思考问题

1. 分析脸书的相关活动，特别要分析它是如何超越竞争对手的。依照本书中战略决策的五个关键要素来检验自己的答案。

2. 在讨论战略时，约翰·凯（John Kay）教授认为，员工的动机并不是战略管理真正意义上的组成要素。你同意他的观点吗？请给出自己的理由。

3. 运用战略管理的三个核心领域来分析你最近参与的一项决策。比如，组织一次学生活动，或者购买重要的设备。你是否分析了数据，考虑了不同的方案，然后才做出最后的选择？这样做是不是太过简单，譬如是不是还要劝说其他人花些钱？

4. 你在多大程度上同意明茨伯格的观点，即战略是涌现出来的，不可以事先规划？如果你赞同，你有什么证据支持自己的观点？如果你不同意，请说明理由。

5. 从战略管理的三个核心领域出发，分析下列产业的战略管理过程有何不同：像IBM一样的全球公司；公共服务公司，比如自来水供应商（很有可能是垄断性的）；非营利组织，比如学生社团。

6. 如果战略是如此不确定，而且有很强的判断成分，那么分析还有没有意义？本章的论述中哪些观点支持这一过程？根据你的价值判断，你认为这些观点有说服力吗？

延伸阅读　　注释和参考文献

2 理论和实践回顾

学习目标

学习完本章后，你将能够：

- 描述和评价计划型的战略实践。
- 描述和评价涌现型的战略实践。
- 掌握与计划型战略管理相关的主要理论。
- 掌握与涌现型战略管理相关的主要理论。
- 解释组织在利益相关者和伦理思想上立场的转变。

引言

本章对战略管理的相关理论和实践进行了概述。每一个主要理论都会在后续章节进一步探讨，你跳过本章，稍后再阅读是可行的，不过你将错失对战略管理的理论架构进行总体把握的机会。

为了更好地理解战略管理的主要基础，要进一步探讨第 1 章中提及的计划型和涌现型视角。2.1 节就专门解决这个问题。其内容会帮助你理解那些推动和塑造理论的历史背景。在每个路径中，不管是计划型的还是涌现型的，战略家对于应该和可以如何进行战略管理存在很大的分歧。由于两个派系都有着林林总总的解释和理论，要充分了解其动态性，探讨它们的差异和分歧很重要。

最后，有人认为战略管理也应该从伦理的方面来考虑。每个组织都有其特定的背景，因此，应该基于它对所有者、管理者和雇员的责任，以及它在社会中扮演的角色来思考其战略。

案例研究 2.1

攻击占主导地位的竞争者：雀巢和通用磨坊的合资公司战略

美国家乐氏（Kellogg's）是全球即食早餐麦片市场中的翘楚。1989 年，瑞士雀巢和美国通用磨坊（General Mills，GM）达成协议，准备成立一家合资公司来进军这个市场。新公司的目标是到 2000 年实现 10 亿美元的全球销售额，占有欧洲市场 20% 的份额。本案例旨在研究新的合资公司谷物联盟（Cereal Partners，CP）是如何实现这个目标的。

案例背景

1997 年，家乐氏已经成为美国早餐麦片市场的领头羊。按零售价格计算，这一市场的市值约为 90 亿美元，家乐氏占约 32% 的份额。到 2002 年，该公司风光不再，失去了市场的领先地位。强大的竞争对手通用磨坊最终以 33% 的份额取代了家乐氏，成为新的行业领导者，家乐氏的份额则跌至 30%。通用磨坊的这一战略突破来之不易，这是在 15 年的时间里，向年增长率 2% 的市场持续推出新的产品系列才得到的结果。然而到了 2004 年，家乐氏又以 1% 的份额优势重新获得市场的主导地位。这一逆转是家乐氏明智营销战略的结果，通用磨坊在 2003 年收购了另一家食品公司品食乐（Pillsbury）而分散了注意力。

除美国市场外，全球即食麦片市场的总价值为 80 亿～ 100 亿美元，在有些国家每年的增长率高达 10%。然而，这样的增长却是基于人均麦片消费量远低于美国。家乐氏在非美国市场仍拥有超过 40% 的市场份额。这可是 40 年来在众多市场中推行强有力的国际市场战略才获得的。1990 年之前，没有其他公司能真正在国际市场上占据一席之地。但随着新的公司合作方式的到来，情况就不一样了。

谷物联盟的崛起

自行开发国际业务接连失败后，通用磨坊在 1989 年开始与雀巢公司接洽，计划成立一家合资公司。（合资公司是一家独立的公司，每一家母公司都享有同等份额，并根据其资源和技能做出贡献；合资公司拥有自己的管理层，可以在母公司规定的范围内制定自己的战略。）雀巢也一直试图推出自己的早餐麦片，但是没什么起色。市场的高附加价值、品牌效应和广告的影响等同时吸引着两家公司。

通用磨坊向雀巢建议成立一家新的 50/50 合资公司。通用磨坊提供产品、技术和生产制造方面的专业经验和知识——比如说在美国推出的 Golden Grahams 和 Cheerios 麦片产品系列。雀巢则提供品牌、几家未充分利用产能的工厂以及它在全球市场营销和渠道方面的优势——例如雀巢奶油产品。双方都认为这笔交易很有吸引力，它们在短短三周就达成了协议。合资公司取名为谷物联盟，在北美以外地区运营，通用磨坊则继续保持其独立性。

在接下来的 15 年里，谷物联盟在全球 70 多个国家推出了自己的产品。金格雷汉姆、切利奥斯和纤维 1 号等麦片产品陆续出现在超市的货架上。谷物联盟根据市场环境的不同采用了多种市场战略：在英国和波兰实行的是并购战略，在欧洲其他地区、南美和中美洲以及南非推出了新的产品，在东南亚则是替代了雀巢原有的麦片产品。为了迷惑家乐氏对市场动向的研判，也为了适应每个国家消费者不同的口味，谷物联盟在每个国家推出的产品系列是不同的。与家乐氏不同，谷物联盟还同意为连锁超市生产麦片类食品，这样它们可以作为超市的自有品牌进行销售。

2004 年，谷物联盟实现了它的目标，即获得 10 亿美元的盈利，占有 20% 的欧洲市场。家乐氏也没有坐以待毙，特别是在美国，它重新获得了市场的领导地位。谷物联盟开始思考，它的创新战略是否可以在美国复制，在世界范围内去攻击占主导地位的竞争对手——家乐氏。

绿色战略

根据两家公司的年报，家乐氏和谷物联盟都有很多和绿色战略相关的项目和活动。

案例由理查德 · 林奇根据公开和个人调研的资料编写。

案例问题

根据第 1 章（如果需要，也包括本章）对计划型和涌现型战略的描述，确定谷物联盟采用的是计划型战略还是涌现型战略，还是二者兼而有之。

2.1 理论与实践中的计划型战略管理

基本概念

计划型战略（prescriptive strategy）是在战略开始实施之前就事先确定了目标和要素的战略。然而应该注意的是，即便是在这种基本理论体系中也存在多种流派。

- 如第 1 章所示，计划型战略的出发点就是对组织竞争环境和资源的分析。例如，案例研究 2.1 中谷物联盟的战略就是基于欧洲早餐麦片市场的数据而启动的。
- 接着就要寻求大家一致认同的目标，比如公司资本回报的最大化（Ansoff，Poter）。[1] 当然也要注意目标不一定都是利润的最大化。例如，在公有企业或社会合作社中，其主要目标可以是社会服务的水平。计划型战略的检验标准之一就是在战略开始实施之前是否已经有了明确的目标。就谷物联盟的案例来说，其首要目标就是为股东创造利润。
- 基于竞争环境和一致认同的目标，公司可以制定不同的战略选项来实现目标。然后，要选择一个最能实现目标的选项。在案例研究 2.1 中，谷物联盟在目标客户、可能进入的国家、产品范围和品牌名称等方面都有全套不同的选项可供选择。
- 选择战略选项后，要由组织的管理者来负责实施。在谷物联盟，收购一家英国公司以及在西班牙和葡萄牙推出系列特别产品的决策都会通过实际行动得到落实——它收购了 Shredded Wheat 公司，在西南欧推出了一系列产品。

计划型战略过程如图 2－1 所示。其优点在于有助于了解组织全貌，从而与组织的目标进行比较；也可以帮助更好地评价组织的资源，特别是那些可以提供竞争优势的资源和稀缺型的资源；还可以帮助评价预期战略实施和控制的效果。

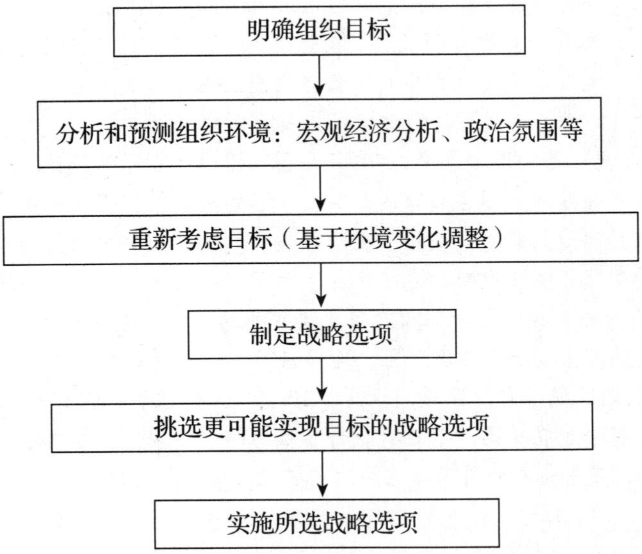

图 2－1　计划型战略过程

关键战略原则

- 计划型战略的起点是对组织竞争环境和竞争资源的分析，然后基于这个背景确定战略目的或目标。
- 目标可以视环境或其他情况的变化加以调整。
- 要判别是不是计划型战略，可以检验是否有明确的目标。
- 计划型战略过程的优点包括它所提供的全局性视野、与目标的对照、对资源需求的总括、制定的蓝图，以及监督已达成的协议的能力。

计划型战略的理论基础

在计划型战略的研究中，常常可以找到与军事战略非常相似的地方。比如中国古代军事家孙子的著作，19 世纪德国战略家克劳塞维茨（Clausewitz）[2]的著作，以及利德尔·哈特（Liddell Hart）[3]上尉关于第一次世界大战的著作。这些著作一直被企业战略家津津乐道，不断引用。[4]

计划型战略有时和军事战略类似，即由将军（董事）制定明确的作战方案（计划型战略计划），然后通过实施方案（推出创新性的产品）来指挥士兵（雇员）参战（与竞争对手对抗）。家乐氏与谷物联盟的早餐麦片之战就是一个很好的例子——谷物联盟在全世界范围内与家乐氏展开竞争。

计划型战略分析也借鉴了经济学的理论。亚当·斯密写于 18 世纪的著作认为，从根本上说所有人都能够做出理性的决定，在任何情况下最大的驱动力都是实现利益最大化。[5]此外，个人有能力在各种选项之间做出理性的选择，在考虑长远的时候更是如此。一些现代战略家、经济学家和政治家还在引用亚当·斯密的观点。应该指出的是，斯密生活在 18 世纪，写的是一个现代组织还在孕育的时代。例如，他从来没有见过工厂，看到的只是手工作坊。[6]

随后，哈佛大学商学院教授迈克尔·波特[7]等提出了现代战略理论，将利益最大化和竞争性战事转化为战略技术和结构，从而推动了计划型战略的实践。波特指出，真正重要的是要针对市场上的竞争对手来打造可持续的竞争优势，只有通过这种方式，公司才能拥有成功的战略。

其他人则更进一步。例如，波士顿咨询集团（Boston Consulting Group）利用市场数据制定了一种简单的战略矩阵来进行分析（我们将在第 9 章中探讨）。战略管理方面最早的专家是田纳西州范德堡大学的伊戈尔·安索夫教授。1960—1990 年，他写了很多书和论文，探讨了计划型战略的实践。[8]安德鲁斯（Andrews）[9]、查克拉瓦西（Chakravarthy）和洛朗热（Lorange）[10]等战略家在论述战略规划体系时采用了其中许多的基本概念。这些概念至今还在世界各地的组织中广泛应用。

对计划型战略的批判性评价

尽管计划型战略体系在组织的核心运作中有优势，但是仍然有很多人对整个理论体系提出了批评。其中最有见地的一位就是加拿大麦吉尔大学的亨利·明茨伯格教授。明茨伯格与其他批评者[11]一起专门研究了战略决策。他指出计划型战略体系是站不住脚的，其关于组织如何在实践中运作的假设是非常危险的（见专栏 2.1）。[12]有研究已经表明，这些计划型的假设并不总是正确的。例如，市场可能会发生变化，或者员工可能不喜欢已达成的协议——或许是因为这意味着他们将失去工作——当然他们会想方设法让战略不了了之。有鉴于此，作为一种替代性的理论体系，涌现型战略理论得到发展。

尽管明茨伯格对正式的计划型战略规划流程持高度批评态度，但近年来他的观点有所改变，他认为一些战略规划可能对组织有益。[13]

专栏 2.1 | 计划型战略过程中的主要问题

明茨伯格总结了关于计划型战略过程的六个主要假设，这些假设可能完全或者部分是错误的。

1. 可以对未来进行准确的预测，以使理性的讨论和选择具有现实意义。然而，一旦竞争对手或者政府做了意想不到的事情，整个规划过程就可能失效。

2. 为了获得长期利益，不仅可以而且应该放弃短期利益。这可能是不正确的。因为长期利益可能无法确定，即使能够确定，相关人员也可能不愿意做出牺牲，比如工作或投资。

3. 在实践中，设定好的战略是合乎逻辑的，并且能够按照设定好的方式加以管理。鉴于许多公司中的政治现状，在实践中可能会遇到很多困难。

4. 在众多选择中，首席执行官拥有做出选择的知识和权力。他不需要说服任何人，也不需要在决策中妥协。在许多组织中，这可能是非常幼稚的，因为很多组织的文化和领导层都认为讨论和商量才是常态。

5. 经过细致的分析，可以明确、总结和呈现出战略决策；这些决策不需要进一步明确，也不需要随外界环境的变化而变化。这一点有一定的效力，但并不总是有效。

6. 战略的实施是一个完全独立和截然不同的阶段，只有在战略达成一致后才会进行；例如，关闭工厂的战略仅需要管理层做出决策，然后就会执行。在复杂的战略决策中，这显然过于简单。

总之，20 世纪 70 年代是计划型战略规划特别强势的时期。20 世纪 80 年代提出了进一步的战略竞争概念，比如一般战略（见第 8 章），但由战略分析、制定、选择与实施构成的基本过程形成了许多公司的最佳实践。合资公司谷物联盟就是执行计划型战略的一个例子（见案例研究 2.1）。然而，这种战略并不总是能达到预期的结果。

关键战略原则

- 计划型战略是一种目标和要素在战略开始实施之前就已确定的战略。
- 如果情况发生重大变化，可以调整目标。
- 在确定目标之后，分析环境、制定以及选择战略选项，然后实施所选定的战略。
- 明茨伯格提出了计划型战略的六个假设，在实践中这些假设可能被证明是有问题的，使战略规划过程无效。

2.2 理论与实践中的涌现型战略管理

基本概念

涌现型战略（emergent strategy）管理是一种最终目标不明确的战略，其要素在战略实施过程中会不断发展。这一基本理论体系中也有多种流派。

根据计划型战略的假设，人们并不总是理性的、讲逻辑的[14]，许多战略家已经抛弃了那些冷静的、放眼长远的计划型观点。他们认为，战略是在应急的过程中涌现的，不仅要适应人类的需要，还会由于新的和未知的创新而发展，并随着时间的推移持续演进。有鉴于此，他们认为计划型战略的意义和长期规划的价值非常有限。

尽管这种理论体系可能源于 20 世纪 30 年代埃尔顿·梅奥（Elton Mayo）的霍桑实验[15]，但直到 20 世纪 60 年代的西尔特（Cyert）和马奇（March）[16]以及大约在同一时期的赫伯特·西蒙（Herbert Simon）[17]深入研究，该理论体系才取得了真正的进展。对公司和管理者如何实践战略管理的研究表明，认为战略总是合乎逻辑和理性的假设并没有考虑到管理决策的实际情况。

- 在某一时间点，管理者只能同时应对有限数量的选项，即文献中所说的“有限理性”。
- 管理者对数据的解读会出现偏差。我们对所有数据的解读其实都是通过对现实的感知来进行的。
- 管理者很有可能会寻求满意的解决方案，而不是最大限度地实现组织的目标。换句话说，经济理论中的利润最大化假设可能把现实世界过度简单化了。
- 组织是由组成权力集团的人构成的。组织里的决策和讨论依赖于这些群体之间的谈判和妥协，这其实是“政治谈判”。研究人员发现，由独立的集权化董事会决定战略的想法与现实不符。
- 管理者在做出决定时依靠的是公司的文化、政治和常规流程，并不是理性分析和选择的过程。（其实你认识谁以及你汇报战略决策的方式和战略内容一样重要。）

佩蒂格鲁（Pettigrew）[18]、明茨伯格[19]、约翰逊（Johnson）[20]等人的研究进一步探讨了战略中与人员相关的领域。他们的实证研究表明，战略管理远比计划型战略家所暗示的要复杂得多：组织中的人群、政治和文化都需要考虑在内。阿吉里斯（Argyris）[21]和圣吉（Senge）[22]等战略家则强调了战略中的学习层面，鼓励管理者反复尝试和纠错，以设计出最佳的战略。

根据这些研究，战略管理最好被看作一个在尝试、反复试验和小步前进中确定战略的过程。从这个意义上来说，战略应该是涌现型的，而不是计划型的。图 2－2 显示了涌现型战略过程的简化示意图。随着市场环境的变化、经济的发展、公司员工队伍的变化、创新的发生等，战略变化的过程就是管理的过程。显然，这个过程很难提前确定，因此很难用清晰的和结构化的方式来进行分析和预测。例如在案列研究 2.1 中，在进入新的早餐麦片市场时，谷物联盟根据特定的市场环境采取了不同的战略。

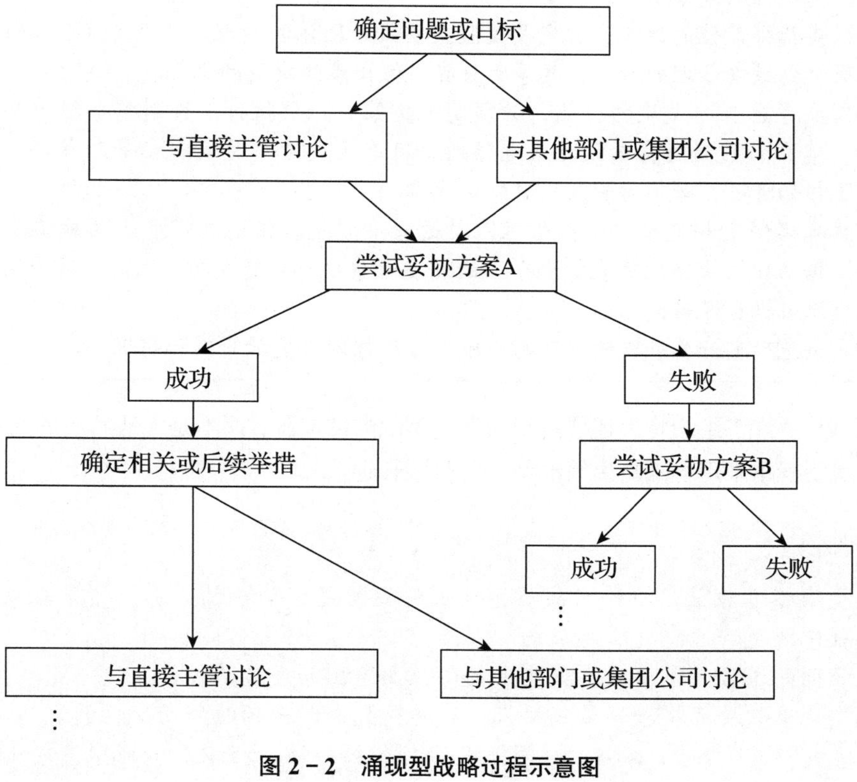

图 2－2　涌现型战略过程示意图

如果认为战略过程是涌现型的，这对战略管理的影响是非常深刻的[23-24]：

- 战略产生于困惑重重的背景中，会以混乱和无序的方式涌现，由此产生的战略可能是不明确的，也不能完全解决问题。
- 计划型战略过程不太可能反映现实：所确定的战略选项不会是全面和穷尽的，选择的过程也会有缺陷。
- 在完成其他战略过程之后再“实施”并不是现实中通常的做法。
- 管理人员不太可能寻求最佳解决方案：最佳方案不仅无法识别，也可能不符合他们的个人利益。
- 按照组织的惯例和文化来工作会让最佳的文化涌现，而不是通过人为的规划过程强制实施。

综上所述，涌现型战略过程的优点在于它符合许多组织的实际情况。尤其是在激励人员问题上，它考虑了一个组织的领导力、文化和政治。此外，随着战略环境的变化，它允许战略进行试验、创新和发展，保持了战略过程中的灵活性。

涌现型战略的批判性评价

那些支持计划型战略的人认为涌现型战略也有些需要关注的问题。详情见专栏2.2。[25]

专栏2.2 | 涌现型战略过程中存在的问题

1. 指望集团董事会成员袖手旁观，让运营公司按照自己的意愿行事，是完全不现实的。集团总部是由经验丰富的管理人员组成的，他们对集团的发展有一致的愿景。实现这一愿景可能需要采取几个步骤，集团应该取得明显的进步，而不是敷衍了事。

2. 集团的资源应该在多个相互竞争的公司中进行配置，但这种配置只能在总部进行。因此需要一些全局性的战略视野。

3. 如果要获得最佳的战略，肯定要说服某些政治团体和个人，这无可厚非。但是如果将这一进程提升到战略管理的水平，就等于放弃了做出最终决策的责任。

4. 在需要考虑长远发展的行业，必须制定决策并严格执行，否则整个组织就会乱作一团。例如，建立新的交通基础设施或电信网络可能需要数年时间。在早期或许可以进行尝试，但过了初始阶段，必须为长期项目制定战略。

5. 虽然战略制定和选择要考虑管理人员的接受程度，但这并不能说明战略本身就是错的。基于证据的理性决策比凭直觉和个人的突发奇想更有可能成功。因此，可以对战略进行讨论，但应以证据和逻辑为基础。

6. 如果事先确定好要采取的行动的基础，管理控制将更加简单和明确。

在实践中，许多组织将上述要点视为计划型战略的局限，而不是无法解决的问题。但是，如果以涌现型视角来理解战略决策的话，要放眼长远。

关键战略原则

- 涌现型战略管理是这样一种战略，其最终目标是不明确的，其要素是在战略实施的过程中涌现和逐渐发展起来的。
- 战略管理的过程就是要通过试验来获得最高产出的发展路径。
- 涌现型战略并没有唯一的最终目标；战略是随着时间的推移而变化的。
- 在快速变化的市场中，战略的时间框架可能很短；在缓慢变化的市场中，它可能很长。

- 为了检验涌现型战略的有效性，应该在规定的时间段内检视战略是如何在实践中演变的。
- 该战略过程的好处在于：它与组织的实际是一致的；它考虑到人的动机等问题；它允许对战略进行试验；它提供了考虑组织文化和政治的机会；它保持了响应市场变化的灵活性。
- 涌现型战略过程中有六个主要问题，使其难以在实践中发挥作用。

2.3 计划型战略管理理论

前面两节对计划型战略和涌现型战略的区分，过于简化战略发展的现实——实际上还有很多理论。下面两节将继续介绍一些能区别这两种理论体系的理论流派。本节主要介绍计划型战略的流派，涌现型战略的流派会在2.4节中介绍。注意，在两个流派的理论中有些地方是重叠的，本章后面会继续研究。从广义上来说，计划型战略体系中有四个主要流派：

1. 基于行业和环境的战略理论；
2. 基于资源的战略理论；
3. 基于博弈的战略理论；
4. 基于合作和网络的战略理论。

基于行业和环境的战略理论

对很多公司来说，盈利是再清楚不过的战略目标，因此战略的内容就是要实现这一目标；从长远来看，这一目标会超过其他所有的目标。

基于行业和环境的（industry-and environment-based）战略理论认为，通过选择最有吸引力的行业，然后在所选定的行业里打败其他对手，就可以获得利润。要注意，“环境”这个词在这里并不是“绿色、可持续”的意思，而是指影响组织的诸如市场、竞争者、政府等的各种外部环境因素。图2－3展示了计划型战略的重点。该流派的观点认为，组织是理性的、有逻辑的，是受利润驱动的。

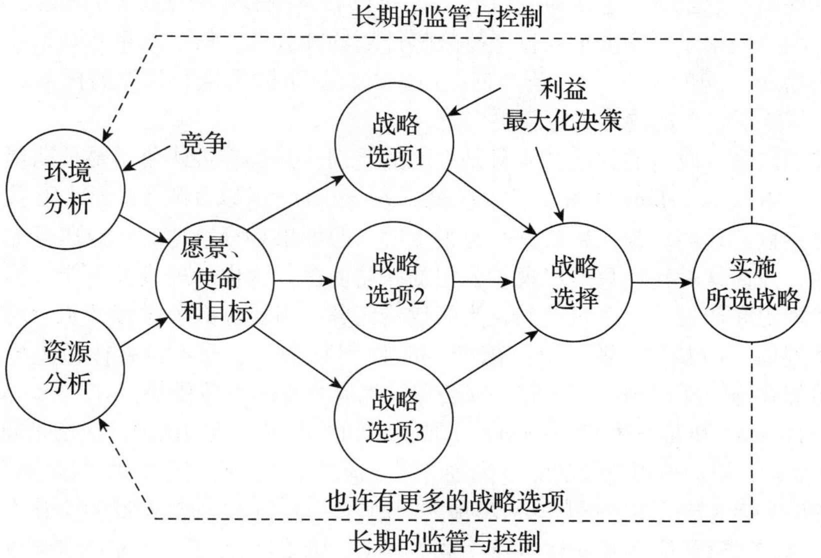

图2－3 计划型战略过程：基于利益最大化与竞争理论的定位

该流派可以追溯到以前的三种研究：

1. 18世纪苏格兰经济学家亚当·斯密认为人是理性的、有逻辑的，是受利益驱动的。

2. 本章早先引用的军事理论，主要关注如何获得战争的胜利。

3. 由于决定公司利润的最重要因素是外部环境，公司建立高于平均利润水平的产业组织I/O模型。

在战略管理理论的发展过程中，这些观点在20世纪60年代后期才汇聚成型。伊戈尔·安索夫[26]、阿尔弗雷德·钱德勒（Alfred Chandler）[27]和阿尔弗雷德·斯隆（Alfred Sloan）[28]等对该流派的形成有很大的影响。后来，惠伦（Wheelen）和亨格（Hunger）[29]提出了理性、分析性以及结构化的战略模型。20世纪80年代，迈克尔·波特[30]教授的论著为该流派增色不少，他是这一时期影响力最大的。有一些专家指出，波特的著作中使用了很多大公司的案例研究，也将工业经济理论和战略进行了结合（Rumelt，Schendel and Teece）。[31]从根本上来讲，波特的理论认为，一家公司选择进入的行业类型以及该公司如何在行业内竞争的方式是公司长期利润的首要决定因素。[32]本书将在后面的章节中介绍。

实际上，在安索夫等人的早期研究中，他们并不认为自己的研究属于计划型战略。比如，经安索夫同意，他在1968年写的一篇战略管理文章被塞尔特和马奇用来说明涌现型战略[33]中的人力资源战略。本章后面会继续说明。

对这些著者而言，战略包括非正式的分析过程。然后，会形成一系列由董事会（或者公共部门的同类机构）讨论和达成一致的特定文件，这实际上就是为未来数年制定的切实的战略计划。通常，这些战略计划都会包括对总体经济和政治形势的预测、对行业特征（如规模经济和行业集中度）的探索、对竞争对手的优劣势分析、对客户需求的研判、对组织资源的评价，然后会提出一些战略建议来满足这些要求。

当然，这一战略首先应该（但不仅仅）以寻找和利用机会来实现组织的长期利润最大化为目标（对股东来说利润当然是最重要的）。该流派最主要的观点就是，战略的目的是构建超越竞争对手的可持续竞争优势[34]，而这需要通过选择最有吸引力的行业[35]，然后在该行业中有效竞争获得。

世界知名咨询公司麦肯锡日本分公司的大前研一[36]也赞同这样的观点，但威尔克斯（Wilks）指出，这些还是以欧美为主的观点。[37]由于更多地关注利润，对于社会、文化、政府以及其他层面考虑较少，这样的战略不太适用于计划中有较多社会成分的企业。

除了欧洲一些国家，印度也一直坚持战略计划的社会性，最近几年才开始接受社会政策也应该考虑市场影响的观点。[38]正如前面所说的，日本公司也有其他的标准。在这些国家的公司里，战略所包含的内容肯定会更广泛。

这些关于国家－政府的说法其实只是程度的差别，并没有否认公司要长期获得利润才能成长的事实。哈默尔（Hamel）和普拉哈拉德（Prahalad）[39]以及凯（Kay）[40]关于利润最大化的批评更尖锐。他们认为，尽管竞争也很重要，但如果将竞争性的行业比较上升到理论就会误入歧途，因为这种比较只是展现了公司的软肋而已。这样的理论并不能告诉公司如何来打造自己的资源和能力，这才是他们认为的战略任务。当所有的公司都开始应用波特关于行业分析的著述时，哈默尔、普拉哈拉德[41]和凯[42]认为，公司不再有什么优势可言，因为所有的公司都获得同样的知识，没有一家公司能拥有真正的竞争优势。

汉南（Hannan）和弗里曼（Freeman）[43]则持不同的观点。他们认为，市场是如此强势，对大多数公司而言，要获取可持续的竞争优势纯属空谈。只有那些拥有极大市场份额的大公司才能真正打造和保持这样的竞争优势。对其他公司而言，复杂和详细的战略只会让人无所适从。

明茨伯格[44]和其他专家同样也持不同的意见。他们批评了以行业为基础的战略流派，认为这不是战略在实践中发挥作用的方式。

基于人力资源的战略流派也认为靠单一的、静态的战略计划来实现绩效的最大化只能是空中楼阁。因为这样就欠缺了清晰的长远使命陈述，只有一系列短期要实现和更新的目标。那些标榜要支撑长期目标的技术很有可能太过简单和绝对。基于这些观点，明茨伯格对正式的战略规划过程持批评的态度。后来，明茨伯格修正了自己的观点，认为有些战略规划对组织也是有好处的。[45]

第3章会详细介绍一些基于环境的相关理论和论述。

基于资源的战略理论

基于资源的（resource-based）战略理论主要关注组织的关键资源和能力，特别是组织有竞争优势的资源和能力，该理论认为这是成功的战略管理的主要来源。从根本上说，竞争优势来源于组织内部的资源，而不是组织运营所处的环境（见图2-4）。当然，这并不是说组织的所有资源都可以成为竞争优势。如果公司要获得超过行业平均水平的利润，有些资源确实要在市场中产生独特的竞争优势。

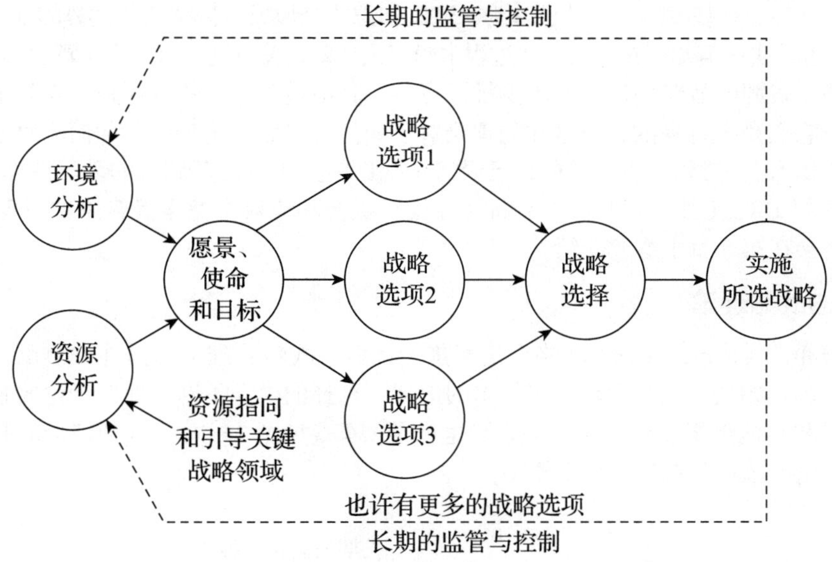

图2-4 计划型战略过程：基于资源理论的定位

早在20世纪60年代，德鲁克[46]就指出："……要打造优势……寻找机会而不是问题。"很多基础性的经济学论著也强调了资源在利润获取中的基础地位。

在基于资源的理论派系中，有一支在20世纪六七十年代特别受到美国和日本的战略专家推崇。这就是（制造）运营战略，强调的重点就是全面质量管理（total quality management）。尽管亨利·福特在20世纪早期就提出了相关理念，但后续并没有受到重视。也许认为太过简单，也许认为程度不够，并不能达到全局性战略管理的层面。（到20世纪90年代末期，很多战略管理的专著也没有对此有任何关注和提及）。当然，还涌现出研究质量问题的戴明（Deming）、石川（Ishikawa）和田口（Taguchi）[47]，以及研究制造业战略的大野（Ohno）[48]等人。这些内容已经超出了本书的范围，本章的参考文献中给出了一些阅读建议[49]。

近年来，由于采用了完全不同的理论视角，基于资源的战略理论已经成为重要的计划型战略研究路径。有可能是因为不同意20世纪80年代对市场和利润最大化的过分强调，有些研究人员开始强调组织的资源对竞争优势的打造是至关重要的。

> 传统的基于产品市场定位的竞争战略范式［比如波特（1980）］只是关注了最后几百码，但这可能是一场技能建设的马拉松。[50]

随着沃纳费尔特（Wernerfelt）[51]、彼得拉夫（Peteraf）[52]、迪瑞克斯（Dierickx）和库尔（Cool）[53]以及凯[54]等研究的深入，形成了基于资源的战略理论。

从根本上讲，尽管该流派对竞争也有研究，但它强调的重点是组织自身的资源，包括物质资源如厂房和设备，人力资源、领导力和各种能力，以及最为重要的资源，即组织内资源相互作用的方式。正是各种资源的有效组合才形成了竞争优势，因为这样的资源组合往往需要经年累月才能形成，其他人很难抄袭和复制。在这样的背景下，资源基础观就区别了两种资源：一种是任何组织中都有的资源，比如会计能力和基础研发能力；另一种是组织所有的，也可能是独有的资源。而正是这些独特的资源才能形成可持续的竞争优势。比如雀巢的品牌就是谷物联盟的特有资源。相关情况可以参见案例研究 2.1。基于资源的战略理论还会在第 4 章中继续探讨。

最近的理论发展中有一点值得关注，即如何将知识作为组织的关键资源来使用。[55]专家们认为，组织所拥有的知识——各种流程、技术秘诀以及和组织外界的联系等——可以为很多组织打造竞争优势。有些战略专家甚至认为，这些知识才是形成可持续竞争优势的唯一来源。虽然这有些言过其实，但知识在战略发展过程中确实很重要，关于这一点，第 7 章会继续探讨。

对于基于资源的战略理论也有不少批评意见。其中最为重要的批评是，当竞争优势形成以后来分析它们是挺容易的，但这样的理论对于如何打造竞争优势以及如何应对不断变化的环境不能提供有益的指导。[56]目前，已经有一些新的关于资源基础观的动态性理论和观点。这些理论主要的观点在于，组织要不断地寻找新机会和应对由竞争者带来的资源变化。[57]这些理论将会在第 5 章中继续介绍。

基于博弈的战略理论

基于博弈的（game-based）战略理论聚焦于计划型战略管理中的另外一个重要部分——和最佳战略选择相关的决策活动。与简单的选项 - 选择的模型不同，博弈理论要解决的是组织在决策时和其他组织的相互作用关系，也就是博弈（见图 2 - 5）。这种理论的基础其实是源于机会理论的选项和选择的数学模型。[58]

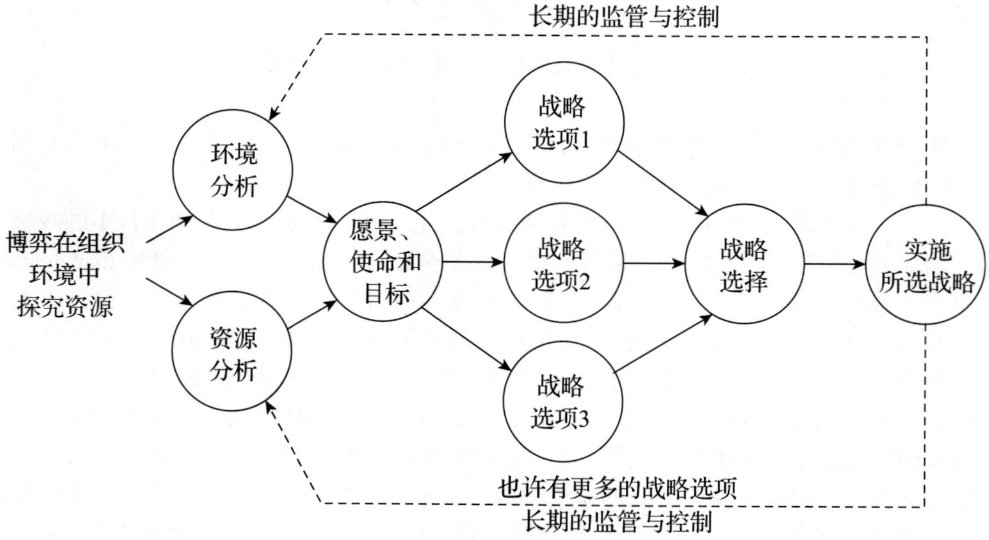

图 2 - 5 计划型战略过程：基于博弈理论的定位

博弈理论首先认为，即使是简单的“最佳”战略选择也会对其他公司产生影响，比如供应商和竞争对手就不能置身事外。组织在做最初的战略选择的时候，其实并不知道会有这样的影响。接着，博弈理论将选择的结果归入数学模型，这样就可以随着博弈的迭代来对选项本身进行调整。因此，博弈论要包括的不仅仅是竞争对手，还包括其他愿意和组织合作的组织。该理论认为选项和选择的计划型战略模型太过简单，并不能涵盖所有可用的选项和选择。因为战略还涉及和其他组织的协商、对竞争反应的预期以及对最佳解决方案的探究。在这样的过程中，也许市场中所有的竞争者都可以有一席之地。

维珍集团（Virgin Group）旗下的维珍传媒（Virgin Media）可以作为博弈理论的一个例证。2005年，维珍传媒正准备收购英国的ITV电视台，它的竞争对手英国天空广播公司（Sky Broadcasting）（由新闻集团控股）收购了ITV的一个控股公司，并以此来阻止维珍传媒的并购。维珍传媒没有办法，只好向英国的竞争管控办公室投诉，希望能改变局面。

博弈理论在20世纪40年代就出现了，但在战略中的应用却是近些年才兴起的。这是因为战略决策十分复杂，很难用数学理论进行建模，而数学是博弈理论的基础。在过去的几年里，战略专家开始探索一些新的关键理念，有时候也不用严谨的数学分析来对细节构建模型。其中有些结果颇有启发性，会在第5章中介绍。但不管怎样，博弈理论只是战略理论中的一支，对于战略管理的整个过程而言有一定的片面性。

基于合作和网络的战略理论

对于合作战略（co-operative strategy）理论而言，至少要有两个以上的独立公司合作才能实现预期的共同目标。对网络战略而言，其关注点在于要分享组织内外的各种人际关系、知识和影响力的网络。这样看来，网络理论的内涵要比合作理论更加宽泛。两种理论都力图界定清晰的计划型战略，但两种理论都强调了组织可用的各种正式和非正式关系的重要性。图2－6展示了两种理论在总体模型中的位置。

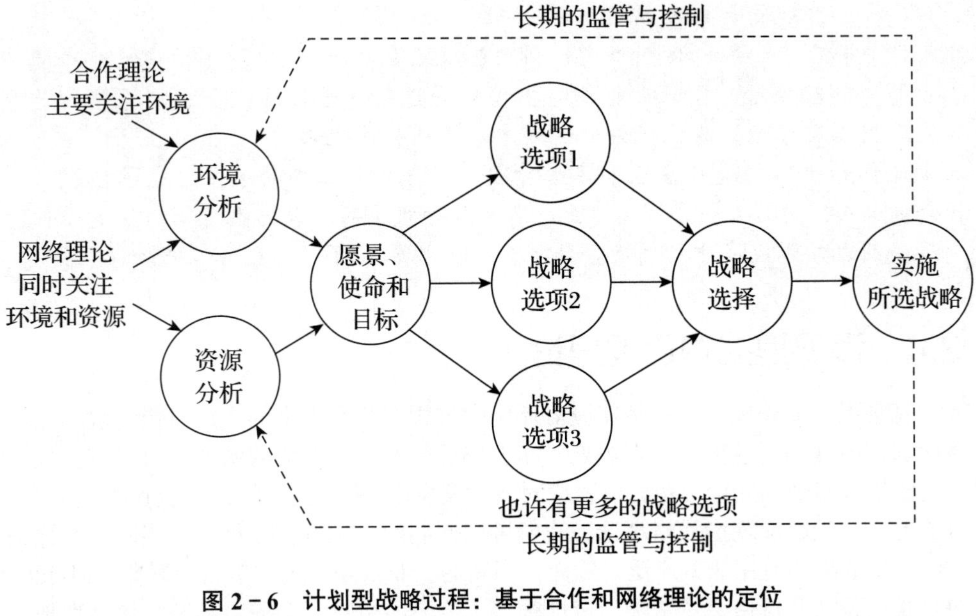

图2－6　计划型战略过程：基于合作和网络理论的定位

最近兴起的这些理论都源于这样的认识，即如果组织能和其他公司合作的话，它可以为客户创造更多的价值，还可以打造超越竞争者的优势。合作的方式可以多种多样。最主要的原则就是通过建立组织之外的联系可以促进组织的发展。因此，外部战略可能包括战略联盟、合资公司和其他各种合作方式。

组织之外的战略不仅可以带来额外的业务，还可以打造在组织内部不能自发形成的竞争优势。

艾森哈特（Eisenhardt）[59]、英克彭（Inkpen）[60]、蔡尔德（Child）和福克纳（Faulkner）[61]等都对这种战略的背景进行了研究，其重要性与日俱增。他们认为，这样的战略因为以下三个原因非常有价值：第一，这种战略可以帮助公司迅速进入各种受保护或限制的市场；第二，可以帮助公司从外部或者从另外一个国家比竞争对手更早地获得各种新技术；第三，可以帮助公司联盟获得和提升其市场影响力。

有些形式的合作只会发生在公司总部层面，而不是业务层面。这类合作可以是脱离现行业务的多元化，也可以是和合作伙伴的联盟，这样可以在多种不同的业务关系中扩大收益。全球愈演愈烈的合作往往都采取连锁经营的形式。

连锁特许经营权（franchise）是一种合作型的战略，在这种战略中，一家公司（授权人）开发一种商业经营理念，然后把这种理念以合同关系的形式出售给其他公司（被授权人）。通常，被授权人获得一种经过实践检验的商业模式，为此要支付给授权人一定比例的销售额作为回报，而且要接受授权人在产品范围以及定价等方面的严格控制。[62]

合作和网络战略的主要问题在于这样的战略会非常脆弱，而且如果没有精心制定合作条款，或者合作一方未按照约定来分配收益，战略就会完全失效。[63]合作战略的协议会在第4章继续探讨。此外，在全球的很多国家，某些形式的合作是不合法的。比如，企业相互串通，提高产品的销售价格以获得高额利润，这样的违法活动降低了自由竞争的水平。这样的行为不仅是违法的，而且会产生伦理问题。

关键战略原则

- 基于资源的战略理论强调组织在战略过程中的竞争性资源。这需要明确组织的核心竞争力和其他的竞争性资源。
- 基于行业和环境的战略强调市场对利润获取的重要性。战略就是要建立竞争优势。
- 基于博弈的理论聚焦于计划型战略模型中的选项和选择阶段。它们探究的是竞争者的反应以及可能的对抗行为，这样才能找到最佳战略。
- 基于合作和网络的战略聚焦于战略管理中正式和非正式的关系，这包括战略联盟和合资公司。因为大家已经意识到，有时候和竞争对手合作也可以打造竞争优势。当然，最大的难点在于如何使合作持久，很多原因可以导致合作失败。

2.4 涌现型战略管理理论

有时战略不能事先规划，而是在应对环境的过程中涌现出来的。这时候一般不会有长期的战略计划。但这并不意味着没有规划，随着环境的变化和形势的明朗，可以有更加灵活的计划。这样的战略规划期会更短，可以应对各种突发事件，甚至可以更具创业的意味。

为了更好地理解涌现型战略理论，我们可以回溯到20世纪70年代。当时，有详细公司规划的计划型战略的应用非常广泛。然而，当新的、非常强势的中东石油联盟（Middle East）形成的时候，石油的价格突然暴涨。全球很多工业公司被打了个措手不及，计划型规划陷入混乱，开始寻找不需要精准预测的涌现型战略。2000年前后，和新网络公司有关的经济泡沫使得环境更加不确定。因此，有些战略专家认为，整个计划型战略的基础都不再适用了。他们宣称，即使在环境相对稳定的时期，如果将战略看作随时间涌现的过程，组织有可能获得更好的发展。

在本书中，我们介绍四种涌现型战略理论：

1. 基于生存的战略理论；
2. 基于不确定性的战略理论；
3. 基于人力资源的战略理论；
4. 基于创新和知识的战略理论。

基于生存的战略理论

各种基于生存的（survival-based）战略认为，在市场中适者生存的规则是战略管理的先决条件。该理论体系首先研究的是如何在高度竞争、变革和转换的环境中生存。由于复杂的计划型方案作用不大，因此最好随着环境的变化来及时调整战略，让战略涌现出来。图2－7展示了基于生存的战略。

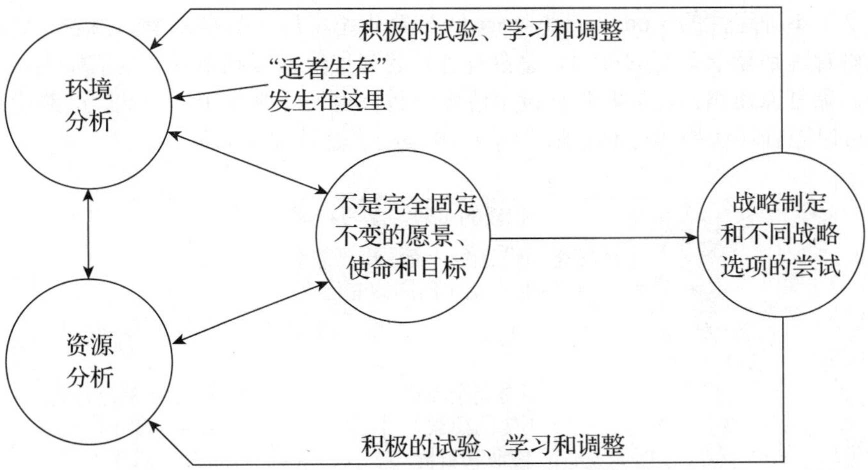

图2－7　涌现型战略过程：基于生存理论的定位

我们在2.3节中介绍过，基于行业和环境的战略关注的是获得利润最大化的最佳战略，然后实施该战略。批评家早就指出，简单的经济模型离现实太远。比如，20世纪30年代，霍尔（Hall）和希契（Hitch）[64]就进行过公司调研。他们发现，公司并没有按照理论的最佳水平来设计产量，边际成本和边际收益的持平并非绝对有效。这有可能是因为要么决策不一定是理性的，要么收益和成本之间的关系根本就不清楚。

当然，这并不意味着公司可以蒙混过关。市场竞争的丛林会毫不留情地剔除那些效率低下的公司。生存型战略的出现就是要让公司在这样的情况下发展。从根本上讲，基于生存的战略专家认为，市场要比特定的战略更为重要。因此，最佳的生存战略一定要非常有效。不然，公司就只能凭运气发展了。

亨德森（Henderson）[65]认为，为了在激烈竞争的环境中生存下来，绝大多数公司最需要的就是差异化。如果产品或服务能够提供竞争对手所不具备的某些特点，就会为公司提供一定程度的保护。其他的战略专家则持怀疑态度，因为真正的差异化要经年累月才能形成，而环境的变化总是让人应接不暇。专家认为在这样的情况下，基于生存的战略应该依赖真正高效的运营活动，而不是费心竭力地去应对环境的变化。威廉森（Williamson）就曾这样说过：

> 经济性是最好的战略。[66]

如果环境比特定的战略还重要的话，基于生存的战略专家认为，最好的战略就是要同时尝试各种不同的战略活动，然后让市场来选择。[67]按照该理论的观点，对战略进行选择其实是不对的。最好先尝试各种不同的差异化，再来判断自然选择中涌现的战略。惠廷顿（Whittington）[68]使用了20世纪80年代索尼的随身听（Walkman）战略来举例。索尼在北美市场一共投放过160多种不同版本的产品，但同一时间点只保留了20多种。这样到了最后，市场总会遴选出最佳的产品。

如果基于生存的战略是准确的，我们就需要仔细研究组织的环境（本书第2篇介绍）。除此之外，学习第8～10章中计划型战略的选择过程时，我们要倍加小心。

其他的战略学者则认为基于生存的战略过于乐观。如果战略总是小心谨慎、步步为营的话，会有不少实际操作方面的问题。大的并购、新创的产品、旨在提升质量的投资活动都会引发争论，而且往往只是口舌之争，不会有实际行动。最后可能不会有什么大胆的战略举措。[69]第11章还会继续介绍基于生存的战略。

基于不确定性的战略理论

各种基于不确定性的（uncertainty-based）战略理论借用了数学概率的概念。该理论就是要说明战略管理是复杂多变的过程，总会有各种起起伏伏，因此不可能事前做出任何有价值的预测。如果可以预测，为战略管理设定清晰的目标也没什么作用。因此，战略应该是涌现出来的，可以随着环境的变化而变化。图2－8描绘了这种理论的重点。

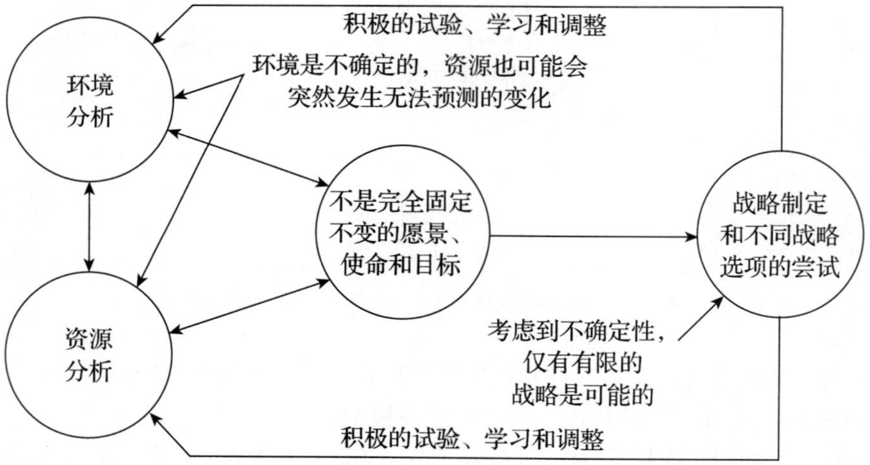

图2－8 涌现型战略过程：基于不确定性理论的定位

20世纪70年代，因为在预测组织未来环境的过程中遇到了很多困难，有不少理论家认为长期的战略规划没有意义。实际上战略规划仍然可以使用，但一定要更加灵活，不会有20世纪70年代的那种绝对确定性。这样的战略思维不仅催生了基于生存的战略，即在最后可能的机会出现之前保留所有选项，而且促进了基于不确定性的相关战略。

从20世纪60年代起，人们开始用混沌理论和对变革状态的数学建模来预估科研实验的结果。这些方法并不是为商业界开发的，对其他科研类型的课题非常有用，其中就包含对天气预测的建模。不管怎样，这些技术都可以证明在特定类型的不确定环境下，早期的微小变化也会导致后期的重大变化，这和宏观经济学中的乘数效应不无相似之处。在这样的环境中——常常被称为混沌系统——往往不能提前很多年来进行足够精确的预测（Gleick[70]）。

米勒（Miller）和弗里森（Friesen）[71]进行的实证研究构成了该理论的一个分支。他们发现战略管理常常以革命性的方式出现，在组织尚未进入新的稳定状态之前，组织的整个战略和架构都会出现突然的变革。从数学的视角来看，不仅可以对这样的系统建模，还可以显示这些系统如何在稳定和波动状态之间变化。斯特雷贝尔（Strebel）[72]也持类似的观点，他特别强调了那些会导致组织“断裂”的技术变革。

商业环境已经是大家公认的混沌系统。斯泰西（Stacey）[73]认为很多行业特别是像电脑这样高速发展的行业的环境天生就是不稳定的。要准确估计新项目未来5年或10年的利润根本是不可能的。那些看似准确的贴现现金流和现金状况预测大多是不准确的。公司的战略必须是逐渐涌现出来的，不应盲目地去追求那些计划型战略所设立的虚假目标。

还有好几位学者，包括米勒和弗里森[74]，对于组织的资源也持相同的观点。他们认为创新是成功战略的关键，只有当公司的资源按照革命性变革而不是渐进变革的方式来使用时，战略才会成功。这样的战略很可能会有一些混沌的、随波逐流的成分，其结果往往不能事先规划或者预测。第7章和第11章会继续探讨革命性的创新。

有些公司认为这样的战略确实有用，但可能太过悲观。比如，尽管天气也是混沌系统，而且不可能进行精确的预测，但我们都知道撒哈拉沙漠是炎热和干燥的，新加坡比伦敦更加温暖和湿润。也许有人会说，即便不能准确预测，商业环境也有确定的情况存在。此外，组织（特别是大型组织）也需要一个非混沌型的结构，不然可能会陷入无政府状态。

还有一些行为或者趋势的模式虽会发生变化，但可进行一定准确度的预测。公司的战略可能也需要在变革中逐渐涌现，也可能得适应变化，但不一定必须是完全随机和不确定的。当然，战略还是要确定和评估风险。(关于风险和风险管理，第10章会继续探讨)。

基于人力资源的战略理论

各种基于人力资源的（human-resource-based）战略强调了战略管理中人员要素的重要性，特别突出了人员动机、组织政治和文化以及个体的欲望。它们聚焦于新战略引入时以及人们面对变革和不确定性时的种种困难。图2－9展示了该理论在整个涌现型战略中的位置。由于该理论牵涉到人员，而且只在人力资源管理非常重要时才会出现，所以对该理论进行准确的定位非常困难。

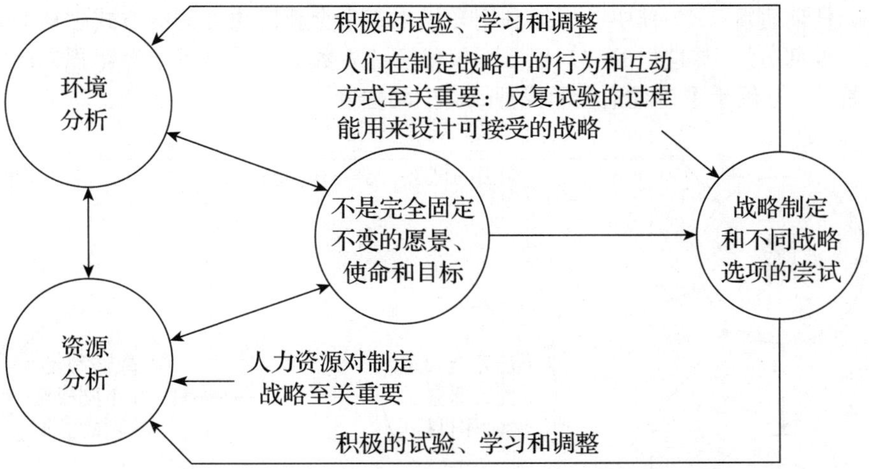

图2－9 涌现型战略过程：基于人力资源理论的定位

西尔特和马奇[75]以及赫伯特·西蒙[76]研究发现，战略管理也应当有基于人力资源的维度。组织都是由个体和群体组成的，这些人都会影响战略，或者被战略影响。他们可以积极参与、默许或者抵御战略管理的过程，但都会受到战略的影响。尼尔森（Nelson）和温特

(Winter)[77]对此做了进一步的研究，他们认为计划型战略中战略选项和选择的模型是完全错误的：

从外界观察者认为的对组织来说是“可用的”机会中谨慎选择，去构想公司的行为是非常不合适的。

战略管理中的人力资源问题会在第4章、第11章、第12章和第16章中继续探讨。但对一些学者来说，这些不是战略实施过程中的边缘问题，而是战略管理本身最根本的东西。尼尔森和温特[78]认为，现实中组织只有有限的战略选项。

（可用的战略）并不是广泛的，而是狭隘和非同寻常的。这种战略是在公司常规活动中逐渐形成的，大部分“选择”也往往是在常规中自然形成的。

战略的逻辑会受到组织中现有的流程和人员的限制。

明茨伯格[79]也研究了这个问题。他认为战略是在组织适应环境的过程中逐渐涌现和形成的。因此，战略实施不是战略管理过程最后的独立阶段，与战略制定是紧密相关的。奎因[80]介绍了一种渐进的、涌现的过程，从逻辑渐进主义（logical incrementalism）来看，战略只会关注有限数量中具有可行性的战略选项。明茨伯格是这样说的：

精明的战略会有自知之明，会知道不可能在事前把所有事情都弄清楚。

这些领域我们会在第11章中继续探讨。

最近，人们越来越重视战略管理中的学习过程。明茨伯格也强调了学习的重要性。在他之后，圣吉[81]等人也提出了学习的相关概念，鼓励管理者经历尝试和纠错的过程来找到最佳战略（参见第11章）。

在2.2节中对于涌现型战略的主要批评特别适用于基于人力资源的战略。很有可能是类似的批评使得明茨伯格修正了他之前的观点。[82]

基于创新和知识的战略理论

基于创新和知识的（innovation-and knowledge-based）战略特别偏爱知识，强调知识作为战略最重要的内容在创造和分享新理念方面的重要性。这些理论在20世纪90年代初露锋芒。这里的创新不仅仅意味着创造新的产品或生产流程，还意味着以全新的方式来开发和使用组织中的任何资源。[83]其中，组织利用知识来产生全新解决方案的方式被认为是战略管理的重要组成部分。[84]这里的“知识”不仅仅意味着数据，是组织中经年积累的集体智慧和共识。图2-10展示了该理论在涌现型战略中的位置。

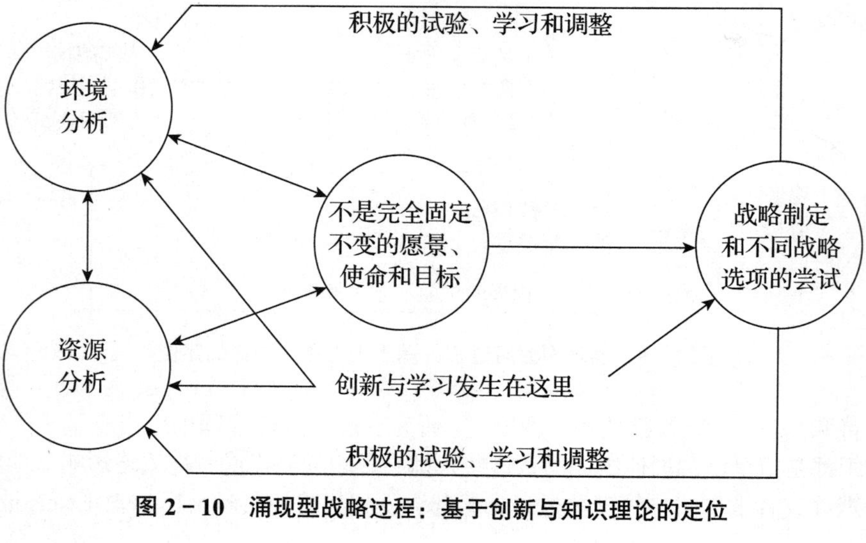

图2-10 涌现型战略过程：基于创新与知识理论的定位

对支持基于创新和知识的战略理论的专家而言，这些理论的好处在于它们解决了其他现行理论中存在的问题。他们认为，现在广为传播的理论（比如基于资源的竞争优势理论）为每个公司知晓，难以带来新的竞争优势。由于强调了知识和创新的新颖性和发展性，基于创新和知识的战略理论就可以克服这些不足。创新的本质是推动组织的传统思维，提供产生新竞争优势的机会。

在创新的过程中，知识和理念的分享很重要。在过去的10年里，由于互联网和通信技术的发展，创新更加容易。现在，该领域已经成为战略中的重要话题，有全面更新战略思维的潜力。虽然2000年前后一些互联网公司经历了波折，但这不能降低该战略的真正潜力。第7章和第11章会更加深入地探讨这些理念。

关键战略原则

- 基于生存的战略认为在市场中适者生存。要积极地对战略进行规划是非常困难的，因此可以随遇而安，通过差异化获得发展。
- 基于不确定性的战略认为，由于商业和环境的不稳定性，无法进行预测。战略应当能够对变化的环境做出反应，然后在各种情况的混沌中自我涌现。有些专家认为这是一种比较悲观的战略观点。
- 基于人力资源的战略强调了战略中人员的重要性，突出了人员的动机、组织的政治和文化以及组织中个人的欲望。战略应该有学习和试验的成分，这样可以让个体发挥作用。
- 基于创新和知识的战略理论强调了全新战略思维的价值，这样才能超越竞争对手。在这个过程中，通过互联网分享知识就显得非常重要。

2.5 组织的宗旨：股东、利益相关者和“超过平均水平的回报”

在很多战略管理的情形中[85]，战略的宗旨都被简化了，变成利润或附加价值方面获得“超过平均水平的回报”。这就意味着，在同等风险的情况下，战略管理的有效性是通过投资人是否能够获得比其他投资方式更高的回报率来衡量的。换句话说，战略的首要目的就是为组织的投资者增加更多的财富。很多学者认为这样的观点过于简单。[86]他们认为商业性组织很有可能对其所有的利益相关者都有责任，而不是只对股东负有责任。

除了利益相关者问题，大量的公司丑闻促使人们重视战略管理中的伦理问题。此外，不管是公共还是私人领域，很多公司都面临公司政策中的环境（“绿色问题”）压力。这两个问题都属于伦理（ethics）和企业社会责任（corporate social responsibility）的领域。

20世纪80年代后期，拉帕波特（Rapaport）[87]的著作影响颇深。他认为，公司的宗旨在于为其所有者，也就是股东增加财富。因此，公司的所有活动都应该围绕附加价值这一目标来进行。拉帕波特的理论的好处在于，在分析战略选项的时候目标比较单一。要么获得“超过平均水平的回报”，要么一败涂地。该理论的问题在于并没有用更有意义、更广的视角来思考组织的宗旨。查尔斯·汉迪（Charles Handy）说[88]：

> 认为组织只是其现有股东的财产的观点会让人困惑，因为这并不能说明权力的来源。这样的理念有违自然公平，因为它对在组织中工作的人群不够重视，而这些人正是组织最为重要的资产。谈到利用其他人，股东暗地里就是这么做的，这其实是不道德的。

从根本上讲，股东当然重要，但是像员工这样的利益相关者同样重要。第6章在讨论组织宗旨时会涉及这一问题，还会探讨组织的战略本身不是目的。这意味着战略就是要实现组织的宗旨，而组织的宗旨也有伦理和社会层面。

总而言之，本书认为，组织的宗旨会受到组织的价值观、利益相关者（包括股东）的权利以及组织对其所处社会所做的贡献等因素的影响。这样的贡献至少一部分会受到其伦理价值观和企业社会责任观念的影响。当然这也包括在绿色战略中对可持续发展政策的思考。有效的战略管理会寻求“超过平均水平的回报”，但回报并不仅限于对股东的利润回报。

关键战略原则

- 过去，人们认为战略主要关注的是如何为股东增加财富。现在，人们认为这样的观点过于简单，并没有考虑组织中其他的利益相关者。
- 伦理价值观和企业社会责任是指组织在处理内部事务和外界环境时制定的各种标准和行为规范，其中包括绿色战略。这些政策性的问题也会影响组织的战略。

批判性反思

计划型战略和涌现型战略的区分是否太过简单而没有实际价值？

本章认为计划型战略和涌现型战略有着本质的区别。然而 2.3 节的开头指出，这样的区分有可能太过简单。很多战略理论都有更加细微的差别，比如博弈理论或者基于资源的理论就是如此。具体理论的差别在 2.3 节和 2.4 节中进行了介绍。这似乎说明计划型战略和涌现型战略的区分太过简单，并没有实际的价值。

要回答这个问题，你或许应该详细了解到底是什么构成了“好”的战略。你可以用它们来区分计划型战略和涌现型战略，也可以用它们来区分本章中的其他战略。

思考问题

1. 组织可以同时采用计划型战略和涌现型战略，还是要在二者之间做出选择？

2. 研读 2.1 节中关于计划型战略和 2.2 节中关于涌现型战略的批评。你赞同哪些观点？为什么？

3. 根据 2.4 节列出的四种涌现型战略，你认为哪一种最能说明案例研究 2.1 中谷物联盟所采取的战略？对于谷物联盟战略的有效性，你能得出什么样的结论？

4. 对于未来 10 年的环境变化，你有什么预测？这些预测对于未来 10 年的战略管理会有什么影响？

5. 选取一家你比较熟悉的公司，分析该公司采用的是计划型战略还是涌现型战略，或者二者兼而有之。在这两个大类中，根据 2.3 节和 2.4 节的分类，你如何判别该公司的战略？

6. 如果你要确定下列公司的战略，你会选择哪种战略管理理论作为自己分析的出发点？大型的国际性汽车公司；有全球业务联系的广告公司；有四家分公司的旅行社。以上所有公司都在同一国家的同一地区。

7. “当那些管理良好的大型公司对战略进行重大调整的时候，它们所采取的方式往往和规划文献中耳熟能详的理性 - 分析系统没什么相同之处。”（奎因）请讨论这一观点。

8. “在变化的环境中，由于变革的速度是如此之快，以至于使用明茨伯格倡导的涌现型战略的公司岌岌可危。当它们带着新产品和新服务进入市场时，会发现市场已经被那些筹谋在先的竞争者占据。"(安索夫) 解读并评价这一说法。

9. 选择一家你熟悉的公司，探讨其目前的宗旨被利益相关者以及伦理影响的程度。根据2.5节中的内容来组织你的答案。

延伸阅读　　注释和参考文献

第2篇

战略分析和宗旨

关键战略管理问题

第 3 章　战略环境分析

- 战略环境是什么？战略环境为什么如此重要？
- 有哪些关键的行业因素可以帮助确定组织的目标？
- 要分析哪些主要的背景领域？
- 市场的增长有何战略意义？
- 如何分析对组织有更加直接影响的因素？
- 如何分析竞争者？
- 环境分析中的合作分析有何作用？
- 顾客有多重要？我们如何为自己与顾客定位？

第 4 章　资源和能力分析

- 资源和能力如何给组织附加价值？
- 哪些资源和能力对附加价值和打造竞争优势至关重要？
- 资源和能力打造竞争优势的主要方式有哪些？
- 如何强化竞争优势？
- 组织还有哪些重要的资源，特别是人力资源方面的？

第 5 章　战略动态性

- 战略宗旨如何变化？为什么？
- 如何分析环境的动态性及其对竞争优势的影响？
- 如何分析快速变化的市场以及资源方面的变化？
- 如何构建新的进攻型竞争战略？
- 如何构建合作战略？如何使用博弈理论？

第 6 章　通过使命、目标和伦理传递的计划型宗旨

- 组织及其环境如何影响宗旨？
- 组织对其未来有何愿景？
- 组织的使命是什么？目标是什么？
- 组织的宗旨和组织中的公司治理有何关系？
- 绿色战略的作用和视角有哪些？
- 组织对伦理和企业社会责任有何看法？它们如何影响组织的宗旨？

第 7 章　从知识、技术和创新中涌现的宗旨

- 组织拥有哪些知识？如何创造和分享这些知识？这对组织的宗旨有何影响？
- 新技术有哪些战略性的影响？技术如何影响组织的宗旨？
- 创新是否可以影响组织的宗旨？如果可以，它是如何影响的？

3 战略环境分析

学习目标

学习完本章后，你将能够：

- 解释研究组织环境的重要性。
- 概述组织的主要环境影响要素，并将环境变化的程度与计划型和涌现型战略理论联系起来。
- 对组织的整体影响进行 PESTEL 分析。
- 理解市场增长和市场周期性对战略管理的影响。
- 区别行业的关键成功因素。
- 分析对组织产生具体影响的五种力量。
- 对组织的合作伙伴进行四连杆分析。
- 建立分析竞争对手的档案并确定竞争对手的优势。
- 探究组织与其顾客之间的关系。

引言

近年来，“环境”一词有了相当特殊的含义：它涉及“绿色”问题和人类活动对地球的影响。这些问题也是本书研究的一部分，但我们在更广泛的意义上使用“环境”一词来描述组织之外的所有人和事。其中包括顾客、竞争对手、供应商、分销商、政府和各类社会机构。关于绿色战略和可持续发展的重要话题将在第 14 章单独介绍。

制定计划型战略和涌现型战略，可以从影响组织战略的九种基本环境分析工具入手（见图 3 - 1）。环境要素会变化，因此组织需要相应地调整其战略。计划型战略希望预测未来的环境如何变化，以满足未来的需求，而这一切要在竞争对手之前完成，涌现型战略则只要理解环境就好。

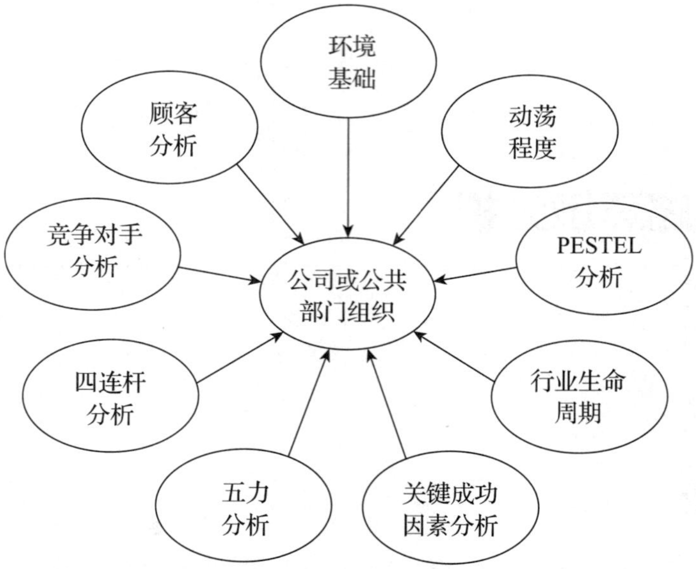

图 3-1 战略环境分析——九种基本分析工具

案例研究 3.1

百视达视频租赁的兴衰

1994 年，视频租赁连锁店百视达（Blockbuster）以 84 亿美元的高价被收购。20 年后，这家公司成为过眼云烟。为什么？战略环境分析有什么意义？

背景

百视达视频租赁连锁店是一个快速增长的零售集团，专门出租各类电影。它始于美国，逐步向欧洲发展。每家商店都有一系列最新的好莱坞电影，顾客会在夜间租用这些电影，在家里的录像机上播放，第二天再归还。该公司与各大电影公司签订了特别合同，以确保在电影院上映后不久就能买到最新的电影。它将 60% 的租金留作收入，将其余 40% 给电影公司，这在当时是一种可行的商业模式。

百视达被并购

1994 年，美国媒体集团维亚康姆（Viacome）以 84 亿美元收购了百视达。维亚康姆对百视达持有的 15 亿美元现金非常感兴趣，这笔资金可以帮助它收购派拉蒙影业（Paramount Pictures）。当时维亚康姆高估了百视达，因为百视达被并购后的一年内利润下降很多。但维亚康姆在随后十年继续投资于这家连锁店。有报道称，此次并购产生的协同效应将使两家公司受益匪浅，利润源于维亚康姆旗下 MTV 电视频道与百视达交叉营销以及通过百视达专卖店销售的“星际迷航”（Star Trek）手表等周边商品——这是维亚康姆特许经营的一部分。但这种情况并没有发生。维亚康姆一名内部人士说：“MTV 的人对自己的地盘看得非常紧。”

尽管如此，到 2004 年，百视达雇用了 60 000 名员工，拥有 9 000 家门店。随着技术的变革，它开始在销售 VHS 录影带的同时出售 DVD。它还向那些无法或不愿光顾门店的顾客提供 DVD 邮寄服务。但百视达面临着来自其他零售店的激烈竞争，因为供应商即那些电影公司直接向其竞争对手销售电影视频。这些零售店包括能够出售而不是租用录像带和光盘的超市，超市还能以更低的价格竞争。起初，百视达拒绝销售利润较低的 DVD，因为它会侵蚀利润更高的租金收入，但竞争压力实在是太大了。

出乎专家的意料，维亚康姆在 2004 年以略低于 9 亿美元的价格出售了百视达连锁店。部分原因是维亚康姆计划优先发展其他媒体，比如进一步投资其黑人娱乐电视（Black Eentertainment Television，BET）和 MTV 网络。可能是维亚康姆看到了百视达的未来，百视达当时正在亏损。

技术变革

在 2004 年之前的几年里，技术发生了重大变化。DVD 取代了录像带，通过宽带可以快速传输大的电子文件。利用这一变化的新公司兴起。例如，一家名为网飞（Netflix）的小公司正在扩张：它不仅通过邮件销售 DVD，而且在美国通过宽带提供同样的服务。据报道，2000 年百视达曾拒绝以 5 000 万美元收购网飞公司。

结果

2004 年，维亚康姆在恰当的时机出售百视达。品牌和电影电视合同是百视达的主要资产。但当顾客不必离开家就能买到同样的产品时，该公司的连锁租赁店就成了一种负担。互联网革命使其成为早期的牺牲品之一。

2010 年，百视达在美国仍拥有 4 000 家门店，在其他国家拥有 2 500 家门店。那时，公司仍认为这一业务还可以继续发展。然而，宽带的速度在不断提高。更多的顾客在学习如何下载影片。网飞、欧洲的 LoveFilm 和美国的 Hulu 等公司都在迅速扩张。百视达于 2010 年底申请破产。Dish TV 以 3 亿美元（包括债务）收购了约 1 700 家门店，其余门店在未来三年内关闭。

到 2014 年，这家轰动一时的公司已经完全消失了。这个名字仍然出现在一个名为“快捷百视达”（Blockbuster Express）的视频租赁服务连锁店中，但这家公司与最初的公司已没有任何联系，这也说明租赁业务还可以赚钱。

案例由理查德·林奇根据公开发表的资料编写。[1]

案例问题

1. 战略分析的哪些要素与本案例相关？场景构建是否能够帮助百视达在 2000 年修订战略？
2. 互联网对其他行业的威胁是否与百视达一样？你对这些行业有什么建议？

3.1 探索竞争环境

研究竞争环境的重要性

在战略管理中，**环境**（environment）意味着组织外部的一切事物和每一个人：竞争对手、顾客、供应商以及其他有影响力的机构，如地方和国家政府。战略家一致认为，理解竞争环境是战略管理的基本要素。研究组织周围的环境很重要，原因有三。其一，大多数组织都要与其他组织竞争。因此，作为构建可持续竞争优势的一个步骤，对环境的研究将提供关于竞争性质的信息。[2] 可持续竞争优势是相对于竞争对手的一种不易被模仿的优势。其二，大多数组织通过对环境的研究来发现可供发掘的机会和需要遏制的威胁。[3] 这样的机会和威胁可能不仅来自竞争对手，而且来自政府的决策、技术和社会的发展变化以及许多其他因素。其三，环境中有建立网络和其他联系的机会，从而实现可持续的合作。这种与他人的联系可以通过提供相互支持来提升一个组织在其环境中的影响力。相比之下，百视达（见案例研究 3.1）则展示了当公司未能利用这种联系时可能发生的情况。

然而，在确定组织的战略管理与其环境之间的联系方面存在三种困难。

1. 计划型战略与涌现型战略的争议。第一个问题产生于本书第 1 篇中对战略管理过程的根本分歧。一些计划型战略家认为，尽管存在各种不确定性，但对许多市场来说，可以对环境进行有效预测。一些（不是所有的）涌现型战略家则认为，环境是如此动荡和混乱，预测很可能是不准确的，也没有什么用处。这两种解释意味着同一基本主题的不同定位。3.2 节将进一步探讨这一争议。

2. 不确定性。无论对预测持何种观点，所有的战略家都认为环境是不确定的。新的战略可能不得不在无法保证的情境下实施，在制定战略时要解决这一问题。百视达在最初的时候不确定性比较小，但新技术改变了这一切。

3. 影响范围。理论上，组织环境的每一个要素都可能影响战略管理。要解决如此广泛的因素所造成的问题，可能的办法是列出所有要素。然而，这么做其实是错的，因为组织和个人会发现很难确定和管理好每个要素。在战略管理中，只列出包含所有主要可能性的综合清单而没有优先次序的话，是没有任何价值的。更好的解决办法是找出该行业的关键成功因素，然后在进行环境分析时考虑这些因素。这一点将在本章 3.6 节讨论。

环境分析的主要要素

为了分析一个组织所处的环境，同时解决前述三种困难，可以采用某些基本的分析程序（见表 3 - 1）。

表 3 - 1　环境分析的九个基本阶段

阶段	技术	阶段成果
①环境基础——定义和探究环境基本特征的开放性评估（见 3.2 节）	对环境基本因素的估计： • 市场定义和规模 • 市场增长 • 市场份额	基本战略分析： • 确定战略机遇的范围 • 建立未来的增长前景 • 开始构建市场竞争格局
②考虑环境的动荡程度（见 3.3 节）	一般考虑： • 变化：快还是慢？ • 重复乏味或出其不意的未来？ • 可预测或不可预测？ • 对组织产生复杂或简单的影响？	对初步问题指引： • 环境是否过于动荡，无法进行有效的预测？ • 公司面临的机会和威胁是什么？
③影响竞争环境的背景因素（见 3.4 节）	PESTEL 分析和情境	• 识别关键影响 • 尽可能预测 • 了解事件之间的相互联系
④市场增长阶段分析（见 3.5 节）	行业生命周期	• 确定成长阶段 • 考虑对战略的影响 • 识别成熟度、过度生产和周期性问题
⑤行业特有的要素：是什么带来了成功？（见 3.6 节）	关键成功因素分析	• 确定与战略相关的因素 • 专注于战略分析和发展
⑥行业内竞争力量均衡的具体因素（见 3.7 节）	五力分析	• 竞争力的静态和描述性分析

续表

阶段	技术	阶段成果
⑦行业合作的具体因素（见3.8节）	四连杆分析	• 分析当前和未来可能合作的组织 • 网络分析
⑧与直接竞争对手相关的因素（见3.9节）	竞争对手分析和产品组合分析	• 竞争对手简介 • 分析相对市场优势
⑨顾客分析（见3.10节）	市场与细分研究	• 针对现有顾客和潜在顾客的策略 • 细分市场和细分市场中的定位

主动性结果与应对性结果的区别

在分析环境时，要区分以下两种结果：

1. 主动性（proactive）结果。环境分析将区分积极的机会或消极的威胁，然后，组织将制定积极的前瞻性战略来利用或应对。例如，电影制片人可能会通过寻找新的市场机会发展交叉融资的合作。

2. 应对性（reactive）结果。环境分析将突出组织无法控制的重要战略变化，但如果这些变化发生，组织必须能够应对。例如，欧盟关于文化内涵和投资的新立法可能会影响欧洲电影业的战略活动。

在这两种情况下都需要分析环境，但其对战略的影响大不相同。

关键战略原则

- 环境分析的重要性在于可以帮助构建可持续的竞争优势，识别机会和威胁，并可能为与其他组织的建设性合作提供机会。
- 研究环境有三种困难：分析的用途；主题的不确定性；应对各种环境影响。
- 环境分析可以用来产生主动性的战略结果，或强调需要监控的应对性战略情形。

3.2 战略环境——基础

要进行环境分析，可从一些基本的要素开始，虽然这些要素在学术概念中有时会被遗忘，但有助于对环境的战略分析。[4] 我们可以将这种基础分为以下三个方面：

1. 市场定义和规模；
2. 市场增长；
3. 市场份额。

市场定义和规模[5]

在分析战略环境时，大多数组织都想得到“市场规模到底有多大?”这个基本问题的答案。这一点很重要，因为这将有助于确定战略任务。通常用年度销售额来描述市场。从计划型战略的角度看，“大”市场可能比“小”市场更具吸引力。“大”和“小”这两个词需要仔细定义。例如，对于导演了电影三部曲《指环王》的彼得·杰克逊来说，一个“大”的机会可能是2亿美元。不过，对最终投资电影的华纳兄弟公司来说，它们的电影业务可能规模更大，这样的机会可能是10亿美元。尽管存在此类问题，但这是尝试评估战略机遇一个有用的起点。

测度市场的规模会引发一个相关的问题，即如何定义“市场”。例如，被定义为奇幻电影的《指环王》三部曲的年度市场价值是否只有5亿美元？包括《指环王》以及从詹姆斯·邦德到克林特·伊斯特伍德主演的电影在内的冒险电影的年度市场价值为100亿美元？答案将取决于顾客，以及其他产品在多大程度上是真正的替代品。虽然对有些市场的定义似乎是显而易见的——例如，“冰激凌市场”似乎是有明确定义的——但需要谨慎对待：也许另一种零食也可以替代冰激凌，那它也应该包括在定义中吗？

市场增长

在确定市场规模的时候，估计市场在过去一段时间（通常是前一年）增长了多少也是一种常见的做法。从战略的角度来看，增长的重要性程度与组织的目标有关。希望快速增长的组织可能更容易被快速增长的市场吸引。显然，这样的估计也需要考虑上述关于市场定义的争论。

市场份额

尽管一些战略家不认同，但拥有市场中的较大份额通常被认为对战略是有利的。[6] 原因是大的市场份额可以影响价格，也可以通过规模经济的水平来降低成本，从而提高盈利能力。[7] 显然，这里存在定义上的问题。从战略角度来看，应该对市场份额进行一些估计。实际上，很难确定一个精确的市场份额——例如，2002年《指环王》所占的电影市场份额取决于它在公开发行后的几周内拥有的较高的份额，以及最受欢迎的事实——但这也可能无关紧要。从战略角度来看，重要的是《指环王》在当年占据了细分电影市场中的多少份额。同样，在其他的战略情形中，可能会出现独占的市场份额——例如，向家庭供应生活用水的公司所占的市场份额——但这不一定能够衡量出准确的份额。这些内容将在第4章和第14章进一步探讨。

关键战略原则

- 有效的环境分析可以从市场定义和规模、市场增长和市场份额的基本评估开始。
- 市场定义很重要，因为它将决定战略机遇的规模和范围。市场定义将通过考虑顾客和替代产品的可用性来确定。
- 通常在战略分析的早期就要估计市场增长的水平，因为它对组织的增长目标很重要。
- 市场份额的基本估计可以用来评估一个组织是否在市场中占有重要份额，以此作为探究战略影响的起点。

3.3 环境的动荡程度[8]

在环境分析的一般层面，要考虑组织周围的基本条件。要特别注意推动战略变革的力量的性质和力度——环境的动态性。这样考虑的一个原因是，如果这些力量异常强大，就很难使用各种分析技术，比如波特的五力模型，本章稍后将讨论。另一个原因是，环境的性质可能会影响组织应对此类变化的方式。

组织周围的环境力量可以通过以下两个主要尺度进行评估：

1. 可变性（changeability）——环境可能发生变化的程度。例如，液态奶市场的可变性较小，各类互联网市场的可变性则较大。

2. 可预测性（predicability）——这些变化可以被预测的程度。例如，可以在一定程度上预测移动电话市场的变化，但生物遗传领域的变化仍然是未知的。

可以将这些尺度进一步细分。可变性包括：

● 复杂性（complexity）——组织环境受国际化、技术、社会和政治复杂性等因素影响的程度。

● 新颖性（novelty）——环境对组织而言呈现出新情况的程度。

可预测性也可进一步细分为：

● 变革速度（rate of change）(由慢变快)。

● 未来的可见性（visibility of the future），指用于预测未来的信息的可用性和有用性。

利用这些因素就有可能建立一个频谱，对环境进行分类，并为其动荡程度提供评级（见表 3－2）。

表 3－2　环境动态评估

	环境动荡	重复性	扩展性	改变程度	不连续性	意外性
可变性	复杂性	国家	国家	区域技术	区域社会政治	全球经济
	熟悉的事件	熟悉	推断		不连续的熟悉情况	不连续的新情况
可预测性	变革速度	比应对措施慢		与应对措施相当		比应对措施快
	未来的可见性	反复出现	可预测	可预见	部分可预见	不可预见的意外
	动荡程度	低　1	2	3	4	5　高

资料来源：Ansoff, I and McDonnell, E (1990). *Implanting Strategic Management*, FT Prentice-Hall. With permission.

当动荡程度较低时，就可以放心大胆地来预测未来。例如，华纳兄弟等电影公司可以利用其遍布全球的顾客以及国际经济数据来预测未来对不同类型电影的需求。

当动荡程度较高时，这样的预测可能没有什么意义。影响组织的可变性因素可能包含许多复杂的项目，并且引入市场的新颖性可能很高。例如，当新的服务、新的供应商、新的想法、新的软件和新的支付系统同时在互联网上推出时，环境的动荡程度就会高。预测这些发展的具体结果几乎是不可能的。

如果市场动荡程度很高——一些战略家称之为超级竞争[9]——将导致环境难以被研究，就要认真对待接下来建议做的分析。然而，对于大多数快速增长的情况（包括互联网）而言，至少应该去尝试了解影响组织环境的主要领域。进行正式的预测也许是不可能的，但确定最重要的因素肯定是可以的。第 5 章关于战略动态性的内容将探讨应对这种情况的策略。

关键战略原则

● 开始分析环境的时候，要全面考虑环境的动荡程度。如果动荡程度很高，将使预测变得困难，并对战略发展的计划型方法产生影响。

● 测量动荡程度有两个尺度：可变性，即环境可能发生变化的程度；可预测性，即这种变化可以被预测的程度。

● 这两个尺度都可以进一步细分：可变性可以分为复杂性和新颖性；可预测性可分为变革速度和未来的可见性。所有这些要素都可以用来探究动荡程度。

3.4 整体环境分析

在研究组织环境的因素时，可以使用两种技术来探究一般环境：PESTEL 检查表和基于场景的分析。

PESTEL 检查表

很明显，对组织的分析并没有简单通用的规则。对每个特定组织的分析都应该以相关性为准绳。从 PESTEL 检查表开始这一进程是有益的。PESTEL 检查表包括政治、经济、社会文化、技术、环境和法律方面。

专栏 3.1 列出了进行 PESTEL 分析时可能要考虑的一些主要因素。

专栏 3.1 | PESTEL 分析的检查表

政治的未来

- 地方、国家或自由贸易区层面的政党和联盟
- 立法，例如税法和劳动法
- 政府与组织之间的关系（可能对上述因素产生重大影响，并构成未来战略管理的一部分）
- 政府对产业的所有权以及对垄断和竞争的态度

社会文化的未来

- 价值观和文化的转变
- 生活方式的改变
- 对待工作和休闲的态度
- “绿色”环境问题
- 教育与健康
- 人口变化
- 收入分配

经济的未来

- 总 GDP 和人均 GDP
- 通货膨胀
- 消费者支出和可支配收入
- 利率
- 货币波动和汇率
- 国有企业、私有企业和外国公司投资
- 周期性
- 失业
- 能源成本、运输成本、通信成本、原材料成本

技术的未来

- 政府和欧盟投资政策
- 新的研究计划
- 新专利和新产品
- 变革的速度和新技术的采用
- 竞争对手的研发支出水平
- 所有名义上不相关但可能产生影响的产业的发展

环境的未来

- 影响环境和公司的“绿色”问题
- 能源消耗水平和类型——可再生能源?
- 垃圾、废弃物及其处理方式

法律的未来

- 竞争法和政府政策
- 就业和安全法规
- 产品安全问题

评论

要注意的是，PESTEL 检查表并没有隐含的逻辑，这和前文探讨的动荡程度、市场份额和增长分析等战略环境的理念不同。PESTEL 纯粹是一个提醒性的检查表，应该有选择地使用。

与所有检查列表一样，PESTEL 分析实际上只会在有充分准备的个人或团队中生效。列出每一个可以想到的因素几乎没有价值，这只能暴露出在战略管理的过程中欠缺认真的考虑和逻辑。最好有三到四个经过深思熟虑的因素，并加以研究和证明，而不是一长串的“流水账”。尽管这样也可能形成有用的总结，但本书并不推荐用简单的“+”和“-”符号以及附带标识的方式来完成列表。

对于计划型战略家来说，尽管 PESTEL 分析中的因素依赖于过去的事件和经验，但该分析确实可以用来对未来进行预测。过去已经成为历史，战略管理关注的是未来的行动，但关于未来的最佳证据可能来自过去发生的事情。计划型战略家会认为这是值得尝试的，因为重大的新投资无论如何都会做出这种假设。例如，华纳兄弟在第一部《哈利·波特》电影上投资了数亿美元，就是假定奇幻电影市场仍然具有吸引力；即使结果难以预测，也不妨通过结构化的 PESTEL 分析将其正式化。

涌现型战略家很可能会说，未来如此不确定，提前预测是没有用的。如果持有这种观点，PESTEL 分析将在解释过去事件及其相互关系方面发挥不同的作用。在实践中，尽管涌现型战略家可能会用言语警醒，也会尝试预测未来。例如，著名战略专家赫伯特·西蒙（Herbert Simon）在 1960 年写了一篇相当草率的文章，提出“到 1985 年，我们将拥有用机器经营公司的技术能力”。[10] 在快速变化的市场中，涌现型战略家说预测可能没有价值是正确的。总的来说，如果使用得当，PESTEL 检查表在战略管理中能发挥一定的作用。

分析政府的作用

虽然“政治”在 PESTEL 分析中作为检查表中的一个因素出现，但这并不能充分说明政府在战略管理特定领域中的重要性。在政府政策的层面，政治与经济密不可分。战略管理并不涉及制定此类政策，但需要理解相关决策的影响。政府可以刺激国民经济，鼓励新的研究项目，征收新税，并推出许多影响组织及其制定战略能力的其他举措。为了分析这些影响，有必要区分三个方面：国家环境、政府体制和政策。所有这些都总结在环境 - 体制 - 政策（environment-system-policy，E-S-P）的范式中（见图 3 - 2）。

从更广泛的层面来看，政治决策一直是行业增长的重要推动力。因此，战略管理需要考虑这些政策带来的机遇和困难。政府关心的其他领域，例如公共开支、竞争政策和税收问题，也需要加以分析。在这些领域产生影响的政府政策实际上可能构成一个组织战略的重要

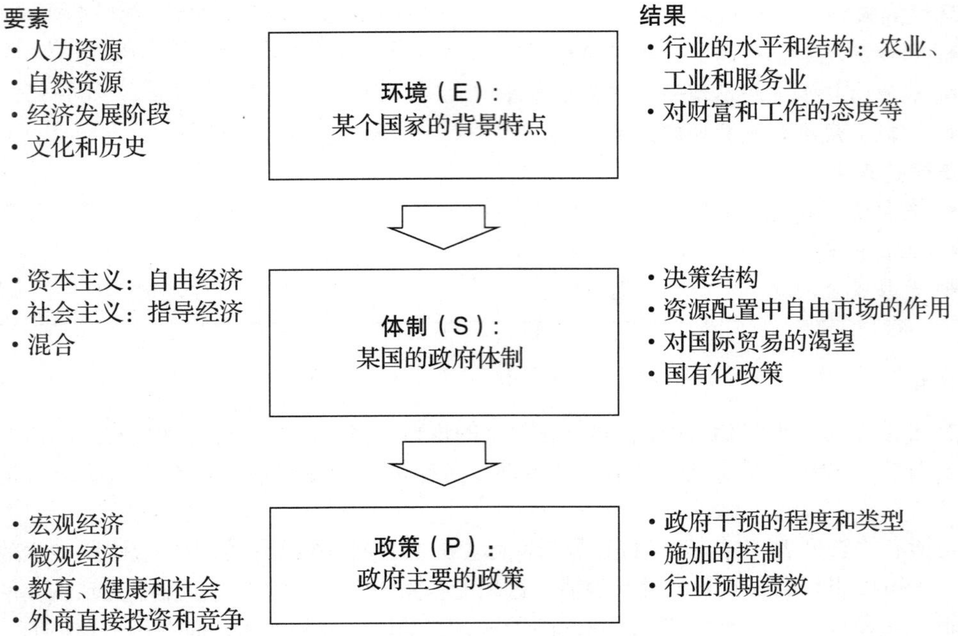

图 3－2　E-S-P 范式：分析政府的作用

资料来源：Adapted from Koopman, K and Montias, J M (1971). " On the description and comparison of economic systems ", in Eckstein, A (ed) *Comparison of Economic Systems: Theoretical and Methodological Approaches*, University of California Press, Berkeley, CA. Copyright © The Regents of the University of California. With permission.

组成部分：可能是因为该组织是政府的顾客，也可能是因为它严重依赖于政府的某些优惠政策，如税收。最后，宏观经济条件——国民经济总体水平的经济活动——也可能对战略管理产生重大影响。因此，需要对其进行研究和评估。

基于场景的分析

在基于场景的（scenario-based）分析中，场景是组织未来可能所处环境的模型，可以基于此模型对其战略影响进行研究。例如，可以构建一个场景来探讨这个问题："如果到 2020 年，宽带使得所有电影可以在家观看，导致多屏幕影院的放映需求崩溃，那么会发生什么？这会对电影制片人和电影租赁连锁店产生什么影响？"

场景关注的是对未来的展望，而不是预测未来。预测是基于目前的情形来推断出未来。场景则研究的是不同起点导致的多种可能的情形。其目的不是预测，而是探索一系列可能性；通常将各类事件组合在一起形成一个场景，然后探究这种组合的战略意义。然后，组织探究其处理这种情况的能力——不是因为它期望这种情况一定发生，而是因为它有助于理解战略环境的动态性。专栏 3.2 提供了一些关于构建场景的建议。

专栏 3.2 | 场景的构建

以好莱坞大片为例，下面给出了一些关于如何构建场景的建议。

● 从一个不同寻常的视角出发。例如，主要竞争对手的定位、技术的根本性变革、政府的激进变革或战争的爆发。

例如：如果男主角在拍摄中去世，会产生什么后果？

● 对一组可能发生的事件进行定性描述，或者叙述事件将如何展开。这不太可能涉及定量预测。

例如：这位演员在拍摄的第45天去世（拍摄过程持续90天）。当天，新闻界获知该消息。然后，制片人需要再找一位演员，而且要面临如何处理现有的电影片段的多个问题：是否需要重新拍摄？会改编故事吗？会创造另一个角色吗？

● 通过构建可能发生的两到三个场景来探索这些描述或叙述的结果。通常很难处理三个以上的场景。两种场景往往导致"最乐观的结果"和"最糟糕的结果"。

例如：场景1：最糟糕的结果是全部重拍，包括其他明星由于拍摄其他电影而退出的情形。场景2：改变故事情节，以适应新的场景，包括改写剧本、雇用另一个演员，或者重新拍摄一些场次。每个场景的财务状况都可以计算出来——包括雇用编剧的成本等。

● 在每个场景中考虑不可避免的不确定性，并探讨这种不确定性对相关组织的影响，例如，"如果最乐观的结果出现，会发生什么？"PESTEL因素可能会提供一些线索。

例如：场景1：其他演员何时离开——毕竟还有45天的合同拍摄时间？这对拍摄意味着什么？当然，可以对剧本做一些修改，这会有帮助吗？场景1真的太悲观吗？

● 测试场景的有用性，看其在多大程度上能产生新的战略思维，而不仅仅是现有战略的延续。

例如：更为重要的是，从激进的思维角度来看，如果一开始就发现该演员是如此重要，为什么不在拍摄开始前为他买一份保险以防发生这样的事情？

● 再回顾一下，构建场景的目标是制定应对不确定性的策略，而不是预测未来。

例如：没有人希望一个主角去世，但预想场景有助于防范不确定性和不寻常的后果。

关键战略原则

- PESTEL检查表——对政治、经济、社会文化、技术、环境和法律因素的研究——为分析组织的总体环境提供了一个有用的起点。关键是从这样一个概括的列表中选择主要因素并深入探究；长的流水账列表通常没有用处。
- 计划型和涌现型的战略家对预测PESTEL检查表中主要因素的好处各持己见。计划型战略家倾向于进行预测，因为无论情况如何，这些预测通常都是重大战略决策中的隐含条件。涌现型战略家则认为，环境的动荡会使预测的价值非常有限。
- 在分析政府对战略的作用和影响时，E-S-P范式中环境、体制、政策等构成非常有用的分析框架。影响政府的政策可能是战略的一个重要组成部分。
- 场景是对组织未来可能所处环境的描述，可以对其战略影响进行研究。场景分析其实不是预测，而是提出对未来的不同看法。其目的是激发人们对事件可能产生的后果进行战略思考，而不是对未来做出准确的预测。

3.5 市场发展阶段分析

著名的战略学者、哈佛大学商学院的迈克尔·波特教授是"将行业生命周期描述为预测行业发展概念的鼻祖"。其基本假设是：行业或行业内的一个细分市场都会经历四个基本发展阶段，每个阶段对战略有不同的影响。**行业生命周期**（industry life cycle）的四个主要阶段通常称为导入阶段、成长阶段、成熟阶段和衰退阶段（见图3-3）。

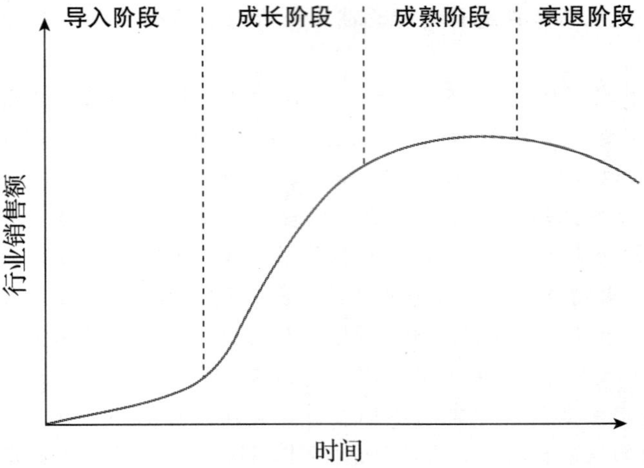

图 3-3　行业生命周期的阶段

行业生命周期

随着行业在生命周期中的演进，战略管理的性质也将发生变化。在导入阶段，组织试图培养客户对产品的兴趣。随着行业进入成长阶段，竞争对手被其潜力吸引也进入市场；从战略角度看，竞争会加剧。由于所有现有顾客都对产品感到满意，增长放缓，市场成熟。尽管增长放缓，但新的竞争对手仍可能被吸引到市场中；然后，每家公司都必须更加努力地争夺市场份额，市场变得更加分散——也就是说，市场份额被细分为更小的部分，销售进入衰退期。

为了探究战略，首先要确定一个行业达到了生命周期的哪个阶段。对于周期中的每个阶段，都有许多公认的策略（见表 3-3）。相比之下，成熟阶段假定大多数顾客都知晓该产品，并且几乎不需要进行新的试验。

表 3-3　行业生命周期及其战略含义——传统观点

	导入阶段	成长阶段	成熟阶段	衰退阶段
顾客战略	• 早期顾客对产品进行试用，并接受一些不可靠性 • 需要解释创新的本质	• 不断增长的顾客群 • 质量和可靠性对增长很重要	• 大众市场 • 很少尝试新产品或服务 • 品牌转换	• 熟悉产品 • 根据价格而非创新进行选择
研发战略	• 高	• 在竞争到来之前寻求扩张	• 低	
公司战略	• 寻求对市场的主导权 • 研发和生产对于确保产品质量尤为重要	• 通过市场营销支出和各种办法应对竞争	• 如果尚未成为市场领导者，增加市场份额的成本高昂 • 寻求降低成本	• 成本控制尤其重要
对盈利能力的影响	• 价格高，但可能因投资新类别而亏损	• 会产生利润，但随着竞争对手进入市场，价格可能会下降	• 由于要持续投资，再加上持续的来自经销商和竞争的压力，利润被挤压	• 价格竞争和低增长可能导致亏损或需要大幅削减成本以保持盈利

续表

	导入阶段	成长阶段	成熟阶段	衰退阶段
竞争对手战略	• 对新类别的浓厚兴趣 • 尝试复制新产品	• 市场进入（如果之前没有） • 尝试创新和对产品大类的投资	• 依靠广告和质量进行竞争 • 产品差异性更小 • 产品变化水平降低	• 主要是基于价格的竞争 • 一些公司可能打算退出该行业

与战略管理的其他领域一样，对于行业生命周期每个阶段所适用的战略有各种观点。表 3－3 列举了与行业发展特定阶段相对应战略的传统观点。然而，在战略管理中，经常有很好的论据来支持采取非传统的做法。因此，表 3－3 列出的内容只是分析行业动态的起点。最具创新性的战略很可能来自做一些不同的事情和打破常规。

传统观点认为，行业生命周期表明，在行业发展的早期阶段可能会有更多新的和激进的研发机会。当一个行业更成熟时，研发所需的投资相对较少。[11]然而，非传统观点认为，成熟的行业才需要新的增长，因此需要研发等战略举措的支持。在冰激凌行业中，传统冰激凌的市场领导者可能会受益于对现代化设施的投资，进一步降低成本。这表明，即使在市场的成熟阶段，仍然需要大量投资来保持市场竞争力。正是由于这个原因，最好将生命周期的概念视为增长分析的起点。

在制定战略时，要注意行业生命周期的两个后果，因为它们可能对行业产生重大影响。

1. 早期进入的优势。大量的实证证据表明，进入新市场的第一家公司具有最显著的战略优势。例如，基于对 500 家成熟工业公司的研究，阿克（Aaker）[12]认为，敢于率先尝新的公司的平均市场份额为 29%，早期追随者占 21%，后期进入者占 15%。虽然早期进入市场会面临很大的风险，但在战略发展中也可能存在长期的优势，值得认真考虑。

2. 行业市场份额分散。在市场发展的早期，快速增长的市场会吸引新的进入者。这是自然的，也是不可避免的。随着市场走向成熟，每个新公司都在争夺市场份额，市场将变得更加分散。这对战略具有重要意义，因为它表明成熟市场需要调整战略——可能与某一细分市场相关（见第 4 章）。

出于战略的考虑，最好分析每个行业中的不同细分市场，而不是整个市场，因为每个细分市场都可能处于行业生命周期的不同阶段，都可能需要不同的战略。比如全球旅游业就采用了这样的思路：近年来，观看野生动物和摄影等特殊兴趣的旅游强劲增长，标准的海滩和阳光旅行则处于生命周期的成熟阶段。

对行业生命周期的批判性评价

行业生命周期这一理念既有支持者，也有批评者。斯莫尔伍德（Smallwood）[13]和贝克（Baker）[14]为其实用性进行了辩护，还为其基本概念提供了实证支撑。达哈拉（Dhalla）和尤斯柏赫（Yuspeh）[15]则持批评的观点，其中一些观点也有一定的可信度（见专栏 3.3）。

专栏 3.3 | 对行业生命周期的批评

1. 很难确定某些生命周期的持续时间，也很难准确地确定一个行业已经达到的阶段。例如，玛氏巧克力条是在 20 世纪 30 年代推出的，现在还没有进入衰退期，那它到底是处于成长阶段还是成熟阶段？

2. 由于技术变革，有些行业跳过了某些发展阶段，或者发展阶段无法被清晰地识别出来。例如，随着燃油汽车污染城市环境，自行车是进入了成熟阶段，还是进入了一个新的生命周期？

3. 公司可以在它们的产品中引发变革，从而改变曲线的形状。例如，微型化的引入以及电子存储卡对胶片的替代给相机行业带来了新的生机。

当然使用行业生命周期方法也存在一些困难，但是进行这种分析有助于确定影响行业发展的动态因素。借助行业生命周期，就有可能将组织自身的战略与这一分析进行比较。

关键战略原则

- 尽管有人对行业生命周期提出了批评，但它描绘了一个市场从导入、成长、成熟到衰退的发展过程，有助于识别影响行业演变的动态因素。
- 它还有助于明确适用于周期中每个阶段的传统策略视角，即使这些策略随后由于逻辑原因而更改。
- 生命周期分析中值得特别考虑的方面包括：早期进入的优势、市场成熟时市场份额的分散化、周期性的发生及其对成熟市场需求的影响。

3.6 行业的关键成功因素

在对环境进行战略分析时，有大量的问题值得探讨，这就给很多组织带来了困惑，因为它们既没有时间也没有资源来处理这样的开放性任务。日本战略家大前研一[16]提出了解决这一问题的方法，即找出可能实现公司目标的关键成功因素。这些因素可以用来集中分析那些特别重要的行业问题。

一个行业的**关键成功因素**（key factors for success，KFS）包括一个行业中组织的资源、技能和特性，这对于公司在市场上取得成功至关重要。大前研一认为，当资本、劳动力和时间资源匮乏时，重要的是将它们集中在公司的关键活动——那些对实现组织目标最重要的活动上。

这一理念与波特[17]的观点不谋而合，波特认为决定某个行业内公司相对竞争地位的因素是多种多样的。此外，凯[18]的理论基础是，要将资源集中在最有可能获得成功的特定领域。阿米特（Amit）和休梅克（Schoemaker）[19]为这一主题提供了一个更广泛的理论框架，但将他们的方式称为“战略性行业因素”。所有这些都表明，确定关键因素并非易事。

关键成功因素对于行业内所有主要的组织都是通用的，并不能将一家公司与另一家公司区分开来。例如，低劳动力成本、服务中心、摩托车零件供应商等对巴贾吉（Bajaj）及类似的其他公司是一样的。这些因素会因行业而异。在香水和化妆品行业，关键成功因素包括品牌、产品分销和产品性能，但不太可能包括劳动力成本。

在对环境进行战略分析时，确定行业的关键成功因素会是一个好的起点。例如，摩托车“低劳动力成本”的关键成功因素分析包括：

- 该国的总体工资水平。
- 政府对裁员的规定和态度，因为通过解雇员工可以降低高工资成本。
- 与劳动力冗余做斗争的工会力量。

在印度摩托车行业中，仔细研究这些环境因素将受益匪浅；而在化妆品和香水行业中，它们可能有一些相关性，但远不如其他领域重要。

确定行业的关键成功因素

关键成功因素不仅涉及行业内组织的资源，而且与组织运营的竞争环境相关。以下三个主要领域需要重点分析，这就是大前研一提出的3C模型。[20]

1. 顾客（customer）。顾客真正想要的是什么？市场上有哪些细分市场？我们能把战略指向某个特定的群体吗？

2. 竞争（competition）。组织如何才能打败竞争对手，或者至少在竞争中生存下来？哪些资源和顾客使它特别成功？组织在价格、质量等方面与竞争对手相比如何？组织是否拥有比竞争对手更强大的分销网络？

3. 公司（corporation）。公司本身拥有哪些特殊的资源，与竞争对手相比有何不同？在成本方面，公司与竞争对手相比如何？在技术、技能、组织能力、营销方面如何？

专栏 3.4 更详细地列出了一些关键问题。这些领域同等重要。与资源问题有关的公司因素将在第 4 章中详细探讨。

专栏 3.4 | 确定一个行业的关键成功因素

请注意，关键成功因素是针对行业中的所有公司，而不仅仅是战略管理的目标公司。

1. 顾客

谁是顾客？谁是潜在顾客？有特别的细分市场吗？为什么顾客要从我们这里购买？为什么从竞争对手那里购买？

- 价格。市场是按高、中、低价位细分的吗？例如，欧洲的冰激凌市场。
- 服务。是否有些顾客看重服务，有些顾客只想购买产品？例如，顶级时装零售商与标准服装店的对比。
- 产品或服务的可靠性。产品性能对顾客来说是至关重要的，还是仅仅有用但并不重要？例如，心脏起搏器和药物。
- 质量。有些顾客会为实际或感知到的质量差异支付更高的价格。这是否为成功提供了途径？例如，有机蔬菜。
- 技术规格。在一些行业和金融服务领域，技术细节是吸引顾客的关键。这与行业相关吗？例如，专业的金融债券交易商。
- 品牌。品牌对顾客来说有多重要？例如，可口可乐和百事可乐。

2. 竞争

主要竞争对手是谁？影响市场竞争的主要因素是什么？竞争有多激烈？如何才能获得市场优势？竞争对手拥有哪些我们缺乏的资源，反之呢？

- 成本比较。哪些公司的成本最低？为什么？例如，20 世纪 90 年代中期的丰田汽车。
- 价格比较。哪些公司价格高？例如，戴姆勒－奔驰不生产廉价汽车。
- 质量问题。哪些公司的产品质量最高？为什么？它们是如何做到的？例如，施乐（美国）面临来自佳能等日本公司的激烈竞争。
- 市场主导地位。哪些公司主导市场？例如雀巢，拥有世界上最强大的咖啡产品系列和最大的市场份额。
- 服务。同一行业中是否有公司可以提供更高的服务水平？例如，在工业市场，艾波比（Asea Brown Boveri，ABB）需要高水平的服务来操作和维护复杂的设备。
- 分销商。哪些公司拥有最好的分销网络？哪些公司的成本最低？它们最快交货吗？是否有真正了解产品或服务的合格分销商？例如，大型的玻璃公司圣戈班（St Gobain）和皮尔金顿（Pilkington）。

3. 公司

我们和竞争对手的关键资源分别是什么？它们为顾客提供什么？行业的大部分成本集中在哪里？每项成本的小幅降低将使总成本大幅降低。

- 低成本运营。低成本运营对我们自己或竞争对手来说重要吗？例如，阿尔迪（Aldi）

和乐购（Tesco）都是低成本的超市运营商。

- 规模经济。规模经济在行业中存在吗？有多重要？例如，壳牌经营的大型石油化工业务。
- 劳动力成本。行业是否严重依赖低劳动力成本来进行竞争？例如，飞利浦将生产基地迁往新加坡和马来西亚，以降低劳动力成本。
- 产量水平。行业是否需要充分利用工厂的产能？例如，欧洲的纸张和包装公司。
- 质量管理。顾客是否需要一致可靠的质量？我们与同行业的其他公司相比如何？例如，麦当劳在世界各地的餐厅都采用了同样的标准。
- 创新能力。行业是否高度依赖不断创新的能力？例如，苹果、爱普生（Epson）和微软等电脑硬件和软件公司。
- 劳动/管理关系。行业严重依赖良好的劳资关系吗？如果发生纠纷，是否存在真正的问题？例如，在欧洲进行大规模钢铁生产的北方钢铁联合公司（Usinor）/阿尔贝德（Arbed）等公司。
- 技术和版权。行业是否依赖专业技术，尤其是那些获得专利并提供真正竞争优势的技术？例如，澳大利亚的新闻集团（News International）对卫星电视的某些解码器拥有全球独家控制权。
- 技能。行业内的组织是否拥有非凡的技能和优秀的人才？这些技能是什么？例如，广告公司和领先的咨询公司。

对概念的批判性评价

对关键成功因素的批评集中在以下四个方面[21]：

1. 区分。很难找出重要的因素。

2. 因果关系。即使可以识别，也可能不清楚它们是如何运作或相互作用的。

3. 一般化的危险。从定义上讲，组织的竞争优势不能通过寻求行业中所有组织普遍认可来获得。

4. 忽略了涌现型战略的视角。成功可能来自行业的变化，而不是确定了当前的关键成功因素。

除了这些具体的批评之外，一些战略家对行业分析有更大的疑虑（下一节将对此进行探讨）。如果关键成功因素被视为指导战略发展的框架，而不是严格的规则，那么一些批评意见可以被推翻。但批评的观点认为，应该谨慎研究关键成功因素，它们只是战略分析的起点——“最佳”的战略可能拒绝关键因素，做一些完全不同的事情！

关键战略原则

- 区别关键成功因素是战略分析的关键领域。
- 这些因素可以简单地分为三类：顾客、竞争和公司。公司代表着组织的资源。
- 关键因素可以在组织的任何领域中找到，与技能、竞争优势、行业内组织的竞争资源、特殊技术或顾客联系有关。
- 对关键因素有四种批评的意见：区分、因果关系、一般化的危险以及忽略了涌现型战略的视角。因此，在应用时要谨慎。

3.7 行业竞争环境分析——波特的贡献

通常，对行业的分析往往从对组织产生影响的各种力量的总体评价入手，目的是利用评价来打造组织的竞争优势，使其能够击败竞争对手。这种分析的大部分是由哈佛大学商学院的迈克尔·波特教授构建和提出的。[22]他的贡献在于加深了我们对竞争环境的理解，对私有和公共部门的许多组织也有广泛的影响。

这类分析通常基于波特所提出的结构，基本的模型如图 3-4 所示，通常称为波特五力模型，因为他区分了五种对组织产生影响的基本力量：

1. 供应商的议价能力；
2. 购买者的议价能力；
3. 新进入者的威胁；
4. 替代品的威胁；
5. 竞争的程度。

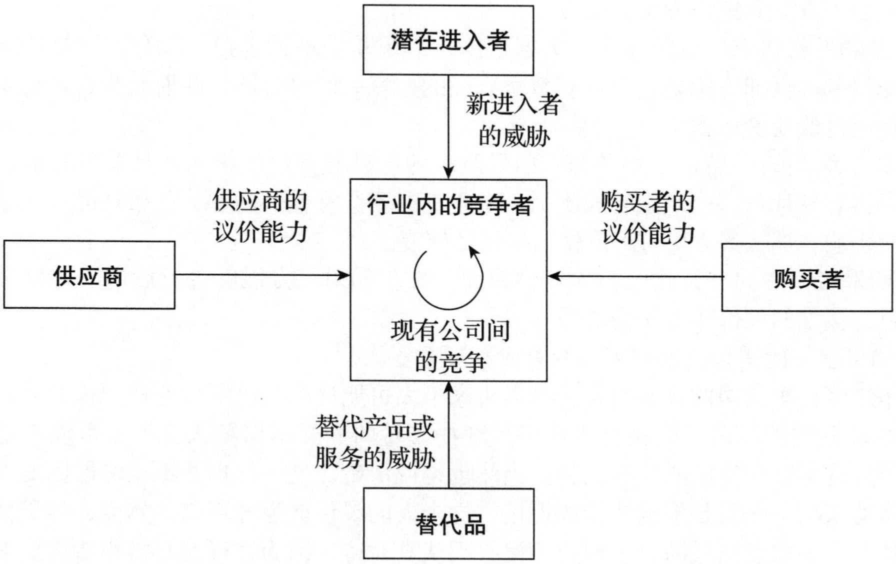

图 3-4 波特五力模型

资料来源：Reprinted with the permission of Free Press, a Division of Simon & Schuster, Inc., from *Competitive Strategy: Techniques for Analyzing Industries and Competitors* by Michael E Porter. Copyright © 1980, 1998 by The Free Press, All rights reserved.

这种分析的目的是探究为了在环境中把握机遇和保护自身免受竞争等威胁，组织需要如何构建其战略。波特对五力分析的描述很谨慎，认为他关注的是“推动行业竞争的各种力量”。[23]这些原则可能也适用于公共服务和非营利组织，它们也要通过竞争获得资源，如政府资助或慈善捐赠——有关这方面的进一步讨论见第 18 章。

供应商的议价能力

为了生产最终产品或服务，几乎每个组织都需要提供原材料或服务的供应商。波特认为在下列条件下，供应商有更强的议价能力：

● 如果供应商非常少。这意味着如果供应商开始行使其议价力，组织很难从一个供应商转换到另一个供应商。

● 如果供应商提供的产品没有替代品。如果由于技术原因，供应的原材料非常重要，那么供应商的议价能力尤其强势——或许它们可以提供生产过程的关键原料，或许它们提供的服务对整个生产过程的顺利进行至关重要。

- 如果供应商的价格占组织总成本的很大一部分。除非该组织能够提高自身的价格作为补偿，否则任何价格的上涨都将严重影响其附加价值的大小。
- 如果供应商能够融入组织的增值过程。如果供应商能够进行前向一体化并加入组织所承担的增值过程，它将拥有议价权；这可能对组织的生存构成真正的威胁。

以巴贾吉这类摩托车公司为例，供应商的议价能力在某些方面很低，因为摩托车零件的供应来源很多。然而，对机器性能有重大影响的更复杂的电子部件的供应商可能具有较强的议价能力。

购买者的议价能力

波特在模型中使用了“购买者”这个术语来描述那些可以被称为组织顾客的群体。在以下条件下，买方会有更强的议价能力：

- 如果买家集中且数量很少。买家很少，组织几乎别无选择，就会处于弱势地位，只能与买家谈判。例如，国防、卫生和教育方面的国家级政府合同，政府至少在理论上可以和组织好好地讨价还价一番。
- 如果组织的产品是无差异的。如果组织的产品与其他组织的产品非常相似，那么购买者可以很容易地从一个组织转换到另一个组织，不会有任何问题。如果产品的质量不受这种转换的影响，那么买方更有可能做出这样的转变。
- 如果可以后向一体化。与前述供应商一样，如果买方能够进行后向一体化并接管组织的角色，买方的议价能力就会增强。
- 如果组织的销售价格对买方的总成本不重要。

就印度摩托车公司的顾客而言，私人买家不太可能拥有与巴贾吉这样规模的公司议价的能力。如果有顾客写信，威胁要从购买其摩托车转向购买本田英雄，不太可能产生太大影响——因为这不会产生实质性的威胁。当然也得说清楚，这一推理并不意味着巴贾吉会忽视个别顾客的来信——只是根据波特的理论，这个人的议价能力并不高。然而，如果像警局这样的摩托车大买家发出威胁，巴贾吉显然必须认真对待，因为这可能对销售造成影响。在后一种情况下，威胁很大。

新进入者的威胁

当利润率很吸引人且进入壁垒很低的时候，新进入者就会进入市场。高利润率的诱惑是显而易见的，因此战略问题的关注点是进入市场的壁垒。

波特认为，有七个主要的进入壁垒来源[24]：

1. 规模经济。单位生产成本可以随着每一时期的绝对产量的增加而降低。这样的成本降低会在很多行业发生，但也有壁垒存在，因为这意味着任何新进入者都必须有较大规模，才能达到现有公司的低成本水平：这样的规模是有风险的。我们已经研究了电脑和摩托车行业，在这些行业降低成本是至关重要的。

2. 产品差异化。品牌、顾客知识、特殊的服务水平和其他许多方面也可能会造成壁垒，迫使新进入者花费更多的资金，或是需要更长的时间才能在市场上站稳脚跟。真正的进入壁垒可以由在市场上具有优势的老牌公司在战略上设立（见第 4 章）。拥有强大品牌、专业产品线和专业技能的宜家等零售商就拥有差异化产品。

3. 资本要求。进入某些市场可能涉及在技术、厂房、分销、服务网点上的重大投资。筹集资金的能力以及与这种资本支出相关的风险将使一些公司望而却步。

4. 转换成本。买家对现有的产品或服务感到满意时，很难转向新的竞争者。这种转换的成本自然会落在新进入者身上，并成为进入的壁垒。说服消费者从购买微软的 Windows 转向购买苹果的软件，对许多公司来说成本高且不方便。除了说服顾客进行转换的成本之外，组织还应当知道现有公司会采取进一步的行动进行反击，以赶走新进入者。例如，微软毫不犹豫地升级产品，降低价格，以留住那些可能会改变主意的顾客。

5. 分销渠道的可得性。仅仅生产高质量的产品是不够的，产品必须通过公司控制的渠道才能到顾客手里。多年来，领先的石油公司都建立了自己的零售汽油站点体系，以维系零售顾客。

6. 和规模无关的成本劣势。如果一家成熟的公司对市场了如指掌，对主要买家有信心，在服务市场的基础设施上投入巨资，还拥有专业知识，那么新进入者要想在这个市场站稳脚跟，就会难上加难。当韩国和马来西亚的汽车公司试图进入欧美汽车市场时，就面临福特、大众和雷诺等根基稳固的公司所造成的这些壁垒。

7. 政府政策。多年来，各国政府都颁布了保护公司和行业的立法：电信、卫生、天然气和电力等公用事业的垄断就是一个例子，即使有可能进入，难度也很大。过去几年，欧盟委员会一直与欧洲各国政府合作，以消除部分（但不是全部）壁垒。中国政府也不允许外国钢铁公司控股中国的钢铁公司。

替代品的威胁

有时候，替代品会使行业中的产品变得多余。例如，由于引进了更有效的产品——20 世纪 80 年代葛兰素（Glaxo）引进了善胃得（Zantac），90 年代，瑞典的阿斯特拉（Astra）引进了奥美拉唑（Losec）——史克必成（SmithKline Beecham）治疗溃疡的产品胃泰美（Tagamet）销量下降。胃泰美作为非处方药仍在销售，但其主要作为公共卫生产品的销售已基本停止。随着药品专利保护价格的终结和竞争对手公司推出更便宜的替代品，奥美拉唑的销售也受到影响。

通常情况下，替代品并不能完全取代现有产品，而是引入了新技术或降低了生产成本。实际上，替代品可能通过压低价格来影响行业的利润。

从战略的观点来看，需要分析的关键问题是：

- 可能过时的威胁；
- 顾客转向替代品的能力；
- 提供一些可能阻止转换的额外服务而产生的成本；
- 如果价格下降或保持不变，利润率可能会下降。

在摩托车市场上，有可能根据价格和使用情况来替代汽车和三轮摩托车。替代品的威胁可能很大，但这取决于技术和最终用途。

竞争的程度

有些市场比其他市场更具竞争性。在下列情况下可能会出现较激烈的竞争：

- 当竞争对手的规模大致相同，其中某个竞争对手决定获得超过其他竞争对手的份额时，竞争会显著加剧，而利润水平会下降。在单个公司占主导地位的市场上，竞争程度可能会降低，因为大公司往往能够迅速阻止较小竞争对手的行动。在英国电力供应市场，只有六家主要的供应商，市场份额都差不多。当一家公司要大幅提高份额的时候，其他公司就必须跟进。
- 如果一个市场增长缓慢，而单个公司希望获得主导地位，它就必须从竞争对手那里抢夺销售份额，这也会使得竞争加剧。
- 如果某个行业的固定成本或成品储存成本很高，那么行业内的公司可能会试图获得更多的市场份额，以实现盈亏平衡或更高的盈利水平，如造纸、钢铁和汽车行业。在这些行业中，为了实现保底销量必须降低价格，这也会加剧竞争。

● 如果一个行业的额外生产能力大幅增加，那么公司可能会通过降低价格（至少是暂时性的）来增加产能。例如，散装化学品行业通常必须建造大型新工厂，不能简单地增加少量产能。在钢铁和石油工业中，新的加工厂不可能建一半：要么建，要么不建。

● 如果很难实现产品或服务的差异化，那么竞争本质上是基于价格的，很难确保顾客的忠诚度。像阿司匹林这样的基本医药产品市场越来越受到这种压力的影响。在钢铁市场中，一个制造商生产的扁钢与另一个制造商生产的扁钢基本没有差别，因此竞争是以价格为基础的。但是，如果专用钢具有独特的性能，则价格竞争会较小。

● 如果很难退出行业，或者退出成本很高（可能是由于裁员或关闭污染性工厂的成本的相关立法），该行业很可能会出现产能过剩，竞争会加剧。在过去的几年里，钢铁产业面临的就是这些方面的问题。

● 如果新进入者志在必得，下定决心在市场中分一杯羹，那么与相关公司的总成本和进入该市场的长期优势相比，进入成本相对较小。日本汽车制造商在欧盟除了建设工厂的短期成本以外，会获得其他优势，因为欧盟汽车市场在2000年前后向日本完全开放了。

一般行业和竞争分析的战略影响

在战略管理中，仅仅进行分析是不够的，重要的是考虑对组织未来战略的影响。可能产生的问题包括：

● 是否有理由改变与供应商的战略关系？与选定的供应商建立密切的合作关系，而不是将它们视为竞争对手，能获得更多好处吗？日本汽车行业就一直在寻求与供应商进行更密切的合作，并共同降低成本。[25]（参见第6篇关于全球汽车的案例4）。

● 是否有理由与大买家建立新的关系？为零售行业的大顾客生产自有品牌产品的利润率可能低于自身的品牌业务，但事实证明，对一些欧洲的领先公司而言，这也是非常成功的战略。[26]连谷物联盟（见第2章）现在也在实施这一战略，以充分利用其工厂的产能。

● 推动一个行业并影响其战略发展的关键成功因素是什么？组织可以将哪些经验教训融入未来的战略管理中？ 3.6节研究了这些问题。

● 竞争对手正在进行的重大技术开发是否可能从根本上改变环境的性质？这种活动的时间周期和投资水平如何？如果可能的话，我们应该采取什么行动？

对五力模型的批判性评价

波特的五力模型以分析环境为起点，有一定的价值，但也受到一些批评：

● 该模型本质上是静态的，而实践中的竞争环境是不断变化的。各种力量都可能迅速变化，其变化速度要比模型显示的快得多。

● 该模型假定组织自身的利益是第一位的；对于一些慈善机构和政府机构来说，这种假设可能是不正确的。

● 该模型假设买家和其他微观环境中的要素同等重要。其他评论家，如阿克[27]、贝克[28]和哈维－琼斯（Harvey-Jones）[29]等，在这一点上存在根本性的分歧。他们认为，顾客比战略发展的其他方面更重要，在这样的分析中不应被同等看待。

● 总的来说，其出发点是环境对组织构成威胁——导致该理论认为供应商和买家构成威胁。正如前面所指出的，一些公司发现与供应商进行更密切的合作是有益的，把供应商视为威胁是不可取的。在3.8节中有更详细的解释。

● 波特的战略分析在很大程度上忽略了战略的人力资源层面：该理论没有认识到，更不用说去解决微观环境中那些可能将人与人、其他组织联系起来的各种要素。例如，它既没有考虑国家文化的差别，也没有考虑战略中各种管理技能的作用。

- 波特的分析建立在这样的基础上：一旦进行了分析，组织就可以制定出一种战略来应对分析的结果，那就是计划型战略而非涌现型战略。正如我们在第 2 章中看到的，一些评论家会质疑这种分析的有效性。

尽管有这些批评意见，本书认为波特的模型为分析环境提供了一个非常有用的出发点。该模型是有实际价值的，因为它通过逻辑化和结构化的框架提出了关键性的问题。因此，建议将其作为制定战略的第一步。

波特将他的五力模型作为战略分析和制定的初步阶段。随后，他建议进一步进行两种分析：一种是对行业演变的分析（微观环境仍在成长还是已达到成熟阶段）[30]，另一种是对市场内战略群组的研究。

关键战略原则

- 进行行业和竞争战略分析的目的是使组织能够构建竞争优势。
- 波特的五力模型为这种分析提供了一个有用的起点。
- 当供应商能够为它们的产品定价，或者当它们的交货时间或产品质量可以影响最终产品时，它们拥有非常强的议价能力。
- 当买家（或顾客）在价格、质量和服务方面拥有强大的议价能力或其他优势时，他们处于强势地位。
- 当新进入者能够轻松进入一个市场，并且能够通过降低成本或其他方式进行强有力的竞争时，它们就构成了巨大的威胁。
- 替代品通常会因为技术或低成本突破而构成威胁。
- 竞争对手是这种分析的焦点。有必要建立防御竞争威胁的机制。
- 尽管该模型受到一些批评，但对于竞争战略的分析来说，它仍然是有用的起点。

3.8 合作环境分析

四连杆模型

除了与对手竞争，多数组织还会与其他组织合作，例如建立非正式的供应关系或共同建设具有法律约束力的正式合资公司。直到现在，战略制定的过程也很少会分析这些联系——各类分析在完成波特的五力分析和对一两个竞争者的深入研究后就结束了（见 3.9 节）。然而，越来越显而易见的是：组织与环境中的其他组织之间的合作也很重要，因为：

- 可以帮助打造可持续的竞争优势。
- 可以开拓新市场，增加商机。
- 可以帮助降低成本。
- 可以帮助与外部的组织建立更加持久的合作关系。

应该指出的是，极端形式的合作——竞争对手串通起来操纵市场——在大多数国家都是非法的，在此不做探讨。但许多其他形式的合作是非常有益的，应该成为环境分析的一部分。例如，为了双方的利益，欧洲的钢铁公司与巴西的钢铁公司成立了合作共赢的合资公司；蒂森克虏伯钢铁公司（Thyssen Krupp Stahl）与其能源供应商合作，以降低成本。此外，欧洲所有主要的钢铁公司都与欧盟政府就影响钢铁行业的政策事宜进行合作。同样，北美的钢铁公司也与联邦政府和州政府合作，来推动整个行业的发展。合资公司、联盟和其他正式的合作方法将在第 5 章（见 5.6 节）探讨。

组织与其环境之间的基本合作关系可在四个主题下加以探讨：

1. 非正式合作关系和网络；
2. 正式合作关系；
3. 互补厂商；
4. 政府关系和网络。

这种分析的目的是确定本组织与其环境之间存在的各种合作的强度和性质，可以通过四连杆模型来实现，如图 3－5 所示。

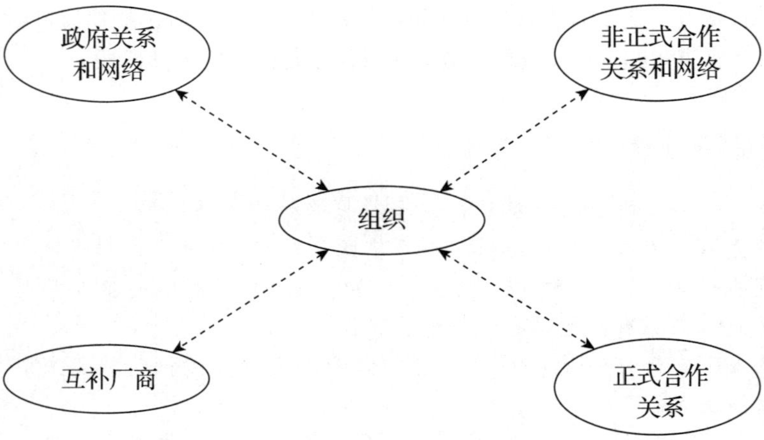

图 3－5　合作分析：四连杆模型

非正式合作关系和网络的机遇和威胁

非正式合作关系和网络是指组织为了互利共赢而联系在一起，没有法律约束力的合同关系。长期以来，它们被认为是理解公司战略的重要方式。[31] 就其本质而言，它们很可能是偶然发生的，也可能是有意为之。包括多种形式的关系，从正式的行业组织——在其他利益相关者那里来代表行业利益，例如欧洲钢铁工业联盟（European Confederation of Iron and Steel Industries），到非正式的关系——可能是来自不同行业的志同道合的个人，例如当地商会的某个会议。

这就需要评估这种关系和网络所带来的机会，有时也可能带来威胁。在分析这些问题时，关键是关系的强弱。例如，在日本和韩国等一些国家，这些网络分别被称为“经连会”（Keiretsu）和“财阀集团”（Chaebol），它们为其成员提供强有力的支持。在一些服务行业中，如国际银行业务，网络为那些参与其中的组织提供竞争优势，而排除了那些没有参与的组织。[32]

正式合作关系的机遇和威胁

正式的合作关系可以采取多种商业形式，但通常由某种形式的法律合同进行约束。与非正式网络的不同之处在于，它们与组织之间的关系具有高度的正式性和持久性。它们体现在战略联盟、合资公司、联合持股和其他许多交易中，假以时日会提供竞争优势和相互支持。5.6 节探讨了这种关系的好处和问题。英国零售商玛莎百货（Marks & Spencer）、日本汽车制造商丰田和意大利服装公司贝纳通（Benetton）等已将这种关系发展成为其独特战略的重要组成部分。供应商、分销商和其他与此类公司合作的正式合作者以较低的价格和较高的服务水平提供组织必需的产品和服务。从本质上讲，正式的合作关系要经过多年的协商和了解才能发展起来。其他公司很难效仿。[33]因此，应该根据这种关系的深度、时间长短和相互信任的程度来衡量关系的强弱。好处是可以利用这种正式关系所提供的机会，但也可能面临来自竞争对手合作关系的威胁。

互补厂商的机遇和威胁

互补厂商（complementor）是那些带给基础组织产品的附加价值高于自身产品的公司。[34]例如，如果没有配套的软件，电脑硬件公司的价值微乎其微——一种产品是另一种产品的补充。从战略角度来看，开发新的互补机会可能会带来真正的好处：这将增强双方的实力，促进双方之间的联系。通常互补厂商来自不同的行业，拥有不同的资源和技能，这样可以共同向顾客展示新的、可持续的联合产品。同样，需要分析这种关系的优缺点。尽管可以利用互补厂商提供的机遇，但也要面临竞争对手互补性关系的威胁。

政府关系和网络的机遇和威胁

政府关系和网络包括组织与国家议会、地区议会和相关政府部门的关系。如欧盟和其他国际条约的关系显然超出了国界。这种关系可能是正式的，体现为有关投资、法律问题和税务事项的商业谈判。这种关系也可能是非正式的，体现为代表政府 / 行业组织进行投资和贸易。

政府关系和网络在税收和法律事务中可能是至关重要的，比如对竞争法的解释。政府也可以成为组织的重要顾客，例如在国防设备和制药领域。许多组织已投入大量时间和精力，通过游说和其他相关活动来发展和培养这种关系。由于政府的性质和角色，在立法和监管中它可能需要与外部组织保持一定的距离。然而，评估政府与外部机构之间的合作或敌对程度也是必要的，因为外部组织会考虑政府活动所带来的机会和威胁。这些可能是公司战略发展的重要组成部分，在组织高层看来更是如此。

四连杆模型的批判性评价

至少在一定程度上，四连杆模型可能不具备五力模型和其他竞争对手分析的精确性和清晰性：网络可能时分时合，互补厂商可能出现分歧，联盟可能会瓦解，政府可能无法连任。所有这些关系都缺乏五力模型中议价能力和竞争威胁分析的简便性。然而，四连杆模型本质上与组织之间的合作息息相关（见图 3－5）。除了简单的讨价还价关系，还有很多方面要考虑。

发展这种关系很可能会涉及涌现型的战略制定方法。可以提供试验和发展新的、与众不同的战略的机会。可能还允许采取不同寻常的战略举措，从而带来可持续的竞争优势。因此，尽管这些方法可能不精确，缺乏简单的经济逻辑，但这种关系值得仔细分析。

除了分析合作之外，公司已认识到合作会提供一些新的战略机遇。战略联盟、合资公司和其他形式的合作会被确定为未来战略发展的方向。这些内容将在第 5 章探讨。

关键战略原则

- 在和对手竞争的同时，大多数组织还与其他组织合作。这种合作可以带来可持续的竞争优势。
- 四连杆模型提出了合作时需要分析的要素：非正式合作关系和网络、正式合作关系、互补厂商以及政府关系和网络。
- 非正式合作关系和网络是那些有着共同目的的组织非正式地联合在一起而产生的一系列联系。正式合作关系通常受到某种形式的法律合同的约束，例如战略联盟和合资公司。互补厂商是那些带给基础组织产品的附加价值高于自身产品的公司。政府关系和网络涉及国家和国际机构及组织之间，包括税收、立法和正式政府采购。

- 这种关系可以通过前三种情况下的关系强度来衡量。就政府而言，考虑到两国关系带来的机遇和威胁，或许可以更好地衡量。所有这些关系往往没有竞争对手分析那么结构化和正式化，但它们可能代表着长期竞争优势的重要领域。

3.9 对单个或多个直接竞争对手的深入分析

在分析竞争对手及其与组织的关系时，分析最直接和联系最密切的竞争对手是有用的，这通常称为竞争对手侧写（competitor profiling）。其目的是明确本组织相对于竞争对手所拥有的竞争优势（以及竞争劣势）。

竞争对手的可持续竞争优势是什么？

可持续竞争优势（sustainable competitive advantage）是相对于竞争对手的一种不易被模仿的优势。在战略分析中，常常对各个竞争对手进行一般性的分析，也会选择一两家公司进行更详细的研究，以更加明确本组织针对这一两个竞争对手的竞争优势。这是因为，当我们对竞争对手进行具体分析的时候，可持续竞争优势会变得更加明确和清楚。一些竞争对手正是因为拥有竞争优势才令人生畏。例如，可口可乐和大众等知名品牌，掌握激光打印机的生产等专业技术的日本佳能公司，以及麦当劳等有独特地位的酒店和餐厅。第4章还会继续探讨竞争优势和战略资源的主题。本节的重点是分析竞争对手在战略环境中的竞争优势。

竞争对手分析

作为一个起点，对竞争对手进行分析是很有用的，即对领先的竞争对手进行基本分析，包括其目标、资源、市场实力和当前战略。

许多市场有不止一个竞争对手，不可能对所有竞争对手进行分析，而必须做出选择——通常是一两个有直接威胁的公司。在公共服务机构中，如果竞争的是资源而不是顾客，可以采用同样的原则，在寻求同样资金支持的机构中做出选择。在小型公司中，了解竞争对手同样重要，但往往很难确定到底哪家公司构成最直接的威胁；在这种情况下，可以选择一个典型的竞争对手。一旦做出选择，就需要研究竞争对手的以下方面：

- 目标。如果竞争对手正在寻求销售增长或扩大市场份额，可能导致其在市场上的激进行为。如果该公司正在寻求利润增长，它可能会选择投资建设新工厂或其他可能需要时日的方法来实现这一目标。如果是这样，它对市场上其他工厂的直接影响比较小，但新工厂可能意味着更低的成本和对价格的长期影响。公司的年度报告和媒体声明可能有助于确定竞争对手想要做什么。要谨慎对待这些问题，因为该公司很可能在虚张声势或使用其他一些竞争技巧。
- 资源。公司资源的规模是其竞争威胁的一个重要指标——也许它拥有更先进或更落后的技术，也许工厂人手过多，也许存在财务问题。第4章将介绍更详细的竞争优势要素。
- 业绩记录。尽管这对未来可能是一个没有太大价值的参照，但这是最直接的证据，可以通过财务报表和股票经纪人的报告正大光明地获得。

● 当前的产品和服务。很多公司会购买竞争对手的产品或服务，目的就是把它们拆开研究。可以分析竞争对手的顾客、产品质量、业绩、售后服务、促销材料，有些人甚至会采访竞争对手的前雇员——这或许不道德，但确实会发生。

● 与其他组织的关系。合作、联盟和其他形式的合作很可能带来显著的竞争优势。

● 目前的战略。竞争对手对创新、主要顾客、金融和投资、人力资源管理、市场份额、降低成本、产品范围、定价和品牌等主题的态度也值得研究。

竞争对手分析对战略管理而言是一项费时但至关重要的工作。一些较大的公司会专门设立部门，监测领先的竞争对手。小型公司其实对竞争对手也有敏锐的意识，通常在贸易会议、社交场合、展览等非正式场合得到体现，在战略管理中，对竞争对手的“感觉”至关重要。

对竞争的涌现型视角

竞争分析的主要风险在于，它被认为是静态的。在实践中，所有的组织都在不断变化。此外，竞争分析应该被视为一个探索性的过程，永远不会结束。强调这种变化的竞争对手分析的涌现型战略视角将提供有用的见解，特别是在环境快速变化的领域。例如，在分析唱片行业的互联网竞争对手时，涌现型视角是必不可少的。

竞争对手分析的结果

即使不准确，也要明确竞争对手相对于我们所拥有的竞争优势。可以采用 8.1 节的 SWOT 分析来总结。

关键战略原则

● 环境分析需要识别对手的竞争优势，可以通过竞争对手分析来实现。通过深入关注一两个竞争对手，可以帮助组织确定竞争优势。

● 更广泛地说，该分析将研究一两个竞争对手的目标、资源、业绩记录、当前的产品和服务、与其他组织的关系以及目前的战略。

● 竞争对手分析应该被视为持续进行的过程。在快速变化的市场中，其涌现型的本质尤其突出。

3.10 顾客和细分市场分析

组织依赖从顾客处获取的收入得以生存并实现盈利，因此顾客在战略管理中至关重要。然而令人惊讶的是，在制定战略的时候，很多方面更多地强调竞争而不是顾客。[35] 原因是顾客做出购买决策时关注的重点是对不同产品或服务的竞争性选择。这无疑是正确的，但是很容易让人忽略顾客在战略中的重要性和直接的影响。

可以从三个维度来分析顾客：

1. 顾客和市场的识别；
2. 市场细分及其战略意义；
3. 竞争定位。

顾客和市场的识别

早在 20 世纪 60 年代莱维特（Levitt）[36] 就写过一篇著名的文章，指出一些组织衰落的主要原因是它们过于注重产品，而没有充分考虑顾客。这样，它们对顾客群的定义就会过于狭隘。为了促进这个过程，可以从以下方面对顾客进行区分[37]：

- 直接顾客基础：例如，那些乘坐火车的人。
- 更广泛的顾客群体：例如，那些乘坐公共交通工具（包括火车、飞机和公交车）出行的人。

为了准确地定义环境的这一方面，对顾客和竞争对手进行区分的策略非常重要。如果对市场环境的定义不正确，那么竞争对手可能会悄悄出现并抢走顾客，等公司意识到，为时已晚。此外，分析未来的顾客以及当前的顾客背景同样重要。

市场细分及其战略意义

在很多市场中，对顾客的分析不能仅限于基本市场，应该分析市场的特定部分——细分市场以及细分市场内各类组织的竞争态势，也就是它们在细分市场的定位，稍后将对此进行探讨。**市场细分**（market segmentation）是指识别出特定的顾客群体（或市场板块，segment），他们对竞争战略的反应不同于其他群体。

探索该方法的基本顺序如图 3－6 所示。它将计划型战略方法作为第一步，以此来研究各种要素。在实践中，这个顺序可能是试验性的。从这个意义上看，采取的是涌现型战略，因为经常需要探索一系列不同的定位，这在图 3－6 中也进行了介绍。

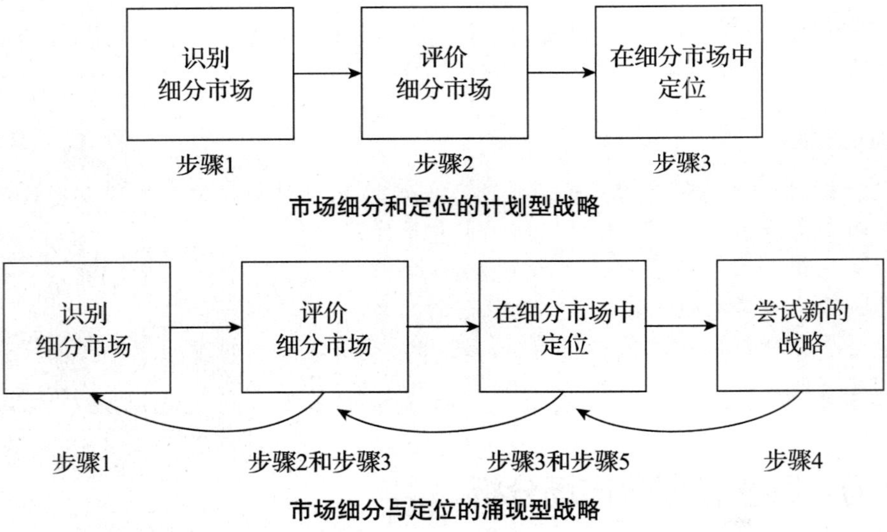

图 3－6 市场细分与定位

计划型战略的三个阶段是：

1. 识别细分市场。对细分市场的专业需求进行识别，可以得到该细分市场的顾客信息。
2. 评价细分市场。有些细分市场可能比其他市场更具吸引力。它们需要被识别和定位。
3. 在细分市场中定位。在这一细分市场中，公司需要打造出与竞争对手不同的优势。如图 3－7 所示。

在制定顾客战略的过程中，对顾客的分析通常会迅速转为对细分市场的研究。[38]识别细分市场的好处包括：

- 可以明确某个群体的实力（以及其主导地位），即使整个市场很大。拥有某个群体的大部分市场可能比拥有主要市场中的小份额更有利可图。因此，在一个细分市场中竞争优势可能比在更广阔的市场中更大。

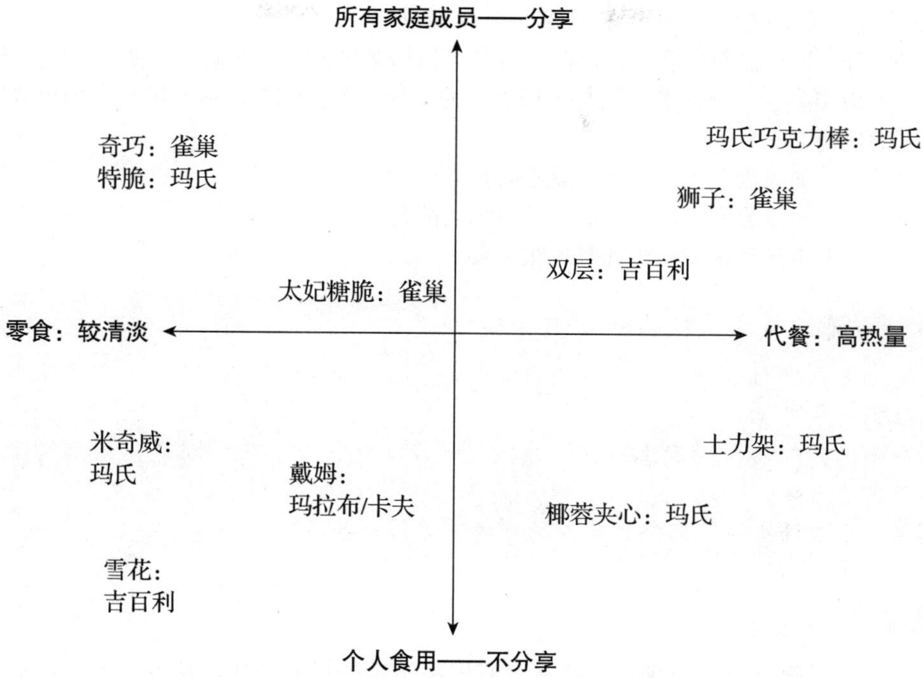

图 3－7　市场定位举例——巧克力产品线

● 通过定位细分市场，可以使顾客需求和组织资源匹配得更好，这将增强可持续竞争优势。

● 将精力集中在更小的领域，这样公司的资源就能更有效地利用。

因此，从战略角度来看，细分市场的关键优势可能是主导某个市场中的一个部门，然后基于如何保持这一定位来设定各种目标，这就是戴森（Dyson）主导高端真空吸尘器细分市场的原因。

表 3－4 列出了消费品和工业品市场细分的典型依据。当然，可以按照不同的标准来进行细分，只要有用就行。

表 3－4　市场细分的典型依据

消费品	工业品
● 地理	● 地域或国家地区
● 人口统计学特征（年龄、性别、受教育程度等）	● 最终用途
● 社会经济和收入	● 顾客业务
● 民族	● 购买情况
● 所寻求的利益	● 市场服务
● 使用率和品牌忠诚度	● 顾客增值
● 态度	● 竞争优势来源（价格、服务等）
● 生活方式	● 对研发和创新的关注
● 情境（消费发生的地方）	● 专业协会成员

建立了细分市场之后，战略性的顾客分析要评价每个细分市场的有用性：图 3－6 中的步骤 2。只区分不同的细分市场是远远不够的。如果要使战略性的顾客分析真正发挥作用，

细分市场要满足以下四个重要特征：

1. 可区分。即可以对顾客进行区分，这样可以用某种方式将他们与其他顾客区分开来。

2. 与采购相关。区分标准必须与市场需求的差异有关。例如，他们可能会为更高的质量支付更高的价格。

3. 足够大。如果细分市场太小，就不必投入资金。

4. 可达到。一定要有可以达到该细分市场的战略可供使用。

评估该细分市场未来的增长前景也很重要。

关键战略原则

- 市场细分和定位的计划型战略有三个阶段：识别细分市场、评价细分市场以及在细分市场中定位。
- 细分市场是对特定的顾客群体（或市场板块）的识别，他们对竞争战略的反应不同于其他群体。
- 确定细分市场中供给的缺口可以为新的战略提供基础。

竞争定位[39]

尽管已经明确了细分市场，但这并没有解决组织的战略问题。接着，需要探索组织在细分市场中的竞争地位，只有这样才能明确组织应该如何在细分市场中竞争。**竞争定位**（competitive positioning）是组织对其差异化优势的选择，使其能够在某个市场或细分市场中竞争和生存。

典型的定位示例如图 3 - 7 所示。

例如，玛氏公司（美国）和雀巢公司（瑞士）都在巧克力产品市场上竞争。然而，玛氏的士力架产品被定位为“餐食替代品”——可以代替一顿饭，雀巢的奇巧则定位为“零食”——可以吃但不足以代替一顿饭。因此，竞争定位就是产品或服务相对于对竞争对手所具有的差异化优势。定位有两个阶段：首先是识别细分市场的差别，其次是确定细分市场中的定位。

识别细分市场空白及其竞争定位的含义

从战略角度来看，最有用的战略分析往往是通过探索一个行业的细分市场中存在哪些空白而产生的，波特[40]和大前研一[41]等建议的就是这种思路。这项工作的出发点是确定当前细分市场的位置，然后将公司及其产品划分为各个细分市场，识别哪些细分市场完全没有开发，或者目前产品与服务存在哪些不足。专栏 3.5 以欧洲冰激凌为例进行了分析。

专栏 3.5 | 新的或未充分利用的细分市场空白：21 世纪初欧洲冰激凌市场中的联合利华

可能进行细分的市场基础

	购买者类型 1	购买者类型 2	购买者类型 3
产品种类 1			
产品种类 2			
产品种类 3			

第一步：联合利华欧洲业务的现有细分市场

	食品超市	小杂货店	餐馆和外卖	报摊及休闲设施
奢侈品	√仅做了市场测试			√很少
高级	√	√		√大多数
普通	√			
经济	√	√一些		

第二步：除了上述市场之外一些可能的新细分市场

	车库	体育及文化活动的临时设施	工厂食堂及餐厅：承包餐饮
奢侈品		√	
高级	√		
普通			√
经济			√

注：为表达清晰，以上仅显示联合利华的市场。此外，这个例子只是为了说明，不代表联合利华子公司在每个国家的实际做法。根据地理和国家等标准进行的进一步细分也可能起到一些有用的补充作用。

评论：很明显，现有的市场覆盖范围存在一些空白。前文概述的标准可用于评估是否值得填补这些空白。很明显，联合利华可以采取行动的一个领域是奢侈品领域。

细分市场内的定位[42]

从战略角度来看，某些市场空白可能比其他的更具吸引力。例如，它们可能竞争不激烈，也可能没有好的产品来支持。此外，某些市场空白可能在竞争定位方面具有明显的优势，其他的则没有。为了探究定位的发展，我们回到之前雀巢和玛氏的巧克力竞争的例子。这类产品的完整定位图见图 3－7。

巧克力市场中对产品进行定位的过程如下：

1. 感知地图。对现有顾客和潜在顾客做出购买决策的方式进行深入的定性研究，例如，强与弱、便宜与昂贵、现代与传统。以巧克力为例，确定代餐 / 零食和家庭 / 个人的维度。

2. 定位。按照维度将现有品牌或产品放置在地图上。图 3－7 显示了目前的状况。

3. 选项开发。利用现有产品和新产品以及它们的优点和弱点，在地图上设计出可能的新位置。

4. 测试。先用简单的陈述与顾客沟通，然后将产品投放市场。

很明显，这从本质上来说是一个涌现型战略的过程，而不是一个计划型战略的过程，因为这包括了对现有顾客和潜在顾客的测试。

关键战略原则

- 竞争定位是产品或服务相对于竞争对手所具有的差异化优势。
- 竞争定位的开发有四个主要步骤：感知地图、定位、选项开发和测试。这个过程本质上是涌现型的，而不是计划型的。

批判性反思

分析战略环境的目的是什么?

本章有两个基本假设。首先，战略分析假定从过去的事件中学习是可能的。这个假设很重要，因为战略本质上是关于未来的行动。其次，这样的研究假设未来在某种程度上是可预测的，否则，从分析中吸取任何教训都毫无意义。这两个假设可能建立在不稳固的基础上。

通过“从过去的经验中学习”来考察战略环境，当时的战略观念和定义也许不再适用：例如，传统的航空旅行市场已经发生革命性的变化，坐飞机和坐公共汽车一样，座位非常多，不需要冗长的预订程序。同样，“预测未来”也存在做出错误判断的风险。例如，谁会在15年前就预测出互联网的发展趋势呢?

也许，在制定新战略时我们无法从过去学到太多东西。也许我们无法有效地预测未来。在这种情况下，PESTEL分析、波特的五力模型等方法的目的是什么?

思考问题

1. 对你选择的行业进行总体环境分析，使用PESTEL框架和场景分析来引出主要的战略问题。

2. 识别并比较以下三个行业的关键成功因素：电脑行业、冰激凌行业和印度摩托车行业。

3. 以印度摩托车行业为例，运用五力模型分析行业内部的竞争力量。同时，利用四连杆模型找出行业内各类形式的合作。

4. 基于你对上述问题的回答，你会给巴贾吉提出哪些战略建议？可以利用本章的内容来回答。

5. 对你选择的行业进行生命周期分析。如果可能的话，你对该行业内的组织得出什么战略结论？具体评论一下这种方法的难点到底在哪里。

6. 为你所选择的行业准备一份全面的环境分析报告，并就其未来的战略管理提出建议。

7. 为你的组织进行顾客分析。你能识别出哪些细分市场？顾客服务和质量扮演什么角色？你能得出哪些战略结论?

8. 你是否同意这样的说法：稳定的环境有利于计划型的战略方法，而动荡的环境需要涌现型的战略方法？即使是在快速变化的行业中，也要认真考虑技术对稳定的环境的影响和长期投资问题——别忘了本章开头百视达的教训。

9. 竞争分析在多大程度上能应用于公共部门和慈善机构?

延伸阅读

注释和参考文献

4 资源和能力分析

学习目标

学习完本章后，你将能够：

- 区别组织的主要资源和能力，并做出制造还是购买的战略决策。
- 解释附加价值的概念。
- 分析组织的价值链和价值体系，评述其战略意义。
- 解释资源如何为组织提供可持续的竞争优势。
- 区分并解释可持续竞争优势的七个主要概念。
- 解释组织中五种特殊资源的作用，并将它们与可持续的竞争优势联系起来。
- 概述强化组织资源可持续竞争优势的三种方法。
- 识别组织中的其他重要资源，尤其是组织文化。

引言

分析组织资源和能力，不仅要研究主要资源的作用和贡献，还要深入思考以下两个问题：首先，如何利用资源在私有公司中创造利润，以及如何在公共组织中提供最好的服务——这就是战略所说的创造附加价值；其次，哪些资源和能力能为组织带来竞争优势，以及如何持续地强化这些优势。因此，可以沿着两条平行且相互关联的路径来对资源和能力进行分析：附加价值和可持续的竞争优势。图 4－1 列出了所涉及的要素。附加价值的路径研究组织如何从供应商处获取原材料，将其转化为最终产品和服务，然后将产品和服务出售给顾客：对供应商的供给物附加价值是每个组织都要实现的基本功能。竞争优势的路径则试图找到能够使组织有效竞争的特殊资源：就战略管理而言，理解资源如何和为何可以打造可持续的竞争优势有着重要意义。

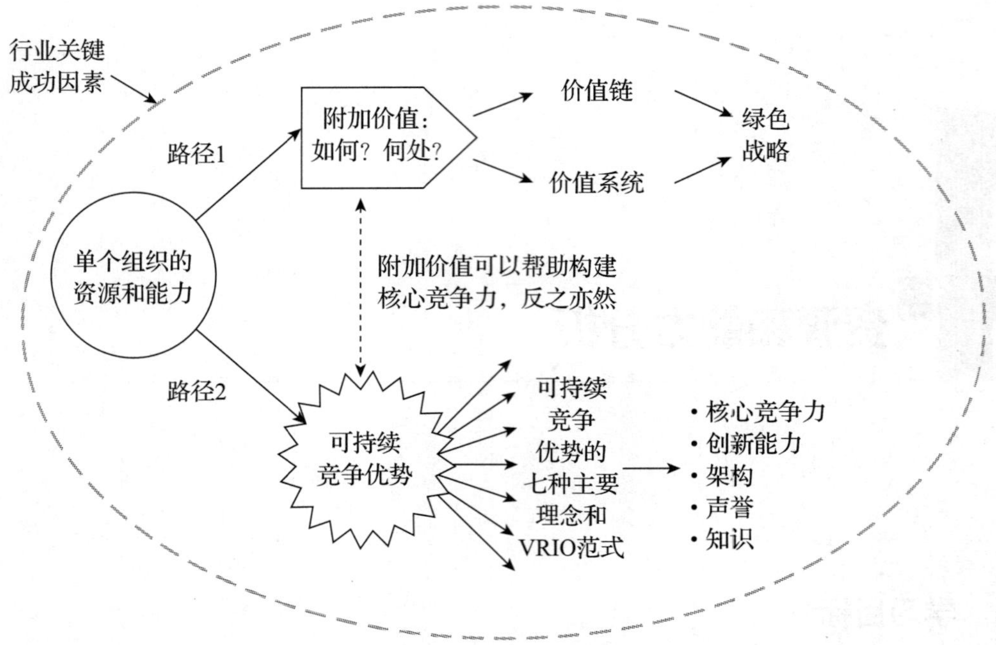

图 4－1 资源和能力分析

本章首先研究资源和能力的含义。接着解释组织为什么自己需要拥有资源，而不是从外部购买。然后继续沿着两条平行的路径，研究附加价值的概念，何为竞争优势以及如何强化优势。本章还在附加价值部分探讨了与绿色战略相关的重要问题。

4.1 分析资源和能力

组织的**资源**（resource）是指那些能为组织提供附加价值的资产。组织的**能力**（capability）是指那些运用、分享组织的资源和创造附加价值的管理技能、惯例和领导力。分析组织的资源和能力有两个目的：确定组织在哪里附加价值，探索和强化组织资源的竞争优势。大多数战略家将组织的基本资源与其利用资源的能力区分开来。例如，如果葛兰素史克制药公司没有组织能力来向潜在顾客促销，那么拥有再多的药物专利也没什么价值。

在第 3 章进行环境分析的时候，也许应该同时对组织的资源和能力进行分析，这是最近才形成的看法。[1] 在 20 世纪 70—90 年代，战略管理的重点是对竞争环境的分析——主要是第 3 章中讲述的波特[2] 和其他学者的观点。[3] 强调行业分析代表了 20 世纪五六十年代的一种转变，当时采取的方法更具包容性——包括彭罗斯（Penrose）[4] 等人的成果。到了 20 世纪八九十年代，通过沃纳费尔特（Wernerfelt）[5] 和巴尼（Barney）[6] 等战略家的研究，战略管理的重点又回到了组织的竞争资源上。

以上所有研究都是从资源分析的经济角度出发的。对公司来说，其他方面如人员、财务和生产方式也很重要。本章的重点在于经济视角，但也会介绍其他方面。图 4－2 总结了本章要深入探究的问题和答案。

分析组织的基本资源和能力

在分析组织的资源和能力时，应该首先对全部资源进行通盘思考。这可不容易，因为有

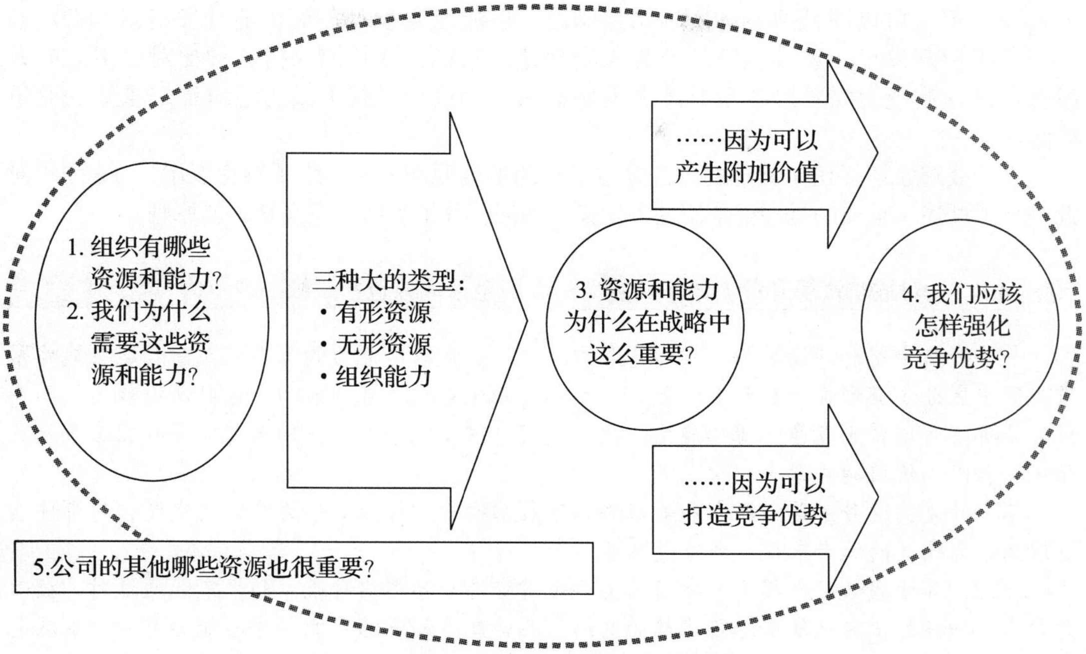

图 4－2　与战略资源和能力相关的五个关键问题

些资源很难测度，甚至连定义也是模棱两可的。例如，葛兰素史克制药公司的药品专利就是资源，但其未来的价值不能简单地通过核对公司的账目计算出来。原因是这些资产在专利到期时价值会下降，这些资产可能不会在任何账户里得到充分的估值。

同样，组织的能力，例如其在协调各类活动中的特殊技能，可能也没有明显的货币价值，但对组织而言可能具有极高的价值。葛兰素史克公司的首席执行官让－保罗·加尼尔（Jean-Paul Garnier）2002年就提出了一种称为领导力的重要资源。这种资源不可能量化，但对战略发展至关重要。在战略分析中，会计和管理系统的数据可能是好的起点，但仅此而已。

因此，我们要采取眼界更宽和更具包容性的方法来进行资源分析。我们首先要明确组织的资源和能力是那些有助于产生附加值的资产。开始分析的时候，可以将资源分为三大类。[7]

1. **有形资源**（tangible resource）是那些有助于增加组织价值的物质资源。德国化学巨头拜耳（Bayer）的工厂和设备不仅可以清晰地识别，还可以估值。麦当劳餐厅位于繁忙的高速公路而不是偏远的二级公路边上，这显然也是宝贵的有形资源。

2. **无形资源**（intangible resource）是那些没有实体存在但对组织有实际利益的资源，如品牌名称、服务水平和技术。美国玛氏公司不仅销售巧克力，还延伸到冰激凌。日本夏普公司（Sharp Corporation）拥有制造平板电视的技术，得以在全球电脑和电视液晶显示器市场中发展壮大。这些资源通常来源于组织的历史，并会随着时间的推移而积累。

3. **组织能力**（organizational capability）是组织的技能、惯例、管理和领导力。只拥有有形和无形资源是不够的，组织还必须能够运用和共享这些资源，将组织的各个部分连接在一起，从而在整个组织中有效地开展各种活动。按照严格的定义，这类资源是无形资源中的一部分。但是，由于它在组织中的重要性和复杂性，被单独定义。总之，一些组织会因为比其他组织拥有更多的组织能力而产生竞争优势。

日本丰田汽车公司的组织能力就是一个很好的例子。丰田生产系统已经成为该组织的传奇，不仅可以降低成本，实现精益制造，还能比竞争对手更快地开发出新车型。多年来，丰田开发了一系列独特的流程来实现这一目标，并长期保持这种比对手更好的开发流程。这些能力需要经年累月才能发展起来，一旦形成就可以为组织带来重要的竞争优势。

有些战略家还提出了其他的方法来定义组织的资源和能力。为了避免混淆，专栏 4.1 对此进行了概述。重要的是理解使用这种定义的原因，并了解所选定义背后的原则。

专栏 4.1 | 对战略资源和能力的不同定义：我们是否应该包括“核心竞争力”？

一些战略专家和评论员将“核心竞争力”也用在资源和能力的基本定义中。这些战略家首先简单区分了有形资源和无形资源。[8]然后，他们定义了组织能力，包括所有能力，而不仅仅是那些可以带来竞争优势的能力。他们使用“核心竞争力”一词来定义那些能够带来竞争优势和附加价值的资源。

不幸的是，这并不是哈默尔和普拉哈拉德最初提出“核心竞争力”时的定义，对那些读过这篇著名论文的读者来说，会造成混淆。[9]

此外，其他战略家也指出，公司的某些关键资源如品牌名称或专利，不能通过对“核心竞争力”一词的惯常理解来进行准确的总结。品牌和专利资源可能与这些能力有关，虽然也有价值，但随着时间的推移其价值已经超越了开发过程本身。虽然联合利华为购买好乐门蛋黄酱和克诺尔汤料这两个品牌支付了 200 亿美元，但并不代表联合利华已经拥有了这些品牌的建设能力——见案例研究 9.1。

战略家还没有一个统一的定义。我们要明白每种定义的意义及其对战略的影响，才能准确地使用。

在实践中，这类分析往往聚焦于组织的主要资源领域，特别是那些能提供附加价值和竞争优势的领域。通常还使用行业的关键成功因素作为起点，来从那些要耗时费力却不见得有成效的工作中找到思路（参见第 3 章）。例如，在巧克力糖果行业中，大公司的关键成功因素是品牌化。因此，对玛氏和吉百利（Cadbury）这样的领先公司而言，研究其无形的品牌资源至关重要。在战略资源分析中，无法对品牌进行精确的估值影响不大——要紧的是识别玛氏和吉百利在市场上拥有的竞争优势。

再来看组织资源优势的另一个例子——葛兰素史克制药公司：

- 研究与开发——克服规模庞大所带来的官僚主义问题而建立的药物研发的“卓越中心”。此外，只要专利还有效，就可以提供超越竞争对手的竞争优势。
- 市场和销售——针对大型医院和其他机构开展的新药的各类广告活动，这不是简单的直接销售，而是组织严密和协调一致的广告战。葛兰素史克公司员工的整体规模和关系网络就是一种竞争优势。
- 人力资源——能够激励和留住员工的技能和知识，尤其是制药市场中专门从事药物开发和销售的相关人员。
- 生产制造——运营大型复杂药品生产设施所需的技能。质量和药品安全至关重要，美国食品药品监督管理局（US Food and Drug Administration）等外部政府机构要定期进行监控。
- 分销和物流——有效协调、储存和运输药物的能力，通常要跨越国界，因为药物很有可能在某个地区生产而在其他地方销售。

专栏 4.2 是另外的一个例子，列出了服务行业资源和能力分析的要点。

专栏 4.2 | 全球连锁酒店假日酒店的资源和能力分析

	资源和能力
有形资源	● 机场、市中心、度假胜地等有利位置
	● 个别酒店的规模和设施：客房、餐厅、游泳池等
无形资源	● 假日酒店的名称
	● 管理、接待、房间清洁等方面的员工
能力	● 协调食品、电话服务等供应商的技能
	● 管理培训以维持并提高服务水平
	● 管理组织和领导力，在每家酒店提供细致入微、相同质量的服务
	● 组织惯例，使每个酒店顺利高效地运行

资源和能力分析中的管理问题和其他困难

确定组织的资源和能力似乎很简单，但不应该低估实际操作中的困难。管理者应该在早期阶段就进行资源和能力分析来明确组织的利润来源。如果有竞争优势，还需要明确其定义并持续强化竞争优势。这个过程存在不少困难，主要有三个原因：

1. 行业状况和竞争对手的行为经常存在不确定性。
2. 要分析的许多因素很复杂，其根本原因难以理解。
3. 组织内部对于竞争资源的构成经常存在分歧。

特别是最后一点，对竞争资源和能力的判断和选择可能会对一些管理人员和职能部门产生影响。例如，如果认为某种资源不能提供竞争优势，则可能意味着组织会处置相关的资源及其管理人员。这是本书第 15 章要探究的主题。

资源分析的计划型和涌现型视角

涌现型和计划型的战略管理理论都认可了资源的重要性，但观点截然不同。

计划型战略家认为，有效利用资源和建立资源优势非常重要。资源在某种程度上被视为可以操纵的对象。因此，可以运用战略来塑造资源，这样组织可以提高效率。

尽管涌现型战略家之间尚未达成完全一致的意见，但他们肯定会质疑计划型视角中的资源和能力的确定性。对于一些专家而言，疑虑的焦点是计划型战略家的假设，即变革是可以实现的。例如，葛兰素史克的裁员伴随着相当大的不确定性和担忧，这必然会影响实施变革者的能力发挥。对于其他涌现型战略专家来说，环境总是处于快速变化之中，这是组织无法控制的。要灵活运用资源，目标就是生存。因此，对资源分析采取静态的而非动态更新的做法是不可取的。

这些观点的差异在本书介绍的两个模型中得到了体现。在计划型战略的模型中，资源为组织及其未来战略提供了明确的结果。在涌现型战略的模型中，资源和后续战略变革则更流畅，相互的关联性也更高。

本章集中讨论了计划型战略的方法，因为这是战略管理中资源分析的基础。该方法发展成熟，能产生有用的见解，即使是那些怀疑它价值的人，也需要了解它。第 5 章将探讨涌现型战略的方法。

关键战略原则

- 组织的资源是那些在组织中能够产生附加值的资产。
- 组织的能力是指那些运用、分享组织的资源和创造价值的管理技能、惯例和领导力。
- 资源和能力分析的目的是确定组织在何处附加价值以及在何处拥有可持续的竞争优势。
- 在资源分析中，首先要全面分析组织的各种资源和能力：有形资源、无形资源和组织能力。这些资源超出了传统会计和财务概念的定义，包含专利的价值和领导力等。
- 分析组织的资源在实际操作中往往有一定的困难。这体现在三个方面：环境和竞争的不确定性、复杂和不确定的因果关系、组织内部对竞争资源的构成存在的分歧。
- 计划型战略将资源视为可塑造的对象，以获得最大的战略利益。涌现型战略在资源方面尚未达成一致的观点。它更加倾向于重视环境的不确定性，因此不能对竞争优势进行静态分析。

4.2 组织为什么要占有资源？制造或购买的决策

在开始分析单个资源的战略意义之前，有必要先分析组织到底要不要拥有和使用超出维持生存最低要求的任何资源。原因在于，在一个有效的市场上，组织外部总会有更专业的供应商能够以低于公司自身生产成本的价格向公司出售某些业务。例如，葛兰素史克制药公司没有自行组织广告宣传活动，而是聘请了外部机构。该公司也不自己生产用来包装药品的塑料盒、纸盒和箔纸，而是购买——为什么呢？因为从外部供应商处购买比自己生产更便宜。从外部“市场”购买产品或服务而不是使用组织自己的资源来生产产品或服务的决策在战略上称为外包。从外部购买也存在问题——参见专栏4.3——否则所有组织都会购买产品，而不生产任何产品。从本质上讲，利用市场的成本高于收益时，组织应该自己生产而不是购买。

自己生产或购买的决策是对资源进行的更为广泛的战略性重新评估。在过去的30年里，许多组织已经开始重新确定其资源的界限——它们所生产的只是公司资源的一部分。比如公司也有品牌名称之类的资源，它们不是生产线上生产的，却也是附加价值的重要来源。科斯（Coase）、彭罗斯和威廉森等专家对资源的性质和作用进行了深刻的重新思考，产生了一些重要的战略资源决策。[10]

耐克体育（美国）和贝纳通（意大利）这样的公司已经取得了战略上的成功，它们购买了许多以前可能在内部完成的业务：这两家公司都利用了供应商和分销商的网络。贝纳通还利用分销商以更低的价格制造和销售产品。耐克虽然自己设计和销售鞋子，但这些鞋子都是由亚洲的外部供应商生产。贝纳通也有类似的安排，它在意大利北部使用了一系列当地供应商——这称为外包供应。贝纳通似乎拥有以其名称命名的连锁商店的资源，事实上，大多数商店并非该公司所有。它们在贝纳通的控制下运营，但由公司外部的其他人拥有——这称为特许经营。品牌服装、特许服装店和外包供应的概念构成了贝纳通20世纪70年代与众不同的战略。制定这种战略的出发点是分析组织现有的资源。我们在本章的其余部分将继续分析。

专栏4.3 | 利用市场的益处和成本

益处

- 外部供应商可以实现规模经济，因为组织内部的部门只能根据自己的需求生产。

● 外部供应商受到市场的压力，必须保持高效和持续创新，否则无法生存。公司的整体成功可能会掩盖部门的低效率和创新不足。

成本

● 生产流程需要通过组织的价值链进行协调。当从外部市场的独立公司购买业务而不是在内部开展活动时，这可能会受到影响。

● 当一项活动由一家外部独立的公司执行时，可能会泄露公司内部信息，这些信息可能对组织所拥有的竞争优势至关重要。

● 通过在内部开展活动可以节省与独立公司进行交易的成本。

资料来源：Adapted from Besanko, D, Dranove, D and Shenley, M (1996). *The Economics of Strategy*, p. 73. Copyright © 1996 John Wiley & Sons, Inc. This material is used by permission of John Wiley & Sons, Inc.

关键战略原则

- 制造或购买的决策关系到每个组织的选择：要么自己生产产品或服务，要么从外部购买。每个组织都需要定期重新评估其在这一方面的业务活动。
- 在过去 30 年中，制造或购买的决策迫使公司重新评估自己真正拥有什么以及为什么拥有。组织重新确定了它们拥有资源的边界。

4.3 资源分析和附加价值

资源在组织中的基本作用是附加价值。所有组织都需要确保资源不会持续贬值，否则组织将无法生存。对于商业组织而言，附加价值对它们的未来至关重要。对于非营利组织而言，附加价值可能只是其存在的一小部分原因，另外的宗旨则集中在社会、慈善或其他目标上。通过处理进入工厂的原材料并将其转化为成品，资源可以创造价值。**附加价值**（added value）可以定义为组织产出的市场价值与其投入成本之间的差额，通常简称附加值。

这个概念从本质上说是一个经济概念，图 4－3 中以葛兰素史克为例进行了介绍。非营利组织也可以运用附加值的概念。这类组织的投入可能与商业组织的投入类似，如电力、电话等，也可能截然不同，尤其是无偿劳动，其成本为零。产出可能难以定义和测量——为社区服务，为病人提供帮助等，但附加值是实实在在的，只是难以量化。为了探究其基本概念，本节仅讨论商业方面的内容。

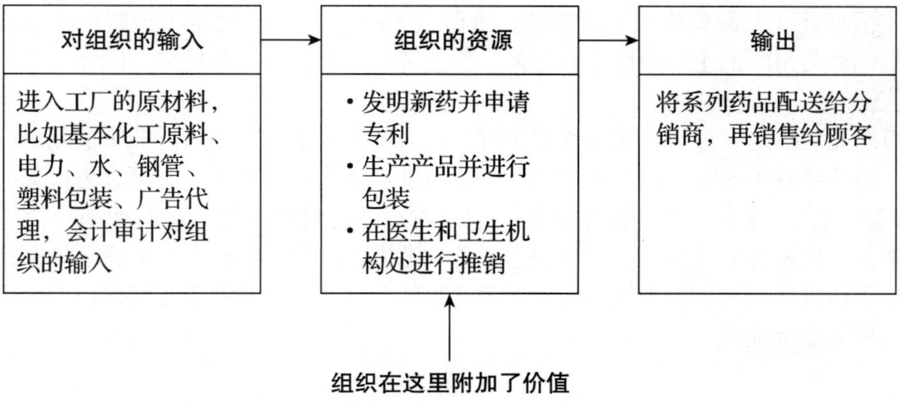

图 4－3 葛兰素史克制药公司的附加价值

根据附加值的定义（即输出减去输入），组织的附加值可以：

- 通过提高交付给顾客的产出（销售）的价值来实现。
- 通过降低其投入（工资和薪金、资本及材料）的成本来获得。

二者也可以同时进行。这样，战略就需要同时关注这两个方面。

提高产出的价值可能意味着通过提高销量或提高单价来提高销售水平。这两种方法都易于陈述，难以实现。它们都会产生成本——例如，刺激销售的广告成本——这些成本需要与所取得的收益相对应。降低投入的成本可能需要在降低成本的同时进行投资——例如，用新机器代替工人。两种战略都需要仔细研究。产出已在第3章中介绍；输入将在本章后面的部分讨论。

对附加值的战略分析需要在组织的市场或行业层面，而不是在公司或控股公司的内部进行。如果在公司层面进行分析，就会掩盖业务中不同部分的绩效。因此，附加值应该在单个产品系列的层面来计算。[11]

关键战略原则

- 商业组织的附加值是其产出的市场价值与其投入成本之间的差额。
- 非营利组织的附加值是其提供的服务与投入成本之间的差异，其中一些投入可能是自愿的且成本为零。
- 所有组织都需要确保它们不会长期持续地失去价值，否则组织将无法生存。对于商业组织而言，附加值对它们的未来至关重要。对于非营利组织而言，附加值可能只是其存在的一小部分原因，另外的宗旨则集中在社会、慈善等目标上。
- 原则上，只有两种战略可以提高商业组织的附加值：增加其产出（销售）的价值或降低其投入的价值（劳动力、资本和材料的成本）。实际上，这意味着要详细分析销售和成本的各个方面。
- 在具有多个产品系列的公司中，要分析每个产品系列的附加值。一些产品系列可能会在附加价值方面补贴其他产品系列。并不是所有的产品系列都会有同样的绩效。

4.4 附加价值：价值链和价值系统——波特的贡献

附加值的概念可用于建立组织的可持续竞争优势，有两条主要途径——价值链和价值系统。这种方法主要由哈佛商学院的迈克尔·波特教授在20世纪80年代开发。

每个组织都由相互衔接的活动构成，包括购买物资、生产制造、分销和推广其商品和服务。这些活动连在一起就构成了价值链。**价值链**（value chain）确定了组织中附加价值的所在，并将流程与组织的主要职能联系起来。价值链也用来打造竞争优势，因为每个组织有不同的价值链。

当组织相互供应、分销、购买或竞争时，它们就形成了一个更广泛的价值创造群体：价值系统。**价值系统**（value system）显示了一个行业中更为广泛的体系，可以为内向的原材料供应商和外向的分销商和客户附加价值。它将本行业的价值链与其他行业的价值链联系起来。同样，价值系统也可以用于识别和建立竞争优势，因为这些系统往往是特有的。

本节探讨价值链和价值系统对建立竞争优势的贡献，以及这两个领域之间的联系，这些联系也能带来竞争优势。

价值链

价值链将组织中各类活动的价值与其主要的职能部门联系起来，然后，它试图评估每个职能部门对业务整体附加价值的贡献。在波特[12]建议将其应用于战略分析之前，该概念在会计分析中已经使用了很多年。实际上，波特将两个领域联系在了一起：

1. 组织各部分对整个组织的贡献。

2. 这些部分可能会对整个组织的竞争优势做出贡献。

波特指出，在拥有多个产品系列的公司中，这种价值链分析应该在产品组层面进行，而不是在公司的总部层面进行。因此，公司的活动划分为有关生产的基础性活动，比如生产过程本身；以及支持性活动，比如人力资源管理，这类活动为公司的运行提供了必要的支持，但不能单独划分到某一部门。然后，这种分析将研究每个部分如何为公司的价值创造做出贡献，以及其与竞争对手的不同之处。

波特的框架如图 4 - 4 所示。他在图中使用“边际”一词来表示我们在 4.4 节中定义的附加值：“边际是总价值与完成价值活动的总成本之间的差额”。[13]

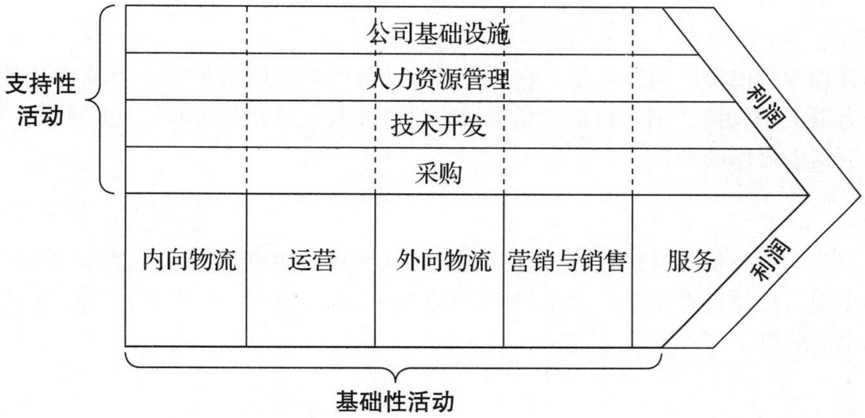

图 4 - 4　价值链

资料来源：Reprinted with the permission of Free Press, a Division of Simon & Schuster, Inc., from *Competitive Advantage: Creating and Sustaining Superior Performance* by Michael E Porter. Copyright © 1985, 1998 by Michael E Porter. All rights reserved.

根据波特的说法，公司的基础性活动包括：

- 内向物流。包括从供应商处接收货物，将其储存直至运营场所，在公司内处置和运输的过程。
- 运营。即公司的生产活动。在一些公司中，这可能会进一步细分为各种部门。例如，汽车公司的喷漆、发动机装配等；酒店的接待、客房服务、餐厅等。
- 外向物流。即将最终产品配送给顾客。这包括运输和仓储，在多产品的公司中也可能包括产品组合的拣选和包装。对于酒店或其他服务公司而言，此类活动包括将顾客接至酒店或提供具体服务的各种方式。
- 营销与销售。分析顾客的需求和需要，并吸引顾客关注公司销售的产品或服务。广告和促销活动就属于这一领域。
- 服务。在销售产品或服务前后，通常需要预安装或售后服务。可能还需要培训、回复客户咨询等。

上述每个类别都以自己的方式为组织附加价值，可能比竞争对手更好或更差地完成任务。例如，更高的服务标准、更低的生产成本、更快更便宜地交付，等等。通过这种方式，就形成了组织竞争优势的各类领域。

支持性活动包括：

- 采购。在许多公司中，由单独的部门（或一组管理人员）负责购买用于公司运营的各类物品和材料。该部门的职能是为公司的各类活动获取物美价廉的商品，但它只负责采购，而不是后续产品的生产。
- 技术开发。这是公司产生新产品的重要领域。即使在一个很成熟的行业，现行的技术、培训和知识也需要创新，这样才能使公司保持高效的状态。
- 人力资源管理。招聘、培训、管理开发和激励是所有公司都需要的重要活动。
- 公司基础设施。包括后台规划和控制系统，例如会计部门等。通过它们，公司可以管理和引导公司的发展。

与基础性活动一样，这些支持性活动也会产生附加价值，但在某种程度上，其很难与组织的某个特定部分联系起来。本章后面的案例研究4.1会介绍路易威登和古驰的价值链及其作用过程。

评论

战略管理中价值链的问题在于，它旨在研究业务的现有联系和增值领域。根据定义，它只能在现有框架中发挥作用。真正的竞争战略可能需要一场超越现有结构的革命。价值链可能不是实现这一目标的手段。

价值系统

除了对公司自身价值链进行分析之外，波特认为还应该进行其他方面的分析。所有组织都处在一个更为广泛的系统中，包括供应价值链、分销价值链和顾客价值链。这其实就是一个价值系统（见图4－5）。

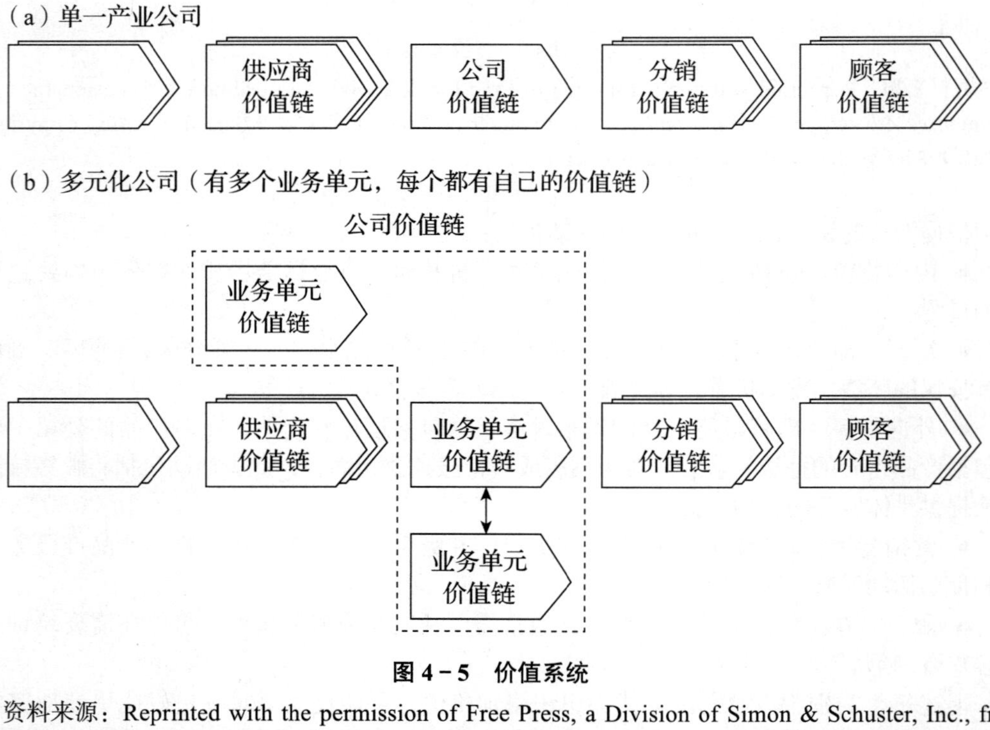

图4－5 价值系统

资料来源：Reprinted with the permission of Free Press, a Division of Simon & Schuster, Inc., from *Competitive Advantage: Creating and Sustaining Superior Performance* by Michael E Porter. Copyright © 1985, 1998 by Michael E Porter. All rights reserved.

除了极少数情况，组织会外购一些业务：广告、产品包装设计、管理咨询、电力等，即便是大型公司也常常会外购。也有许多组织不直接向最终消费者配送产品或服务，旅行社、批发商、零售商店都可能参与价值链活动。

竞争对手可能会使用相同的价值系统：某些供应商和分销商在提供更低的价格、更快的服务、更可靠的产品等方面比其他供应商和分销商做得更好。真正的竞争优势可能来自使用最好的供应商或分销商。通过使用新的分销系统或与供应商建立新的关系，可以获得新的竞争优势。因此也可能需要对价值系统进行分析，这涉及超出组织本身的资源分析。

对于组织来说，价值链和价值系统分析可能是复杂且耗时的。如果能够准确识别关键成功因素，将为随后的价值增值分析指明重点。关键成功因素很可能就是那些为产品或服务附加价值的因素。

在4.3节中，我们得出结论，附加值只能通过增加产出（销售额）或降低公司的投入（成本）来提高。除了关键成功因素，这两个增值选项还提供了分析公司增值资源的方法。这样的研究就需要同时考虑变革的成本和收益。

就葛兰素史克可而言，建议将价值分析集中在其已经确定的关键成功因素上，即研发、营销和产品性能。该公司近年来的确在研发方面投入了巨资，花费了大量的时间和资源对其宝贵的研发设施进行组织和重置。[14] 进行这些活动的主要原因之一就是用大量新药来补充和完善其现有的产品组合——这是实现研发增长的另一种方式。葛兰素史克也可能去研究提高关键产出价值和降低关键成本的方法。这正是该公司所进行的战略活动。

评论

与价值链一样，价值系统主要关注现有的联系，但有可能会错过全新的战略机遇。

在价值链与价值系统之间建立竞争优势的联系

对价值链和价值系统的分析将提供关于公司如何附加价值的信息。对于拥有一系列产品的组织而言，可能有一些产品组合会共享某些要素或服务，例如：

- 常见的原材料（如各种食品中的糖）。
- 共同的分销商（如某个汽车集团的零部件分销商，该集团的子公司生产各种汽车配件）。

这些共同要素可以联系起来构建竞争优势。这种可能的联系或许对战略管理很重要，因为它们往往是该组织所特有的。因此，这种联系可以提供超越对手的竞争优势，对手们可能没有这种联系，或开发这种联系非常困难。

波特[15]指出，价值链和价值系统本身可能不足以提供公司制定战略所需的竞争优势。他认为，竞争对手通常可以模仿组织的单个行动，但很难模仿价值链的各要素与组织价值系统之间特殊的和独有的联系。

因此，除了分析价值链和价值系统的资源外，竞争战略认为还存在第三种要素，即应该去寻找价值链要素之间以及与公司相关的价值系统之间存在或可能形成的特殊的和独有的联系。图4－6说明了这种情况。

这种联系的例子比比皆是：

- 用于各类终端产品的常见通用原材料。例如，化石原料可以广泛用于生产各种产品。
- 共同的服务，例如电信或媒体购买，合并的采购合同能以比单独交易更低的价格进行谈判。
- 技术开发和生产之间的联系，可以产生集团内各个部门通用的新生产方法。例如，玛莎百货等大型零售连锁店与其供应商之间的直接通信联系。

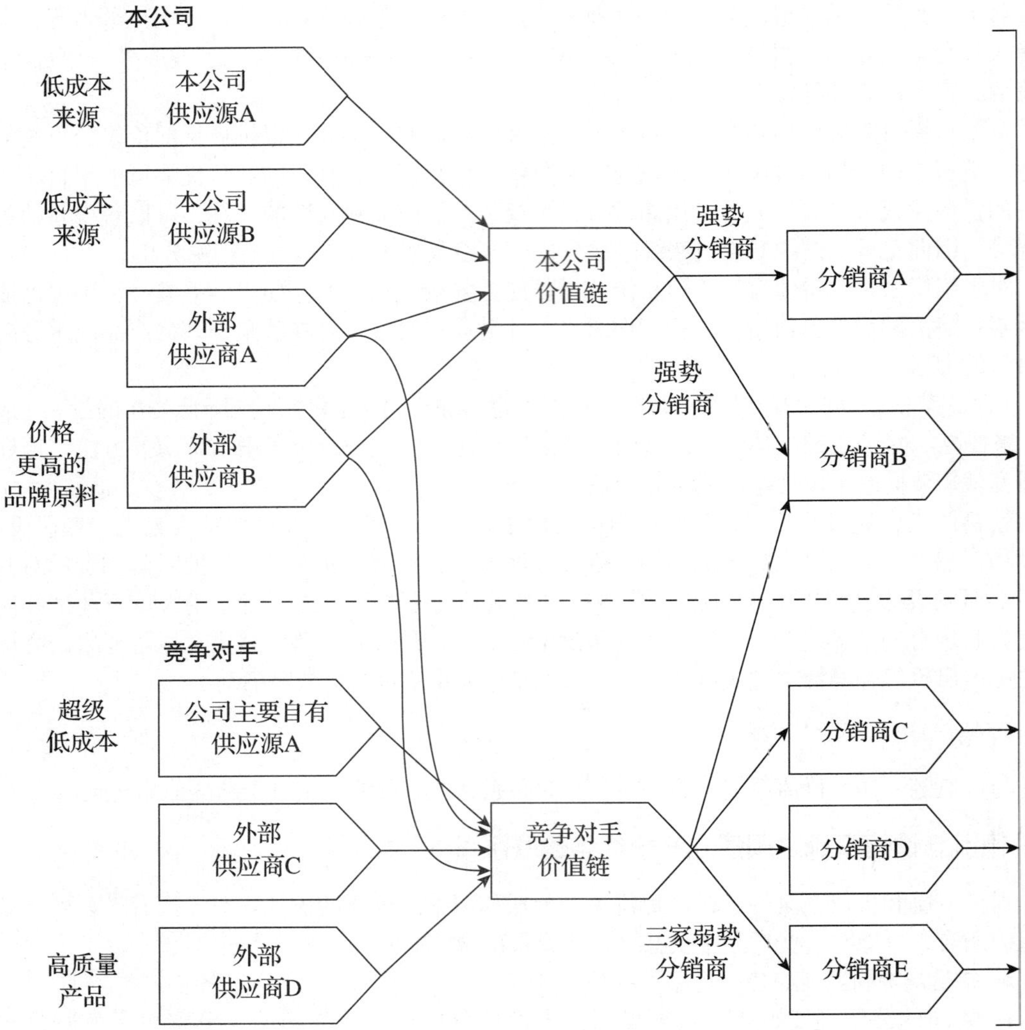

图 4－6 价值链与价值系统之间的联系带来的竞争优势

- 将航空公司与机票代理联系起来的电脑预订系统（事实证明其功能非常强大，以至于欧盟委员会已着手调查其对航空公司竞争力的影响）。
- 合资公司、战略联盟和合伙公司，依赖的就是不同成员将它们的特长带入到合作关系中（见第 9 章）。

所有这些都表明，提高附加价值的联系可以为公司优化资源提供重要的途径。

评论

在对价值链、价值系统及其内在联系的分析中，有一个基本的问题很难避免，即公司资源的范围非常广泛。相对于竞争对手，有时很难确定资源的确切性质和优势的范围。可持续竞争优势其实并不是附加值分析的主要目标。本章的其余部分将研究解决这类问题的更直接的方法。

附加值分析的另一个困难是，它关注的是可以明确衡量的资产。这个缺点很明显，因为组织中那些最有价值的资产可能难以量化，例如品牌或专业知识。此外，一些最重要的组织资产也可能无法估价，特别是人力资源资产，如领导力和团队建设。

提高附加值

尽管存在困难，但使用广义的定义而不是本章探讨的经济学狭义（产出减去投入）定义时，附加值对战略管理有很重要的影响。基本的观点是一样的，即除非组织为它的投入附加一些价值，否则组织难以生存。对于大多数组织而言，这表明关键在于组织如何获取资源中所附加的价值。在更详细地探究资源之后，我们将在第 8 章和第 9 章中继续讨论这个话题。

关键战略原则

- 价值链将组织的活动分解为几个主要部分。
- 可以评估每个部分对可持续竞争优势的贡献。
- 分析价值链的时候，通常不对每个要素所贡献的附加值进行详细的量化。分析要在更广泛的一般水平上进行，并与竞争对手进行比较。
- 大多数组织都是更广泛的增值系统的一部分，涉及供应商和分销商的各种渠道，即价值系统。
- 分析价值链和价值系统可能很复杂。可以通过采用关键成功因素作为选择要素来降低分析难度。
- 需要分析价值链和价值系统要素之间可能存在的联系，因为它们可能是组织所独有的，可使组织具有竞争优势。
- 附加价值实际应用中的重大缺陷包括缺乏确定资源优势领域的准确性，以及无法明确评价专业知识和公司领导力等重大资产的贡献。

案例研究 4.1

路易威登和古驰的竞争优势

像路易威登和古驰等奢侈品公司依靠其知名品牌打造了竞争优势，年销售额超过 1 650 亿美元，毛利率超过 50%。优势仅仅来自品牌名称本身吗？还有没有其他的优势？这个案例探讨了高端时尚奢侈品公司的竞争优势。

为了研究该行业的竞争优势，我们首先要分析其价值链，也就是业务中产生利润的所在。这样的起点是有益的，因为它确定了业务中那些特别有利可图的部分，可能与潜在优势联系起来。案例的第二部分将使用价值链来探究奢侈品的竞争优势。

主要时尚公司的价值链

在奢侈品行业的实践中，价值链是复杂的，有许多相互关联的部分。然而，大多数公司的关键活动是为其两年一度的时装秀做准备，以及展示新的产品系列。为了研究这个问题，我们可以举一个巴黎时装公司的例子，例如法国领先的路易威登集团拥有路易威登、轩尼诗（Hennessy）、罗意威（Loewe）、凯卓（Kenzo）、纪梵希（Givenchy）和托马斯品克（Thomas Pink）等品牌。时尚公司的首席设计师决定制作真丝刺绣的高级定制连衣裙作为女装春季系列的一部分。此活动将通过业务活动的价值链产生利润。该价值链的基础性活动如表 4-1 所示。为简单起见，没有展示支持性活动，但监督整个过程的时装设计师显然是公司基础设施的一部分。

表 4-1 高级时装真丝连衣裙的价值链

在价值链中的位置	活动	附加价值的数量和位置
供应商 ↓	来自中国的丝线 在意大利纺纱、织造和染色 与时装公司合作设计颜色、图案、款式和面料	低——许多供应商 低 / 中等——数家供应商 高——需要与时装公司保持良好的联系和合作的专业工作
内向物流——货物到达时装公司 ↓	向各种进口商直接购买	低——可用的方法很多，没有一个是唯一的
运营——每件高级时装的设计和制造 ↓	著名设计师，例如约翰·加利亚诺或斯泰·麦卡尼打磨新设计，剪裁和缝制成品礼服	高——关键要素——见正文 高但数量有限——见正文
外向物流——将服装配送给商店和被许可人 ↓	主要通过时装公司自己的专卖店	中 / 高——需要保持对品牌的控制
营销与销售 ↓	巴黎、米兰和纽约的时装秀 媒体报道 为百货公司举行特别的发布会 推出与品牌相关的产品，如成衣、鞋子以及包等配饰	高 有价值的——成本为 50 万美元的时装秀与价值数百万美元的媒体报道 中等——有助于品牌推广和提升 这里可能增加的最高价值——见正文
服务——为富有的客户提供周到的独享服务；为希望购买成衣的客户提供额外的服务	通过零售店的所有权	高 但是高级时装的客户数量很少 成衣的顾客数量更多

注：为简单起见，仅在上面的价值链中标识了基础性活动。负责监督整个过程的时装设计师会参与主要活动的每个部分，因此除了支持性活动外，他还是公司基础设施的一部分。

资料来源：参见参考文献。

为了制作这种服装，主要来自中国的丝线将被供应给路易威登的一家合作公司，通常在意大利北部。合作公司在其所在区域拥有一个网络，负责纺纱、织造和染色。重要的是，该合作公司将与路易威登的首席设计师密切合作，研究与相应设计系列配搭的颜色、图案和纹理。

对于中国和意大利公司而言，在设计、定价和客户销售方面真正的驱动力是时尚公司，而不是供应商。基于这个原因，商品的主要价值是在时尚公司产生的，而不是在价值链的前端。

谈到时装公司，产生附加值的位置和方式存在很大差异。时装设计师如约翰·加利亚诺（John Galliano）、斯泰拉·麦卡特里（Stella McCartney）和乔治·阿玛尼（Giorgio Armani）等著名设计师会率先设计出新的真丝连衣裙。在业务经理的支持下，设计师的工作往往会有更好的效果。业务经理要确保实现时尚公司的商业目标，还要确保设计师不会受到行政琐事的干扰。设计师不只是要设计一套真丝连衣裙，还要在巴黎、米兰和纽约等主要时装中心推出两套完整的时装系列。设计师还可以开发男士和女士系列，为百货公司和其他附属采购商安排时装发布会，并为时装公司配饰系列（围巾、手袋、鞋子等）的设计做出贡献。例子中的真丝刺绣连衣裙可能属于其中一个系列。

设计师在开始设计每一个服装系列时都有一些时尚理念，这些理念就像织物一样简单地搭在人体模型上。在这个阶段可能不使用真丝织物。随着时间的推移，这些想法会逐渐完善，设计师会选择真丝面料，并向意大利供应商提出制作这种特殊面料的要求。收到意大利供应商的面料后，可以进行裁剪并制成成品服装。最后高技能的裁缝要进行隐形拼接，这些裁缝也是顶级时尚公司的重要组成部分。刺绣也需要很多专业知识。真丝连衣裙随后出现在时装表演的T台上，在发布会后进入产品陈列室出售。

这些活动中的每一项都将为成品服装附加价值（见表4－1）。考虑到手工费，真丝服装的最终价格可能很高（如3万美元），因此附加价值可能看起来很高。然而，能够负担得起这样价格的高级定制客户相对较少——全球大概只有2 000位。因此，刺绣真丝连衣裙产生的绝对“价值”相对较小。时装公司的实际增值至少还包括其他三个相关的领域：

1. 来自同一设计标签的连衣裙成衣。许多人可能买不起这件价值3万美元的真丝连衣裙，但他们愿意花2 000美元购买同一位设计师的成衣。

2. 鞋、围巾和其他配饰。很多顾客还会在同一时装店花500美元购买鞋子和其他物品。其中一些可以由公司生产，但许多会外包给外部供应商，然后通过时装公司拥有的零售店出售。

3. 其他相关和特许的产品。客户还会花50～100美元购买和该品牌相关的香水及其他物品。这些物品可能也不是时尚公司制造的，而是由品牌的特许生产商制造的。

因此，该品牌不仅仅是为时装秀制作真丝刺绣连衣裙。时尚公司将其品牌授权给外部公司的时候也非常清楚品牌稀释的风险。“品牌稀释”（brand dilution）的一个例子是皮尔·卡丹，它曾经是20世纪70年代主要的高级时装品牌。但在20世纪80年代，该品牌授权生产了800多种产品，甚至包括马桶盖。如今，皮尔·卡丹这一品牌仍然很重要，也备受推崇，但它已不再属于高端时尚奢侈品。

高端时尚公司会谨慎地保护它们的品牌，如果觉得自己的品牌会被稀释，甚至会撤销许可证。导致品牌稀释的行为包括以低于正常价的价格出售产品线的末端产品，或将品牌名称附加到不合适的产品上。从更积极的角度来看，相关产品众多的品牌许可意味着时装公司可以有一系列活动来利用其品牌的影响。例如，欧莱雅就从时尚公司购买了多个奢侈香水系列的特许权，包括阿玛尼、拉夫劳伦和卡夏尔（Cacherel）。

时尚公司的价值创造还有两个方面未在真丝连衣裙设计和制造中体现出来：

1. 大多数时尚公司都设立了自己的零售店，在世界各地销售产品。例如，奢侈品的市场领导者是法国公司路易威登：它拥有大约1 600家商店，其80%的销售额来自这些商店。

2. 时尚公司还经营一系列品牌，每个品牌都有自己的设计师和时尚活动。例如，路易威登至少拥有50个品牌，但并非所有品牌都涉及时装。这种战略的目的是分散风险：如果集团内的一个时装品牌遭遇暂时的低迷，另一个品牌可以取而代之。路易威登总共拥有56 000名员工，其中2/3不在法国。

奢侈品行业的竞争优势

虽然价值链要确定高利润的活动，但并非所有活动都会为公司带来竞争优势。所有时尚公司的高利润活动可能都是相同的，因此其不能为特定的时装公司带来竞争优势。然而，价值链分析还是有用的，因为竞争优势更有可能与高利润相关联。就奢侈品市场而言，很明显的一点是竞争优势仅部分取决于像古驰或路易威登这样的品牌名称。表4－2对三家领先的奢侈品公司进行了研究，并介绍了产生竞争优势的主要特征。

表 4－2 三大高级时尚公司

公司	2002 年销售额	主要品牌—— 部分为配饰和香水	其他活动
路易威登 ● 总部设在法国	● 120 亿美元 ● 自有商店的销售额占 80%——约有 1 600 家商店 ● 2004 年的广告支出为 2.2 亿美元	● 罗意威、思琳（Celine）、凯卓（Kenzo）、纪梵希、马克・雅各布（Marc Jacobs）、芬迪（Fendi）、斯蒂芬博（StefanoBi）、埃米利奥・璞琪（Emilio Pucci）、唐娜・卡兰（Donna Karan）、托马斯・品克（Thomas Pink）	● 15 种葡萄酒和烈性酒品牌，包括轩尼诗 ● 10 个香水和美容品牌，包括迪奥和娇兰 ● 6 家钟表和珠宝公司，包括泰格豪雅（TAG Heuer）和真力时（Zenith） ● 7 家装饰品公司
历峰集团（Richemont） ● 总部设在瑞士	● 36 亿美元 ● 自有商店的销售额占 55%——约有 3 500 家商店 ● 2004 年的广告支出为 7 500 万美元	● 蔻伊（Chloé）、卡迪亚（Cartier）、伯爵（Piaget）、梵克雅宝（Van Cleef & Arpels）、登喜路（Dunhill）、哈克特（Hackett） ● 超过一半的销售额来自卡迪亚珠宝，但该公司计划扩大其蔻伊高级时装品牌	● 钢笔公司——万宝龙 ● 6 家钟表公司
古驰集团 ● 由法国百货连锁店巴黎春天控制	● 24 亿美元 ● 自有商店的销售额占 50%——约有 1 500 家商店 ● 2004 年的广告支出为 5 500 万美元	● 古驰、圣罗兰、亚历山大・麦昆（Alexander McQueen）、史黛拉・麦卡尼（Stella McCartney）、巴黎世家（Balenciaga）、赛乔罗西（Sergio Rossi）	● 零售店、百货商店、邮购目录

资料来源：Rumelt, R. (1991) “How much does industry matter?”, *Strategic Management Journal*, March, pp. 67-75, copyright © 1991 John Wiley & Sons, Inc. Reprinted by permission of John Wiley & Sons, Inc.

利用价值链的要素，我们可以研究它们是否为领先的时尚公司带来了竞争优势：

● 品牌。这是区分公司并使其与众不同的关键要素。领先的公司拥有一些知名品牌，但其竞争对手也是如此。重要的是，在时尚界需要不断更新广告来推广品牌。因此，竞争优势的一部分来源于对品牌的支持，包括两个方面：一是广告支出，路易威登遥遥领先。二是时尚公司的设计师也是品牌的一部分，例如让・保罗・高缇耶（Jean Paul Gaultier）和伊芙・圣劳伦特（Yves St Laurent）。这会带来较大的竞争优势。

● 设计师。设计师的名字、才能、技能和创造力是发展和维持顶级时尚公司的关键要素。设计师可以重振时尚品牌——例如，汤姆・福特（Tom Ford）（设计师）和多梅尼科・德索莱（Domenico de Sole）（商业伙伴）在 20 世纪 90 年代早期改造了古驰。他们将其出售给法国的巴黎春天以后就离开了公司，但他们的声誉依然存在。有报道称，2005 年 3 月福特辞职后，古驰集团负责女装的新设计师亚利山德拉・法基内蒂（Alessandra Facchinetti）随后就因为“商业利益统治着时尚界”辞职了。显然，设计师在高级时装方面具有至关重要的竞争优势，但这需要设计师能产出成果。

● 品牌系列。路易威登和巴黎春天都认为它们真正的优势就是自己有很多品牌。如果一个品牌随着时间的推移而减值，那么会有其他品牌取而代之。此外，品牌系列还意味着可以为广泛的顾客提供更全面的服务——对某些客户来说可能是传统设计，对其他客户来说可能就很前卫。然而，路易威登的品牌系列是否优于其他公司尚不清楚。这不一定是竞争优势。

- 许可和特许经营。这是所有高级时尚公司的主要收入来源。如上所述，这有风险，但业务活动带来的好处也是明显的。尽管这些活动都很重要，但没有证据表明某家时尚公司在这方面具有竞争优势——所有的公司都不差。
- 零售网点。领先的高级时尚公司直接控制着其一半的销售额。原因如下：第一，它们提留利润；第二，它们保留了对品牌展示方式的控制权；第三，它们能够为其主要的客户提供适当的氛围以及谨慎且专属的服务。但三家领先公司在这方面并没有明显的差异——它们都拥有强大且位置优越的连锁店。
- 地理位置。巴黎、米兰和纽约对于高级时装的影响至关重要。（柏林、伦敦、马德里和新加坡也不错，但重要性不同。）部分原因是在巴黎、米兰和纽约附近开发了较多的工业基础设施，可以支持时尚产业。例如，法国有大约2 000家直接与时装业有关的公司，提供了20万个工作岗位，创造的产值占工业总产值的5%。这些数字还不包括纺织业及与高级时装有关的相关媒体活动。但是，地理位置并不能直接为公司提供超越其他公司的竞争优势。

2008—2009年世界银行业危机发生后，奢侈品行业在一段时间内面临严重的利润问题，但恢复比较迅速。愤世嫉俗者可能会争辩说，这可能是因为支付给世界主要银行家的奖金几乎没有受到影响，财富使他们成为奢侈品的主要顾客。而事实上，他们对经济衰退负有部分责任。不管原因是什么，奢侈品市场在过去几年表现出了惊人的弹性。

最后，我们要牢记，时尚产业不仅仅是赚钱而已。时装设计师瓦伦蒂诺（Valentino）在2007年退休时就说过："许多女人都想与众不同，想要有女人味。这一点永远不会改变。我想要的是当一个女人走进房间时每个人都会为她侧目。我想要女性总受人关注，而且总能引来赞叹。"

绿色战略

虽然路易威登和历峰集团均未在其年度报告中深入讨论奢侈品行业绿色可持续发展问题，路易威登为支持艺术做出了不少贡献，历峰集团在南非投资了不少可持续发展的项目。

案例问题

1. 你是否同意上述有关奢侈品公司竞争优势的评论和结论？这些公司的竞争优势是什么？
2. 上面列出的竞争优势是否可以使用哈默尔、普拉哈拉德和凯等战略家的资源基础概念重新分类？可以参考本章后面的内容来反思相关的领域。
3. 时尚业以外的公司能否从这个行业所采用的战略中吸取教训？在探讨这个问题时你可能会考虑诸如品牌推广、许可、零售店控制和服务水平等主题。

4.5 资源分析和竞争优势——资源基础观

资源基础观发展的原因

如果可持续竞争优势是有效战略的基础[17]，就会产生一个问题，即怎样才能使资源变得特殊。1984—2007年，战略家针对这个问题给出了一个计划型战略。该回答并非一蹴而就，而是基于在此期间的各种书籍和研究论文逐渐形成的。[18]因此，将资源基础观的发展归因于一个人是不恰当的。战略发展的**资源基础观**（resource-based view，RBV）强调了组织中单个资源在打造其竞争优势和创造附加值方面的重要性。它标志着20世纪八九十年代初迈克尔·波特等人所强调的环境基础理论发生了重大转变（见第3章）。

这一变化的发生是因为战略家对同一行业中单个公司的长期利润有差别而感到困惑。他们认为，如果行业是利润的主要决定因素，那么某个行业的所有公司都应该有相似的盈利水平。但事实并非如此。例如，当美国家乐氏的早餐麦片业务利润下降的时候，通用磨坊的利润却在继续增长（见第2章）。当日本丰田和本田在全球的汽车行业大踏步前进时，通用汽车和福特丢城失地，甚至在本土市场出现了亏损。为什么会这样？战略专家认为，行业分析肯定没有错，但还需要明确可持续的竞争优势和客户需求。只做行业分析显然远远不够。

资源基础观的本质是关注组织中的特定资源，而不是行业中所有公司共同采取的战略。了解行业固然非常重要，但组织应该在这种共同的背景下寻求自己独特的解决方案。与其他组织相比，可持续竞争优势来源于对组织中特定相关资源的有效利用。相关性意味着要识别出比竞争对手更好的资源，这些资源对客户要有说服力，还可以从组织内部包含的一系列优势中获得。例如，葛兰素史克的药物开发战略应该集中在比竞争对手更有效的药物上，为顾客带来真正的好处，并利用其在治疗哮喘和抗病毒药物等现有领域的优势。不要进入公司不熟悉的新技术领域，因为那里已经有强生这样的竞争对手，它在手术设备和敷料等方面早已站稳了脚跟。

在行业分析的背景下，资源基础观的出发点是仔细研究组织的资源（参见4.3节）。除了这种一般性分析，有必要区分那些能给组织带来特定优势的属性。

可持续竞争优势和RBV

可持续竞争优势（sustainable competitive advantage，SCA）是相对于竞争对手的一种不易被模仿的优势。分析竞争对手的主要目的是使组织能够针对竞争对手打造竞争优势，尤其是可以长期保持的优势。可持续竞争优势涉及组织在市场上竞争的方方面面——价格、产品范围、制造质量、服务水平等。然而，其中一些因素很容易被模仿。例如，价格可以在一夜之间改变；一旦葛兰素史克失去其专利保护，其他公司就可以立即制造仿制药。

真正的收益只能来自竞争对手无法轻易模仿的优势，而不是那些只能暂时缓解竞争压力的优势。为了实现可持续发展，竞争优势需要更深入地融入组织，包括资源、技能、文化和投资。例如，路易威登在时尚界的优势就来自其品牌投资、质量声誉、时装设计师以及与供应商和顾客的关系网络。

竞争优势的来源

在寻求竞争对手无法轻易复制的优势时，不仅要研究竞争对手，更要研究组织本身及其资源。虽然没有特定的“公式”来完成这项工作，但有一些可能的出发点供以后研究。

- 差异化。就是在产品或服务中开发独有的特征或属性，使其对整个市场中的某一领域特别有吸引力。品牌化就是一个例子。
- 低成本。低成本生产使公司能够以较低的价格，或可能与竞争对手相同的价格与其他公司竞争，但附加更多的服务。例如，东南亚一些国家的生产活动可能拥有西方无法比拟的低劳动力成本优势。[19]
- 利基市场营销。公司可以选择一个小的细分市场，集中所有力量来实现在这一细分市场中的优势。这种利基市场需要通过特殊的买方需求来区分。圣罗兰或登喜路这类时尚品牌就是专门针对特定细分市场生产产品。
- 高性能或技术。可以开发出其他公司无法匹敌的特殊水平的性能或服务。例如，通过专利产品或招聘特别有才能的人员来实现这一目的。知名的全球咨询公司和商业银行就是这样运作的。

● 质量。有些公司提供的产品质量也是其他公司无法比拟的。例如，一些日本汽车的可靠性已经达到了西方公司难以企及的水平。

● 服务。一些公司刻意寻求提供其他人无法或不愿意提供的优质服务。例如，麦当劳就为其快餐店设置了高服务水平目标。

● 纵向一体化。向后收购原材料供应商和（或）向前收购分销商可能会提供其他公司无法比拟的优势。

● 协同效应。这是各部分业务的组合，它们的总和比单个部分简单相加更有价值，即达到“2 + 2 = 5”的效果。这可能是因为各部分可以共享固定管理费用，可以实现技术转移或共享相同的销售团队。在进行并购时，通常会打出这样的旗号，但这种协同作用不一定能实现。尽管如此，这仍然是值得深入研究的领域。

● 组织的文化、领导力和风格。组织领导、培训和支持其成员的方式可能是其他公司无法比拟的优势来源。它将导致创新的产品、卓越的服务、对新市场的快速反应等。这个领域比上述其他领域更难量化，但会增加组织独特的吸引力。战略管理书籍中一般不会涉及这一领域，但本书会对此进行讨论。

一些组织和战略家几乎痴迷于可持续竞争优势的前三个来源——通常所说的波特的一般战略，这些将在 8.2 节中讨论。但是，只关注这三个领域是不合适的，因为上面列出的其他领域（以及更多未列出的领域）也很重要。波特的著述也相当详细地探讨了许多可能的领域。可以说上面列出的某些来源其实就是某种形式的差异化。然而，如果将其全部归为差异化，会让我们忽视优势的特定属性，还会放弃由这些理念所开辟的重要战略领域。

同样，约翰·凯认为竞争优势的基础就是组织各个部分之间关系的稳定性和连续性。[20]他认为，关键的优势都不是一蹴而就的，也不能通过某种特殊的并购或其他特别的战略获得。真正的优势涉及整个组织的文化和风格，需要多年的时间来开发。从这个意义上讲，将优势概括为前述简短的清单可能会误人子弟。但是，列清单的确可以为进一步的分析提供支撑。

重要的是，识别可持续竞争优势没有唯一的路径和战略“公式”。当然，在特定类型的业务中，也可以确定一些可能的竞争优势（见表 4-3）。在下一节中，我们将研究支撑该构念的一些原则。

表 4-3　不同类型业务的典型可持续竞争优势

高科技行业	服务行业	小公司	制造业（公司是市场领导者）
技术卓越	服务质量的信誉	质量	低成本
质量信誉	高素质的员工培训	及时的服务	强大的品牌
客户服务	客户服务	个性化服务	有效分销
财务资源	知名品牌	灵活的价格	优质的产品
低成本制造	以客户为导向	当地的可用性	物有所值

资料来源：参见参考文献。[21]

资源基础理论中的七个可持续竞争优势要素

随着时间的推移，各种流派的战略家探究了个别组织可能拥有的竞争优势。然而，对于这些优势的来源却没有一致的结论。例如，普拉哈拉德和哈默尔[22]强调了一种关键资源，凯[23]确定了三个主要领域，彼德拉夫（Peteraf）[24]提出了四个领域，另外两位专家科利斯（Collis）和蒙哥马利（Montgomery）[25]则提出了五个领域。当然，这些学者和其他战略家都做出了重大贡献，而且所有人都注意到行业内单个公司特定资源的重要性。综合上述观点，我们确定了构成资源基础观的七个要素（见图4－7）。此外应该注意，其中一些要素还有其他的从属层面需要澄清——也许这就是出现分歧的地方。

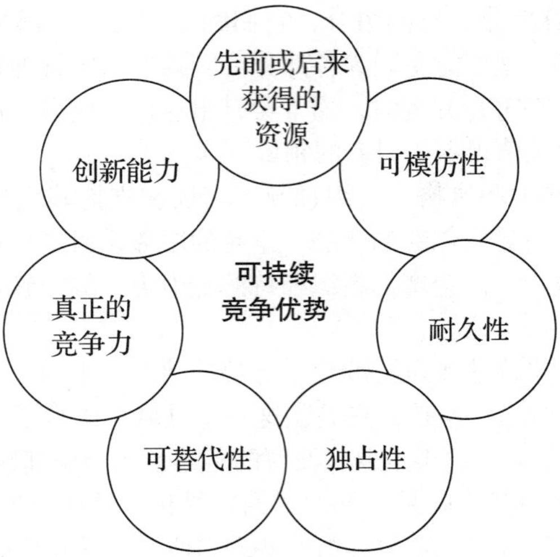

图4－7 资源基础观：七个要素

● 先前或后来获得的资源。如果能够基于组织已有的优势来发展而不是从零开始，那么价值创造更有可能取得成功。虽然也不能保证战略一定会成功，但这是一个非常重要的起点。此外，在现有优势的基础上，可以利用多年来由组织的历史和投资而形成的真正的独特性——经济学家称其为路径依赖（path dependency）。竞争对手可能很难开发出同样复杂的资源。我们在第2章末对此进行了探讨。最后，在未来战略发展中具有重要意义的另一个先前的优势是组织的现有声誉。例如，英国零售商玛莎百货在声誉和质量方面具有一定的优势，这是其未来战略的基础。

● 创新能力。有些组织比其他组织更有能力进行创新。创新很重要，因为只有创新最有可能在竞争优势方面取得真正的突破，且其他公司难以在短时间内模仿。本书的各个部分都会探讨创新，特别是在第11章。例如，消费电子公司索尼多年来形成了不断创造新产品的能力。稍后会详细讨论创新。

● 真正的竞争力。至关重要的是，任何资源都应该能帮助组织在竞争中获得真正的优势。这让我们想起4.5节中概述的对顾客、竞争对手和公司优势的相关性研究。但仅强调将资源直接认定为真正的优势是不够的：资源必须比竞争对手的更好。例如，只拥有“低成本、高质量”特征的工厂是不够的——必须比竞争对手的成本更低、质量更高。例如，微软公司开发了一种电脑软件包，其市场地位优于世界上任何公司。

● 可替代性。资源越无法替代，就越可能具有竞争力。有时，独特的资源也可以被全新的替代品取代。这个因素在第3章中介绍波特五力模型时进行了探讨，在资源基础观中也同样有效。例如，迪士尼公司的米老鼠形象就无可替代。

● 独占性。资源必须将其优势带来的结果传递给本公司，而不是被迫将其中的一部分让渡给其他公司。资源具有竞争优势并不一定意味着它的好处将属于所有者。部分利润可能会由于组织中不同利益相关者（客户、员工、供应商等）的议价能力而被迫拱手让给其他人。

我们将在第 5 章的博弈理论部分探讨议价能力，在第 6 章探讨利益相关者。另一种保持独占性的方法是公司为其产品和流程申请专利。无论使用何种方法，公司都必须保有资源所产生的利润。例如，贝纳通公司既拥有制造网点，又拥有分销网点，能够保有在整个价值链中产生的附加值。

- 耐久性。有用的资源必须要长久。确定不可持续的竞争资源是否具有优势是没有意义的。在未来的某个时间，所有竞争资源很可能如约瑟夫 · 熊彼特（Joseph Schumpeter）描述的那样，不再具有竞争优势（见第 5 章）。但资源保持优势的时间越长越好。柯达所拥有的品牌名称就具有耐久性。
- 可模仿性。要使资源具有竞争优势，就必须使其不易被模仿。尽管最终许多资源可以被复制，但是还有很多方法可以延缓这样的过程：
    - 有形的独特性。某些特定的差异化形式，例如品牌、特定的地理位置或专利保护，将延迟可模仿性。
    - 因果模糊性。竞争对手可能不太清楚是什么赋予了资源的竞争优势。可能存在一些复杂的组织过程，而这些过程需要经年累月才能开发出来，这对外部公司来说是难以学习或获取的。
    - 投资威慑。当市场增长前景有限或未知，并且很难进行小规模的初始投资时，组织对新战略的大量投资可能会阻止竞争者进入市场。这尤其适用于大型资本工厂或大型的广告活动对推出产品和服务至关重要的情形。

例如，丰田开发出了一整套制造工艺，其中包含许多人力资源方面的因素，如团队合作，很难被竞争对手观察到。这使其他汽车公司难以复制丰田的先进做法。

VRIO 框架——研究竞争资源的方法

即使资源层级（resource hierarchy）可以帮助组织对其拥有的资源进行简单的评估，但仍然存在一个问题，即要确定那些最能利用公司的资源或能力来产出丰厚回报的资源。这样，我们就需要一种方法来检验竞争资源。俄亥俄州立大学的杰伊 · 巴尼（Jay Barney）教授认为 VRIO 框架就提供了这样一种途径（见表 4 - 4）。

表 4 - 4　VRIO 框架

资源或能力是否……

是否有价值?	是否稀缺?	模仿成本是否高昂?	是否能够被组织利用?	竞争影响	资源预期的比较经济绩效
否	—	—	否	竞争劣势	低于正常水平
是	否	—	是 / 否	竞争均势	正常
是	是	否	是 / 否	临时竞争优势	高于正常水平
是	是	是	是	持续竞争优势	高于正常水平

资料来源：Barney, Jay B, *Gaining and Sustaining Competitive Advantage*, 2nd edn, © 2002. Printed and electronically reproduced by permission of Pearson Education, Inc., Upper Saddle River, New Jersey.

这是一种循序渐进的方法，首先要询问每种资源是否有价值。在回答了这个问题之后，接着检查其稀缺性、可模仿性和组织能力。

- 有价值（valuable）。如果组织的资源有助于采用那些能利用环境机会或抵消竞争威胁的战略，则该组织资源应该有价值。
- 稀缺（rare）。一个组织的资源必须是稀缺的。如果资源可供竞争对手使用，那么所开发的资源将不会产生竞争优势，经济表现也不会优于竞争对手。

- 无法模仿（can not be imitated）。组织的资源要有高昂的模仿成本。如果它可以被轻易模仿，那么随着时间的推移，竞争者将能够利用市场中产生的利润来复制稀缺资源。
- 组织能力（organizing capability）。组织需要具有利用其有价值的、稀有的和无法模仿的资源的能力。从某种意义上说，这是一个与上述三个因素相关的平衡因素。

这些因素可以作为一系列相互衔接的决策汇集在 VRIO 框架中。首先要明确资源是否有价值，是不是稀缺的，是否容易被模仿，然后明确该组织是否有良好的组织能力来利用机会。表 4-4 显示了完整的框架。

关键战略原则

- 资源基础观（RBV）认为，对组织资源的逐一分析为战略管理提供了比行业分析更强大的基础。原因是资源基础观将识别那些特殊且具有可持续竞争优势的资源。
- 可持续竞争优势（SCA）是优于竞争对手且无法被轻易模仿的优势。SCA 有很多来源，包括差异化、低成本、利基市场营销、高性能或技术、质量、服务、纵向一体化、协同效应以及组织的文化、领导力和风格。要注意，发展可持续竞争优势需要花费一定的时间，这样的清单只是更详细研究的起点。
- 资源基础观的竞争优势有七个要素：先前或后来获得的资源、创新能力、真正的竞争力、可替代性、独占性、耐久性和可模仿性。
- 组织要构建竞争优势，不一定要拥有所有这些优势。每个组织都将拥有独特的资源组合，其中一些资源涉及可持续竞争优势。
- VRIO 框架——有价值、稀缺、无法模仿和组织能力可以用来测试资源对竞争优势的贡献能力。

4.6 确定哪些资源和能力可以构建可持续的竞争优势

我们现在要识别那些最有可能提供可持续竞争优势的组织资源，但是会涉及一定程度的主观判断。此外，该领域的战略思维也还在发展之中。图 4-8 总结了与 SCA 相关的完整过程。

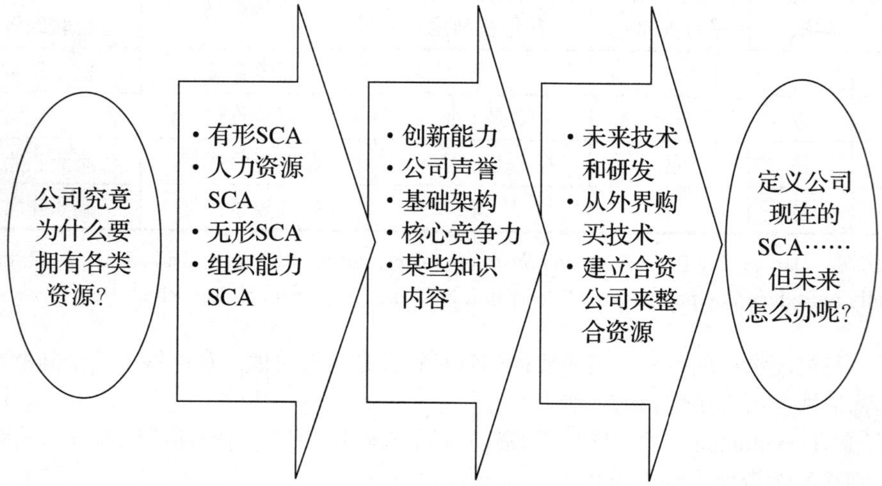

图 4-8 确定可以提供可持续竞争优势的资源

基本资源分析

在任何资源分析中，我们都须从组织的所有基本资源开始进行分析。我们在本章定义资源时就完成了这一过程，所以在这里只是提醒以下三个方面：

- 有形资源：组织的物质资源。
- 无形资源：许多其他重要的但并不存在实体的资源。
- 组织能力：组织的技能、结构和领导力，它将组织的所有资产结合在一起，使它们能够有效地互动。

尽管没有“公式”来确定提供竞争优势的具体资源和能力，但许多战略家已经提出了一些可能需要考虑的领域，即独特能力、核心竞争力和知识。我们将在后面的章节中研究这些内容。

三种独特能力的重要性

如前所述，很多研究人员已经用不同的视角探讨了提供可持续竞争优势的资源问题。有两个方面特别值得进一步探讨：独特能力（distinctive capability）和核心竞争力（core competency）。虽然它们也包含在上述框架中，却值得深究和仔细琢磨。这也表明，不同的战略家研究的重点不尽相同。例如，独特能力的观点认为“创新能力”并不比其他核心资源更重要。本小节将更深入地探讨独特能力，下一小节将探讨核心竞争力。

在资源分析中，约翰·凯认为组织资源中的独特能力对于提供竞争优势尤为重要。独特能力涉及组织中三个独特的资源领域：架构、声誉和创新。[26]它们很复杂，不一定能够进行量化分析，但有助于发展公司独特的战略。凯通过组织中一系列正式的契约和更多的非正式关系来介绍和研究：

- 与组织内部的员工之间的关系。
- 与环境之外的供应商、分销商和客户的关系。
- 可能在直接行业内外的合作公司之间的关系。

这类关系要花时间才能建立。有些是正式的，有些是非正式的。它们与4.4节价值系统中探讨的联系类似，但更为广泛。它们为组织提供了使其资源与竞争对手区别开来的三种方式。

1. 架构（architecture）是公司内外的关系和契约网络。其重要性在于能够创造知识和建立起工作中的惯例，能够对市场变化做出反应，能够在组织内外交换信息。与其他组织的长期关系可以带来竞争对手无法复制的真正战略利益。例子包括：

- 布依格（Bouygues）等主要建筑公司与签订大量合同的政府部门之间的联系。
- 荷兰国家铁路公司（Nederlandse Spoorwegen）等与工会之间就引进新技术和降低成本的新工作实践进行的谈判。
- 葛兰素史克和默克（Merck）等制药公司与政府就新药价格进行的谈判。

2. 声誉（reputation）是组织在其客户和其他利益相关者眼中的战略定位。组织可以靠声誉向顾客传递对其有利的信息。它特别关注长期关系，需要很长时间才能建立起来。一旦获得声誉，组织就获得了竞争对手无法比拟的真正独特性。例子包括：

- 良好的工作质量、按时按质按量交货的声誉。随着时间的推移，建筑公司可以获得巨大的收益，因为其在这个领域的表现始终如一。
- 优质服务的声誉，通常是及时和可靠的。铁路公司在这一领域有赢有输，当它们与公交车等其他公共交通工具竞争时更是如此。

3. 创新能力（innovative ability）是组织用以开发和利用创新思想而拥有的特殊才能。一些组织因其结构、文化、程序和激励会发现自己比其他组织更容易进行创新。然而它们虽然会创新，但不一定能利用这一点来对抗竞争对手。这是一个非常重要的战略领域，值得仔细研究。第 11 章会对其进行更全面的探讨。

评论

对大多数组织而言，或多或少都可以运用上述资源，它们的重要性毋庸置疑。

这三个领域通常需要多年的发展。前两项的定义要比开发战略选项容易：改进架构和声誉的方法会引发很多难以讨论的本质性问题。现在有一种倾向，发表一些看似重要但在很大程度上毫无意义的声明，其实只不过是改善这些领域的愿望而已。凯在这个领域也没有明确的阐述。第三项即创新将在第 11 章中探讨。一些战略家认为，由于有太多的其他潜在优势领域，不值得强调本书所列举的现有领域。尽管这一观点是正确的，但没有考虑到资源基础观的广泛性，难以付诸行动。

真正的重点是如何理解和利用它们来获得竞争优势。因此，对这些领域的资源分析需要考虑到随着时间的推移可能发生的变化，不仅需要探索该领域本身，还需要探究如何进一步开发这些领域。这是资源基础观七要素的替代观点可以做出贡献的地方。

核心竞争力的重要性

在进行相关研究的时候，哈默尔和普拉哈拉德探究了核心技能和竞争力。[27] **核心竞争力**（core competency）是一组使组织能够为客户提供特定利益的生产技能和技术；它们可以支撑公司已经建立的或希望建立的超越竞争对手的领导地位。

核心技能（core skill）是组织的基本资源。哈默尔和普拉哈拉德描述了夏普和东芝的例子，二者都将平板电子技术确定为未来有增长机会的领域。两家公司都投资数亿美元用于开发平板电视市场的技术和技能，然后用于微型电视、便携式电脑、数字手表、电子录像机和其他领域。重要的是，在进行这项投资之前，实际上并没有特定产品的业务案例来证明这种投资是合理的。核心竞争力是构成核心产品的基础，而核心产品又构成了公司业务领域的基础。

核心竞争力是技能、知识和技术的整合。这种组合可以带来竞争优势。对这些领域的分析来自对组织组成部分的研究。技能分析需要足够详细，才能产生有用的战略见解，但也不用过细以至于难以操作。哈默尔和普拉哈拉德提出，如果只识别出三四种技能，可能过于宽泛，但如果发现四五十种技能，则可能过于详细。他们认为核心竞争力可以分为三个主要的方面：

1. 顾客价值。这种能力必须对客户如何看待组织及其产品或服务产生实际的影响。

2. 竞争对手差异化。这必定是独一无二的。如果整个行业都具备这种技能，那么除非该组织在这个领域的技能非常特别，否则它不是核心竞争力。

3. 可扩展性。核心技能要能够提供超出当前水平的产品或服务。需要从其当前所在的特定产品组中移除。组织需要思考的是如何在整个业务领域中利用它。

重要的是，核心竞争力是获取市场份额竞争战的重要先决条件：关键资源的开发必须先于市场活动，而不是在其之后。值得注意的是，哈默尔和普拉哈拉德将核心竞争力与组织的愿景结合起来——这将在第 6 章中进行解释和探讨。核心技能的例子包括：

- 葛兰素史克不仅拥有药品专利的所有权，还包括拥有所有公司运营技能和在医药市场上与客户、分销商和卫生机构的联系。
- 荷兰国家铁路公司拥有与铁路网络运营相关的核心技能。更重要的是，从竞争的角度来看，它拥有接待顾客、时间列表、服务安排等方面的技能，而不是与公共汽车和飞机相关的技能。

● 布依格拥有与道路设计和建筑相关的核心技能。但是很多公司都有这样的技能。它真正的能力是获得大型合同并管理好这些合同的能力。它需要按照商定的标准，在约定的预算范围内按时交付。

评论

英国大型零售商的董事长戴维·塞恩斯伯里（David Sainsbury）表示，上述观点具有实际价值。[28] 但他也评论说：

● 核心技能可能更适用于规模较大而不是较小的公司，小公司可能没有管理人才的环境。文章中引用的核心技能示例也确实都来自大公司。

● 这些想法在电子产品和相关市场上得到了最彻底的发展。这些概念可能要在其他行业企业，比如中型工程公司中试验。

核心竞争力的另一个实际问题是其开发人员从未真正提供明确的清单——现有清单都非常模糊。第 8 章的专栏 8.2 提供了基于资源的十种技能和能力的研究指南。

更为重要的是，核心竞争力忽视了资源基础观强调的其他有助于资源分析和开发的领域。强大的品牌、独家专利或优越的地理位置也可以提供竞争优势。这些资源和其他资源与核心竞争力几乎或者完全没有联系。

知识管理是竞争优势的主要来源吗?

近年来，一些战略家认为组织的知识管理是竞争优势的主要来源。[29] 他们认为保留、利用和分享知识对于公司领先于竞争对手至关重要。特别是，在整个组织中管理和传播知识的方式就是重要的优势，尤其是在国际化的公司中。[30] **知识**（knowledge）意味着随着时间的推移，组织在市场的生存和竞争中获得的技能、工作惯例和能力的积累。此外，正如莱纳德（Leonard）所指出的，“组织中的知识宝库不是静态的储水池，而是充满活力的不断注入新思想的源泉，是公司不断更新的源泉”。[31] 我们将在第 7 章探讨知识在创新中的作用。

评论

在某些类型的组织中知识非常重要。例如，咨询公司中的会计和法律实践。但是，将知识提升为组织优势的主要来源可能夸大了知识的重要性。例如，荷兰国家铁路公司拥有荷兰独特的铁路轨道网络，麦当劳通过巨无霸品牌建立了可持续的竞争优势。这些都与知识没有任何实质性的联系。

资源基础观和中小型企业

虽然资源基础观起初看起来可能特别适合拥有大量资源的大公司，但它也适用于中小型企业。这些组织往往拥有较少的资源，但也可以更灵活和更具创业精神。通常，这种规模的组织会制定包括以下方面的战略：

● 更高水平的个人服务；
● 专业知识；
● 设计技能；
● 地域知识；
● 定制化解决方案。

所有这些都包含在资源基础观的七个要素中。中小型企业的核心资源要仔细开发，才能反映出这些战略——可能是额外的人员、额外的培训、使用当地知识，等等。资源基础观的某些领域在早期可能难以发展，例如有形的独特性和投资威慑。微软曾经是一家中小型企业，现在它有能力开发一些资本密集型的资源。因此，原则上讲，这些要素也可以指导中小型企业。

对资源基础观的评论

尽管资源基础观在战略管理中展现了更清晰的思路，但它仍然存在许多弱点：

- 它仍然是一份需要思考的要素清单——这些要素之间缺乏导向性的逻辑。可能不会有这样的逻辑，因为根据定义，这样的逻辑可能意味着一个行业的解决方案。
- 除了创新的概念（这在资源基础观的许多研究中都没有出现），关于资源如何随着时间的推移而发展和变化的指引太少。资源开发的动态性是战略中的一个重要因素，而资源基础观对此并没有多少见解。[32] 我们将在下一章探讨这一点。
- 在资源开发中完全没有考虑人的因素。
- 一些批判性意见认为整个概念是同义反复，即识别关键资源的逻辑流程是有缺陷的，因为解决方案是从该流程的开放定义中获得的。[33]
- 几乎没有或根本没有强调资源开发的涌现型战略方法，也没有强调战略制定的过程。简单地假设只要定义好要素，然后就会自动发生，这是对战略管理实践的过度简化。

最后，资源基础观的一些支持者夸大了其作为大多数战略问题解决方案的作用。虽然是战略理论的进步，但它无法完全取代战略分析的各个方面的全面发展。

关键战略原则

- 对于开发可持续竞争优势是否有最佳的方法尚未达成一致意见。两种方法被证明是有用的——来自凯的独特能力，以及来自哈默尔和普拉哈拉德的核心竞争力。
- 独特能力识别了组织中三个可能的独特资源领域：架构、声誉和创新。
- 核心竞争力是一组使组织能够为顾客提供特定利益的生产技能和技术。
- 资源基础观有许多缺点：它只是一份需要考虑的要素清单；它忽略了人力资源问题的许多方面，也在一定程度上忽视了战略发展的过程方面。

4.7 分析资源和能力——提升竞争优势

在分析资源之后，组织经常会发现它们几乎没有什么真正具有竞争力的资产。这很正常，因为大多数组织所拥有的系列资源中，很多和竞争对手差不多，只有少数资源是特有的。在这种情况下，在一些分析中看到的核心竞争力的长清单并不意味着公司的核心竞争力很多，而是这些清单的编制者不够严谨。[34] 无论清单的长度如何，仅根据本章至此进行的分析来确定真正具有竞争力的资源可能会误入歧途。因为这些方法基本上都是静态的：

- 附加值分析代表的是某个时点的图景。
- 资源基础观的七个要素通常基于当前资源来确定。

虽然静态分析方法很有用，但仅在特定时点对资源进行分析会扭曲现实。因为组织的能力将随着时间的推移而变化，其竞争对手也会投资新的资产。例如，石油公司会不断耗损自己的资产，而在瞬息万变的电脑行业中，资产的寿命也是非常有限的。资源分析的真正作用是作为改善资源的起点。这将在第 5 章进一步说明。

任何附加值和竞争优势的提升都需通过一段时间的系列行动来实现。这是所有人都要参与的战略过程，意味着组织的人力资源、文化和领导力的变革。这个过程既可以是涌现型的，也可以是计划型的。例如，它可能涉及各种试验以及纠错改进的资源开发过程（涌现型)，也可以像严格进行资源基础分析（计划型）一样完成。在详细研究资源和澄清了组织的宗旨后，就要讨论改进资源的主要方法（见第 6 章和第 7 章）。现在可以考虑以下三个要素：

1. 标杆管理；
2. 现有资源的利用——资源整合；
3. 资源升级。

标杆管理

评估组织各部门绩效的常见方法之一就是**标杆管理**（benchmarking）——与其他组织的实践进行比较，目的是明确需要改进的领域。做对照的组织不一定要在同一行业，只要在特定的工作或职能方面处于领先地位就可以。

例如，福特汽车公司可能希望了解其供应商的竞争力。它可能会选取一个在处理供应商关系方面处于全球领先地位的公司，例如英国著名的零售商玛莎百货。然后福特可能直接或间接通过顾问或行业协会与零售商联系。福特会与玛莎百货比较在特定职能领域的绩效，然后分析绩效差异，这样就会形成改善福特内部资源的基础。相关结果随后就可以使用（见图 4－9）。

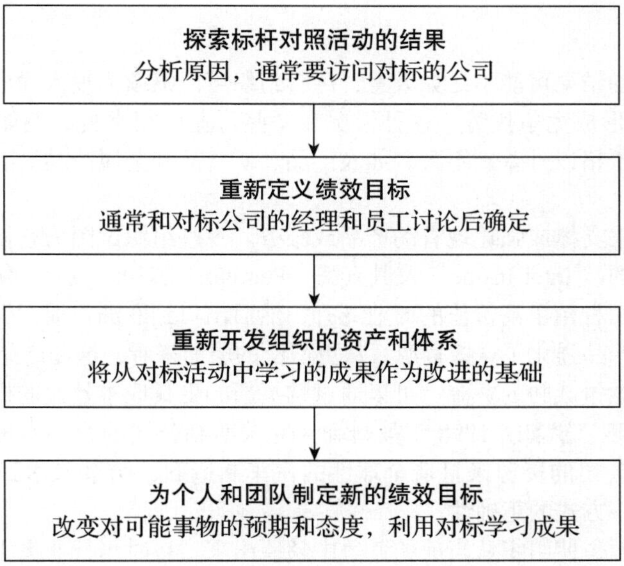

图 4－9　典型标杆管理的顺序

评论

一些评论家认为，标杆管理在提升竞争优势方面有内生的缺陷，因为其目的只是使资源达到其他公司的水准——按照这种解释，就不再会有任何超过其他公司的优势。然而，这可能没有抓住标杆管理的本质，其实应该将资源的标准提升到可以与其他行业内公司相提并论的程度——例如，汽车行业的福特要和英国零售业的玛莎百货进行标杆对照才有意义。换句话说，如果福特能够实现标杆管理，它就可以超越汽车行业的其他公司。

现有资源的利用——资源整合

在任何组织中，充分利用现有资源至关重要——这有时被称为**资源整合**（leveraging

resource)。[35] 例如，在华特·迪斯尼去世后的许多年里，他的电影公司还能继续制作出好的电影，却没有想办法在其他的媒体中开发各种动画人物。直到20世纪80年代迈克尔·艾斯纳（Michael Eisner）执掌迪士尼后，才真正开发了迪士尼拥有的各类资源，并将公司的业务拓展到酒店、品牌营销和出版等领域。一般来说，现有资源可通过以下五种方式加以利用：

1. 集中——将组织的资源集中于关键的目标，要特别关注对附加值产生最大影响的目标。

2. 保存——利用好资源的每一部分，如果可能要回收利用，目的是开发组织所能利用的每个方面。

3. 积累——深入挖掘组织的资源，发现所有积累的知识和技能，并在适当的时候获得外部技能和经验。

4. 互补——从融合新要素的角度分析资源，例如营销和运营，并支持那些强势的因素，使其不会受累于组织其他方面的劣势。

5. 回收——确保资源尽可能快速地产生现金，从而尽早实现新资源和现有资源的全部利益。

当然这些都是利用现有资源的计划型途径，值得仔细研究。

资源升级

有时竞争分析的结果可能不尽如人意，尽管组织可以继续为投入增值，但有可能在组织内不能或几乎不能形成竞争优势。这种情况在一些行业中很常见，例如涉及商品生产的行业，产品之间除了价格以外差别不大，如农产品、矿产品和金属产品。有三种方式可以应对这种情形：

1. 开发新资源来支撑或强化现有的产品或服务。一些组织试图为它们的商品打上品牌标签，例如，英特尔的“Intel Inside”及其奔腾（Pentium）芯片。另一个例子是肯尼亚农民用以前低价值的玉米田种植了高价值的商业花卉，然后出口到欧洲：他们保留了原有的土地和农业技能，但用新产品强化了这些资源。从更广泛的层面来看，这和产品开发的项目有关。

2. 直接强化受竞争威胁的资源。可以通过购买新的更具成本效益的机器或通过协商设立新的合资公司来实现。例如，1998年戴姆勒-克莱斯勒公司的合并本可以整合（至少有可能）两家中型汽车公司的资源来打造全球性的汽车制造商，结果未达到预期（见第16章），但这并不能否定这一方式的正确性。

3. 增加补充资源，使组织从当前的竞争中超脱出来。有时当行业失去吸引力的时候，应当去开发一些资源，以让组织从其现有竞争对手那里超脱出来。例如，有些农民进入休闲产业，开发高尔夫球场、住宿和类似的项目，这样就摆脱了对农产品价格的依赖，进入了利润率较高的其他领域。

资源升级提出的是全局性问题，即一个组织随着时间的推移怎样基于其可支配的资源、组织的宗旨和竞争对手的行动来继续发展。重要的是，它依赖于组织发展的战略愿景——或许大同小异，也或许是全新的领域。这个问题将在下一章讨论。

关键战略原则

- 至少有三种方法可以提升可持续竞争优势：标杆管理、现有资源的利用——资源整合和资源升级。
- 标杆管理强调组织要与在不同运营领域中表现最佳的另一组织的实践进行比较。标杆管理的目的是确定组织资源的改进领域。

- 现有资源的利用——资源整合。有五种主要方法可以实现资源整合：集中、保存、积累，互补和回收。
- 资源升级。主要有三种方法：开发新资源，强化受竞争威胁的资源，增加补充资源。

4.8 分析公司其他的重要资源

从竞争优势的角度分析资源后，也应当探讨一下其他的观点。组织要用更广泛的视角来看待资源，而不局限于竞争优势。至少有以下三种不同的视角：

- 财务视角，包括现金流量、股权、税收等相关问题。
- 运营（生产）视角，涉及精益生产、库存控制、质量生产和服务等。
- 人力资源视角，研究组织文化、领导力和变革等主题。

由于本书专门研究战略这一主题，因此上述许多领域都超出了本书的范围。然而，战略也不能绕过具有明显人为因素的战略变革。此外，组织的领导力对于制定和实施战略也非常重要。因此，和战略交织在一起的最重要的公司资源就是人力资源，应该在战略制定阶段对此进行分析，尤其需要研究组织的文化。第 16 章将研究战略领导力。

分析当前的组织文化

组织文化（organizational culture）是一套管理组织的信仰、价值观和习得方法。公司文化会影响战略管理的结构、系统和方法。公司文化来源于它的发展历史、现行状况、当前人员，特别是领导层，以及各类技术和物质资源。公司文化也根植于组织中人员的目的、目标和价值观。例如，葛兰素史克制药公司的员工会对英国葛兰素和美国史克公司的合并记忆犹新：合并的战略会带来众多变革，其成功完全依赖于愿意接受变革的文化。

每个组织有不同的历史、管理和技术，因此，每个组织都拥有独特的文化。分析组织的文化很重要，因为文化会影响组织的方方面面。如果要开发涉及变革的战略，领导者就需要了解这一切的出发点。[36] 具体来说，组织文化是领导者、管理者和员工制定和实施战略的过滤器和塑型器。基于这些原因，组织文化对战略管理有重大影响。

分析组织文化很困难。专家学者对其性质、结构和影响并未形成一致的意见。本书仅从战略角度探讨这个问题，因此就从这个角度选择了最相关的理论。[37] 组织文化的主要内容如图 4 - 10 所示。

除组织本身之外，组织文化还受到其他一系列外部因素的影响，包括社会和政治生活中人们不断变化的价值观、其他类似公司的企业文化、组织必须应对的政府就业政策等。如果该组织遍及多个国家，也可能存在与文化相关的一些国际性问题。

在组织内部，还有一系列因素会定义组织现有的文化。领导者可以从以下方面来分析组织文化。

历史和所有权

初创公司可能是由一个人或一个小团体创立的，他们将在接下来几年里持续影响公司的发展。所有权集中显然会使权力集中，因此也会集中控制各种影响力和管理风格。家族公司和所有者主导的公司将形成明显可识别的文化。

规模

随着公司的扩张，所有权和控制权可能会有所放松，这样其他人也可以影响组织的风格和文化。即便要严控所有权，大型公司也难以被总部牢牢控制。

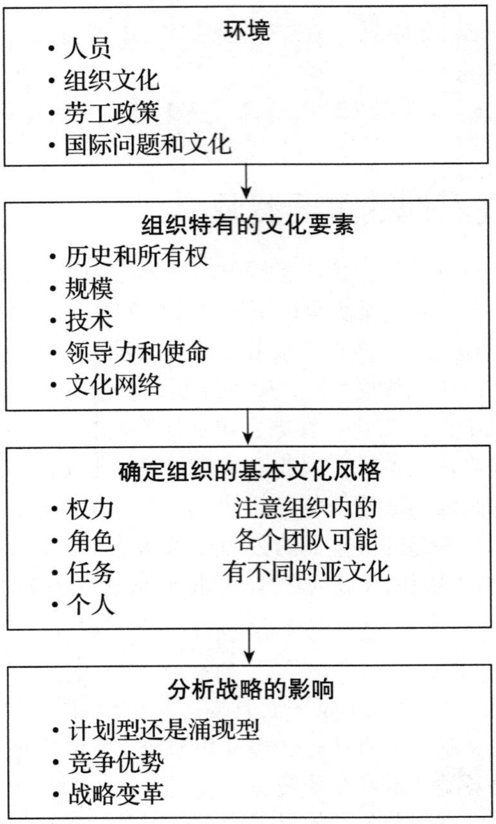

图4-10　分析组织文化的主要因素

技术

技术将影响公司的文化，但其影响往往无法预计。[38]那些需要规模经济或高成本以及昂贵机械的技术，通常需要正式和结构良好的文化才能取得成功，例如大规模的化学品生产或啤酒酿造。相反，对于快速变化的技术，例如电信，可能需要更灵活的文化。

领导力和使命

随着时间的推移，个人及其价值观将反映和改变组织的文化，特别是首席执行官及与其关系密切的同事。这些问题对组织也是至关重要的。

文化网络

文化网络（cultural web）由那些可以用来描述组织文化某些方面的因素组成。可以将那些有助于分析组织文化的基本因素汇集在一起（见图4-11）。这很重要，因为文化可以塑造战略。其主要内容是：

- 故事。人们在组织中谈论什么？组织中最重要的是什么？怎样定义成功或失败？
- 惯例。做事的一般方法是什么？有哪些流程（不一定是书面形式）？
- 仪式。除了正常流程外，组织还强调什么，例如长期服务、销售业绩、创新、质量标准？它如何突出并奖励这样的仪式？
- 符号。办公室的标志是什么？办公室多大？公司选用什么车型？为不同级别的管理者和工人提供不同的餐厅吗？员工如何出行，乘坐头等舱、商务舱还是经济舱？
- 控制系统。官僚主义？有据可查？绩效导向？正式还是非正式？随意吗？

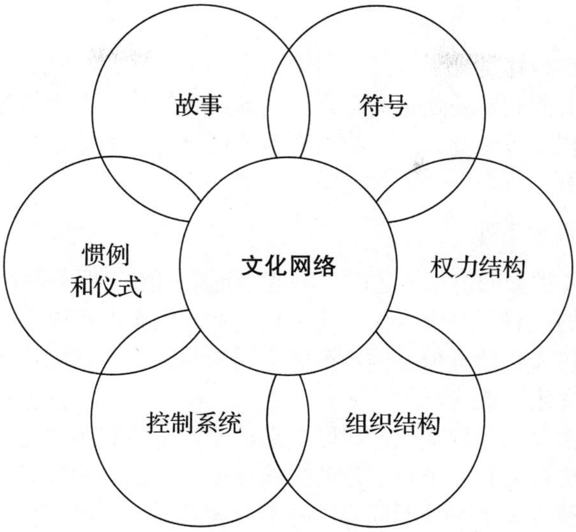

图 4－11　建立文化网络

资料来源：Johnson, G (1992). "Managing strategic change-Strategy, culture and action", *Long Range Planning*, Vol 25 (1), pp. 28-36. Copyright 1992, with permission from Elsevier.

- 组织结构。在正式结构的基础上谁向谁报告？谁和谁有非正式的关系？
- 权力结构。谁做出决定？谁会影响决定？如何做决定？什么时候做决定？

文化网络也可以有效区分组织中的正式行为，例如新闻稿和项目后评估，以及非正式行为，如传播小道消息、办公室聚会、发送电子邮件等。这种范式不仅将各因素联系起来，而且倾向于将它们保留为"我们在这里做事的方式"。这种范式总结了组织的文化。福特汽车公司文化网络分析的例子将在专栏 16.2 中给出。

塑造组织未来的文化风格

如果组织的战略旨在寻求变革，就要分析组织的文化应该如何变革：这两个领域是紧密相连的。尽管每个组织都有自己独特的文化，但汉迪[39]通过哈里森（Harrison）的著作发现，组织文化一般分为四种主要的类型。随着时间的推移，领导者和管理者可以将这些类型作为决定塑造组织文化的起点。这四种风格中的每一种都与缓慢或快速推进战略变革的能力相关——在塑造未来的组织文化时，组织应该考虑其关联性。

权力文化

组织围绕着一个人或一个小团体运转。例如：小型建筑公司、以前由一些所有者主导的报社。战略变革：变革的快慢取决于领导者的管理风格。

角色文化

组织依赖于委员会、结构、逻辑和分析。一小部分高级管理人员负责做出最终决定，但他们必须遵守程序、系统和明确规定的沟通规则。例如：行政部门、零售银行。战略变革：可能缓慢，但有条不紊。

任务文化

组织致力于解决已经明确的项目或任务。工作由灵活的团队承担，旨在解决已出现的问题。这些团队可能是多学科的，并能适应各种情况。例如：广告代理商、咨询公司。战略变革：取决于具体情况，需要的时候可以很迅速。

个人文化

个人的工作和存在纯粹是为了自己。尽管为了特定的目的，组织可以制定应对环境的相关结构和秩序，但主要的利益还是指向个人。例如：合作社、卫生局等大型组织中以独立身份工作的建筑师或工程师等专业人士。战略变革：可以是瞬间的，当个人觉得符合他的利益时可以采取这样的变革。

四种文化类型的限定条件

在考虑这四种主要类型的组织文化时，有四个重要的限定性条件：

1. 组织会随时间的推移而产生变化。代表权力文化的企业可能会成长为规模更大但更加传统的公司。代表角色文化的官僚机构也可能会转向结构更灵活的任务文化。因此，每隔几年可能就需要对组织文化重新分析。

2. 同一组织中通常存在多种文化。在同一组织中，可能有小型任务团队专注于开发新业务或解决特定问题，也可能有一个更官僚的机构以更正式的结构和风格应对大批量的生产活动。战略管理甚至需要考虑组织的不同部门是否应该发展不同的文化——例如，适应全新项目的团队文化，掌握新电脑网络所需专业知识的个人文化。

3. 不同的文化可能占主导地位，这取决于总部和公司的所有权。霍夫斯泰德（Hofstede）的研究[40]表明，民族文化也会对上述四种基本类型产生影响并相互作用。

4. 组织文化的变革非常缓慢。[41]要注意，领导者不能指望基本态度、信仰和组织行事方式能随时转变。

基于以上四个条件，对战略文化变革的分析要谨慎。然而有许多组织，无论其规模大小，只要你走进门，其情绪、风格和音调就足够清晰：例如谷歌的鲜艳色彩、“乐高”模型和懒人沙发。在这样的组织中，通常主导文化会渗透并影响公司的经营方式。

检验文化分析与战略的相关性

最后，为了制定战略，文化分析至少需要在以下五个方面进行战略相关性检验：

- 风险。组织是否希望改变其风险水平？
- 回报。可以带来什么回报和什么水平的工作满意度？
- 变化。变化程度高还是低？
- 降低成本。组织是否正在寻求降低成本？
- 竞争优势。是否需要增加重要的新优势？

关键战略原则

- 组织文化是一套管理组织行为的信仰、价值观和习得方法。每个组织都有独特的文化。
- 文化影响绩效和战略管理。随着时间的推移，领导者可以塑造文化。
- 影响公司文化的因素包括：历史和所有权、规模、技术、领导力和使命，以及组织的文化网络。
- 文化网络提供了总结组织内影响文化的那些因素的方法：故事、惯例和仪式、符号、权力结构、组织结构和控制系统。
- 影响组织文化的外部因素包括：人、国家文化、公司文化环境、劳动和就业政策。
- 对组织文化的一般分析将文化分为四种主要类型：权力文化、角色文化、任务文化和个人文化。有些类型比其他类型更能应对和管理战略变革。希望变革战略的领导者要识别和使用这些文化来采取相应的战略举措。

- 可以为分析组织文化制定一些准则。在制定战略的时候，需要根据组织对风险、变化、回报、降低成本和竞争优势等方面的态度对其进行评估。

批判性反思

资源基础观有用吗？

目前，资源基础观是战略管理研究和发展的焦点。一些战略家认为，由它带来的启示将是战略发展的核心。但在至少三个方面资源基础观面临着较多的争议：

1. 同义反复。资源基础观所探究的真理正是其研究要定义的。资源基础观原本应该通过价值性、稀有性和不可模仿性来确定能够带来竞争优势的资源。但竞争优势本身就被定义为有价值的、稀有的和无法模仿的。从这个意义上说，资源基础观只是在寻找它已经知道或应该知道的东西。

2. 模糊概括。资源基础观确定的资源领域——核心竞争力、创新能力等——是含糊的。有些人认为它们如此普遍以至于没什么价值。如果要它们具有价值，就必须研究产生它们的具体背景，否则它们只是每个人都可以寻求的口号或愿望而已。

3. 获得竞争资源的途径。资源基础观不清楚组织如何开发和维护其竞争资源。优势资源和竞争资源的目标要比开发资源的途径更加明确。

你有什么看法？资源基础观的观点是否有用？或者作为一个概念，它是否被高估了？

思考问题

1. 根据你的判断，确定以下行业的关键成功因素：制药业、快餐店、帮助无家可归者的慈善机构，以及提供旅行团服务的旅游公司。

2. 为你熟悉的组织确定和建立价值链。概述你的研究对竞争优势的影响。

3. 获取葛兰素史克的附加值和其他数据来构建其价值链。根据价值链构建其运营的价值系统。你能得出什么样的战略结论？

4. 资源基础观的七个要素如何促进战略管理？它有哪些局限性？

5. 利用时尚产业案例研究的证据，确定古驰竞争优势的主要因素。使用 RBV 的七个要素来组织你的答案，并解释其与公司拥有的其他资源的关系。

6. 以你熟悉的组织为例，使用关键指导原则来帮助你识别其独特能力。将该组织与其竞争对手进行比较，并对其战略影响进行评论。

7. 区分时尚公司以及路易威登的核心竞争力。你的研究对路易威登的战略管理有何意义？

8. 核心竞争力可以作为短期战略解决方案从外部购进，还是必须在组织内部长期发展？使用例子来支持你的答案。

9. 使用本章中的概念，对你所选择的组织（例如学生社团）的组织文化进行分析。该分析将如何影响本章前面提到的组织的竞争资源？

延伸阅读　　　　注释和参考文献

5 战略动态性

学习目标

学习完本章后，你将能够：
- 构建动态的业务框架。
- 区分三种应对不可预见的环境变化的方法。
- 探究快速变化环境中的动态性，特别是创新情境下的动态性。
- 识别资源开发的动态性。
- 制定进攻型的竞争战略。
- 制定开发合作战略的主要方式。
- 理解博弈理论的主要内容以及对战略动态性的影响。

引言

组织本身及其所采取的战略都会随着时间不断演进。组织会随着环境的变化而调整，也会随着自身资源和能力的变化而变化。我们还没有完全理解这些过程发生的机制，因为对各种要素的研究还需要进一步深化。本章关于战略动态性的部分将探讨目前研究的进展。本章的开头将分析动态性概念的主要组成部分，并解读这些成分如何组合。相关理论尤其关注战略灵活性的重要性。因此，我们更多采用涌现型战略而不是计划型战略的视角，特别强调了针对外界变化的创新以及战略回应。接着，区分第 3 章和第 4 章中关于战略环境以及组织资源的战略差异。随后，通过强调这些理念的演进而不是恒定不变的状态深化对概念的理解。本章尤其关注当环境不可预计特别是环境快速变化而计划型战略很难实施时面临的种种问题。最后，本章探讨了组织资源的变化，包括资源的来源、发展及消亡。

在本章的最后三个小节中，我们减少了分析的成分，而采用了更多前瞻性、未雨绸缪的视角。[1] 我们探讨了针对竞争对手的进攻型战略，接着分析了可以打造超越对手的竞争优势以及与其他组织的合作战略，最后探讨了博弈战略可能带来的益处和问题。

在解释性的动态性研究中，主要的关注点在于理解动态性的目的、环境、竞争优势以及竞争资源的变化方式。在前瞻性的动态性研究中，则更加关注组织可以和将会采取的那些能增强组织竞争优势和增加附加值的各类活动（见图 5-1）。

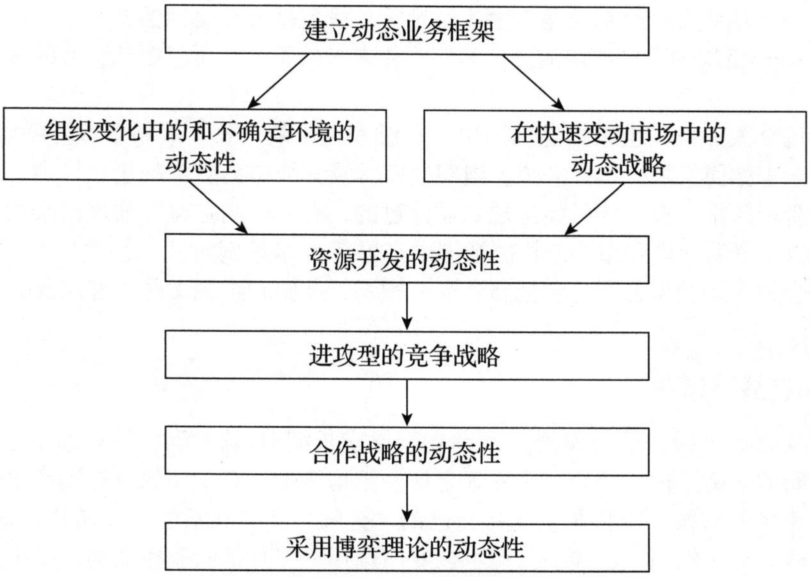

图 5-1　探究战略管理中的动态性

5.1　构建动态性的业务框架

在第 4 章提到，可持续的竞争优势是战略管理的关键。很明显，竞争优势不能永远保持静止的状态。因为竞争对手、技术、管理人员、顾客和许多其他因素都会随着时间的推移而发生变化。很多战略专家[2]，特别是那些研究高科技行业的专家认为，如果静态地理解竞争优势就会错失重要的战略机遇。他们还认为，竞争优势应该总是动态演进的，而且在管理的过程中战略应该更具有前瞻性的视角。

因此从战略动态性的视角来看，组织应该不断尝试管理和构建环境动态性的框架。换句话说，战略应该是动态的理念，会不断为组织提供新的机遇和挑战。

源于战略发展历史的动态性

从头来看，组织先前的发展历史是其未来动态发展的重要决定因素。其未来的宗旨和战略要基于先前多年积累的资源。从历史战略的视角（historical strategy perspective）来看，其宗旨和产出至少在一定程度上要受组织现在的资源、发展历史以及发展演变过程的影响。早在 20 世纪 50 年代，战略还没有变成独立的学术话题，年轻的经济学家伊迪丝·彭罗斯（Edith Penrose）就已经用传统的经济思维来研究战略。她认为，公司内部发生的一切和公司的外部市场一样重要。[3] 直到如今，外部市场仍是经济学的重中之重，要研究市场供给和需求的问题。而且，在解释公司如何成长的时候，彭罗斯认为这和企业的资源、发展历史以及随着时间的演进有关。因此，公司的历史会影响其未来的发展，也会影响其宗旨。

1962年，美国的战略家阿尔弗雷德·钱德勒发表了一篇重量级的文章，他研究了美国四家大公司在20世纪初的发展历史。[4] 他当时采用的观点和措辞与彭罗斯不尽相同。两人都表明，企业的发展历史是理解战略的重要部分。为了理解战略，蒂斯（Teece）、皮萨诺（Pisano）和舒恩（Shuen）在其著名的文章中明确提出要分析企业的三个领域[5]：

- 过程——组织如何确定其组织结构、公司关系和领导力，特别是关于技术、机构资产以及市场资产方面的过程。
- 定位——组织如何针对竞争对手进行定位，既包括现在也包括未来。
- 路径——组织的历史如何演进，如何看待未来的路径，要包括其特有的资源、创新能力和知识。

和我们每个人一样，组织也是其历史、资源和经历的产物。战略宗旨要考虑这些要素，才能理解其未来如何发展。具体来说，组织的宗旨及其战略高度依赖于领导力、文化和公司高管人员的管理风格。有一些可能是规划设计过的，有一些则是碰巧涌现出来的。同样，宗旨和战略还得在资源获取和市场定位的情境中来思考。[6] 举例而言，通过并购，被并购的公司的历史也会融入新的母公司，包括新资源、知识、经验和组织文化中好的部分，也有一些不好的部分。

结构化的动态战略过程

对一些战略家来说，公司发展的关键在于寻求长期对可持续竞争优势的支撑和不断变革与革新之间的平衡。这样的公司会先确定那些结构清晰、有支撑的可持续竞争优势——比如，进入新市场的时候，英特尔会支持自己的“奔腾”品牌和新的电脑芯片，如2006年推出的奔腾双核芯片。然而，这样的公司也会专门选择一些其他的业务活动，超出其目前有优势的领域——比如，英特尔公司会在自己的实验室里尝试全新的技术和电脑软件，而这些与公司现有的竞争优势并没有明显的联系，但对公司来说可能是有益的新起点。这样，战略管理的过程将既是结构化的，如对公司品牌的宣传，也是动态变化的，如探索新的未经验证的技术。

动态业务发展——一些指导方针，但不是规则

当然，这样动态的战略过程可能会潜力无穷，但也有可能完全无法管理。战略家因此建议，应该有些基本的方针来指导利用这种方法的各种好处。用布朗（Brown）和艾森哈特（Eisenhardt）的话来说：

> 在竞争异常激烈、变革日新月异的行业中，成功的企业会采取针锋相对的竞争战略。这种战略追求的不是通常意义上的效率或者最佳状态，而是目标的灵活性——对当前变化和未来变革的适应性，对挫折的坚韧性，以及不断确定变革资源优势的能力。从根本上说，就是能够不断演进和变革。[7]

在实践中，对组织而言，这意味着要在结构和动态性之间寻求平衡——有很强的财务控制系统，但管理者要有足够充裕的自由时间，可以用创新的方式来培育自己的想法。因此，这样的过程应当是灵活的，可以是缓慢无效率的，甚至可以允许失败。不过同时也应该是前瞻性的，既要积极地寻求创新型的活动，也要接受那些无法避免的失败。这样的过程通常也有基本的目标，即随着时间的推移，全新的产品会占据主要的销售份额——第7章3M的案例中会有更多的细节。

从根本上说，这样的过程认为组织会经历持续不断的资源和竞争优势变化，而不是静态的。

动态业务的结构化——可行的框架

基于目前对战略管理相关领域的研究，我们还没有形成清晰的理念来对动态业务战略进行结构化的管理。按照戴维·蒂斯（David Teece）的观点，目的是清楚的：要发展“可以保持组织演进和创新活力”的业务。[8] 通过构建模型来展示这样的过程肯定不行，图 5－2 根据现有研究勉为其难地画了一个框架，涵盖了主要的观点。[9]

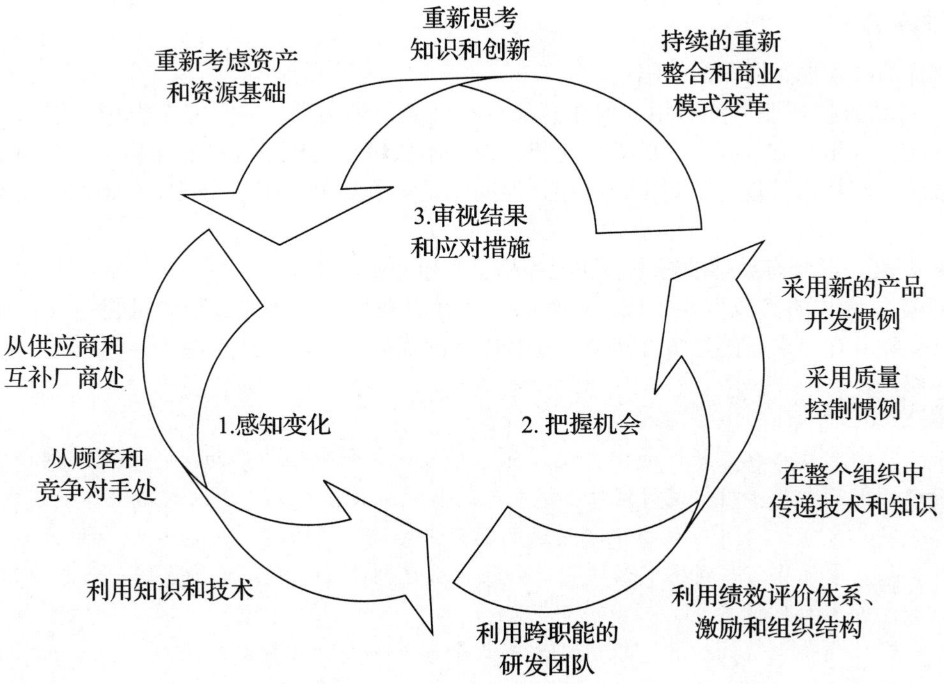

图 5－2　动态战略的 3S 框架

3S 模型对动态性采取了 3 阶段的视角：

1. 感知（sensing）外界环境中的变化。
2. 把握（seizing）这种变化带来的机遇。
3. 审视（surveying）这种变化的结果，不是简单的回顾，而是要塑造未来的变化。

感知

要寻找机会就要看得远、看得广。很明显，机会来自组织内外部技术和知识的变革。但新的机会也会从顾客、竞争对手以及供应商和互补厂商那里获得，重要的是组织要不断去寻找这些变化。

把握

组织要结构化以后才能评价和持续开发新机会。办法很多，其中之一就是关注研发，特别是跨职能团队的研发，这样可以拥有解决问题全新的和与众不同的视角。在实践中通过强调对新领域的探究，全面质量管理的流程和绩效管理的系统也可以起作用。此外，通过市场营销来开发新产品和利用网络系统开发来广泛传播新知识也可以带来新的机会。或许在这个过程中最重要的就是愿意尝试，而且愿意承担失败和各种相关的成本：倡导一种“不苛责”的文化非常重要，这样才能保证员工不会因为失败而灰心丧气，也不会放弃尝试。

审视

特别是对高管而言，该过程中最重要的就是要研究并发现问题所在，然后吸取教训。这就要系统地回顾获得的知识以及相关的创新领域。也许还得仔细思考组织所拥有的资产——比如，要回到第4章开头，思考组织到底是做什么的，组织应该从外界购进什么。最根本的，要审视业务中到底什么地方附加了价值——要回到第4章关于价值链和价值系统的分析——这样才能明确业务的发展方向。

批判性评价

这样的视角也有明显的缺陷：

- 对高科技行业可能有用，但在其他行业可能很难实现，甚至完全没用。例如，联合利华在冰激凌生产方面有一定的竞争优势，但并不依赖于其技术方面的优势。联合利华采用的冰激凌生产技术其他竞争对手也在用，但问题是竞争对手不能形成规模经济，因此不会去投资。
- 要真正区分有灵感的好主意和纯粹胡思乱想非常困难。
- 竞争优势的其他重要领域，比如品牌化在寻找技术优势的过程中可能并没有什么作用。这意味着在寻求新的竞争优势时，这些以往的优势可能得不到支持。

关键战略原则

- 在探究组织战略动态性的时候，可以从三个方面来研究组织的历史：过程如何进行；组织如何针对竞争对手进行定位；过去的路径是如何选择的，未来的路径该如何规划。
- 一些战略专家认为，应该用不断演进的视角来看待竞争优势，而且组织应该致力于不断更新竞争优势，高新技术领域更是如此。从这个意义上讲，竞争优势是动态变化的，而不是静止不变的。
- 开发这种竞争优势的过程可以围绕现有优势展开——结构化的，也可以开发新的激动人心的领域——混沌的。
- 过程的关键指导原则就是要寻找结构化和混沌状态之间的平衡。
- 可以制定打造动态战略的框架：目前研究的结果就是3S框架。这包括对环境变化的感知、对相关机遇的把握，以及面向未来发展结果的审视。
- 对这种观点的批评集中在以下方面：与高科技之外的传统行业的相关性，如何管理过程中的混乱情形，以及在寻找新优势的过程中忽略现有优势的风险。

5.2 不断变化且充满不确定性的组织环境的动态性

在战略中，影响战略的主要环境因素——包括宏观政策和全球气候变暖以及竞争对手、顾客和供应商——都会不断变化，而且常常难以预测。外界事件不仅相互影响还会对组织产生影响。尽管波特和鲁梅尔特等战略家主要关注竞争对手，但环境动态性对组织的影响可能更加广泛，第3章中已经讨论。比如，欧莱雅在收购化妆品零售品牌美体小铺（Body Shop）时，考虑了美体小铺的伦理要求，即反对在动物身上进行化妆品测试。欧莱雅完全支持这样的做法，这已经超出了竞争优势的范畴。

尽管可以通过很多维度来研究环境，我们将环境动态性的思考分解为四个相关的领域：

1. 行业内竞争的性质和强度。有一些影响动态性的基本因素，比如行业内公司的数量以及进入壁垒的高低，首先要对这些因素进行分析。

2. 竞争对手相关活动的动态性。尽管竞争对手在战略管理中的重要性众所周知，但大家通常认为竞争对手的各类活动是静态的。在现实中，组织的战略和竞争对手的战略都会不断演进。

3. 环境的可预测性。当环境稳步改善或恶化的时候，动态性是很容易预计的——这和第3章中的内容一致。然而，并不是所有的环境都是可预测的，所以该问题值得深究。

4. 资源在应对环境变化时的惰性。即便可以理解环境的动态性，也并不意味着组织可以基于这样的理解来采取行动。二者之间的关系也需要研究。

还有一个领域，即行业内的合作程度，将在5.6节中探讨。

行业内竞争的性质和强度

政府会设定其可以接受的各个行业的竞争程度。一旦确定了这一点，就可以使用波特的五力分析（参见第3章）。五力分析可以作为分析驱动行业动态变化的基本起点。从动态性的视角来看，还有其他一些因素需要进一步分析。

行业结构和市场特点也会对战略管理产生重大的影响。然而，公司可以采取的行动往往会远远超出微观经济学中强调的简单定价活动，比如，还可以削减成本、实现产品差异化、与其他公司结成战略联盟以及建立合资企业等。在欧莱雅，定价很重要，但还有一系列与化妆品相关的各类因素也会吸引买家。可以分析的主要战略领域有以下三个：

1. 行业内所有企业的总数量可能影响其对供应商施加的买家议价能力。如果行业内企业数量不多，买家的议价能力就很高；如果行业内企业众多，它们的议价能力就会比较低。虽然化妆品行业内企业很多，但是大型企业并不多。

2. 行业内企业的结构也会影响盈利水平。如果行业内企业的规模差不多，这些企业就会达成某种共识，利润可以增长。当行业内企业数量增加，有大型企业也有小型企业时，那么达成这种约定的可能性就很小，利润当然也会受到影响。在化妆品行业内，有巨型企业，比如欧莱雅和宝洁，也有一些小的专业化公司——比如使用专有品牌的香奈儿5号香水公司。

3. 行业内现有公司拥有的进入壁垒。经济学家区分了三种主要的进入壁垒[10]：基于生产和分销技术的壁垒、基于品牌和声誉的壁垒，以及法律法规壁垒。战略家则强调还有其他同等重要的因素，比如知识壁垒以及业务联系网络壁垒等。我们会在第7章和第11章继续讨论这些内容。在化妆品行业中，进入壁垒主要和打造品牌的高额支出、产品创新的高额成本以及获得分销渠道的困难程度相关。

总而言之，战略会随着公司规模和市场的竞争程度而变化。小公司，比如小的制鞋企业，有可能也得适应大公司的不同战略，比如世界上最大的零售企业沃尔玛。大型企业有资源构建自己的零售网络来出售自己的产品，小公司则不行。仅有几家公司的高度竞争的市场中采用的战略显然和竞争程度较低的市场不同。这一点意义重大，因为这意味着行业不同，战略也不同。[11]这样就不存在适用于所有行业的通用战略。

竞争对手相关活动的动态性

战略家都比较认同的观点是，寻求竞争优势是战略成功的关键。迈克尔·波特是这样说的：

> 竞争战略就是要寻求行业内有利的竞争定位……竞争战略的目的就是要针对决定行业竞争程度的各种力量来构建有利可图的可持续定位。[12]

关于这一说法，波特承认有两大困难。首先，决定行业竞争程度的各种力量会一直变化。其次，公司不会对这些力量的影响逆来顺受，会尝试“依照对公司有利的方式来影响环境”。[13]

换句话说，波特认为竞争优势的动态性至少有两个维度：

1. 行业中竞争优势的性质——在本书中称为解释性动态性（interpretive dynamics）；

2. 企业可以或愿意通过行业中的新战略来转移竞争优势重心的程度——在本书中称为前瞻性动态性（proactive dynamics）。

然而，按照哈默尔和普拉哈拉德的说法，这其实忽视了动态性的关键，因为这里只关注了目前的行业边界：

> 战略既要关注明天行业内的竞争，也要关注今天行业结构内的竞争。今天行业结构内的竞争会引发后面的一系列问题：要给产品增加哪些新的特征？我们如何能提升渠道的覆盖率？我们的定价是为了获得最大的市场份额还是最高的利润？对于明天行业结构的竞争也会引发如下深层次问题：谁的产品理念最终会胜出？如果进行联盟，如何确定联盟成员的权利？最为重要的问题是，我们怎样才能提升自己影响新兴行业雏形的能力？[14]

尽管哈默尔和普拉哈拉德讨论的是像卫星电视和网络分销这样的新兴行业，但其基本的逻辑也可以在现有的更加成熟的市场中应用。巴登－富勒（Baden-Fuller）和斯托普福德（Stopford）关于成熟市场中的战略有这样的论述："真正的商战发生在那些采用不同方法的公司间，尤其是那些针对昨日的理念反其道而行之的公司。"[15]换句话说，竞争优势的动态性不应该仅仅基于现有企业的竞争来研究，更应当从现有竞争框架的视角来分析。比如在化妆品行业中，欧莱雅在2006年用22亿美元收购美体小铺的时候就打破了其现有的边界。同样，宝洁在2005年用570亿美元收购男士个人用品集团吉列的时候也打破了对女性化妆品的依赖。要实现这样的动态性非常困难，还要确保组织资源在可控的范围之内。专栏5.1展示了一个三阶段的过程，可以帮助明确动态性和把握机会。[16]

专栏5.1 | 研究竞争对手活动的动态性

研究分三个阶段：

1. 开发行业和相关领域的愿景。比如，福特汽车公司认为全球汽车行业的战略除了汽车生产外，还应该包括对分销商、二手车以及服务的管控。这是组织在识别机会。

2. 管控可以服务于实现愿景的各种路径。这就需要先于竞争对手来打造关键领域的优势，包括资源、新产品和服务、相应的网络和联盟。比如，英国的零售商乐购就率先利用互联网提供家庭购物服务，这就需要网站和组织严密的配送活动。这是组织在影响战略。

3. 在选定的市场中争夺市场份额。这将涉及服务水平、营销组合以及通过运营战略降低成本等。

关键点：通常认为最后这个阶段才是传统的可持续竞争优势的战场，然而往往在前两个阶段中蕴含着真正有益的动态性机遇。

环境的可预测性

从战略管理的视角来看，当可以预测环境变化的时候，我们可以更好地管控环境的动态性。如果相关情形下的变化可知，也就可以想办法改变相应的战略影响。比如在化妆品行业中，我们可以预测对于回收化妆品包装的态度会怎样转变。对于该问题，我们首先谈论可以进行和已经完成的各类预测。接下来，我们会讨论明茨伯格的观点，他认为这样的分析完全是浪费时间。

预测的目的

预测是为了更好地应对环境的不确定性。尽管总会有风险，但预测会帮助降低风险，增加成功的概率。换句话说，如果可以预测环境的动态性，我们至少可以管控部分风险。

对于一些战略家来说[17]，解决战略预测问题的关键是要明白有些环境会比其他环境更容易预测。比如对冰激凌市场可以进行一定程度的预测。可能会有革命性的新技术使得预测完全没有价值，但这种可能性不大。

为了方便研究，我们区分了三种不同的环境和预测相关技术（参见专栏 5.2）。本书在其他章节已介绍了主要的预测技术，在这里就不再重复。关键在于即使有很大的不确定性，也可以在一定的范围内对环境进行一定的预测。

专栏 5.2 | 应对不同程度的环境不确定性

环境 1 可以进行预测，但可能有灾难	环境 2 可能的替代情形很清楚，但无法确定精确的结果	环境 3 有多种可能的结果，完全不清楚之前的路径
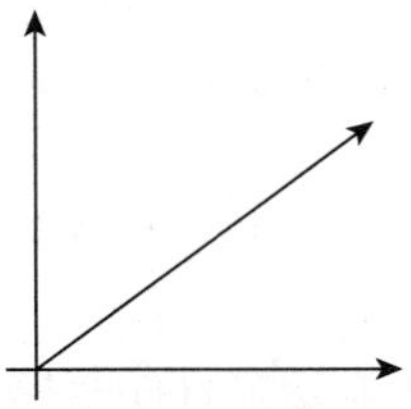	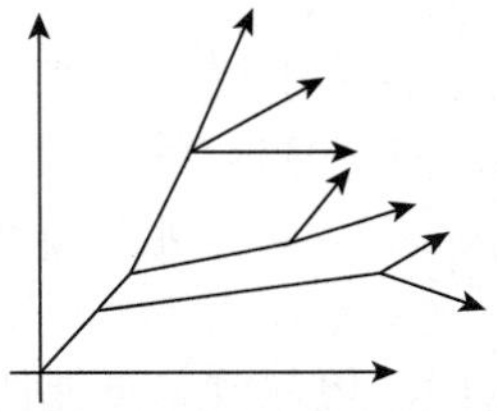	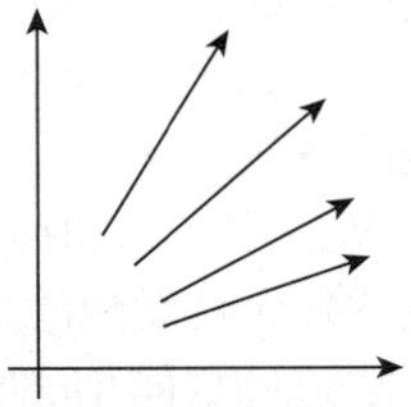
技术：市场和竞争预测——参见第 3 章和第 10 章	技术：市场预测、决策分析加上博弈理论——参见第 3 章和第 10 章以及本章后面的博弈理论	技术：市场展望、技术预测和构建场景——参见第 3、10 和 11 章
预测：单一结果，要么向上，要么向下	预测：是一系列围绕未来可能性的不同结果	预测：提供大致方向的可能结果；价值有限
案例：雀巢的食品市场	案例：欧洲国防行业的大合并	案例：网络唱片行业的机会带来的结果

注：专栏 3.2 中有采用场景法可以参照使用的模板。

预测的痴梦？

鉴于上面的结论，我们现在来看看亨利·明茨伯格教授的相关论述。他认为预测纯粹是浪费时间。[18] 他接着描述了传统的计划型战略如何对环境做出预测，然后在战略制定和实施的过程中期望世界会按照预测的路径保持不变。

为了说明预测只是痴人说梦，明茨伯格引用了战略管理的先驱伊戈尔·安索夫教授在其《公司战略》（*Corporate Strategy*）中的论述："我们应当参照的区间就是公司可以进行精确预测的区间，也就是说计划型视野的正负 20%。"[19] 明茨伯格这样评论道：

> 多让人惊讶的说法！公司怎么能知道在什么样的区间内进行预测会比较准确？……对于一些重复性的类型，比如季节，可以预测，但对于断裂的趋势，比如技术革新或者价格涨跌，是完全不能预测的。

因此，明茨伯格认为，尽管对环境的预测非常重要，但是对创新进行预测没什么意义。他不认为对于市场的愿景有什么假设，他的解释是这样的愿景从根本上来说都是个人的观点和直觉的判断而已。

评论

这对环境的动态性有何意义？明茨伯格是对的，的确不能在不确定性很高的领域进行精确预测。如果有战略专家要基于网络唱片行业10年后的行业规模来计算贴现现金流，除了能够展示会有长足的增长外，这样的预测几乎没有任何价值。然而，当明茨伯格说我们对预测只能束手无策时，他也言过其实了：专栏5.2中的场景、选项以及大方向的预测还是有用的。而且，当环境比较稳定的时候，预测确实可以帮助理解环境的动态性。

资源在应对环境变化时的惰性

即便组织能看到也能够理解环境的变化，也不一定能够采取有效的行动。组织中会有一种源于和变革相关的困难、成本以及风险的惰性（inertia）。结果，环境的动态性在组织中不一定能立即转化为行动，而当涉及资源的变革时，更是如此。经济学家理查德·鲁梅尔特（Richard Rumlet）认为有五种原因会导致这种情况[20]：

1. 感知偏差（distorted perception）。组织中的个人可能清楚环境状况，但组织作为一个整体可能会较难做到。原因可能包括期望保持短期的确定性，对未来可能有些担心或希望保持当前的习惯。

2. 缺乏意愿（dulled motivation）。即便组织可以理解环境，仍有可能无法清晰地研判真正的威胁在哪里。因此，组织也不愿意按照这样的研判来采取行动。

3. 应对无方（failed creative response）。即便组织准确地研判了环境，仍有可能找不到创新的方法来应对发现的威胁。

4. 政治死胡同（political deadlock）。组织政治可能使得组织无法制定最佳的战略，来应对所感知的机会或威胁。

5. 行动断裂（action disconnect）。领导、组织惯例以及利益相关者集团也可能会阻碍应对环境变革采取的行动。

关键战略原则

- 要分析行业竞争的性质和强度，有三个会对战略产生重大影响的领域：行业内所有企业的总数量；行业内企业的结构；行业内现有公司拥有的进入壁垒。
- 环境的动态性有很多维度，可以从三个方面来思考：对竞争优势的维护；环境的可预测性；组织资源应对环境变化的能力。
- 对竞争优势的维护依赖于行业内竞争优势的性质，也包括企业打造新的优势以及影响行业内未来优势的意愿。
- 如果环境是可预测的，那么环境的动态性比较容易管控。但并不是所有的环境都可以进行预测，因此有些战略专家认为这样的过程就是浪费时间，而且也不会产生有意义的结果。
- 即便组织可以理解环境变化的性质，也有可能无法采取行动。这种情形可能由五种原因造成：感知偏差、缺乏意愿、应对无方、政治死胡同和行动断裂。

5.3 快速变革市场中的动态战略

快速变革的市场为战略专家提供了真正的发展机会和挑战。在这样快速变革的市场中，动态性主要取决于创新的节奏和变化幅度。

从本质来看，很难对创新进行定义。有些创新只是小打小闹，有些创新却会给整个行业带来革命性的变革。比如，激光唱片在唱片行业里的创新会改善声音的质量，但这并不是革命性的变化，然而通过全新的互联网技术来发售音乐产品就会导致整个市场的开放性。后者不仅是创新性的，也是革命性的。在讨论创新动态性的时候，有几个领域相互关联，见图5-3。

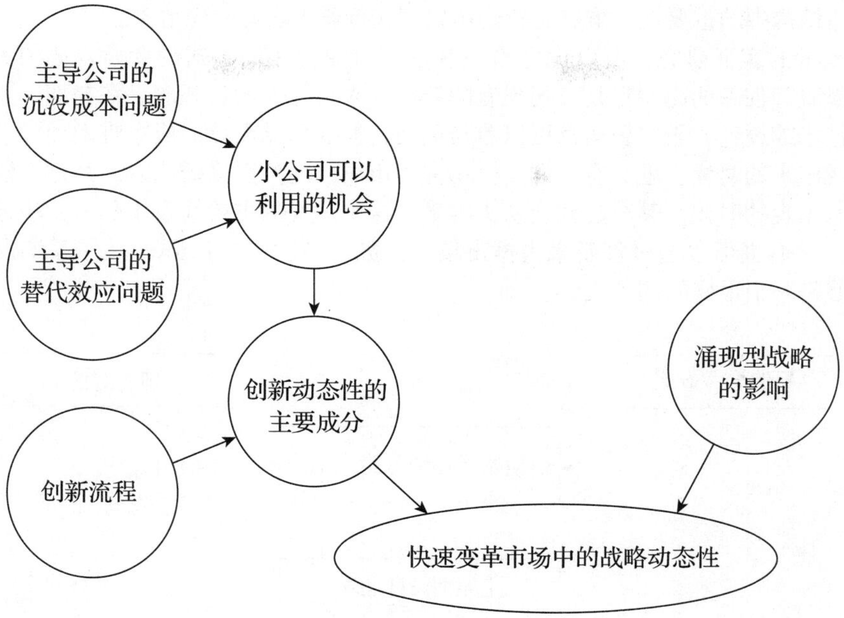

图 5-3 探索快速变革市场中的动态性

快速变革的动态性：市场垄断性问题

当某个行业正经历快速的市场变革时，在行业内处于垄断地位，而且已经为特定技术投入大量资源的公司将面临两个问题：

1. 沉没成本效应。已经为特定技术投入大量资源的公司会很不愿意进行变革。对于新技术而言，为原技术开发的资源和能力会不再重要。这样的资源就会变成新技术的沉没成本。比如，在网络上，原先三大唱片公司在零售网点上的大量渠道促销投资就会石沉大海。在决定是否向新技术转型的时候，不能纠结于沉没成本，因为这些费用已经支出。但最终这样的成本会阻碍公司实施创新型的变革。[21]

2. 替代效应。比起新公司，大公司更不愿意进行创新。因为新公司希望用创新来获取市场领先地位，而大公司就算是创新也不会获得更多的垄断。对于大公司而言，它们对市场的技术垄断会通过另一个新技术进行替代——替代效应。[22]

快速变革的动态性：小公司可以把握的机会

在快速变革的市场中，反而是那些不占据领先地位的中小公司有很多战略机会。它们可以更加快速，也可以更加灵活。它们的公司文化也可以更具创新创业的特点，可以主动寻找那些市场动态性带来的机遇。

虽然创新可以通过产品实现，但更应该创新的是过程。比如，唱片行业的创新不仅仅是新的艺术家和产品（唱片），更应当是新的互联网分销形式（过程）。没有对现行过程进行长足投资的小公司也可以通过新的过程获利，比如它们可以利用互联网来进行销售。

快速变革的动态性：创新的流程

当然，正是通过那些根本性的重大创新，中小公司才能有机会来转变行业并获得长足的附加值增长。麻省理工学院的詹姆斯·厄特巴克（James Utterback）教授对创新及其动态性进行了研究。他重点研究了重大创新如何改变一系列行业。[23]其他战略专家也研究了创新在重塑行业结构中的重要性，重点是新公司如何在行业中取得领先地位。[24]

通过大量的实证研究，可以识别出一些创新改变行业的方式的要素，如图5－4所示。从根本上来看，创新的起始点是公司现有的资源和来自外界的新观念。在初期，其实并没有垄断性的技术或设计，很多公司都可以参与创新，但要降低设计的成本难上加难。当垄断性的设计涌现出来的时候，就会有一群小公司占领市场，还可以降低成本。经过一段时间，当全新的技术出现的时候，整个过程会从头再来。这个过程的重要性在于凸显了小公司和新公司的机会，它们也可以通过创新来占据市场。比如，微软用Windows操作系统占领了个人电脑市场就是一个很好的例子。

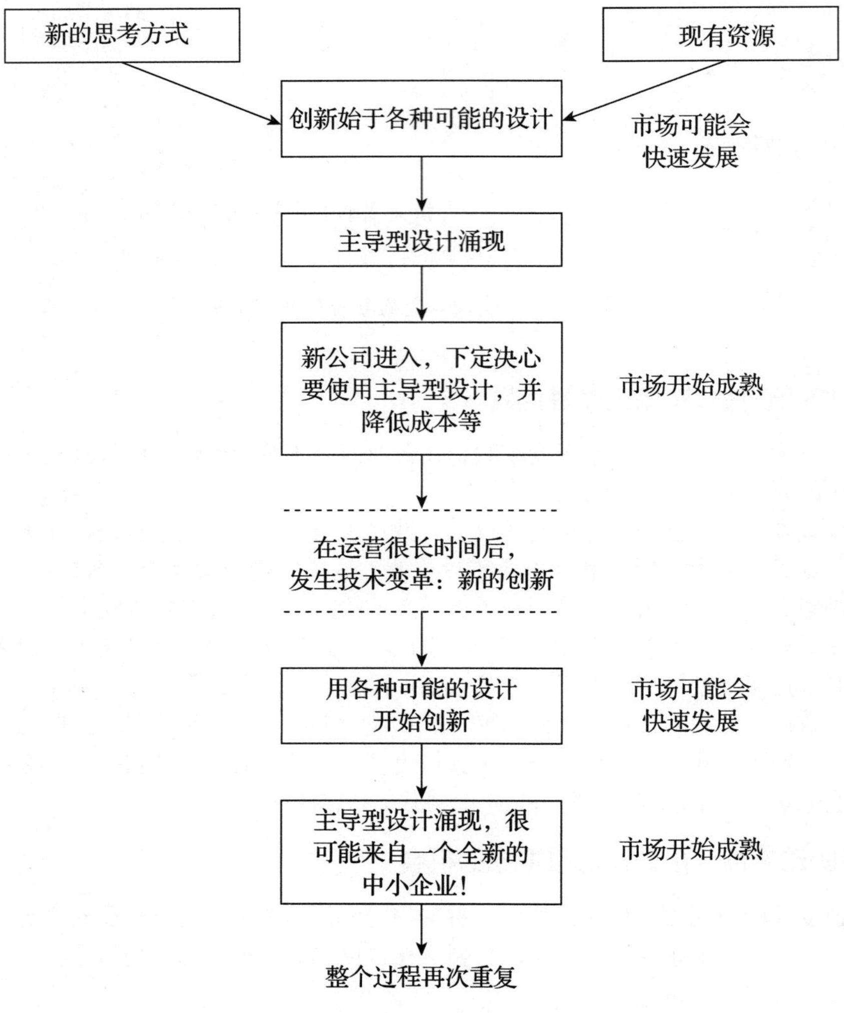

图5－4 创新流程

基于涌现型视角的快速变革动态性的战略影响

当新的市场快速发展的时候，其发展前景并不清晰。当时的技术还处在早期阶段，没有就行业标准达成共识。

由于市场变化迅速，占主导地位的市场份额将失去意义。新客户仍将进入市场，需要将产品介绍给他们。这时候竞争对手的销量还在增长，它们面临的问题是没有重组的财力，既要保证销量，还要进一步研发。比如，有些小的唱片公司之所以会被五大唱片巨头吞并，是因为它们没有足够的现金流支撑：U2 被环球唱片（Universal）收购，绿洲乐队（Oasis）则被索尼收购。专栏 5.3 中总结了快速变革市场中战略动态性的影响。

专栏 5.3 | 快速变革市场中的战略动态性

- 通过大胆的创新行动来获取市场份额，并依靠积累经验来降低成本。
- 为开发基础技术进行大规模投资，使用该技术来满足顾客的不同品位。
- 除了最初的实验者，寻求范围更广的顾客群体（比如细分市场）。目前市场中这样的例子包括互联网的新用途。

关键战略原则

- 在快速变革的市场中，动态流程是由创新主导的。
- 那些已经在市场中占据领先地位而且已经为特定技术投入资源的公司会因为两个原因不愿意进行创新：沉没成本和替代效应。
- 如果中小公司可以更迅速灵活且更具创新精神，在快速变革的市场中将有更多的机会。
- 创新的动态性将经历一系列阶段，具体取决于某个技术设计是否能够占据主导地位。
- 在快速变革的市场中，使用涌现型战略会更恰当。

5.4 资源开发的动态性

在第 3 章中，我们将组织的资源划分为四个大的领域，还探讨了资源层级的概念。然而，四种资源之间的平衡会随着时间的推移不断演变，并不是静态的。[25] 图 5－5 展示了资源会如何随着时间的推移而演进。本节将研究这样的变化如何和为什么会发生。

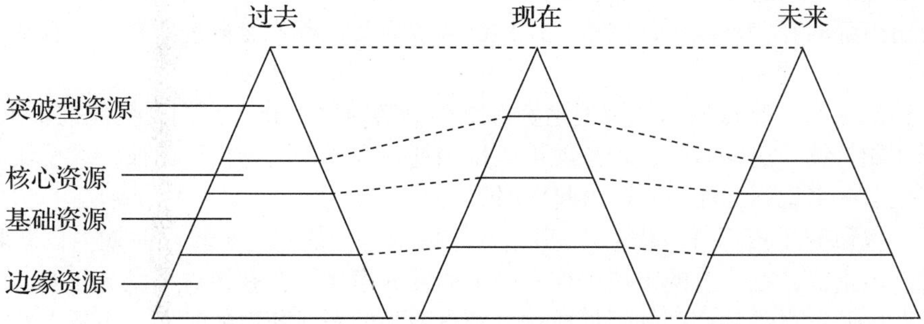

图 5－5 资源显著变化的方式

资料来源：Chaharbaghi, K and Lynch, R (1999). “Sustainable competitive advantage: towards a dynamic resource-based strategy”, *Management Decision*, Vol 37, No 1, pp. 45-50. Adapted with permission.

当组织的宗旨发生变化的时候，其资源也会随之变化。比如，虽然索尼在 DVD 规格大战中胜出，它还是要决定是否将自己的技术授权给那些原先使用东芝技术的公司。因为索尼没有足够的产能向全世界供应这样的光碟。这样，竞争资源会受外界竞争者活动的影响，也会受到 DVD 技术未来发展的影响。

当组织已经明确做出提升附加值的选择，资源开发的动态性可以从以下三个维度来思考[26]：

1. 时间——资源结构的形成和完结。
2. 先行者优势——进入新市场时的资源开发。
3. 模仿压力——和现有资源相关的资源变革。

资源结构的形成和摧毁：四位著名经济学家的贡献

四位著名的经济学家对资源动态性进行了研究，每个人都有独到的贡献：

- 彭罗斯——新资源增长的两个来源。
- 尼尔森和温特——公司内部常规的拖延效应。
- 熊彼特——随着时间的推移资源消亡的机制。

在研究公司未来增长的时候，彭罗斯的观点非常鲜明。他认为公司的部分增长来源于现有的资源："在谈论如何扩张的时候，公司会考虑两种资源——先前获得的或者'继承'来的资源，以及要实现生产和项目扩张必须从市场中获得的资源。"[27]这一观点最重要的影响在于，分析资源动态性应该首先从这两个方面入手。这不仅适用于公司，也适用于其他类型的组织。这也表明组织可能会被先前的资源束缚。这就是本章开头所介绍的作为历史的战略。

在20世纪50年代早期，彭罗斯只是在公司成长的情境下来思考环境动态性。20年后，尼尔森和温特提出了发展经济学的观点，解释了公司如何随着时间的推移而发展，以成长为目标，但这不一定是唯一的目标。他们认为公司的各种常规活动形成了资源和战略决策的基础。[28]他们将这样的常规活动定义为公司内部久经实践的活动模式，比如丰田的生产系统。正是这样的常规活动为公司带来了独特的资源，进而形成竞争优势。常规活动的概念对于资源动态性有三种影响：

1. 很多常规需要组织去学习，而且要花很长时间才能形成。这就意味着这些资源的变化可能会很缓慢。这样的资源是有黏性的。

2. 因为常规控制了组织中的行动模式，可能会限制组织开发全新资源的创新能力。这些资源对新的发展视而不见。

3. 常规经常运用隐性知识和非正式的网络。这样的好处是外界很难模仿，但由于不精确也会使公司内部的经验复制更加困难。这样的资源需要投资才能被重新学习，否则就会萎缩和消亡。

这种资源动态性观点的总体结论是资源结构会随时间变化，它们受到先前情形的限制，需要投资才能持续。这样看来，资源就可以按照这种方式永远持续。熊彼特教授认为，这样的模式从根本上来看不会在长时期内起作用。

熊彼特也研究了资源开发中的动态性。[29]特别是，他研究了较长时期内创新和创业运作的方式。他指出，在所有的市场中都有一定的发展模式，会有相对平稳的时期，公司可以在这段时期内开发卓越的产品并降低成本，接着会是冲击或断裂的时期。正是在这后两个阶段，才能引入新的技术、新的服务和全新的运作方式。他写作时是20世纪40年代早期，刚好处于第二次世界大战前夕，是一段相对稳定的时期。他当时并不知道1999—2000年"dot.com"的兴衰发展，但这恰好给他的理念提供了新的例证。他认为企业家应该在这样的冲击期内开发各种市场机会，在随后的平稳期内获益。索尼获得了新的高质量DVD规格大战的胜利——这意味着东芝的设计和发展有可能消失。熊彼特称这一过程为创造性破坏（creative destruction）。

从资源动态性的视角来看，创造性破坏意味着所有资源的有效期一定是有限的。这些资源不会永续持久，最终会被创新型新产品取代。按照熊彼特的说法，比尔·盖茨和微软的同事们可以用Windows操作系统发家致富，但终有一天该系统会被其他的新产品取代。随着创新和组织新知识的积累，具有竞争力的资源也会随着时间的流逝不再有竞争力。

如果熊彼特的说法是对的，那么战略问题就在于竞争性资源不会永远持续。战略解决方案应是如何先于竞争对手来开发新的资源。我们将在下一节仔细研究。

评论

有趣的是，微软花了很多年才注意到网景（Netscape）浏览器的潜在威胁，因为后者也是一种软件服务提供方式。这样，微软积极响应网络带来的机会也就毫不奇怪。[30] 从这个实例来看，熊彼特关于创造性破坏的观点在高科技市场中也适用。

然而在更加传统的市场中，创造性破坏的相关性是有限的。比如，巧克力市场中，雀巢的奇巧和玛氏的米奇威（Milky Way）等产品似乎到目前为止也没有经受过创造性破坏。在某些特定的产品领域，发展性的资源持续很久也不会遭受破坏。

先行者优势：进入新市场时的资源开发

在某些市场中，在市场生命周期早期获得竞争优势的公司会发现，进入早有助于公司在市场的生命周期中保持竞争优势，这就是先行者优势（early-mover advantage）。比如，因为先期进入电脑操作系统市场，而且和当时的市场先驱 IBM 进行了有效的合作，微软给 Windows 系统打造了其他公司无法比拟的顾客群体。同样，因为最早在全球范围生产移动电话，诺基亚确立了自己在市场中的领先地位，而且通过规模经济和产品设计拥有突出的竞争优势。

当然，先行者并不一定要第一个进入市场。那些敢第一个吃螃蟹的公司可能会犯一些无法挽回的错误，或许是技术表现不佳，也或许是市场营销乏善可陈。要吸取其他公司的经验教训，成为先行者，但不是第一个吃螃蟹的公司。

市场先行者可以获得至少五种资源优势：

1. 确立行业标准。通过创新可以引入确立市场标准的基础技术，不一定是最有效的技术，但应当有竞争优势。1899 年引入的 QWERTY 键盘就是一个例子，至今还在使用。这样的字母键盘并没有其他键盘那么快捷，但这是占据先机的键盘设计。[31]

2. 构建合作网络。对于像电脑、电脑游戏和音响类的产品而言，重要的不仅仅是产品本身，还有提供软件、新游戏和新唱片的艺术家的互补厂商。这样的网络通常要经年累月才能形成，于是先行者就有了稳定的供应商和客户基础，后期很难转换。比如，在 20 世纪 90 年代，世嘉（Sega）和任天堂都非常重视对游戏客户群的获得和保留。任天堂在没有维护好 8 位游戏机顾客的前提下就引入 16 位游戏机，在战略上是大错特错的。[32] 直到 2006 年，公司才恢复元气。

3. 提前降低学习曲线。先期进入的生产经验会让公司先于竞争对手获得经验，从而可以在经验曲线中降低成本——参见第 8 章内容。

4. 打造企业声誉。当顾客购买还未进行全面评价的新产品时，推广新产品的公司的声誉就会成为标签，这也是让顾客对产品放心的表现。

5. 形成顾客转换成本。当推出新产品的时候，顾客可能因为相关的转换成本很高而不情愿。比如，更换零售银行的账户非常麻烦，不仅手续繁杂，费用也很高。在电话银行的时代，竞争对手也可以采用新技术来降低成本，但对于已经拥有稳定顾客群的银行来说，它们的资源优势还是会起作用。

这样看来，资源的动态性会受到先行者优势的影响。然而，先行者也有明显的风险和问题：很多公司需要对新技术进行一场赌博，但这样的赌博可能会失误。它们可能会选择错误的技术。比如，索尼认为自己的 Betamax 技术会成为家庭录像机的垄断格式，JVC 却获得了最后的胜利，索尼不得不放弃了自己的系统。[33]

此外，很多公司可能没办法弄明白或者没有必要的组织和行政支持去引入新技术：它们可能缺少互补性的资产。比如，EMI 刚进入市场时拥有技术最先进的人体扫描设备，但公司的资源主要投在唱片和电视租赁方面，没有足够的资源来开发市场。[34] EMI 不得不退出，被卖给了拥有相关资源的通用电气公司（美国）。

模仿压力：和现有资源相关的变化

现有的产品和服务是不能奢求成为先行者的。驱动资源动态性的是防止竞争对手的模仿。获得和改进别人无法模仿的资源动态性可以从五个方面实现：

1. 产品或服务的持续改进。防范别人模仿的最常见方式就是对产品不断改进。比如，消费类公司宝洁在家庭洗涤用品市场中拥有碧浪，百事公司在零食市场中拥有沃尔克斯（Walkers）和乐氏薯片（Frito-Lay），这些公司都想尽各种办法，力求自己的产品总是先竞争对手一步。虽然这些资源的改变不会惊天动地，但确确实实带来了改善，可以让公司保持其竞争优势。这样的资源变革是缓慢但稳健的。

2. 禁止模仿的法律壁垒。专利、版权和注册商标等都是防止竞争对手模仿的有效方式。比如，迪士尼不仅拥有动画人物米老鼠的独占权，还拥有其他动画人物的所有权，包括维尼小熊。只要资源对顾客还有价值，其资源动态性就是强劲有力的，而且是单向运行的。

3. 构建与供应商和顾客的紧密联系。本书对顾客和供应商的网络有大量研究，参见第 3、4 和 11 章。好的供应商网络可以帮助降低成本和提升质量。同样，紧密和忠诚的顾客网络日积月累也可以帮助实现大规模的销售和更高的利润水平。当技术发生变化或者力量平衡改变的时候，资源动态性更有可能是断裂和不持续的。

4. 发挥市场容量和规模经济的影响。当利润和市场最低容量以及规模效应相关，至少是部分相关的时候，模仿会比较困难。亚洲的汽车制造商如韩国的大宇集团（Daewoo）和马来西亚的宝腾公司（Proton）就很难进入欧洲市场，因为它们很难保证售后服务。当然有很多办法可以解决这个问题，因此资源动态性虽然可以减缓变革的速度，但不能完全阻止变革发生。

5. 阻碍模仿的无形壁垒。第 4 章和第 7 章研究了大量的壁垒。这些壁垒包括：隐性知识，公司自己都很难总结，竞争者更是无法模仿；创新能力，虽然很难定义，但对 3M 这样的公司而言是真正的资源；模糊性因素，竞争对手很难理解某个公司竞争优势的来源。这里，资源动态性是防止模仿的真正有效壁垒。

关键战略原则

- 从动态性的视角来看，公司的资源可以培育也可能消亡。有三个主要的维度：时间、先行者优势和模仿压力。
- 当研究时间维度的时候，可以考虑以下三个方面：增长新资源的两种不同源泉；公司内常规的延误效应；随着时间的推移资源消亡的机制。
- 先行者优势涉及五个方面：确立行业标准；构建合作网络；提前降低学习曲线；打造企业声誉；形成顾客转换成本。
- 可以用五种方式来对抗模仿现有产品或服务的压力：产品或服务的持续改进；禁止模仿的法律壁垒，比如专利；与供应商和顾客的紧密联系；市场容量和规模经济的影响；阻碍模仿的无形壁垒。

5.5 进攻型的竞争战略[35]

竞争者可以采取一系列进攻型战略，因此要对这些战略进行分析。进行战略分析的主要原因有两个：

1. 要研判竞争对手可以采取的战略。
2. 要准备合适的应对措施。

在实践类的文献和有些学术性的文章中，有关这个话题的言辞通常都有好战之嫌。[36]比如："找到主导厂商的弱点，攻其不备""对所有的攻击行动都要严防死守"。波特虽然没有使用这种感情色彩鲜明的话语，但该领域的重要性还是不言而喻的。美国西北大学教授菲利普·科特勒在其著名的《市场营销管理》（*Marketing Management*）[37]一书中对此也有研究，他还和辛格（Singh）就这个话题写了一篇影响较大的文章。[38]分析的过程如图 5－6 所示。

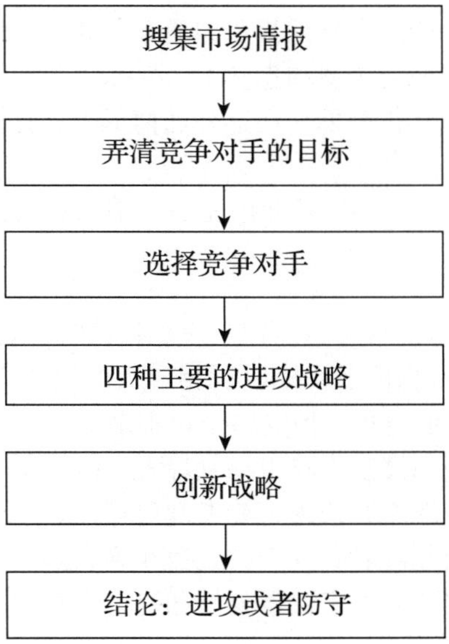

图 5－6　分析竞争对手的进攻型战略

搜集市场情报

遵循"知识就是力量"的名言，很多公司会持续关注其竞争对手的活动，有时甚至会采取窥探和偷听的方式，这样的行为不仅违法，还违背伦理。虽然我们不允许这样的行为，但研判和理解竞争对战的战略也无可厚非。还可以通过很多合理合法的方式进行研究。比如：

- 公开的年报；
- 新闻报道；
- 股票经纪人的分析报告；
- 各类展会、博览会等。

弄清竞争对手的目标

在军事领域，竞争的目标就是要消灭竞争对手。在战略管理中，要消灭竞争对手通常是不合适的，原因如下：

1. 在欧盟、美国和全球很多国家，这会违反相应的反垄断法律法规。

2. 获得最终剩余份额的成本越来越高。

3. 市场中苟延残喘的对手要比气势汹汹的新进入者好对付。

4. 败北的竞争对手可能会被新进入者低价并购。

军事战略家知道，战争的目标有时通过僵持或达成互信就能实现。李德－哈特上尉（B. H. Liddell-Hart）有这样的评论：

> 战争的目的就是获得更佳状态的和平，即使是从你自己的视角来看。[39]

为了实现这样的目标，就应该理解竞争对手的目标，特别是其在市场份额和销量方面的目标。接着，组织也应该明确自己的目标。

最佳的战略管理可将最理想的目标定义为新的市场均衡状态——所有的竞争对手都有合适的和稳定的市场份额，都有足够的利润。这或许是比大打出手、不断征战更可行、更有利的解决办法，当竞争对手为了市场份额互相压价的时候更是如此。即便国家有严格的竞争立法，公司也可以实现这样的均衡状态。[40]

比如在英国的百货零售行业内，虽然大型超市会进行鸡毛蒜皮的价格战，但它们都愿意坐下来商定市场份额，这样它们的资本回报可以更高。相反，欧洲其他国家的零售市场却经受了持续的价格战，廉价超市如阿尔迪和惠利丰（Netto）就是主要的博弈方。结果德国零售商运营的资本回报率要比英国零售商低。在这样的情形下，抹脖子的竞争只会两败俱伤：所有公司的利润到最后都会减少。[41]

因此，从战略视角来看，需要明确行业内竞争对手的真正目标是什么。

选择竞争对手

并不是所有的竞争对手都是一样的：有些竞争对手非常激进，它们拥有雄厚的财力、相对被动的股东、夺取市场份额的长远目标以及相当大的决心。有些知名的日本公司就是这样。尽管组织可能不得不和它们竞争，但这些公司不是要去对抗的对象。

同样，即便有很高的收益，直接进攻市场领导者的战略仍有很大的风险，因为这样的公司实力雄厚，不容小觑。军事战略家认为，要发起进攻而且取得成功，必须要有人员和设备 3 : 1 的优势才行。要攻击市场领导者，这样的优势在绝大多数情况下是不存在的。

因此，最好选择同等规模的对手来进行分析和定位。它们的弱点可能是进攻的方向，甚至可以成为并购的方向。

四种主要的进攻战略

在分析竞争对手的时候，要认识到它们有四种战略可以用来互相竞争或对付新进入者。要注意这些战略会形成战略选择的清单，可以在第 5 篇关于战略的进一步发展（第 8 章）中使用。

四种进攻战略见专栏 5.4。这些战略的基础来源于军事战略的三种原则[42]：

1. 集中攻击，在某个特定的节点上形成压倒性优势，从而更有可能获胜。

2. 出其不意，在竞争对手还在恢复的时候（或许涉及重新定义游戏规则）获取收益。

3. 巩固战果，通过持续投资巩固进攻所获取的成果（除了最后一招，就是见好就收，快速撤退，限制损失）。

专栏 5.4 | 四种主要的进攻战略

1. 正面进攻市场领导者

- 除非有充足的资源，否则很有可能无功而返。
- 攻击市场领导者的软肋。
- 选择狭窄的前线开始进攻。

2. 进攻侧翼或者细分市场
- 选择防守相对较弱的侧翼。
- 目标是获得重要的市场份额。
- 对侧翼可能要进行多年的持续投资。
- 价格和性价比通常是成功攻击侧翼的显著特征。

3. 占领新阵地，即没有现有产品或服务的领域
- 尽可能创新。
- 寻求特定的细分市场。

4. 游击战：即速战速决，抓住短期的盈利机会
- 通过良好的信息来识别机会。
- 要快速反应，然后见好就收，迅速撤退。
- 不要和市场领导者在它的地盘上鏖战，要选择新的阵地。

和军事战略一样，对这些原则的运用应该注意：
- 只有目标的确有价值，而且可以实现的时候，才可以纯粹使用武力来实现目标。
- 为了达到最佳的效果，应该集中使用这些力量。
- 使用武力之后，应该有长期的战略来巩固已经获得的领地。

由于这些原因，正面攻击市场领导者的战略很少会获得成功。

要强调的是，除了正面进攻外，还有其他战略，而其他战略对于弱势团队来说更加重要。这通常意味着在竞争环境中要实现某种形式的创新。

创新战略

创新的形式非常多，在本书中我们选择了四种：

1. 重写游戏规则；
2. 技术创新；
3. 提供高水平服务；
4. 合作。

这些创新更适合那些没有雄厚资源支撑的小公司。

重写游戏规则

从竞争战略来看，市场中的现有公司会根据自己对竞争的理解来开展业务——游戏规则。比如，人身和家庭保险是由保险代理卖出的，他们会针对顾客的情形建议最佳的产品。所有大公司都会斥资招聘和培训雇员完成这一任务。这些保险公司要保证没有其他的替代产品。然而电话销售保险业务的小公司改变了游戏规则，因为不需要庞大的销售队伍，保险产品价格低很多。欧洲的保险行业就经历了这样的变革。在战略管理中重写游戏规则非常重要。

技术创新

特别是对新创的和小型的公司而言，为了获得市场份额，采取某种形式的创新非常重要。这并不意味着创新是进入市场和生存的唯一路径，但对很多产品而言创新恐怕是唯一可行的路径。例如，互联网会改变歌曲的分销方式，小公司也可以更加方便地发行自己的音乐。

提供高水平服务

在某些行业中，技术不一定是超越一切的特征，服务水平可能更重要。比如，在制鞋行业，很多小公司生存下来的主要原因是它们可以提供更加个性化的服务和产品设计。零售行

业也一样，社区小商铺只要延长开店时间也能够生存。

合作

最近几年里，正式的合作或者某种形式的共同活动也提供了有益的创新战略。合资公司、战略联盟以及其他形式的合作在打败更大的对手时也取得了成功（参见5.6节）。

结论：进攻或防守

在静态的市场中，每个找到市场机会的公司都会成为另一家公司的麻烦。这样的进攻战略会招致防守的反击，但这是一枚硬币的两面，在战略管理中也应该这样看待。

分析对竞争对手可行的各类进攻型战略是战略管理的重要出发点。然而，凯[43]强调在使用军事战略的时候应该谨慎，原因有二：

1. 有可能过分夸大了规模的重要性。使用武力的时候要有财务资源，还要有公司可以承受的市场份额来支撑。凯指出，商战的胜利来源于差异化的能力，而不是要消灭对方。因此既要认可规模的有用性，也要认识到它在战略中不一定是决定性的因素。

2. 有可能过于强调领导力、愿景和进攻行为。谋划战略的将军是成功军事战略的引擎。凯认为，很多成功的公司靠的是团队，而不是独具个人魅力的领导。本书还会继续研究这个话题。

从很多方面来看，用计划型视角来解释进攻型战略的概念可能会更好，因为进攻往往要进行周密的规划。尽管军事家会随着战事的展开而不断调整，但要用涌现型视角来组织进攻不太容易。因此，创新战略非常重要。

关键战略原则

- 在评价竞争对手的进攻型战略时，应该定期监控竞争行为。
- 在军事上可以赶尽杀绝，彻底击败对手，但在商战中往往不是这样。新的市场均衡状态可能让大家都获得更多盈利，有稳定的市场份额，没有价格大战，而且利润也很可观。
- 有些竞争对手可能更具攻击性，而且有更雄厚的资源。如果可以选择，应该避免这样的对手。
- 要选择自己有把握获胜的对手。去进攻市场领导者通常不是明智之举。
- 四种主要的进攻战略包括：正面进攻、进攻侧翼、占领新阵地和游击战。
- 对于处于劣势地位的公司而言，创新战略可能更加重要。这包括重写游戏规则、技术创新、提供高水平服务以及合作。（第11章将进一步说明。）

5.6 合作战略的动态性

合作战略要求组织和竞争对手或者其他相关公司在互利的基础上进行合作。不一定是和竞争对手合作，可以和另外一个提供相关产品的公司合作，比如，戴尔和微软合作，在戴尔的电脑上预装Windows操作系统。**合作战略**（co-operation strategy）是两个以上的组织通过合作来实现预期目标的战略。[44]商务实践表明，当其他形式的内部增长——比如和产品组合矩阵相关的发展——花费增加时，合作战略越发重要。[45]

合作的类型

合作的形式可以是多种多样的，包括：

- 战略联盟（strategic alliance）——多个组织组合或分享资源的合作战略。[46] 比如，通用汽车和菲亚特以及铃木形成采购联盟向供应商采购汽车配件。这种联盟的好处是通用汽车、菲亚特和铃木可以从供应商那里获得单个公司无法获得的低廉价格。
- 合资公司（joint venture）——两个或两个以上的组织共同建立一个分公司来开展合作的战略。[47] 比如，谷物联盟是雀巢以及通用食品建立的合资公司，它向全球供应早餐谷物产品（参见案例研究 2.1）。
- 授权连锁（franchise）——其他公司（受权人）在互利基础上共同开发母公司（授权人）商业概念的合作战略。[48] 比如，案例研究 6.1 中的麦当劳餐厅。
- 串谋联盟（collusive alliance）——多家公司为减少竞争和 / 或提高价格而分享信息的合作战略。比如，欧盟曾经严查和重罚有机过氧化物以及 PVC 塑料市场中进行共谋和串通涨价的多家公司。在很多国家中，这样的合作是非法的，因为从根本上来说这些行为是不正当竞争。

合作战略的益处

从本质上讲，合作战略就是两个或更多的组织进行合作来共同创造附加值。[49] “价值”意味着合作产生的利润要超过合作运营所需的成本。合作的益处来源于多个方面，依赖于参与组织的特定情形（有时称为“战略情境”）以及它们运营的市场。在实践中，这意味着对单个合作协议带来的益处进行一般化的评价是非常困难的。然而，应当区分两种对合作产生影响的战略情境[50]：

- 成长情境——此时技术投资成本高昂而且充满风险，行业标准还在制定之中，市场中还有机会。合作带来的益处包括：
  - 共同承担技术投资费用。
  - 共同制定行业标准。
  - 获得新市场。

下面会详细介绍。

- 成熟情境——此时竞争优势更加稳定，为了提升盈利水平会更加关注削减成本的各种机会。相关的益处包括：
  - 竞争优势。
  - 成本降低。
  - 分享知识和分担先前的投资成本。

三种情境下的合作带来的益处如下。

共同承担技术投资费用：通过资源重组，公司可以支持原来自有资金无法完成的新研究项目。除了共同承担成本，这种合作还会分散开发新技术的风险和降低不确定性。

共同制定行业标准：在某些市场中，特别是和电信以及电气相关的市场中，发展的早期并没有行业标准。这就意味着生产成本会非常高，因为几乎没有规模效应。比如，早期的个人电脑——IBM 之前的个人电脑——在设计上并不统一，生产成本高昂。单个公司制定行业标准非常困难，除非是行业垄断公司，比如 IBM。另外可行的战略就是多个公司合作来共同制定行业标准。

获得新市场：通过将某个公司的国际资源和另一公司的本土知识相结合，两家公司可以在区域市场上合作。[51] 这样的合作还可以打破限制国际公司进入市场的贸易壁垒。比如，很多国际汽车公司通过和有见识的当地公司开办合资公司进入潜力无穷的中国市场。

竞争优势：通过资源组合，公司可以获得超越对手的竞争优势。[52] 比如，在国际航空领域，新加坡航空（Singapore Airlines）、汉莎航空（Lufthansa）和西北航空（North West）结成星空联盟（Star Alliance），可以提供更好的订票服务、转乘服务以及竞争对手无法比拟的乘客便利。

成本降低：通过资源组合，可以开发那些单个公司无法实现的成本降低机会。[53] 比如，欧盟的农场主成立了各种采购公司来向供应商采购农业原材料，价格要比单个农场采购便宜很多。

分享知识和分担先前的投资成本：通过合作协议，公司可以实现业务活动交叉支撑的协同效应。[54] 比如，赛百味通过特许经营向加盟商分享其关于三明治成分和配菜的专有知识。东芝研发的环保型普锐斯（Pirus）汽车也是一种合作形式——通过专利转让协议，其油电混合引擎就可以和通用汽车以及福特汽车共享。

合作战略的风险

合作战略会产生成本，也会有风险，因此要进行管理。有两种主要的方法[55]：

1. 成本最小化——需要正式的协议详细说明应该如何实施和监控合作。目的是使合作的成本最低，并保证相关各方以结构化的方式遵守约定。

2. 机会最大化——较为不正式的约定，允许合作各方开发各种市场机会，并且在合作过程中相互学习。

对于这两种相互排斥的做法，其实并没有明确的指导原则——要依赖于参与各方的目标、机会的性质以及各方承担风险的态度。不管怎样，研究表明有两种因素决定合作协议是否能够成功：

1. 制定协议时参与各方对合作目标和预期的研究、协商与理解的程度。

2. 合作各方之间建立和保持的互信。

当合作双方不得不诉诸合同的细节来解决争端的时候，应该终止合作协议。在这种情况下，要注意很多合作协议都是脆弱的，如果要继续保持成功的合作，就需要不断更新协议。[56]

关键战略原则

- 合作战略涉及那些和竞争对手以及其他相关公司在互利基础上的合作。
- 至少有四种合作形式：战略联盟、合资公司、授权连锁和串谋联盟。最后一种在大多数国家中都是非法的。
- 合作的益处取决于合作发生的战略情境。应当区别成长和成熟的情境。在成长情境中，合作可以共同承担技术投资费用、共同制定行业标准以及获得新市场。在成熟情境中，合作可以产生竞争优势、成本降低及分享知识和分担先前的投资成本。
- 管理合作战略的风险有两种互相排斥的机制：成本最小化和机会最大化。成本最小化要靠正式的协议、细致的谈判以及对合作态势的监控。机会最大化则不那么正式，目的是当商业机会出现的时候，不仅能够识别而且能利用，互信通常是这类合作协议成功的关键。

5.7 战略动态性和博弈论

博弈论路径（game-theory route）指通过结构化的方法与组织的顾客、供应商和竞争对手进行议价，这样的结构化方法要对每个战略决策阶段中可能的结果进行量化。比如，英国航空航天公司（British Aerospace）就使用博弈论完成了对马可尼公司（GEC Marconi）成功收购的谈判。这次并购采用量化的方式，考虑了投标和谈判过程中可能的各种结果，目的是帮助英国航空航天公司在每个阶段明确对什么和如何进行投标。

20世纪40年代，数学模型首次被开发出来，以一种结构化的方式来处理相关的商业决策，当时这些模型被统称为博弈论。[57] 以博弈为基础的理论关注迫在眉睫的谈判及相应战略，对于谈判结束后的战略实施，博弈论只字未提。在战略制定的过程中，博弈论有两个明显的好处：

1. 博弈论可以帮助明确谈判的性质，区分参加博弈的厂商，列举可能的选项，预计每个选项的结果以及随后要采取的行动。

2. 博弈论可以预测某些博弈的最佳结果，帮助操纵博弈的最大利益。因为博弈论可以帮助思考博弈各方关系的性质，还可以帮助区分竞争者和合作者。[58]

博弈论尝试预测谈判中竞争者的反应。谈判可以被看成一种和下棋类似的游戏，要研判对手的动向。博弈论中大部分是数学模型，有很多定律可以帮助明确公司可用资源的稀缺性，以及通过行动可以获得的利益——在博弈论中称为收益。[59]

在零和博弈中，最终没有收益，因为单个成员的收益会被其他成员的损失抵消。

在合作博弈中，所有收益累计起来会形成对所有参与者整体而言的正向收益。

在负和博弈中，每个参与方的行动都会负向影响自己和对手。

尽管博弈论有助于结构化谈判，也可以帮助预测每个行动的结果，但要对战略选择和决策建模很困难，因为这些往往非常复杂而且相互关联。博弈论对战略最大的贡献是可以帮助预期谈判过程中各个阶段可能的结果。比如，当英国航空航天公司就欧洲国防工业进行谈判时就使用了博弈论来展示收购马可尼公司的两个好处：

1. 由于规模变大，公司可以在泛欧并购的博弈中有更大的影响。

2. 并购会减少行业内的战略选项，这样可以减少实现大型并购的行动数量。

有了这些优势，现在就需要考虑如何使用博弈论来分析和开展竞争战略博弈。在计划型战略中通常有六个步骤。

博弈论的机制和决策的逻辑等已经在各种理论研究中详细探讨过，但对战略谈判涉及的所有关键问题很少提及。对参与团队的领导风格、组织成员的个性和文化以及参与各方的野心和历史也都没有研究。战略谈判发生的情境可能导致严重的后果，但这远远超出了博弈论的范畴。比如，在欧洲国防工业的例子中，参与高管的个性差异和职责划分就影响了博弈的结果。乔治·辛普森（George Simpson）决心整顿他所继承的马可尼集团，戴姆勒的尤尔根·施莱普（Jurgen Schrempp）则一直想着和克莱斯勒的合并。

博弈论只在有限的情形中非常有用，它只关注战略过程中的一个小领域——计划型过程中的战略选项制定和选择。而对于计划型战略先前的分析阶段以及随后的战略实施阶段，博弈论的影响有限。

评论

在以谈判为基础的战略中，博弈论有三个问题[60]：

1. 数学模型的复杂性会使结果有用，但用途有限。而且博弈论假设动态变化和相互影响的环境可以通过一系列静态的均衡来建模。这是对现实风险的简化估计。

2. 博弈论的很多结论，特别是纳什均衡，都是模棱两可的，而且视野狭窄。比如，博弈论很大程度上摒弃了所有心理方面的远见。到目前为止，实践证明博弈论并不适用于很多的现实商务情形。

3. 最重要的是，博弈论只关注战略管理过程中的一小部分。比如，博弈论并没有对组织如何构建竞争资源提出建议，也没法就落实谈判决定的行动给出建议。

关键战略原则

- 博弈论尝试预测顾客行动的结果，在某些情形下还想说明如果谈判双方意识不到其行为结果的话，谈判就只能获得次优的结果。
- 博弈论在谈判中有一定价值，但也存在三个问题：数学模型的复杂性；模棱两可的结论；只关注战略过程中的一小部分。

批判性反思

进攻还是合作?

大部分战略管理文献强调获得超越对手的竞争优势的重要性。其中隐含的假设是竞争是战略的重中之重。然而，有些战略专家认为，近年来合作是更好的战略——成本更低，效率更高，可实现共赢，结果组织之间各种各样的合作联盟方兴未艾。

或许和竞争对手合作而不是正面交锋更好。有时候竞争是无法避免的，但不建议去串谋定价。但在哪些情形下采用合作的办法才是最好的战略呢?

思考问题

1. 运用3S框架来分析你所选公司的动态性。对组织的战略有什么影响?

2. 组织中资源变化的原因是什么？它们如何影响可持续竞争优势和附加值？请举例支持自己的观点。

3. 在更加成熟的市场，比如巧克力和啤酒市场中，从计划型战略视角来看先行者优势有何相关性?

4. 如果你要针对竞争对手相似的新药来进行防守，你会采用五种以资源为基础的战略中的哪一种？请给出理由。

5. 为什么有时候组织眼看着环境在变化也不采取行动？组织应该如何应对这些问题？请举例说明。

6. “成功的战略会受很多夸大其词的反馈程序的影响，并不受管理者的控制，而且这些战略还会产生原先没有预计到的结果。”（拉尔夫·斯泰西（Ralph Stacey））。请在环境动态性的情境中对此进行评价。

7. 选择一个你熟悉的快速变革的市场，比如网络服务，研究进入该市场的可能战略。识别这些战略中哪些可以构建可持续的竞争优势。

8. “军事原则和战略并不能完全解决竞争战略的问题，但可以启迪对其他公司的进攻或者针对进攻者的抵抗。”（菲利普·科特勒和拉维·辛格（Ravi Singh））你在多大程度上同意这样的说法?

9. 波士顿咨询公司的布鲁斯·亨德森（Bruce Henderson）这样说过：“说服你的竞争对手不要在你最想投资的产品、市场和服务领域投资……这才是战略的根本。”简单解释这个说法的含义，并对其有用性进行评价。

10. 选择一个你比较熟悉的行业并分析其集中度。比如，你可以选择某个国家的高校教育市场。你的分析有什么结论?（提示：市场看上去可能是分散的，如果仔细研究，你会发现有一些学校群组会形成更为集中的细分市场。）

延伸阅读

注释和参考文献

6 通过使命、目标和伦理传递的计划型宗旨

学习目标

学习完本章后，你将能够：

- 概述开发宗旨的主要考虑因素。
- 探索组织对未来的愿景及其战略意义。
- 分析组织中利益相关者之间的权力平衡。
- 为组织确定使命。
- 确立通过战略要实现的组织目标。
- 概述影响组织核心战略和决策的公司治理的主要领域。
- 理解伦理和企业社会责任如何塑造组织的宗旨。

引言

组织的宗旨[①]是通过区分和定义组织的使命和目标来实现的。但是在研究这两个话题之前，我们需要退后一步，反思一下组织存在的原因、它应该服务的对象以及如何在其利益相关者之间产生和分配附加值——这是组织在更基本层面上的更为广泛的目标。

我们还需要考虑与绿色战略相关的问题。这些问题将影响组织宗旨的各个方面，而不只是某个特定的要素。因此，绿色战略应当贯穿组织宗旨的整个制定过程，而不是制定过程中某个点上

① 宗旨：英文原文为“strategic purpose”，字面意思是“战略目标”，结合国内外相关研究中的定义，此处翻译为“宗旨”，即包含公司“使命”（mission）、“愿景”（vision）以及“目标”（objective）的公司战略层面的目标体系，注意它和对组织宗旨的概括性总结“战略意图”（strategic intent）的区别。——译者

的独立框架（见图 6－1）。本书将在第 14 章中单独探讨绿色战略。

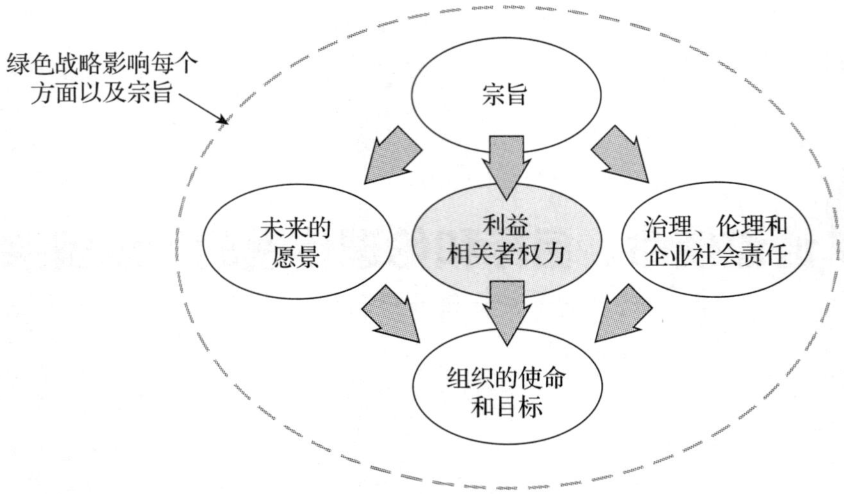

图 6－1 由愿景、利益相关者和伦理塑造，由使命和目标传递的宗旨

此外，在确定宗旨的过程中应当超越当前的视野，探索从组织愿景中捕获到的未来的机遇和挑战。有些人可能会这样说，由于未来过于不确定，无法预测，因此预测结果毫无价值。然而，在许多战略情境下，即使在动荡的市场中也不会出现这种情况。因为当组织在制定更为具体的使命和目标时，其更为广泛的宗旨及其对未来的愿景将有助于明确组织的重心和范围。

另外还有三个领域可以帮助组织制定宗旨，应该在宗旨制定的前期进行研究。它们分别是：组织中的利益相关者、董事治理组织的方式以及组织奉行的伦理和企业社会责任政策。

组织中各个利益相关者——股东、员工、顾客等将对组织的宗旨产生重要影响。近年来，由于很多公司在这一领域中的失误，新的更为严格的规章制度和立法使公司治理成为一个重要的问题。伦理研究的是组织在社会中制定标准和采取行动的方式——这些问题显然会影响宗旨。企业社会责任则确定了组织在贫困、艾滋病和工作条件等方面将采取的具体政策。

在考虑了这些问题后，我们就能够确定组织的使命，并更准确地定义其目标。图 6－1 展示了这些领域之间的关系，并概述了本章的结构。此外，组织的战略领导也很重要，第 16 章将对此进行研究。

6.1 组织宗旨的塑造

在第 1 章中，战略管理的主题是在组织宗旨的背景下定义的：战略只是达成目标的手段，即实现组织宗旨的手段。因此，如果组织的宗旨不明确，就不可能制定战略。但令人惊讶的是，战略管理相关的文献中对宗旨的研究很少。诸如迈克尔·波特[1]或奥利弗·威廉森（Oliver Williamson）[2]等学者往往将组织的宗旨简化为“利润最大化”、“生存”或者其他形式。例如，雅虎的宗旨可以概括为“发展业务、盈利增长”，但这样就会忽略雅虎宗旨中的关键要素。

在定义上如此简化的原因是宗旨是复杂和多方面的，不仅涉及利润和生存，还涉及相关人员的动机，以及组织与社会和社区的关系。雅虎就是这样一个公司，其增长目标仍然难以捉摸，需要复杂的新产品和服务才能取得成功。此外，每个组织的宗旨都是独一无二的。然而，无论多么复杂和单一，如果要使战略的后续发展有意义，就需要理解和澄清制定宗旨的一般原则。

对于许多学者来说[3]，宗旨仅仅是针对商业组织来探索或定义的。但是，许多非营利组织，如政府机构、慈善机构和公共服务机构，也会开展具有明确宗旨的价值增值活动，并需要通过战略来实现宗旨。因此对宗旨的探索也要包括这些机构。无论是私有公司还是公共机构，每个组织都需要明确其宗旨，并达成对宗旨主要要素的共识。

组织往往倾向于用几句话来概括其宗旨。例如，某个组织会将其宗旨概括为股东财富最大化、实现增长目标或者增加市场份额等类似的陈述。哈默尔和普拉哈拉德[4]甚至认为，宗旨应该在“战略意图”（strategic intent）之下用几句话概括。组织应该对其宗旨进行更多的思考，而不仅仅是对盈利的简单陈述，或者采用类似的措辞。这个主题的复杂性通常要通过识别和聚焦组织的基本要素来解决。这样的过程需要花费时间，因此最好将其描述为塑造组织宗旨的过程，即一个涉及多方面重要影响因素的过程。

总之，对组织宗旨的探究是其战略的基础。宗旨既要足够具体以便实施，又要足够广泛才能够进一步展开。组织可以从其顾客以及竞争资源的角度来思考宗旨，还可以通过研究促进组织发展的特定期望以及对其所在环境的需求来界定。由于组织是多维度的，因此不可能只有一个宗旨。为了聚焦特定的目标并与组织的目标进行协调，通常会为宗旨给出一个简化的定义，但这会忽略宗旨各种要素的复杂性。

为了将所有要素整合在一起，可以构造如图6-2所示的宗旨多边形。多边形是指没有特定优势边界的多面图形。这恰恰是宗旨制定中要考虑的情况，因为其中有许多要素通常不重要，但也得考虑。绿色战略问题不用单独考虑，因为它们是许多要素（例如，创新、增长和伦理价值）的组成部分。下面用雅虎的例子来解释宗旨中的主要要素。

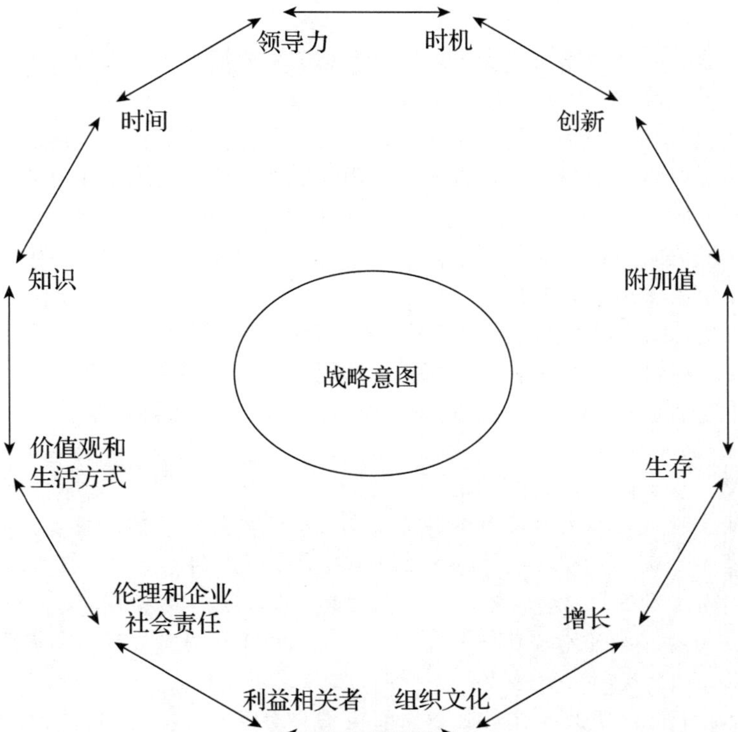

图6-2 宗旨多边形

- 时间——长期和短期的视野将对宗旨产生实质性的影响。在撰写本书时，雅虎新的首席执行官正在调整公司的方向。
- 时机——何时开始或结束新的变化周期。这将取决于周期性以及环境力量的静态或动态性质等问题。2011 年，当增长目标没有实现时，雅虎就被迫实施了战略变革。
- 创新——创造和利用新想法。这可能对组织宗旨产生深远的影响（见第 7 章）。早年间，雅虎在产品范围和员工方面的许多政策都具有创新性，最近几年却失去了创新性。
- 附加值——对于每个组织而言，要想继续生存就需要附加价值。这里的价值并不一定只是经济租金。它可能意味着服务或与宗旨相关的其他方面。对于商业组织，它意味着利润和相关问题。雅虎无论是在北美还是在世界其他地方，都需要谨记这个方面的宗旨。
- 生存——生存的愿望。这在某些环境中尤其重要，从长远来看对所有组织都很重要。2008 年，雅虎没有这方面的直接威胁，但来自亚马逊和 eBay 的竞争威胁可能会对雅虎的生存产生影响。
- 增长——持续增长的愿望。这不适用于所有组织，但某些组织肯定需要将其视为宗旨。
- 领导力——组织领导方式的风格和实质。这对宗旨的影响可能很大（见第 16 章）。玛丽莎·梅耶尔（Marissa Mayer）的决策将对雅虎公司宗旨的制定至关重要。
- 利益相关者——对各种利益集团（特别是力量最强的利益集团）的附加值的定义和交付。利益相关者通过股东乃至员工来影响公司。
- 价值观和生活方式——不同的组织将对生活质量及其各类活动的组织方式采取不同的原则。在雅虎，价值观和生活方式体现在其激励员工的方式上。
- 伦理和企业社会责任——这些也是要考虑的因素。雅虎在其年度报告中有相当具体的政策。
- 知识——不断变化的经验、价值观、情境信息和专家远见的组合（见第 7 章）。知识可以创造新的宗旨要素。在雅虎，知识不仅仅涉及互联网技术，还涉及如何在全球范围内推广其服务。

除了这些因素，一些战略家认为可以用一个短语来概括组织的宗旨。因此，在宗旨多边形的中心，是哈默尔和普拉哈拉德在 1989 年提出的概念[5]：战略意图。

战略意图是只关注组织宗旨的本质的短语，有时会在竞争的背景下使用。最初公司为总结在一段时间内战胜竞争对手的过程方式而使用。例如，佳能与施乐在复印机的竞争中曾使用的短语是“打败施乐”；可口可乐的宗旨是将可口可乐“放在全球每个消费者手中”。尽管一些战略家认为战略意图过分简化了宗旨的许多方面，但多边形采取了折中方案，将战略意图这个概念置于宗旨多边形的中心。

宗旨多边形是总结宗旨本质的一种有用方式。但这并不是定论，未涵盖的其他因素对某些组织可能更重要。例如，公共服务中的服务交付以及一些企业家的权力和财富创造也是重要的宗旨。正是出于这个原因，它被称为多边形，而不是图 6－2 中实际绘制的 12 边形。

关键战略原则

- 研究组织的宗旨就是要对其各类活动进行定义。既要足够具体以便可行，又要足够广泛以便能进一步展开。可以从对组织的顾客及竞争资源的思考中来开发宗旨。
- 宗旨还可以通过发展组织的特定愿望以及对其所在环境的要求来界定。
- 组织是多方面的，不可能只有一个宗旨。但是，出于聚焦特定的目标及与其目标进行协调的原因，通常会对宗旨给出一个简化的定义。
- 宗旨多边形捕获了在开发和定义组织宗旨时需要考虑的许多要素。绿色战略将出现在若干要素中，而不是被确定为一个单独的要素。

6.2 制定针对未来的战略愿景

愿景可以定义为“组织可能实现的和期望的未来状态的心理景象”。[6] 在制定组织的宗旨时，有两种关于组织针对未来制定战略愿景的价值观：第一，它是无关紧要的；第二，它是有价值的。我们将依次讨论这些问题。

战略愿景的无关性

如果优先考虑短期需求，那么为组织制定战略愿景可能是不合适的。一个著名的例子是1993年IBM任命新的首席执行官郭世纳（Lou Gerstner）来解决其主要的利润问题。郭世纳说：“IBM现在最不需要的就是一个愿景。”他的意思是IBM所处的战略环境使得任何关注转亏为盈的战略都变得无关紧要。从这个意义上说，在优先考虑短期需求的战略环境中，制定战略愿景可能是不恰当的。

鉴于未来的愿景并不总是合适的，因此很难界定组织所面临的战略问题。没有简单的方法来完成这项艰巨的任务，这仍然是战略家面临的最困难的任务之一。例如，麦当劳餐厅（见案例研究6.1）在2004—2008年确定公司战略重点时遇到困难：能否在北美市场恢复增长？是否应该提升海外业务的盈利能力？是否要向快速增长的咖啡市场扩张？是否要远离汉堡包转向更健康的食物？

战略愿景的价值

愿景（vision）是具有挑战性和想象力的关于组织未来角色和目标的图景，这意味着组织要远远超出当前的环境和竞争地位。尽管存在困难，但一些战略家坚信，至少有五个理由来制定战略愿景[7]：

1. 愿景是指组织的雄心壮志，这远远超出了当前的环境，如果组织要对宗旨进行全面的考虑，就需要研究愿景。即使是非营利组织或公共部门的组织，通常也需要争取捐款或政府资金，并希望扩大服务范围；这些组织还将受益于它们对未来发展前景的预期。
2. 可以通过新愿景提供的战略选项，以积极的方式去促成组织的使命和目标。
3. 探索超越现有市场边界和组织资源的新发展领域，可能会有重大的战略机遇。[8] 这就需要仔细研究和构建愿景。
4. 对未来几年市场和资源的简单预测将错过全新的可能性所带来的机遇，例如新的信息技术、生物遗传学、环境问题、新材料和生活方式的变化等。事实上，每个组织都会感受到这些重大发展的影响。对当前情况的简单外推恐怕是不够的。[9]
5. 愿景为高级和初级管理者提供了可以追寻的挑战。

因此，愿景可以帮助组织制定宗旨和战略。

需要明确的是，愿景与宗旨不同：愿景是未来的图景，宗旨是组织根据当前情况选择的更直接、更广泛的角色和任务。但是，愿景可以促进宗旨的实现。例如，雅虎设定的大型互联网服务公司的愿景就促使它在过去几年收购了两家公司Flickr和Tumblr。

关键战略原则

- 在优先考虑短期需求的战略环境中，制定战略愿景可能不合适。要正确界定组织所面临的战略问题会非常困难。没有简单的方法来完成这项艰巨的任务。
- 在制定宗旨时，需要制定组织运营的未来愿景。主要原因是要确保能够审视所有的机遇。
- 尽管组织的愿景与宗旨可能相互关联，但二者是不一样的。

案例研究 6.1

麦当劳餐厅：通过进攻星巴克保持增长势头？

20世纪90年代末增长出现问题后，麦当劳在2005年走上销售收入和利润双丰收的稳步增长之路。但成功带来了新的战略问题：如何保持这一势头？要进入咖啡市场并进攻星巴克吗？

20世纪90年代：国际扩张，并购随后

尽管麦当劳在全球600亿美元的快餐市场中占据主导地位，但在20世纪90年代后期，其销售和利润目标面临严重问题。公司一直在努力实现两位数的增长目标，即之前向股东宣布的年利润增长10%～15%。年销售额要增加14亿美元才能使年利润增长10%——在成熟的快餐市场中，这是极具挑战性的增长目标。

20世纪90年代初期，麦当劳从成熟的北美市场转向欧洲和亚太地区实现了强劲的增长。从本质上讲，是世界各地新网点的迅速扩张促成了这一结果。到1998年，这一增长战略走上了正轨。由于一些新店没有盈利，麦当劳减少了开店数量。

1999—2001年，麦当劳认为其现有餐饮连锁店的进一步增长会非常困难，需要将目光转向其他领域。传统的汉堡包和薯条市场在北美增长放缓，与汉堡王（Burger King）和温迪（Wendy's）等公司的竞争十分激烈，麦当劳开始采用新的策略来收购所谓的"合作伙伴品牌"。它收购了从事餐饮业其他业务的公司，例如，墨西哥薯条（Chipotle Mexican）烧烤餐厅、多内托（Donato）比萨饼连锁店以及位于英国的即食（Pret à Manger）三明治连锁店。

2002："我们把目光从炸薯条上移开了"

遗憾的是，新的并购战略在1999—2002年并没有产生预期的增长。引入这一政策的首席执行官杰克·格林伯格（Jack Greenburg）于2002年末被解聘，59岁的经验丰富的新首席执行官詹姆斯·坎塔卢波（James Cantalupo）上任。他得到了新的运营总监查利·贝尔（Charlie Bell）的支持，贝尔曾是麦当劳欧洲业务的负责人。在此之前，贝尔还是麦当劳在澳大利亚的首席执行官。新的执行团队对战略进行了彻底调整。他们得出的结论是"合作伙伴品牌"战略存在缺陷，不仅因为新网点缺乏盈利增长，还因为其对传统麦当劳餐厅业务产生了影响。甚至有证据表明麦当劳的基本服务、质量和清洁度在此期间有所下降，因为公司过于关注新的扩张战略。坎塔卢波令人难忘的一句话是："我们把目光从炸薯条上移开了。"在2002年左右，麦当劳决定重新回归餐厅的核心优势。

2003年：以健康的方式回归根本

20世纪90年代起，由于目标难以实现，麦当劳开始重新考虑其早期10%～15%的年销售增长目标。公司认为这个目标并不现实，因此为美国和西欧等成熟快餐市场制定了比较低的1%～2%的目标，而为亚洲和东欧等增长较快的市场制定了较高的2%～3%的目标。然而，这些非常低的销售增长却转化成6%～8%的利润增长。更具挑战性的利润目标可以通过削减成本、提高效能和生产率的新战略实现。尽管麦当劳也认识到需要专注于其基本的餐厅业务，但仅仅做更多同样的事情是不够的，麦当劳需要修正其战略。

麦当劳最大的业务和最多的利润都在美国：2006年，在美国的销售额占35%，利润占60%。但问题是美国的快餐市场本身没有任何显著的增长。此外，餐饮行业还是一个竞争非常激烈的市场，像汉堡王和温迪这样的强手如林。还有一些顾客（但绝不是全部）批评麦当劳高热量、高脂肪的菜单，包括巨无霸和奶昔等产品。2002—2004年，麦当劳在其所有的店面推出了新的沙拉主餐和水果系列作为回应。公司还将这些产品推广到其传统顾客群之外具有健康意识的新目标群体。这样的转变并不像看起来那么容易。为了推出新的产品系列，麦当劳需要重新考虑原材料、

包装等，还要精简现有的菜单。只有菜单的内容有限，快餐才名副其实。引入新产品意味着必须削减现有的产品组合，也就意味着会损失相应的销售额和利润。

尽管存在困难，麦当劳的新战略仍然取得了成功。不幸的是，坎塔卢波在2004年晚些时候心脏病发作。他的助手查理·贝尔接任，却在任职五周后被诊断出癌症，于2005年初去世。从某种意义上说，财务业绩是他们留给公司的遗产。这两位管理者使麦当劳重新聚焦自己的成长目标。通过引入新的主菜沙拉系列，它在传统的北美市场取得了重大增长。公司强化了食品服务和清洁的基本标准，设立了新的检查制度，由检查人员巡查各特许经营餐馆。公司还首次推出了麦当劳全球营销计划，在全球范围内设定了一致的绩效基准："我爱它"(I'm Lovin' It)。

正如两位高管认为的那样，尽管高级管理人员面临压力，公司还是要继续发展。但公司仍存在新的问题。新任首席执行官吉姆·斯金纳（Jim Skinner）解释说，全球都面临提高盈利能力的压力。最终，这意味着公司要专注于基本业务，出售其外部业务，比如墨西哥连锁餐厅。此外，公司还需要解决其拉丁美洲业务盈利能力不足的问题。

恢复和增长

2006年，麦当劳开始重新调整其业务重点。它有三个战略重点。首先，决定出售其外部业务，如墨西哥连锁餐厅以及即食三明治连锁店。其次，需要弥补其在拉丁美洲业务中的损失。最后，需要在欧洲和美国找到新的增长点，图6－3显示了这两个区域对公司的重要性。在接下来的两年里，公司处置了非麦当劳的业务。此外，它通过将连锁店出售给特许经营权持有人解决了拉丁美洲的问题。这导致2008年前后公司的营业额下降，但公司不再承受无利可图的拉丁美洲业务的压力，利润也已恢复。因此，它能够专注于第三个战略——麦当劳自身的恢复和盈利增长。

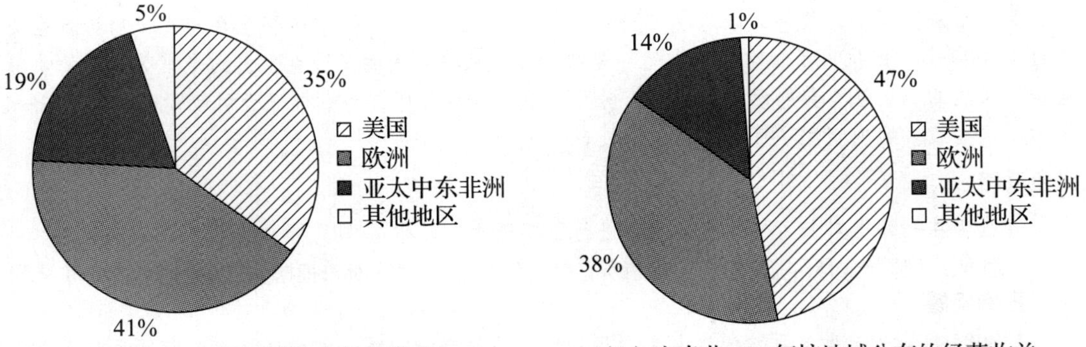

（a）麦当劳2009年按地域分布的销售收入　　（b）麦当劳2009年按地域分布的经营收益

图6－3　麦当劳按区域分布的销售收入和经营收益（利润）

资料来源：基于公司报告和账目。

如图6－4所示，麦当劳的盈利能力有所提升。根本问题在于其商业模式开始显得疲软。该模式下世界各地销售相同的产品，例如巨无霸和麦香鱼汉堡，采用类似的设计，包括灯光打亮的菜单板、不可移动的塑料椅子和桌子。但在全球范围内，饮食行业已经出现了新的趋势，倾向于售卖更多的当地食物和呈现更多当地风格的设计。股东们给麦当劳施加压力，要求它在更成熟的市场上也实现新的增长。

经过仔细分析，麦当劳提出了两个战略：第一，在更加全球化的同时更具有当地特色；第二，开发麦咖啡。公司开始开发更多当地的菜式，例如台湾的大米汉堡包和加了甜菜根的McOz汉堡包。麦当劳鼓励其世界各地的区域主管开发新的口味和菜单。与此同时，为了更贴近当地的品味和风格，总监们被调离美国总部，搬到了他们负责的地区。但这也有一定的风险，即偏离麦当劳全球餐厅的基本理念。

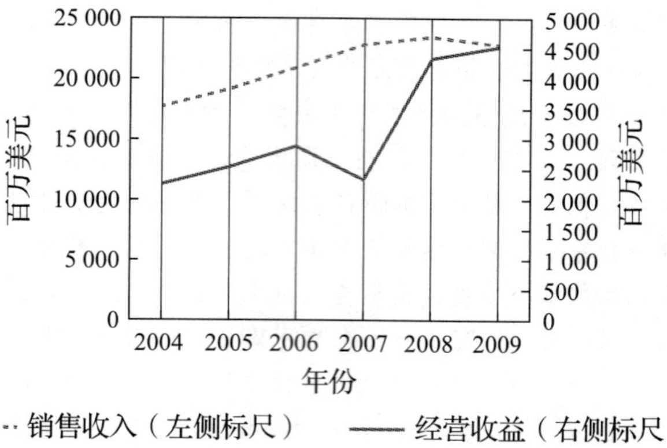

图 6-4 麦当劳在 2008 年恢复利润水平

注："经营收益"实际是指公司的营业利润。

资料来源：基于公司年度报告和账目。

大约在同一时期，麦当劳进行了更为激进的转变：开发麦咖啡。这是前首席执行官查理·贝尔在澳大利亚提出的。麦当劳餐厅内设咖啡吧，配有咖啡师，供应热牛奶咖啡和蓝莓松饼等食品，摆着危地马拉咖啡豆和休闲座椅。为什么这样做？因为麦当劳的普通咖啡每杯售价通常为 50 美分，而麦咖啡的售价约为每杯 2.50 美元。正如星巴克已经证明的那样，咖啡馆的利润空间和格调都要高得多。

2005 年，麦咖啡的概念被扩展到欧洲。在欧洲，这不仅可以帮助提高利润率，还更加符合公司的品牌形象。同年，同样的概念在美国的五家餐厅进行了试验。2008 年上半年，麦当劳就在美国近 14 000 个网点推出了咖啡吧。当然，要把新顾客从更休闲的星巴克吸引到麦当劳这样的快餐店是有风险的。但麦当劳愿意投入数百万美元来重新设计餐厅，为咖啡吧吸引新顾客。如图 6-4 所示，这些战略的确实现了可观的利润增长。

绿色战略

麦当劳在网站上对其可持续发展实践进行了广泛的汇报和总结。

案例由理查德·林奇根据公开发表的资料编写。[10]

案例问题

1. 2005 年，来自新餐厅和健康菜单项目的增长明显开始放缓：你会坚持更长时间吗？或者你会降低增长目标吗？

2. 为了实现 2009 年的增长目标，麦当劳推出麦咖啡的理念是否冒了太大的风险？公司是否应该走更多本地菜式的路线？

3. 21 世纪初，麦当劳通过"回归基本业务"和推出新的健康产品解决了其战略问题。其他公司可以使用相同的方法吗？如果可以的话，这样的战略会遇到哪些限制？

战略项目

麦当劳从新的领域中获得了一些支持。现在麦当劳应该走向何方？是否应该恢复先前收购其他餐饮连锁店的策略？如果是这样，应该收购哪些连锁店？如果不是，快餐概念还有多少增长余地？对于股东要求持续增长盈利的公司来说，这才是真正的战略问题。公司应该尝试一种全新的方法吗？除了更深入地研究麦当劳，可以考虑第 2 章中赛百味采用的替代方案。两家公司都有网站。你还可以进一步考虑两种趋势，即绿色战略问题和更好的营养搭配——近年来麦当劳在这两个方面都受到了强烈的批评。然而，麦当劳认为自己已经取得了不少进展，改善了相关的业绩。麦当劳是否应在绿色战略和营养问题上更积极一些，以便未雨绸缪？

6.3 利益相关者力量分析

确定利益相关者

利益相关者（stakeholder）是在组织中享有某种利益的个人和团体，希望能够影响组织使命、目标和战略的各个方面。例如，麦当劳的利益相关者包括股东、管理者和员工。此外，还包括麦当劳的特许经营商，这些独立的公司和个人以母公司的品牌经营世界各地的麦当劳餐厅。特许经营商对麦当劳总部及其战略会产生重大影响，因为特许经营商也要贯彻麦当劳战略的各个方面。事实上，如果管理得当，利益相关者也可以成为竞争优势的来源。[11]

制定组织的使命和目标需要同时考虑两种利益：

1. 要贯彻落实使命和目标的人（例如，管理者和雇员）的利益。

2. 与结果有利害关系的人（例如，股东、特许经营者、政府、客户、供应商和其他利益相关方）的利益。

这些群体共同构成了利益相关者。

利益相关者之间可能存在利益冲突。例如，麦当劳的股东希望确保公司利润高，以支付合理的股息红利。麦当劳的员工则可能希望提高工资，这会降低利润。因此，组织的宗旨不会一蹴而就。组织内部可能需要数月的辩论和协商才能平衡各种利益。即使在与董事讨论之后，管理者和员工也未必心甘情愿地接受这一宗旨：当员工意识到他们将不得不更加努力地工作，承担新的任务或面临离开公司的情况时，可能就会有反对意见。受影响的个人和团体可能希望进一步商讨此事。这些个人和团体在组织中存在利益相关关系，因此希望影响组织的宗旨。例如2008年年初，麦当劳餐厅宣布将在许多美国餐厅推出咖啡吧。这涉及新的配料设备、新的员工培训和新的菜单展示——所有这些都会影响其利益相关者，包括员工、管理者和董事。

这种利益相关的概念超出了组织中人群的范围。上市公司的股东，向组织提供贷款的银行，关注就业、投资和贸易的政府可能拥有合理的利益相关关系。顾客和供应商在组织中也享有利益。利益可以是非正式的，例如政府对私有公司的参与；也可以是正式的，例如持有公司的股份。所有人都可能对组织的未来方向感兴趣，并希望对组织产生影响。总而言之，要享有相关利益不一定要拥有股权。

利益相关者之间的利益冲突

如上所述，组织面临的困难在于利益相关者的利益可能存在冲突。相关的例证见表6－1。因此，组织需要确定哪些利益相关者拥有优先权：这意味着组织需要分析利益相关者的权力。

表6－1　利益相关者及其期望

利益相关者	期望	
	主要	次要
所有者	财务回报	附加价值
员工	工资	工作满意度，培训
顾客	供应商品和服务	质量

续表

利益相关者	期望	
	主要	次要
债权人	信用	按时付款
供应商	付款	长期关系
社区	安全保障	对社区的贡献
政府	合规	提高竞争力

资料来源：Adapted from Cannon, T (1994). *Corporate Responsibility*, Pitman Publishing. With permission.

值得注意的是，在许多组织中，股东不再自动拥有绝对的权力。例如，20 世纪 30 年代以来，随着公司规模的扩大，有证据表明股东和高管人员之间的差距越来越大。伯利（Berle）和米恩斯（Means）[12] 对美国的高管进行了调研，得出的结论表明：高管想要的（例如更大的办公室和更多的福利）与吸引股东的（例如盈利能力和股息的增加）之间的差距越来越大。

管理者可能更关心规模而不是利润：随着公司的成长，组织会受到更多的保护，而不会被收购，这有利于管理者获得更高的奖励，积累更高的声望。[13] 相比之下，所有者可能更关心利润最大化，因此寻求的是适度增长。除非大型组织的管理者受到收购的威胁，或在经济上受到激励，否则他们可能会以比股东更广的视角来看待组织的宗旨。[14] 例如，对高管而言，股东红利可能不如权力和声望重要。由于大公司的股权分散，管理者会拥有相当大的权力。

分析和运用利益相关者的权力

从战略管理的角度来看，关键是要确定利益相关者的权力对组织方向的影响，即对组织使命和目标的影响。当然，这样的影响可以是积极的，也可以是消极的——许多组织都欢迎有权力的人做出贡献和参与讨论。

图 6 - 5 列举了一些主要的利益相关者。对其相对权力的分析可能因国家而异。此外，不同行业可能也存在差异：量产汽车的行业与纺织服装业等更为分散的行业不同，纺织服装业的公司规模较小，家族持股也较少。这些很难一概而论。

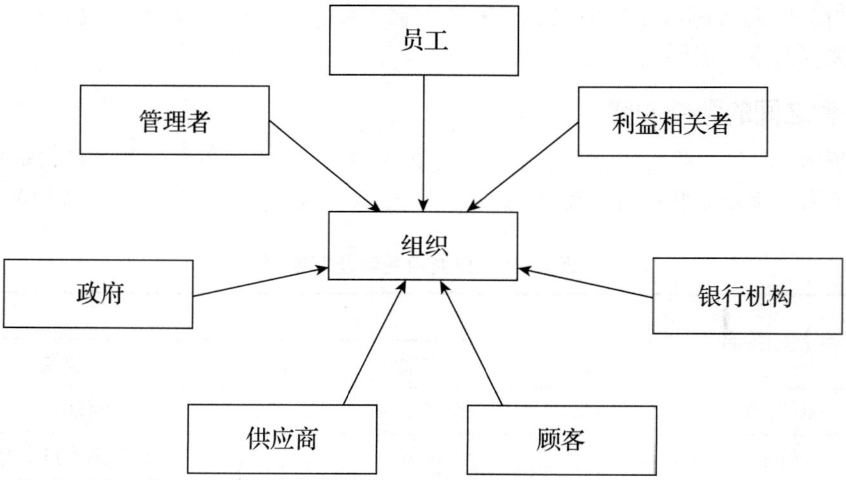

图 6 - 5　利益相关者权力分析：权力平衡

无论利益相关者可以对战略管理做出多么重要的贡献，组织中仍然存在利益冲突。因此，组织需要仔细考虑那些拥有最大权力的人群，进行利益相关者权力分析（见专栏 6.1）。

专栏 6.1 | 利益相关者权力分析

有六个主要步骤：

1. 确定主要的利益相关者。
2. 明确他们的利益和对组织的要求，特别是在制定新的战略举措时。
3. 在制定新战略时，确定每个群体所拥有的权力或影响变革的能力大小。
4. 制定使命、目标和战略时，尽可能优先考虑要最大限度地减少冲突。
5. 通过与关键群体协商，研究如何在出问题之前避开。
6. 确定可用的制裁措施，并在必要时运用，以确保明确宗旨并达成妥协。

组织需要研究针对特定利益相关者群体的制裁措施，这也是利益相关者权力分析的一部分。这样，在利益相关者群体之间存在冲突的时候，可以找到解决方案。这种分析可以成为各群体之间讨价还价过程的开端。这可能涉及折中方案，取决于利益相关者群体的权力和他们达成一致的意愿。也可能涉及使用制裁措施来对特定的顽固群体施加压力。这样的谈判过程会涉及第 5 章介绍的博弈论。

关键战略原则

- 利益相关者是在组织中享有某种利益的个人和团体。他们可能希望影响组织的使命和目标。
- 关于利益相关者的关键问题是组织在制定使命和目标时必须考虑他们的诉求。
- 问题在于各利益相关者的利益可能会发生冲突。因此，组织需要确定哪些利益相关者有优先权，这就需要分析利益相关者的权力。如果存在冲突，应当通过谈判达成妥协。在此过程中，可能会有制裁措施。
- 利益相关者权力的分析包括六个步骤：确定主要的利益相关者；明确他们的利益和主张；研判其能力大小，明确优先级；与关键团体谈判；酌情使用制裁措施。

6.4 公司治理和组织宗旨

公司治理在战略管理中越来越重要。首席执行官可以影响到组织的方方面面，包括对待员工、客户、股东和其他利益相关者的方式。代表利益相关者做出战略决策的正是首席执行官和其他执行董事。公司治理（corporate governance）是指利益相关者在整体上控制组织战略方向的影响力和权力，尤其是组织的首席执行官和公司其他高级管理人员的权力。公司治理与战略的关系源于高管有许多影响组织未来目标的机会。高管往往是组织的董事。但董事也可以包括资深的员工代表和外部顾问，他们不负责战略的制定。在德国、瑞典和荷兰等欧洲国家，外部顾问组成监事会，负责监督董事会成员的相关工作。

公共机构也可以有类似公司的治理结构。这可能涉及非营利部门的主要问题，包括监督公共服务的质量，确保纳税人和慈善机构的利益和效能。

对大多数组织来说，公司治理不仅仅包括遴选、激励高管和监督高管的行为，还包括对高管制定的公司战略的审查和批准程序。通常，这种程序每年执行一次。根据国际石油巨头英国石油公司（British Petroleum，BP）的公司治理声明[15]，全年还可以进行非常规的监测，以评价“实现业绩目标的信心或风险，以及战略和相关政策的执行情况”。多家公司的丑闻曝光后，这些政策更趋收紧（见专栏 6.2）。

专栏 6.2 | 公司治理中的一些极端案例

公司	情况
安然（Enron）——从事能源期货交易的美国公司	安然在 2000 年价值 600 亿美元，在 2001 年申请破产。2001 年年底，该公司承认曾夸大利润。公司的很多高管因腐败行为被起诉，多人获刑。该公司的会计师事务所安达信（Andersen）当时是世界五大巨头之一，它在财务审计中没有发现安然的问题，在丑闻暴露后倒闭。
世界通信公司（WorldCom）——从事电信服务的美国公司	世界通信公司首席执行官伯尼·埃贝斯（Bernie Ebbers）2005 年因涉及 110 亿美元的会计欺诈而被判有罪，其罪行是使世界通信公司的股价保持在高位，并阻碍对其总计 4 亿美元的个人未偿贷款追加保证金。埃伯斯被判入狱。
维旺迪（Vivendi）——法国公司，收购了世界上最大的娱乐公司之一环球影业（Universal）	2003 年 12 月，维旺迪首席执行官让–玛丽·梅西耶（Jean-Marie Messier）被美国证券交易委员会罚款 100 万美元。他的 2 500 万美元退休补偿被取消，且 10 年内禁止在美国上市公司工作。他被控诉以欺诈手段掩盖现金流和流动性问题，通过不恰当的会计处理来制造实现盈利目标的假象，以及未披露巨额的表外财务担保。
斯堪地亚（Skandia）——瑞典公司，致力于为斯堪的纳维亚和美国提供保险服务	2002 年，该公司被迫出售其美国旗舰业务，亏损 6 亿美元，原因是股价飙升导致盈利能力下降。据说一小部分高级管理人员在 1997—2000 年从公司获得了大约 1 亿美元的奖金，并获得了斯德哥尔摩市中心的豪华住宅。人们对斯堪地亚利用保单持有人的资金来支持此类计划提出了强烈的批评：“斯堪地亚的问题说明了强势管理层不受软弱董事会制约时会发生什么。”[16]
新闻集团（News Corporation）——由默多克（Murdoch）家族控制的媒体公司	2013 年，新闻集团支付了 3.4 亿美元来解决移动电话被黑客攻击的法律诉讼。[17] 其中有一个臭名昭著的案例：死去的英国女学生米莉·道勒（Milly Dowler）的手机被黑客攻击了。

战略项目

你可以进一步了解专栏 6.2 中给出的不当行为示例以及其他案例。这种违法行为罕见吗？公司采取什么行动来阻止这种情况再次发生？这对公司其他的目标、成本和战略有什么影响？

应该强调的是，大多数公司没有舞弊行为。然而，由于重大丑闻导致严重后果，很多公司都大力加强公司治理。这些内容将在下一节介绍。

所有权和控制权的分离

由于高管负责制定战略决策并付诸实施，因此他们充当了利益相关者的代理人。从这个意义上说，利益相关者所代表的组织利益与董事对组织的控制是分离的。近年来，由于利益相关者的利益并不总是与董事的利益相吻合，因此公司治理变得尤为重要。

现在的大公司往往将所有权和控制权分开。例如英国石油公司就明确区分了管理公司业务的执行董事和负责监督管理活动的非执行董事。然而，这并没有阻止英国石油公司对 2010

年墨西哥湾漏油事件负主要的责任——这是全球历史上最严重的漏油事件之一。

公司治理中的权力

公司治理的重要性在于赋予高管管理组织事务的权力。近年来，这种权力并不总是为股东、员工或整个社会的最大利益而发挥作用。滥用这种权力的例子比比皆是，例如英国媒体巨头罗伯特·马克斯韦尔（Robert Maxwell）。此人是 20 世纪后期某个重要国际出版和媒体集团的主席。大家都知道他很腐败，但多年来他一直逍遥法外。直到 1993 年他死于一次游艇事故，相关情况才被披露。其他的例子参见专栏 6.2。

最近出现的治理问题可能并没有那么极端。公司治理常常与董事会成员的薪酬和其他特权有关，这可能有损组织内部和外部人员的利益。例如，在 20 世纪 80 年代末 90 年代初的私有化期间，英国天然气和电力公司的"肥猫"董事们给了自己大量股票期权，他们以牺牲国家的利益为代价获得了巨额财富。

由于上述原因及其他问题，专业机构（尤其是会计行业）制定了各类规则来管理组织高管的道德及职业操守。好几个相关的委员会也发布了报告。例如，英国的《卡德伯里报告》、《格林伯里报告》和《汉普尔报告》，法国的 Vienot 报告和荷兰的治理报告。2002 年，美国一些公司的腐败行为导致了《萨班斯 – 奥克斯利法案》(Sarbanes-Oxley Act）的颁布。这项法案规定，所有在美国经营的公司（包括外国公司）都必须对公司做出的所有决策留存审计痕迹。对许多公司来说，这涉及费时费钱的全新管理流程。该法案还规定要与公司利益相关者进行清晰的沟通，相关示例见专栏 6.3。

专栏 6.3 | 公司中不同利益相关者可获得的典型信息

利益相关者	定期获取的信息	评价
股东	年度报告和账目	仅限于组织希望其股东了解的内容
投资分析师、记者	定期更新进度，有时是面对面会议	信息更加灵通，但组织仍有可能误导
公司董事会主要成员	相对完整的信息，但有可能误导；有知情和通报的法律义务	任何非执行董事的操守和独立性都有助于充分披露所有问题
高管	在某些领域有详细的信息，但依赖于管理者提请他们注意，比如巴林银行的尼克·里森（Nick Leeson）	可能没有董事会的完整信息；可能是不道德、非法或不当行为的"告密者"，也可能参与此类行为
管理者	有一些信息但往往不完整	有时可能是"告密者"，但他们在相当大的压力下会遵守公司规则
员工	通常只有有限的信息，除非他们在监督委员会有自己的代表	按照欧盟的新指令，更有可能出现资深员工代表，并在这方面提供一些保护

关键战略原则

- 公司治理是指利益相关者控制整个组织战略方向的影响力和权力，更具体地说，是组织的首席执行官和其他高级管理人员的影响力和权力。
- 公司治理主要涉及遴选、激励和审查高管的相关管理，还关注与组织的所有者、员工和其他利益相关者的关系。高管在组织中充当了利益相关者的代理人。
- 公司治理的重要性在于赋予了高管管理组织事务的权力。关键在于人们需要负责任地使用权力。
- 可以通过检查传递给所有利益相关者的信息来检验某个组织是否负责任——高质量的信息将鼓励负责任的行为。问题在于这些信息可能具有商业敏感性。能保守秘密的独立顾问，例如审计公司中的会计师，可能成为检查公司行为的手段。
- 控制公司行为的另一种方式是任命与公司没有其他商业联系的非执行董事。
- 除了信息可用性，公司治理需要更多的行为准则而不是简单的规则。目标就是要确保由组织资产产生的价值在利益相关者之间公平地分配。

6.5 由伦理和企业社会责任塑造的宗旨

关于伦理和企业社会责任的决策是战略管理的核心。它们尤其会影响组织的宗旨。伦理和企业社会责任是指组织在管理其内部和外部环境时设定的各类标准和行为规范。

伦理特别关注商业行为的基本标准，比如包括有关诚实、健康和安全以及治理腐败的相关政策。企业社会责任范围更广，包含组织对员工和外部人员的最低责任以外的责任。尽管每个组织的关注点各不相同，但可能都会包括环境“绿色”问题、员工和供应商的待遇、慈善工作以及其他与当地社区或国家相关的事项等。

企业社会责任（corporate social responsibility，CSR）是指组织中管理者思考和讨论他们与利益相关者的关系、他们在实现共同利益中的作用，以及承担这些角色和维持这些关系时的行为倾向。[18]这样的定义会引发很多问题。“共同利益”是什么意思？谁决定社会的“共同利益”？是政府、个人、管理者，还是董事？为什么所有公司都要关注社会的共同利益？为什么所有组织都应该投入资源来实现共同利益？我们将在本节探讨回答这些问题所涉及的价值判断。总之，这些问题从商业角度出发引人深思：“企业应该做什么，或者做什么才能被视为优秀的企业？”[19]

在实践中，伦理和企业社会责任是相互关联的，因此本节将其视为一个主题。不仅涉及英国石油公司和花旗集团等商业组织，还涉及公共和非营利组织。在21世纪，企业和非营利组织都可以在组织内外发挥重要的作用。因此，大多数人现在都同意用某种形式的伦理标准和治理方法来管理和指导组织的各类活动。关于此类问题的例子很多，例如埃克森瓦尔迪兹游轮（Exxon Valdez）、荷兰皇家壳牌北海石油平台、威胁濒危物种的国际象牙贸易与美国安然公司等。[20]虽然不一定要找合适的时间来设定标准，但在制定组织的宗旨时应认真考虑这些问题。

伦理和企业社会责任：基本问题[21]

要研究此类问题，就要确定组织的行为是否合乎道德。研究组织的伦理行为有如下四个主要原因：

1. 在所有的社会中，这种考虑有时是不可避免的，例如对行为的法律限制。[22]
2. 伦理在某些社会中可能很重要，例如尊重超出法律要求的各类环境“绿色事项”。[23]
3. 伦理是职业专业化的一部分，例如对工人和少数族裔的保护。[24]
4. 在伦理问题（例如不当行为会导致负面宣传）变得尖锐之前，培养对伦理问题的积极态度往往最有利于组织的自身利益。

专栏 6.4 展示了一些可能出现问题的例子。这些问题中的任何一个都值得我们去深究伦理和企业社会责任。在制定宗旨和战略时需要明确三个基本方面：

1. 伦理和社会责任考虑的程度和范围；
2. 此类考虑的成本；
3. 责任承担者。

具体而言：

- 程度和范围。除了法律规定的最低限度，组织希望在多大程度上去考虑其运作中可能出现的伦理和社会责任问题？它希望参与每一个领域，还是制定一些基本原则让组织的某些部门或个人适当地参与？
- 成本。某些行动会给组织带来成本。真正的冲突往往发生在这里，因为如果不涉及成本，就很容易采取行动。虽然没有抽象的规则可以遵循，但每个组织都需要考虑这个问题。
- 责任承担者。组织是否认为其对国家负有责任？对当地社区、个人、特殊利益集团负有责任吗？这些事项需要根据组织的具体情况认真考虑。

专栏 6.4 | 伦理和企业社会责任问题

可能影响组织宗旨的伦理问题

- 间谍活动。公司如何了解竞争？什么是合理的调研，什么是过度的信息收集？是否可以不择手段？
- 专横政权。公司是否向滥用武力和侵犯人权的国家出售武器甚至救生设备？它们可能会说：在那个国家，生命可能被拯救，销售产品的公司也能保住就业机会。
- 贿赂和腐败。在任何情况下，是不是所有的组织都拒绝涉及此类活动？员工的工作岗位可能会被保住，只要给少数人有限的资金就能获得合同。如果组织自身不希望受到这种行为的影响，为什么要在其他方面鼓励这种行为呢？此外，从根本上看，这是社会能接受的吗？
- 半真半假的信息和误导性的谈判策略。如果这种做法在社会中是不可接受的，它们在商业谈判中也是不可接受的吗？或者，企业是根据不同的规则来运作的吗？

可能影响宗旨的企业社会责任问题

- 供应商的待遇。一些全球性的服装公司曾受到批评，因为它们允许亚洲和非洲的服装公司雇用未成年人，而且相对于最终客户支付的价格来说，付给他们的工资非常低。
- “绿色事项”。一些公司为了满足客户对红木等优质木材的需求破坏森林，遭受批评。其他公司也受到批评，因为它们不顾对环境的长期影响，在某些海域过度捕捞以满足客户对鱼类产品的需求。
- 教育。从更积极的方面来看，一些公司认为它们有责任帮助教育和影响其所在的社区，从而为社会的发展做出贡献。

在回答这些问题时，要牢记制定和维护伦理的准则并不容易。[25] 这需要时间、资源和警惕性。很多时候，建立伦理准则很容易，难的是确保组织中的每个人都遵守准则。从本质上讲，这意味着组织的正式和非正式商业实践以及文化需要与这样的准则保持一致：“与利益相关者建立起信任和长期关系十分重要，应当获得和基本底线相同的关注，必须通过绩效管理和奖励制度让员工对其伦理行为负责”。[26] 商业活动绝不能不惜任何代价获取利润。

除了这些问题，对伦理和社会责任的考虑可能会影响多个层面的战略管理（见专栏 6.5）。组织需要在宗旨和使命陈述中反映其价值观；即便在使命陈述中没有价值观，也是对组织及其社会角色的一种表达。这些问题会很好地反映出组织在社会中自己认定的角色

（如果有的话）及由此产生的责任。

专栏 6.5 | 伦理和社会责任的考虑：与战略管理的联系

- 国家和国际层面——组织在社会和国家中的作用。第 3 章中所探讨的政治、经济和社会问题将在这里产生影响：自由放任与指导计划、贸易区的角色和权力以及国家社会政策等。如果组织愿意，它有权对这些问题发表看法，并试图对社会产生影响。
- 公司层面——组织可以直接控制的伦理和企业问题。比如保护环境、对政党的贡献、对国家立法议会提出申诉等都是需要考虑的公司直接活动的例子。
- 管理者和员工个人层面——组织希望为管理者和员工个人设定的行为标准。其中一些问题可能并不具有战略意义，因为它们不太可能影响整个组织的未来发展方向，而只会影响个人的未来。然而，例如宗教、种族和平等问题的一般性政策往往会牵涉到与组织方向相关的个人和基本层面。这些政策问题应当在最高层面得到处理，因此也属于战略管理的范围。

应对企业社会责任问题的视角

经历过去几年的各类公司丑闻之后，人们对企业社会责任和伦理问题进行了大量研究。研究企业社会责任问题的视角可归纳为三个[27]：

1. 利益相关者驱动。根据这种方法，企业社会责任主要被视为组织对外部利益相关者压力的回应。例如，消费者团体或政府组织会施加压力，要求组织就全球变暖或降低艾滋病药物的成本采取措施。

2. 绩效驱动。该领域的研究聚焦于衡量企业社会责任行为的有效性，关注企业社会责任行为的目的及其对外部环境的影响。例如，研究探讨了社会责任对盈利能力的影响。

3. 动机驱动。这种方法探讨了组织履行企业社会责任的原因。例如，企业可能会将此视为提升企业声誉、降低风险和提高客户忠诚度的手段。在理论和伦理层面上，可能还有一些与企业在社会中的基本义务有关的原因。

总之，这三种方法都在研究一个既复杂又重要的主题。从我们的角度来看，最重要的是它必须成为组织宗旨的一部分，而且绝不应当是亡羊补牢或者事后诸葛亮。

企业社会责任：股东和利益相关者的视角[28]

应该指出的是，并非所有的商业组织都认为应该承担超出自己业务范围的角色。这些人认为社会完全有能力照管自己，企业的主要责任是照顾好股东。这种观点在 20 世纪 90 年代后期股市繁荣期间尤为普遍。在电影《华尔街》（Wall Street）中，迈克尔·道格拉斯（Michael Douglas）扮演了狡诈的金融家戈登·格科（Gordon Gecko），他因“贪婪是好事”的观点而臭名昭著。这种观点可能意味着公司的宗旨不太可能包括对商业伦理的明确阐述。应该强调的是，这并不意味着这样的公司会有不道德的行为，只是没有必要在其宗旨中反映这一点；其职责仅限于公司的利益。

其他公司则认为，发挥超出法律规定最低限度的作用会给公司和股东带来长期利益。对外部倡议的赞助、对工人福利的保障、强烈的道德信仰和标准都来自这种观点，也可能在宗旨和使命陈述中有所反映。

除此之外，还有一些组织主要或完全为其社会职能而存在，例如那些提供社会服务的组织。显然，对于这些组织来说，指明它们与社会的关系至关重要。这种组织可能希望在其宗旨和使命的陈述中包括一些关于其信仰和价值观的说明。

也有企业在社区内工作，同时关注其商业盈利，如英国慈善机构商业社区（Business in Community）。从本质上讲，这些企业可以拿出一部分精力来承担社区角色，同时还可以关注商业盈利。其他国家也存在类似的组织，从商会到一些特殊的行业组织。

评论

尽管本书要概括对伦理和企业社会责任的一般观点，但并不意味着它对这些问题没有自己的观点。公司确实有明确的、超越其直接股东责任之外的责任，因为公司处在社会中，要为一个或多个国家的客户提供服务，并与其所在国家的各个方面进行互动。组织的宗旨只是服务于所有者和资深董事的个人利益，这一观点在道德和伦理上都是错误的。此外，"芝加哥学派"认为道德在很大程度上只是个人问题，这在伦理和社会层面都是站不住脚的。[29] 战略管理中的宗旨变得更加复杂，但这是我们为了与社会中的其他人共存并为其福利做出贡献所必须付出的代价。读者自然有权不同意这种观点。

关键战略原则

- 伦理和企业社会责任是指组织在管理其内部和外部环境时设定的标准和行为规范。这些需要反映在其使命陈述中。
- 研究企业社会责任有三种主要方法：利益相关者驱动，侧重于外部组织施加的压力；绩效驱动，专注于企业社会责任的影响；动机驱动，探讨企业社会责任政策背后的原因。
- 在伦理和社会责任方面需要考虑三点：程度和范围、成本和责任承担者。
- 在伦理规范和社会责任涵盖的范围方面，不同组织存在许多差异，这从根本上反映了经营方式的不同。

6.6 确定使命

组织的**使命**（mission）概述了组织应该并将遵循的总体发展方向，并简要总结了其背后的理由和价值观。使命需要在前面探讨的宗旨背景下进行界定。目标是在特定时间段内与使命一致的更具体的承诺。目标可以量化，但在某些情况下可能并不合适。例如，麦当劳餐厅的使命陈述是："成为顾客最喜爱的用餐地点和用餐方式。公司旨在为顾客提供高标准的、服务快捷的和物有所值的食品。"[30]

正如第 1 章所探讨的那样，战略旨在实现这些目标并遵循使命。这两个领域决定了整个战略过程，因此在战略管理中非常重要。

使命陈述的作用是什么？

如果使命陈述概括了组织将遵循的大致发展方向，那么使命陈述的作用就是向组织内外的所有利益相关者传达公司的立场及其前进方向。因此，使命需要用语言表达，这样所有相关人员才能理解并感到与自身息息相关。[31]

战略家对使命陈述的定义还存在争议[32]，目前还没有统一的定义。尽管企业和其他从业者对此有浓厚的兴趣，但更具学术性的定义和研究相对有限。此外，一些研究人员对此类陈述的冗长内容提出了质疑，一些人[33]甚至建议企业集中精力撰写简短扼要的陈述，说明其"战略意图"，如 6.1 节所述。

这些陈述的形式、目的和内容也大相径庭。与此同时，欧洲和北美许多领先的公司不仅制定了使命陈述，而且在年度报告和账目中不断引用其使命陈述。即使没有一致的定义，企业仍然认为制定使命陈述的过程很有用，因为它鼓励了组织内部的辩论和承诺。专栏 6.6 展示了评判使命陈述的一些标准。[34]

专栏 6.6 | 评判使命陈述的一些标准

使命陈述应该：

- 足够细致，可以影响整个企业中所有人的行为。
- 以对组织优点和弱点的客观评价为基础，反映出组织的独特优势。
- 务实可行。
- 足够灵活，可以应对不断变化的环境。

如何确定使命陈述

没有任何组织在所有权、资源或环境方面完全相同，因此每个组织的使命陈述都不相同。制定使命陈述应该考虑五个要素：

1. 要考虑组织业务的性质。典型问题包括：我们在做什么业务？我们应该做什么业务？

2. 从客户而不是组织的角度考虑问题。"我们的业务是开发各类书籍，为读者提供有关战略的信息和教育"，而不是"我们从事开发有关战略方面教科书的业务"。

3. 使命需要反映组织的基本价值观和信仰[35]："我们认为尊重环境和创造就业都非常重要，不应该受文化、种族或宗教偏见的影响。"

4. 可能的话，使命需要反映出可持续竞争优势的构成要素[36]："我们的目标是成为某一领域的领导者。"这在多元化的公司集团中是不可行的。在没有直接竞争对手的组织（如慈善机构）中，反映其独特性的表达可能更合适。

5. 总结出选择这种使命陈述的主要原因："我们是一个团队，我们必须相互信任和尊重"，专栏 6.7 中福特公司提出的使命陈述就是一个较好的示例。

以上所有内容都依赖于商业判断，这种判断本质上是不精确的，难以界定。商业判断通常由公司的高管做出。因为需要传递使命和总结组织的目标，所以需要谨慎措辞。使命要通俗易懂。

在制定使命陈述的时候，不仅要精确，还要谨慎。专栏 6.7 显示了福特汽车公司在 1996 年的使命，展示了公司内部传播的各种材料。

专栏 6.7 | 福特汽车公司——20 世纪 90 年代后期的公司使命、价值观和指导原则

福特汽车公司是全球领先的汽车和金融产品以及服务公司。我们的使命是不断改进产品和服务，满足客户的需求，使公司蓬勃发展，并为股东、所有者提供合理的回报。

价值观

我们履行使命的方式与使命本身一样重要。公司的成功基于以下基本价值观：

- 人员——员工是我们力量的源泉。他们为企业贡献了智慧，并奠定了我们的声誉和生命力。全心参与和团队合作是我们的核心价值观。
- 产品——产品是我们所有努力的最终结果，它们应该是全球客户的最佳选择。当我们的产品被审视的时候，我们也被审视。
- 利润——利润是衡量我们如何有效地为客户提供满足其需求的最佳产品的最终标准。利润是生存和发展所必需的。

指导原则

- 质量第一——为了让顾客满意，产品和服务质量必须是我们的第一要务。

● 客户是我们一切行动的核心——我们的工作必须以客户为中心，要提供比竞争对手更好的产品和服务。

● 持续改进对我们的成功至关重要——我们必须出色地完成所做的每一件事，涉及我们的产品、产品的安全性和价值以及我们的服务、人际关系、竞争力和盈利水平。

● 员工参与是我们的生存方式——我们是一个团队。我们必须相互信任和相互尊重。

● 经销商和供应商是我们的合作伙伴——公司必须与经销商、供应商以及其他业务伙伴保持互利关系。

● 永守诚信——我们公司在全球各地的所作所为必须以对社会负责任的方式进行，要坚守诚信，为社会积极做贡献。我们的大门向男性和女性员工开放，一视同仁，不论种族或个人信仰如何。

资料来源：copyright © Ford Motor Company 1996. Reprinted with permission.

关键战略原则

- 组织的使命概括了其应该和将要遵循的大致发展方向，并简要总结了其背后的理由和价值观。
- 目标是在特定时间段内与使命一致的更具体的承诺。目标可以量化，但在某些情况下可能并不合适。
- 计划型视角强调组织为未来几年制定使命和目标的必要性。
- 一些涌现型的方法怀疑使命和目标的有效性，因为未来是不确定的。一些涌现型的方法认为需要使命和目标，但强调管理者和员工要参与到制定使命的过程中去。
- 使命陈述的目的是向组织内外的所有利益相关者宣传公司的立场及发展方向。
- 制定使命陈述有五个要素：组织的性质；客户视角；价值观和信仰；竞争优势或独特性；选择这种使命陈述的主要原因。
- 使命陈述依赖于商业判断，但可以制定标准来评估结果。

6.7 制定目标

目标（objective）是企业使命陈述的具体化，它将使命转化为更具体的承诺。通常，要明确要完成的任务是什么以及何时完成目标。目标可以是可量化的，例如，市场份额的具体增加值或某些产品质量指标的改善。例如可口可乐在2001—2005年降低了其收入增长的量化目标。业务目标也可以是无法量化的，例如，可口可乐可能会为其资深员工制定与工作满意度相关的目标，这些目标可以是个体层面的，不用量化。因此，制定目标的作用是：

- 将管理任务集中在特定结果上。
- 提供方法来衡量事件发生后是否能实现该结果。

不同类型的目标

20世纪六七十年代后期，有一些专家热衷于将目标量化并使其可以测量。[37]现在的共识是某些目标不容易量化（例如与商业伦理和员工工作满意度相关的目标），但它们可能是公司各类活动中极其重要的部分。

拥有使命却根本没有量化目标的公司是危险的，因为有可能只是玩了一把毫无意义的文字游戏。通常公司要设定两种不同类型的目标，第一种是可以量化的，第二种只进行部分量化：

1. 财务目标，例如每股收益、股东资金回报、现金流量。

2. 战略目标，例如市场份额的增加（量化）、更高的产品质量（量化）、更高的客户满意度（部分量化）与员工工作满意度（由研究调查支持，不一定量化）。

以上任何一个领域都不一定比其他领域更重要。个别组织根据其利益相关者、文化、领导力、使命和未来方向来设计自己的目标清单。

目标之间的冲突

有些目标要确保组织的存续，例如充足的现金流、基本的财务业绩。这些需要尽早关注。但对于许多组织而言，生存并不是未来的主要问题。例如，像麦当劳和可口可乐这样的公司不会突然消失。这些组织的问题主要涉及发展和增长。比如，福特在专栏 6.7 中的陈述中就涉及“生存和增长”。同样，本章中麦当劳的案例也是围绕着增长目标而展开的。

发展和增长需要时间和资金投入。如果增加资金投入，就没钱给股东分红。因此，增长的目标可能与向股东（公司所有者）提供回报的短期要求相冲突。把资金从今天的业务中抽出将无法为未来的发展提供资金。因此，目标需要在短期和长期之间进行折中。正是出于这个原因，福特的使命陈述是为“股东、所有者提供‘合理的回报’”。这种描述将转化为麦当劳或可口可乐分红的数字目标，以满足股东的投资需求。

在竞争环境中，如全球汽车行业，重要的是组织要认识到现在分配的任何资金都将使未来维持相对于竞争对手的业绩更加困难。对于需要分配附加值的组织来说，短期和长期之间总有可能产生冲突。

股东结构的含义

在一些股东权力要求特别高的国家中，长期和短期之间的冲突会变得更加尖锐。北美和英国股市就以短期主义而闻名[38]，即公司需要保持分红记录，否则就会面临被收购的威胁。在欧洲、日本和东南亚的其他公司则压力较小，因为它们的股票通常由政府和银行机构持有，而这些机构往往拥有长远的眼光。例如，德国的大银行拥有大众汽车和戴姆勒 – 克莱斯勒等德国汽车公司的大量股权。相比之下，福特和通用汽车的股票则主要由欧洲和北美的开放式股票交易所持有。因此，与德国公司相比，美国公司面临更大的股东压力。这样的优先事项一定要反映在公司最初的目标设计和随后的监控过程中。

具有挑战性但可实现的目标

在制定目标时，真正的问题往往是目标到底该有多大的挑战性。是否应该设定简单的目标，这样就可以超越目标取得真正的成功？或者是否应该设定具有挑战性但仍可实现的目标？如果我们设定了后一种目标，那么在何种程度上可以与那些负责实现目标的人进行商讨？需要合同吗？需要奖励吗？

这些都是棘手的问题，而且要受组织及其高管的文化和风格、组织使命和竞争性质等的影响。有些组织会设定严格的目标并评估绩效；有些组织会商讨（而不是设定）并实现高标准目标和简单目标之间的平衡。尽管彼得·德鲁克乐观地认为，在 20 世纪 90 年代后期人们就可能更加科学地制定目标[39]，但目前在目标设定方面还是需要明智的商业判断。

关键战略原则

- 目标是企业使命陈述的具体化，它将使命转化为更具体的承诺。通常，要明确要完成的任务是什么以及何时完成目标。
- 可以设定不同类型的目标。有些可以量化，有些则不行。

- 目标之间可能存在冲突，尤其是组织的长期和短期利益之间会存在冲突。
- 股权结构将影响目标。英国和美国公司面临更大的短期业绩压力。
- 目标既要有挑战性，也要有可行性。

批判性反思

宗旨是否过于复杂？

本章认为战略宗旨是复杂和多层面的，需要考虑领导力、公司治理、伦理和企业社会责任等。问题在于，所有这些都使得宗旨难以分析、定义，也难以与员工、管理者、股东和其他利益相关者沟通。此外，宗旨的设定并没有明晰的逻辑路径，还得使用“管理判断”这样的模糊领域来证明特定目标的合理性。

鉴于这些定义和逻辑上的困难，或许将问题简化，只关注利润最大化等单个领域会更好？或者使股东财富的最大化？或者在向股东支付最低的红利后，使组织对社会的贡献最大化？

宗旨的复杂性和多面性到底有什么好处？

思考问题

1. 选择一个你熟悉的组织并尝试确定其宗旨：6.1 节中概述的要素如何影响该组织，包括其环境、资源、文化和利益相关者？宗旨如何随着时间而改变？为什么会发生这些变化？

2. 2013 年，雅虎声称未来的愿景是成为“一家致力于让世界的日常习惯具有启发性和娱乐性的全球科技公司”。使用哈默尔和普拉哈拉德开发的分类法来评估这一观点。

3. 组织有愿景，还是组织内部的管理者有愿景？你的回答对战略有何影响，特别是对组织内部的沟通有何影响？

4. 领导者应该在什么样的战略环境中占主导地位？在什么样的情况下，领导者应该基于共同愿景工作？举例支持你的观点并展示其他因素如何影响领导风格。

5. 无论成本如何，公司是不是要一直遵守伦理规范？

6. “绿色”环境问题是否应当是企业社会责任的一部分？如果是，它将如何影响业务战略？

7. 公司治理为什么与战略管理相关？麦当劳需要采用哪些系统来确保符合公司治理的规定？

8. 选择一个你熟悉的组织，并根据它向利益相关者提供的信息来评估其公司治理。按照它自己的标准或者利益相关者的类似标准，该公司的表现如何？

9. 宗旨和竞争优势的概念是否适用于整个可口可乐公司？将你的答案与公司的陈述进行比较，并对有差异的地方进行评论。

延伸阅读　　注释和参考文献

7 从知识、技术和创新中涌现的宗旨

学习目标

学习完本章后，你将能够：

- 定义和探究隐性知识和显性知识的影响。
- 解释宗旨如何从知识创造的过程中涌现。
- 研究技术发展对组织宗旨和战略的影响。
- 识别与宗旨相关的主要创新过程。
- 展示宗旨如何随着创新演变。
- 解释为什么组织的宗旨有时可能是涌现出来的而不是计划产生的。
- 构建知识、技术和创新与绿色战略的联系。

引言

第 6 章着重论述了以明确且详细的方式来开发宗旨。从本质上讲，它采用的是计划型视角。通常，许多组织都希望通过这种方式来定义组织的宗旨。例如，它们可能会制定清楚的伦理行为规范、每股收益目标、具体的资本回报率提升目标、市场份额的增加等。用这种方式形成明确的宗旨可能会排除那些结果未知、不明确或者预测结果无法达到预期标准的各类备选宗旨和战略。这种方法的风险在于可能会排除那些从长远来看更有价值的宗旨和战略，这些宗旨和战略值得在战略发展的早期进行探索。本章的目的就是要恢复二者的平衡。

在开放性的研究中，宗旨可以更具试验的性质，并从过程本身发展而来——这其实就是一种涌现型视角。问题是应该怎样来完成这项任务。有很多路径可以尝试，本章将着力研究其中的三条：知识创造、技术开发和创新。到最后，这三个流程都需要与组织契合，尤其是要和组织增加收入、强化附加值和提升竞争优势的能力相契合。因此，这三个领域是评判开放性宗旨凝练方法的有效性的标准（见图 7－1）。关于绿色战略的问题将在第 14 章中探讨。

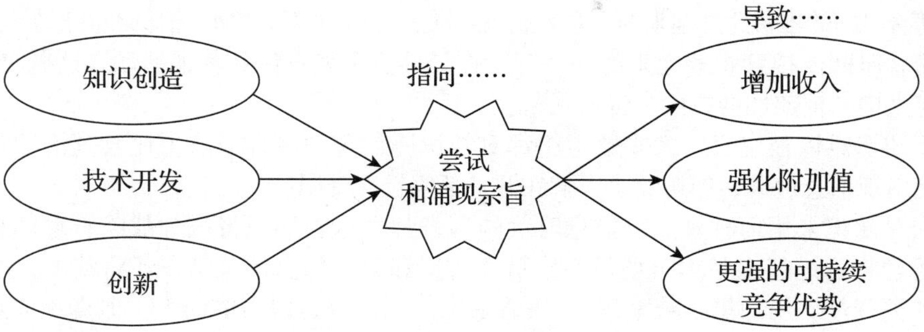

图 7－1　针对宗旨的涌现型视角

7.1　理解和测度知识

随着时间的推移，政府机构可以开发出很多关于新技术、客户及其偏好的知识。同样，商业公司也可以开发各种知识，包括现有的和新的技术、客户、供应商方面的知识，以及对公司宗旨非常重要的制造流程等方面的知识。从这个意义上说，知识是组织的资源，应当与第 2 篇中的其他资源一起分析（参见第 4 章）。也可以从另一个角度来探究知识，即创造未来的知识，这种方法会开发新的机会。本章关注的正是这个视角。显然，这种观点会对组织未来的宗旨产生重大影响。[1]

为了阐明知识创造的概念，应该首先研究组织知识的本质，还应当评估其现有的知识资源。在探索了这两个领域之后，我们将继续研究知识的形成问题。从本质上看，这其实是涌现型的过程。最后，我们会将知识与组织的宗旨联系起来，探究这种视角的含义。

知识的战略起源和定义

多年来，在战略管理中，知识的话题从没有引起足够的或明确的关注。[2]一些早期的战略学者曾认识到它的重要性，但只有德鲁克尝试去探讨。他在 1964 年写道：

> 知识对公司就像客户对公司一样重要。有形商品或服务只是实现顾客购买力和商业知识之间交易的工具。[3]

然而，除了指出每个公司可能拥有独特的知识领域，德鲁克并没有提出明确的定义。进入 21 世纪，从战略管理的角度来看，仍没有就知识的主要方面达成共识。但是，要在战略管理中使用知识，至少要能够识别它，因此需要某种形式的定义。为此，我们采用达文波特（Davenport）和普鲁赛克（Prusack）给出的定义[4]：

> 知识是各种框架性的体验、价值观、背景信息和专家洞察力的动态组合，为评估和整合各类新经验和信息提供了框架。它源于并应用于知识拥有者的思想。在组织中，它通常不仅嵌入文档或存储库里，还嵌入组织的惯例、流程、实践和规范当中。[5]

要理解这个冗长但有用的定义，关键在于“动态组合”“嵌入”“实践”这几个词。很多组织中最有用的知识往往也是最难以理解、编码和复制的。正如难以对知识进行简单的定义一样，要识别组织的知识也很困难。上面的定义至少告诉我们哪些东西不是知识：

- 知识不仅仅是数据—— 一系列关于事件的离散的、可观察的事实。
- 知识不仅仅是信息——传递的消息，通常以文档或其他交流形式出现，当然信息有含义，但信息本身没有多少深度。从战略角度来看，知识是有深度的。

一般来说，公司与客户和供应商的经验是无法用统计数据和信息去总结的。公司的知识可能包含以下部分：

1. 随着时间的推移建立起来的一系列制造合同、流程和实践，即“惯例和流程”类的知识；

2. 随着时间的推移积累起来的一系列工作经验、个人友谊和其他活动，这些更难概括，即上述定义中“框架性的体验、价值观”。

由于知识难以被定义，大多数组织都对知识所包含的内容采取了比较宽泛的视角。这样，可能出现信息过载，但避免了人们在开发新宗旨时受限。

无论对知识采用何种观点，信息时代的到来都意味着知识将成为战略管理的核心。对知识的管理将远远超出基本市场份额、财务数据和会计信息的范畴，还将涉及人员和不可量化的各类资产。用加里·哈默尔[6]的话来说，麦当娜是现实中的人，但真正成就她、让她脱颖而出的是她的无形资产——以知识为基础的版权、唱片交易、电视和电影合同等。此外，她的声誉、她的生活以及她与观众的关系也是重要的资产。这其中的许多东西都难以衡量，却是全球化信息环境中真正的财富和知识。这些基于知识的资产是麦当娜的可持续竞争优势。

知识：隐性知识和显性知识之间的区别

在事后来看，有些知识肯定是很明显的。但公司很可能并不清楚开发产品需要的是哪些知识。此外，一些知识——被称为显性知识——可能比某些模糊的知识更明显，但这些模糊的知识也同样重要，它们被称为隐性知识。

显性知识（explicit knowledge）是可以通过正式、系统的语言编码和传播的知识——通常但不一定是书面知识。隐性知识（implicit knowledge）是因人、因情境而异，且难以正式成文和沟通的知识——通常但不一定是隐藏的或者非正式记录的知识。

野中郁次郎（Nonaka）和竹内弘（Takeuchi）首先基于这两种知识的区别来研究知识战略。[7] 1985年，他们研究了日本家电公司松下电器的相关经验。该公司正在研发一款新的家用面包烘焙机。几个月里，研发人员对面团进行了细致的分析，进行了X光扫描，还制造了原型机，但没有一台机器能烤出好的面包。面包要么烤不熟，要么烤焦，要么半生不熟，或者太干太硬。最后，一个软件开发人员田中郁子（Ikuko Tanaka）提出了实用的解决办法：在当地小镇上找到最好的面包烘焙师，看看面包到底是如何制作的。她发现面包的制作方式很独特，得用特殊的方法来拉伸和揉搓面团。经过一年的研究和试验，松下终于向市场推出了面包机，面包机做的面包很好，而且销量也不错。通过该案例和其他的案例，野中郁次郎和竹内弘得出了关于知识内涵的两个结论[8]：

1. 有些知识很难说清楚，它们很模糊，往往很复杂，也无法记录，这些知识被称为隐性知识。

2. 有些知识经分析后，通常可以用更精确的方式来定义，这些知识被称为显性知识。

所有组织都拥有隐性知识和显性知识。通常隐性知识可以创造可持续的竞争优势，因为竞争对手很难复制。例如，丰田在美国汽车制造厂的总经理不怕邀请竞争对手来参观他的工厂。他知道他们永远也不会发现丰田生产系统的真正秘密——这是公司竞争优势的主要来源之一。丰田生产系统的大多数知识是隐性的，是不可能在一次参观中就被人洞察的。

当然，显性知识也可以创造可持续的竞争优势。例如，公司的专利将被记录在册，也可以被其他公司审阅，但其所有权始终由原公司独家拥有。虽然这两种类型的知识都可以帮助组织构建可持续的竞争优势，但隐性知识可能更为重要，因为竞争对手很难理解隐性知识，也难以复制。专栏7.1展示了公司中的各种隐性知识和显性知识。

专栏 7.1 | 公司中隐性知识和显性知识的例子

隐性知识	显性知识
• 解决生产中断的实用和不成文的流程 • 销售订单处理的非正式网络和流程 • 依赖非正式联系来开发新项目的跨职能团队 • 多年来在品牌发展方面积累的实践经验 • 公司处理管理会计的一些具体做法	• 在公司会计手册中记录的成本计算流程 • 公司正式的审查新产品开发的流程 • 公司的专利和法律合同 • 公司过去事件和经历以及成败的书面材料——通常非常有限 • 最佳实践的培训方案和学徒计划

要注意，对隐性知识和显性知识之间相互关系的描述表明，二者可以相互转换。以前面提到的面包制作为例，松下能够总结面包师的隐性知识，从而将其变成显性知识，然后生产出面包机。这样，就有了涌现型战略的开发机制。

知识盘点和管理

如果知识创造对于宗旨很重要，就会有这样的问题，即是否有可能构建现有知识和能力更新的清单来为未来发展做准备。我们可以评估一个组织的智力资本吗？瑞典保险公司斯堪地亚给我们提供了思路。20 世纪 90 年代早期，斯堪地亚公司认为第二次世界大战后制定的许多会计法律和规则已经过时，只能测量其土地、工厂和原材料等有形资产，无法衡量公司的知识资产。斯堪地亚公司将其运营的智力资本定义为：

> ［财务报告］无法描述的，要从更深入、更广泛和更人性化的视角来看待的未来盈利能力。它包括员工以及客户、业务关系、组织结构和组织自我更新的能力。对这些情境的可视化和解读可以在早期就给未来的发展提供借鉴。[9]

该公司将智力资本的基本概念划分为若干部分，每个部分都有助于创造市场价值。它指出，传统经济学只测量了其中一个方面，即金融资本，但实际上，对公司未来的利润有贡献的要素还有许多，可以归为智力资本。这些要素见专栏 7.2。

专栏 7.2 | 斯堪地亚公司的价值架构

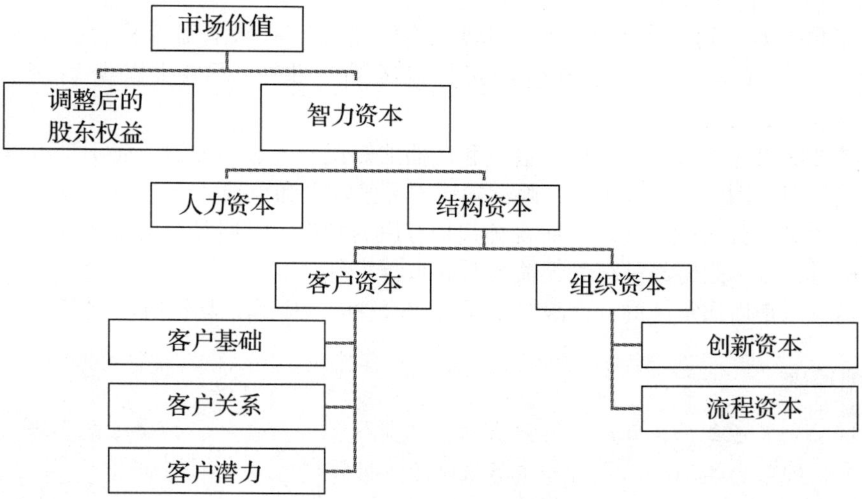

资料来源：Skandia Annual Report and Accounts 1997. Courtesy of Skandia Insurance Company Ltd, Stockholm, Sweden.

智力资本有两个主要组成部分：人力资本——类似于隐性知识，以及结构资本——类似于显性知识。结构资本又可以分为客户资本和组织资本。组织资本包括信息系统、数据库、信息技术解决方案和其他相关领域的知识。斯堪地亚公司开发了一种评价这种知识价值的方法，特别强调知识的未来价值。

在过去几年中，许多组织用不同的方法进行了类似的知识盘点，并实现了知识在组织内的转移。[10]不同于从智力资本视角聚焦计算组织中的知识总量，这些方法的重点是围绕组织来收集和分享知识——这实际上是知识管理的方法。但两种方法涵盖的领域差不多。

特别是在服务和咨询类的组织中，知识管理已成为竞争优势的主要来源。因此，围绕组织来收集和传播知识成为首要的战略重点。已有人对最有可能帮助知识管理获得成功的因素进行了评估。[11]专栏 7.3 对此进行了介绍。第一点尤其重要，因为对于组织中的某些群体来说，“知识就是力量”。[12]这些群体可能不愿意分享知识，并可能将知识网络视为威胁。因此，在引入此类新举措时需要格外小心。

专栏 7.3 | 促成成功知识管理的因素

- 要建立组织的知识共享社区，可考虑技术方面和知识共享意愿方面。
- 要评价知识对经济绩效和价值的贡献，例如利润和成本节约。
- 要保证技术和组织的基础架构来源广泛，才能获得成功。
- 要收集难以记录的隐性知识，还要积累易于记录和传播的显性知识。
- 要了解知识发展的背景历史、与其他领域相关的情境以及相应的学习过程。
- 要认识到收集和转移知识需要多种不同的渠道。
- 要获得高管的支持和鼓励。

近年来，知识管理已应用于跨组织共享最佳实践。例如，联合利华南美的子公司就有在高通货膨胀的国家中管理公司的经验，这是 20 世纪 80 年代积累起来的。20 世纪 90 年代后期，当其亚洲子公司遇到类似问题的时候，该公司使用知识管理的内部网络传授了相关的管理经验。

评论

从战略角度看，知识管理已经变得非常重要。但是，还没有哪个概念或流程能够涵盖所有的要素。[13]知识盘点及其含义还需要进一步研究。此外，尽管大家普遍接受知识盘点，但在战略管理方面还有三个缺陷：

1. 这种方法可能更适合那些可以盘点和传播的知识——显性知识，而不是可以打造竞争优势的隐性知识，因为从定义上讲，隐性知识不易被定义和审核。

2. 盘点很难区分对战略和宗旨而言哪些是有用的知识，哪些是至关重要的知识。打着知识管理的旗号，公司很容易被那些无关紧要的东西左右。

3. 知识盘点是后向审视的，而战略发展是前瞻性的。因此，其价值可能有限。

关键战略原则

- 很难准确定义组织的知识。从本质上讲，它是经验、价值观、情境信息和专家远见的动态变化的集合体。要注意，知识不仅仅是数据和信息。
- 显性知识和隐性知识之间的区别很重要。显性知识可以被记录和结构化。隐性知识是模糊的，很难界定。两种类型的知识都可以为创建组织的可持续竞争优势做出贡献，但是隐性知识可能更为重要，因为相对于竞争对手而言，隐性知识不那么容易被理解和复制。

- 可以对组织的知识进行盘点，显性知识比隐性知识更容易盘点。盘点也可以作为制定战略的基础，但存在诸多缺点。

7.2 知识创造与宗旨

在上一节中，我们研究了现有的知识，本节将继续探究对新知识的开发。知识创造可以看作组织对新知识的发展和传播。知识盘点可以帮助定义战略的起点，但其作用本质上是静态的。可以说，知识创造需要更动态的方法，还会带来新的战略机遇。尽管知识创造的整体机制还有待研究，但可以区分出一些关键的因素：

- 现有知识的转化与交流；
- 知识创造和获取过程；
- 知识传播过程。

现有知识的转化与交流

组织中新知识的创建可以从对组织现有知识库的研究开始，尤其要关注组织内如何转化和交流知识。野中郁次郎和竹内弘的知识转化模型提供了很好的框架（见图 7－2）。组织中都有两种主要类型的知识——隐性知识和显性知识。在现有的知识库中，这两种类型的知识只能通过四种方式进行交流和共享。

	到隐性知识	到显性知识
从隐性知识	社会化	外部化
从显性知识	内部化	组合

图 7－2　四种知识转化模式

资料来源：“ Fig. 3.2: Four modes of knowledge conversion ”, from *the Knowledge-Creating Company: How Japanese Companies Create Their Dynamics of Innovation* by I Nonaka and H Takeuchi, copyright © 1995 by Oxford University Press, Inc. Used by permission of Oxford University Press, Inc.

1. 从隐性知识到隐性知识：社会化（socialization）。公司在内部分享不成文知识的一种方式是社会化，可以分享不成文的经验和信息，可以通过非正式会议的方式或一起工作。

2. 从隐性知识到显性知识：外部化（externalization）。公司也可以让未经记录的知识和其他模糊的概念更加正式。这意味着将模糊的想法概念化和结构化——也许还是要开会，但这种会议要专门记录和构建先前被隐藏的内容。

3. 从显性知识到显性知识：组合（combination）。公司还可以将先前记录下来的显性知识在公司内部更广泛的范围内传播——也许通过内部网络系统或其他公司的交流方式。

4. 从显性知识到隐性知识：内部化（internalization）。公司还可以利用书面和记录的信息，并将其作为进一步分享经验的起点，而这些经验不一定要写下来。

评论

尽管上述四种过程非常有用，但它们确实来源于一个相当简单的假设，即组织中现有知识的隐性 / 显性性质。信息和知识的范围和类型都有许多变化。然而，它们只能被强制放入图 7－1 所示四个象限中的一个。用更宽的视角来看待这样的知识，可能会更有益处。当然，在涉及知识创造时，对不成文和已记录的两种知识同时进行共享、概念化和更广泛的交流也是有好处的。

知识创造和获取过程

除了探索和分享组织中已有的知识，当然还有创建新知识的过程。达文波特和普鲁萨克推荐了六种有益于知识创造的机制。[14]

1. 获取。新知识不一定全部来自组织内部。达文波特和普鲁萨克就曾披露，英国石油公司奖励利用其他公司应用程序来开发最佳创意的员工。

2. 租赁。知识也可以通过租赁获得，因为知识可以由大学或顾问公司等外部机构赞助和开发。在这种情况下，赞助机构应当注意保留知识的所有权。

3. 专用资源。通常，许多组织会成立专门的小组或工作团队，以在特定的领域开发新知识。

4. 融合。对于某些复杂的问题，有些组织会把不同背景和性格的人聚集在一起，增强互动，以找到解决问题的全新方法。例如，松下面包机的开发就需要面包师、工程师和软件开发人员的合作。这是一种行之有效的知识管理方法。[15]

5. 适应。外部压力会迫使公司去适应新的业务，否则它们将无法生存。例如，传统的零售银行要生存下去，就需要新的知识。

6. 网络。许多组织中都有很多正式和非正式的知识共享社区。这种知识网络正经由内部网这样的电子平台得到加强，内部网是组织内部用于交换知识的正式网络。例如，1998 年喜力就以“知识就是力量”为名建立了全公司范围的内部网。[16]

知识传播过程

在组织中，如果新知识始终停留在创始者那里，就不能充分发挥其潜力——知识要传播给其他人才行。知识传播与 7.1 节研究的知识转换和交流有关，但这一过程是由分享知识的前瞻性决定所推动的。

知识传播并不容易，因为这个过程涉及很多人和群体。人们可能彼此不了解，会因为新变化感受到威胁，而且可能不愿意容忍在知识传播过程中发生的错误或模糊性。此外，还有人可能会认为自己是某类型知识的主要拥有者，如果分享这些知识，他们的地位就会降低。[17] 要成功地实现知识传播，就必须解决这些问题。这可能需要改变组织的文化，不会一蹴而就。

还有其他的机制有助于知识的传播。3M 公司是成功的典范，读者可以参阅案例研究 7.1 对这些机制的描述。

结论——知识创造和宗旨

如果新知识影响很大，那么它很可能会改变组织的宗旨，也许会提供成为全球领导者的机会，也许会威胁到公司的生存。

重要的是，只有在新知识得到开发和显性化之后才可以更改公司的宗旨。从这个意义上说，宗旨的新定义是从新获得的知识里涌现出来的，很难事先定义。当然，也有公司在取得特定的突破之前就定义了公司的宗旨，如惠普、3M 和葛兰素史克。但这样做往往会将注意力和精力集中在公司内部，而不是其他更明确的事情上。结果就是成功率喜忧参半。读者可以参阅案例研究 7.1 中 3M 在 2000—2002 年增长乏力的内容。该公司长期设定创新型的增长目标，然后努力去实现这些目标。

在对宗旨涌现型的本质保持谨慎的态度下，我们可以明确说明知识管理对组织宗旨所做的贡献。本书认为，从根本上说，组织的宗旨是增加价值，而这要依靠打造可持续竞争优势来实现。因此，要探讨知识如何在这两个领域做出贡献。从本质上看，知识是组织的资源，可以基于组织的资源基础观（参见第 4 章）来探讨这两个问题。蒂斯认为，知识可以通过两种相关的机制来建立竞争优势[18]：

1. 可复制性（replicability）。如前所述，通常知识只有在组织的其他部分进行传播和复制才会有价值。如果隐性知识是主要资产的话，实现其价值尤其困难。即使知识是显性的，在知识复杂、依赖于本土文化且面临其他困难的组织中，也很难去复制这些知识。

2. 可模仿性（imitability）。指竞争对手是否具有复制第一家组织知识的能力。如果复制对于原始所有者来说就很困难，那么对于竞争对手来说肯定会更加困难。但是，当知识变成显性知识并被公开时，就很有可能被模仿。如果组织未能通过获取知识产权如专利来捍卫自己的权益，尤为如此。

最后，知识可以通过循环的机制附加价值，同时在发展的各个阶段影响宗旨。多萝西·伦纳德－巴顿（Dorothy Leonard-Barton）提出的知识创造和传播模型（见图 7－3）最能说明这一点。模型清楚地区分了组织的当前任务和未来任务：在当前，组织要解决问题，而在未来，组织可以在不清楚结果的情形下进行各种试验。该模型还区分了获取知识的两种机制：讨论、实施和整合等内部机制以及引入知识等外部机制。

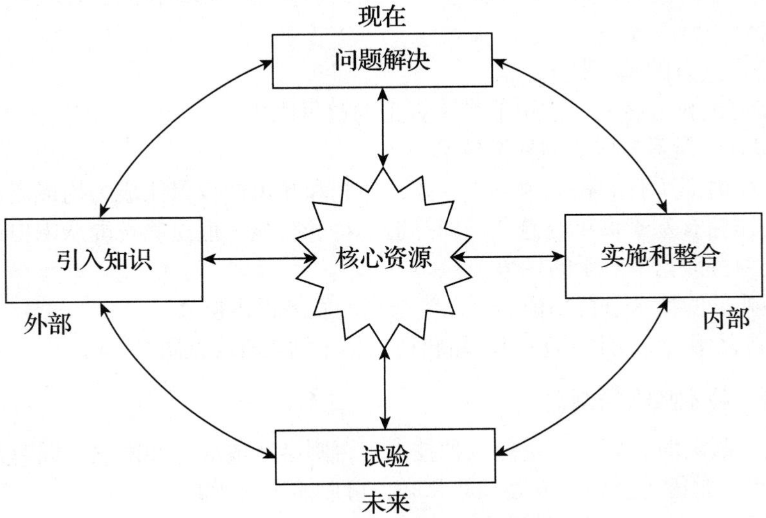

图 7－3　知识的创造和传播

注：“核心资源”是指那些尤其可能具有可持续竞争优势的资源。

资料来源：Reprinted by permission of Harvard Business School Press. From *Wellsprings of Knowledge*, by D Leonard, Boston, MA 1995, Fig. 1.2, p. 9. Copyright © 1995 by the Harvard Business School Publishing Corporation; all rights reserved.

关键战略原则

- 现有知识的转换和交流可以通过四种机制进行：社会化、外部化、组合和内部化。这四个过程与组织中存在的隐性知识和显性知识的本质区别有关。
- 知识创造——新知识的开发和传递提供了动态的战略机遇。共有三种机制：现有知识的转化与交流、知识创造和获取以及知识传播。
- 如果新知识对组织的影响重大，那么很可能会改变组织的宗旨。重要的是，宗旨只有在开发新知识后才会改变。从这个意义上说，组织的宗旨来自知识创造。

7.3 利用技术来开发宗旨和打造竞争优势

技术和竞争优势[19]

从过去20年内的变革来看，技术对打造可持续的竞争优势发挥了重要作用。即使是在那些成熟的行业、非营利组织和小公司中，技术也会为组织的差异化添砖加瓦。基于此，应当认真研究技术战略。

新技术的发展和其他战略领域一样，都有可能改变组织的愿景和宗旨，扩大公司的影响范围和提升公司的地位。应该注意，这需要时间和资源——新技术可能不会在短期内对战略产生影响。技术战略的形成有两个主要阶段：

- 第一阶段：对现有各类技术的调查。
- 第二阶段：技术战略的制定。

第一阶段　对现有各类技术的调查

此阶段包含四个部分：

1. 对组织内所有的现有技术进行全面调查。应该仔细检查所有领域，而不是浮于表面，这样才不会错过任何机会。盘点的结果应该表明组织使用了哪些技术，以及在何处使用了这些技术。盘点数据可以分为三类：

- 许多公司共有的基础技术。
- 公司特有的核心技术，这可能带来真正的竞争优势。
- 对组织有用但不是核心的外围技术。

2. 检查组织内部所有的相关领域。例如，专利和知识产权可能成为构成竞争优势的关键基础。有些公司拥有基于多年经验和培训打造的特殊技能，但这些技能从未申请专利；这些技能也可以成为打败竞争对手的优势。

3. 对组织外部的技术进行扫描。可以为未来的发展提供机会。

4. 技术/产品组合。可以构建与产品和技术相关的矩阵（见图7-4）。

第二阶段　技术战略的制定

在制定技术战略时，要一次聚焦一种技术，否则会造成混乱和困惑。同时开发技术和运营（制造）流程，是因为这两个方面相互关联，可以缩短交货时间。

然后，要用以下两种方式来分析技术开发活动：

1. 组织的技术发展相比竞争对手的水平。

2. 与所需时间相比进一步开发的成本。（这里需要权衡。）

除了这两项任务，还要考虑是否可以购入新技术，可以通过收购公司、设立合资公司或使用技术许可来获得，很有可能要从本地市场以外的公司购买。

	成熟技术	新技术
新产品	在新领域的可能成长机会	萌芽期的新星
成熟产品	现金牛	新的可能机会以及需要特别注意的竞争威胁

图 7－4 技术 / 产品组合

最后，还要考虑两个问题：

1. 模仿的速度。要估计竞争对手模仿技术开发的速度。

2. 全球化问题。可以考虑在全球范围内开发新技术，从而增强公司商业方案的吸引力。

对于一些小公司和非营利组织来说，上述过程可能过于复杂。然而，小公司通常也会从技术优势中获得先机。在成熟的行业中运营时，较大的公司可能认识不到推动技术发展的好处。实际上这可能有很大潜力，值得在战略层面认真思考。

由于有具体的目标，技术开发很有可能是计划型的过程。但是，在具体的过程中，鉴于其试验过程的性质，也可以是涌现型的过程。

技术和创新战略

各类公司和行业部门之间的差异如此之大，要开发一种包含所有技术和所有创新战略的单一框架非常困难。例如，合乎伦理的药物开发要求通过新的专利药物来进行产品创新，而近年来的零售服务通过新的 IT 系统进行流程创新，来改善库存交付和库存管理等领域。尽管存在这些困难，但对技术和创新战略来说，有两个基本的原则可以遵循：

1. 核心竞争力。

2. 五种技术开发路径。

核心竞争力

正如普拉哈拉德和哈默尔所定义的那样，核心竞争力关注的是单个公司中可以打造竞争优势的竞争性技术资源：“真正的优势源于管理层将公司内的技术和生产技能整合的能力，该能力可使单个公司迅速适应各类机会和变革。”[20]在制定技术战略时，必须明确核心竞争力是什么，并把控该能力。这些能力要比组织采用的直接技术深入得多——核心竞争力的例子包括索尼的微型化、飞利浦的光学介质以及 3M 的涂层和黏合剂。在确定了核心竞争力之后，可以去探讨其对研发的影响，以及对公司资金分配方式的影响——或许需要更多的资金和人员来打造核心竞争力。当然，也要注意第 6 章中有关核心竞争力的问题。

五种技术开发路径

大多数组织会受到现有产品或服务范围的限制，也会受到其历史以及允许和支持创新的组织文化和领导力的约束，可以称之为路径限制（path-constrained）[21]，这在 5.1 节探讨过。从技术和创新的角度来看，这意味着公司很少会从零开始进行创新，因为：

- 它们的地位——相对于竞争对手的市场地位。
- 它们的发展路径——目前的产品或服务，以及特定的机会。

- 它们的流程——目前实现创新的方法。

这三者将引导或限制创新的进程。受这些条件的限制，最近的研究[22]表明，根据行业类型不同，有五种主要的技术开发轨迹。

1. 供应商主导型公司。对于农业公司、纺织等传统制造商和一些服务公司而言，技术变革主要源于这些公司的供应商。因此，这些公司在寻求技术创新时需要与供应商建立密切的联系。

2. 规模密集型公司。对于耐用消费品、汽车和大宗化学品供应商而言，技术创新要考虑复杂的工厂和产品。考虑到建设这类工厂的高成本和随之而来的失败风险，创新往往分阶段进行。因此，技术创新主要涉及提高工厂的效率，创新要小而频繁——丰田汽车就是很好的例子。

3. 科技型公司。对于制药和电子公司而言，技术创新通常源于总部的研发机构或大学的特殊孵化器。创新往往与新发现以及新专利相关。因此，创新的任务是发现和开发这些新技术，也许要关注公司外部的发展。

4. 信息密集型公司。对于出版业、银行业、电信和旅游预订行业中的公司而言，技术创新有大公司内部开发的系统，也有大公司和小公司买进的系统。在这两种情况下，目标都是开发大型的复杂系统来处理大量的数据，而且要让系统对用户和客户友好，有时会产生全新的服务项目。

5. 专业化供应商型公司。对于提供专业化高性能的机械设备、仪器和专业软件的小型专业公司而言，技术创新来自公司对客户需求的了解、对竞争对手活动的掌握以及其专业领域内的新发展。这些公司要不断地寻找新技术（或许是国际性的），要和客户保持密切联系来进行创新。

三项新技术及其对战略管理的影响

在未来的10年里，以下三种基础技术的发展会对各类创新产生重大影响。[23]

1. 生物技术和医疗技术的发展——未来20年，人类基因图谱的绘制和医疗技术的发展预示着医疗保健领域的革命。这些变化导致像3M和飞利浦这样的公司去重新识别自己在医疗健康领域的机会，重新定义公司的宗旨。并不是所有公司都有兴趣或能够从技术进步中获益，但这些技术有产生革命性战略的潜力。

2. 微芯片技术的发展——微芯片的植入使很多产品可以更加微小，更容易操控。很多公司生产的产品都要交付给客户，植入式微芯片可以让公司及其客户随时了解交付状态。芯片小型化程度的提高也将从根本上改变某些制造工艺和家庭产品。例如，移动电话已经改变了人们的生活，还有不少潜力有待开发。

3. 信息技术的改进——由于采用了新的IT系统，信息量剧增。信息是全球性的，而不仅仅是地方性的或国家性的。例如，一家英国大公司就在其美国、英国和印度的工程设计团队之间建立了通信联系，综合运用美国团队的专业工程知识、印度同事的技能和低劳动力成本以及英国总部的整体协调和营销技能。几年前这样的活动是根本不可能完成的。新的信息技术也使得公司加强战略控制成为可能。同样，这些技术创新将为公司提供持续不断的战略机遇。

评论

应当注意，所有这些竞争优势只能延续有限的一段时间。除非技术优势涉及某种形式的专利，否则这种技术优势是不可持续的，即使有专利也会过期。

关键战略原则

- 内部和外部技术的扫描对战略管理至关重要。随着时间的推移，技术可能会改变组织的宗旨。技术可以分为基础技术、核心技术和外围技术。基础技术是很多公司所共有的。外围技术不是该组织的主流技术。核心技术最有可能打造竞争优势，并形成专利和特殊技能。
- 应该根据竞争情况分别对每种技术进行评估，同时还要评估进一步开发的成本。模仿的速度和可能的全球开发也值得研究。核心竞争力——全公司范围内的技术和生产技能——是开展技术创新的基础。
- 组织受其现有产品、竞争对手和组织文化的约束。有五种主要的技术开发路径——供应商主导型公司、规模密集型公司、科技型公司、信息密集型公司和专业化供应商型公司。
- 在未来10年，三种技术可能会为公司的技术创新带来巨大的机遇：生物技术和医疗技术的发展、微芯片技术的发展和信息技术的改进。

案例研究 7.1

振兴3M的创新

自20世纪中叶发明透明胶带和便笺纸以来，3M公司就一直被誉为创新增长的典范。然而，近年来其增长停滞，出现问题。本案例研究了其著名的创新流程以及3M如何再次发展。

早年的发展

看看公司的全称，你就会明白它的起源：明尼苏达州采矿和制造公司（Minnesota Mining and Manufacturing Company）——通常简称为3M——成立于1902年，当时一群投资者购买了一座矿山，认为其中蕴藏着宝贵的且高度耐磨的刚玉。当发现只有低级矿物后，他们决定涉足其他更有利可图的产品。这种视角展示了该公司的某些精神特质，其宗旨就是要从广泛的产品类别中寻求高额利润。

不断扩大的产品范围

到2010年，3M的营业额接近270亿美元，其产品包罗万象：透明胶带、磨砂海绵、牙齿填充材料、微芯片和替代氯氟烃的化学产品。图7－5展示了该公司涉足的广泛产品领域。

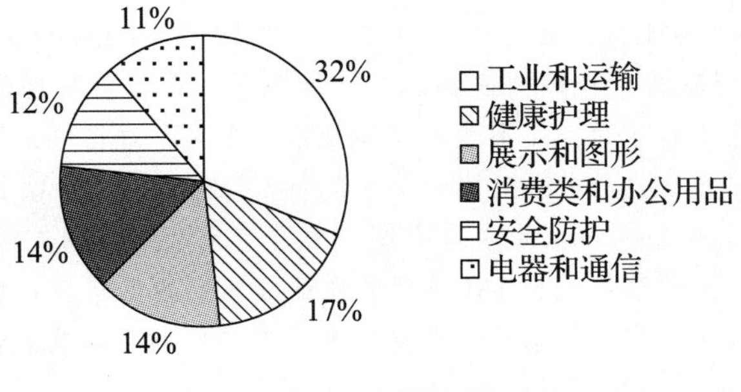

图7－5　2010年3M种类繁多的产品领域

产品范围如此广与公司的发展风格和投资标准有关。

- 提议的新产品是否有较高的利润率?
- 提议的新产品是否能提供创新增长的机会?

实际上，产品范围不一定局限于公司现有的核心市场——如果认可资源基础观，就得对其战略性进行更广范围的解读。新产品可以来源于公司的任何部门。很多局外人会认为3M是一家集团公司，在核心竞争力方面其实并没有什么优势。但是，3M前首席执行官利维奥·德西莫纳（Livio DeSimone）坚决支持产品达50 000种："这家公司所做的事情中，有很大一部分都与黏性有关。无论便笺纸、办公胶带还是工业胶带，都是黏性十足的。"德西莫纳解释道："我们拥有的知识［让我们］可以使这些［基础产品］变得有价值。"实际上，3M的核心竞争力可能在于其对涂料和黏合剂的深入了解，这类知识可广泛应用于各类产品。

3M的创新流程：两个例子

该公司以其创新流程而享誉全球。公司在2000年年报中称："2000年，公司经历了有史以来最高水平的创新，过去四年里推出的各类产品创造了56亿美元的收入，约占总销售额的35%。仅2000年推出的新品就创造了12亿美元的销售额。"创新是其业务战略的核心，受到整个组织的激励和支持。但这没有让公司在随后的10年中逃过缓慢的增长期，后面我们会继续说明。

要了解3M的创新方法，可以看看3M两个著名的案例——透明胶带和便笺纸。这两个产品的出现源于公司对两位经理迪克·德鲁（Dick Drew）和阿特·弗莱（Art Fry）个人动议的支持。德鲁开发了前者，弗莱发明了后者。这些创新发生的方式对于研究3M至关重要。

迪克·德鲁是3M的砂纸销售员，在汽车行业有不少客户。一天，他注意到客户在给双色汽车上色时遇到了困难：很难防止油漆从一个区域扩散到另外一个区域。他想到了一个办法，就是用胶带保护和分隔喷涂区域。于是他联系了公司，虽然公司当时还不生产胶带，但公司允许他在随后的几个月中对项目进行研究。有段时间他的进展甚微，以至于3M的部门总裁让他停止项目研究。但经过一番劝说，他获准继续研究。产品最终得以完善，并于五年后成为透明胶带的发展基础。透明胶带后来成了北美市场的领头羊。

阿特·弗莱是当地教堂唱诗班的歌手，需要在赞美诗上添加一些不容易脱落的便笺标记。于是他想了个办法，将几年前3M实验室开发的可剥离黏合剂涂到便笺上。效果很好，他问公司是否可以开发该产品的商业用途。获得许可后，经过一番努力，他开发了制造工艺。但是营销团队并不乐观。他们指出，客户研究表明，粘不牢的黏合剂是卖不出去的。不管怎样，弗莱还是决定生产一批便笺，并将其分发给同事试用。结果非常成功，于是便笺纸问世了。

3M的创新型企业文化

上面两个故事说明了3M的企业文化："自由地追逐梦想"（Pursue your dream with freedom）。员工可以花费不超过15%的工作时间来实施自己的想法。员工会获得很多支持，特别是上级主管的支持，他们是教练和导师，而不是法官和领导。在这个过程中，失败是可接受的，不会受到批评。公司声称，整个公司上下致力于追求创新。公司定期举办会议和知识集市，研究人员可以交流思想。公司的在线知识库内容丰富，而且使用也很普遍。整个公司的文化都支持创新的想法。这样的创新管理方式使3M成为该领域最佳实践的典范。在《财富》杂志最受赞赏的美国公司中，该公司经常位居前十。尽管拥有这些技能和公司文化，但3M的成长仍举步不前。

增长放缓，然后恢复——情况如何？

有这么多的创新实践，3M却没有保持住自己的增长势头：1994—1995年的销售增长率约为每年11%，2000年下降到每年6%。利润增长也大致类似。到了20世纪后期，其销售额和利润还是没有增长。利润有上升的趋势，但 2010 年的销售额仅略高于 2007 年。

公司在 20 世纪 90 年代后期增长放缓的部分原因是亚洲经济危机：公司约 25% 的销售额依靠该地区，利润率也因此受到了影响。公司总部所在地美国的经济放缓，其销售额占总销售额的 45%。销售额和利润在 2008 年和 2009 年有所下降，部分原因是美国经济出现了重大问题（见图 7-6）。

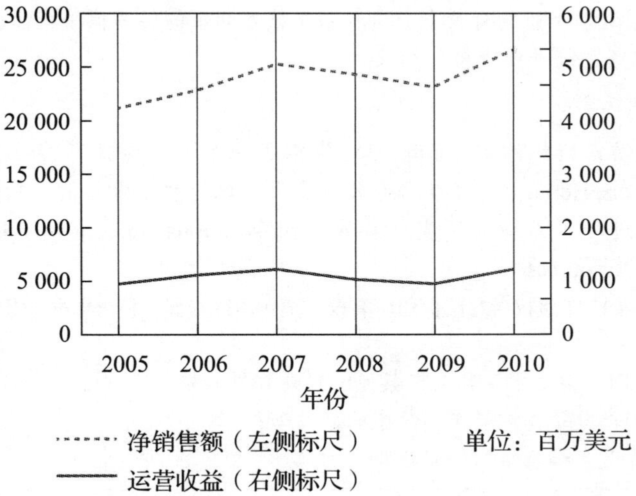

图 7-6　3M 公司六年销售收入和利润增长情况

2010 年之后的几年内，3M 到底是如何扭转局面的？公司进行了两次尝试，第一次尝试没有成功，第二次尝试在撰写此案例时仍有待验证。

第一个战略时期 2001—2006 年：结构化的创新

2001 年，3M 逐步引入一种新的增长方式来回应那些批评者，这被称为“六西格玛”倡议。六西格玛来自全面质量管理（total quality management，TQM）的统计概念，指生产过程中可接受的缺陷数量。（这超出了本书的范围，但不必深入了解也可以理解它对 3M 创新的贡献。）此外，该公司使用六西格玛来说明两个广义的概念，其中第二个与全面质量管理没有多大关系。

1. DMAIC——定义、测量、分析、改进、控制（define, measure, analyse, improve, control，DMAIC）。这是一种指导 3M 项目团队在生产过程中提高产品质量的结构化方法。（换句话说，就是一种全面质量管理。）

2. DFSS——六西格玛设计（Design for Six Sigma，DFSS）。这是一种创建新产品和加速新产品推向市场的标准化方法。（不一定与全面质量管理有关。）

2001 年年初，3M 将六西格玛概念介绍给了公司的高管团队。到 2004 年，所有员工都接受了两种方法和流程的培训。3M 引入的结构包含一个六西格玛层级，即董事、冠军、大师级黑带、黑带、绿带和六西格玛教练。“六西格玛迅速成为我们企业文化的基本组成部分。”

根据 2001 年的报道，这种分析和构造创新的方法的好处在于给整个公司提供了通用的方法，还给全球提供了通用的语言，这对于在许多国家 / 地区开展业务的公司非常重要；还可以培养领导技巧，鼓励取得切实、可衡量的成效，提升客户满意度。据 3M 称，公司想要“更快地提供更好的产品”，结果却令人失望，2008 年的财务数据也证明了这一点（见图 7-6）。

第二个战略时期 2006—2010 年：基于技术的创新

2005 年，公司开始采用新的方法。“五年前，我们开始进入高速增长的模式，”公司首席执行官乔治·巴克利（George Buckley）在2010年解释说："经历了20世纪六七十年代的高速增长之后，自1979年起，我们陷入了举步维艰的低增长困境……[新增长]要求我们改变增长方式，尤其是改变我们对增长的投资方式。这需要重新点燃我们的创造力，承担更多经过预测的风险，并向新的增长空间和地理区域进攻……虽然公司中的每个人都在[创新]推动方面发挥了至关重要的作用，但3M的科学家、工艺工程师和创新人才仍然是我们拥有的最重要的竞争优势。他们是进步的引擎，有创造力和想象力的集体最终将成为我们成功的发源地。"从初步结果来看，在全球经济低迷、美国经济下行的背景下，这种基于技术创新的转变似乎更加成功。但是在撰写本案例时，尚不清楚3M的增长能否再创纪录。

绿色战略

根据全球报告倡议组织的G3指南，3M实施了一系列全球性可持续倡议：请访问http://www.globalreporting.org/Home。这些准则为公司提供了评价和汇报其活动的框架。3M还对自己在这些领域的活动进行了详细的研究，参见http://solutions.3m.com/wps/portal/3M/en_US/3M-Sustainability/Global/Resources/。

案例由理查德·林奇根据公开发表的资料编写。[24]

案例问题

1. 3M创新流程的关键要素是什么？其他公司是否可以效仿？
2. 六西格玛似乎失败了，你能想到其中的原因吗？
3. 创新在多大程度上影响组织的宗旨？

7.4 创新与宗旨

本书第3章和第4章描述的分析过程可能有三个潜在的危险：

1. 回顾过去。历史数据往往是未来行动的出发点。然而，无论战略是要基于过去的成功，还是要披荆斩棘去解决问题，都不能只沉浸在过去，需要下定决心向前迈进。

2. 缺乏新意。过多的分析可能会扼杀创造力，过分强调分析和收集数据可能会抑制对旧问题提出的新理念和新方法。[25]

3. 虚假的安全感。看待过去的事件时总是有几分确定性，然而，以同样的方式看待未来却是错误的。无论预测的是什么，极有可能不完全正确。[26]

创新是解决这些现实问题的重要方法。在战略管理中，我们需要离开那些显而易见的舒适区，去探索新的有益领域。案例研究7.1中的3M就展示了公司应该如何使用高度结构化的创新过程——六西格玛方法——来实现其既定的组织宗旨：创新和盈利增长。

创新的战略作用

从定义上看，创新会将产品、市场和生产过程移出其现有边界和能力区域。创新（innovation）就是将新的或显著改进的产品（或服务）或流程、新的营销方法、新的组织方法，引入商业实践、工作组织或外部联系的过程。[27]创新也为组织在竞争中领先提供了条件。因此，创新可以为战略管理提供三种无价的资产：

1. 未来的大幅增长；
2. 竞争优势；
3. 超越主要竞争者甚至主导竞争者的能力。

但是，以上三个领域都无法自发为创新型的公司带来未来的盈利能力。佳能和百代唱片（EMI）两家公司都在20世纪70年代进行了重大创新。

● 佳能与施乐在全球复印机市场竞争，并将其击败。它研发了一系列不侵犯施乐专利的新工艺，生产出的产品使佳能跻身世界领先的复印和打印公司行列。到 20 世纪 90 年代中期，它的市场份额已经超过施乐。[28]

● EMI 因涉足医疗电子行业而受到重创，其扫描仪业务不得不以低价出售。事实上，它的产品才是真正的创新产品，而且在相当长的一段时间内是市场上的唯一产品，但它还是失败了。[29]

创新并非没有风险。然而一旦成功，回报巨大。有两个主要的创新来源需要研究，缺一不可：

1. 客户需求分析——市场拉动。
2. 技术开发分析——技术推动。

客户需求分析：市场拉动

贝克（Baker）[30] 认为，当公司发现新的市场机会或现有市场的一部分被忽视时，就会有创新。从根本上说，关键是要根据更广泛的客户需求——比如运输、便利——来开发此类机会，而不是去研究当前产品及其满足需求的方式。例如，佳能复印机是具有创新性的，满足了复印的一般需求，而不是只针对大公司的需求。该公司开发了几乎不需要维护或维修的新机器，这些机器可以出售给范围更广的客户——中小型公司。这个过程被称为市场拉动（见图 7－7）。

图 7－7 创新的两个主要驱动力

正如惠廷顿（Whittington）指出的那样[31]，相关研究已经证明了市场拉动对技术创新成功的重要性——这实际上是战略管理的计划型方法。可以用于新药、消费电子产品和其他以市场为导向的技术领域的研发。

但是，研究市场需求的计划型方法也有风险，因为客户的视野通常局限于他们当前的经验和知识。经过考验的市场需求方法可能更有价值。

技术开发分析：技术推动

然而，市场拉动的过程并不能完全解释很多创新发生的真正情形。[32] 创新可能源于小公司的发展，通常涉及与客户（可能是大公司）的双向过程。当然，创新也可以源于解决特定问题的单一方案。例如，IBM 总裁托马斯·沃森（Thomas Watson）说过，他的公司早在 1947 年就生产出了新的电脑（选择性序列电子计算器），可以解决世界许多重大的科学问题，但没有商业应用价值。这是 IBM 最早的电脑之一。

成功的技术通常需要很长时间才能传播到其他行业。因此，除了密切关注客户需求之外，创新型公司还应该研究其他行业的技术发展，并评估与自己所处行业的相关性——这实际上是战略管理的涌现型方法。此过程有时也被称为技术推动。

颠覆性创新——市场拉动和技术推动的变体

20世纪90年代中期，哈佛大学商学院的克莱顿·克里斯滕森（Clayton Christensen）教授提出了另一种创新形式，称为“颠覆性创新”。[33]颠覆性创新（disruptive innovation）占领的是现有市场，却使用了现有技术去提供比先前更简单、更便宜的产品或服务。这可能会导致一些现有客户转向更便宜的产品，或者较低成本和价格的新产品可能会吸引新客户进入市场。颠覆性创新可能不涉及突破性的技术，而是对现有技术的重新包装，从而为市场带来新的、更便宜的产品。此类产品的客户可能是那些没有购买过产品的客户，也可能是那些愿意使用低性能版本产品的客户。例如，以前买不起昂贵高保真音响系统的客户可能会被吸引去购买定价较低的系统，这样的系统使用的是成熟的生产技术和价格较低的标准化组件，在劳动力成本较低的国家组装。现有公司可能认为这样的新细分市场缺乏吸引力，拥有颠覆性产品的公司有机会进入新的市场领域。

颠覆性创新与技术推动的着力点不同，后者要去开发尖端的新技术。颠覆性创新与市场拉动也不尽相同，因为颠覆性创新并不会去寻找全新的消费者需求，而是去吸引那些当前市场上尚没有被满足的需求。要识别颠覆性技术的要点，可以去分析产品或服务的价值链（参阅第4章）。价值链中价值最高的地方可能最需要去争取。

关键战略原则

- 创新会促进增长，帮助打造竞争优势和超越主要的竞争对手。但是，创新也可能会有风险，给公司带来重大损失。
- 创新有两个主要驱动因素：客户需求分析（通常称为市场拉动）和技术开发分析（通常称为技术推动）。
- 颠覆性创新占领的是现有市场，却使用现有技术提供比先前更简单、更便宜的产品或服务。

战略项目

从战略管理的视角来看，飞利浦是一家很有意思的公司，它正处在变革期。多年来，它从技术角度提供了很多非凡的创新解决方案，在营销方面却不太成功。公司正在变革，www.philips.com 网站上有个不错的演示文稿，展示了公司目前的进展。一个有趣的项目是一年后重新评估飞利浦。其进展如何？采用了哪些原则来制定其技术战略？你认为它会成功吗？

7.5 如何创新：“创意”的过程

创新的阶段

创新通常是通过扩散过程来实现的。[34]刚开始，人们对创新的接受会比较缓慢，之后会加快，直到为数不多的落后者加入。因此，创新的扩散过程遵循图7-8所示的S形曲线。

有时，早期的创新公司可能无法盈利，因为购买者很少，而公司在开发过程中投入了大量资金。在这个阶段，会出现像EMI扫描仪那样的业务失败。真正的利润是在需求旺盛的上升

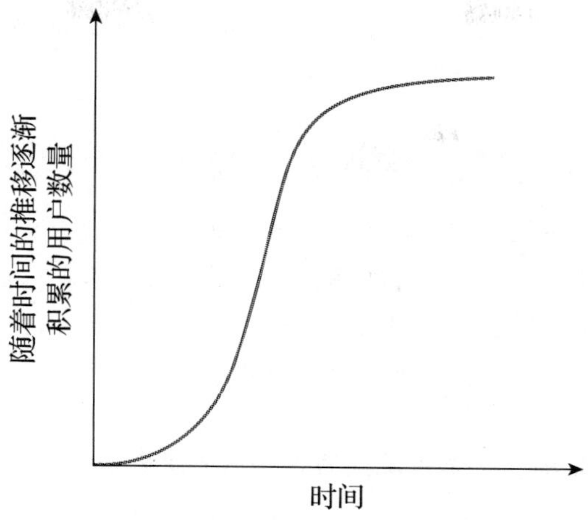

图 7－8　创新采用过程的 S 形曲线

曲线部分获得的，价格仍然会很高以反映创新的价值，或者由于技术的突破而使成本大大降低。

因此，从某种程度上讲，战略管理可能对那些最快进入市场的“追随者”最有效：因为曲线仍在上升，而最初的创新者仍未主导市场。例如，抗溃疡药物善胃得是在胃泰美之后进入市场的，最终却主导了市场，为葛兰素史克的盈利做出了巨大贡献。

这一结论得到了曼斯菲尔德（Mansfield）的研究的支持[35]，他对创新进行了 30 多年的跟踪研究。他估计，平均而言，第二名进入市场的公司可以用早期创新公司 2/3 的成本和时间制造出一款新产品。战略的关键就是如何正确识别并对真正的创新做出快速反应——这并不容易。厄特巴克（Utterback）[36] 区分了个人创新的三个阶段，可以帮助我们理解这一识别的过程。

1. 流动阶段。在创新的早期阶段，市场还处于不断变化的流动状态。产品尚未标准化。通常只有少数几家小型生产商，制造设备也是通用型的小规模设备。竞争是有限的，严重依赖于产品进一步的开发计划。创新主要来自对新产品的开发。

2. 过渡阶段。一段时间后，需求量大幅上升，需要专用的生产设备。至少有一种产品设计能够实现批量销售。更多的竞争者进入市场，市场进入率开始下降，因为已经出现占主导地位的设计，有些公司采用这种设计后在竞争中处于领先地位。这时会首次出现竞争威胁，来源是那些成本更低和质量更好的厂商。创新更有可能源自生产工艺或流程。

3. 具体阶段。随着时间的推移，创新的速度变慢，创新幅度逐渐变小。少数大型制造商主导市场，它们使用专业的特种机械大规模生产商品。更有可能基于价格和品牌进行竞争，直到再次出现全新的、真正的创新。

关于上述研究，有两个基本的假设和实证观点：

1. 在某个行业中可以实现规模经济，而且仍然以降低成本为主要手段。

2. 客户的需求可以通过标准化产品来满足。

这些可能并不适用于所有行业，请参阅 8.6 节降低成本的其他方法。

实现创新的途径

鉴于创新对组织的价值，关键问题是如何实现创新。

对于原始的创新者来说，如果产品对路，可能会获得丰厚的回报。美国达特茅斯学院的詹姆斯·奎因（James Quinn）教授[37] 在研究了各类公司的创新过程后得出结论：大公司也应该像小型创业公司那样，才能真正取得成功。他建议创新型公司在理想情况下遵循他所称的“受控混沌”(controlled chaos) 流程（参见专栏 7.4）——这并非易事。

专栏 7.4 | 通过受控混沌方法来产生创新

- 氛围和愿景——首席执行官应当提供支持、领导力，并为公司制定清晰、长远的目标。
- 小而扁平化的组织——不是官僚机构，而是灵活的组织。
- 小规模的创新团队——多学科的创意团队。
- 竞争性选拔过程——在公司范围内选择创新想法，对失败的团队应给予鼓励和支持，而不是惩罚。
- 交互式学习——随机，甚至用混沌的方法来思考各种来源和不同行业的各种想法和理念。

奎因坚信创新战略是涌现型的过程，麦肯锡咨询公司的弗雷德·格卢克（Fred Gluck）[38]则持相反的观点。他认为，真正的创新成就需要采取“大爆炸”（big bang）的方法。这需要大量的信息，要有识别这些未消化数据的决策模式，以及一旦做出决策就可以执行的各种技能。他强调，大公司应该对环境的重要变化更加敏感，而且应该创造一个良好的氛围去探索大爆炸能够带来的好想法。

日本的研究者关于最佳创新方法存在类似的分歧。一项关于日本公司实践的研究[39]对本田、日本电气（NEC）、爱普生和佳能等八家公司的产品进行了调查。研究发现，该过程是非正式的、多功能的，涉及的信息超过了最初为解决该问题收集的信息。结论是，最成功的创新过程往往涉及冗余信息，这些信息通过偶然甚至混沌的过程进行交互，最终产生创新成果。对日本创新过程的另一项研究[40]则认为，在某些情况下也可以采用更具分析性的方法。

总的结论是，创新的路径不止一条：计划型方法和涌现型方法都可以获得成功。当然，有七个通用的准则可以鼓励创新。[41]专栏 7.5 对此进行了总结。

专栏 7.5 | 鼓励创新的准则

- 对当前的业务战略和市场定义提出质疑。
- 仔细研究当前的产品或服务。
- 探索外部时机和市场机会。
- 寻找竞争对手的弱点。
- 提供新的、更高的价值，获得盈利。
- 广泛搜索。
- 挑战传统智慧。

蓝海战略：金和莫博涅的贡献

与上述创新方法一致，为了深入研究公司如何更具创新性，金（Kim）和莫博涅（Mauborgne）提出了“蓝海战略”的概念。[42]该方法基于以下三个基本原则：

1. 分析市场以寻找新机会的重要性——参见第 3 章。
2. 通过降低成本和提高价格来强化附加值的关键作用——参见第 4 章。

3. 通过关注能够激发新思维和行动方式的关键要素来识别全新的创新机会：本章的主题之一。

金和莫博涅认为，很多战略关注的是现有市场，以及公司在这些市场中所拥有的竞争优势。他们称现有市场为红海。有很多市场在 20 年前是不存在的。我们可以列举不少例子，比如互联网、电视和汽车卫星导航系统。他们将今天不存在的行业命名为“蓝海”。蓝海战略（blue ocean strategy）聚焦于未开发的市场空间、需求创造和高利润增长机会。从本质上看，这种战略要用全新的方式超越现有市场，通过开发超越现有边界的新市场方案来寻找高价值的机会。重要的是，蓝海的理念不会消除红海。在现有市场上总是要针对现有竞争对手——红海——制定战略。然而，在现有市场日趋成熟和竞争日益激烈的情况下，为了获得更高的回报，需要重新考虑边界并创造新的蓝海。

蓝海战略的实质是价值创新。两位专家认为，蓝海之所以能创造出新的附加值，既是因为可以重新构建成本结构，又是因为新的客户和产品将使新的定价模式蓬勃发展，这样就会从现有竞争的价格战中超脱出来。接下来，可以从四个方面来识别蓝海的机会：

1. 剔除。当前行业中哪些方面对客户非常重要，而哪些无关紧要的方面可以剔除？

2. 削减。在某个行业中，产品的哪些现有特征被过度设计，可以在不影响基本产品或服务的情况下削减？

3. 提高。在某个行业中，产品的哪些现有功能可以进行改善以吸引客户，同时又可以避免对现有产品产生冲击？

4. 创造。可以利用某个行业中产品和服务的哪些方面去创造新的需求和定价模型，从而为客户创造新的附加值？

蓝海战略将更深入地探究每个要素，确定实现目标的过程，并对蓝海中新产品的定价和成本进行细化管理。

评论

蓝海战略的价值在于始终专注于用结构化的方式开发创新解决方案。蓝海提出了一些重要的问题，也提供了解决问题的框架。但是，某些战略专家认为很难准确地区分红海和蓝海。其他专家则认为，蓝海战略与市场细分以及市场定位没有多大区别（参见第 3 章），和现有的提高附加值的理念也没太大差异（参见第 4 章）。

宗旨如何从创新中涌现出来

如果组织的宗旨主要是根据生存来定义的，那么可以说，在实施任何创新之前大多数组织都有这样的宗旨。从这个意义上说，宗旨不是由创新产生的，而是先于创新的。但是，如果组织的宗旨是以更广泛的方式定义的，包括诸如附加值、质量或服务，那么创新可以扮演非常不同的角色。

只要有合适的环境和人员，创新就可以在组织的任何地方发生，这并不是公司技术人员或市场经理的专利。因此，创新可以提供超越当前行业地位的新机会。但是，除非已经明确了创新的全部范围和含义，否则我们无法衡量其真正的潜力。从这个意义上讲，由激进的创新——比如生物工程或互联网——所带来的新宗旨不是事先就定义好的，必须随着创新的过程逐渐涌现出来。只有摆脱了紧身衣般的宗旨的束缚，哪怕是一部分也好，战略管理才能真正发挥作用。

关键战略原则

- 创新过程很复杂，充满了风险——早期的创新企业不能总是从其努力中获得全部的财务收益。
- 创新采用过程遵循 S 形曲线，经历最初的发展之后，会在成长阶段获得真正的利润。
- 行业创新分为三个阶段：流动阶段、过渡阶段和具体阶段。当一种产品设计占据主导地位时，就会从第一阶段转到第二阶段。从第二阶段到第三阶段的转变则是通过大规模生产实现的。
- 创新过程可以是涌现型的，从多种资源中发生。也可以是计划型的，可以用更具分析性和针对性的方法。
- 指导创新的七个原则并不全面。中心主题是要挑战传统的理解和智慧。
- 蓝海战略的重点是未开发的市场空间、需求创造和高利润增长的机会。本质上，要以全新的方式去超越现有市场。
- 如果组织的宗旨包括增长，则其宗旨可能产生于创新机会，这个机会的全部潜力无法事先了解。

批判性反思

创新：涌现型还是计划型？

- 本章认为基于知识、新技术并在组织的各个领域中寻求的创新是具有试验性质的涌现型战略。至关重要的是，对于使用此方法的组织而言，其宗旨应当是开放性的和可以修改的。
- 问题在于这种开放性方法与许多组织喜欢的方式完全相反。因为它们要向股东承诺增长目标；要根据这些活动可能带来的利益分配研发资金；要根据销售和利润目标来管理员工。换句话说，它们对创新和科研采用了高度计划型的战略方法。
- 这两种方法应该调和吗？可以调和吗？如果可以，应该怎么做？

思考问题

1. 选择一个你熟悉的组织，区分其显性知识和隐性知识。该过程在多大程度上有助于确定公司的可持续竞争优势？

2. 在制定战略的过程中，公司可以用什么方式来进行知识盘点？这种方法有什么问题？你会推荐使用这种方法吗？

3. “在唯一不变的就是变化的经济中，持久竞争优势的可靠来源就是知识。”（野中功十郎（Ikijuro Nonaka））你是否同意野中功十郎对知识重要性的见解？

4. 选择一个你熟悉的组织，将其技术分为基础技术、核心技术和外围技术三种类型。对于组织战略的可持续竞争优势，你能得出什么结论？

5. 随着网络发展，有人说：“这将使消费者有更多机会选择商品，但会对 [价值] 链上利益相关者的利润进行重组和再分配”（罗伯特·本杰明（Robert Benjamin）和鲁尔夫·维甘德（Rolf Wigand））。从主要零售商和中小型的本地建筑服务供应商两个角度来评价其对战略管理的影响。

6. 你是否同意“信息技术的发展会对所有组织产生同样的影响”这一观点？公司在买几台电脑接入互联网后是否就可以置身事外？你的答案有哪些战略意义？

7. 区别最近的一些创新，并将其分为市场拉动和技术推动两类。使用 S 形曲线来显示其流程，说明每种创新如何能够实现市场化。

8. 奎因认为，大公司要创新，必须要像小的创业公司一样。格卢克则认为，重大创新仅来自需要大量资源的“大爆炸”推动。创新过程的这两种方法可以调和吗？

9.“要么创新，要么落伍：当今所有公司的竞争要务就是这么简单。”（多萝西·伦纳德（Dorothy Leonard）和苏珊·斯特劳斯（Susan Straus））这种说法正确吗？创新是所有业务战略的基础吗？

延伸阅读

注释和参考文献

第3篇

战略制定

关键战略管理问题

第 8 章　业务层战略选项制定

- 组织有怎样基于环境的机遇？
- 组织有怎样基于资源的机遇？
- 在这些机遇中有什么样的战略选项？

第 9 章　公司层战略选项制定

- 成为集团公司的成员有何好处？有哪些问题？
- 成为大公司的成员有哪些选项？
- 我们应该如何开展战略管理和进行决策？

第 10 章　战略评价与制定：计划型过程

- 战略内容和战略过程之间最重要的区别是什么？
- 哪些战略选项和组织的宗旨是一致的？
- 哪些战略选项特别符合组织所面临的环境和拥有的资源？
- 哪些战略选项对未来的预测是合理的？哪些是可行的？哪些业务风险是可以接受的？还有哪些选项会吸引利益相关者的注意？

第 11 章　寻找战略的前进路径：主要的涌现型方法

- 战略情境、战略内容和战略过程的区别是什么？
- 对涌现型战略的思考会如何影响相关决策？
- 其他替代型战略方法的主要特点是什么？
- 所选战略的影响如何？

第 12 章　组织架构、风格和人员问题

- 在实施战略的时候，设计组织架构应该注意哪些主要的原则？
- 在寻找创新型战略的时候，应该对哪些方面进行特别的思考？
- 为了实施战略，应该如何遴选管理者并对他们进行激励？

8 业务层战略选项制定

学习目标

学习完本章后，你将能够：
- 进行 SWOT 分析。
- 依据组织的环境基础观形成战略选项。
- 探究一般战略选项并评估其潜力。
- 构建市场选项矩阵并研究其对制定行业战略选项的贡献。
- 研究由扩张方式矩阵导出的选项，并研究其对制定行业战略选项的贡献。
- 依据组织的资源基础观形成战略选项。
- 使用价值链开发基于资源的战略选项。
- 基于组织的独特能力和核心竞争力来制定战略选项。
- 基于组织中成本的降低来确定资源选项。
- 针对所有路径对战略管理的贡献进行客观评价。

引言

在制定计划型战略的时候，通常要先定义组织的宗旨，然后制定一系列可以实现宗旨的战略选项。构建好战略选项以后，就要从中进行取舍。本章关注的是在此过程中如何在单个业务和市场的层面上去构建战略选项。下一章将介绍涉足多个市场的公司在公司整体层面有哪些选项。

本书的第 2 篇分析了组织的环境及资源。在研究从这些分析中涌现出来的战略选项之前需要做一下总结。方法之一就是对组织的优势和劣势进行分析，探究它们为环境带来的机会和威胁——这就是 SWOT 分析。同时还可以对愿景、创新和技术等问题进行思考来支撑这样的分析。除了这些因素之外，很多组织还会对其宗旨的主要要素进行总结，并以此作为制定战略选项的起点。

在制定战略选项的时候，理性和更具想象力的方法都可以用。然而，由于很难依据想象去建立模型，战略研究的论文和书籍往往会聚焦那些更加理性的层面，因为这样更容易概括、结构化和进行研究。因此，本章也将重点放在更加理性的方法上，当然我们也不否认创新在战略选项产生过程中的重要性（见图 8－1）。

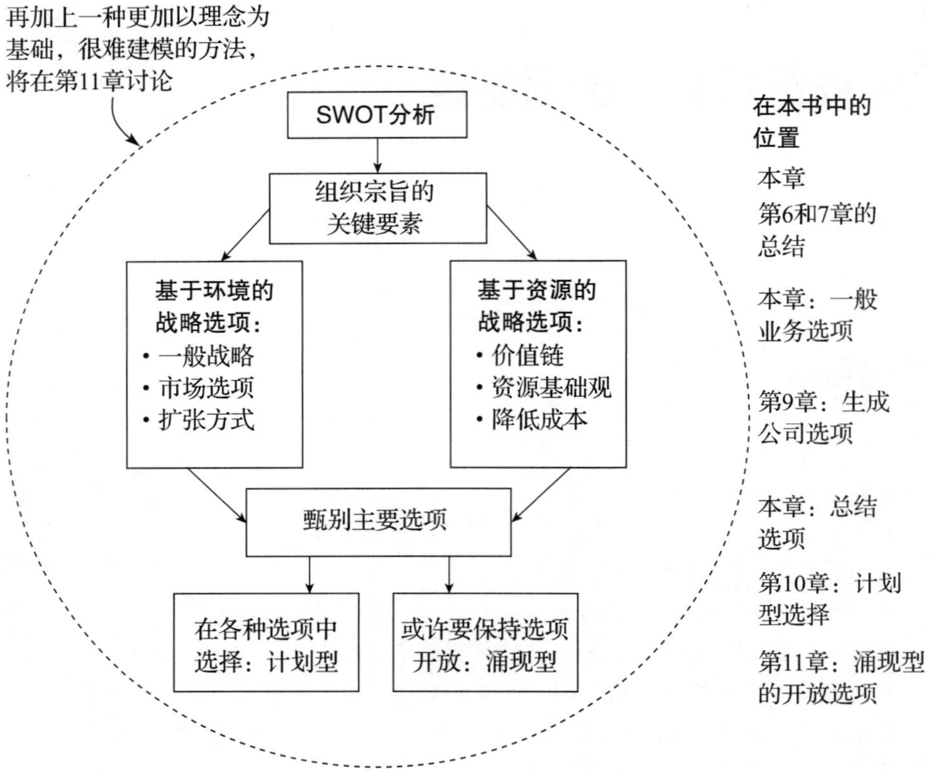

图 8－1　制定业务层的战略选择

在本章中，我们首先通过三种理性的战略路径来研究竞争环境，开始构建战略选项的过程：一般战略、市场选项和扩张方式。接着，我们转向组织自身的资源，去探究另外三个理性的领域：价值链、资源基础观和降低成本的战略选项。要注意，竞争环境和资源基础观之间存在很多交叉联系。例如，市场环境考虑的是竞争对手的资源，公司自身的资源则要在和竞争对手对比的情境下考虑。

理论上讲，组织会有非常多的战略选项，多到组织很可能应付不了的程度。因此，本章最后会给出一些意见，帮助组织将选项数量减少到可以管理的程度。图 8－1 展示了本章的结构。

案例研究 8.1

迪士尼：为米老鼠构建战略选项

尽管迪士尼公司有不少竞争优势，但在 21 世纪初的时候，公司的进一步增长面临重重压力。公司最著名的动画人物和战略资源——米老鼠代表着前进的方向。本案例探讨了该公司的一些战略选项。

迪士尼公司

20 世纪二三十年代初期，由华特（Walt）和他的弟弟罗伊（Roy）创立的迪士尼公司因为各种非凡脱俗、创意十足的动画片而名声大噪。除了米奇和米妮等老鼠形象外，还有很多著名的卡通作品，如《白雪公主和七个小矮人》(Snow White and the Seven Dwarfs)、《幻想曲》(Fantasia) 和《小鹿斑比》(Bambi)。1952 年，用这些形象打造的第一家主题公园在加利福尼亚州开业。接着，公司拓展了其他类型的电影业务，还收购了美国一家重要的电视广播公司——ABC 电视网。2005 年，公司成为全球第二大媒体集团。其业务范围包括 70 个广播电台，几个有线电视频道，包括娱乐与体育电视网（ESPN）(拥有 80% 的股份)、A&E 电视网（拥有 38% 的股份)，还有迪士尼影业、试金石影业（Touchstone)、米拉麦克斯影业（Miramax）和皮克斯影业（Pixar）等。公司还在美国、日本（特许权)、欧洲（多数股）以及中国经营迪士尼乐园和度假胜地。公司还拥有一系列价值不菲的重要品牌，尤其值得一提的是孩子们喜欢的米老鼠和小熊维尼。公司用这些形象开发出各种产品，在其主题公园、迪士尼商店和其他直销业务活动中进行销售。其销售收入和利润如图 8－2 所示。图中还显示了其销售收入和利润在 2011—2013 年是如何变化的。比如，虽然互动业务的销售额在增长，但没有盈利。

盈利增长的需求

多年以来，迪士尼公司一直为其股东带来持续的利润增长。然而近年来，公司出现了各种问题，增长停滞。其媒体网络面临美国所有大电视台的竞争，尽管 2004 年有了很大的回升，其广告的收入却在下降。公园和度假村也受到各种问题的困扰。2004 年，佛罗里达州的迪士尼乐园遭受了几次飓风的袭击，造成的损失不大，但游客越来越少；自 1992 年开园以来，迪士尼在欧洲的主题公园几乎没有盈利：它的位置太靠北了，一年四季都没什么阳光，还与佛罗里达州的乐园存在竞争。日本的主题公园倒是实现了盈利，但迪士尼只拥有少数股份。

当然，迪士尼也有成功的尝试——去往加勒比海度假胜地的家庭邮轮是度假胜地套餐的组成部分。2003 年，公司因为《海底总动员》(Finding Nemo)(与皮克斯影业共同制作）和《加勒比海盗》(Pirates of the Caribbean) 两部电影大获成功。2004 年有一部电影《阿拉莫之战》(The Alamo) 耗资 1 亿美元，却票房不佳。虽然消费电影类的品牌产品稳步增长，但一直没成为公司的主要业务板块。

随后的几年里其利润大幅增长，主要的贡献领域是媒体网络，这不仅包括 ABC 电视台，还包括其转播的体育频道，包括 ESPN。此外，公司还制作了一系列高质量的电影，内部称“影棚娱乐”，包括《加勒比海盗》的续集和获利丰厚的《歌舞青春》(High School Musical) 音乐剧。图 8－2 显示了 2011—2013 年的销售收入和利润增长情况。

迪士尼的新增长：要保留什么资源，有哪些战略选项？

在经历了竞争对手——美国媒体公司康卡斯特（Comcast）在 2004 年发起的收购尝试后，迪士尼公司在接下来的几年内实现了新的增长。但公司创始人的儿子罗伊·迪士尼（Roy E. Disney）为首的一些股东在战略上出现了重大分歧，阻碍了公司的发展。分歧的另一方是公司首席执行官迈克尔·艾斯纳（Michael Eisner)。艾斯纳在公司工作了 20 年，是公司很多重大战略举措的幕后推手。但是艾斯纳与一些大股东闹翻了，这些股东认为他已经成为公司成长的障碍，忽略了迪士尼公司的一些主要优势。比如，正是艾斯纳决定要开除公司里那些仅存的技术高超的动画师。罗伊·迪士尼批评他说：“解雇很多才华横溢的艺术家去制作平庸的电影也省不了钱。安全的决定才是最危险的决定。”罗伊·迪士尼甚至建了一个网站——www.SaveDisney.com 来对抗公司的管理层。结果，艾斯纳在 2004 年被免职，最终在 2005 年 9 月离开了公司。

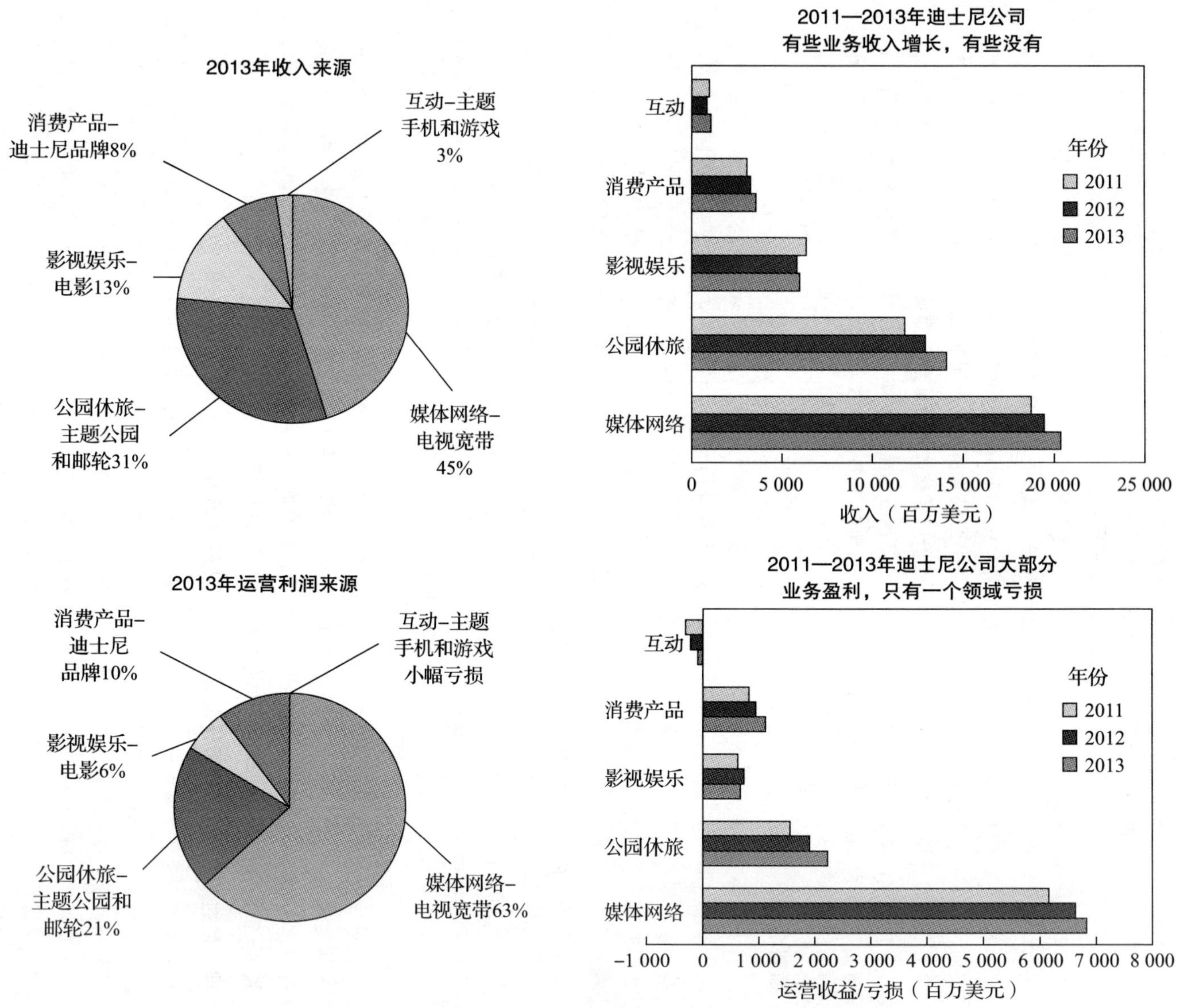

图 8-2　迪士尼公司：2011—2013 年收入和经营利润来源

迪士尼公司有大量的竞争资源：各类电影的资料库、品牌动画形象、对媒体投放方式的把控、主题公园以及其在影视娱乐方面的经验。它在家庭娱乐这一领域特别强势，品牌本身也是竞争利器。近些年来，迪士尼还与动画公司皮克斯影业联合发行了电影《海底总动员》等，并在 2007 年收购了皮克斯影业。尽管这些年来取得了不少进展，但迪士尼仍面临继续保持良好业绩的压力。它需要新的战略。

迪士尼未来的战略选项包括：

- 进一步发展主题公园。主题公园是资本密集型的项目，需要很长时间去筹备。
- 发展媒体网络。在饱和的美国市场上很难做到这一点，公司一直在欧洲市场寻找机会，重点关注英国市场。
- 影棚拍摄的娱乐节目。从本质上说，这是冒险的业务。如果判断正确，会有很好的回报，但是如果影片没有成功，则带来很大的损失。

2013 年的战略选项

应当说，迪士尼还可以从更广的范围去考虑其战略选项。公司已经很好地利用了自己的资源优势。为了丰富其媒体内容的组合，公司以 150 亿美元的价格收购了皮克斯影业，随后又收购了漫威公司（Marvel）和卢卡斯影业（Lucas Films）。内容战略仍然是全球媒体竞争优势的关键。迪士尼没有白花钱，但需要继续开发新品牌。

绿色战略

迪士尼宣布了一系列长期目标，旨在减少对环境造成的不利影响。可通过迪士尼网站上相关的材料查看这些目标的进展：http://corporate.disney.go.com/citizenship2010/environment/overview/ourapproach/。

案例问题

1. 迪士尼公司的竞争优势是什么？随着时间的推移，有哪些是可持续的？

2. 用本章中的相关概念说明未来五年迪士尼可以有哪些战略选项？

3. 诸如电视台和主题公园之类的媒体和旅游业公司，是否可以仅通过提供新产品来获得并保持竞争优势？它们需要重新考虑战略的其他方面吗？如果需要，应该考虑哪些方面？

8.1 宗旨和 SWOT 分析——安德鲁斯的贡献

作为构建战略选项的起点，肯尼斯 · 安德鲁斯（Kenneth Andrews）首先明确了将组织的宗旨——使命和目标——与其战略选项以及后续活动联系起来的重要性。“宗旨、政策和组织的各类活动之间相辅相成、相互依存，对识别单个战略及其机遇所对应的竞争优势至关重要。”[2] 本书的第 2 篇已经探讨过组织的宗旨，在这里假设大家就其定义达成了一致，这样就可以据此构建一些战略选项。

安德鲁斯强调，对组织面临的各种可能性进行理性分析是战略制定的重要组成部分。为了构建战略选项，应该使用 SWOT 分析来描述组织当前的处境。SWOT 是对组织内部存在的优势和劣势以及组织在外部面临的机会和威胁的分析。这种方法的基础是安德鲁斯对组织的两个层面进行了区分：

1. 优势和劣势——在第 4 章中基于资源的分析中探讨过。

2. 机会和威胁——在第 3 章中基于环境的分析中探讨过。

每项分析对于组织都是唯一的，但是可以归纳出一般性的要点和事项。表 8－1 列举了这些内容，可以作为可能要素的清单使用。

表 8-1 SWOT 分析中的一些可能要素

内部优势	劣势
• 市场主导地位 • 核心优势 • 规模经济 • 低成本地位 • 领导力和管理技能 • 财务和现金资源 • 设备的制造能力和使用年限 • 创新过程和成果 • 网络架构 • 差异化产品 • 产品或服务质量	• 股权劣势 • 核心优势很少，关键技能差 • 老旧厂房的成本高于竞争对手 • 财务状况不佳和现金流差 • 缺乏管理技能和领导能力 • 创新和新想法方面的记录不佳 • 组织薄弱，架构欠佳 • 质量差、声誉差 • 产品无差异且仅依赖少数产品
外部机会	**威胁**
• 新市场和细分市场 • 新产品 • 多元化机会 • 市场增长 • 竞争对手的弱点 • 战略空间 • 人口和社会变革 • 政治或经济环境的变化 • 新的收购或合作机会 • 经济好转 • 国际增长	• 市场新进入者 • 竞争加剧 • 来自客户和供应商的压力增加 • 替代品 • 低市场增长 • 经济低迷 • 技术威胁 • 政治或经济环境的变化 • 人口变化 • 新的国际贸易壁垒

在进行 SWOT 分析时，有几个要素可以提高分析材料的质量：

- 简明扼要——通常不必进行长篇累牍的分析。
- 只要可以，就应该将优势和劣势与行业关键成功因素联系起来。
- 如有可能，还应以竞争性术语说明优势和劣势。“擅长”某事虽然让人安心，但“比竞争对手强”更有实际意义。
- 相关陈述应该具体，要避免说白话——陈述每个人都相信的想法毫无意义。
- 分析中应该区分公司希望实现的目标和现在所处的状况。应该客观陈述差距。
- 要客观对待自己和竞争对手的优势和劣势。

SWOT 分析中常见的最大错误可能是认为包含了所有可以想到的要素，而且面面俱到才是“正确”的做法。事实远非如此。这其实只会显示缺乏真正的思考，缺乏对于组织真正重要的事物的战略判断。

另一个常见的错误是提供了很长的要素列表，但缺少逻辑、观点和证据。列表简短，观点清楚、论据充分，更有说服力。可以说，虽然表 8-1 列了很多要素，却没有解释这些要素之间的逻辑关系，最终会产生误导。惠廷顿对 SWOT 分析的一般性批评进行了总结，可供参考。[3]

8.2 基于环境的战略选项：一般战略——波特的贡献

对基于环境的战略选项的研究将从哈佛商学院迈克尔·波特教授率先提出的一般战略开

始。**一般战略**（generic strategy）是适用于任何公司的三种基本战略：成本领先战略、差异化战略和聚焦战略（有时称为利基战略）。波特的观点来源于对工业经济学早期著作的研究，探讨了公司之间的竞争。[4] 波特的论述很大胆，他宣称所有公司都只能采用这三种基本战略，这就是他将其称为一般战略的原因。20 世纪 80 年代，一般战略被认为是战略研究的最前沿。可以说，它在新世纪战略选项的构建中也有一定的影响。那些专注于资源基础观的战略家则认为，一般战略在很大程度上已是过往云烟。在本节的最后，我们将重新审视其优点。

一般战略首先出现在波特的两本书中，分别是 1980 年的《竞争战略》（*Competetive Strategy*）[5] 和 1985 年的《竞争优势》（*Competitive Advantage*）。[6] 第二本书对这一概念进行了小幅修改。我们在这里参考的是原始版本。在研究完基本要素之后，会有一个案例，然后对其理论有效性和实用性进行评价。波特将自己的理论局限于商业组织，并没有研究非营利组织。

三种一般竞争战略：三种战略选项

波特认为，所有公司都可以有三种基本的战略，即一般战略：

1. 成本领先战略；
2. 差异化战略；
3. 聚焦战略。

根据该理论，每个公司都需要选择其中一种战略才能在市场中竞争，也才能获得可持续的竞争优势。三个战略中的每一个都代表了每个公司和许多非营利组织可以认真探究的领域。对竞争环境两个方面的思考可以解释这三种选项的差异：

1. 竞争优势的来源。从根本上说，公司只有两种来源的竞争优势，分别是产品相对于竞争对手的差异化和低成本。我们稍后研究这两个方面。

2. 目标客户的竞争范围。公司可以选择产品覆盖大多数市场的广泛目标，也可以选择狭窄的目标去专注于市场中的小众市场。

然后，波特将这两个要素整合到了一个众所周知的图中，如图 8－3 所示。波特在他的第二本书中对这个概念进行了修改，将利基市场又细分为：

- 聚焦差异化；
- 聚焦成本领先。

该图有时以这种修改后的形式呈现。

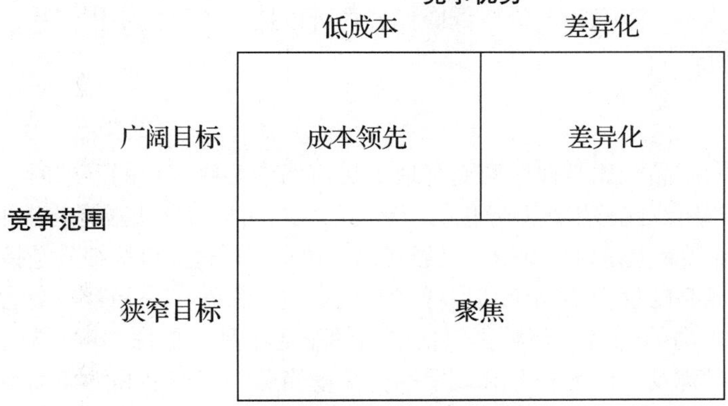

图 8－3　一般战略选项

资料来源：Reprinted with the permission of Free Press, a Division of Simon & Schuster, Inc., from *Competitive Advantage: Creating and Sustaining Superior Performance* by Michael E Porter. Copyright © 1985, 1998 by Michael E Porter. All rights reserved.

低成本领先战略

行业中的**低成本领先者**（low-cost leader）指已经建立并维持行业中最低成本的工厂、设备、人工和工作实践的公司。在8.6节，我们将探讨组织可用来降低成本的多种战略选项。其基本点在于，成本最低的公司具有明显的且可以长期维持的竞争优势。但是为了削减成本，低成本生产商必须发现和利用所有可能的成本优势来源。低成本生产商通常会销售标准化的或没有任何装饰的产品，并将战略重点放在从各种来源去获得规模经济或绝对的成本优势。在实践中，低成本领先者通过削减价值链中每个环节中的成本来保持自己的地位——战略要关注细节。麦当劳餐厅实现低成本的方法包括产品标准化、面向全国集中采购等。

从低成本领先中获得的利润优势源自这样的观点，即低成本领先者应该能够在市场上以市场平均价格出售其产品，见图8-4中的A-A线。如果此类产品被认为不具有可比性，或者其性能不被购买者接受，那么低成本领先者将被迫以低于竞争对手的折扣价格去获取销售收入。

与低成本领先者相比，竞争对手的成本更高，即图8-4中的Y-Y线。成功实施该战略选项后，理论上说，成本最低生产商的成本将比竞争对手更低，见图8-4中的X-X线。这将为低成本领先者创造高于平均水平的利润。

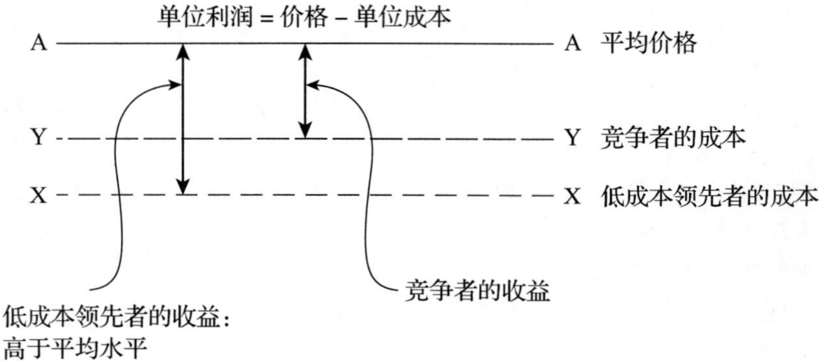

图8-4 低成本领先者如何带来高于平均水平的利润

为了实施这样的战略选项，组织将着力在其生产流程中的每一个点上降低成本。但应该注意，成本领先并不一定意味着价格低廉：公司可以按平均价格销售产品，然后将产生的额外利润用于再投资。

差异化战略

当某个组织的产品能比其他厂商更好地满足市场中某些客户的需求时，就会实现**差异化**（differentiation）。当组织能够生产差异化的产品时，定价可以高于市场平均水平。

差异化的基础实际上是市场细分，已经在第3章中探讨过。市场细分是指识别出特定的群体，他们对竞争战略的反应不同于其他群体。从本质上来看，一些客户会为针对他们设计的差异化产品支付更高的价格。差异化包括更高的服务水平、更高档的材料和更好的性能等。麦当劳因其品牌名称及"巨无霸"和"罗纳德·麦当劳"等产品和形象而与众不同。欧洲的冰激凌行业也是一个例子。玛氏系列冰激凌的品牌和定价由于显著的差异化可以获取更高的溢价。

为了实现产品的差异化，波特认为生产商要承担额外的费用，例如，为品牌做广告从而产生差异化。因此，差异化产品的成本将高于竞争对手，见图8-5中的Z-Z线。然后，差异化产品的生产商就会获得定价优势：凭借其独一无二的差异化产品获取更高的溢价，即高于其竞争对手的价格，见图 8－5 中的 B-B 线。

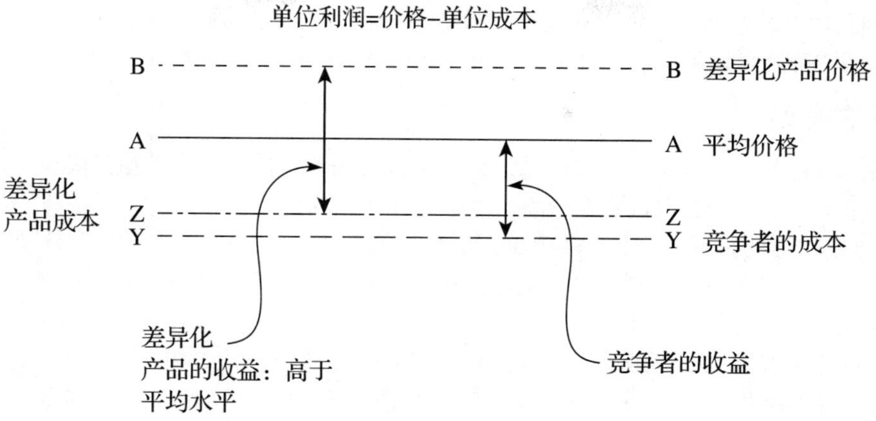

图 8－5 差异化如何带来高于平均水平的利润

然而差异化战略存在两个问题：

1. 很难估计是否可以通过制定更高的价格从客户那里收回差异化产生的额外成本。

2. 成功的差异化可能会吸引竞争对手复制差异化的产品，并进入该细分市场。率先进入某个市场通常会有一定的成本，而第二个进入市场的公司可能会获得额外的成本优势。例如，其他公司会模仿麦当劳和玛氏的冰激凌。

虽然以上两个问题都可以解决，但是它们确实会削弱这一战略选项的吸引力。

聚焦战略（有时称为利基战略）

波特认为，有时候，对于要面对整个市场的组织来说，低成本领先战略和差异化战略都不太可能实现。例如，实现低成本领先可能需要大量资金，而这些资金是很难获取的。同样，服务于大众市场客户时，差异化的成本可能会很高：如果差异化涉及质量，那么以相同的品牌去提供质量高、价格低的产品可能并不可行，因此要开发和支持新的品牌。基于这些原因，公司最好采用聚焦战略。

当组织专注于市场中的特定细分市场，并通过专门针对该细分市场开发的产品来打造其竞争优势时，就会形成**聚焦战略**（focus strategy）。因此，聚焦战略会选择行业中的某个细分市场或细分市场群组，然后调整战略来专门服务于这个群体。通过针对特定目标的战略优化，尽管在总体上不具备竞争优势，但聚焦者仍可在选定的细分目标市场中获得竞争优势。在波特后来的理论中，他认为公司可以通过成本领先或者差异化的方法来实现这样的过程：

- 在聚焦成本的方法中，公司仅在其锁定的细分市场中寻求成本优势。
- 在聚焦差异化的方法中，公司仅在其锁定的细分市场中寻求差异化。

聚焦战略的本质是实现与行业平均水平存在差异的有限目标。

聚焦一小群专业买家，就可以获得超过平均水平的利润，可以是对高质量收取溢价，也可以提供便宜或者相对便宜的产品。对欧洲冰激凌市场的分析如下：

- 聚焦差异化——超高溢价的顶级冰激凌细分市场。
- 聚焦成本领先——经济型冰激凌细分市场。

在全球汽车市场中，劳斯莱斯和法拉利显然是在开发利基市场——仅占有全球市场中极小的一部分。它们的利基市场是顶级产品和顶级价格。

聚焦战略也存在如下一些问题：

- 从定义上来看，利基市场可能很小，不值得关注。
- 如果在汽车等行业中规模经济很重要，那么聚焦成本领先可能会很困难。
- 利基市场的本质是非常专业化的，很可能随着时间的推移而消失。

这些问题都是可以解决的。许多中小公司都认为这是最有用的战略。

夹在中间的危险

波特对自己的一般战略分析进行总结后提出，公司真正的危险在于虽然尝试了三种一般战略，但都失败了——公司被夹在中间。处于这种状态的公司：

> 将处于劣势地位，因为实现成本领先、差异化或者聚焦的企业将处于更有利的地位，可以在任何细分市场中展开竞争……这样一家公司的盈利能力将远远低于实现了一般战略中某一种战略的竞争对手。

一些批评家如凯[7]、斯托普福德和拜登－富勒[8]以及米勒（Miller）[9]都对这种分析持反对意见。他们指出，也有同时采用多种一般战略的公司获得成功的案例。例如，丰田和贝纳通都实现了差异化，成本也都比较低。

对波特一般战略的评价

亨得利（Hendry）[10]等人总结了影响一般战略绝对价值的因素，其中既包括逻辑问题，也包括实证研究方面的问题。总结如下：

低成本领先

- 如果战略选项是寻求低成本领先，多家公司怎么可能同时都成为最低成本的领导者？低成本领先从概念上来说可能就是矛盾的。
- 竞争对手也可以选择在长期内降低成本，那么某个公司如何能一直保持竞争优势而不受威胁呢？
- 低成本领先就是要削减单位生产成本。但是，这一概念的实用性有一定的局限，相关内容在8.6节介绍，在这里也适用。
- 低成本领先依赖于这样的假设：即使技术发生变革，也是相对可预测的。根本性的变革会改变现有和潜在竞争对手的成本状况，因此这样的概念在快速变化的高科技市场中的作用有限。
- 只有当客户能够进行比较时，降低成本才能获得竞争优势。这意味着低成本领导者必须率先降低价格，否则即便时间再长，利润再低，竞争者也能够迎头赶上。如果成本领先者永久性地降低价格，可能会对其产品或服务的市场定位造成破坏，从而限制其实用性。

差异化

- 默认差异化产品的价格应该更高。或许这过于简单：差异化形式不一定会提升产品价格。
- 公司的目标可能是扩大市场份额，这样，公司可能会使用差异化战略，从而制定和竞争对手相匹配的低价格。
- 波特在讨论差异化时似乎认为这种形式在所有市场中都会有效。战略选项的真正问题不是是否实施差异化，而是要确定采取何种形式才能对客户有吸引力。一般战略的选项并没有对此进行说明。它只是提出了一个令人怀疑的假设，即一旦决定要实施差异化，产品应该如何实现差异化就显而易见了。

竞争范围

- 广泛和狭窄目标市场之间的区别有时并不清楚。是否应该按市场规模区分？还是按客户类型区分？如果区别不清楚，区分又有什么用？
- 对于许多公司而言，远离市场领先者的广泛市场而采取利基战略确实有好处。这只是逻辑的简单部分。困难的是，要确定到底应该进入哪个利基市场。一般战略并没有给出任何有用的指导。
- 随着市场的细分和产品生命周期的缩短，广泛目标的概念可能会越来越多余。

夹在中间

如上所述，现在并没有实证证据能证明确实有公司可以同时实施差异化和低成本战略。它们利用低成本来实现更大的差异化，然后利用再投资获得的利润来进一步降低成本。例如，意大利贝纳通、日本丰田和德国宝马等公司。

资源基础观

在第 4 章中，我们探讨了支持这种战略分析观点的论点。它们也可以用于战略选项，意味着在开发竞争战略的时候，应该考虑基于公司独特性的战略选项，而不是基于行业特征的选项。我们将在本章的后面再讨论这些问题，现在要说的是资源基础观确实会影响波特的方法。

快速发展的市场

在诸如由新互联网技术推动的动态市场中，采用一般战略往往会让公司错过主要的新市场机会。它们无法通过一般战略的方法被识别出来。

结论

面对对一般战略的猛烈抨击，人们可能认为波特会承认该概念可能存在某些弱点。但是，1996 年，波特通过区分一般战略和所谓的“运营效率”（operational effectiveness，OE）来进行反击——前者关注的是所有组织要面临的关键战略决策，而后者更关注诸如全面质量管理、外包、重新设计等方面。[11] 他没有退缩，只是将研究进行了拓展，探讨了公司如何在一般战略的概念下进行市场定位（第 3 章讨论过）。

鉴于这些评价，似乎可以得出结论：一般战略的概念没有任何价值。但是，若只将其作为更广泛分析的一部分，它就可以成为战略分析中生成基本选项的有用工具。它促使人们探索战略管理的两个重要方面：降低成本的作用，以及要不要开发针对客户和竞争对手的差异化产品。但这仅仅是开发此类战略选项的起点。当市场快速变化的时候，它可能根本无法提供有用的路径。更笼统地说，整个方法对战略行动采取了高度计划型的视角。

关键战略原则

- 一般战略是在组织中开发基本战略选项的方法，立足于在市场上寻求竞争优势。
- 有三种主要的一般战略选项：成本领先、差异化和聚焦。
- 成本领先战略旨在使该组织跻身于市场上成本最低的生产商之列。这不一定意味着低价格，因为制定平均价格会获得高于平均水平的利润。
- 差异化战略旨在针对细分市场定位和开发产品。因为产品是专门开发的，所以组织可以在平均价格上收取溢价。差异化需要付出一定的代价，但这可以用更高的价格来补偿。
- 聚焦战略针对的是一小部分细分市场，可以使用低成本聚焦或差异化聚焦的方法来实现。
- 理论上来说，重要的是公司要在各个选项之间进行选择，而不要“夹在中间”。一些有影响力的战略家提供了证据，让人们对这一点产生了怀疑。
- 许多基于行业实践的逻辑分析和实证研究评价了这一方法。这些评论无疑有一定的合理性，但一般战略的确是制定战略选项的有益起点。

8.3 基于环境的战略选项：市场选项矩阵

市场选项矩阵（market options matrix）用于识别组织可用的各种产品和市场选项，包括退出和转移到不相关市场的可能性。市场被定义为顾客，而产品被定义为向顾客出售的物品，二者之间存在区别。举例来说，一个顾客可以根据需求购买几种不同的产品。

与简单的市场 / 产品矩阵（在某些文章中称为安索夫矩阵）相比，市场选项矩阵主要从更广泛的战略层面来研究组织可以实施的战略选项。因此，市场选项矩阵不仅考虑推出新产品和进入新市场的可能性，还探讨退出市场和进入不相关市场的可能性。然而，该矩阵是以产品 / 市场选项为基础的，如图 8－6 所示。“产品 / 市场选项”的基础框架表明，选项主要关注组织的业务层面。在实践中，某些选项可能需要在公司层面上考虑，因为像退出或多元化的决策可能会影响业务的其他领域，也使整个集团难以利用核心竞争力或者去阻碍竞争对手的行动等。此类决策需要根据具体情况进行研究。

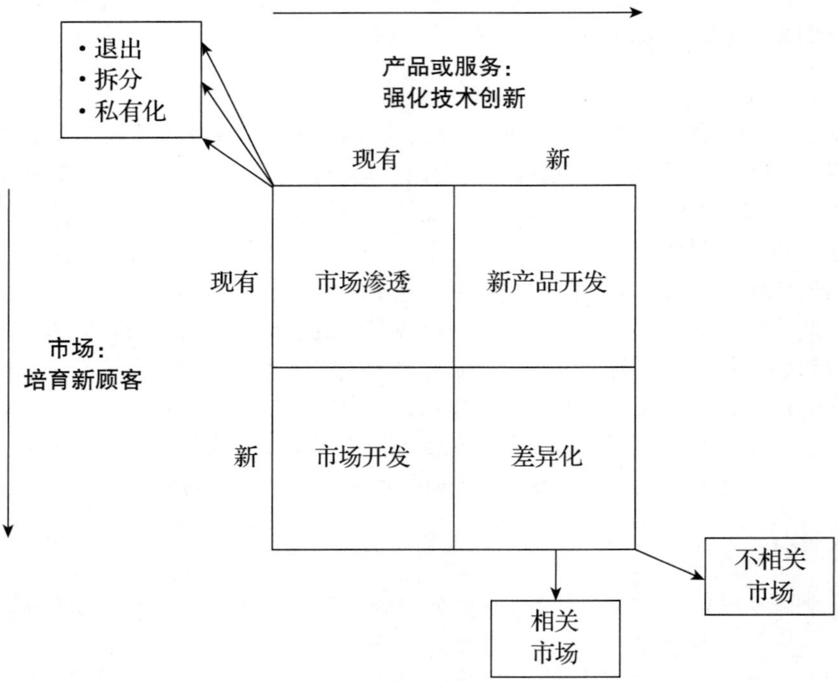

图 8－6 市场选项矩阵

注：尽管相关的战略按照选项用单独的框来表示，但在现实中某个领域向另一领域的转变将是一个逐渐变化的过程。这不是绝对的。为了避免混淆，应当注意区分市场渗透和市场开发。市场渗透关注的是现有或潜在客户，而市场开发寻找的是全新细分市场中的客户或者全新的客户群。

资料来源：Author based on Ansoff, I (1989). Corporate Strategy, rev edn, Penguin, Harmondsworth. The matrix also uses concepts outlined in Day, G S (1987). *Strategic Management Planning*, West Publishing, St Paul, MN.

下面分别研究每种战略选项。

退出

采用退出战略来开发市场选项似乎说不过去。但如果要打造竞争优势，必须考虑那些不可预测的因素。在许多情况下，这样的选项可能是有益处的，例如：

- 产品生命周期处于衰退阶段，几乎没有收缩的可能。在全球电视行业中，未来 20 年（或更早）模拟广播会被数字电视频道取代，所有的旧产品都会被废弃。
- 产品范围过大，只能撤回某些产品。电视行业中现有频道很多，其中有些频道的受众很少，没有必要用最低成本来维持运营。
- 控股公司出售子公司。只要价格合适，这样的公司一般都会把子公司，甚至是不同行业中的子公司当作买卖的资产。美国很多电视公司会定期抛售其地方电视台，从市场中退出的原因很多，可能是财务问题、与其他电视台联网的问题，或者是公司的目标发生变更等。
- 筹集资金用于其他投资。组织也可以出售其要退出市场中的资产。即使不出售，用于该资产的营运资金和管理时间也可能被重新部署，用到更具生产效益的方面。由于外部资金的使用受限，国有公司会将退出和出售视为一种有益的战略。

拆分

从某种意义上说，拆分也是退出市场的一种形式，因其专业化也有一定的吸引力。对于那些股票可以在证券交易所公开交易的公司来说，标的资产的价值可能会大于股价所代表的价值。例如在 1993 年，英国的帝国化学工业公司（ICI）就曾通过向现有股东发行两套股票而一分为二。然后，这两家公司的股票在伦敦证券交易所分别单独交易，其价值要大于合并时的价格。原因是该公司产品中有一部分是基本化学品和特种化学品，有一部分则是农用化学品和药品，后者对股东极具吸引力。ICI 被拆分后，第一部分保留原有名称 ICI，第二部分则更名为捷利康（Zeneca）。随后，其他化学公司如德国的赫斯特（Hoechst）也采取过类似的战略。

很多公司都曾使用过这种战略，目的是实现上市公司的标的资产价值。这样做还有其他的好处：各类市场活动完全不相关的公司可以通过拆分来使各个部门更专注于自己的活动，而不用去争取稀缺的资源。拆分的缺点在于可能会破坏大型公司的规模效应、交叉交易和独特性。

私有化

全球很多国家都有将国有公司私有化的趋势，也就是说，国家会将国有公司的股份出售给私人。对于某些机构来说，这已经成为重要的战略选项。例如，很多国家的电信公司都已经私有化。这样，在管理风格、公共责任、所有权和战略方面都会有重大变化，在产品范围、服务水平和公众认知度等方面的变化也会很显著。

现有市场中的市场渗透

在不超出组织当前产品或服务范围的情况下，可以通过市场渗透来吸引直接竞争产品的客户。市场渗透战略应从现有客户入手。[12] 直接争取竞争对手的客户往往会招致报复，不仅会使最初的收益落空，还会侵蚀公司的利润空间。留住现有客户通常更有经济性，在消费品市场中也是如此。在客户换车的时候，像丰田和宝马这样的公司就会竭尽全力留住他们。

如果为了进入市场要直接攻击竞争对手，多种活动的组合可能会更有效。[13]例如，开展促销活动的同时提高产品质量以及服务水平。显然，从短期来看，这种战略的成本可能会比较高，但从长远来看，对市场份额的增加还是有益的。新闻集团的卫星业务就会定期将新电视频道、广告以及机顶盒的优惠活动捆绑在一起，从而实现市场渗透。

如果市场还在增长，进行市场渗透可能会更容易。原因是现有客户的忠诚度还不太稳固，而新客户可能还在寻找最合适的产品。在这种情况下，最有吸引力的战略将随公司的市场份额而变化：

- 在增长的市场中，相对市场份额较小的公司积极进攻整个市场或细分市场没有什么可损失的。例如，规模较小的汉堡王（英国大区）在过去的几年中就曾猛攻麦当劳，取得了一些成效。
- 在增长的市场中，相对市场份额较大的公司则有失去有利地位的风险。有时要用掠夺性降价的战略来阻止那些规模较小的新进入者。只要还有生产能力，这样的战略就会奏效，使公司的经验曲线向下移动。英特尔采用这一战略，不仅推出了新一代计算机芯片，还阻止了像赛睿克斯（Cyrix）和超微半导体公司（AMD）这样的小公司进入市场。

使用现有产品进行市场开发

对于这一战略路径，组织要从其聚焦的直接客户中超脱出来，为其现有产品系列去寻找新的客户。可以为其产品或服务寻求新的细分市场、新的地理区域或新用途，从而吸引新的客户。

为了将公司现有产品销售给更多的客户而扩张，公司往往会将产品进行简单的重新包装，然后将其推广到新的市场。通常会在新的国际市场上销售相同的产品——本书中有许多此类战略的示例。利用核心能力，再加上一些创意，也许会发现现有产品的很多新用途。例如，西欧和北美的市场已经成熟，英国制药公司葛兰素史克就为其抗溃疡药善胃得寻找了新的市场。公司在很多国家推销该产品，还开发了一种药效略低的产品，可以作为非处方胃药销售。

我们将在下一节探讨组织实现此类扩张的方法。

现有市场中的产品开发

这里我们指的是有显著变化的新产品开发，而不是对现有产品的微小改动。实施这种战略有很多原因[14]：

- 利用过剩的产能；
- 对抗竞争者的进入；
- 利用新技术；
- 维持公司产品创新者的地位；
- 保持整个市场中的份额。

理解原因是选择产品开发路径的关键。最具潜力的领域和创新相关：可能对现有产品线构成威胁，也可能有从对手那里夺取市场份额的机会。有时，产品开发战略无法很好地在现有市场中实施，而是将公司推向目前尚未涉足的市场或者客户群体。这是很多组织自然成长的过程。

多元化：相关市场

当实施多元化时，组织会从当前的产品和市场转移到新的领域。显然，这将涉足未知的领域，带来更高的业务风险。如果组织进入的是相关市场，则可以将这种风险降到最低。（这里，相关指的是与其现有价值链有某些联系的市场。）根据第 4 章对价值链的介绍，通常可以区分三种类型的关系，第 9 章在公司战略部分还将进一步探讨。

1. 前向一体化。制造商涉足其输出活动领域，包括分销、运输和物流等。例如，欧洲两家大玻璃制造商圣戈班和皮尔金顿就并购了其分销商。[15]

2. 后向一体化。组织将其活动扩展到原材料、厂房和设备供应等输入部分，例如，法国石油公司埃尔夫（Elf）对北海石油钻探权的购买。[16]

3. 横向一体化。组织之所以进入与其当前活动直接相关的领域，是因为它们要么形成竞争，要么互补。例如，汽车公司宝马（德国）于 1994 年收购了路虎（英国）。

通过购买有线和卫星频道直接向客户提供电视节目，新闻集团实施了前向一体化。公司也向后整合了电影制作公司。通过将其活动范围从报纸扩展到书籍、电视和电子媒体，公司实施了横向一体化。

开展此类活动的主要原因是协同效应。[17]从本质上讲，这意味着整体的价值要大于各个部分的简单加总：拥有和控制价值链上更多的环节将产生更大的价值，因为各个环节可以相互支持。这个概念相对容易理解，但难以精确分析。这意味着很难评价其对战略管理的具体贡献。这与第 4 章中探讨的价值链中的联系概念有关，最好使用这类概念来进行评价。

多元化：不相关市场

当进入不相关的市场时，因为组织对关键成功因素的了解非常有限，组织会承担一定的风险。从本质上讲，这就像是一家控股公司。一些公司成功实施了这样的战略，最著名的可能是英国汉森（Hanson，它在美国也有大量业务）和通用电气。按定义来说，这种扩张的逻辑不太可能和市场有关系，因为目标市场与组织当前的关注领域没有关系。使用该战略的原因如下：

1. 与现有业务相关的其他财务联系可以证明这种扩张的合理性。

2. 可能没有联系，但如果控股公司能使用严格且清晰的财务控制来管理这样的公司，多元化仍可以获得成功。

显然，这些战略与第 9 章中对公司总部的讨论直接相关。应该指出的是，不相关多元化目前并不流行，因为这与资源基础观的证据和逻辑背道而驰。

评论

市场选项矩阵可用来开发战略选项，但是，它本身并没有提供有用的指标来说明在何种情况下应该选择何种战略选项。因此，其价值在于构造问题而不是解决问题。其主要的战略作用在于挑战当前的思维，提供各种可能性。

这样的战略路径可能会导致在新产品、研发、广告和相关事项上的资金支出。因此，拥有大量财务资源的组织会更青睐这些战略选项。很多战略选项是那些有盈利能力的公司会考虑的，那些要从重大损失中恢复元气的公司不会选择。但是，通过处置某些资产，基于市场的战略选项确实可以筹集资金，并为组织中剩余的人员提供更大的行动自由。通常，这意味着要出售公司的一部分。

市场选项矩阵可能更适合那些商业化的非政府部门，因为通常成立国有公司要承担特定的角色，因此它们几乎没有超出此范围的发展空间。

关键战略原则

- 通过检视市场和可用产品，可以开发组织可能采用的各种战略选项：这个整体的框架就是市场选项矩阵。
- 战略选项可以是新客户和新产品。随着这些战略选项的进一步深化，可能会导致组织脱离其原始市场而进行多元化的发展。
- 采用相关市场多元化的主要原因是协同效应：整体要超过各个部分的简单加总。这与价值链中的联系概念有关。
- 市场选项矩阵可以开发各种战略选项，但并未就如何选择给予指导。因为引发了讨论，其主要的战略作用在于挑战了当前的思维，提供了各种可能性。

8.4 基于环境的战略选项：扩张方式矩阵

扩张方式矩阵（expansion method matrix）以结构化的方式来研究战略选项可以实现的各种市场机会。通过检视组织内外部的扩张机会及其各类活动的地理分布，可以开发各种可用的扩张方式。

除了探究制定战略选项的路径外，也应该探索实现这些选项的方法。例如，开发新产品可以通过现有的公司或收购一家公司来实现，也可以通过与另一家公司合并或者合资来实现。很多公司已经走出国门，实现扩张的方法也越来越多。例如，新闻集团利用不同国家的各种合同安排来提升其全球影响力。战略选项的完整信息如图 8－7 所示。

		公司	
		内部	外部
地理区域	本国	• 内部发展	• 合并 • 收购 • 合资公司 • 战略联盟 • 特许经营
	国际	• 出口 • 海外办公室 • 海外生产 • 跨国经营 • 全球运营	• 合并 • 收购 • 合资公司 • 战略联盟 • 特许经营 • 交钥匙工程 • 授权经营

图 8－7 扩张方式矩阵

注：如果要使成本合理化，上述所有方法必须为组织增加价值。

收购

使用这种市场扩张方法的最重要原因可能与公司的特定资产相关，如品牌、市场份额、核心竞争力和专有技术等。[18] 1990 年，新闻集团通过收购一家公司获得了其加密技术。然而这也存在明显的缺陷，因为如果一家公司拥有某种资产，那么收购时可能要支付比其资产价值更高的溢价。例如，1989 年，雀巢为了收购能得利（Rowntree）巧克力公司，支付了其证券交易股价两倍的价格。

也可能因为竞争进行收购。在静态市场中，从头做起去进入某个市场，不仅成本高昂，而且耗费时间。例如在增长缓慢的咖啡市场中，菲利普－莫里斯（Philip Morris）/ 卡夫通用食品（Kraft General Foods）就进行了一系列收购来丰富其麦斯威尔（Maxwell）的品牌体系：Café Hag 和 Jacobs Coffee。在快速增长的市场中，收购可能是获得业务最为快速的手段。例如，罗氏公司（Roche）收购了生物公司 Biogen Company 后，一下子从传统的药物市场转移到全新的生物医学领域。

合并

合并类似于收购，即两家公司组合在一起。但是，合并的发生通常是因为两家公司都没能达到收购对方的规模。这种方法更加友好，但是如果要实现合并的益处，则需要小心应对。在其他方面，其主要的战略问题与收购类似。

合资公司和战略联盟

合资公司是指由两个母公司共同拥有股份的公司。它通常与两家母公司共享一些资产和技能。谷物联盟就是雀巢与通用磨坊的 50/50 合资公司，其目的是在北美以外的全球各地打击家乐氏的早餐谷物（见案例研究 2.1）。

战略联盟则是某种形式的合同协议，或者是两个母公司之间少数股权的交易。通常并不形成单独的子公司。为了进行国际扩张，一些欧洲电信公司建立了战略联盟。

特许经营

特许经营是授权许可的一种形式，授权人会向被授权人提供事先准备好的活动包，可能包括品牌名称、技术专长服务和一些广告支持，被授权人通常按照营业额的百分比支付费用。麦当劳就是特许经营最著名的例子。

表 8－2 总结了各种市场扩张方式的主要优点和缺点。

表 8－2　各种扩张方式的优缺点

优点	缺点
收购	
● 相对较快 ● 可能会抑制竞争，但此举通常必须得到政府竞争管理机构的批准 ● 从规模经济中节省成本或节省共同费用 ● 保持公司在技术专长上的专有权 ● 扩展到新的地理区域 ● 扩大市场规模和份额 ● 购买估值过低的资产，然后可以转售	● 支付溢价：昂贵 ● 如果目标公司选择失误，风险高 ● 最佳目标可能已经被收购 ● 要处置公司中不需要的部分，可能并不总是很容易 ● 收购后可能出现人际关系问题：可能是导致失败的原因中出现最多的 ● 民族文化冲突问题，尤其是针对“外国”的时候

续表

优点	缺点
合资公司	
● 快速形成规模 ● 快速获得专业知识 ● 比收购便宜 ● 可用于无法实现全面收购的地方 ● 可在有类似产品的地方使用	● 某种程度的失控 ● 在双方做出不同贡献的时候效果最佳 ● 由于需要共享以及母公司干扰而可能难以管理 ● 与合作伙伴分享利润
战略联盟	
● 可以与合作伙伴建立密切联系 ● 共同的专业知识和承诺 ● 让潜在的合作伙伴互相了解 ● 将其他竞争对手踢出圈子	● 缓慢的方法 ● 需要持续不断的努力来保持良好的关系 ● 不太可能建立规模经济
特许经营	
● 投资低于直接收购 ● 特许经营者对业务进行的一些基本测试会降低风险 ● 通常授予专属领域	● 取决于特许经营的质量 ● 支付给特许经营者部分利润 ● 业务成型后撤销特许经营的风险

资料来源：Adapted from Lynch, R (1994). *European Business Strategies*, 2nd edn, Kogan Page, London.

国际化的战略选项

在英国和北美以外的地区，并购相对较少。[19] 在东南亚的许多国家和日本，也很少使用并购。主要的原因有两个：英美国家的股票交易要比欧洲和亚洲更开放，因为在这些地区银行和政府持股比例更高；在一些国家，相互持股的传统根深蒂固，尽管不是完全没有可能，但确实很难实现全面收购。

除了这个基本问题外，由于全球贸易的程度越来越高，很多原先只由少数西方国家使用的战略选项也可以在全世界其他地方使用。对于海外业务而言，有两种方式非常重要：

1. 交钥匙工程。承包商完全负责建造和调试大型工厂。可以采用多种形式付款。

2. 授权经营。根据许可合同由母国提供技术或其他资产。付款方式通常是支付特许权使用费或一定比例的营业额。

一般来说，公司的海外扩张可通过以下方式来实现[20]：

- 出口往往是国际扩张的第一步。
- 可以设立海外办事处以提供永久性的基础。
- 可以进行海外生产，但这显然会增加诸如货币之类的国际风险。
- 可以通过跨国经营来完成主要的国际活动。
- 可能会引入全球运营。与跨国经营的区别在于国际化的程度，以及是否有能力从世界各地最有利的地方采购原材料并进行生产。

上述所有活动都存在各种各样的风险和机会，其中最重要的可能就是汇率变动，也就是说，使用波动性很高的货币进行交易可能会造成意外的重大损失。

评论

扩张方式矩阵与先前的矩阵有相同的缺点，即开发了很多战略选项，却没有指明如何进行选择。

最后，下一章关于战略管理选项的内容还会对主要扩张方式做进一步的介绍。实际上，许多战略选项是以大公司为中心的，而不是单个业务层级就可以驱动的。

关键战略原则

- 扩张方式矩阵以结构化的方式探究战略选项可以实现的各种市场机会。通过检视组织内部和外部的扩张机会及其活动的地理区域，可以开发各种可用的扩展方式。
- 在母国内部，四种主要的扩张方式是收购、合资公司、战略联盟和特许经营。每种方式都有各自的优缺点。
- 在母国之外，还有其他的国际扩张手段，包括出口、设立海外办事处和进行全面海外生产。汇率波动可能是与国际扩张相关的最重要风险。

8.5 基于资源的战略选项：资源基础观

如第4章所述，以资源为基础的战略需要考虑资源基础观所带来的机会。要开发战略选项，就应该从识别可以打造可持续竞争优势的资源入手。例如，组织的品牌、特殊和独特的地理位置、专利和技术。新资源也可以从其他公司获得许可或通过收购获得。[21]

开发基于资源的战略选项：架构、声誉和创新

从本质上讲，资源基础观认为组织需要针对竞争对手来打造某种形式的差异性。在开发战略选项的时候，可以根据架构、声誉和创新的标准来评价组织的资源。[22]这种方法要聚焦组织当前拥有的和未来需要的资源。使用这三个概念，我们可以细化新闻集团在该领域的发展方式：

- 组织内部和周边的关系以及合同的网络：架构。新闻集团建立了一系列公司，都聚焦新闻、体育和娱乐领域。公司因此与迪士尼或时代华纳截然不同。显然，这是公司自己开发出来的资产。
- 新闻集团在客户中打造良好形象：声誉。新闻集团在这一领域已经树立了清晰的形象，尤其是在报业。进取、开放和反传统的风格使其与竞争对手区别开来。这显然也是组织的资产。
- 组织开发新产品或服务的能力：创新。这很可能就是公司的核心能力和资源资产。

开发基于资源的战略选项：核心竞争力

核心竞争力是指一系列能为客户提供特定利益的技能和技术。[23]我们已在第6章探讨，在这里用来指导战略选项的开发。那些不考虑核心竞争力的选项对制定战略来说往往作用不大。这表明有必要在战略制定的情境下仔细研究核心竞争力。

有一种基于核心竞争力的方法，就是按照能力的层级结构来生成战略选项：从低水平的个人技能开始，一直到整个组织更高水平的知识和技能组合。这种方法暗含的基本假设是某些能力是由更专业的能力整合而成的。[24]专栏8.1展示了能力的基本层级结构，可用于识别和开发新的领域。

专栏 8.1 | 能力层级

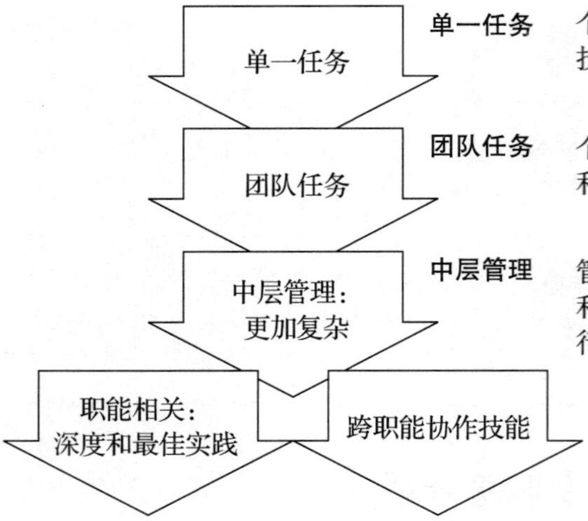

能力	描述	示例
单一任务	个人拥有的知识和技能	写作技能、数字技能、市场分析
团队任务	个人在团队中的互动和合作	生产线或销售方面的团队
中层管理	管理者对于需要判断和经验的复杂问题进行决策	负责运营复杂生产规划、原材料采购以及销售目标定位的管理者

与职能相关

使用组织不同职能部门的知识、技能和经验

示例：运营、研发、财务、人力、营销和销售等

跨职能

整个组织中的中层和高层协作的技能

示例：新产品开发、客户关系管理、全面质量管理

基于资源基础观的战略选项

除了上述两个领域，由于每个组织都不相同，没有实施此类评价的详细结构。应当对组织每个职能领域的资源进行研究。这样做的目的是探究其对附加价值和竞争优势的贡献。

专栏 8.2 中的清单可以帮助我们开发关键的资源选项。但是，这样的清单并非没有战略上的危险——读者可以参考本章开始时对 SWOT 分析的评论进行讨论。而且，对资源进行机械的组合会避重就轻，忽略那些从组织隐性知识中发掘独特资源的可能性，靠清单是不太可能研究组织的隐性知识的。[25]

专栏 8.2 | 基于资源基础观开发战略选项的十项准则

1. 我们拥有什么技术？它是独有的吗？至少和竞争对手一样好吗？或者更好吗？

2. 我们生产的产品或提供的服务之间有何联系？有何共同点？

3. 我们如何产生附加值？与竞争对手有何不同？从主要的方面看，附加值涉及哪些技能？

4. 我们拥有何种人际交往技能？它们对核心竞争力有何贡献？它们对资源有何重要性？有关键员工吗？容易替换吗？我们有何特别的价值？我们的地域分布是怎样的？

5. 我们拥有何种财务资源？它们足以实现愿景吗？利润记录是什么（或非营利组织的财务记录）？记录是否好到可以筹集新资金？我们是否有新的资金安排、税收问题或货币问题？

6. 客户如何从我们的能力和资源中受益？他们获得了哪些真正的好处？我们以质量著称

吗？我们在竞争中的技术表现如何？我们的产品物有所值（不是低成本）吗？

7. 我们有哪些与客户有关的其他技能？有何种核心竞争力？它们是我们组织所独有的，还是许多其他公司共同拥有的？它们将如何改变？

8. 在接下来的几年中，我们需要获得哪些新的资源、技能和能力？它们与我们的愿景有何关系？

9. 环境如何变化？这对当前和未来的核心竞争力和资源将产生哪些影响？

10. 我们的竞争对手在资源、技能和能力等方面做了什么？

关键战略原则

- 资源基础观认为，应当识别和开发组织的关键资源，即能够创造附加价值和可持续竞争优势的资源。
- 在开发战略选项的时候，有一些资源会比其他资源更重要；这些资源与架构、声誉和创新有关，可以作为相关分析的基础。
- 核心竞争力从组织的基本技能、知识和技术等方面来探究战略选项，也可以帮助构建组织中新的战略选项。可以用能力层级结构来研究新选项的潜力。
- 此类资源对于每个组织来说都是唯一的，因此开发新战略选项没有通用公式。当然也可以针对关键领域列出大致的清单，但在使用时要谨慎。

8.6 基于资源的战略选项：降低成本

战略选项关注的不仅仅是新资源、能力和核心竞争力。组织还需要考虑是否要缩减目前的各类活动以降低成本。由于某些市场竞争的全球性日益增强，泰国、马来西亚和菲律宾等低薪国家很可能会带来真正的竞争威胁。这意味着除非那些西方国家的公司能够大幅度削减成本，否则它们将无法生存。因此，要考虑降低成本的各种战略选项。降低成本的主要方式是：

- 精心设计。在某些行业中，能大幅度降低成本的往往不是工厂的生产活动，而是产品在进入车间之前的活动。通过对产品精心设计——如减少零件数量或简化制造工艺——可以切实降低成本。
- 供应商关系。如果供应商愿意并且能在保证质量的同时降低成本，那么本组织也可以实现成本的降低。
- 规模经济和范围经济。对于大型工厂而言，随着工厂规模的扩大，单位成本会下降。不同的产品也可以分摊一些功能性的成本。
- 经验曲线。随着公司生产经验的不断积累，也可以降低成本。
- 产能利用。如果工厂的固定成本很高，可尽可能利用产能来降低成本。

精心设计

在某些情况下，高达 70% 的产品制造成本发生在设计阶段，也就是说，产品进入工厂之前成本就确定了。[26] 在设计阶段可以从组件、车间和工艺等方面节省大量资金。由于固定设备很难移动以及更换成本高昂，产品一旦进入工厂就很难再调整。

另外，设计流程本身的效率也是该过程中的重要因素。设计某些产品可能需要花费数年的时间，随之而来的成本也很高。如果可以节省时间，就可以降低研发过程的成本。例如，1995 年，法国雷诺汽车公司发布了一项耗资 12.2 亿美元的新设计和研发设施项目[27]，目的是将 2000 年新车上市的设计时间从 58 个月缩短至 38 个月。该研发机构每款汽车的当前成本为 10 亿～ 50 亿美元，车型不同成本也不同。如果能够将研发时间缩短，每款汽车将节约 2 亿美元的成本。

供应商关系

在制造业和服务业中，组织可以采用与供应商协商的办法来降低成本。可以通过以下两种方式进行[28]：

1. 关系紧密的供应商。比如，丰田通过共享技术和开发信息来降低最终产品的成本。这意味着要花很多年和少数关键供应商紧密合作。当然，某些附加价值就从制造商转到供应商那里。但是，这可以降低总体的成本，并提高质量。

2. 关系疏远的供应商。这就需要进行积极的谈判，以争取最低的价格。例如，萨博汽车公司（Saab）（通用汽车部分持有）在决策前就曾连续两周每天打两次电话给其后视镜供应商，要求降低报价。[29] 在这种情况下，既可以保持和供应商的距离，同时又可以获得最低的价格。

有证据表明，上述第一个选项已经成为首选战略。[30]

规模经济和范围经济

规模经济（economies of scale）是指当产量扩大时由于单位成本的降低而节省的额外成本。如果可以更有效地或更大批量地执行某项操作，那么效率的提高可能会导致成本降低。规模经济可以降低成本，例如大型石化厂以及纸浆和造纸企业通过规模经济降低其生产成本。

规模经济需要与工厂的产能利用区分开来。在后一种情况下，成本随着工厂产能接近饱和而下降，如果产能已经饱和，即使再建更大的工厂，成本也不会再下降。就规模经济而言，工厂越大，成本越低。

范围经济（economies of scope）是指当多个单独产品共享某些设施时节省的额外成本。例如，某些产品可以使用相同的零售网点，也可以使用同样的运输方式。

除了生产以外，在其他领域也可以实现规模经济。可能的领域如下：

- 研究与开发。在某些情况下，只有特殊的服务和特定的检测设备才能满足大规模操作的需要。
- 市场营销。大型公司可以将零碎的广告预算汇集，然后协商小公司根本无法获得的额外媒体折扣。
- 配送。可以对各种车辆负荷情况进行分组和组合，以最大限度利用固定地点之间运输车辆的承载能力。

在对资源进行分析的时候，应该分析规模经济。如果可能的话，至少要对一个领先的竞争对手进行评价。要比较的因素不仅应该包括工厂的规模，还应该包括设备的寿命和使用效率。

尽管波特[31] 等学者已经阐释了规模经济和范围经济的基本好处，仍有专家对其是否能真正降低成本持怀疑态度。例如，凯[32] 主要质疑大型工厂是否可以降低成本。19 世纪 30 年代，亨利·福特建造巴吞鲁日大型汽车工厂的时候就受到这种观点的影响。实际上，他当时遇到许多问题。[33] 其中包括：

- 与机器有关的问题——工厂越大越复杂，灵活性越差。
- 与人员有关的问题——在这样的工厂中，工作越来越机械化，很难吸引员工，也很难激发他们的最佳表现。

尽管还有其他管理方面的问题导致这家工厂表现平平，但上述原因是主要的影响因素。20 世纪 90 年代，大型钢铁厂要靠规模降低成本，现在的新技术可以在保持利润的同时让工厂的规模更小。

如果市场不断细分，成本较高的工厂可以在基本产品的基础上提供更多的选择，可以更好地满足客户的需求，大型工厂的竞争优势就会丧失。汽车和消费电子市场都是例证，生产四驱汽车和专业高保真音响都不是成本最低的选择，但满足了客户的实际需求。

结论是，规模经济确实有用武之地，但要知道这只是带来竞争优势的一种方式。

利用经验曲线效应

经验曲线（experience curve）是以图形展示的产品单位成本与其生产的总数量之间的关系，数量要从生产的第一天开始累计。

20 世纪 60 年代，在很多各不相关的行业内都进行了成本和已实现的累计产量的调查：注意，这里研究的是已实现的累计产量，而不是当年的产量。结果表明，成本降低和累计产量有关。而且，这种关系似乎在从保险到钢铁生产的许多行业都存在。表面上来看，成本有很大幅度的降低：通常每当总产量翻番时，成本就会下降 15%（见图 8 - 8）。

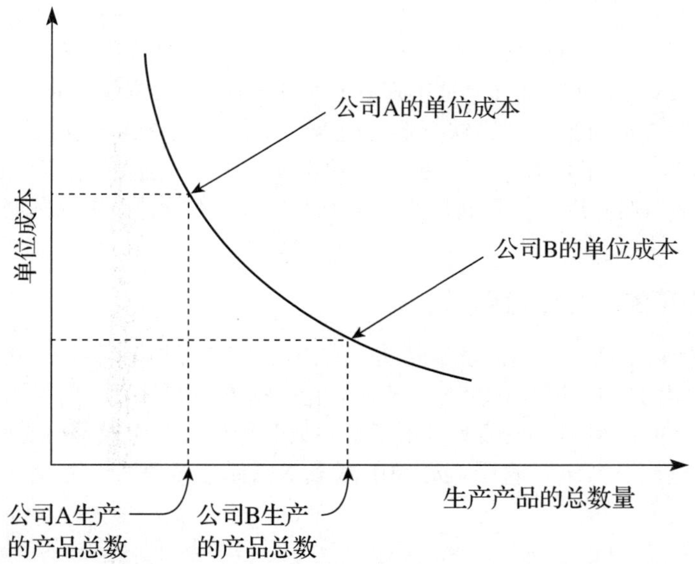

图 8 - 8　经验曲线如何降低成本

除了规模经济，其他方面也可以节省成本，例如：

- 技术进步；
- 对流程的深入了解；
- 随着时间的推移，由于对流程的更好掌握，获得了更高的技能。

也可以在公司层面和行业层面来看待成本经验曲线。

- 在公司层面，从定义来看，市场领导者累计生产的产品肯定比其他公司都多。这样市场领导者应有最低的成本，其他公司则会处于不利地位。
- 在行业层面，随着行业整体产量的增加，成本应该下降。每个公司都应该从其行业内传播的知识中受益。

当对不同且不相关的行业进行比较时，从飞机制造到肉鸡养殖各个行业的成本曲线非常相似。但是，这对战略管理却没有太大的借鉴价值。凯指出[34]，飞机和肉鸡之间的唯一相似之处就是它们都有翅膀。尽管看起来差不多的成本曲线可能有明显的联系，但原因肯定是完全不同的。因此，其战略的含义也完全不同。制造飞机是全球性的，养殖肉鸡主要依赖于国内市场，需要的技术也不用太先进，投资方式也与飞机制造和组装完全不同，因此应该仅在行业内考虑经验曲线的影响。

即使在同一行业内，也有许多方法可以克服经验曲线的影响，最明显的是采用新技术。另一种方法就是从经验更丰富的公司中挖员工。阿波纳西（Abernathy）和韦恩（Wayne）[35]指出，经验曲线有一定的局限性：

- 很难满足细分市场中对特殊产品型号的需求：为了达到规模，可能必须牺牲生产中的灵活性。
- 技术创新可以用简单的方式来超过学习的效应：新发明可能会从根本上改变现有运营活动的成本状况。
- 每次成本的显著降低都意味着需求量的翻倍增加。在增速放缓的市场中，这需要更大的市场份额。而随着市场份额的扩大，实现这一目标越来越困难，成本也越来越高。在公司已经拥有 51% 市场份额的静态市场中，从逻辑上讲这是行不通的。

在确定的市场中，经验曲线可能是降低成本的重要途径，但并不能总是形成成本优势。

产能利用

产能利用（capacity utilization）是工厂在任意时刻的运营水平，通常用工厂总产能的百分比表示。在第 3 章讨论全球钢铁行业的时候，我们提到过充分利用工厂产能获得成本收益的例子。但是，为了填补工厂产能，公司会争先恐后地打价格战，这样会降低利润率。高产能利用率当然有用，但问题是竞争对手不会坐视不管，否则该战略的效果就会受到影响。

实现成本降低选项的结构化过程

我们在前面探讨了降低成本的基本问题。大前研一提出过一个模型，可以用逻辑和跨职能的方式来完成结构化的过程。图 8－9 显示了它在这方面的含义，值得研究一下。总体而言，该模型并没有面面俱到，但确实显示了各种战略选项及其组成部分之间的逻辑和关系。例如，新闻集团过去五年来一直强调必须削减成本以保持竞争力。为此，它还引入了各种项目。

关键战略原则

- 至少有五种降低成本的方法：精心设计、供应商关系、规模经济和范围经济、经验曲线、产能利用。
- 一般来讲，规模经济可以降低成本并增加附加值，但是缺乏生产的灵活性和人性化的管理可能是其重大的缺陷。
- 经验曲线认为，随着公司和整个行业生产的产品更多，可以显著降低成本。成本降低与累计产量而不是当年的产量有关。
- 有很多因素可以实现经验曲线的成本降低。要去寻找这些因素，它们不会自己出现。
- 如果要汲取战略方面的教训，跨行业比较经验曲线几乎没有任何意义。
- 利用现有工厂的产能是降低成本的重要考虑因素。
- 在探索削减成本的战略选项时，可以通过建立模型以结构化和跨职能的方式进行研究。

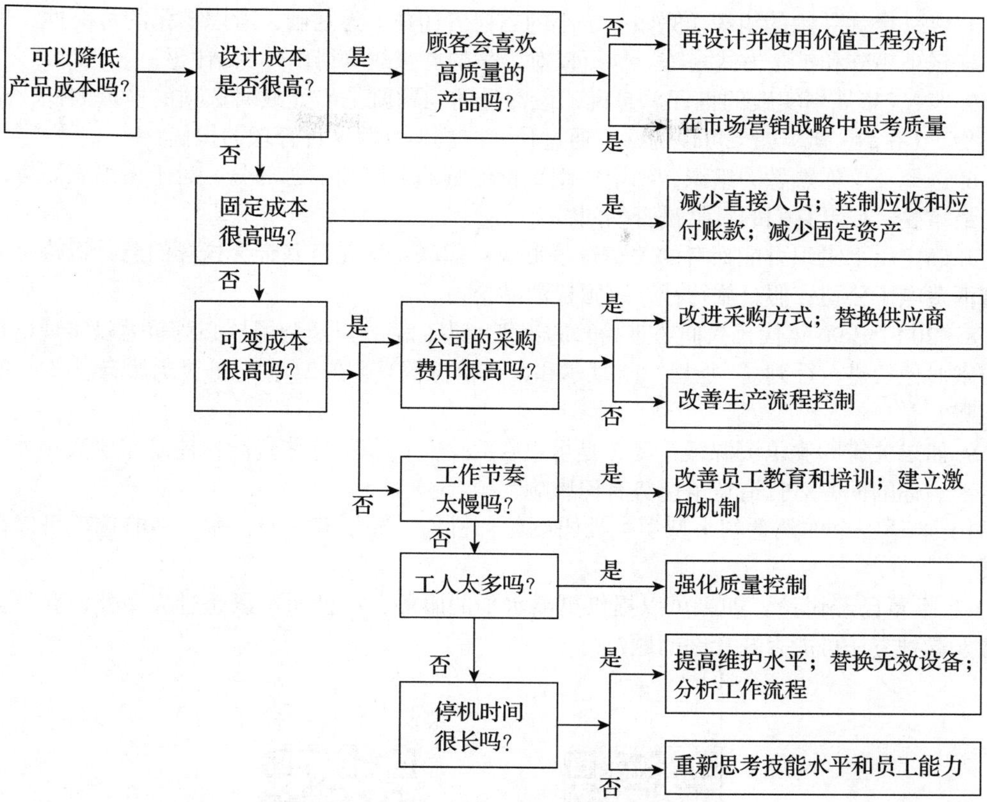

图 8-9 关于成本降低选项的结构化方法

资料来源：Ohmae, K (1983). *The Mind of the Strategist*, McGraw-Hill, pp. 24-25. © Copyright 1983 McGraw-Hill.

批判性反思

战略选项的整个过程是否太全面？太缺乏创造力？

本章重点介绍了开发战略选项的两种主要方法——一种与战略环境有关，另一种与战略资源有关。一些战略家特别强调环境，例如波特的一般战略；一些战略家则更加重视资源，例如，哈默尔和普拉哈拉德的核心竞争力。本章从这两个方面探讨了一系列方法。

尽管上述方法有全面性的优点，但一些战略家认为其缺点也很明显。他们认为整个构念过于僵化，在考虑所有可能的选项时涉及面太广。正因为太过全面，很难鉴别真正重要的内容。从这个意义上讲，这对公司没有价值。而且，选项的产生可能成为一种过于僵化的实践，会缺乏激发新想法的创造力。

你对此有何看法？战略选项的过程是否太过全面，缺乏创造力？

思考问题

1. 小公司是否可以从一般战略的可用选项中学到有用的东西？
2. 在一般战略矩阵中标出新闻集团的位置。你可以从中得出关于公司未来战略的哪些结论？
3. “一般战略是谬论。好公司一直都在努力调和两个对立面。”（查尔斯·巴登 - 富勒和约翰·斯托福德）。请对此说法进行讨论。

4. 以一个你熟悉的组织（例如一个小的志愿者团体）为基础，考虑扩张的可能性，可使用市场选项矩阵和扩张方式矩阵。你可以对未来的扩张战略得出什么结论？

5. “对战略规划实践的批评总是说，最常见的问题就是研究战略选项的质量太低，全是大路货。”（乔治·戴）如果可以的话，通过什么方法来克服这种合理的担忧？

6. 选择一个你熟悉的组织，确定该组织价值链的上游和下游部分。对于该组织而言，哪一个最重要？或者它们的贡献是否相同？

7. 确定以下组织可能拥有的关键竞争资源：像联合国儿童基金会这样的慈善机构；一家大型消费电子公司；假日旅行社；跨国快消品公司。

8. “20世纪90年代，人们通过高管的识别能力、培养以及利用核心竞争力以实现增长的能力来对他们进行评判。”（加里·哈默尔和普拉哈拉德）这在21世纪是否仍然有意义？在20世纪呢？

9. 如果关键的竞争资源很重要，是可以在几个月内获得这些资源，还是需要数年才能开发出来？你的回答对打造竞争优势有何影响？

10. 选择一个你熟悉的小型学生社团或慈善机构。基于其资源，哪些战略选项可以得到发展？

11. 本章已经讨论，如果可以提供更高水平的服务，小公司可以超过大型公司获得竞争优势。这种方法可能存在什么问题？

延伸阅读　　注释和参考文献

9 公司层战略选项制定

学习目标

学习完本章后，你将能够：

- 定义和解读公司层战略的两个主要成分。
- 概述各种公司层战略选项的收益和成本。
- 分析公司战略的多元化水平及其对战略选项的影响。
- 分析公司总部的作用及其对战略制定的影响。
- 使用产品组合矩阵选择公司层的战略选项。
- 概述公司总部使用的主要公司层战略工具。

引言

上一章研究了业务层的战略选项，这一章将探讨公司层的战略选项。业务层的战略选项关注相互独立的单个市场和在单一行业中运营的公司。有一些公司会选择跳出单一领域进行多元化的经营，在多个市场开展业务，每个市场都有自己的战略、业务团队和利润中心。在这种情况下，就需要一种公司战略来对各个业务领域以及诸如银行和股东等外部组织进行协调、管理和沟通。

例如，新闻集团同时运营报纸、电视广播和电影制作等相对独立的业务。在业务层面，每个子公司都有自己的竞争对手和战略决策。新闻集团总部要在公司层面采取行动来统筹所有下属公司的决策，例如对互联网的新投资和卫星传输业务的收缩。这样的公司决策可能与新媒体以及新媒体之外的多元化相关。也可能和不涉及多元化的现有业务相关，例如，将新闻集团英国报纸的高额现金流用来进一步投资德国的收费电视台。

在文献中，公司层面的战略有两个相关但不相同的含义。首先，**公司层战略**（corporate-level

strategy）是指公司从某个业务向其他相关或不相关业务领域进行多元化发展的战略决策。其次，公司层战略是指公司总部对拥有多个产品的公司集团进行战略指导和管理时所起的作用。

一些战略文献和研究混淆了这两个领域，把它们当作同一主题进行讨论。其实它们并不相同，我们在本章中分别研究。9.1 节将从多元化的视角来探讨公司层战略的收益和成本。在实践中，收益和成本很可能会随着公司战略的多元化程度而变化。9.2 节将从不同程度的多元化出发研究可用的战略选项。

9.3 节探讨与组织总部的角色和功能相关的战略选项，这在文献中称为培育（parenting）。9.4 节研究总部针对每个子公司的产品和市场做出决策的方式，这在文献中称为产品组合矩阵管理（portfolio matrix management）。最后，本章列举了现有的可以用于从收购到组织重组的公司层战略的各种工具，这些工具将为大型公司的战略制定提供所需的战略选项。本章的结构如图 9－1 所示。

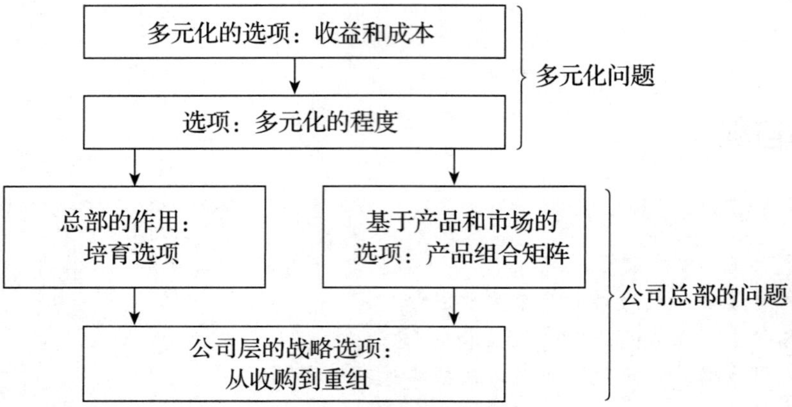

图 9－1 在公司层面制定战略选择

9.1 公司层战略：多元化的收益和成本

跨国公司为当今世界主要国家的经济发展做出了重大贡献，因此公司层的战略就变得十分重要。在美国和西欧，这类公司约占工业产值的 60%。即使在发展中国家，“集团”作为工业产出的主要方式也变得越来越普遍。[1] 从经营范围来看，这些公司可能都是国际性的，因为它们都在本国以外有重要的业务活动。但要注意的是，这些公司通常还是多元业务组合的多产品公司。因此，无论在一个国家还是在多个国家，对经济增长做出最大贡献的都是这样的多业务公司，当然所有这些公司都需要公司层的战略。

在经营多产品的公司中，每个子公司都会与集团某个部分建立或大或小的贸易联系。例如在通用电气，消费金融部门与媒体部门的联系有限，因为二者几乎没有共同的客户和资源；消费和工业部门可能与能源部门有共同的业务，因为它们拥有共同的工业客户群。

在多产品公司中，每个子公司都拥有自己的资源、市场以及相应的业务战略。例如，通用电气媒体部门的资源包括 NBC 电视台，消费金融部门的资源包括与银行和其他金融机构的网络联系。在这些子公司之上，公司应该设立总部来确定公司层的战略选项。[2] 例如，通用电气的总部设在美国康涅狄格州的布里奇沃特，负责全球运营。公司总部的活动包括：

- 选择要并入集团的各类业务。
- 对集团内的每项业务进行管理和引导。

- 对每项业务的高管人员进行挑选、激励和动员。
- 由总部向各个业务配置资源。

公司层战略选项关注如何使附加值最大化，以及由总部为集团旗下各个公司打造额外的竞争优势。这样，公司总部只有为集团附加价值时才能证明其存在的合理性。

公司层战略多元化的收益

多业务公司是指在一个以上的市场中进行交易的公司，每个市场都有相对自治且开展不同业务的多个公司：这样的运作就是多元化的。在过去的 30 年中，人们对多元化益处的看法发生了很大的变化。过去常常这样说，涉足一系列不相关的行业意味着整体失败的风险更低，因为某个市场（例如通用电气的医疗保健）的增长将弥补另一市场（例如同一公司的运输领域）的萎缩。[3] 还有人说，多元化公司之间基础技术的联系意味着它们可以相互提供技术支持：关于这些，参见第 7 章中 3M 的案例。在 20 世纪六七十年代的实践中，有些公司旗下甚至拥有数百个半独立的子公司。[4] 在本节的后面我们将看到，从 20 世纪后叶起，这种情况在西方国家已经发生了变化。然而即使在今天，仍有许多公司（比如三星等韩国公司和塔塔集团等印度公司）还在经营着林林总总的半独立业务。

近年来，公司层战略的益处体现在：组织中某个部门的竞争资源和强大的市场地位可用于支持另一部门。[5] 例如，可以将某个分公司的竞争优势转移到另一个分公司。维珍集团（Virgin Group）就是一个很好的例子，其强大的维珍品牌可以支持从化妆品到航空公司等各种截然不同的业务。

通过在公司集团内的一系列相关业务之间共享资源和活动，也可以实现公司层战略的种种益处。例如，宝洁在纸巾和婴儿纸尿裤市场上都是领导者。这两种产品均由宝洁联合工厂生产的纸张制成，这样可以实现范围经济并降低成本。此外，这两种产品可以通过相同的分销渠道销售，这意味着可以使用相同的运输公司和销售网络来进一步降低成本。从本质上讲，这些独立的公司能够从宝洁的公司层战略获得范围经济的好处。

此外，公司层战略也可以带来很多财务方面的经济性，即成本的节约，其来源有两个：

1. 所有子公司的结合形成了更大的规模，公司总部的资本成本比单个公司要低，这是单个公司无法实现的。

2. 公司总部位于组织的中心，可以更好地为相互竞争的各类业务配置资金，从而更有效地利用有限的财务资源。

集团总部的职责就是搜寻和管理好公司的财务及其他各类资本资源。[6] 例如，通用电气的规模加上其银行业务的特殊关系可以让总部以非常低的利率获得资金。这才是该集团真正的竞争优势。此外，通用电气的公司总部会非常积极地研究每项主要业务，并将资金分配给那些具有最佳增长前景的业务。

也有人认为，集团可以拥有一系列知识、技能和技术，实现对公司各类资源的掌握和开发。[7] 例如在通用电气，每个分公司都在各自的领域里进行研发，公司总部也有自己的研究和知识，主要集中在与多种业务相关的三个领域：环境影响问题、纳米技术和安全防护。这些知识开发出来就可以在全集团共享。

在多元化的集团中，集团总部的特殊贡献远远超过单个公司的贡献，因此公司层战略会获得高于平均水平的利润。这意味着，作为集团旗下的公司，其价值要大于单个公司。例如在通用电气公司，理论上说，商业金融部门的价值会更高，因为它和蒸汽轮机制造部门、NBC 电视台等属于同一个集团旗下的公司。有些人可能很难理解，把这些多元化的因素组合起来到底会有什么好处？根据公司战略理论，有很多益处，比如在通用电气，总部可以给各个分公司提供低成本的金融服务以及低成本的资本。

公司层战略多元化的成本

针对这些可能获得的收益，一些战略家认为，公司层战略的成本会超过收益。他们特别指出，进入完全不相关的领域进行多元化经营会带来更高的风险，还会使此类业务的管理难上加难。[8] 造成多元化的风险较高的三个主要成本领域是：

1. 总部人员的规模和费用；
2. 多元化公司的管理复杂性；
3. 缺乏对资源竞争的关注。

总部人员的规模和费用

经营多元化公司的最大缺陷就是要组建公司总部。对于公司总部规模的正式调研不多，但有一项研究发现“公司总部的绝对规模存在很大差异”[9]，536 家公司中，智利公司的总部只有 2 人，德国公司的总部则有 17 100 人。通常，总部的职员包括常规管理、法务、财务、报告和控制以及税务人员等。

多元化公司的管理复杂性

如前所述，20 世纪 60 年代后期，人们坚信多元化，目的就是要减少因对某项业务的依赖而造成的各种问题。但在 20 世纪 80 年代，很多公司开始意识到多元化会带来与多元化战略内部管理相关的多种成本。因此，有些大公司被拆分，部分原因是这些公司太过复杂，难以管理。[10] 此外，有些公司如果独立，其单独的价值会超过在集团旗下的价值，这也许是因为集团的股价受到业绩不佳部门的拖累，集团中利润很高的分公司可以单独出售。

复杂性还会导致整个公司的成本增加。其中一些很容易衡量，例如定期向总部报告的官僚层级。还有其他难以衡量但同样重要的成本。例如要获得范围经济，就需要管理人员之间一定程度的分享，而这可能很难实现；同样，总部给子公司的资源分配不均也会导致冲突，因为子公司的管理者会认为总部厚此薄彼。[11]

缺乏对资源竞争的关注

20 世纪 90 年代，资源基础观（参见第 4 章）在战略制定中变得越来越重要。从公司的角度来看，这种方法表明，高度多元化的公司缺乏竞争的重点，因此会丧失竞争优势。[12] 从这个角度来看，将公司拆分了更好。从更积极的角度来看，资源基础观也提出过实施多元化战略的建议，但要考虑公司的现有优势。

在总结成本和收益的时候，我们可以回顾一下阿尔弗雷德·钱德勒关于公司总部的著作。[13] 他认为，跨部门公司的总部主要从事两项活动：一是为公司创造价值的“创业型”（entrepreneurial）活动；二是为止损以及保证资源有效利用的“行政管理”（administrative）活动。如果要证明多元化的合理性，那么经营多元化的集团获得的利益必须要超过与这两个领域相关的成本。

关键战略原则

- 公司层多元化所带来的益处包括三个方面：内部收益、外部收益和财务收益。内部收益包括范围经济、核心竞争力和共享活动。外部收益包括纵向一体化、市场支配力和竞争优势。财务收益则包括降低资本成本、业务重组和有效的资本配置。
- 公司层多元化的成本来自三个方面：总部人员的规模和费用；多元化公司的管理复杂性；缺乏对资源竞争的关注。

9.2 公司层战略选项：多元化的程度

在探讨了公司多元化的收益和成本之后，我们将研究集团的多元化程度。[14] 随着时间的推移，无论是在理论上还是在实践中，公司都可以在原始业务的基础上进行不同程度的多元化。

当组织从单个产品或某个主要业务领域转移到可能与原始业务相关或不相关的其他业务领域时，就实施了**多元化**（diversification）战略。在有些多元化的集团中，各个部门之间的联系似乎很少，例如在通用电气，医疗卫生部门与商业金融部门似乎没有太多联系。在有些多元化的集团中，各部门之间则有明确的联系，例如雀巢的冰激凌业务在全球使用相同的品牌标志（参见案例研究 10.1），它与全球的雀巢咖啡业务至少有一种联系：有相同的超市顾客。为了制定战略选项，应该区分三种不同程度的多元化：

1. 紧密相关的多元化；
2. 远缘相关的多元化；
3. 不相关的多元化。

紧密相关的多元化

通过**紧密相关的多元化**（close-related diversification），集团内的不同公司可能有不同的产品或服务，但保持了某种形式的紧密联系，例如共同的客户、共同的供应商或共同的间接费用。例如，联合利华集团旗下有很多相互独立的公司，其业务包括梦龙冰激凌、花麦黄油、海尔曼蛋黄酱和克诺尔汤料等。在这些业务领域中，每一个都有自己的竞争对手、市场和品牌。但是，每家公司都有相似的超市客户、共同的供应商和共同的竞争对手。因此，从商业运营的角度来看，这些公司在适当的情况下寻求合作是有好处的。但是，如果集团总部根据单个部门的表现来评估管理者，那么这些管理者可能会缺乏合作的动力，也不会分享竞争对手和供应商的知识与联系方式。在紧密相关的多元化中，对立和矛盾可能会很严重。

远缘相关的多元化

在**远缘相关的多元化**（distant-related diversification）中，尽管集团中的不同公司可能会使用完全不同的技术来提供完全不同的产品或服务，但可以由集团总部牵头协调，来共享相同的核心竞争力或其他的技术或服务。例如 3M 公司有很多不同的业务，这些业务共享公司在黏合剂和涂料方面的核心竞争力。

不相关的多元化

在**不相关的多元化**（unrelated diversification）中，集团中的各个公司在产品、客户或技术方面几乎没有共同点。但是，这些公司会从总部的资源中受益，可以获得低成本的资金支持、高质量的管理指导和其他相关方面的支持。

到底选择哪种多元化?

公司在多元化方面到底应该选择哪种战略选项？它们到底应该进行何种程度的多元化？目前，对这些问题尚无简单可行的理论答案。答案可能取决于公司总部的战略情境、组织的领导和管理风格，以及特定时间点上可用的机会和资源。[15]

关键战略原则

- 当公司从单一产品转移到可能与原始业务相关或不相关的其他业务领域时，就实施了多元化。多元化的程度分为三个层次：紧密相关、远缘相关和不相关。评估执行公司层战略的收益，每一项都很重要。

- 紧密相关的多元化与原始业务有某种形式的共性，比如拥有共同的客户或供应商。当能够共享核心能力或其他基本属性时，就实施了远缘相关的多元化。当与总部管理相关的只有收益时，比如较低的财务成本，就实施了不相关的多元化。
- 多元化战略选项的选择取决于公司总部的战略情境、领导和管理风格以及当时可用的机会和资源。

9.3 公司层战略和总部的作用——培育的原则

在公司层战略中，总部应该思考并明确自己的角色及与子公司关系：在某些文献中，这被称为培育（parenting）。

公司总部的作用可能包括：

- 公司层面的主要职能和服务，例如国际资金的管理和集中的人力资源管理。
- 公司层面的发展计划，例如集中研发和新的收购项目。
- 根据本章下一节介绍的产品组合原则，为增长或有问题的领域提供额外的资金支持。
- 建立各种业务之间的正式联系，实现子公司之间技术或核心竞争力的转移。
- 对子公司制定的战略进行详细指导和评价。

例如，新闻集团的股东和创始人鲁伯特·默多克，由于他在集团总部中的职位参与了有关子公司的所有关键战略决策。除此之外，新闻集团的子公司 20 世纪福克斯电影公司（20th Century Fox）的影片库可供旗下所有子公司使用，这也包括福克斯在美国和英国的电视台。即使分公司完全按照自己的规划运行，完全独立，相关的服务仍会照常运行。此外，新闻集团总部也为公司的主要成长领域提供了资金保障，包括其新的互联网和媒体公司——意大利卫视（Sky Italia）宽带服务、《华尔街日报》等，还有新的独家体育频道、转播合同——福克斯电视台（Fox TV），等等。

显然，如果能精心组织，这样培育而来的资源将是不可限量的。每个集团公司都有自己的资源组合，这取决于其业务组合和相关的战略。但是，公司总部是有成本的。培育的目的是为旗下的子公司增加价值，否则培育的成本就会白白浪费。[16]因此，子公司在母公司旗下的表现要比其独立经营更好。

公司总部特征

要充分发挥作用，总部只提供一些附加性的服务是不够的。这意味着总部要开发核心竞争力，这些技能被称为总部的公司特征或培育特征（parenting characteristics）。[17]

因此母公司需要具备三种属性：

1. 了解或熟悉每个子公司所从事的不同行业中的关键成功因素。

2. 有超越其管理的子公司、为子公司贡献其现有能力之外的额外能力——这些能力可能要事先设定好（例如研发和财务等）。

3. 从以上两点出发定义总部角色的能力。从根本上说，如果多元化的集团具有高度的相关性，那么总部将具有强大的战略联系作用；如果集团的多元化程度很高，那么总部的作用更接近银行，会将战略决策权交给子公司，总部则负责为集团筹集资金，并评估子公司的绩效。下一节将对此进行更深入的探讨。

影响公司总部规模和作用的因素

在多产品的公司中，影响公司总部规模和作用的主要因素有三个[18]：

1. 集团的总体规模。大型公司在信息处理方面具有规模经济效应，不一定在总部保有最多的人员。

2. 集团的治理体系。股权结构将影响总部的活动，其地理位置可能也很重要。如果股东很少，就不需要大量的人员来服务。如果集团是政府所有，有证据表明公司总部的规模往往比较大。日本等国家的公司总部似乎比其他国家的要大。

3. 集团的总体战略。这是影响总部规模和作用的最重要因素。如果集团实施了相关多元化——如案例研究 9.1 中的联合利华，总部就会讨论并积极影响其子公司的战略。这样总部承担这类任务的人员就会很多。相比之下，如果集团由一系列不相关的公司组成，总部通常会更多地充当银行的角色，而不参与具体的战略讨论。这样总部所需的人员就更少，作用也有限。

总而言之，没有简单的公式可用来确定公司总部的规模和作用。资深的董事们首先要仔细考虑总部对整个集团的贡献，接着要考虑子公司的政策、员工人数和汇报关系。“最终的结果应该是这样的：总部能够提供所选公司战略的附加价值，但与采用类似战略的其他公司却没有太大的相似性。”[19]

公司总部开展的主要活动是什么？

为进一步研究和界定培育，我们要区分公司总部通常要承担的各类主要任务。主要有五个领域，如图 9-2 所示。其中一些已在第 6 章中探讨过，在此不再赘述。

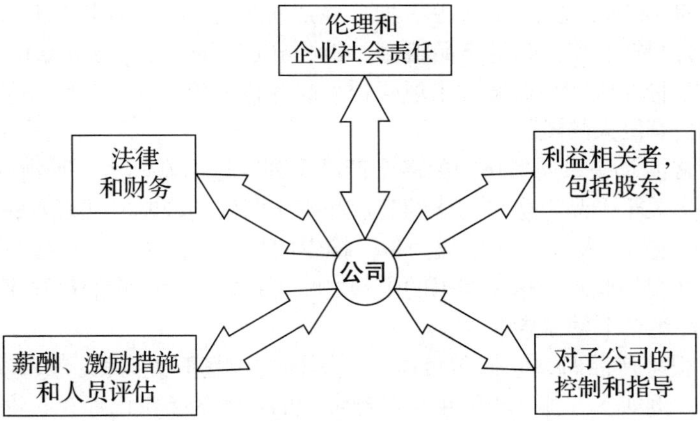

图 9-2 公司总部的五种主要活动

公司总部活动涉及的五个主要领域是：

1. 伦理和企业社会责任。已在第 6 章探讨过。

2. 利益相关者管理和沟通，包括股东。已在第 6 章中探讨过。

3. 对子公司的控制和指导。控制的程度取决于多元化的程度。如果集团高度多元化，那么控制主要是以财务和利润为导向的。如果是紧密相关的多元化，那么总部极有可能与子公司就市场、客户和竞争优势等进行讨论，如案例研究 9.1 所示，联合利华拥有紧密相关的子公司，总部的参与程度比较高。

4. 薪酬、激励措施和人员评估。对于多产品集团和公司而言，这是总部最重要的作用。虽然每个分公司都可以有自己的办法，但任何重视员工的公司都会将其视为管理的关键。第

12 章和第 16 章还会对此进行探讨。

5. 法律和财务。所有公司都会有关于税收和报告体系的法律要求，这必须由总部进行协调。此外，许多公司都在总部设有财务职能，其作用就是管理整个集团的现金，并根据需要为集团筹集资金。这里涉及重要的财务战略，但超出了本书的范围，不予详述。

关键战略原则

- 培育涉及旗下有多个子公司的公司总部，子公司的业务领域可能彼此无关。但这样的公司仍然需要定义其宗旨并明确使命和目标。对于业务活动非常分散的公司而言，这可能比较困难。
- 公司总部的作用是帮助旗下子公司增加附加值，否则无法证明运营公司总部的相关成本的合理性。
- 公司总部可以在四个方面提供服务：公司职能、公司发展计划、为增长或问题领域提供额外资金、为集团成员之间建立正式的联系。
- 公司总部需要具备两个特殊的属性才能有效运作：理解子公司所处不同行业的关键成功因素，以及做出特殊贡献的能力。
- 公司总部通常会开展五个方面的主要活动：伦理和企业社会责任；利益相关者管理和沟通；对子公司的控制和指导；薪酬、激励措施和人员评估；法律和财务。

9.4 公司战略：关于公司多元化产品组合的决策

多元化的公司（diversified company）拥有一系列产品，可以服务于不同市场中的不同类型的客户，此类公司拥有**多元化的产品组合**（diversified portfolio products）。这样做的战略考虑是：如果由于某种原因产品或服务出现问题，或者客户转向竞争对手，那么过度依赖这种产品或客户显然会有巨大的风险。

战略决策通常涉及一系列市场中的多个产品系列，这通常称为“平衡的产品组合”。读者会立即意识到，关于产品组合多样化的观点与基于资源的战略发展观点完全背道而驰。第 4 章对资源基础观进行了探讨，它已成为备受推崇的战略理论之一。读者也知道，关于战略发展有多种相互冲突的观点：这是本书的主题之一。在本章中，我们将在多元化的前提下来探讨“平衡的产品组合”的概念。

当组织中有很多产品时，它们很可能处于不同的市场开发阶段：这些产品有些相对较新，有些则较旧。例如，一些基于简单且久经考验的技术的手机已经存在许多年，市场上还有基于最新技术的其他产品，它们具有更大的增长潜力，仍处于市场开发的早期阶段。

许多组织不希望冒险，不会将所有产品投入同一个市场，产品的发展阶段也存在差别：这样的公司就实施了多元化战略。公司虽增长有限但利润稳定，还有尚在初期、潜力无穷的产品。实际上，可以用已有稳定利润的产品来支持在未来增长并创造利润的产品。

根据这一论点，战略的关键就是要打造平衡的产品组合：既有风险低但成长乏力的产品，也存在有风险但有潜力和回报的产品。可以从利润和现金两个方面来衡量。（这里用现金进行衡量的原因是，无论在理论上还是在实践中，盈利的公司也可能会破产。比如公司的现金不足，其利润全部被用于发展。必须理解这其中的差别。）公司总部的关键战略问题就是如何在保持当前稳定性的基础上实现增长，保持两种需求之间的平衡——起点就是产品组合分析。

产品组合分析最初是由波士顿咨询集团（BCG）在 20 世纪 70 年代提出的，因此这种方法被称为 BCG 产品组合矩阵。**产品组合矩阵**（portfolio matrix）依据两个标准来分析组织拥有的产品范围（产品组合）：相对市场份额和市场增长率。它有时被称为成长－份额矩阵，曾受到很多批评。后来开发了其他版本的组合矩阵，如定向策略矩阵，克服了之前矩阵中的弱点。产品组合分析是多产品公司实现产品最佳平衡的一种方法。

BCG 成长－份额矩阵

该矩阵是分析产品组合平衡的一种方法，目的是在多元化的公司中实现增长与产品稳定性之间的最佳平衡。根据此矩阵，有两个基本因素可定义产品在市场上的战略位置：

1. 相对市场份额——对于每种产品而言，相对市场份额是指组织产品份额所占的比例除以市场领导者所占的比例。[20]

2. 市场增长率——对于每种产品而言，该产品品类的市场增长率。

相对市场份额很重要，因为在市场竞争中，拥有比竞争对手更大的份额是有利的，这创造了活动的空间，有利于扩大投资的规模和对分销渠道的把控。一些研究人员，如巴泽尔（Buzzell）和盖尔（Gale）[21]声称找到了相关的支持证据，例如在对大型公司的调查中，两位研究人员发现，市场份额超过 50% 的公司的收益率是市场份额较小公司的三倍。还有其他实证研究也支持这一结论。[22]然而，雅各布森（Jacobsen）和阿克[23]对此提出了质疑。他们指出，这种紧密的相关性也可能是业务中的其他差异造成的。高市场占有率的公司不只在市场占有率方面领先，在其他方面肯定也有不同凡响之处。例如，它们的管理水平可能更高，也可能运气更好。但是，阿克本人在其最近的研究[24]中也承认，产品组合确实有其实用性和局限性。

市场增长率之所以重要，是因为与低速增长的市场相比，快速增长的市场提供了更多的销售机会。快速增长的时候，不太可能从竞争对手那里抢占份额，更多的是由进入市场的新买家实现的，这为合适的产品提供了许多新机会。但是，这也存在困难，主要是成长型市场通常不如低增长型市场有利可图。通常需要投资来促进快速增长，这就需要占用一部分利润。

相对市场份额和市场增长率共同构成了增长－份额矩阵，如图 9－3 所示。应当指出，“矩阵”一词具有误导性。实际上，图中并没有独立的框格，而是四个相互融合的区域，只是这四个区域都有自己的名称，代表了不同的战略含义。

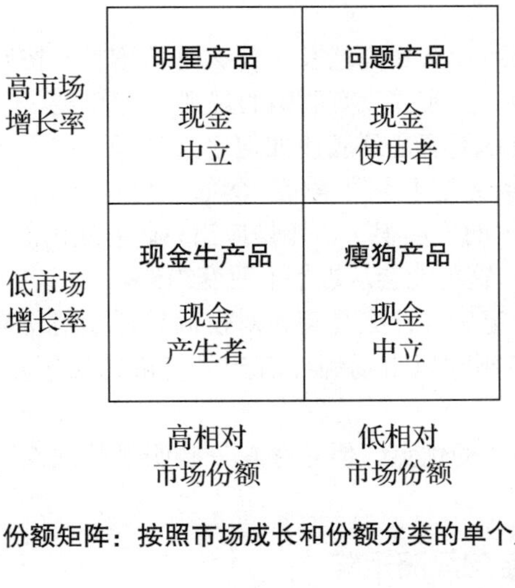

图 9－3　成长－份额矩阵：按照市场成长和份额分类的单个产品和产品系列

- 明星产品。图 9－3 中左上方的象限代表**明星产品**（stars）：在高增长市场中运营的拥有相对较高的市场份额的产品。高增长率意味着需要大量投资，因此这些产品将消耗现金。但是，由于它们具有较高的市场份额，因此它们有望具有规模经济效应，并能够产生大量现金。可以说它们在现金方面是中立的，但这一假设在实践中不一定能得到支持，并且尚未经过充分的检验。

- 现金牛产品。图 9－3 左下方的象限代表**现金牛产品**（cash cows）：在低增长市场中拥有相对较高的市场份额的产品。业务已经成熟，也就是说不需要很多投资。因此，它们很可能既产生现金又实现利润。这样的利润可以用来支持明星产品。但是，确实有战略上的风险，即如果对现金牛产品的支持不足，可能会失去其市场份额。[25]
- 问题产品。图 9－3 中右上方的象限代表**问题产品**（problem children）：在高增长市场中相对市场份额较低的产品。此类产品尚未在快速增长的市场中占据主导地位，或者由于竞争更加激烈，它们失去了主导地位。市场的增长意味着可能仍然需要大量投资，而低市场份额意味着此类产品难以产生大量现金。因此，这些产品将消耗现金。
- 瘦狗产品。图 9－3 中右下方的象限代表**瘦狗产品**（dogs）：在低增长市场中相对市场份额较低的产品。这类产品需要的投资较少，但它们不太可能成为主要的获利来源。因此，在这里两个要素应该相互平衡，总体上就现金而言是中性的。实际上，由于要保持现有的位置，它们在现实中还是会消耗现金。从长远来看，它们通常被认为没有吸引力，建议放弃此类产品。

总而言之，整体的战略就是要从现金牛产品中拿出现金来资助明星产品，并投资那些尚未在矩阵中出现的新产品。也可以有选择地将现金投资于一些问题产品，让它们成为明星产品，而其他产品要么给予支持，要么售出，从而为其他领域提供资金。通常在许多组织中，瘦狗产品是最大的类别，也是最难进行战略决策的。是否应该出售？是否可以对它们进行重新定位，从而使其在较小的市场中获得主导优势？它们真的对现金是中性的，还是会消耗现金？如果它们确实消耗现金，可以采取什么战略？

显然，该方法提出的战略问题对战略分析和战略制定来说是有用的。在第 10 章中，我们将在战略选择的背景下进一步研究这些内容。

BCG 成长－份额矩阵存在的问题

该矩阵存在许多问题。最明显的问题就是仅根据两个简单的因素来定义战略，忽略了其他问题。这些问题包括：

- 对市场增长的定义。什么是高增长，什么是低增长？按照惯例，通常定义为每年的市场增长率高于或低于 5%，其实并没有明确的规则。
- 对市场的定义。始终不清楚到底该如何定义市场。如果将市场定义得足够窄，总是可以让某个产品在这个市场上处于主要地位。例如，我们应该研究整个欧洲钢铁市场，其中法国北方钢铁联合公司所占的份额很小，还是应当只研究法国的细分市场，法国北方钢铁联合公司的份额当然会更大？这可能会从根本上改变结论。
- 对相对市场份额的定义。什么是高相对份额和低相对份额？按照惯例，该比率设置为 1.5（组织产品的市场份额除以市场领导者产品的市场份额），但是为什么应该是这个比率呢？

BCG 矩阵具有简单便捷的优点，但它存在一些明显的缺点，因此后来又开发了很多其他的产品组合方法。

其他产品组合方法——定向策略矩阵

为了克服 BCG 矩阵的明显缺陷，专家们开发了产品组合的其他方法。本质上，这并不是简单（但易于测量）的市场增长和市场份额轴线，而是采用了更为全面的战略成功要素进行度量。有三个例子足以说明问题：

1. 以著名的管理咨询公司麦肯锡开发的矩阵为例，两个轴线分别是市场吸引力和商业竞争力。[26]

2. 对于大型石油公司皇家荷兰壳牌石油公司的战略规划者而言，轴线分别为行业吸引力和业务竞争地位[27]，其矩阵被称为定向策略矩阵（directional policy matrix，DPM）。

3. 大型集团通用电气大约在同一时间开发了另一个非常相似的矩阵，称为业务战略规划网格。

这些矩阵中的大多数都有很多共同点，因此我们在这里仅分析定向策略矩阵。定向策略矩阵的横纵轴分别为：

- 行业吸引力。除了市场增长外，该轴还包括市场规模、行业利润、竞争程度、市场集中度、季节性、需求周期和行业利润。要对这些因素进行评分，然后合并为数字化的指数。可以将多产品业务各部分的行业吸引力分为高、中和低三类。
- 业务竞争地位。除了市场份额外，该轴还包括公司的相对价格竞争力、声誉、质量、地理优势、客户和市场知识。在此要对因素进行评级，并将其分为强、中和弱三级。

然后可以绘制完整的矩阵，参见图 9－4。很明显，如果某个组织在有吸引力的行业中占有很强的竞争地位，则应该进一步投资。例如，联合利华通过在美国、中国和巴西进行重大的收购来继续在全球范围内为冰激凌业务进行投资。相反，在公司竞争地位较弱且吸引力低的行业中，公司应认真考虑剥离该产品领域。例如，联合利华于 1997 年剥离了其特种化学品部门，因为与其他公司相比，该部门实力较弱，并且市场利润率呈周期性下滑。

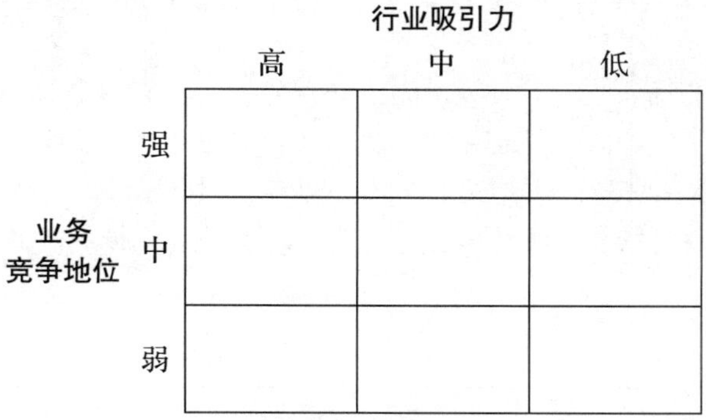

图 9－4　定向策略矩阵

这些矩阵中的其他位置则代表其他的解决方案。例如，在吸引力低且有强大的竞争地位的行业中，可能要实施现金流策略，因为在没有吸引力的行业中进一步投资没有意义，但是会因为竞争地位产生重要的现金流。就联合利华而言，这样的产品类别可能是其油脂业务，虽然在许多国家、地区都有很高的份额，但市场前景远不如消费者洗护用品业务那么有吸引力。

在制定战略的时候，所有这些似乎都很清楚，也有很高的价值。但也存在一定的问题，第一个就是如何开发矩阵的两个轴：例如怎么开发可以反映市场增长、市场规模和行业盈利能力等要素的指数体系。如果可以做到，肯定很费时间，而且一定程度上依靠主观判断。这意味着矩阵要受公司内各种政治因素、影响力和讨价还价的影响，而不是像建立 BCG 矩阵那样简单和理性。除此之外，与产品组合矩阵相关的其他问题将在下一节中讨论。

各类产品组合矩阵的问题

尽管各有优点，但是这些矩阵有不少分析性的问题：

- 不可靠的建议。当瘦狗产品与其他产品共同分担工厂的间接费用时，真的要剔除这类产品吗？我们是不是在高价值的现金牛产品上投资不足，而将资金白白花在本来就很弱的问题产品上呢？关于定向策略矩阵，可以问类似的问题。
- 创新。创新性新产品应该放在矩阵的什么地方？因为在很小的市场中所占的份额极低，这些产品是不是一开始就该剔除？在这种情况下，“竞争地位”又有什么意义？
- 从不需要的产品领域中撤资。在许多西方国家，可能因裁员成本较高，撤资没有吸引力。即使没有裁员成本，撤资的时候也会假定其他公司可能有兴趣，愿意用公平的市场价格来购买，这同样也令人怀疑。
- 感知到的增长和行业吸引力。这种假设不一定适用于所有公司。有些人可能会专门寻求较低的增长水平，从而获得更高的长期利润。
- 假设竞争对手允许组织自由变革。竞争对手也可以针对自己的产品进行产品组合分析。竞争对手的反应可能会打消该组织对产品组合的变革。

尽管开发产品组合可以提出和探讨战略性的问题，但它并不是制定公司战略选项的灵丹妙药。为了应对上面提出的一些问题，已经开发出各种类型的产品组合。阿克[28]对此进行了有用的总结。早在1977年戴[29]曾得出结论，产品组合可作为选择公司层战略选项的起点。这样的评论直到今天也还是有道理的。

关键战略原则

- 产品组合分析提供了一种分析运营多产品的公司的方法。
- BCG产品组合分析仅使用两个变量：相对市场份额和市场增长率。没有包括其他变量是一个明显的缺点。
- 产品组合可以分为四个区域：明星产品、现金牛产品、问题产品和瘦狗产品。然后，将这些类别作为平衡产品组合的基础。该技术仅可作为公司层战略选项的有益起点。
- 由于BCG矩阵存在缺陷，还开发了其他的矩阵，例如基于行业吸引力和业务竞争地位的定向策略矩阵。这些维度还是太过含糊，没有事实依据。

案例研究 9.1

联合利华：产品组合战略有助于大型公司的发展吗？

联合利华是全球最大的食品和消费品公司之一。1999年，它推出了新的“增长之路”战略，目标是聚焦自己的领先品牌，实现新的盈利增长。这是经典的产品组合战略——在低增长的市场中消除弱势品牌，但是联合利华2012年的利润没有比十年前高出多少。为什么？现在的情况如何？

联合利华的利润问题

联合利华在某些市场中实力非常雄厚。例如联合利华是全球最大的冰激凌产品、茶饮料、人造黄油、食用油以及某些护发和护肤产品等的制造商（参见专栏9.1）。它在全球的竞争对手包括跨国公司宝洁和雀巢。尽管联合利华已经成功运营了很多年，但它一直都是在一些相对成熟的市场中开展业务，在全球范围内的协调也非常有限。因此，20世纪90年代后期，公司执行委员会决定淘汰那些表现欠佳的产品，专注于优势领域。不幸的是，联合利华的产品组合增长战略花了很长时间才见效，如图9-5显示，2012年的销售额与2001年几乎没有差别，但是利润开始增加。

专栏 9.1 | 联合利华的主要统计数据

- 2012 年全球营业额为 513 亿欧元，营业利润为 69 亿欧元。
- 在全球 100 多个国家 / 地区拥有超过 165 000 名员工。
- 领先的食品品牌包括花麦 / 贝塞尔黄油、克诺尔汤料、希尔曼蛋黄酱、和路雪冰激凌、蓝带啤酒、本杰瑞冰激凌、立顿。
- 领先的个人护理和清洁品牌包括乐多舒、炫诗、舒耐、多芬、力士、旁氏、艾科 / 凌仕、舒蕾、奥妙、晶杰。
- 自 1999 年启动“增长之路”战略以来，联合利华将主要品牌从 1 600 多个减少到 12 个大品牌，每个大品牌的销售额都超过 10 亿欧元，另有 8 个品牌实现 5 亿欧元的销售额——排名前 20 位的品牌约占总销售额的 70%。

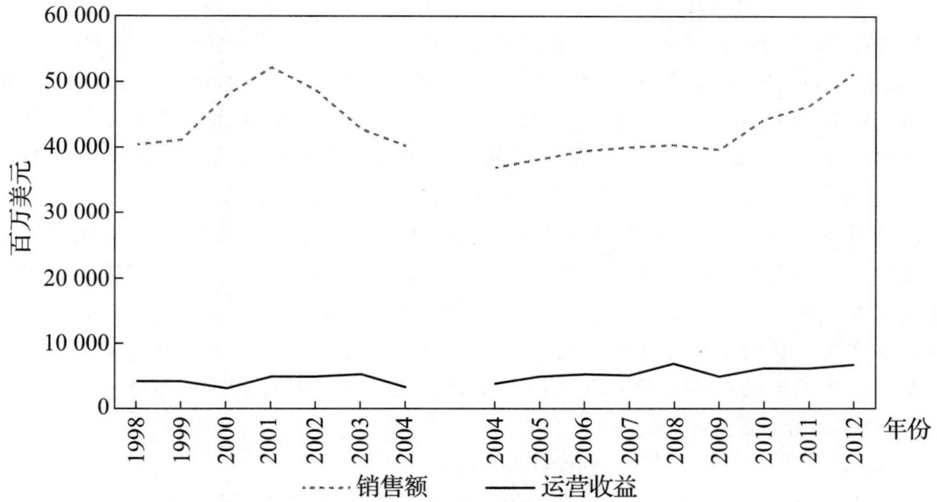

图 9－5　联合利华 1998—2012 年的销售额和利润增长

注：和很多公司一样，联合利华在 2004 年调整了自己的会计准则。比较此次调整前后的数据可知，公司总体增长乏力的趋势未变。实际上，如果考虑通货膨胀，联合利华在 2010 年的销售额和利润肯定下降了，低于 10 年前的实际价值。

资料来源：基于联合利华的年度报告和各年账目。

要了解这种计划型战略方案的背景，我们得从联合利华的历史说起。

背景——战略历史

联合利华是第一次世界大战后，由英国肥皂和洗涤剂制造商李佛兄弟公司（Lever Brothers）与荷兰人造黄油和食用油公司凡德伯格和尤金斯（Van Den Bergh and Jurgens）合并而成的集团。合并之前双方都已经开展广泛的国际业务，希望通过新合并的公司巩固和扩展这些业务。但是，因为国别的差异，新公司的某些特征一直影响着联合利华在 21 世纪的运营方式：公司在荷兰和英国有两个全球总部，直到最近才任命了唯一的首席执行官。特别是在 20 世纪七八十年代，公司一直保持着原有的国际合作和人力资源管理传统，各国分公司基本上是半自治的状态。这并不是全球一体化公司的做法。

早些年，各国分公司都自己管理自己的事务。20 世纪 60 年代，总部首先对清洁剂产品等领域进行了全球层面的协调。[30] 但是，各国分公司还是保留了自己的品牌、战略和制造设施。1965—1990年，联合利华欧洲的洗涤剂业务实际上是多个国家品牌拼凑而成的：英国的宝莹（Persil），法国和葡萄牙的斯盖普（Skip），以及荷兰、奥地利和非洲部分地区的奥妙，各自负责生产运营。相比之下，其竞争对手宝洁在全球的品牌和生产更加聚焦，它着力打造了两个品牌：碧浪和汰渍。因此，宝洁的利润率远远高于联合利华。不过，联合利华的一些新产品更重视协调，例如多芬系列护肤品、立顿茶饮，还有世界各地采用心形商标的可爱多（Cornetto）和梦龙冰激凌产品。

联合利华的计划型方法

20世纪90年代后期，至少在某些产品领域中，联合利华开始在各个国家中相对独立的公司内逐步尝试跨国协调和全球战略。1997年，联合利华总部执行委员会宣布了新的组织结构，有以下几个具体目标：

- 要理清全球范围的管理权责并刺激增长。
- 要为虽然可以创造盈利但乏善可陈的公司文化注入新的活力。
- 要加强产品之间的协调，以激发整个集团更强的责任感和创新意识。

1999年，联合利华的执行委员会在这次重组的同时还实施了一项大胆的新战略："增长之路"。这将使公司的资源集中在400个领先品牌上。它将出售或慢慢淘汰其他1 200个品牌。营销、研究和人力资源都聚焦打造领先品牌，目标是到2004年实现年销售额增长6%，并将利润率从11%提高到15%。简化运营和减少供应商也将节省大量成本——每年可节省超过10亿美元。接着，通过增加营销和广告的投入来实现销售增长。

执行委员会批准了直白的使命陈述（"联合利华的宗旨是满足各地人们的所有日常需求"），采取了一些大胆的战略措施：剥离一些产品，投资其他产品，这是经典的产品组合管理战略。具体来说，公司决定退出特种化学品等低端品牌领域，投资打造全球品牌，例如收购希尔曼蛋黄酱。在随后的几年中，它又投资了个人护理产品，例如凌仕除臭剂和多芬护肤品。原因是这些产品的利润高于人造黄油和茶饮，而且个人护理品市场增长更快。以下是过去10年其产品组合的变化情况：

- 以46亿美元的价格出售特种化学品部门。
- 剥离一系列国家品牌，例如英国的约翰·韦斯特鱼制品、美国的马佐拉食用油、英国的奥秀，还有一系列欧洲汤料品牌：英国的单身汉、法国的雷科和乐喜瑞以及德国的赫斯塔斯。其中一些品牌在本国市场中是市场领导者。
- 以1.25亿美元的价格收购俄罗斯、希腊、巴西、美国、墨西哥和中国的新冰激凌公司，其中还包括美国顶级优质冰激凌公司本杰瑞。
- 以23亿美元收购主要的减肥食品公司Slim Fast。这是"阿特金斯食谱"大流行之前的事，它与Slim Fast完全不同。后来证明联合利华的收购是失败的，因为并未收回投资成本。
- 以200亿美元收购全球食品公司贝斯特（Bestfoods），后者拥有希尔曼蛋黄酱和克诺尔汤料。由于将两个主要的全球品牌纳入麾下，联合利华的收购算是成功的。然而，事后一些评论者认为，投资快速增长的个人产品，而不是增长乏力的食品行业可能会更好。
- 2010年，以12亿欧元的价格收购莎莉（Sara Lee）的沐浴露和欧洲洗涤剂业务。
- 联合利华2006年和2010年在英国和意大利出售了鸟眼（Birds Eye）和芬德斯（Findus）冷冻食品业务。
- 2011年，以37亿美元的价格收购美国雅碧涛公司（Alberto Culver）的个人护理产品业务，包括炫诗和VO5洗发水品牌。

除了这些变化之外，联合利华还决定重组其整个业务，给予关键产品组合和品牌更多的重视。全球化背景下，各国分公司虽有差异也不能完全走自己的路。集团的新架构包括以下内容：

- 业务产品组将具有更大的功能。全国性公司将继续存在，但业务集团将是重中之重。

- 首次确定了具有显著国际增长潜力的七个产品类别：洗涤、冰激凌、黄油、个人清洁、茶饮料、顶级产品和皮肤护理。这些产品具有真正的增长潜力，将优先得到投资。
- 另外三类产品也被确定为世界知名的产品：护发产品、口腔卫生用品和除臭剂。但是，这些类别与上述类别相比增长潜力不足，因此投资也相应减少。
- 创新战略已成为每个公司的关键。
- 联合利华将按照 8 ～ 10 年的时间线来规划基本的产品品类。

产品组合的改变还不够

如图 9－5 所示，新产品组合战略在 2012 年产生的销售额明显高于 1998 年，但利润只稍微高了一点。对数据的解读要谨慎一些，因为销售额中包括那些被剥离的公司的数据，这就能解释 2001 年之后销售额下降的问题。当然公司还是取得了一些进展，例如 2010—2012 年利润上升。但是在 2001—2004 年，公司应该超越其产品组合战略。

2005 年，联合利华决定进一步实施重组，分清管理职责。于是一个新的较小的执行团队取代了之前的执行委员会、两大部门和 11 个业务模块。新团队包括欧洲、美洲、亚洲 / 非洲的三位地区总裁；还有两个产品类别的负责人，一个负责食品部门，一个负责家庭和个人护理部门。新的执行团队由首席财务官、首席人力资源官和一名集团首席执行官（而不是以前的两名）组成。新任首席执行官帕特里克 · 塞斯考（Patrick Cescau）表示："我很荣幸能接受这项新挑战。这些变革将使我们在市场上更具竞争力。在三位区域总裁的领导下，业务融合将使我们真正发挥规模优势并更有效地服务客户。两位（产品）总裁将专注于品牌管理并根据消费者的需求和愿望做活品牌。"

赛斯考 2008 年退休，保罗 · 波尔曼（Paul Polman）接任。他对董事会进一步重组，保留一位产品总裁，增加新的董事专门负责供应链管理和市场营销。重要的是，通过对现有品牌产品组合、产品系列的创新和营销以及为诸如乐购、沃尔玛的主要零售超市客户提供更好的服务，公司的战略重点从降低成本转变为增量发展。他还沿着两个方向进一步推动联合利华聚焦重点产品组合：首先，他更加专注于在增长迅速、潜力更高的发展中国家提升销售额。其次，他增加了对利润率更高的个人护理产品的投资。图 9－6 显示了这两种趋势的结果。

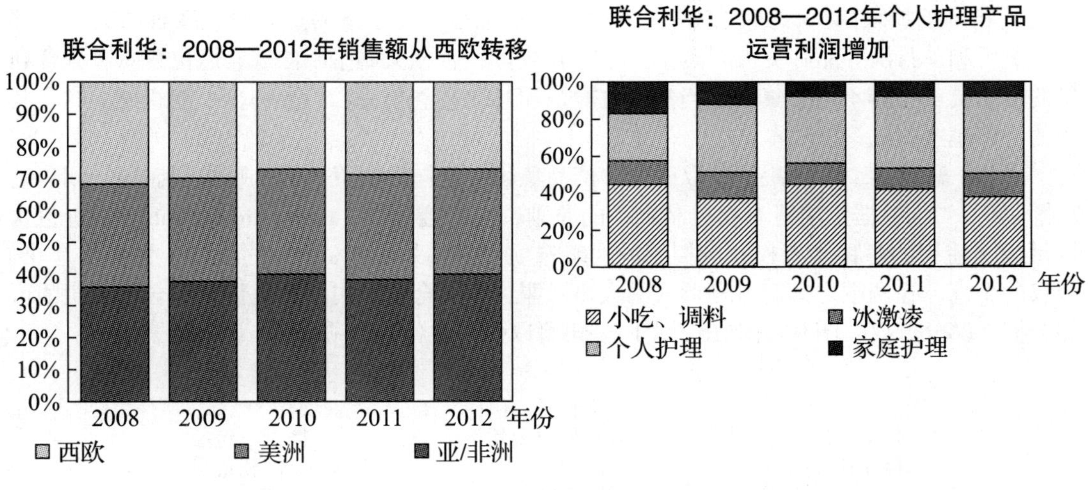

图 9－6　联合利华对发展中国家和个人护理产品的关注

注：（1）美洲的数据包括诸如巴西、墨西哥、智利和阿根廷等发展中国家。2010 年，联合利华 50% 以上的销售额来自发展中国家。（2）部分个人护理产品的利润增加是并购的结果。

资料来源：基于联合利华的年度报告和账目。

绿色战略

如上所述，联合利华进一步发展其绿色战略："我们的指南针战略确立了我们的雄心。这将使联合利华的规模增加一倍，同时减少我们的环境足迹。"要了解更多详细信息，请访问 www.unilever.com/sustainability。

案例问题

1. 从哪些方面来看联合利华的战略规划流程是计划型的？它将如何帮助创新？
2. 联合利华的战略决策在多大程度上是其历史的产物？
3. 鉴于业务规模，你是否会对联合利华的战略决策流程进行更改？你是否确信新的架构和产品重点会产生更好的结果？

9.5 公司层战略选项的实现工具：从收购到重组

在探讨了公司总部的角色以及其产品组合策略之后，我们来研究公司层战略的工具。企业战略家可以使用哪些战略选项呢？通常，这些称为总部的交易性决策。从根本上说，多产品集团的总部将对诸如收购和多元化的主要问题做出最终决定。案例研究 9.1 联合利华的例子中就有这样的决策，其中交易性决策包括出售某些子公司和优先支持其他子公司。

虽然联合利华的业务部门参与了战略选项的开发，但最终决定是联合利华的总部做出的。

在大多数拥有多业务部门的公司中，**总部的交易性决策**（HQ transaction decision）都要求总部做出有关收购和其他重大重组的最终决策。主要原因是：只有组织总部才能全面了解业务中重大变化的含义。可能出现的问题包括：如何为变革提供资金，变革对人力资源的影响，更重要的是由此带来的竞争定位和附加值。例如在案例研究 9.1 中，联合利华以约 200 亿美元的价格收购了希尔曼和克诺尔品牌，这可不是由相关产品的公司做出的简单决策。此次收购彻底改变了集团，还实现了财务方面的扩张。这意味着从全球范围看，有很多新的管理人员和员工加入团队，其人力资源方面的影响也是不可限量的。同时，在集团的其他部门，奥秀和单身汉等品牌要被剥离（出售），这样才符合相关的垄断法规，这也意味着联合利华的相关员工不得不离开集团。当然，对股东和其他利益相关者的影响也不能忽视。联合利华的总部是这些决策的根本。

因此，总部的交易性决策可以改变多产品集团。这样的决策范围从购买到撤资，涵盖的范围很广。[32] 根据集团所有权控制水平的原则，**交易连续体**（transactions continuum）包含可供集团使用的各种所有权和可控制的战略选项：一端是 100% 产权的收购，另一端是 0% 产权的剥离。在两端之间有各种形式的战略联盟，包括合资公司和其他形式的合作，集团可能会拥有部分产权。图 9－7 列出了集团公司可以使用的各类选项。

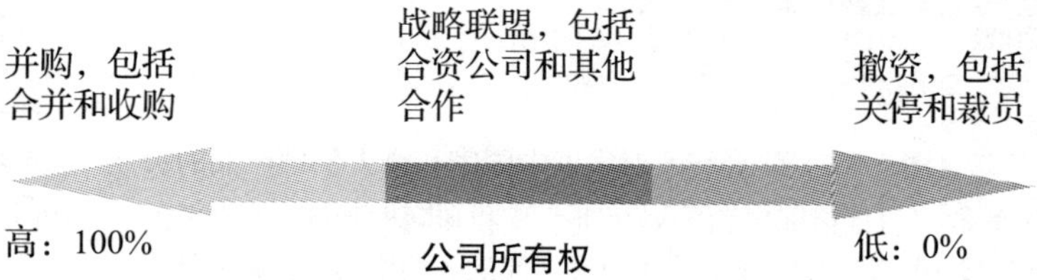

图 9－7 公司总部交易连续体

战略家对公司层面的交易进行了广泛的研究，尤其关注对公司盈利的影响。[33] 就本书而言，可以发现，很多这样的战略其实并不成功，涉及并购的战略更是如此。由于更容易受到公司总部的控制，资产剥离不太容易失败。公司总部拥有要出售的业务，对相关的影响会更加清楚。导致并购失败的原因很多，但现在还没有简单的逻辑来解释失败的原因，研究人员只是提出了一长串可能会导致并购失败的问题清单。

这里的结论可能会让人有些失望。有研究人员对主要的相关证据进行了总结，见专栏 9.2。从本质上讲，他们得出了以下结论："并购活动对公司绩效的影响已得到充分证明，平均而言，并购活动并不会带来卓越的财务绩效……尽管进行了数十年的研究，但并购活动对公司财务绩效的影响尚不清楚。"[34]

专栏 9.2 | 并购的绩效表现

研究方法	研究实例	结论
1. 积累起来的研究结果	King et al. (2004)	平均而言，并购并不会带来出色的财务绩效
2. 是否可以长期持有并购业务	Datta (1992)	剥离的比保留的更多
3. 并购的影响仍"不确定"	Ravenscraft and Scherer (1987)	没有利大于弊的证据
4. 对收购者而言，并购的好处通常是以资源或市场为基础的	Roll (1988); Haspeslaugh and Jemison (1991); Sirower (1997); Anand and Singh (1997); Ahuja and Katila (2001); Hayward (2001)	可能有好处，但未被完全证明：请注意与基于资源的战略（第 6 章）和基于环境的战略（第 3 章）的关系

资料来源：compiled by the author from various research papers. The full references can be found by examining two papers: (1) King, D R, Dalton, D R, Daly, C M and Covin, J G (2004). " Meta-Analysis of Post-Acquisition Performance: Indications of Unidentified Moderators" , *Strategic Management Journal*, Vol 25, pp. 187–200. (2) Hayward, M L A (2002). " When do Firms Learn from their Acquisition Experience? " *Strategic Management Journal*, Vol 23, No 1, pp. 21–40. There is a useful summary of the broader issues in M&A activity by Michael Hitt, R Duane Ireland and Jeffrey S Harrison in Chapter 12 of Hitt, M A, Freeman, R E and Harrison, J S (2001). *Handbook of Strategic Management*, Blackwell Business, Oxford.

关键战略原则

- 在有多个业务部门的公司中，总部的交易性决策要求总部做出有关收购和其他重组的最终决策。此类决策可以从收购到撤资子公司的整个连续体系里选择。
- 有大量证据表明，并购并没有取得很大的成功，原因还不清楚。剥离更有可能取得成功，因为公司总部更了解那些要剥离的子公司。
- 可以为并购设计指导性的清单，以增加获得成功的可能性，但是这也不能保证成功。

批判性反思

可以同时实施公司层战略和资源基础观吗？

支持公司层战略的主要论据之一是：多产品的公司在多个市场都有业务，某个市场中的利润下降可能被另一个市场的利润上升抵消。但是，这种方法与战略制定的资源基础观背道而驰，基于竞争性资源的战略要比其他的战略更有可能成功。

公司层战略分散风险的方法和资源基础观可能存在冲突。

你怎么看？哪个理论更有用？

思考问题

1. 思考案例研究 9.1，“增长之路”的战略是否只适用于联合利华，其他公司是否也可以从中受益？

2. 本章建议公司总部应就收购和其他主要活动做出最终决定。你同意吗？这种方法有哪些困难？

3. 选择两个你熟悉的组织，一个来自商业部门（可能是工作或学习地点），另一个是志愿组织（可能是你参加的兴趣爱好、运动或社团组织）。它们是否也有总体层面的战略决策，比如是否实施多元化，或对组织的总体方向做出决策？它们应该参加这样的活动吗？

4. 小公司可以从本章介绍的公司层战略中受益吗？如果可以，是哪个战略，为什么？如果不可以，是否意味着小公司无法实现多元化？

5. 无关的多元化有哪些好处和问题？多产品公司是否需要在所有的子公司中建立关联？

6. “好的母公司会不断寻找可以改善其业务绩效的方法。”（迈克尔·古尔德（Michael Goold））母公司干预多元化子公司的战略到底是否明智？

7. 涌现型的战略管理方法也很重要，在哪些情况下你可以用这种方法来开发公司层的战略选项？

延伸阅读　　注释和参考文献

10 战略评价与制定：计划型过程

学习目标

学习完本章后，你将能够：

- 区分计划型战略的内容和过程。
- 识别评估战略选项内容的六项标准。
- 概述计划型视角筛选战略选项的主要过程和工具。
- 对各种战略选项进行评价，选出最合适的选项。
- 提供各种可以帮助选择的经验证据和实践指南。
- 介绍战略制定过程中经典计划型方法的主要内容。
- 评价经典方法的缺陷，提出克服缺陷的建议。

引言

确定了可用的战略选项之后，经典的计划型战略认为，下一步的战略任务就是要在各类选项之间进行选择。[1]本章的主题就是这个选择过程。这延续了第 8 章和第 9 章中探讨的选项制定过程。

战略选择涉及两个方面，应明确区分战略内容和战略过程。

1. **战略内容**（strategy content）是指最终选择出的可以实现组织目标的实际战略。战略内容就是计划的内容。

2. **战略过程**（strategy process）是指在可以影响战略制定和实施的人之间进行交流和讨论的过程。过程主要研究这些问题：谁制定计划，如何开展工作，他们在组织中的位置如何等。

本章先讨论战略内容，再研究战略过程。

为了选择战略的内容，本章首先在 10.1 节中探讨可能使用的主要标准。然后，在 10.2 节中介绍选择过程可能采用的主要程序和工具。为了更好地完成选择，在 10.3 节中列举一些一般性的准则和经验证据，帮助思考哪种战略选项可以奏效。

最后介绍战略过程，10.4 节会描述经典的计划型方法，介绍主要相关人员的作用和职责。本章主要关注计划型的过程，下一章将探讨涌现型的过程。

本章的结构如图 10－1 所示。

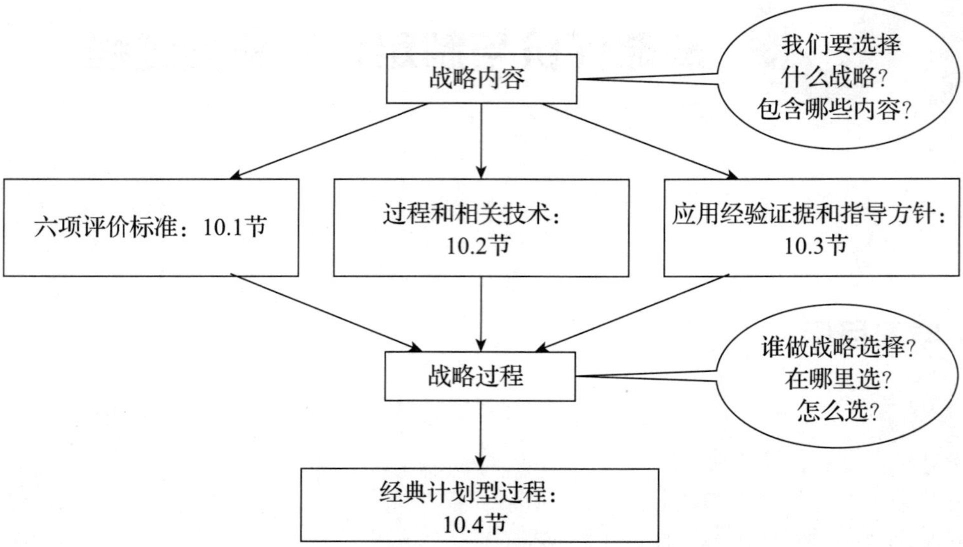

图 10－1　战略选项的选择

10.1　计划型战略的内容：基于六项标准的评价

计划型战略采用的方法是对各种战略选项进行理性和基于事实的分析，发现最有可能成功的战略：在各种选项之间进行挑选的时候，要靠逻辑和证据。因此，需要评估各个战略选项的内容，确定其对组织的贡献。我们要用结构化的方式去理解，为什么“有道理……但不太可行”。[2] 这就需要有评价的标准。

每个组织肯定都有自己的标准。但是作为起点，我们可以用六项主要标准来评价相关的战略选项[3]：一致性、适用性、有效性、可行性、业务风险和对利益相关者的吸引力。本节将逐一研究。

标准 1：一致性，尤其是与组织的使命和目标的一致性

如果组织的宗旨是增加价值，那么战略管理可以通过组织的使命和目标来定义宗旨（第 6 章已详细探讨）。在非营利组织中，可以通过不同形式的服务来定义宗旨。无论组织的宗旨是什么，对战略选项的第一项检验就是其一致性。**一致性**（consistency）是指战略选项是否与组织的目标一致。在商战环境中，这就是使命及其实现组织既定目标的能力。如果某个战略选项不符合这些条件，则很可能出现下面两种情况：

- 使命和目标实现难度极大或不合适，予以改变。
- 摒弃这种战略选项。

如果已经仔细考虑过使命和目标，那么摒弃可能是最好的选择。例如，欧洲消费品公

司利洁时（Reckitt Benckiser）就要求，在固定汇率下其所有业务领域的净收入增长率要达到 5% ~ 6%。[4] 这意味着，任何在长期内无法达到该目标的战略选项都将被公司拒绝。“长期”的定义和以下事实有关：某个战略选项在其实施的早期可以不达标，但必须在长期内达标。

标准 2：适用性

某些选项可能比其他选项更适合组织去实施：每个选项与环境以及资源的匹配程度如何？怎样才能打造竞争优势？**适用性**（suitability）意味着要适合组织内部和外部的战略环境。这样，就可以基于各种机会和威胁的匹配来思考环境的影响。接着，就可以基于组织的优势来打造竞争优势，着力建构核心竞争力，以克服现有的弱点。

第 8 章开头的 SWOT 分析已经总结了这些因素。当然也可以检验战略选项与 SWOT 分析的一致性。例如，联合利华冰激凌品牌在很多市场中都有份额的优势。忽略这种优势去采用全新产品和全新品牌的战略选项就得仔细研究，很可能（但不一定）会被弃置不用。实际上，已经有公司用这种战略实现了细分市场的扩张——联合利华就是一个例子，该公司收购本杰瑞品牌后，就实现了在顶级冰激凌细分市场中的扩张。

标准 3：有效性

大多数战略选项都要对未来进行某种形式的假设研判。这样的假设需要进行测试，才能确保其有效性和合理性，要确保它们在逻辑上是合理的，也要有相关研究证据的支持。**有效性**（validity）意味着制定计划的相关计算和研判都要有充分的根据，也要有现实的意义。此外，许多战略选项都会使用商业情报作为背景资料，这样才算言之有理，否则就会令人怀疑。例如，联合利华掌握的竞争对手的某些信息（比如市场份额的数据）就是可靠的，但其他信息有待商榷（比如关于雀巢未来计划和意图的信息恐怕就不那么可靠）。

鉴于以上两种情况，需要检验每个战略选项中相关假设和信息的有效性。实际上，适用性和有效性的要求有些重叠。在此类问题中要进行主观研判，因此应该注意常用的商业研判和通用准则。

标准 4：可行性

可行性（feasibility）意味着所提议的战略是可以执行的。即便战略选项与使命和目标保持一致，还有其他困难会限制战略获得成功的可能性。实际上，某种战略选项可能在以下三个方面缺乏可行性：

1. 组织内部的文化、技能和资源。
2. 组织外部的竞争性反应和其他问题。
3. 管理者和员工不守承诺。

组织内部的约束

在实践中，组织可能没有实施战略选项所必备的文化、技能或资源。例如，组织中可能存在一种文化，能够应对循序渐进的变化，而不能支持既定战略所要求的根本巨变。例如，高度集权的英国公司唛特（Metal Box）与松散的法国公司卡诺（Carnaud）合并的时候，就遇到了文化方面的冲突，集团出现了很多问题。[5]

同样，组织可能缺乏某种战略选项所需的技能。由于各种原因，公司可能无法通过对外招聘人员来获得这些技能。

另外，有些组织可能没有足够的资金来支持相关的战略选项。例如，法国电脑公司布尔集团（Groupe Bull）在 20 世纪 90 年代中期就遇到了困难，无法为其战略的发展筹集资金，公司在前十年实施了一系列雄心勃勃的战略举措，此后却举步维艰。[6]

专栏 10.1 总结了一些主要的和内部有关的可行性问题。

专栏 10.1 内部可行性的清单

1. 资本投资的需要：我们有资金吗？

2. 累计利润的预测：利润足够高吗？

3. 营运资金的要求：营运资金够吗？

4. 应付税款和股息支付：有什么影响，时间要求紧张吗？

5. 员工人数，与裁员相关的任何费用：国家关于解雇人员的法律是什么？费用高吗？

6. 新技术技能，设立新工厂和关闭旧工厂的成本：是否拥有这些技能？是否需要招聘或临时雇用一些专业人员？

7. 新产品及其开发方式：是否有经过全面测试的新产品组合，对其有信心吗？是真正有突破性的产品，还是步竞争对手的后尘？

8. 投入营销的资金和时间以及所需的专业知识：有资金吗？什么时候需要资金？是否拥有诸如广告和促销代理团队之类的专业知识来实施战略？

9. 与其他公司进行收购、合并或合资的可能性及其影响：是否已充分研究了其他的战略选项，以及各种选项的好处和缺陷？

10. 与所有相关的人员交流想法：该如何进行？相关的管理者和员工会支持吗？

组织外部的约束

在组织外部，有四种因素会影响战略选项的可行性：客户接受度、竞争反应、供应商接受度以及来自政府或其他机构的监管。

因为最终购买新产品或服务的是客户，所以新战略需要获得客户的认可。此外，受战略选项影响的竞争者可能会做出反应，使选项难以实现。例如，美国软件公司微软的 Windows 操作系统拥有全球个人电脑软件市场约 90% 的份额。竞争对手曾指责，为防止新的竞争性软件产品，微软故意提前发售自己的相关产品。[7] 竞争反应的可能性也需仔细评估。

组织之外还可能存在其他约束，使相应战略难以实施，甚至无法实施。例如，联合利华的冰激凌产品就需要仔细考虑欧盟绿色政策的影响。这样，集团可能既有设计新包装的战略机会，又受到减少包装材料的约束。

专栏 10.2 总结了有关研究。

专栏 10.2 外部可行性的清单

1. 客户对我们提出的战略有何反应？

2. 竞争对手将如何反应？是否有必要的资源来应对？

3. 供应商是否会提供必要的支持？

4. 政府或监管部门会批准吗？可能性有多大？

缺乏管理者和员工的支持

如果组织中的主要成员不支持，战略是不可能成功的。例如几年前，美国玩具零售商“玩具反斗城”（Toys ‘Я’ Us）在瑞典实施业务战略时就遇到大麻烦，因为当地管理者和员工觉得这不符合瑞典处理劳资关系的传统。[8]

之所以会出现这种限制，是因为某些组织会明确区分高级经理负责的战略制定与基层经理负责的日常管理工作。[9]在这样的组织中，基层管理者和员工不太可能参与战略制定的过程：当相关结果传达给他们时，他们当然就不愿意去支持这样的授意。

某些战略决策可能需要集权化的管理高层做出，例如，诺基亚在20世纪90年代初要剥离某些公司的决定。尽管诺基亚一直崇尚开放的芬兰文化，但新战略的决策还是由一群高管做出，并没有认真咨询更多的基层管理者和员工的意见。由于新战略要出售诺基亚的部分公司，这样做并不奇怪。

标准5：业务风险

大多数有价值的战略往往要冒一定的风险。在这种情况下，**风险**（risk）意味着该战略会让组织承受不必要的危害或不合理的危险，需要仔细评价。有些风险可能是组织无法承受的。有很多战略管理的例子，组织在冒险激进后就一直疲于奔命，要想办法脱困。例如，德国最大的工业公司戴姆勒－奔驰因为过去20年中采用的扩张战略承受了相当大的风险（参阅第16章）。1998年，公司决定与美国汽车公司克莱斯勒合并，当时想要盈利就会面临相当大的风险。[10]2006年回头来看，此举并不成功，值得反思。其风险还算是可控的，两家公司还有分道扬镳的可能性。

很容易将业务风险简单地看成战略的约束条件。日本战略家大前研一说过，规避风险可能会限制公司从现有局面中突破。[11]有时，承受一定业务风险的战略才是最有价值的战略：多年前戴姆勒－奔驰与克莱斯勒进行合并，我们是否太过谨慎呢？对于风险来说，主要应该考虑：

- 要对所有风险进行明确的评估。
- 要考虑在出现问题时可以减少损失的各种应急措施。
- 要判定组织是否可以承受这些风险。

在组织中，评估风险的方法并不是唯一的，有许多工具可以使用。下面探讨了两种方法：财务风险分析和场景构建，其他工具稍后介绍。

财务风险分析[12]

在进行战略规划的时候，无论是私有公司和还是公共部门，都要对战略选项进行某种形式的财务风险分析。相关的分析有多种类型：

- 现金流分析。这种分析至关重要。宣称盈利的组织可能因为缺少现金而破产。因此，组织要对每个战略选项所需要的现金流进行评价，相关内容稍后探讨。
- 盈亏平衡分析。这也是一种常用的方法：计算收回初始投资所要达到的业务销量。重点在于研究计算出的销量是否合理。
- 公司借款需求分析。某些战略选项会严重影响从金融机构和股东那里筹集的资金数量。这是战略分析中真正有风险的领域，需要与组织内外部的财务专家一起仔细研究。
- 财务比率分析。还可以对公司流动性、资产管理、持股和相关领域进行评价。可能有人会说用不着，因为公司早就应该对此非常清楚。但是主要供应商呢？主要的客户呢？当公司的财务紧张时，上下游的破产会产生连锁反应，因此相关方面也得考虑。可以从10.2节介绍的现金流分析入手。

在分析国际业务的时候，还需进行汇率分析。汇率的重大变化可以在一夜之间让国际业务获得的利润化为乌有（情况乐观的时候，可以大赚一笔）。过去几年，许多大型公司已经注意到这一点。这可能需要一些专业人士的帮助。

场景构建

还有一种很有用的方法，很多组织都作为基本的战略提议来使用。本质上，这种方法研究的是“如果……那么”这类问题对战略的影响。每个战略选项背后的基本假设各不相同，例如，经济增长、价格、汇率波动、原材料价格等，相关的影响可以用资本回报率、现金和其他公司目标进行评价。可以用关键成功因素来确定需要考虑的重点。

要评价这些因素的涨跌对任何变化的敏感性，来确定哪些因素至关重要。在实施战略前就应仔细研究那些特别敏感的变化，实施的过程中也要密切监控。

例如，关于诺基亚智能手机，可以检视关键假设变化可能带来的影响。

- 如果诺基亚无法使用新的 Microsoft 软件，将会有什么影响？这是很具体的问题，其答案可以用来评价相关的战略。
- 如果诺基亚失去其 2010 年全球市场份额的 1/3，将会有什么影响？或许因为等待新智能手机问世，会失去自己一半的市场份额？这里也可以具体核算，来检视这种变化的敏感性。
- 如果诺基亚在廉价手机比智能手机更为重要的发展中国家失去了市场的主导地位，将会有什么影响？也许最简单的计算方法就是假设它的低成本竞争对手比如中兴通讯成为市场领导者，这样就可以计算结果，然后来评估变动的敏感性。

显然，敏感性分析的结果可以被实施战略选项的人使用，为他们提供对相关风险的有益估计。

标准 6：对利益相关者的吸引力

对利益相关者的吸引力（attractiveness to stakeholders）意味着战略要对公司需要满足的相关人员具有足够的吸引力。正如在第 6 章中探讨的那样，每个组织都有其利益相关者，例如股东、员工和管理人员。他们都会关注组织正在考虑的战略，因为他们可能会受到影响。各种利益相关者的利益和观点可能并不总是相同的。例如，某个战略选项可能会为股东增加财富，也可能意味着组织中的员工要面临被裁掉的风险。因此，同一战略对各个利益相关者的吸引力可能各不相同。

要解决这个问题，可以根据利益相关者的利益对其进行优先级评价。例如，如果优先考虑股东的话，就要增加分红，缩减开支，甚至可能要解雇一些工人。有些专家和公司会毫不犹豫地选择这条路。但是对于战略管理来说，这么做可能过于简单了。

关键战略原则

- 评价战略选项的好坏取决于选择的标准。有六项主要标准：一致性（尤其是与组织的使命和目标的一致性）、适用性、有效性、可行性、业务风险以及对利益相关者的吸引力。
- 与组织宗旨的一致性是评估和选择战略的主要标准。
- 战略对组织所处环境的适用性显然也很重要。
- 开发战略选项时，要对所使用的预测工具和数据的有效性进行评价。
- 在研究某种战略选项是否可行时，需要研究三个主要领域：首先是组织内部的因素，主要是缺少相关资源而引起的；其次是组织外部的因素，例如客户接受度和客户的反应；最后，还要特别考虑员工和管理者的接受度和支持程度。
- 还必须评估战略选项可能给组织带来的风险，因为这些风险可能很高。可以从两个大的方面来评估此类风险：财务风险分析和敏感性分析。
- 还需要评估利益相关者对主要战略计划的反应。要根据利益相关者的利益对其进行优先级评价：可以是股东为先，也可以不是。利益相关者的反应可以从五个方面进行评估，每个都与所涉及的利益相关者群体的首要利益相关。

10.2 战略评价：过程和工具

在研究可供使用的各种标准时，有时需要考虑某些标准是否比其他的更重要。在这种情况下，有时可能无法进行优先级排序。

商业组织的标准

对于大多数组织而言，可以根据使命和目标来确定标准的优先顺序。为此，以下三个问题可能需要仔细研究：

1. 每个战略选项是否与组织的使命一致？它能否很好地实现目标？

2. 每个战略选项是否发挥了组织的优势？是否利用了已经明确的机会？是否利用了组织的核心资源？如果选项与这些问题不一致，则可能要舍弃。但是应该注意，不能随便舍弃某个战略选项。

3. 每个选项是否可以避免甚至克服组织的弱点？对于已识别出的威胁，是否也有同样的作用？

问题 3 的优先级低于问题 1 和问题 2。[13] 因为实现组织使命和目标并打造竞争优势，要比担心组织的劣势更为重要。但是在某些情况下，弱点也不容忽视，战略选项要考虑这些弱点。

仅考虑那些可以数字化的标准就大错特错了。例如，许多组织制定与客户服务质量和满意度有关的标准；有的组织的标准会包括为更广泛的社区提供的服务。这些可能不容易量化，但同样重要。所有这些都要在遴选战略选项的标准中体现出来，它们都强调了认真定义组织宗旨的重要性。

非营利组织的标准

在这样的组织中要格外小心。当选择的标准不合适的时候，任何量化的标准都不应成为决定战略选项的主要标准。所有非营利组织都需要创造附加值。除此之外，标准应该着重体现服务的各个重要方面，或者要体现与使命匹配的社区价值。

非营利组织的标准还需要考虑这类组织的不同决策过程和激励其前进的信仰。因为要考虑对志愿活动的支持、对工作的强烈使命感和信仰以及组织的风格，可能难以在一系列选项之间做出简单的选择。

非营利组织可能对使命有着很高的忠诚度，但其组织形式可能是分散的，各地分支机构会自己决策。如果是这样，则很难对战略选项进行集中的评价。专栏 10.3 将非营利组织与商业组织的目标进行了比较。非营利组织对战略选项的评价可能更加分散和开放。

专栏 10.3 商业组织和非营利组织可能的标准比较

商业组织	非营利组织
• 可量化的	• 定性的
• 不变的	• 可变的
• 一致的	• 冲突的
• 统一的	• 复杂的
• 可操作的	• 不可操作的
• 清楚的	• 模糊的
• 可衡量的	• 不可衡量的

选择的第一步

在研究与战略选项相关的问题之前，通常需要对一个或多个选项进行一些初步的选择。在某种程度上，初步评价将取决于组织的类型。在商业环境中，可能要从公司的利润开始。在非营利组织中，其他因素如服务能力可能更为重要。这就是要对使命和目标进行认真研究的原因。有时，也得剔除那些从长远看明显不会成功的战略选项。专栏 10.4 总结了初步评价可能涉及的步骤。

专栏 10.4 | 初步战略评价的十个步骤

1. 剔除那些不可能实现目标、完全无效的方案。
2. 基于市场份额、价格、促销力度和竞争反应，估算剩余的所有选项的销售额。
3. 估算每种剩余选项的成本。
4. 估算实施每种选项所需的资本和其他资金。
5. 计算每种选项的资本回报率。
6. 计算每种选项的收支平衡点。
7. 计算每种选项的净现金流量。
8. 评价预计的销售水平是否过高估计了市场份额，或过低估计了成本。销量合理吗？真正的战略弱点可能出现在这里。
9. 评估可能的竞争反应及其对每种战略选项的可能影响。
10. 评估与每个战略选项相关的风险。

评价工具：财务[14]

剔除了那些不能满足基本评价标准的选项之后，下一步就是对其余选项进行财务评价。作为起点，大多数商业组织在评价战略选项的时候都会根据所使用的资本来分析利润。在这种情况下必须注意，只要销售额增加，大多数组织[15]都会需要额外的资金，不只是为了购买新的厂房。之所以会出现这种情况，是因为需要向新债务人提供资金，还要支付新业务活动所需的额外存货。至少有五种主要的财务工具：

1. 资本回报率（ROCE）。
2. 净现金流。
3. 投资回收期。
4. 现金流折现（DCF）。
5. 损益平衡分析。

专栏 10.5 提供了使用财务工具评价战略选项的注意事项。

专栏 10.5 | 使用财务工具的注意事项

根据第 8 章的讨论，使用这些工具来评价战略选项确实有困难：

- 在上述两种计算中，资本成本是至关重要的因素。第 8 章探讨了进行相关计算的困难。如果是长期投资的话，相关计算尤其困难。
- 要准确估计十年后的销售额确实也有问题，因为现金流折现一般都是按十年计算的，即便对消费品公司来说也是非常困难的。但计算直接成本比较容易。因此，对相关数字的预测恐怕有问题。投资回报可能更高。
- 在诸如电脑等产品类别中，由于产品生命周期更短，迭代更加迅速，因此对现金流折现的时间线可能过长。这样，投资回报可能会更高，有些日本公司使用此方法也是这个原因。

- 前文说过，很难将增量资本与持续资本分离开来。不仅在计算资本回报率的时候是这样，所有类似的评价也是一样。
- 由于强调项目本身产生的现金流，相关评价往往过于关注量化的财务收益，而忽略了一些难以量化但有更大战略价值的利益——比如协同效应和价值链构建等。
- 按定义来讲，资本回报率是一种会计的计算方法，关注点是项目的过去而不是其未来的潜力，因此可能不适用于战略评价。

资本回报率

这是对战略选项的盈利能力的一种度量。**资本回报率**（return on capital employed，ROCE）指新战略获取的利润占投入资本的比率。利润通常是在支付可能收取的税款之前计算的，这是因为税收已经超出了对战略选项进行评价的范围。

该比率通常用于评价各类战略。在战略已经实施既定的年限后，可以评估预期的营业利润是多少，通常要考虑息税前的状况。再用营业利润除以该战略选项中投入的资本，通常要按一年进行平均，因为还要考虑资本在一年中的变化趋势。

最难的在于如何定义仅用于该战略的增量资本。在建设了新厂房的情况下很容易计算，如果使用了现有厂房或服务，则很难计算，因为这种情况下所使用的资金很难与其他费用区分开来。

对于正在进行的业务投资，公司通常会设定资本回报率的门槛费率（hurdle rate）：如果回报达不到门槛，就得认真考虑该战略是否应被舍弃。通常要按照公司的资本成本来确定这种比率：如果资本成本较低，则可以设置较低的比率。

净现金流[16]

净现金流（net cash flow）是实施该项目所赚取的折旧前利润减去所需流动资本的定期投资。计算现金流量的重要性在于可以评价负现金流使公司破产的可能性。在将来很可能利润丰厚，这样的资本回报率看起来不错。但是，短期内可能会有大量的负现金流，这意味着公司会关门——公司在等将来利润的时候可能无法支付当前的账单。要估算净现金流，可以将新战略的税前利润之和加上折旧，再减去投入新战略的资本。

在评价战略投资的时候，现金流方面的困难通常会出现在两个方面：

1. 在初始阶段，项目可能要使用现金，而不会产生现金流。
2. 对于投资回报期长的项目而言，在开始赚取大笔收入之前，先投入大量现金。

例如，在国民经济下滑或汇率波动起伏的不确定时期，现金流分析尤其重要。此类事件会产生额外压力，使本来就很紧张的现金状况恶化，造成真正的困境。因此，除了进行正常的现金流分析外，通常还会对此类事件进行敏感性分析或最坏情况的分析，也就是说，要针对该特定战略最坏情形的组合进行现金流分析。

投资回收期

如果战略选项需要大量的专项资本投资，就要计算投资回收期。在刚开始实施战略的时候，要进行投资。随着公司获利，就会收回已投入的资本。**投资回收期**（payback period）是收回初始投入资本所需的时间，通常以年为单位。投资回报的现金流量不会折现，无论发生在哪一年，都可以直接加减。

通常，汽车行业资本项目的投资回收期为 3 ～ 5 年。由于涉及大量资本（通常为数十亿美元）以及行业的竞争性质，其利润率很低。在消费品行业中，期限可能会更短，这倒不是因为市场竞争减弱，而是因为某些商品的利润率更高，例如时装和化妆品行业。相比之下，对诸如电信设施和道路等资本密集型项目而言，投资回收期可能为 20 ～ 60 年。

现金流折现

现金流折现（discounted cash flow，DCF）是指在使用组织的资本成本重新计算现金流每个要素的现值后，未来战略预期可以产生的现金流总和。现金流折现已经广泛用于战略选项的评价。从本质上讲，现金流折现考虑的是这样的现实：5 年以后的现金比今天的现金价值要低，这和上面的投资回报不同。首先，和投资回报一样，要评价战略期内每一年的净现金流，通常还要减去应付给政府的税款。然后，要使用组织的资本成本将每年的现金金额折算回现值。初期，随着资本的消耗，现金流可能为负，但随着新战略的销售增加会为正。有折算表或电子表格可以简化计算过程。净现值（net present value，NPV）是所有未来现金流折现的现值之和。

毫无疑问，如果市场发展迅速，那么很难准确预测未来的现金流。随着技术的革新、政府政策的改变、社会价值和意识的进步以及战争的发生等，即便是稳定增长的市场也存在各种不确定性。这是使用现金流折现时最难解决的问题。

损益平衡分析[17]

损益平衡（break-even）是指实施新战略的总成本等于总收入的节点。通常将其表述为要收回全部固定成本所要销售的产品数量。

进行损益平衡分析的目的就是要找到损益平衡点，即固定成本和可变成本等于总收入的点。因为有许多隐含假设，在现实中用它来进行战略选项分析是不严谨的：

- 成本都可以分为固定成本和可变成本。
- 固定成本是不变的。
- 在分析的品类中，可变成本和收入与销量呈线性关系。
- 可变成本在给定范围内与销售额成比例变化。
- 可以预测不同价格下的销量。

尽管存在这些问题，但损益平衡分析有很大的优点，因为易于理解，可以在整个组织中进行交流。只要谨慎使用，损益平衡分析可以是挑选战略选项的利器。

评价工具：股东附加值[18]

尽管许多西方公司还在使用现金流折现来评价战略选项[19]，但它们在 20 世纪 80 年代就已意识到，忽略那些更深远的战略收益是有问题的。另外还有两个发展也不容忽视：

1. 迈克尔・波特突出了价值链及其在战略制定中的作用（参见第 6 章）。

2. 其他专家[20]开始质疑，用每股收益的稳定增长来衡量股东财富到底是否明智。财富也可以用公司的股价来衡量。经验告诉我们，公司长期产生的现金而不是每股收益与股价联系更加紧密。

由于上市公司的目标是股东价值最大化，因此基于现金流折现和上述困难，出现了股东附加值（shareholder value added，SVA）的概念。其目的就是开发战略，“使每个战略业务单元（strategic business unit，SBU）的长期现金最大化”。[21]因此，估算股东附加值和计算盈利的方法有以下不同：

- 股东附加值采用了现金流的概念，关注整个业务领域，而非单个战略选项。
- 考虑了公司的资本成本，并据此来衡量股东回报。
- 特别强调了该业务的关键成功因素，认为这是产生现金或附加值的重要因素。这些关键因素被称为价值或成本驱动因素。这些关键因素与第 6 章探讨的行业成功关键因素是有联系的，不同之处在于，它们涉及的是单个业务，而不是整个行业。

- 突出了现金产生过程中价值或成本驱动因素之间的相互影响。从这个意义上讲，这与简单的现金流折现视角不同，克服了对单个战略选项本身就事论事的缺陷。

评论

尽管股东附加值是对简单现金流折现分析的提升，但它仍依赖于计划型的战略预测——要对很长时间以后的未来利润进行预测。此外，它还有一个非常关键的假设，即制定战略的主要目标是使股东价值最大化。这在英美公司中可能是正确的，但不一定适用于其他的工业化国家。

评价工具：成本 / 效益分析[22]

由于公共领域涉及商业利润之外的那些不可量化的公务服务，**成本 / 效益分析**（cost/benefit analysis）是对项目广泛社会效益的量化分析，因此尤其关注公共领域的各种项目。20 世纪 60 年代，成本 / 效益分析用来评估建造伦敦地铁维多利亚线的好处，自此以后，如果涉及财务收益之外的情况，这种评价方法就备受推崇。例如，可以包括低污染或再生材料使用率这样的指标。现在这种方法经常用于各类公共服务的投资决策，可以对销售、利润和成本以外更多的收益进行量化评价。

当某些公共服务的收益超出了简单财务评价的范畴时，就可以使用成本 / 效益分析。对那些用户自己不需要直接投资的项目而言，这种方法尤其适用。因此，如果要分析伦敦地铁维多利亚线，就可以评价：

- 乘坐伦敦地铁出行的乘客是否更舒适、更方便。
- 公路拥挤程度降低，公路运输是否更加畅通无阻。

除了效益，可能还需要评价社会成本。在地铁的例子里，可能包括修建地铁时造成的建筑物的沉降或其他不利影响。

成本 / 效益分析的关键在于所有这些更广泛的效益和成本是以货币形式进行计算的。很多研究也都关注如何量化相关的收益和成本。直接投资成本通常更容易确定，可以在相关的计算中使用。

成本 / 效益分析的难点在于效益和成本的可能边界到底在哪里。例如，可能有人认为出行更方便意味着更少的大气污染、大家的身体更健康，因此需要量化健康方面的好处。还有轻松的生活方式等好处，也可以量化。尽管有一些困难，还有更常见的如何量化无形资产的问题，但成本 / 效益分析在评估公共项目和战略计划中的确发挥了积极的作用。

关键战略原则

- 在初步选择最佳选项时，一定要厘清该选项的依据是什么。针对使命和目标进行评价固然重要，但如果要真正奏效，相关评价就必须严谨。对于某些组织来说，未量化的目标可能同样重要。
- 评价的其他标准还包括是否有助于组织的优势和核心竞争力，以及是否可以规避劣势。通常在评价的时候优势比劣势更重要，但有时某种劣势可能不容忽略。
- 组织的不同部分，例如总部、战略业务单元以及参与单个项目的部门等对评价过程有不同的看法。在选择时需要注意这一点。
- 在非营利组织中，标准需要反映其服务或对社区贡献的更广泛层面。还要考虑这类组织的不同决策过程和激励其前进的信仰。这可能会使对战略选项的评价更加分散和开放。

- 为了在商业组织中进行初步评价，可能要剔除那些没有成功机会的战略选项。接着可以计算各种初始选项的利润率、损益平衡点和净现金流。
- 除此之外，可以用十个步骤完成初步评价。从战略角度来看，要特别注意每个选项的预期销售水平，判断要实现目标是否需要超常的市场份额或过低的成本。如果发生这些情况，则可能意味着该战略选项确实有缺陷。
- 在评价的过程中，整个组织应该有大家都接受的共同标准，比如对附加值和盈利能力的贡献。要充分认识每个标准的优缺点。
- 股东附加值（SVA）的评价采用了超越特定项目的视角。这种方法试图基于项目所在的整个业务单元来评价相关的收益。但是，它仍然依赖于这样的假设：股东始终是主要受益人。
- 成本/效益分析已成功地应用于公共部门的相关决策，可以用来评价那些范围更广但难以量化的效益。其主要的难点在于效益和成本的可能边界到底在哪里。

10.3 实证研究的证据和指导原则

除了上一节中战略制定的逻辑外，还有其他组织的一些实证研究证据，可以说明相关战略的成败。这些证据可以用于指导选择最佳战略选项。我们将从以下三个方面进行思考：

1. 一般行业环境；
2. 盈利能力和三个关键战略问题；
3. 并购。

一般行业环境[23]

已经证明，经过逻辑思考的战略往往比其他战略有更大的成功机会。这样的思考可以帮助选择战略选项。对这些关键概念的探索和理解被称为一般战略环境研究。[24] **一般行业环境**（generic industry environment）提出，可以根据应对特定市场或竞争环境的能力来选择战略。有一种很知名的方法来分析一般环境，即 ADL 矩阵。著名管理顾问亚瑟·利特尔（Arthur D. Little）在 20 世纪 70 年代开发了该矩阵。这种方法对组织在某一市场中的优劣势与该市场的生命周期进行了匹配。具体来说，它关注：

- 行业成熟阶段——从年轻且快速增长的市场到成熟且不断衰退的市场。
- 竞争地位——从控制行业占主导地位的公司，到实力薄弱几乎无法生存的公司。

如果过度简化，仅根据公司竞争地位就确定相应的战略是得不偿失的。首先，图 10－2 所示的矩阵只是说明有这样一些选项。例如，如果某公司在成熟市场中处于强势地位，那么矩阵的战略逻辑说明应该：

- 寻求成本领先。
- 更新战略聚焦。
- 在竞争中实现差异化。
- 与行业一同成长。

因此，如果提出了针对该市场和竞争组合的其他战略选项，但它们不符合上述建议，就可以摒弃这些战略选项。本书中各种技术变革的案例已表明这样的分析可能也是漏洞百出的，因为可能出现重大的技术变革和营销创新。

竞争地位	成熟阶段			
	孕育	成长	成熟	衰退
领导	**坚守** 尝试提升市场渗透程度； 投资要略快于市场的要求	**坚守** 捍卫市场份额； 为保持增长率投资（赶走潜在的竞争者）	**坚守** 和行业共同成长； 如有必要，再投资	**坚守** 如有必要，再投资
强势	**尝试提升市场渗透程度** 投资与市场的要求同步	**尝试提升市场渗透程度** 加快增长率（改善竞争地位）的投资	**坚守** 和行业共同成长； 如有必要，再投资	**坚守** 如有必要，再投资或最低限度的再投资
有利	**有选择性地改善竞争地位** 全面或有选择性的市场渗透； 有选择性的投资	**改善竞争地位** 有选择性的市场渗透； 有选择性的投资	**保持** 开发和保护细分市场； 进行最低和 / 或有选择性的投资	**收获，分阶段退出** 或者放弃最低限度的再投资或减资
防守	**有选择性地改善竞争地位** （非常）有选择性的投资	**开发和保护细分市场** 有选择性的投资	**开发细分市场或者分阶段退出** 如有必要，最低限度的再投资或撤资	**分阶段退出或者放弃** 减资或撤资
弱势	**改善竞争地位或者撤出** 投资或撤资	**转向或者放弃** 投资或撤资	**转向或者分阶段退出** 有选择性的投资或撤资	**放弃地位** 撤资

图 10－2　利用行业生命周期组合矩阵进行评估

注：所有框格设定的战略都依赖于生命周期和公司地位两个因素。可以用框格来开发战略选项，也可以用来评价相关的战略选项，以确保和公司的战略定位相符。

资料来源：Reproduced with permission from Arthur D Little Limited. © Copyright Arthur D Little.

盈利能力和三个关键战略问题[25]

相关研究表明，商业组织的盈利能力与三个关键战略问题有关：

1. 质量在战略决策中的作用。
2. 市场份额和营销支出对战略制定的重要性。
3. 新战略计划所需的资本投入。

这方面的证据来自美国的战略规划研究所（Strategic Planning Institute，SPI）。在过去的 20 年中，SPI 一直在收集 3 000 多家公司的数据（其中有约 600 家欧洲公司）。收集的信息涵盖了三个主要领域：

1. 所采取战略的结果（利润、市场份额等）。
2. 公司对该活动的投入（工厂投资、财务、生产率等）。
3. 公司运营的行业状况（市场增长、客户力量、创新等）。

这些数据通常称为 PIMS（Profit Impact of Market Strategy，市场战略的利润影响）数据库，因为有输入和输出，还提供了战略管理的实证数据，该数据库是独一无二的。该数据库收集了各种数据，并计算了各种要素之间的相关性；但学术界对这样的相关性是否有现实意义一直争论不休。[26] 本书认为，它对战略的实证研究做出了有益的贡献。相关结果已经发表，下面将探讨一些关键的结论。除了一般的研究以外，参与的公司还获得了更为详细和更加保密的反馈结果，这样它们也可以评价自己的绩效并得出相关结论。从大量的研究结果来看，有三个关键因素，即质量、市场份额和营销支出以及资本投入。

质量

从长远效果以及 PIMS 的数据来看，影响业务部门绩效的最重要因素就是相对于其竞争对手的产品和服务的质量。和其他战略相比，可以提高质量的战略选项更有可能获得成功，考虑了性价比的战略选项更有可能获得更大的成功。

市场份额和营销支出[27]

在第 3 章中，我们探讨了如果公司在市场上有影响力会对战略有什么影响。这通常用市场份额进行衡量，一定程度上与公司在产品或服务上的营销支出有关。PIMS 监控了市场份额，数据显示市场份额与投资回报率显著相关。对营销支出的监控表明，结果取决于公司是否已经占有较高或较低的市场份额。

PIMS 证据表明，营销活动与市场份额高度相关。[28] 对那些已经有较高市场份额的公司而言，保持支出水平是有好处的。但对那些市场份额较低的公司而言，这种相关性意味着将钱花在营销活动上来扩大市场份额可能不是最佳的战略。通过强化营销来垄断市场的战略选项可能会导致较低的投资回报率。

但是应该指出，从某种意义上来说，相关证据可能是环环相扣的，如果高市场份额公司的利润更高，那么它们将有更多的资金，既可以购买节省成本的设备，也有实力打造更高的质量和开展更多的营销活动。反过来，这将进一步扩大其市场份额和提高盈利能力。对于大多数没有较高市场份额的公司而言，这些证据可能对战略没有什么影响：它们做些什么才能赶得上？要在市场营销和规模经济方面进行投资可能令人望而却步。20 世纪 60 年代，日本的汽车和电子公司就处于这一位置，它们现在已经成为世界汽车工业中的主要力量。创新和市场领导者的失误为所需的战略提供了不少线索。

资本投入[29]

在第 8 章中降低成本的战略背景下，可能有人会说可以投资额外的资本设备以降低成本，从而提高投资回报率。PIMS 数据库则表明，结果不一定是这样的。那些资本投资占销售额比例较高的公司，其利润率也往往较低。从这种资本投资中获得的高生产率和低成本可能无法完全抵消初始的成本。

造成这种情况的原因有很多：第 3 章中全球钢铁行业的案例表明，资本密集型的工厂通常需要以满负荷生产才能盈利。这样的产能要求稳定或持续增长的销售额才能实现利润，而且正如我们所看到的，这可能站不住脚。为了保持产能，这可能会蛊惑公司向客户提供特殊交易，从竞争对手那里夺取市场份额等，所有这些都会降低利润。相比之下，直接的人工则更灵活，可以在需求波动时进行转换。此外，如果公司决定退出该行业，那么对固定资本的投资可能会更加困难，这和第 3 章中钢铁行业的案例一样。此类公司可能更倾向于降低价格来苟延残喘，这反过来会降低行业内所有公司的利润，即使那些已经投资了最新资本密集型设备的公司也是如此。

靠大量资本支出来产生利润的战略选项也需要仔细研究。在某些行业中，可能别无他选。但是，高资本投入不一定会带来高利润。

并购[30]

并购也是常见的可以改善公司绩效的战略选项。第 9 章总结了采用这种方法的主要原因，这既是战略管理的一部分，也是进入新市场的手段。但应该指出的是，这些活动主要限于英国、法国和美国，在欧洲其他地区和远东则很少见。尽管进行并购的原因很明显，但有关业绩的实证研究表明这对进行并购的公司几乎没有任何附加价值。

第 9 章中的一些证据表明并购不太可能成功。这些数据也没说明并购一定不能增加附加价值。但证据确实表明很多公司没有实现增值，主要的原因似乎是过于乐观和模糊的目标，而不是一些更深层次的固有问题。[31]通常，在合作方规模相似的情况下，并购更有可能取得成功。此外，削减成本和缩减资产规模也可能不是提高绩效的最有效方法。应该考虑的是如何转移核心竞争力和实现协同效应。[32]除此之外，没有证据说明这样的战略选项会成功。

关键战略原则

- 由于没有人可以完全确定战略提议的结果，因此要用商业判断的方法。
- 一般行业环境的分析可以为战略评价提供一些指导。要评价两个大类：行业成熟阶段和相关组织的竞争地位。确定了组织在这两个参数的位置之后，就会呈现一些简单的选择。
- 除了这项一般性的工作，对适合特定行业状况的战略还有进一步的指导：对分散的行业、新兴行业、成熟市场和衰退市场都给出了不同的建议。
- 基于PIMS数据库的实证数据表明，从盈利和其他标准来看，战略行动与结果之间存在联系。
- 从PIMS的数据来看，高质量和大市场份额可以对盈利产生积极影响。资本密集的活动不太可能产生积极影响。一些研究人员对这种因果关系持怀疑态度。
- 关于并购对利润的影响，相关证据表明，最好的情况下好坏参半，而在最坏的情况下，没几次是成功的。

案例研究10.1

全球冰激凌：雀巢的攻势

联合利华是全球冰激凌市场的领导者，但是，它正受到雀巢的攻击以及跨国连锁超市的威胁。联合利华还能保持自己的领先地位吗？

全球冰激凌市场：增长的区域

2012年，按生产商的销售价格计算，全球冰激凌和其他冷冻产品的市值约为1 000亿美元。但是世界各地的市场截然不同，每个国家的消费方式存在重大差异。例如，据估计美国人年均消费量为19.8夸脱①，荷兰人为7.2夸脱，印度人仅为0.1夸脱。国际品牌的口味、价格和市场覆盖也存在差异，这反映在全球冰激凌销售的地理分布上（见图10－3）。其中有些是成熟的市场，尤其是北美和欧洲，而其他地区还处在成长过程中。因此，联合利华和雀巢等公司将其主要的增长战略聚焦在发展中的亚洲和其他市场。

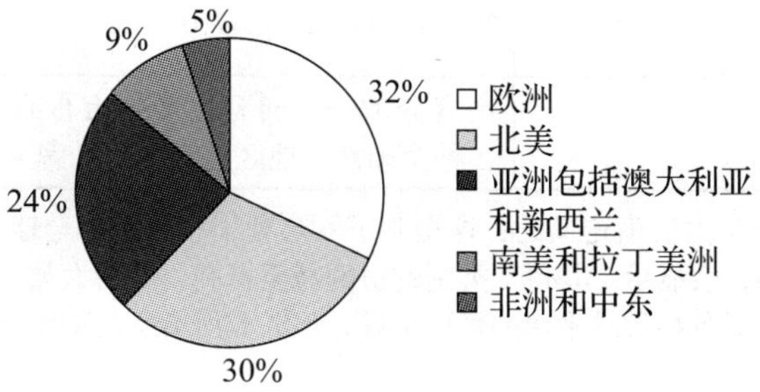

图10－3　2008年全球冰激凌销量的地域分布

资料来源：基于作者对贸易的估算。

① 夸脱（quart），容积单位，在英国和加拿大，1夸脱等于2品脱或约1.14升，在美国等于0.94升。——译者

全球冰激凌市场每年以大约 3% 的速度增长——生活水平高的国家平均增长率较低，而在发展中国家增长率较高。到 2014 年，预计全球市场仍以这一水平增长。这样的增长是有吸引力的，既因为与其他食品相比该市场已经足够大，又因为这种增长水平在食品市场中并不常见。粮食市场是成熟的，其增长水平大致与人口变化相一致。冰激凌市场拥有相对较高的增长率至少有两个原因：

1. 财富增加——随着收入的增长大众消费更多的冰激凌。

2. 便利性的要求提升——繁忙的工作和渴望更多的休闲时间，意味着消费者会更喜欢冰激凌这样的即食产品。

在地理位置偏北的国家中，凉爽的气候意味着冰激凌的消费量每年都会随温度变化。天气炎热，冰激凌消费量就高。气候变化可能会影响公司的盈利水平，但不会影响竞争优势，因此我们对此不再赘述。但是应该指出，已经有一些领先的公司在开发可全年食用的冰激凌产品（例如带回家的甜品冰激凌），这样无论天气如何，都会有销售机会。

全球冰激凌市场：联合利华占据主导地位，但还能坚持多久?

2012 年，联合利华拥有全球约 18% 的市场份额，也是该市场中最大的玩家。但通过一系列大规模收购，其主要竞争对手雀巢正尽力追赶，雀巢的市场份额已经占到约 16%（见表 10－1）。

表 10－1 主要公司的全球市场份额（价值）

公司名称	2001 年全球份额（%）	2001—2007 年战略	2012 年全球份额（%）
联合利华	17	聚焦开发全球品牌——加上此前在某个国家存在覆盖缺口的一些并购	18
雀巢	9	并购和技术创新	
德雷尔（Dreyer）（美国）	2	美国市场的领导者——业务的主要来源：2002 年被雀巢收购	
哈根达斯（仅美国）	1	2002 年被雀巢收购	16
舒乐 / 莫凡彼（Scholler/Movenpick）	2	欧洲大型冰激凌公司，原先归德国糖业合作社南部糖业（SüdZucker）所有，2003 年被雀巢收购	
哈根达斯（美国之外）	1	仍由美国谷物联盟控制——2001 年谷物联盟收购品食乐时并入旗下	1
玛氏	1	美国大型的独立公司	1
芭斯罗缤（Baskin Robbins）	1	独立公司，总部在美国	1
其他	66	高度分散——拥有大量超市自有品牌的各种全国性、地区性和地方品牌	59

注：表中的市场份额是由价值定义的：这提高了联合利华和雀巢等全球领先公司的整体份额。如果以数量来定义这些份额，会显示“其他”类别的份额甚至更高，因为大量冰激凌是以低价出售的。

资料来源：基于作者对各种贸易来源的最佳估计，但并非所有贸易来源都一致。

除了市场领导者以外，全球的冰激凌市场是高度分散的。例如中国有 4 000 多家冰激凌公司，印度也差不多。很多公司生产的产品范围很广，包括冰棍（冰糕）和冷冻酸奶等。有些公司原料少，工艺简单，人工费用也低，所以成本和价格低廉。有些专业化的公司用的是高品质的材料，价格也要高出很多。

进入壁垒：品牌化、工厂技术和零售分销

小规模生产冰激凌并不困难：将各种原料进行混合，然后冷冻就行。但是，如果生产商雄心勃勃，就有很高的进入壁垒。某些产品，例如联合利华的梦龙和雀巢的 Extrême 冰激凌，需要对品牌进行大量投资才能在市场上立足，而且需要精密机械才能生产。联合利华、雀巢和玛氏都曾投入大量资金进行技术改造，这样才能让产品推陈出新。

总体看来，进入壁垒并不高：小公司也可以轻松生产，配料简单，将配料混合并冷冻就行。它们也可以购买商业化的包装，然后在小亭子销售。对家乐福、乐购和阿尔迪等大型连锁超市而言，也有很多本国的厂商能够生产和包装冰激凌。由于这些原因，表 10－2 中的“其他”类别所占比例非常高——冰激凌市场上存在大量分散的竞争。

冰激凌与糖果等其他食品市场的区别在于需要特殊的分销基础设施：冰激凌需要低温才能保存。因此要有专业化的分销配送网络，包括各种冷库、特种车辆和有冰柜的零售商。

在全球冰激凌市场上，分销是领先厂商要解决的最难的进入壁垒。租用货车将冰激凌整批配送到各个商店其实不难，成本也不高，但要维持对零售商店的分销更加困难。大型超市因为冷冻空间充足，问题不大。但是，只有一个冰柜的小商店就会有进入壁垒，因为它们的冰柜属于竞争对手（通常是联合利华），只能放竞争对手的产品。早些年，在建立和维持这样的分销系统时，玛氏公司可是遇到了战略上的大问题。

客户和细分市场：品牌和奢侈品市场增长迅速

冰激凌的购买分为冲动消费和回家消费两种：前者买来就吃，后者通常是大批量买回家，慢慢吃。冲动购买的地点通常都是海边小店和报刊亭，带回家的产品通常在大型杂货店和超市购买。这两种形式的区分并不是绝对的：零售商也可以买大包装的冰激凌，然后以冲动需求的形式出售；冲动消费品（例如巧克力棒）也可以多件打包出售，然后待消费者心血来潮的时候在家消费。

实际上，只有数量不多的国家有细分市场的数据，在全球并没有相关研究。表 10－2 列出的是基于各种数据来源的最佳估计值。

表 10－2　按照购买意愿划分的细分顾客群

购买场景	美国（%）	南非（%）	中国（%）	英国（%）	德国（%）
冲动消费	40	80	90	30	50
回家消费	60	20	10	70	50

资料来源：作者基于各种贸易文章做出的估计。

近年来，用料考究、高价格和口味独特的冰激凌增长迅速：某些顾客（但不一定是全部）更愿意尝试新口味，更有钱，对品质的要求也越来越高。可以按照价格和对品质的要求来重新定义顾客群，表 10－3 显示了主要的细分市场。

表 10－3　按照价格和对品质的要求划分的细分顾客群

细分顾客群	产品和品牌	价格	2012 年左右的市场增长
高端溢价型	高品质，口味独特，比如哈根达斯的薄荷碎巧克力口味，本杰瑞的法奇软糖口味	单价非常高：非常高的附加值	每年 5% 以下，小市场——因为价格太高，只在某些国家出售
品牌溢价型	用料好，有知名品牌的产品，比如玛氏、梦龙和极致	高于正常和经济型产品的定价，但低于高端型：高附加值	每年 3% 以下，比高端市场大——很多国家都有领先的品牌

续表

细分顾客群	产品和品牌	价格	2012年左右的市场增长
正常型	标准化的原料，使用生产商的品牌，而不是产品自己的品牌，比如和路雪、舒乐	标准定价：附加值高，但需要大容量的市场	在发达国家中发展停滞，但市场更大——在很多国家供应，各个国家都有领先的品牌
经济型	标准化的原料，规模更小的生产商，可能是超市的自有品牌	低价、价格竞争：低附加值，但市场大——也可能有高质量的原料	发展停滞，市场更大，特别是诸如英国等国家——拥有很多当地品牌

说明：作者基于贸易文章做出的估计。由于没有公布关于这四个细分市场的确切资料，需谨慎看待表中的细分顾客群。

雀巢冰激凌的目标：打造全球业务

雀巢是联合利华在全球的竞争对手之一，但它进入欧洲冰激凌市场的时间很晚：直到20世纪80年代后期才打入欧洲。它主要采用了四种增长战略：

1. 在各国收购现有的冰激凌公司。
2. 引入高度品牌化的产品系列。
3. 开发与竞争对手截然不同的专利和专有产品。
4. 灵活地开发和提供符合当地口味的冰激凌，并针对当地的情况来设定冰激凌的目标价格。

雀巢的并购活动

1996年，雀巢在欧洲的冰激凌年销售额约为10亿美元，而其总营业额超过500亿美元。到2005年，公司的冰激凌销售额为76亿美元，总营业额为600亿美元。销售增长的很大一部分来自对各国公司的收购。从20世纪90年代初到2000年，雀巢在30多个国家收购冰激凌公司。随后在2002年又开始大规模收购，分别是美国市场的领导者德雷尔和涉足多个欧洲市场的大型冰激凌公司舒乐/莫凡彼。

这样的收购计划取决于它收购的公司的质量。以北美为例，它收购了市场领导者德雷尔，并将其现有的业务整合到德雷尔。雀巢的收购战略也并不总是成功的。为了进入成熟的英国冰激凌市场，雀巢于1993年收购了克拉克（Clarkes Foods）冰激凌公司。2001年，雀巢以1 000万美元的价格将其英国子公司克拉克出售给了当地的冰激凌制造商里士满（Richmond Ice Cream）。雀巢称，自买下该公司以来就从未盈利。例如，2001年，公司亏损1 800万美元，销售额为7 000万美元。克拉克的新老板里士满一直是英国阿斯达（ASDA）/沃尔玛和乐购这类大型超市的供应商。里士满同意继续生产雀巢冰激凌系列，在这种情况下，雀巢只能是获得许可费用。

高度品牌化的产品系列

和自己的对手联合利华一样，雀巢决心开发国际知名、高度品牌化的产品系列。它使用了与联合利华类似的设备，但在雀巢商标的边上添加了本地公司的名称。然后，它开发了一些全球性的产品，主要是极致系列的冰激凌蛋筒，以便在各个市场中立足。雀巢除了拥有自己的专业品牌系列外，还开发了特许经营的产品，诸如使用米老鼠等迪士尼形象的产品以吸引特定的细分市场。这样的战略降低了利润率，因为必须向另一家公司支付使用费。但是，它的确使雀巢与各种知名人物联系在一起，这样它在市场的地位会更加稳固。

专利和专有产品

作为全球战略的重要组成部分，雀巢建立了两个实验室（一个在北美，另一个在欧洲）来开发新技术，主要涉及生产技术，例如，如何让冰激凌呈螺旋形状，如何在冰激凌中间加饼干，等等。目的就是要生产大众喜欢但是为雀巢独有的产品，从而构建超越竞争对手的可持续竞争优势。

本地口味、成本和价格的灵活性

除了提供全球性的产品，雀巢还遵循全球 / 本土并举的战略，允许各国分公司开发适合当地口味和消费水平的各种产品。例如，雀巢在中国就销售过低价冰激凌，为上海专门开发了红豆和绿豆口味的冰激凌。这类公司面临的问题是，不得不与人工成本较低的本地公司竞争（至少在一定程度上）。

雀巢的优势和劣势

经过大规模的收购，雀巢已成为冰激凌市场上的强者。此外，它在糖果品牌方面超过了市场领导者联合利华，尤其是在过去 20 年中开发了很多巧克力产品——雀巢拥有脆脆鲨和狮王等品牌。20 世纪 90 年代初，它借鉴了玛氏公司的战略：将其糖果品牌重新设计为冰激凌产品，并推出了一些扩展型的产品，例如脆脆鲨冰激凌和聪明豆。此外，为了超过各国市场的中小生产商，它还推出了一系列使用复杂设备的获得专利的冰激凌产品。为了实现范围经济，雀巢在全球限制了生产基地的数量。

尽管有这些优势，雀巢还面临一些重大问题。首先，它是通过收购发展业务的，当然要承担收购的各种风险。此外，在单价很低的市场中，它还面临本地公司的竞争，这些公司的人工费用要低得多，在这样的市场中要盈利是比较困难的。在更加成熟的市场中，它还面临来自连锁超市的竞争威胁。

雀巢收购了市场领先的公司，相关业务也有盈利。但是，在市场份额相对较小的地方，它却难以实现盈利。原因是开发和分销冰激凌的固定成本很高，这意味着要实现高额利润就需要大批量生产，即只有获得较高的市场份额才能盈利。

超市——新的竞争对手

连锁超市如欧洲的阿尔迪和乐购、北美的沃尔玛以及欧洲和亚洲的家乐福通过两种机制加剧了冰激凌市场的竞争。首先，它们与雀巢和联合利华讨价还价，以获取品牌冰激凌产品的优惠价格和促销支持。其次，它们与英国的里士满冰激凌公司合作，生产质量和技术与联合利华以及雀巢非常相似但价格低得多的产品，即超市自有品牌。竞争的结果就是降低了跨国冰激凌生产商的利润率。

因此，在欧美更为成熟的市场中，联合利华和雀巢被迫为其产品寻找替代网点，例如大型购物中心、售货亭和电影院，从而产生各种分销费用和其他费用。在这样的市场中，冰激凌战略的固定成本很高。小公司的进入壁垒很低。因此，应该像联合利华那样获取高市场份额，但在开发市场份额的早期肯定有很高的成本。

案例由理查德 · 林奇根据公开发表的资料编写。

案例问题

1. 雀巢冰激凌战略的主要特点是什么？与联合利华有何不同？
2. 雀巢为何要采用占据较大市场份额的战略？你认为这可行吗？雀巢可以采取哪些替代战略？
3. 对于市场领导者而言，在进入壁垒比较低且固定成本较高的市场中，我们可以吸取哪些战略经验？

10.4 战略管理的经典计划型模型：探索的过程

选择好战略计划的内容之后，我们现在将注意力转向谁做出选择以及如何做出选择的相关问题——战略过程。在实践中，过程和内容这两个主题是相互关联的，但在此处应该将它们分开研究。鉴于此类问题的重要性，因此本节的目的不只是描述这个过程，还要评估其有用性。我们将围绕以下三个标题探讨：

1. 战略管理的计划型过程。
2. 计划型过程中的一些问题。
3. 计划型过程中解决问题的方法。

战略管理的计划型过程

在描述经典计划型模型的时候，惠伦和亨格[33]指出，战略管理的过程包括五个主要因素：

1. 环境扫描——SWOT 中的外部机会和威胁分析。
2. 内部扫描——SWOT 中的优劣势分析。
3. 战略制定——涉及使命、目标、战略和政策。
4. 战略实施——包括各种方案、预算和其他流程。
5. 评估和控制——确保战略在预期的轨道上执行。

例如，联合利华公司一直在监控主要的竞争对手，即对宝洁和雀巢进行环境扫描。公司还会不断检视自己的资源——内部扫描。然后，会考虑其业务目标并制定新战略，例如在全球冰激凌市场中的投资——战略制定。通过设立新公司或收购冰激凌公司来落实战略——战略实施。在战略启动之后，监控利润以确保实现集团的战略目标，然后在必要时采取纠正措施——评估和控制。

一些经典模型的评论家如尧赫（Jauch）和格卢克（Glueck）[34]认为应该先确立使命和目标，再进行环境扫描。由于第 1 章给出的原因，本书将目标放在环境扫描和内部扫描之后。实际上这个过程是循环往复的，目前没有固定的规则。图 10－4 给出了经典模型的一般过程，在这种情况下先确定目标。[35]

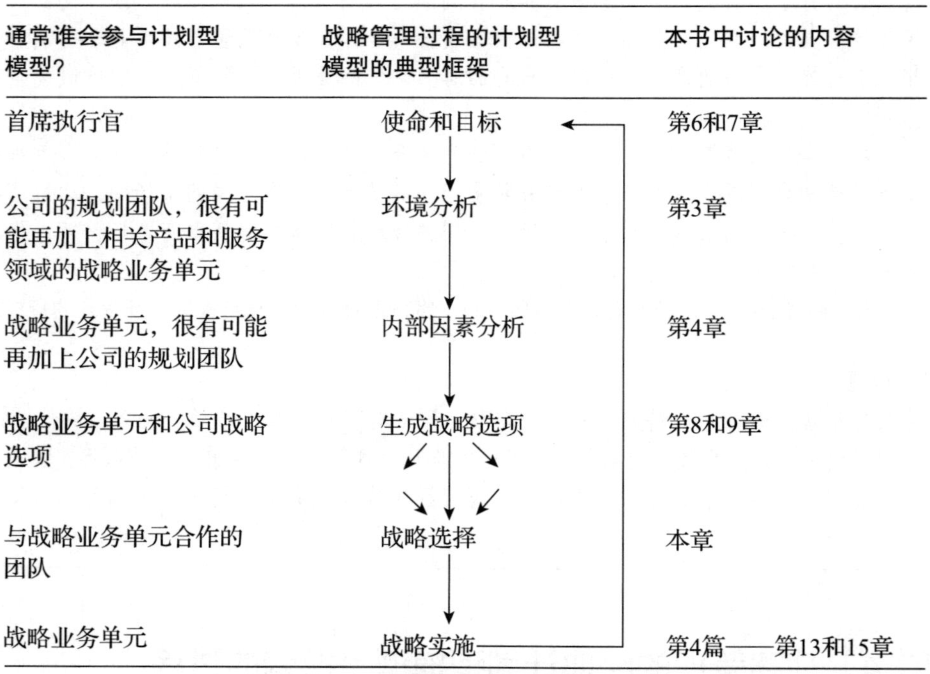

图 10－4 战略管理过程的计划型模型

注：这个过程在很大程度上是线性的，但在各个点上都有反馈机制，以确保目标、分析和战略彼此一致。图中箭头的指向说明了这一点，第 11 章研究替代过程时会明确它的意义。

事件发生过程中各种事项准确的先后顺序非常重要，而谁来完成这些事项也同样重要。当组织涉足多个不相关的行业时，这一点尤为重要。很可能需要设立一个公司总部来承担某些任务，战略业务单元则要承担其他任务。但是到底由谁负责哪些任务呢？这个问题没有唯一的答案。例如，案例研究 9.1 中联合利华所用的方法对于该公司的机遇、历史和产品来说是独一无二的。

尽管进行概括会有风险，但几位评论家确定了每个阶段最有可能涉及的人群。[36] 在联合利华这样的大型跨国公司中，集团的 SWOT 分析通常在公司层面进行，而且也是由公司来确定总体的使命和目标。因为只有公司了解主要战略的重点，也只有公司才掌握相关战略所需的资源。接着，决策结果将向下传递给战略业务单元，由它来构建相应的战略选项。就联合利华而言，某些单元会得到优待——例如冰激凌和茶饮，其他单元则会接受更为严格的评估和管控。然后，就可以在公司总部挑选相应的战略选项，当然需要与战略业务单元协商，还要考虑集团可支配的资金。最后，战略业务单元会实施商定的战略。

因此，该过程通常是由公司总部推动的，因为只有总部才能够对组织的方方面面有全局性的把握。但是在联合利华，通常会在准则范围内给予子公司很大的自由度来制定战略。尽管世界各地的许多公司都采用了经典的计划型过程，但是这种方法仍然存在许多被证实的问题。接下来，我们就研究一下这些问题。

计划型过程中的一些问题

计划型过程中有一些假设或过度的简化，在现实中并不成立。我们在这里总结了四个问题，但应该注意还有其他的问题。

1. 环境。一般认为可以预测环境的变化，因此可以为组织设定清晰的方向来利用机会和规避威胁。事实上，环境中有许多重大变化的实例，会使这种情况难以持续。

2. 清晰的规划流程。主要的战略决策都是由该程序启动的，一旦启动，就有清晰而简单的决策点：战略选择。在很多公司中，由于要说服管理者采取特定的战略，规划的流程会很复杂。管理者可能出于各种原因不愿意参加，有可能怕失去权力，也有可能存在个性上的冲突。

3. 自上而下的过程。从公司总部到战略业务单元的过程是制定创新战略最有效的办法。这里的假设是新战略可以应对环境变化，而且实施战略的管理者都会支持。很多研究表明，管理者都觉得在这个过程没有动力。

4. 文化。组织文化应该支持经典模型。这里的文化有两个含义：组织本身的风格、信念和实践，以及更广泛意义上的组织所在国家的文化。二者都应该与自上而下的经典模型一致。但在实践中，与其他文化相比，某些文化显然更适合自上而下的方法。

因此，上面的这些假设都有明显的缺陷。

马克斯（Marx）[37] 引用美国行业巨头通用电气前董事长杰克·韦尔奇的话，总结了 20 世纪 60 年代使用经典方法进行战略规划时遇到的问题：

> 我们最初提出的计划就是炸药桶。想法是新颖的，形式倒无关紧要——形式不能说明问题。这是思维导向的。然后，我们聘请了一名计划负责人，他聘请了两名副总裁，然后又聘请了一位规划师，文本越来越厚，印刷越来越复杂，封面越来越硬，图表越来越漂亮，会议规模也在不断扩大。但 16 人或 18 人在一起的时候，说什么都没用。

韦尔奇越来越担心通用电气的整个规划过程，因此他着手改变了三个方面：

1. 在经典战略过程中可能滋生的官僚做法。
2. 做出选择所需的主观判断，可能并不像简单的方案和选择过程所建议的那样理性。
3. 需要鼓励一种交流思想的文化，而不是像经典战略过程那样采用自上而下的方法。

计划型过程中解决问题的方法

为了研究计划型过程中解决相关问题的方法，应该对所遇到的问题进行仔细的调查。20世纪80年代初的一项调查发现，计划型的模式已经变得过于理性、官僚化和形式化。[38] 有很多方法可以解决这些问题，涉及一种更加开放的战略规划文化，而且不应该过度强调对数据的量化。在实际的过程中还应注意两个方面：

1. 与战略的提议者一起探讨该战略所设定的假设。当这些假设站不住脚时，整个战略也会受到质疑。

2. 在评审战略的会议期间，要求对主要建议进行简单的口头总结。如果无法做到这一点，提议本身可能就有问题。

在公司中，制定战略的整个过程和系统应该定期重新检视，即进行计划过程盘点。目的是消除随着时间推移而逐渐出现的各种障碍。正是这种盘点让联合利华重新思考其1996—1997年的战略决策过程。公司认为有必要重新确定方向，突出关键业务领域，以及明晰将它们联系在一起的流程。值得注意的是，这刚好与新董事会主席尼尔·菲茨杰拉德（Niall FitzGerald）的任命同时发生。当时的两个具体目标分别是，要让管理者对战略决策拥有更大的自主权，以及要突出创新。值得注意的是，2005年左右当“增长之路”陷入停滞时，公司对其管理团队、组织结构以及产品都进行了改革（参见案例研究9.1）。

关键战略原则

- 战略过程的计划型模型在很大程度上是线性的。在各个节点都有反馈机制，以确保目标、方案和战略选择相互一致。
- 计划型的方法有四个方面的主要问题：环境的不可预测性；规划流程；由总部推动的自上而下的方式；以及支撑模型运行的组织文化。
- 具体的批评包括，需要更多的对话、更多的思想交流和对环境更好的适应性。
- 可以在计划型战略过程中解决这些问题，但是有些战略家对此持怀疑的态度。

批判性反思

公司应该进行战略规划吗？

本章重点介绍了计划型战略决策的制定，它已经在很多公司中广泛使用。还研究了这种方法的优点和缺点，指出了很多问题。一些战略家认为，计划型战略规划的问题太多，不值得开展：换句话说，实施“战略规划”会适得其反。你怎么看？公司到底该不该进行战略规划？

思考问题

1. 依据10.1节，如果你在以下组织中评价战略选项，提出你认为重要的标准：小型连锁加油站；开发全球战略的大型跨国公司；即将私有化的政府电信公司；学生职业生涯规划服务。

2. 如果你正在为一个只有50名员工、营业额为500万美元的小公司制定战略，你会使用10.1节列举的所有选择标准，还是仅选择其中的几个？给出你的理由。如果仅选择几个标准，说明你会选择哪些。

3. 日本公司更倾向于用投资回报率来评估战略方案，美国/英国公司则更倾向于使用现金流折现标准来评估战略方案。两种方法的优点是什么？你能提出让它们偏爱另一个标准的原因吗？

4. “折现工具对于获利能力、资产恶化和外部投资机会的假设是相当武断的。”（罗伯特·海（Robert Hay））解释此评论对战略评价的影响，并评价其在战略选择中的应用。

5. 在战略选择中使用量化的精确评价标准到底有何风险？

6. “战略评价是一种超越公司短期健康状况的尝试，旨在评估到底哪些才是所选领域里获得成功的更基本的因素和趋势。”（理查德·鲁梅尔特（Richard Rumelt））请讨论。

7. 有一家知名的德国公司，主要向欧盟的汽车公司供应收音机和变速箱等电机组件。它正在考虑收购一家美国的中型公司，作为在欧洲以外地区首次扩张的基础。在这个相对成熟且竞争激烈的行业中，你有何建议？

8. 对于诸如移动电话等快速增长的市场，ADL 矩阵表明，实力弱小和占主导地位的公司面临截然不同的战略机遇和问题。当市场瞬息万变时也是这样吗？

9. “并购是进入新市场的最常见方法。”（约翰·凯）有哪些成功并购的证据？你的答案对考虑此方案的组织有何战略意义？

10. “大多数公司很少组织直截了当的正式战略评估……相反，这是一个持续的过程，很难与正常的规划、报告和控制活动区分开来。”（理查德·鲁梅尔特）请讨论这段话对本章探讨的评价标准的影响。

延伸阅读

注释和参考文献

11 寻找战略的前进路径：主要的涌现型方法

学习目标

学习完本章后，你将能够：

- 了解情境在战略制定中的重要性。
- 解释经典计划型方法之外的五种战略制定方法。
- 根据组织的情境确定基于生存的前进路径的相关性。
- 概述基于不确定性的前进路径的重要性，并根据组织的情境对其相关性进行评价。
- 解释基于网络的前进路径的两个主要元素，并对其有效性进行批判性评价。
- 确定组织战略过程中基于学习的战略的重要程度。

引言

尽管经典的计划型模型是战略制定中使用最为广泛的方法，但各界对于其过于简化的假设早有共识。在本章中，我们将讨论涌现型的战略制定方法。

在第 10 章中，我们区分了战略内容（是什么？）和战略过程（为什么？谁？如何？）。在本章中，我们添加了第三个要素以从经典计划型方法的简单假设中超脱出来，即制定战略的情境。

情境（context）是指界定和解读战略运行以及制定方式的各种条件和环境因素。对于经典计划型战略而言，一般认为情境只涉及那些容易预测、变化缓慢和相对稳定的情况。[1] 但是，这实际上可能过度简化了真实的战略情境。例如，情境中很可能有不少动荡和快速增长的时期。因此，本章的开头部分将进一步拓展情境，探讨实际工作中的各种现实情境和不确定性。由此提出了制定战略的四种路径，每一种都依赖于不同的情境，需要不同的战略方法。所有的路径都采用了更为复杂的情境视角，但也考虑了战略过程和战略内容的其他方面。前进的四种路径如图 11－1 所示。

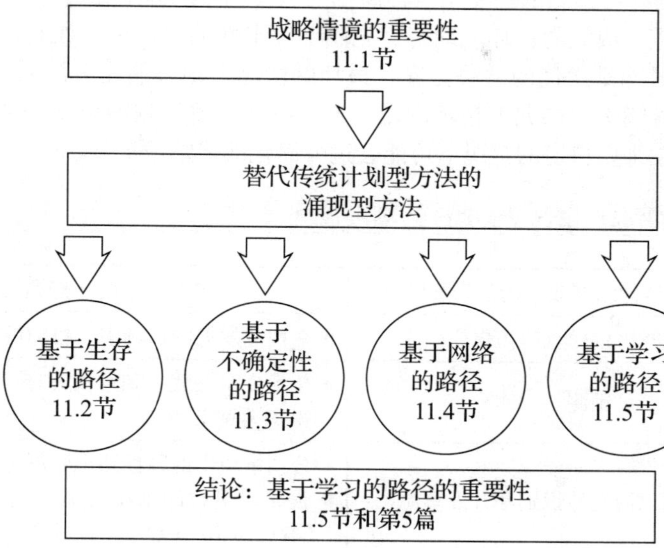

图 11－1 寻找战略的前进路径

本章认为，在这四种路径中，基于学习的路径可以作为第 10 章中经典计划型方法的有益补充，来为公司找到战略的前进路径。根据制定战略的情境差异，可以使用其他的路径。

11.1 战略情境的重要性

战略情境（strategy context）是指界定和影响战略制定和实施方式的各种条件和因素。本田公司在美国摩托车市场中的成功得益于以下三个相互关联的战略要素：

1. 战略内容——本田以小型摩托车为切入点，随后向市场推出大型摩托车。
2. 战略过程——面对最初的困难，战略是运气、产品性能和管理层坚持的结果。
3. 战略情境——美国制造商的历史优势起初导致本田计划型进入战略的失败，但该行业中小型摩托车市场的相对弱势为本田提供了机会。

尽管这三个要素在战略制定中都很重要，但本章重点关注情境（第 10 章已经探讨其他两个方面）。[2] 战略情境关注界定和影响战略制定和实施方式的各种条件和因素。对于情境的定义主要包括以下三个因素：

1. 组织外部的因素——客户、竞争对手和其他重要领域。
2. 组织内部的因素——组织的资源，特别是通过领导力、组织文化和管理决策进行互动的方式。
3. 历史的战略——组织在做战略决策时面临的情形：工作流程、发展途径、文化和历史。

为了理解情境的方方面面，首先要思考和经典计划型战略路径相关的情境问题，接着探讨情境和战略制定的其他两个方面——战略过程和战略内容——之间的关系，最后使用情境来区分五种其他的战略前进路径。

经典计划型战略模型中的情境问题

在某些情况下，经典的方法就能解决问题。但是，这种方法认为增长或衰退在很大程度上是线性的、连续的和可预测的。使用这种简化的假设就可以制定和实施新的战略，但在很多情况下这种假设是不成立的，环境动荡、充满不确定性的时候更是如此。在这种情况下，计划型战略充其量只能是次优的解决方案，最坏的情况下则可能完全没用。专栏 11.1 列举了经典计划型方法可能引起的典型情境问题。这并不意味着计划型模型是“错误的”，而是（和所有模型一样）在某些特定的情况下可能会过分简化战略情境。

专栏 11.1 | 情境如何弱化经典的计划型战略

典型要素	经典计划型战略的假设和特征	由此导致的一些情境问题
使命与目标	● 目标可以而且应该事先确定	● 在快速发展的市场中，目标可能要更加灵活
环境分析	● 环境可预测	● 技术变革、战争和经济灾难可能使这一假设变得毫无意义
资源分析	● 可以清楚地识别和开发资源	● 公司情境中的隐性知识要可见（参见第 11 章） ● 领导层更替的情境可能会从根本上改变资源（参见第 16 章）
战略选项生成	● 仅需确定选项一次 ● 可以清楚地识别选项	● 情境不明的时候，可能要保留所有选项的开放性 ● 竞争对手的反应可能未知，情境会发生变化
战略选项选择	● 只能选择一个选项 ● 可以在选项之间做出明确选择	● 为什么只选择一个选项？这取决于时间和资源等情境要素
实施	● 仅在战略发展的后期阶段才考虑实施	● 情境很可能会使这种做法非常可疑（参见第 5 篇和第 17 章的开头）

情境的重要性及其与战略过程和战略内容的关系

战略情境很重要，因为它表明如果经典计划型战略的替代方案充分考虑了情境，效果可能会更好。主要有两个原因[3]：

1. 外部情境。外部情境可能充满了不确定性，例如，在撰写本节时，网上银行可能会以无法预知的方式彻底改变银行零售业。这使得依赖于环境预测的计划路径在很大程度上没有意义。

2. 内部情境。组织的资源和决策无疑要比经典计划型战略模型的简单选择复杂得多。例如，组织政治、正式和非正式的网络、领导风格以及许多其他问题都不符合经典计划型方法的假设。

因此，制定战略的情境可能会影响制定战略的过程，例如充满不确定性的情境可能使简单的决策过程毫无意义。结果，战略内容可能与经典计划型战略建议大相径庭。例如，如果制定战略的情境是不确定的，就很难确定战略内容。情境、过程和内容有效结合才能指导我们寻找制定战略的其他方法。

制定战略的其他方法

战略并不是发射火箭的精确科学——对于情境、过程和内容的组合需要主观判断，这已经超出了经典计划型战略的简单逻辑。要找到战略前进的路径，实际上并没有久经考验、众所周知的科学公式。因此，还有很多其他的战略制定方法。

有些方法可能还涉及很多计划型因素，有些方法在研究战略的时候可能更具涌现型战略的特点。难点在于如何研究战略专家提出的各种替代性方法。为便于比较，同时考虑到各种方法对战略制定的启发性，本书选择了下面四条主要路径[4]：

1. 基于生存的路径。这条路径非常关注组织在敌对和高度竞争的环境中如何生存。办法就是通过涌现型的过程在战略内容中寻找各种机会。

2. 基于混沌 / 不确定性的路径。这条路径也强调情境的重要性，认为环境是不确定的，战略过程是机会型的，会改变组织。这样的过程就是涌现型的。

3. 基于网络的路径。这条路径有两个相互关联的要素：网络外部性和网络合作。第一个要素研究某个产品的网络是否可以自我强化以及是否可以惠及网络成员。第二个要素则探究市场、行业和公司是否可以形成合作网络的能力。因为在过程中都会有产出，也都会遇到不确定的情形，该路径的两个要素都有涌现型的特征。

4. 基于学习的路径。这条路径强调了从组织现有知识和经验衍生出来的情境和过程，主要涉及从经验以及目前有关各方的贡献中吸取教训。这样历史的情境和现在的过程都会影响战略内容——从本质上看，这样的过程就是涌现型的。

本书特别强调基于学习的路径。原因是很多组织都可以在战略过程中受到启发。当然对组织而言，另外四种路径（本书并未详述）在寻找前进路径的时候也有自己的作用。

关键战略原则

- 在制定战略的时候，要区分三种不同的要素：战略内容；战略过程；制定战略的情境。
- 在经典的计划型模型中，认为情境是线性的，而且是可预测的。事实并非总是这样，在环境动荡且充满不确定性的情况下更是如此。因此，可能需要其他的战略制定方法。
- 战略的情境、过程和内容是相互联系的，这种组合对战略制定很重要。
- 有许多可以替代经典计划型方法的战略制定方法。本章探讨了其中的四种，当然还有其他的方法可以使用。

11.2 基于生存的战略前进路径

基于生存（survival-based）的战略理论将竞争市场中的适者生存视为战略的主要决定因素。随着欧洲移动电话市场的增长，竞争也在加剧。公司在有限的基础上进入彼此的市场，并进行必要的投资。虽然市场过去有合理的增长，但现在日趋成熟。因此，这种市场增长带来的销售收入不太可能满足大型公司的目标。此外，尽管债务融资水平很高，一些欧洲电信公司仍希望扩大规模。因此，一些战略家对欧洲电话业得出的结论是，到 2010 年，将剩下五家主要的全球公司，其余的将被整个行业淘汰。这与 20 世纪八九十年代国家垄断的时候形成鲜明的对比，当时的市场是相对稳定的。在市场开放之后，基于生存的战略过程为可能的结果提供了参照。

基于生存的战略的本质

从本质上讲，基于生存的战略理念始于物竞天择的概念，它由查尔斯·达尔文（Charles Darwin）于 19 世纪首次提出，用以解释生物发展和生存的理论。他认为生存是与环境的持久战。最可能生存的物种是最适合并能适应其周围环境的物种。在此基础上，适应环境是在商业情境中要开发的主要战略。那些不能快速变革的公司意味着自己选择了灭绝。[5] 最优秀的公司之所以能够生存，是因为市场对其产品或服务的需求以及其所创造的利润。[6]

在基于生存的过程中有两种运行机制：对环境的适应和现存物种的生存选择。

研究人员利用这两个过程以及社会学的原理和概念分析了一些工业公司的发展方式。[7] 他们指出，在1955年《财富》杂志列出的世界500强公司中，到1975年只有268家在列：也就是说，在短短20年间，有46%的公司要么消失，要么被兼并，要么退出了榜单。他们认为，适应环境是很多公司实现变革的首选机制，因为这要比物竞天择容易接受。在许多行业里，抗拒变革的固有惯性会对公司产生影响（见专栏11.2）。

专栏11.2 | 公司环境中变革惯性的例子

内生惯性

- 现有厂房和机械设备的投资。
- 公司的经验和历史。

示例：欧洲电话公司为国家所有，经年累月形成的官僚体制是很难进行变革的。

外生惯性

- 进入和退出行业的壁垒。
- 获取有关环境本身可能如何变化的信息的难度大、成本高。

示例：欧洲电话公司在交换机和电话设备方面的现有投资加上1998年政府对外部新公司准入的限制都给行业内的变革带来了惯性。

大多数战略文献都将适应性观点作为开发战略选项的起点。要注意的是，一些持生存战略观点的专家认为，还要补充物竞天择的视角。由于行业的惯性，有时会出现一些无法或不能快速适应环境变化的组织，无法抵抗的强大力量导致这些组织无法存活。但是，到底谁会消失还有运气的成分。例如，一些欧洲电话公司可能会适应新世纪变化的环境，一些公司则因变化太慢，阻力很大，无法以目前的形式生存下来，它们就被更高效和更幸运的公司兼并。

从战略选择的角度来看，行业环境是战略发展和生存的主要决定因素。在变革来临之前，单个公司在有限的时间里可做的事情总是有限的。那些已经有强大的市场影响力且可以影响其市场发展方式的公司是例外。但是，即使是这些公司也可能在变革中被取代。例如在欧洲电信市场中，新的通信技术出现。

战略管理过程的结果

即便战略管理有影响环境的能力，也是有限的。而且，组织可能无法迅速适应变化。此外，计划型过程推荐的各类技术会被到处宣传，不会给某一公司带来竞争优势。因此，对于那些没有实际市场影响力的公司，威廉姆森（Williamson）[8] 建议的最佳战略就是尽可能实现最具成本效益的运营，他称之为节约用度（economizing）。他将这种运营方式与新的超越基本成本效益的战略举措区分开来，后者称为战略化（strategising）。

> 在我看来，就节约用度和战略化而言，节约用度是最根本的……只有在项目的生产、分销或组织成本严重超支的情况下，战略化才会占上风。即便有巧妙的战略和绝佳的定位，即使国王兵强马壮，都救不了在节约用度这第一要务方面出现严重问题的项目。[9]

因此，该做什么呢？如果这样理解战略管理过程是正确的，那么图11-2就总结了可以采取的主要战略。当然需要非常谨慎，也要从环境中去搜寻可能变化以及生存所需的各种线索。最后，还要开发大量的战略选项，这样无论环境如何变化组织都可以应对。

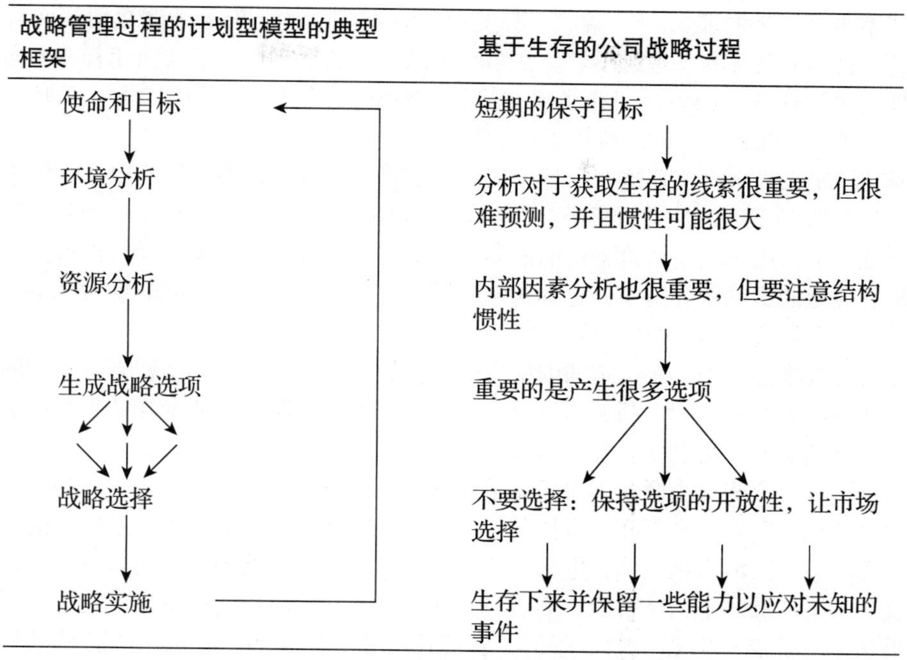

图 11－2　基于生存的战略过程与计划型过程的比较

总而言之，如果这样理解战略过程是正确的，那么组织的战略将受到严格的限制。可以说，欧洲电话公司一直在建立联盟和交叉持股，表明它们无法看清前路，选择这种抱团取暖的战略作为最佳的保护措施。

评论

这是对战略管理的作用以及组织塑造自己命运的能力的悲观看法。它拒绝了计划型过程提供的指导，也没提出其他的解决办法。这在瞬息万变的环境中可以发挥作用，但在其他情况下只能提供作用比较有限的解决方案。

关键战略原则

- 基于生存的战略强调了调整战略去适应环境变化的重要性。最终的目标就是生存。
- 所采用的方法是随着环境的变化来开发战略选项。寻求低成本的选项会特别有用。
- 除了在开发战略选项的时候要谨慎之外，单个组织几乎无能为力。组织是否能生存有运气的成分。

11.3　基于不确定性的战略前进路径

基于不确定性（uncertainty-based）的战略理论认为，由于战略过程不可预测、不稳定且容易产生混乱的结果，因此无法制定计划型的事先确定的战略。按照基于不确定性的战略家的观点，如果欧洲电话公司要制定应对各种突发事件的公司战略，就是在浪费时间。因为他们认为，环境是不确定的，结果基本上也是未知的，因此为了生存而追求效率是徒劳。为了理解背后的原因，我们需要研究这种方法的起源和思维逻辑。

基本原理

要理解这条前进路径，关键就是要理解大多数组织对宗旨的假设：成功取决于组织通过创新和转型生存下来的能力。[10]基于不确定性的战略家认为，对于大多数组织而言，只是寻求和其他公司的共存状态远远不够。在当今瞬息万变的世界中，革新和朝着新方向转型是战略管理的关键任务。如果要阐释法国电信公司 Orange 的战略总监的职衔，战略至少有一部分关注的是“未知世界中的‘想象工程学和未来学’”。[11]

从成功的定义来看，实现这一目标的战略过程将不可避免地涉及不确定性。但是，我们可以用数学方法对不确定性进行建模，其结果可以用混沌理论[12]来研究——混沌理论是一种建模系统，最初用于测量通过管道的液体流量等科学研究，后来用于天气预报。该理论表明，在某些类型的不确定环境中，过程初期的微小变化可能会导致后期的重大变革。这与宏观经济学中的乘数效应不无相似之处。

在经典的战略过程中，有一定的因果机制来控制变革的动态性。反馈来自最初的战略决策，但乘数效应的影响会大大超越这一决策。不确定性是战略决策的未知结果，可能会受到偶然事件以及其他可预测事件的共同影响。

有个例子可以说明这个概念。对于竞争性的产品而言，当诸如电话之类的物品价格提高时，该物品的销售额应该会下降。根据基于不确定性的理论，这一简单的过程可能不能代表事件的全部结果。反馈机制表明，电话价格的上涨可能不仅影响销售，而且导致电话交换机的较低载荷水平。反过来，这可能会影响公司从通话流量中收回间接费用的能力。因此，单一的定价决策可能会同时影响通话载荷、管理费用和整体利润。一旦这些商品受到不利影响，可能要通过继续涨价来恢复盈利能力，即最初的问题被反馈回来。这将对组织产生有害的影响，因此通常称为负反馈。

在上述示例中，降低价格也可能会产生相反的影响。由于组织中其他因素的影响，盈利能力的提高可能超过最初的价格变动，这称为正反馈。

不确定性理论增加了另一种可能性。从数学上可以证明，在正反馈和负反馈机制同时发挥作用的时候，系统可以在正负状态之间随时切换。但关键是无法提前预测这三个结果——正面、负面或随时切换——中的哪一个会发生。因此，长期后果是未知的，也无法预测。

战略管理过程的结果

基于不确定性的战略家认为，预测未来无济于事，因为几乎所有战略都会有反馈机制，而且都会涉及不确定性，因此结果无法预测。如果未来是未知的，那么长期战略行动的效果也将是未知的，而经典的计划型过程将毫无意义。

这并不意味着基于不确定性的战略家认为只能坐以待毙。他们认为，各类行动本质上都应该是短期的。组织必须不断学习，并适应变化的环境。因此，组织中的员工和管理人员能够评估其行动的结果——在上面的示例中表现为预测提高或降低电话价格的影响。他们也有能力学会适应各种结果。通常，出于战略目的，他们可以在组织中进行试验和创新，并评估其工作的成果。

这些理论对战略管理具有深远的意义。大多数组织需要创新才能在21世纪剧变的世界中生存。基于不确定性的战略家认为，无法在长期内预测创新将如何成功。然而这些战略家也承认，新的思想和新的方向对于生存和成长是必要的，应使用上述学习机制，使战略更精细和更能适应迅速变化的环境。

对于基于不确定性的战略家而言，长期战略的概念本身就是矛盾的。虽然也许有很多的创新内容，但唯一可能的目标是短期的。[13]进行环境分析是没有意义的，因为环境在本质上是不可预测的，但了解组织的资源是有用的，可以评估其对创新过程的贡献。对战略选项和选择而言，这与实际发生的战略过程无关。重要的是公司组织学习和应对不断变化的环境的方式：需要松散和非正式的管理者网络，而不是严格的职能划分。专栏11.3展示了斯泰西提出的一些观点。[14]

专栏 11.3 | 不确定性对战略管理过程的一些实际影响

基本目标：制定新的战略方向并进行创新。

与基于不确定性方法一致的八种行为分别是：

1. 放松控制——顺其自然。
2. 重新设置团队中的权力划分，让团队减少竞争，增加合作。
3. 允许各个团队开发并设定自己的挑战、目标和流程。
4. 鼓励新的组织文化以发展新的理念。
5. 提出开放型的挑战（“在……中有新的动议”），而不是明确的目标（“你的工作是在……中使我们的利润翻倍”）。
6. 业务要面临各类严峻和具有挑战性的局面。
7. 投入时间和资源来开发组织中的团队学习能力。
8. 给管理人员进行试验的时间和空间。

总体而言，与计划型战略不同，这里没有明确的流程——只需要持续监控环境来把握各种机会。图 11－3 比较了计划型过程和基于不确定性过程的差异。

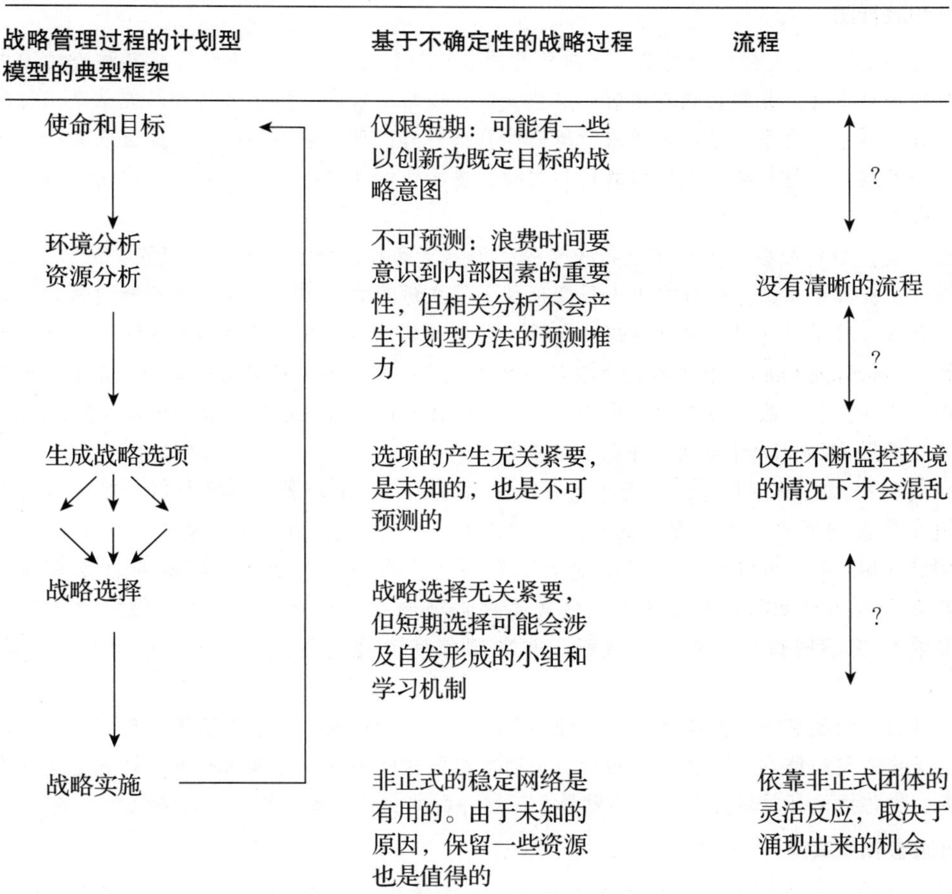

图 11－3　基于不确定性的过程和计划型过程的比较

评论

当市场动荡不定时，可以采用这种方法，但对于某些战略决策领域，例如创造利润或提供服务的短期压力，没有太多指导意义。当然，这种方法还在初期，有待发展。

关键战略原则

- 变革和转型是战略的重要方面，不可避免地存在不确定性。此类不确定性可通过数学建模。但是，长期后果是未知的，无法预见或有效地预测。
- 基于不确定性的方法需要跬步前行。管理层需要从此类行动中学习，并做出相应的调整。
- 由于未来的不确定性，使用计划型方法开发战略选项和进行选择是徒劳。

案例研究 11.1

在线预订旅行服务：为互联网时代选择战略

互联网技术正在改变价值 1 000 亿美元的全球旅行预订市场。本案例探讨了行业内的各种变化和不确定性。这就提出了一个问题：特别是小型旅行公司，在制定战略时应选择哪种战略路径。

旅行社和旅行团

在过去 50 年的大部分时间里，无数旅行者都通过独立的旅行社来预订机票和安排国内、国际旅行的住宿事宜。此类机构与酒店、航空公司、铁路运营商、租车公司和其他从事旅行服务的公司有各种网络和联系。它们精通旅行所需的复杂安排，可以解决预订两周度假或者一周商务旅行的各种麻烦。旅行社要么在城镇的购物中心，要么在电话的另一头。如今，通过互联网可以在线订购服务。

在北美，旅行社在很大程度上是独立的，不属于那些提供行程服务如机票、酒店等的公司。在亚洲、非洲和中东，旅行社在很大程度也是上独立运营的。但是，欧洲旅行社通常与固定的旅行机构合作，这类机构提供包括航班、转机、酒店和其他活动的完整度假套餐——通常称为“套餐旅行”（package tour）。套餐旅行团在英国和德国等一些欧洲国家特别受欢迎，在中国和日本也很重要。欧洲主要的旅游公司如托马斯·库克旅行社（Thomas Cook）、迈向旅游（My Travel）和瑞士旅业集团（Kuoni）都是以这种业务起家的。

即使在今天，套餐旅行公司仍生意兴隆，因为它们提供的服务物有所值，对那些只需要在单一地点度假的客户尤其重要。例如在英国，套餐旅行约占 2012 年所有订购假期的 43%，这个数字比 1998 年的 54% 有所下降。这表明自由行正在增长，但还没有达到北美的水平，自由行在北美要占到 80%。导致这个比例较高的部分原因是北美人在本国度假的次数更多：和那些要在使用不同语言、法律和旅行设施的国家度假的人相比，本国旅行者更愿意自己去预订。

欧洲的旅行运营商当然都希望旅行团能够在未来继续存在，但它们需要调整产品——提供个人难以安排的复杂假期、全套儿童活动、全面的旅行保险和可靠的宾馆服务，最好是运营商自己的酒店。这些措施可以阻止自由行的发展，而这一群体也是互联网旅行预订关注的重点。

自由行游客和互联网

对于自由行旅客而言，不论是短途旅行、长途商务旅行还是环球背包行，通常都需要制定私人旅行计划。但是，这并不是说自由行旅客就会立即访问互联网——STA 学生旅行社和寻踪网

（Trailfinders）都是提供个性化路线的旅行社。这类活动大多是通过旅行社、电话预订和邮政预订实现的。例如，2009 年在英国通过互联网进行的预订只占自由行总消费的 40%。这个数字不断增长，两年内就会超过 50%。在德国，这一数字略小，但在斯堪的纳维亚半岛，互联网使用水平大致与英国相同。在法国，简化的在线预订已经运营了很多年，迷你网（Minitel）已经被互联网取代。

在北美，互联网预订已占所有预订的 50% 左右，这取决于互联网接入水平。在没有广泛的单独互联网接入的国家，旅行社仍然是安排行程的主要途径。尽管存在一些障碍，但互联网已成为全球预订此类旅行服务的重要来源。互联网预订发展较快，到 2009 年，全世界每年的旅行预订价值达到 20 亿～300 亿美元。

互联网预订是从机票开始的，到现在已经扩展到汽车租赁、酒店预订和其他旅行服务。2012 年，互联网预订已经占所有旅行预订的 60%，并且仍在增长。例如，互联网预订已占瑞安航空（Ryanair）和易捷航空（easyJet）等廉价航空公司旅行业务的 95% 以上。因此，旅行公司需要一种战略来应对这一机会。

互联网旅游市场——在线预订

随着庞大互联网旅行预订市场的发展，很难全面了解各种可用的服务和预订机构。而且，在撰写本案例的过程中，业内所有机构都在不断调整和发展。为了聚焦互联网活动，可以将互联网旅行服务提供商分为三大类：主要提供商、在线旅行社和多引擎旅行比价网站。

互联网旅行带来的利润

雅高（Accor）、半岛（Peninsula）和洲际（InterContiental）等连锁酒店会以折扣价向在线旅行社——比如益客行和城市漫游网——出售空余客房。然后，在线代理商会将这些客房的价格上调 30%，再将客房提供给个人旅行者。从某种意义上说，酒店经营者会损失利润，但如果酒店房间本来就是空的，那么任何收入都是有益的。这在酒店业务中称为收益管理（yield management）。酒店现在开始通过自己的网站提供客房，绕开旅行社，这样可以省下那些让渡给旅行社的利润。

例如，洲际酒店集团就开发了几种互联网战略来对抗在线旅行社。2002 年，它开始在互联网上为客房提供最低的保证价格，向希望在网站上使用洲际品牌——也包括美国皇冠假日酒店（Crowne Plaza）和假日酒店（Holiday Inn）等——的运营商收取大量款项。洲际酒店还注册了表面上独立、听起来像独立旅行社的网站，这些网站会将搜索者转到酒店集团的网页。公司还到处注册外语网站——包括德语、法语、西班牙语、日语和中文等——目的就是让这些国家的旅行者能够轻松地使用洲际自己的网站进行预订。其他酒店集团，例如全球最大的酒店集团雅高旗下的索芙特（Sofitel）和诺富特（Novotel）等品牌现在也保证，直接在其网站上订房的价格是最低的。此类活动可以保护利润，但并不能形成超越其他连锁酒店的竞争优势。

大型国际航空公司，例如美国航空（American Airlines）、英国航空（British Airways）、法国航空（Air France）和荷兰皇家航空公司（KLM）等，也都尽可能直接出售机票，其目的也是要削减在线旅行社获得的利润。除了开发自己的网站，一些航空公司还与欧普多（Opodo）和阿麦德斯（Amadeus）等比价网站合作。这样的网站称为全球分销系统（GDS），除机票价格外还收取一定比例的预订费，从而赚取利润。廉价航空公司会使用复杂的电脑软件来定价。

像瑞安航空和易捷航空这样的廉价航空公司特别希望将成本保持在最低水平，因此仅在自己的网站上出售机票。它们有非常完善的电脑定价机制，可以每天甚至每小时或随机调整机票价格直至机票售完。独立旅行者提前预订此类航空公司的机票会很便宜，但并非所有旅行者都有提前做出选择的灵活性。

多引擎旅行比价网的运行方式有所不同。它们通过把流量引至酒店或旅游网站收取少量的佣金。此外，它们通过销售酒店连锁和互联网旅行社的赞助商链接来获取更高的利润。

所有这些表明，互联网运营的利润取决于所涉业务的性质：

- 对于像酒店和航空公司这样的主要供应商，将空置房间或舱位销售出去就可以盈利。如果旅行者直接向供应商预订，就会有特别的好处，因为供应商会保留利润，而不是让渡给旅行社。
- 对于在线旅行社，其利润来自超出旅行服务基本成本的差价。这样的利润率可能很低，并非总是先前提到的 20% ～ 30%。
- 对于多引擎旅游比价公司，每笔实际交易的利润都非常小，但从网站上的赞助广告中可以获取可观的利润。此外，即使每次搜索的利润很低，大量搜索也会积少成多，产生可观的利润。

小公司的互联网订票机遇

那些想建立旅游网站的新公司呢？实际上，注册和维护新网站的成本很低。但成本并不是互联网订票战略的关键。要获得真正的成功就需要吸引足够多的客户，产生足够多的业务量。Lastminute.com 首席执行官布伦特・霍伯曼（Brent Hoberman）解释说：“这是场规模的竞赛，你始终面临全球竞争。我总是说，你需要 10 亿英镑（合 19 亿美元）的预订额，才能负担一定的技术、营销和品牌支出。”但是，霍伯曼肯定得承认自己的公司很年轻，几年前才刚刚成立，当时的业务量还不到 10 亿美元。

此外，互联网在旅行业务中有三大优势。第一个优势是小型互联网旅行公司初期的固定运营成本非常低。因为不需要昂贵的办公场所，也不用为彩色印刷和宣传册支付巨额费用，更不用和潜在客户直接打交道等。这种情况最适合小型的初创公司。很多小型旅行公司得以发展，特别是那些从事特殊类型度假业务的公司，例如木屋滑雪旅行、专业冒险旅行等。

第二个优势是互联网的覆盖范围很广，甚至遍及全球。跨国界提供服务可使专业领域中的小型公司更容易获得足够的客户量来实现盈利。

第三个优势是可以对业务活动进行持续的监控，还可以根据流量来自动调整价格、套餐和其他服务。例如，瑞安航空和易捷航空等廉价航空公司可以通过对互联网预订的不间断监控构建计算机模型，实现对机票价格的自动调整。

互联网带来新的机遇，但是小公司到底应该采用哪种战略流程呢？

案例根据公开发布的资料编写。[15] 作者感谢伦敦城市大学的帕特・伍德（Pat Wood）对本案例早期草稿进行的评论，感谢都柏林三一学院的艾莉森・贝尔（Alison Bell）为案例 2012 年新版本提供的信息和指导。

案例问题

1. 如果你拥有的一家小公司要进入互联网旅行市场，你将采用本章介绍的路径中的哪一种？如果你愿意，也可以考虑使用经典的计划型战略。
2. 对于小公司，是否有你绝对不会采用的战略路径？为什么？
3. 如果你拥有一家成熟的互联网提供商，你会选择哪些战略路径来进一步发展自己的业务？为什么？尽可能给出当前实际的例子。
4. 互联网对未来的旅行有何影响？使用涌现型战略会更有利吗？如果是这样，应该采用哪种战略，应该如何实施？

战略项目

互联网给大型和小型公司创造了很多机会，这样的战略值得一试。也有很多机会可以进行专题研究，探究定价、产品、展示和市场定位等方面的全球可用性。第一种方法可以从案例中选定的公司入手，探索其发展方式。第二种方法是深入某种特殊旅行领域，例如冒险旅行或邮轮旅行，来探究它们如何使用互联网以及可能采用的战略。第三种方法是研究互联网未来可能发生的变化——短信、手机预订、更先进的演示技术等——然后探讨其对旅游公司战略的影响。

11.4 基于网络的战略前进路径

基于网络的（network-based）战略前进路径探讨了相关组织和行业中存在的各种联系和合作程度，并给合作程度赋予了特殊的价值。从本节所涉及的战略角度来看，网络有两个主要的方面：网络外部性和网络合作。为了更好地理解，可以从这两个角度来探讨在线预订旅行服务的案例。

网络外部性[16]

当组织是外部网络的一部分，而该外部网络正在寻求对整个行业运营的某些方面实施标准化时，就会出现**网络外部性**（network externality）。实现标准化后，网络中所有组织的利益都会增加，而且随着采用该标准的组织数量的增加，收益也会增加。对网络中的单个组织而言，收益在网络的外部。例如在案例研究 11.1 中，旅行社的网络将从航空公司的标准化机票网络中获益——这使旅行社更容易预订机票，航空公司也更容易将机票售完。这样可能就订票所需信息的标准达成协议。这对参与协议的组织来说无疑有利，因为网络中的组织都可以基于该标准开发新的票务服务。这种商定的标准可能会分摊开发成本，甚至可以形成网络的规模经济。如果其他组织要加入该网络并采用该标准，那么网络中现有所有成员的利益将进一步扩大。我们稍后会探讨战略制定中这些方面的新进展。

网络合作

当公司为了彼此的共同利益而签订正式和非正式的协议时，就会出现**网络合作**（network co-operation）。例如，有些旅行公司在发展合作网络，但从战略角度来看，这只不过是全球行业联盟和并购新阶段的开端。进一步的发展将导致益客行等公司与旅游业相关公司之间的谈判。目的是从各种并购活动中获取全部附加值，发展各种形式的合作，与此同时，益客行这样的公司还可以继续打造自己可持续的竞争优势。我们已经在第 5 章的合作分析中探讨过。这里关注的是新战略，因此要在这一基础上再研究一下网络合作。

网络外部性[17]

网络外部性（network externality）是指针对某个网络开发出整体标准后，随着加入同一网络的组织数量的增加，该标准会使网络成员的收益持续增加。之所以称为外部性，是因为这并不是由某个公司内部活动驱动的，而是由网络外部的人员实现的。最著名的行业网络外部性的例子可能就是微软：全球 90% 的个人电脑都使用 Windows 操作系统。使用该电脑系统的用户收益会不断增加，因为其他用户也在使用同一系统。换句话说，因为可以与属于同一外部网络的其他人共享，可以提升系统的价值。

重要的是，随着用户总数的增加，在达到一定的用户数量——有时称为“临界点”（tipping point）后，网络将受益匪浅。从本质上看，当注册的网络用户转向一家网络公司，远离竞争对手时，就会达到临界点。这与微观经济学的供需概念大不相同，后者假定每种产品或服务的销售和价格与其他购买无关。在网络外部性的影响下，某种产品的购买量越大，其价值就越高。

评论

这一概念有一定的用途，主要适用于具有高度正式合作内容的组织，例如，消费电子公司需要就 DVD 播放器达成通用的标准。标准一旦达成一致，通常会有一些赢家和输家，但是战略随后需要转移到其他方面。换句话说，网络外部性具有一定的作用，但是通常在产品的技术生命周期中仅可使用一次，当技术标准在战略制定中不那么重要的情况下，其作用更加有限。

网络合作

网络合作（network co-operation）是指组织在其内部以及与其他外部组织发展的增值关系。例如，每个欧洲电信公司都拥有可以创造利润的电话交换机资源和员工基础。它们在欧洲一些国家的电话市场中相互竞争，同时也与全球市场中的其他电话公司建立合作联系。网络是由复杂的内部和外部活动共同构成的，旨在为组织创造附加值。

从战略角度来看，关键是如何优化此类内部和外部活动的附加值。首先，我们可以参考第 4 章中探讨的两个原则：

1. 拥有和管控资源的好处，而不是从外部买进。[18] 这可以用来确定组织在内部和外部要建立的重要关系。

2. 价值链和价值体系。[19] 价值链绘制了组织内部网络的图景，价值体系则提供了外部关系的图景。

为了制定基于网络的战略，需要使用这些通用原则来绘制每个组织内部和其他组织中存在的网络。专栏 11.4 展示了使用计划型方法的绘制过程。

专栏 11.4 | 网络如何为组织增值

通过内部网络，可以通过以下方式增加附加值：

- 规模经济和范围经济。
- 卓越甚至独有的知识和技术。
- 对客户服务、营销和声誉的相关投资。
- 在现金处理、金融交易和其他金融工具方面的技能、知识和专长。

通过外部网络，可以通过以下方式增加附加值：

- 具有成本效益的物流、库存处理和其他外部运输设施。
- 从供应商处获得的优质采购。
- 通过外部采购实现新技术开发、新技术许可和其他技术进步。
- 与政府和其他有影响力的组织建立牢固和稳定的关系。

注意：这些仅是组织内部和组织之间存在的许多网络的示例。

由于强化了附加值，网络合作也会影响可持续的竞争优势。例如在欧洲电话公司中，基于优惠的价格和高质量的服务，那些有出色附加值活动的公司更有可能强势地与对手竞争：不仅有高利润，还可以形成可持续的竞争优势。但是价格和服务的这种结合，一定程度上得益于公司与其他公司的有价值的合作关系。

用更一般的经济学术语来说，市场竞争的“无形之手”会推动公司提高内部资源的利用效率。同时，合作关系的“有形之手”将为组织创造真实的，也许是独特的外部网络和价值。从某种意义上讲，网络关系的生成和维护都依赖于无形和有形的指导——这种关系更像是“持续的握手不放”，而不是间歇性的握手。[20]

在网络合作战略中，正是因为组织与其他组织的竞争与合作形成了有效的结合，才增加了价值和打造了竞争优势。因此，组织应该在内部和外部构建独特的关系网络。例如，随着时间的推移，销售人员会与客户建立关系，采购经理会与供应商建立关系，等等。与外部人的长期关系可能是公司战略的关键要素，航空、国防、电信设备和其他需要与政府谈判的行业都是例证。

谈判是这类关系的重要战略方面，而且这一过程已成为关键成功因素之一。例如政府很可能会参与移动电话这类物品的购买或规格设定。更广泛地说，政府还可以通过获得优惠信贷、共同所有权、寻找新供应商的威胁、分配研发资金以及协助出口销售等来实现直接的控制。[21] 在不与政府谈判的情况下就进行战略管理可能是奢望。双方在此类谈判中的议价能力取决于市场的成熟程度和所涉及的技术。

从很多方面来看，组织可以被视为公司内外部各种协议的网络。[22] 如果此类协议对于制定战略很重要，就必须理解这些网络的动态性才能制定最佳的战略。[23] 由于这项工作非常复杂，因此最好使用关键成功因素，将注意力集中在过程中的重要领域里（参见第 3 章）。

评论

一些战略家认为，重要的不是竞争性网络和合作网络的结合，而是二者之中到底谁更重要：

- 竞争关系更为重要：“战略制定的本质是应对竞争”（迈克尔·波特）。[24]
- 建设合作网络是战略发展的主要领域：“人们日益意识到，合作行为才是当今众多管理成功案例的根源”（卡洛斯·贾里洛）。[25]

这种选择具有极大的误导性。[26] 所有组织都会参与竞争和合作，二者之间没有“战略矛盾”需要解决。唯一的问题是二者之间的平衡，这将取决于制定战略的情境。例如，20 世纪 90 年代后期，在欧洲电话公司中，竞争是主要的推动力。尽管在提供国际电话网络方面的合作也很重要，但英国和德国等国家的内部竞争一直在加剧。相比之下，20 世纪 90 年代后期，欧洲的国防工业在整个欧洲范围内开展了更多的合作，这样欧洲的公司才能在全球市场上与美国的大型国防公司进行竞争。

所有这些方面对战略管理的影响

本质上，网络是流动的，也会变化。网络的成员通常可以离开，也不会有什么成本。从这个意义上讲，什么都是悬而未决的，一切都可以谈判。因此，为了说服团体加入或留在网络中，就得修改目标，相应的选择也可能会受到影响。从某种意义上说，实施过程本身就是选择过程的一部分，也是战略的一部分。

图 11－4 说明了这种基于网络的前进路径的主要影响。应当指出，任何战略变更的时间表都可能需要延长才能适应这一过程。限于篇幅，图中无法充分展示这一点。

评论

毫无疑问，无论规模大小，网络都是许多组织的一部分。但是，仍然需要推动战略流程。在这里，领导力至关重要。基于网络的战略本身不可能代表完整的战略路径，需要与计划型和基于学习的战略流程并行使用。

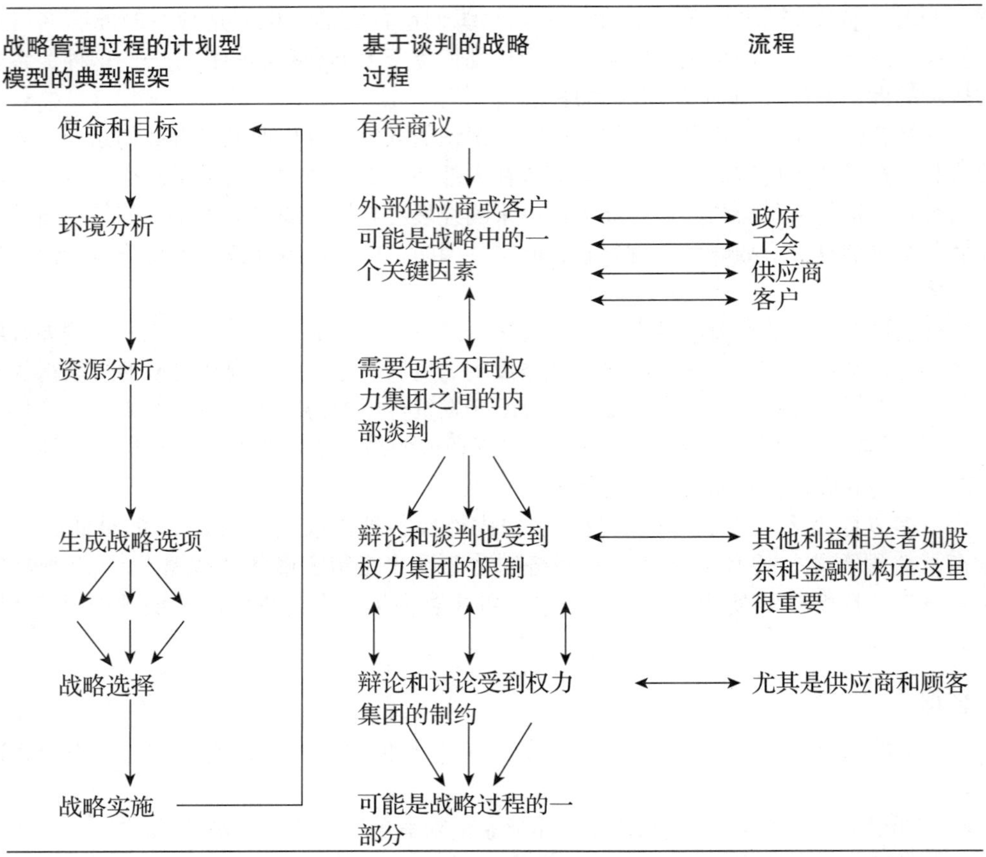

图 11－4 基于网络的过程与计划型过程的比较

关键战略原则

- 基于网络的战略前进路径探讨了相关组织和行业中存在的各种联系和合作程度，并赋予该合作程度特殊的价值。该路径有两个方面——网络外部性和网络合作。
- 网络外部性是指针对某个网络开发整体标准，然后随着加入同一网络的组织数量的增加，该标准会使网络成员的收益持续增加。
- 在这种外部性中，关键时刻是“临界点”，当注册的网络用户离开竞争对手转向另外的网络公司时，就会达到临界点。
- 网络合作探讨了相关组织和行业中存在的各种联系和合作程度，并赋予这种合作程度特殊的价值。
- 在网络合作战略中，正是因为组织与其他组织的竞争与合作的有效结合，才增加了附加值和打造了竞争优势。这样的战略方法还需要在与强势客户和供应商进行谈判的情境下思考，在谈判时要进行讨价还价和权衡。

11.5 基于学习的战略前进路径

基于学习的（learning-based）战略前进路径强调，学习和精心打磨都是成功的战略管理的重要方面。这条路径特别重视试验和反馈机制。学习可以在个人层面和团队层面进行：战略管理主要集中于团队学习，因为这是组织发展中最有用的领域。当不确定性程度很高时，例如对于欧洲移动电信市场，对未来几年制定固化的战略不仅不可行，而且是非常不谨慎的。因此，只有一些基本的业务目标，甚至是未来的愿景可能会更好（参见第 10 章），但也要做准备，不断尝试和对市场态势做出反应。市场中可能出现新的竞争对手，也可能有公司会销声匿迹。采用灵活、随遇而安的涌现型战略是基于学习的战略的核心，可以通过监控事态的发展应对变革，并积极创造机会。

学习在组织中的作用

1987 年，明茨伯格发表了一篇颇有说服力的文章，他认为对市场和公司资源等领域的理性分析不可能产生有效的战略。精心打磨战略（crafting strategy）的过程，即“战略制定和实施融入学习的动态过程，可以产生各种另辟蹊径的战略”。[27] 明茨伯格并不否认需要规划和制定战略，但是他强调了实施战略时的灵活性，要通过学习不断重塑战略。这一点尤其重要，因为战略有时必须解决市场或其内部实践中的重大转变——突变（quantum leap）。在这样的时候，那些真正学习和领会了组织运作方式的战略家，不仅能够更好地理解变革的必要性，还能对这些重大变革的信号迅速做出反应。

为了阐明这一过程，我们以荷兰皇家壳牌石油公司为例，该公司 20 世纪 80 年代面临的突变以及学习的过程是一个很好的例子。[28] 1984 年，石油的价格约为每桶 28 美元。在这种情境下，公司的中央计划部门设定了一种油价跌至每桶 16 美元的推测情境。纯粹为了练手，他们敦促高管针对这种价格暴跌可能产生的后果进行推测。虽然有些高管认为这不太可能发生，但他们还是愿意参加演练。人们对相关后果进行了充分的探讨，以至于当石油价格在 1987 年真的跌至每桶 10 美元时，公司已经做好了充分的准备。

荷兰皇家壳牌石油公司的主要规划人员后来这样总结：

> 机构学习是管理团队改变自己对公司、市场和竞争对手共同心智模型的过程。因此，我们认为计划就是学习，公司计划的过程就是机构学习的过程。

这里的关键词是改变共同心智模型和学习过程。大多数公司都不会在个人层面探讨战略问题，而是以管理团队的形式来研究。正是团队提出了有关公司及其环境的假设：这些应该是明确的并达成共识。可能需要视情况，比如前面提及的突变，更改这些假设。

学习与知识的关系——阿吉里斯和加文的贡献

学习可以被看作扩大组织知识的过程。这实际上是一个循环往复的过程，包括获取新知识，对照实际检验知识，然后反馈结果。例如，读取恒温器上的室温，检查室温以确保舒适度，如果有需要再调整恒温器。学习过程可能涉及研究、直觉和实践经验。在复杂的商业组织和非营利组织中，学习将涉及所有三种机制，因此会变得复杂。

对于组织而言，学习更加困难，因为需要定期从根本上对组织的宗旨和目标进行审视。这是组织中管理者要面对的难题，他们的应对之策应该超出收集数据和核对事实的简单范畴。哈佛商学院的克里斯·阿吉里斯（Chris Argyris）教授首创“双循环学习”一词来解释这种额外的复杂性。除了前述第一个学习循环外，还有第二个学习循环对第一个循环的整个作用机制提出了质疑。他引用前面的例子这样来比喻，就是还要检查是否需要恒温器，以及用完全不同的温控机制是否会产生更好和更经济的结果。[29] 这种基本的重新评估对于战略管理以及组织的学习过程至关重要（见图 11－5）。

双循环学习（double-loop learning）包括两个学习循环，第一个学习循环根据预期标准检查绩效并在必要时进行调整，第二个学习循环则首先要重新评价预期标准是否合适。由于第一个学习循环和第二个学习循环的区分标准并不确切，因此对学习型组织没有一致的定义。大多数人都同意，组织会随着时间的推移而学习，随着知识的增加将带来更高的绩效，但是

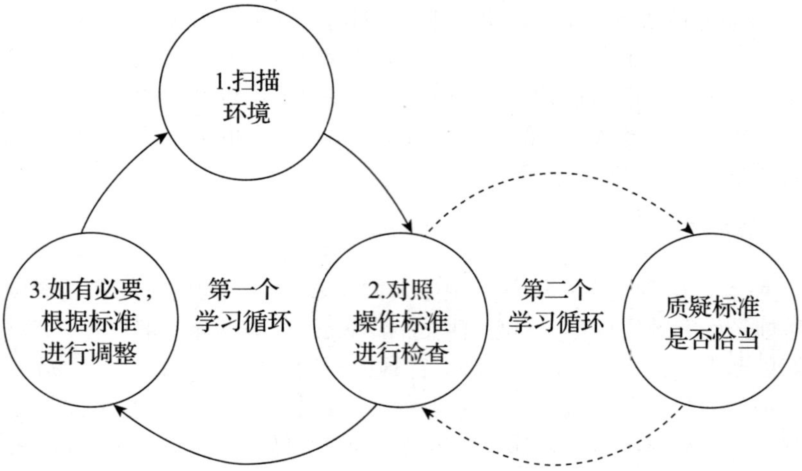

图 11－5 双循环学习

超出此范围的过程存在很多争议。一些人认为组织必须改变其行为方式才能实现真正的学习，一些人则认为获得新的思维方式就足够了。考虑到这些困难，同样来自哈佛大学商学院的丹尼尔·加文（Daniel Garvin）教授提出了以下定义[30]：

> 学习型组织是擅长创造、获取和转移知识，而且为了反映新知识和新见识调整自己行为的组织。

正是这个定义的第二个部分——“调整自己行为”构成了第二个学习循环。根据这个定义所确定的机制——知识创造、获取、转移和改造——已经在第 7 章知识创造部分研究过。要注意，是彼得·圣吉提出了这样的观点，只有当组织调整和改变自己过去的行为时，才能说组织有真正的学习行为。

团队怎样才能更好地学习——圣吉的贡献

圣吉的贡献在于将学习的概念从个人层面扩展到了团队。为了更好地理解其贡献，我们先回顾下涌现型的战略过程和学习理论的主要内容。

如上所述，双循环学习的概念对基于学习的战略路径有很大的影响。[31]从根本上看，这不仅包括通过与公认的标准进行比较来学习，还包括质疑标准本身。1990 年，麻省理工学院研究组织系统与学习的教授圣吉也使用了学习原则，但他使用的是运筹学的反馈机制，建议最有效的学习形式是团队而非个人，从而对学习理论做了重要补充。他将团队学习的概念应用于战略制定，他认为：

> 在学习型组织里……人们会不断拓展自己的能力来创造真正期望的结果，可以培育各种新的和更全面的思维方式，可以释放集体的抱负，而且人们可以不断学习如何共同学习。[32]

尤其重要的是，圣吉区分了两种类型的学习，分别是：

1. 适应性学习——理解组织外部环境的变化并适应这些变化。
2. 生成性学习——在组织内部为实现积极的拓展而创造和探索新的战略领域。

两种类型的学习都要通过组织内部的试验、讨论和反馈来实现。刚性、正式和科层式的组织不太可能提供这样的机会。按照圣吉的说法，这需要有更多流动性的结构。有趣的是，在 20 世纪七八十年代的日本以及 90 年代的东南亚这些高速发展的经济体中，显著的特征之一就是规划过程中的参与性、灵活性和适应性，而不是那些死板僵硬的正式计划。[33]

圣吉继续指出，学习与知识密切相关，最好设定有吸引力且具有挑战性的目标，并鼓励团队互动来获取知识。这样的想法会使战略从单纯寻找简单的计划型解决方案向前发展。圣吉的文章的重点是战略制定应该有知识创造的过程，这最好由团队来承担。目的就是通过团队的动态互动来构建解决问题的新“心智模型”。

作为学习过程的一部分，有许多公认的机制可以构建和共享心智模型。[34] 也许其中最著名的就是彼得·圣吉的五项修炼。[35] 这些修炼功课的目的就是帮助组织和个人学习。但是，这里的学习并不只意味着记忆，或者只是去应对不断变化的环境。学习具有更加积极和更有前瞻性的意义，即开发新战略和新机会的积极创造力。专栏 11.5 总结了为实现这一目标而开发的五项修炼功课。

专栏 11.5 | 学习的五项修炼功课

1. 超越自我——不仅要制定个人目标，还应该打造鼓励团队制定目标和宗旨的组织环境。

2. 心智模型——能够从管理者和员工的世界观出发进行反思和推测，并能观察它们如何影响各类行动和决策。

3. 共同愿景——通过对团队目标的探索达成共识，让团队为实现其目标做出承诺。

4. 团队学习——利用团队的规范技能开发超出个人规范技能的智力和能力。

5. 系统思考——思考、描述和理解那些能影响团队的主要力量的方法。

资料来源：基于彼得·圣吉的著作。

为了在当今变化的商业环境中生存，有人认为战略必须包括将学习从个人转移到团队的机制。[36] 对于团体和整个组织而言，学习过程会有三种益处：

1. 通过对知识的关注，为组织的绩效提供新的想法和见解。

2. 通过自我更新来促进适应，避免组织因为反应迟钝而逐渐消亡。

3. 通过促进对外界的开放性，使组织能够应对各种事件，例如，油价下跌的巨变或欧洲移动电话市场的快速发展。

在这个过程中，通常是组织中那些受过良好教育、高度敬业的高级专业人员问题最多。[37] 他们可能会误解“学习”一词的含义，将其狭义地理解为单纯的解决问题。要注意的是，学习的过程不能仅仅是老师或高管的说教。战略管理的意义在于学习是双向的过程，比计划型战略所建议的更具开放性。

将学习转变为启发

启发法（heuristics）是非正式的经验法则，通过简单的决策规则，可以将组织某个部门所学到的知识进行汇总，传递到组织的其他部门。[38] 当面对新的战略决策，尤其是面临新商机时，启发法非常有价值。例如，互联网旅行公司可以根据学习经验制定关于向哪个国家提供服务的简单决策规则，例如“一次一个国家”“关注高尔夫客户”“为新航线同步新的酒店网页”。这些启发法很多都来源于学习的经验，即经过反复试验得出的最有效的方法。但是，启发法的关键不是组织内部的初始学习，而是通过总结为可以在整个组织中应用的决策规则来推广这种学习的能力。

启发法可以起作用的原因有三个[39]：

1. 可以集中注意力并节省时间。每次要进行新的战略决策的时候，许多组织都无暇再回归基础，也不能每次都进行学习。

2. 可以实现即兴创作——如果是指导原则而不是死板的规则，至少应该是灵活的。重要的是，启发法应该能够应对特定的机会。

3. 可以帮助减少失误。"因为提供了指导个人应对各种事件的原则和粗略的初步计划，这样就可以减少通过纯粹的试错法才能实现的学习。"[40]

启发法的问题在于可能导致主导逻辑的僵化，相关内容将在下一节探讨。[41]

学习和主导逻辑的问题

学习模型的本质是要广泛探索，对特定战略问题不要有先入为主的想法，这样就可以尝试和检验各种选项。一段时间之后，一个或多个解决方案会比其他的更成功。然后就可以根据试验的结果来分配资源。这也会成为组织中更一般性决策的基础，并形成业务运作的模式。这种模式就是主导逻辑。

主导逻辑（dominant logic）是"管理者将业务概念化并做出关键资源分配决策的方式"。[42]尽管学习型组织可能很吸引人且要求很高，但有证据表明，学习有时候也会停滞不前，一切都依赖过去的知识。[43]管理者发展他们的心智模型以了解企业如何获利，以及公共组织中的流程如何提供优质服务。问题在于，这种心智模式可能无法感知到那些可能会影响组织的新情况。因为这些模式植根于过去，为过去的战略决策提供成套的解决方案。

当这样的逻辑占据主导地位，就可能成为组织继续学习的障碍。问题不仅在于这种逻辑可能过时，而且在于可能已经嵌入组织的日常任务和流程，根深蒂固。甚至还有这样的可能：管理人员因为产生主导逻辑的能力受到嘉奖。这样，该组织甚至可能恢复到单循环学习的状态，并且只有在绩效下降到威胁生存的时候才会被淘汰。因此，新的学习体验非常重要。[44]

学习的短视性——列文萨尔和马奇的贡献

在评价圣吉的贡献和其他关于学习的著作，列文萨尔（Levinthal）和马奇（March）[45]探讨了学习的短视性（近视）。他们承认学习有许多益处，但认为学习过程也有局限性。他们认为，学习必须在开发新知识、探索与同时利用当前能力之间保持平衡，这样的平衡很难掌握，往往会顾此失彼。他们提出了限制组织学习的三种因素：

1. 时间短视。学习往往会为了短期利益而牺牲长期利益。一旦知道有新的能力和细分市场，就会立即聚焦这些领域，而将这些能力和市场以外的其他领域排除在外。当然如果组织在近期无法生存，就不会有长期的生存。但这里的学习确实存在问题。

2. 空间短视。学习会关注对学习者周边的影响。组织更愿意把重点放在近期生存的问题上，而不是那些可以使组织随着时间的推移得以发展壮大的深层问题。

3. 失败短视。组织学习往往会高估以往的成功，而低估失败。从本质上讲，学习更愿意去消除失败，而且更加专注于如何成功。学习并不能轻易纠正这种经验偏差，甚至可能使组织对未来的成功过分自信。

由于这些原因，学习可能并不总是那么有用。学习型组织可能很难长期维持足够的探索。组织应该对学习持有相对保守的态度："魔法当然好，但要找到它并不容易。"

提高组织的学习能力

显然，只要组织领导者意识到主导逻辑带来的危险，就可以避免这种陷阱。圣吉本人就很担心，他强调领导者可以用很多方法来实现团队的学习，包括建立共同愿景、挑战心智模式以及提升组织成员的参与度等。

还有三种机制可以帮助解决主导逻辑存在的问题：

1. 放松日——构建一个场景，可能需要一整天，让管理者摆脱日常工作的烦扰，从根本上审视业务。

2. 讲故事——将战略发展转化为一系列故事，不仅可以强化学习的创造力，还可以突出战略制定中更戏剧性的那些方面。这样可以提供丰富的细节，激活各种关系，打破各种壁垒，促成知识的共享。[46]

3.“不怪罪”的文化——要建立鼓励和支持具有批评性但明智合理的组织评价文化。

所有这些办法的基础是如果组织要改善战略决策，就要挑战现有的心智模式，并打造完成任务所需的“不怪罪”环境。我们将在第 16 章中再探讨这个主题。

战略管理过程的影响

在学习过程中，“自上而下”将不完善的目标交给初级经理和员工显然没有任何意义。启发式的学习需要更多的合作与讨论。尽管如此，在此过程中还是要进行分析，但要更加开放，要有更多的人参与。虽然这会降低学习的速度，但如果能够获得更多的参与、收获团队成员对战略更多的见解，付出这样的代价就是值得的。当然还可以思考战略选项和进行选择，但是该过程可能比计划型的路径有更多的层次，更加复杂。很显然，实施的时候可能更加迅速，因为人们参与制定战略，对相关情况更了解且投入程度更高。[47]

图 11－6 列举了基于学习过程的主要元素。关键是学习过程本身也是战略的一部分，而不是在战略制定好后才附加的内容。这意味着完全成熟的战略只会随着时间的推移而涌现出来。

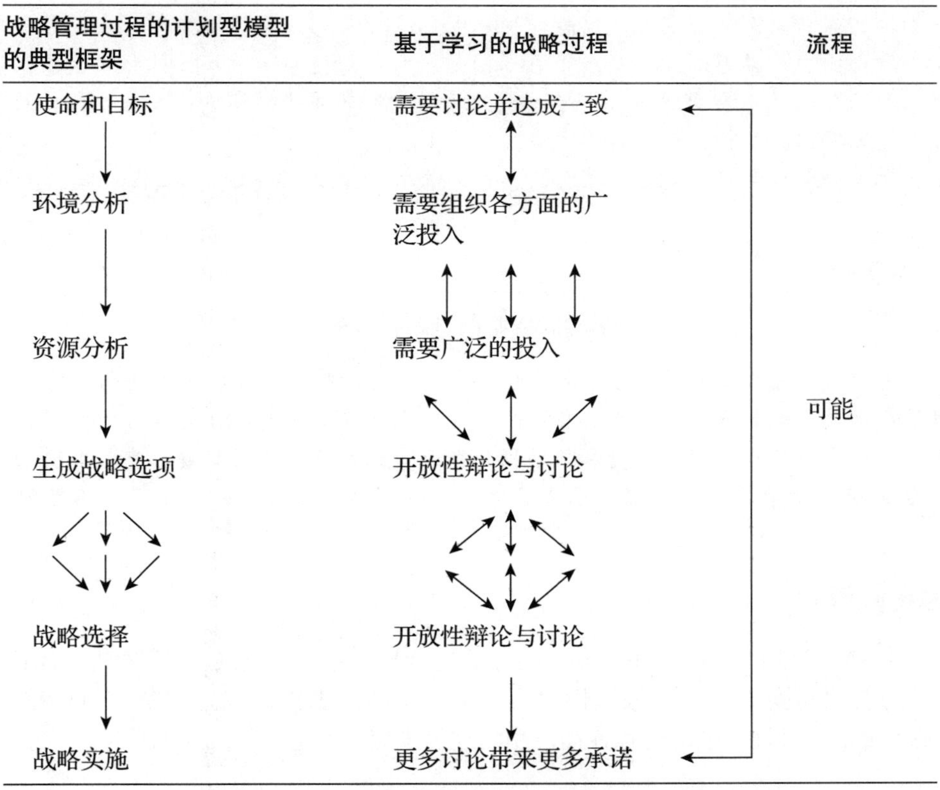

图 11－6　基于学习的过程和计划型过程的比较

评论

基于学习的路径在战略管理中有一定的实际价值。但是必须指出，除了要征求所有人的意见，其建议有时过于模糊不清，无法操作。在某些情况下，高管确实不需要征求他人意见就做出决定。从更一般的层面来看，对这种前进路径的批评是完全有道理的，原因在于组织对如何以及何时采用基于学习的方法并不清楚。[48]尽管有这些问题，但这条路径并不排斥计划型过程。本书的后续章节将对此进一步探讨。

关键战略原则

- 基于学习的战略前进路径强调，学习和精心打磨都是成功战略管理的重要方面。在制定与众不同的战略时，这条路径特别重视尝试和反馈机制。学习与记忆无关，但与开发新的战略机会时的创造力有关。
- 双循环学习包括两个学习循环，第一个学习循环根据预期标准检查绩效并在必要时进行调整，第二个循环则首先要重新评估预期标准是否合适。
- 在制定战略的时候，如果要制定新的试验性战略，团队动态就比单个人更加重要。团队学习有五项原则：超越自我、心智模式、共同愿景、团队学习和系统思考。
- 可以通过启发法将学习传递到组织的其他部分，即可以将组织某个部门所学到的知识汇总，然后传递到组织的其他部门。
- 与学习相关的危险是，在过程结束的时候，“成功的解决方案”将成为主导逻辑，这将阻碍组织的继续学习。有许多方法可以解决这一问题，包括良好的领导力、讲故事以及彻底重新评价战略的组织机会。
- 在学习的理念框架内，在开发新知识所产生的学习与利用现有能力所产生的学习之间很难取得平衡。学习的理念有三个基本问题：时间短视——学习往往会为了短期利益而牺牲长期利益；空间短视——学习更关注对学习者周边的影响；失败短视，组织学习过高地评估了成功，而过低评估了失败。
- 团队学习和个人学习是有用的理念，但可能模糊不清，在实践中缺乏指导性。

批判性反思

基于学习的战略前进路径真的有用吗？

在思考替代计划型战略的时候，本章认为基于学习的战略路径特别有价值。它为战略制定提供了灵活性，尤其是与团队的动态性结合后，可以启发很多新的战略见解。

但是，这个概念也因模糊不清和缺乏操作性而受到批评。公司需要在重要事项上做出决定，往往不能等待学习获得明确的结果后再去决策。你怎么看？基于学习的路径到底有什么用？

思考问题

1. 查尔斯·汉迪（Charles Handy）认为最近全球的技术突破是不连续的。他评论说：“不连续的变化需要不连续的颠覆性思维来应对，即使思想家和思想乍一看似乎是荒谬的。”是否可以通过计划型的过程或涌现型的过程来应对不连续性？如果是这样，应该选哪一个？

2. 选择一个你熟悉的组织来研究其对未来的计划。它如何完成这项任务？是足够快捷，还是整个过程都在浪费时间？计划过程在多大程度上取决于人员问题和谈判？该过程最符合本章中的哪种模型？

3. 计划型战略过程是否也可以有创造性？

4. 有些人认为，基于生存的战略路径在方法上过于悲观。你同意这一观点吗？

5. 对于电信公司等企业而言，它们需要做出漫长的投资决策，需要很多年才能实施。基于不确定性的发展路径具有非常短的时间跨度，似乎无济于事。这一战略路径能否为此类公司提供有益的指导？

6. 为什么谈判在战略管理中很重要？有一个将自己的意志强加于组织的强势领导者岂不是更好？

7. 以学习为基础的战略路径强调战略制定中的创造力。为什么这很重要，应该如何实现？

8. “至少对管理者而言，管理理论的有效性要通过其产生的可证明的结果来评判，”柯林 · 伊根（Colin Egan）这样说。将此评论应用于本章所述的战略路径，并简述你的结论。

延伸阅读　　　　注释和参考文献

12 组织架构、风格和人员问题

学习目标

学习完本章后，你将能够：

- 批判性地评价这样的观点：战略和架构的关系要比早期战略家所建议的更为复杂。
- 理解为满足所选战略的要求而设计组织架构的基本原则。
- 评价在改变战略的同时改变组织管理风格的重要性。
- 列举组织架构的六种主要类型，并评价它们针对特定战略的优缺点。
- 建立更可能引致创新战略的特殊组织架构。
- 解读可以激发员工和实施所选战略的正式组织架构。

引言

有了计划周密的战略，还需要组织、管理团队和人员来实施。学术界过去一直对一个话题争论不休，即是否应该先制定战略，然后发展实施该战略的组织架构。本书认为最好同时考虑这两个要素：这就是在第 7 章的分析阶段我们要研究人力资源战略各个方面的原因。但是也应该理解为什么要先确定战略后确定组织架构。本章将从这里开始。

然后，我们将探讨与组织架构相关的更一般性的原则。其中值得一提的特殊方面就是对管理风格的选择。考虑了这些问题之后，我们将探讨如何设计适合不同业务类型的组织架构。鉴于创新在成功战略中的重要性——尤其是从涌现型战略的角度来看——我们将单独对此进行研究。我们还会探讨有效的薪酬架构和甄选流程在获得有能力且动力十足的高管以成功实施战略方面的作用。最后基于对这些因素的考量，就可以开发出适当的组织架构，如图 12 - 1 所示。

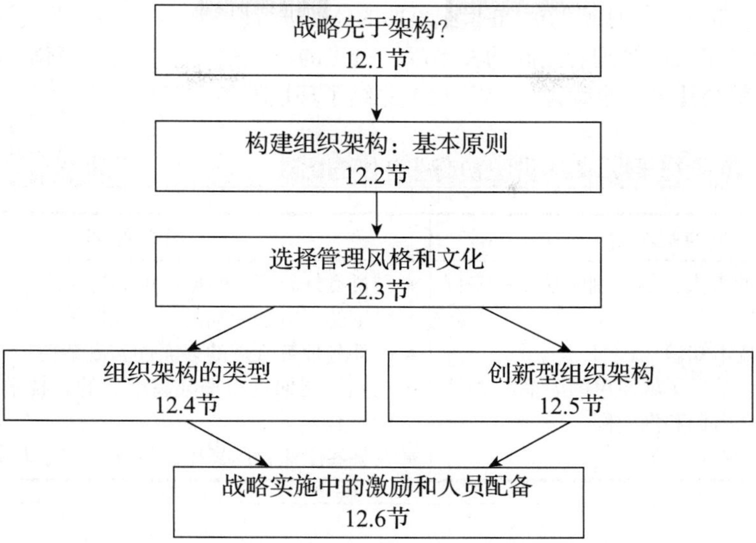

图 12-1　组织架构和人员问题

12.1　战略先于架构?

在过去的30年中，关于战略与组织架构之间的关系一直争论不休。过去，人们认为战略在先，然后才是组织架构。例如，百事公司先要发挥其在不同市场中的战略优势，然后才会有将国际部门和饮料部门整合的决策。最近的研究对这种方法提出了质疑，认为战略和架构是相互关联的。从这个角度来看，百事公司在2004年合并其北美业务时事先并不完全清楚此举的结果：其新的架构和战略都是新并购路径的组成部分。在本节中，我们将探讨这些观点发生变化的原因：战略不再先于架构。

战略先于架构：钱德勒的贡献

为了理解组织架构计划型方法背后的逻辑，要先回顾一下历史背景。20世纪60年代初期，美国战略家小阿尔弗雷德·钱德勒研究了一些美国大公司在20世纪上半叶如何制定自己的战略。[1]然后，他从这些实证证据中得出了一些结论，其中最重要的就是组织需要先制定战略，再设计实施该战略的组织架构。

钱德勒强调制定战略和实施战略有着显著的区别。他将战略定义为：

> 确定公司的基本长期目标和宗旨，并为实现这些目标采取行动以及分配所需的资源。[2]

制定战略的任务由公司总部完成，实施战略的工作则落到了各个职能领域。钱德勒的研究表明，一旦制定了战略，就要考虑实施该战略所需的架构。新战略可能需要额外的资源或者新的人员或设备，这将改变公司的工作性质，因此也需要新的组织架构："通过管理公司的方式来设计组织"，钱德勒的原话是这样的。

因此，战略先于组织架构的原则实际是对20世纪的公司进行研究得出的结论。[3]接下来，我们要研究进入新千年以后这些原则是否还适用。

商业环境和社会价值观的变化

为了理解战略制定之后就不便调整组织架构的原因，需要将早期的战略理论和其发展的历史背景结合起来。自钱德勒对 20 世纪早期的公司进行研究以来，环境发生了巨大变化。[4] 工作场所本身、工人与管理者之间的关系以及员工的技能都发生了重大变化。因此，那些陈旧的组织架构就会让人产生疑虑。专栏 12.1 总结了环境的各种变化。

专栏 12.1 | 20 世纪早期和 21 世纪初商业环境的比较

20 世纪早期	21 世纪初
• 未受过教育的工人，通常刚刚从农村来到城市 • 简单的工程技术知识 • 对新的管理科学只了解简单的因果关系 • 新兴的工业化市场和供应商 • 管理层与工人差别明显	• 受过良好教育、懂电脑的熟练工人 • 复杂的、电脑驱动的、大规模的知识 • 已部分理解管理的多面性和复杂性 • 成熟的周期性市场与高增长的新技术市场和供应商的组合 • 在某些工业化国家中，管理层与工人有很大重合

管理战略变革的复杂性——奎因的贡献

大部分计划型方法都基于这样的理念，即可以精确选择需要引入的战略。然后，要解决的就是如何设计组织，并制定实现所选战略的计划。通过实证研究，奎因[5]认为，在许多情况下战略管理过于简化：

- 当相关的变革纷繁复杂或争议不断，可能没有简单易行的战略解决方案。
- 由于文化、人员或政治压力，组织架构可能无法应对“显而易见”的解决方案。
- 组织意识和承诺需要时间的积累，因此不可能立即进行根本性的变革。
- 为了落实所需的战略变革，需要管理人员参与变革过程，这样他们才能知晓相关的变革情况并贡献自己的专业知识。

奎因提出，战略变革需要逐步进行，即要摸着石头过河。他将这个过程称为逻辑渐进主义（logical incrementalism）。明显的含义就是，可能无法定义最终的组织架构，组织架构要随着战略的逐步推进而调整。他为参与战略制定的高管提出了一个多阶段的流程，如专栏 12.2 所示。要注意的是，他认识到非正式组织架构在达成战略变革共识中的重要性。如果该论点是正确的，那么很明显，在确定好战略后，任何认为只有一种一成不变的组织架构的观点都是有问题的。

评论

对该过程的描述当然有其他研究人员的证据支持。正式的组织架构对于日常的职责和工作来说也很重要，但是在实施复杂而有争议的战略变革时，这只是战略过程的一部分。以上描述的有效性取决于需要什么程度的变革。奎因假定变革必须是激进的，他的结论是最终的组织架构只能在变革的最后涌现出来。

对战略先于架构的批评

现代战略家认为，战略和架构是相互联系的。在制定战略之后，组织再去改变架构可能并不是最佳的选择。这种关系在两个方面更加复杂：

1. 战略和与之相关的架构可能需要以试验的方式同时发展：随着战略的推进，架构也应改变。当变革比较剧烈的时候，组织要学会适应不断变化的环境和资源。

2. 如果战略过程是涌现型的，则所涉及的学习和试验可能需要更加开放、更加非正式的组织架构。

专栏 12.2 | 奎因的逻辑渐进式战略流程及对组织的影响[6]

战略阶段	对组织的影响
1. 意识到变革的需要	使用组织中的非正式网络
2. 明确战略领域并缩小选择范围	进行更广泛的咨询，可能使用更正式的架构
3. 使用变革信号昭示可能的变革	与许多无法直接咨询的人沟通：使用正式架构
4. 留出准备时间以讨论各种战略选项和熟悉新选项	鼓励感兴趣的团队进行讨论：使用正式和非正式的组织架构
5. 弄清新战略的总体方向，尝试并寻求部分解决方案，而不是坚持一个方向	高管之间尽可能进行一般性讨论，不要疏远；使用正式的高管架构
6. 拓宽支持新方向的基础	在正式的现有机构之外建立委员会、项目小组和研究团队；要认真选择团队成员并制定时间表
7. 巩固进展	启动特殊项目以探索和巩固总体方向：使用现有组织中更多的初级管理人员和相关团队成员
8. 在关注新目标和相关战略之前建立共识	通过组织使用非正式网络；识别和管理那些对未来战略方向至关重要的人
随着时间的推移，可能是几年	
9. 在达成共识和避免对成功战略的过度投入导致的僵化之间保持平衡	引入新成员以提供进一步的刺激、新思路和新问题
10. 新组织架构	重新安排组织的正式结构以巩固变革成效：结束！

近年来有专家[7]提出，大家一直低估了流程和组织架构对战略的影响。员工在激励组织和促进创新方面的贡献也被低估了。而且，管理质量和组织架构本身也会对战略产生影响，甚至可能成为竞争优势的来源。从这个意义上讲，不能说在战略达成一致后才出现人员和流程的问题。

也有人指出，虽然有些公司的资源大致相似，但业绩明显不同。这种差异可能与公司组织和开展活动的方式有关，而不是战略的差异。专栏 12.3 总结了战略先于架构的五点批评。

专栏 12.3 | 对战略先于架构的五点批评

1. 架构可能过于僵化、等级化和官僚主义，无法应对 20 世纪 90 年代的新社会价值观和瞬息万变的环境。

2. 在制定组织战略时，架构的类型与业务领域同样重要。这种架构将限制、指导和形成组织可以选择的战略选项。可能需要学习型的组织，并给更多的初级管理人员授权。从这个意义上讲，战略和组织架构是相互关联的，需要同时制定。

3. 有利于削减成本或者开放新市场机会的价值链配置也可能改变组织架构。

4. 需要应对战略变革的复杂性，这意味着要思考更复杂的组织架构。将简单的职能架构转化为事业部架构只是这个过程的开始。

5. 高层和中层管理人员在制定战略上的作用可能需要重新评估：钱德勒认为战略仅由高层领导决定的观点也会受到挑战。特别是对于新的创新战略，中层管理人员以及组织的文化和架构可能很重要。领导在授权中层管理人员的工作方面可能也需要新的方法——有机领导风格。

战略和架构的相互联系——“战略契合”的概念

尽管可能无法确定哪个在前，但仍需要确保战略和架构相互一致。例如，百事公司重组了其北美业务，目的就是要确保其在不断增长的非碳酸饮料市场中的优势可以在全部饮料系列中发挥出来。为了使组织在经济上有效，组织的战略与架构之间需要有一个匹配的过程：这是战略契合的概念。[8] 战略契合（strategic fit）是战略与架构之间相互匹配的过程。

本质上，为有效实施战略，组织应该有一套内部比较一致的做法。应该说，这不仅仅涉及组织的架构，还将涵盖以下领域：

- 战略规划过程（参见第 13 章）。
- 招聘和培训（参见本章后面的部分）。
- 员工和管理者的激励制度（参见本章后面的部分）。
- 拟开展的工作（参见第 13 章）。
- 信息系统和各种流程（参见第 13 章）。

这意味着仅通过战略和架构可能无法完全解决战略契合的问题。即使已经在研究如何实施，也可能需要重新考虑战略（参阅第 13 章）。

钱德勒和圣吉都有大量的实证证据表明，战略和组织架构之间确实需要一定程度的战略契合。

环境一直在变化，组织只能逐渐适应，跟不上外部变化的步伐。因为外部的变化可能更快，例如数字技术的引入就非常迅速。因此，组织的战略与架构之间不可能有完美的契合。有证据表明，组织生存需要最低限度的契合。[9] 也有人提出，如果在战略过程的早期就有很高的契合度，那么可能会产生很高的经济绩效。但是随着环境的变化，契合的战略也需要调整。

关键战略原则

- 根据现代战略家的观点，钱德勒关于战略先于架构的理念可能过度简化了现实的情形。有五点主要的批评意见。
- 20 世纪后期商业环境和社会价值观的变化表明，除最高管理者外，其他人也可以为战略做出贡献。这就是对中低层管理人员授权。最好在确定组织架构之前进行。
- 制定新战略的过程要具有适应性，要有学习机制，还需要开放和流动的架构，简单的功能架构可能无法满足这些需求。
- 当战略变革比较激烈时，可能无法确定最终的组织架构。随着战略的变化和发展，组织架构可能会自己涌现出来。
- 如果战略和架构是相互关联的，那么它们必须彼此一致——这就是“战略契合”的概念。

12.2 构建组织架构：基本原则

与使命和目标的一致性

从根本上看，组织架构就是为了实现其使命和目标而设计的。因此，在这个时候就要构建组织架构。在详细考虑可能的架构之前，要回答第 6 章战略分析和制定中提出的一些基本问题。

- 我们是什么样的组织？商业组织？非营利组织？以服务为导向？政府管理？（这里没有列出所有问题。）
- 谁是主要的利益相关者？股东？管理者？雇员？
- 我们的宗旨是什么？宗旨从广义上告诉我们应该构建怎样的组织架构？

最后一个问题没有简单或正确的答案，值得仔细思考。每个组织的规模、产品或服务、人员、领导力和文化都是独特的。专栏 12.4 总结了可能影响组织架构的一些因素。在深入了解组织设计的细节之前，可以用这种一般化的、不加条框的方式进行思考。下一节将详细研究。

专栏 12.4 | 宗旨与组织设计之间的联系示例

宗旨	对组织设计的影响
“创意工厂”，例如广告或营销代理商	松散有流动性的架构，正式关系有限；随着规模的扩大，通常会有更多正式的架构
拥有品牌商品的跨国公司	需要认真协调各种联系和资源问题的架构，例如针对单独的产品系列可以使用共同的供应商或共同的超市客户
政府公务员	严格控制流程和授权；强大的正式架构用来解决主要的政策方向和法律问题
具有强烈使命感的非营利慈善机构	由于依靠志愿者及其自愿捐款，可能需要灵活的组织，将责任下放给个人
大型服务公司，例如零售银行或发电公司	正式的架构，但具有一定的灵活性，可以满足快速变化的需求
试图生存和发展的小型公司	基于短期的情形，非正式的架构，愿意同时承担多种业务职能，例如销售或生产
具有很强职业服务伦理、标准和质量要求的健康服务公司	正式的架构，可在提供关键的复杂服务时反映相关人员的资历和专业地位
拥有涉足不同市场的子公司的控股公司	小型集中化总部，主要充当银行家，主要的战略管理工作在各个公司中进行

组织设计的主要内容

在着手设计过程之前，要注意到许多组织都有现成的架构，组织设计的主要任务通常不是开发一个全新的组织架构，而是改变现有的组织架构。组织设计的九个主要决定因素反映了这些问题：

1. 组织年限。较老的组织倾向于更正式的架构。

2. 规模。从本质上讲，随着组织的发展，通常需要越来越多的正式沟通方法和更强的协调性，这表明需要更正式的架构。

3. 环境。对组织产生影响的五种力量的任何快速变化都需要能够快速响应的架构（参见第 3 章）。如果组织开展的工作很复杂，那么更加难以开发和协调其应对环境的能力。[10]

4. 集中化 / 分散化决策。在某种程度上，大多数组织可以选择总部的控制程度。总体而言，要考虑四个方面：

- 业务性质，例如规模经济可能需要集中决策。
- 首席执行官的作风：主导型的领导者可能会集权化。
- 需要各地的响应。
- 需要各地的服务。

5. 要完成的总体工作。整个组织中的价值链联系（参见第6章）需要进行协调和控制，这在组织发展壮大、更加多元化的时候尤其重要。可能需要事业部或矩阵架构，具体细节取决于组织的特定要求和战略。

6. 工作的技术内容。在标准化的大规模生产中，要完成的工作控制着工人及其行为。[11]日本的生产方法表明在大规模生产中可能也需要一定的灵活性。

7. 组织不同部门的不同任务。显然，各种操作（生产）的任务与销售和营销的任务不同。不同组织对这些职能有不同的平衡。例如，大型制药公司注重研究，某些媒体公司则注重创意人员——在设计组织架构时需要反映不同的任务。

8. 文化。组织接受变革的程度、组织的抱负及其对试验的渴望都是要考虑的因素。[12]

9. 领导力。领导者的风格、背景和信念都可能对组织设计产生重要影响，这在创新型和使命型组织中尤其重要。本章后面将探讨创新型组织。

将上述所有要素放在一起，就有考虑过多和论点过于复杂的危险。设计的简洁性应该有指导意义，因为在达成一致后，所有人都要理解架构并运行。我们将在本章后面再讨论。

通常进行这种分析时，要考虑所涉及的个人和团体的责任和权力，即使在某些架构中会特意弱化，也要思考。责任和权力应该受到控制和监管，因为要内置到组织架构中。但是，通常可以在设计好所需的架构之后，再来考虑组织的控制系统（参见第13章）。

基于外部环境和内部架构的组织设计——明茨伯格的贡献

按照明茨伯格[13]的观点，影响架构的环境有四个主要的特征（见专栏12.5）。

专栏12.5 | 环境类型及其对组织架构的影响

环境类型	范围	对组织架构的影响
变化幅度	静态 ←→ 动态	随着变化幅度增加，组织需要保持更大的灵活性
复杂程度	简单 ←→ 复杂	更高的复杂性需要更正式的协调
市场的复杂性	单一市场 ←→ 多元化市场	随着市场变得更加多元化，细分是很明智的做法
竞争强度	被动的 ←→ 敌对的	更大的敌意可能需要更集中化的保护

根据这些原则，明茨伯格提出了结合下列因素的六种主要的组织架构类型：

- 环境。
- 前面讨论过的组织内部特征（年龄、规模等）。
- 组织实现目标的关键部分。
- 将各部分联系在一起的关键协调机制。

然后，他按主要特征分别为这些组合命名，主要有六种类型——创业型、机械型、专业型、事业部型、创新型和使命型，但使用的时候要小心。

要实施的战略

在某种程度上，每个组织都是独一无二的——都是其过去、资源和情境的共同结果。此外，不管采用什么方法，关键成功因素（参见第 3 章）以及战略都要取决于当时的情况。这样就很难形成清晰明确的规则来把战略转换为组织架构和人员流程。汤普森（Thompson）和斯特里克兰（Strickland）[14] 提出了五个步骤来辅助此过程，但他们也警告不要期望一劳永逸：

1. 要确定对战略实施至关重要的任务和人员。
2. 要考虑此类任务和人员如何与组织现有活动和例行事务相关联。
3. 要使用关键成功因素来确定组织需要构建的主要领域。
4. 要评估实施已确定战略所需的权限级别。
5. 要确定组织中实现战略所必需的各个部门之间的协调级别。

每个组织都是独特的，这些只是概括性的观点。

对就业和士气的影响

执行战略的是人，而不是工厂的机械设备或财务资源。新的组织架构可以为管理者和员工提供新的机会。但换种情况，架构就可能对员工的工作范围甚至对其职业发展构成威胁。开发新的组织架构而不考虑给相关者带来的后果显然是不可行的。这也是任何战略的主要任务，第 15 章将单独讨论。

关键战略原则

- 在构建组织架构时，必须首先考虑其宗旨。这通常会为所需的架构提供一些基本的指导。
- 组织设计要考虑以下主要因素：组织年限；规模；环境；集中化 / 分散化；总体工作；技术内容；组织不同部门的任务；文化；领导力。所有这些因素都和该组织的战略相互关联。
- 市场变化和复杂性等环境因素将影响所建议的架构。通常，变化幅度和复杂性的增加表明架构要更加灵活，集中程度更低。架构有六种主要类型——创业型、机械型、专业型、事业部型、创新型和使命型，但使用的时候要小心。
- 每个组织都是独特的，因此很难用明确的规则去解决实施战略时组织架构和人员方面的问题。
- 战略变革对员工和管理人员的影响是重要的因素，应该单独考虑。

12.3 选择管理风格和文化

除了组织宗旨和架构设计的问题，还需要根据组织文化的风格进行选择。第 4 章已经对组织文化进行了分析。我们现在进行这种分析，是因为它对战略制定有潜在的影响。组织的领导力也是相关的话题，第 16 章将进行更深入的探讨。下面将讨论与组织文化相关的一些问题。

背景

过去几年，除了有关战略与架构之间关系的讨论，关于管理风格和文化的讨论也同样激烈，在各种书籍和学术期刊中并不少见。彼得·德鲁克从 20 世纪 50 年代就开始写作，到 90 年代仍在创作有影响力的书籍。[15] 20 世纪 80 年代，彼得斯（Peters）和沃特曼（Waterman）

共同撰写了《追求卓越》（*In Search of Excellence*），尽管彼得斯后来摒弃了其中的一些论点，但该书还是有很大的影响力。[16] 查尔斯·汉迪的著作也做出了重要贡献。[17] 其中大部分都是不错的读物，也是对如何营运公司的专题研究，从文化和管理风格的角度来看更是如此。

文化、风格、领导力及其与战略的关系

尽管每个组织都是其历史、产品和人员的结果，但也有机会实现定期的自我更新。换句话说，组织可以选择改变其管理文化和风格，也可以不改。当然，这会对战略产生影响——可以比较明显，例如冒险的态度；也可以更加微妙，例如公司的创新能力。

在某种程度上，为了适应不断变化的环境，组织自己也会发展。不管什么时候，领导和高管都会显著影响组织的文化和风格。尽管如此，作为重大战略转变的一部分，组织可以通过精心的设计来改变其文化和风格。因此问题是：

- 组织是否应改变其文化和风格？
- 应以什么方式来改变？

应当指出，这不仅仅是选择战略后实施的问题，而是在战略制定过程中就要做的基本选择。这就是为什么第 4 章中在早期阶段就包含了对组织文化的分析。

本节前面列出的大多数作家和研究人员都认为，如果是根本性的战略改变，就必须改变文化和风格。他们将支持此观点的原因归结为三个：

1. 根本性的战略变革会影响组织中的人员以及决策。人的问题本质上是文化和风格问题。
2. 对于重大的战略变革来说，领导力是很重要的。这就很可能要有风格上的某些转变，偶尔还可能要更换领导。
3. 文化和风格的转变是相关战略发生变革的有力标志。

选择新的文化和风格

首先要注意的是，这方面的任何变化只会缓慢发生。此外，最终决策显然与所确定的战略变革有关。正如本章前面介绍的战略和架构一样，在战略和风格之间也需要一定程度的战略契合。从更一般的层面来看，哈特（Hart）提出了一系列可供选择的风格：从君主专制到有机风格各不相同（见专栏 12.6）。每种风格的内容都与组织在战略期内的发展方式相匹配。

专栏 12.6 | 战略和风格选择

项目	命令型	象征型	理性思考型	交易型	启发型
风格	**君主专制** 由领导者或小型高层团队推动战略	**文化** 使命和未来愿景推动战略	**分析** 由正式架构和计划系统推动战略	**流程** 由内部流程和共同调整推动战略	**有机** 由组织中授权人的各种倡议驱动战略
高层管理者的角色	**指挥官** 提供指示	**教练** 激励和启发	**老板** 评估与控制	**促进者** 授权和赋能	**赞助商** 认可和赞助
组织成员的角色	**士兵** 服从命令	**玩家** 应对挑战	**下属** 跟随系统	**参与者** 学习和提高	**企业家** 尝试和冒险

资料来源：Adapted from Hart, S (1992). " An integrative framework for strategy-making processes ", *Academy of Management Review*, Vol 17, pp. 327-351. Copyright 1992 by Academy of Management. Reproduced with permission of Academy of Management in the format Textbook via Copyright Clearance Center.

评论

文化和风格很难在一夜之间改变，但实施新战略通常要比改变管理风格更快。文化和风格需要时间才能形成，所以要调整战略契合度。引入新的管理风格时需要仔细考虑。

弥合战略、架构和风格之间的差距：米尔斯和斯诺的贡献

考虑到战略、架构和管理风格之间关系的复杂性，有人曾试图将其主要元素简化为某种更简单的格式。基于 20 世纪 70 年代的研究，米尔斯（R. E. Miles）和查尔斯·斯诺（Charles Snow）提出了四种战略组织类型，它们经受住了时间的考验，至今仍然适用。

米尔斯和斯诺[18]区分了组织的四种主要战略类型：

1. 防御型的组织为了获得市场的领导地位而提供产品或服务。它们可以通过专业化和降低成本从而专注于某个细分市场来实现目标。市场可能是成熟和稳定的。该组织能够应对突然的战略变更，但可能喜欢更加稳定的战略。该组织的风格更接近命令型或理性思考型（参见专栏 12.6）。

2. 勘探型的组织参与不断增长的市场，在这些市场中，它们通过创新积极寻求新的机会。它们通常采用灵活、非集权化的市场战略，能够快速响应变化。它们的目标是寻求新的机会。对于这类公司而言，战略变革是没有问题的。其风格更接近象征型或启发型（参见专栏 12.6）。

3. 分析型的组织寻求扩大规模，同时也会保护现有的资产。它们可能会等待别人的创新，即在自己进入市场之前会等着别人去验证新的市场机会。大型和小型组织都可以采用这种方式，利用批量生产来降低成本，但也可以依靠营销等职能来提高响应速度，并在需要时保证灵活性。在接受战略变革之前会进行仔细的分析和评估。其风格更像是命令型、交易型或者理性思考型（参见专栏 12.6）。

4. 应对型的组织无法对竞争对手和一般环境做出适当反应。它们很少采取主动，从某种意义上说，它们可能没有战略：它们总是对其他的战略做出反应。即使它们有战略，也不能完全适应环境的变化，因此应对型的组织无法生存。这样，战略变革就会有问题。其风格可能更接近理性思考型（参见专栏 12.6）。

表 12－1 总结了每种类型的主要内容，并对每种组织可能采取的战略流程进行了评论。考虑到这四种类型，一些读者（包括作者）会想知道应对型组织如何在现代世界中生存。米尔斯和斯诺的分类可能过于简化实际情况，需要谨慎对待，但是，它确实为这些复杂问题提供了一些指导。

表 12－1　四种战略类型及其战略方法

	战略环境	战略方针	资源战略	简化的战略方法
防御型	稳定	保护市场份额 保住当前地位	高效生产 严格控制 集中化 通过规则管理	计划型
分析型	变化缓慢	保持市场份额但有一些创新 寻求市场机会但保护现有领域	生产效率高，但在新领域有一定灵活性 严格控制现有领域，而对新产品的控制较小	计划型
勘探型	不断增长，动态变化	寻找新机会 承担风险和利用机会	灵活的生产 通过非集权化的控制实现创新	涌现型
应对型	成长或缓慢	只回应他人 经常迟钝且反应无力	混乱，集权缓慢	计划型

资料来源：Based on Miles, R E *et al*. (1978). " A strategy typology of organisations ", *Academy of Management Review*, July. Copyright 1978 by Academy of Management.

关键战略原则

- 当改变战略的时候，每个组织都可以选择改变其文化和风格，也可以不改。
- 在很多情况下，当进行根本性的战略变革时，也要改变风格。
- 文化和风格的内容取决于所确定的战略。这两个领域之间必须有一定程度的战略契合。重要的是，文化和风格需要时间才能改变，并且可能比确定的战略更难改变。
- 考虑到战略、结构和风格之间关系的复杂性，米尔斯和斯诺提出了可以概括这些特征的四种不同类型的组织：防御型、勘探型、分析型和应对型，每种都有自己的管理和领导风格。

案例研究 12.1

荷兰皇家壳牌石油公司：怎样才能实现变革?

为了改善增长和盈利能力，荷兰皇家壳牌石油公司（Royal Dutch Shell）1995 年宣布进行重组，要彻底把“王公贵族赶出封地”。结果到 1999 年，公司的问题还是没能解决，“王公贵族”即各国分公司的主管仍固步自封。2004 年，公司遭遇重大问题，被迫采取行动。但这是否足以实现真正的变革呢?

背景

荷兰皇家壳牌石油公司是世界领先的石油公司之一。它是 1907 年由英国壳牌运输贸易公司（Shell Transport）和荷兰皇家石油公司（Royal Dutch）共同建立的控股公司。多年来，合并后的公司不断发展壮大，以营业额为衡量标准，在 1998 年已成为世界上最大的石油公司。但是，公司在 1999 年就失去了全球的领导地位——后面我们再说。

与其他更加集中化的石油公司不同，英国和荷兰之间微妙的利益平衡一直保持到 1998 年。其实并没有整体的控股公司，所有子公司都有两个所有者：荷兰皇家石油公司拥有每个子公司 60% 的股份，壳牌运输贸易公司则拥有另外 40% 的股份。这是集团成立时商讨的结果。既没有强势的集团总部，也没有合并的董事会。公司最接近全面协调的架构就是一个称为“大会”的管理论坛。这是两家公司管理委员会的共同会议，但没有法律地位。战略上明显的缺陷就是，这家大型石油公司永远无法使用其股份来收购另一家公司，因为这些股份根本不存在。

尽管管理者和员工都自称是荷兰皇家壳牌石油公司的成员，但他们实际上是其各子公司的成员。这意味着所有决策都非常缓慢，费力劳神，而且小心翼翼——在石油领域投资长达 30 年的行业中，这不一定是坏事。股票经纪人亚利克斯·布朗（Alex Brown）曾经这样评论说，到 1998 年，这种架构“已经成了大问题——没人管事、责任不清和成本增加”。

1995 年确定的战略和组织变革

该公司咨询管理的风格是没有首席执行官可以做出最终决策。公司有一个常务董事会，但其决策要通过协商达成一致才行。关于资本支出的决策通常也是奇奇怪怪的。国有公司是法人实体，因此要求获得资本预算的一部分，而根本不管这样的决策在战略上有何影响。直到 1995 年，常务董事会的学院式管理风格对于这样的要求也没什么办法。

在现实中，这意味着关键的战略决策要么花费很长时间才能有结果，要么就由低层的子公司决定。这也意味着伦敦和鹿特丹要有大量员工，来协调与各子公司有关的国家政策。多年来，这样的管理方式也不错。但到 20 世纪 90 年代中期，公司的资本回报率一直在 10% 以下，而且进一步下滑。

1995 年的重组本应消除这种决策结构及各种不良投资决策的影响，因为这些决策照顾的是各子公司的利益，而不是荷兰皇家壳牌石油公司的全球利益。各子公司向全球运营公司汇报工作，总部要裁减约 1 170 个协调岗位，目的就是节省成本，并将决策重心放在区域和全球决策上。图 12-2 显示了从 1995 年开始要进行的改革。

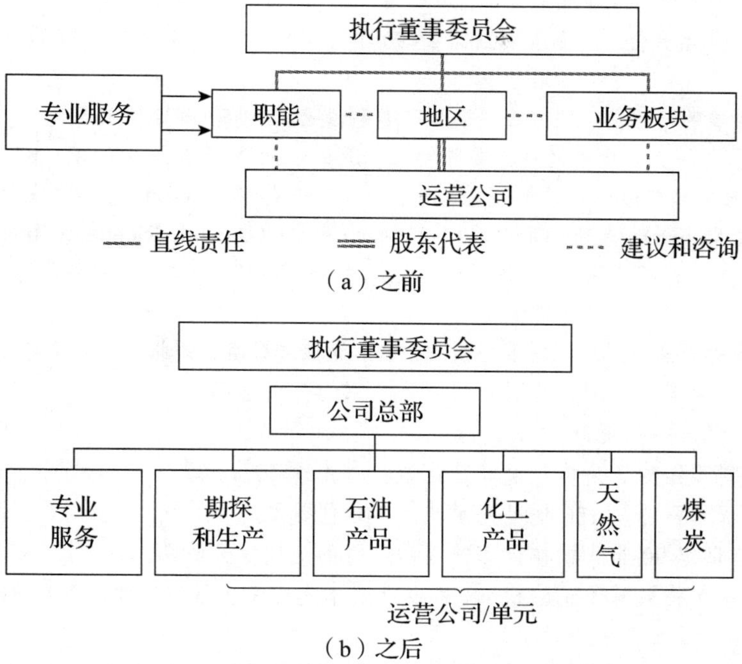

图 12-2　荷兰皇家壳牌石油公司 1995 年的重组

但是重组很快就销声匿迹了。最终只裁减了约 900 名员工，人们对变革有很大的抵触情绪。公司的咨询文化导致要与员工进行艰苦的谈判，尤其是在荷兰。此外，"王公贵族"仍然通过成为各种新业务委员会的成员来掌权，公司的盈利能力还在下降（见图 12-3）。许多外部观察家认为，还需要进行更大规模、更激烈的战略变革。

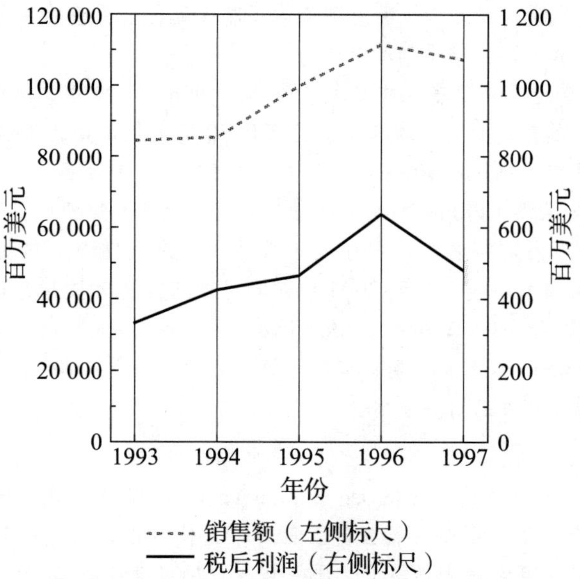

图 12-3　荷兰皇家壳牌石油公司的运营绩效

1998—1999 年的战略重组

20 世纪 90 年代后期，全球所有的石油公司获利都比十年前要困难得多。有四个主要原因。

1. 更高的环境标准要求意味着对炼油厂的资本投资比前几十年多得多。

2. 因为全球供大于求，油价已从 20 世纪 90 年代初的每桶 15 美元跌至 90 年代后期的每桶 10 美元左右。

3. 在一些主要的产油国，例如俄罗斯和印度尼西亚，政治不确定性更高。

4. 为了获得进一步的规模经济，美国埃索（Esso）、英国石油公司（BP）和法国道达尔公司（Total）等竞争对手都在进行收购或与竞争对手合并：埃克森（Exxon）收购了美孚（Mobil）；BP 收购了阿莫科（Amoco）、大西洋里奇菲尔德（也称阿科）（Atlantic Richfield）和嘉实多（Castrol-Burmah）；道达尔与菲纳（Fina）合并，之后又与埃尔夫（Elf）合并。这些并购的成功使得荷兰皇家壳牌石油公司在战略上显得非常脆弱。

荷兰皇家壳牌石油公司意识到需要新的、更加激烈的战略，因此宣布要实施以下变革：

- 关闭其在英国、德国、法国和荷兰等国家的公司总部。
- 冲销 45 亿美元的资产。
- 出售表现不佳的子公司，尤其是化学业务（达 40%）。
- 将年度资本投资从 150 亿美元削减至 110 亿美元。
- 出售 20 世纪 90 年代初在世界范围内进行的几项重大收购。
- 董事会主席将被赋予新的权力，可以就资本支出做出最终决策。而且随着时间的推移，他的职位应该晋升到首席执行官。

荷兰皇家壳牌石油公司预计，这次重组使公司每年可节省 25 亿美元的成本。“我很清楚，集团在投资者中的声誉在上升。”董事会主席马克·穆迪－斯图尔特（Mark Moody-Stuart)(后来获封爵士）是这样评价的。他还使用了荷兰皇家壳牌石油公司的高管在过去很少听到的一个词语：“高管问责制”。他在评论 1998 年的重组时强调了高管问责制的重要性。他还说，公司具有巨大的财力和灵活性，可以承受石油价格的进一步下跌，即使低于每桶 10 美元也没问题。

2004 年的战略问题

2004 年，公司董事会主席辞职，首席财务官也丢了工作，荷兰皇家壳牌石油公司还受到美国证券交易委员会（SEC）的调查——很难想象公司还能遇到什么更糟的情况。2004 年这一年，公司被迫将已探明的石油和天然气储量削减 23%。

问题是在 1998 年重组及其节省成本期间埋下的。1996—1999 年，集团每年投资 60 亿美元，用于勘探新的石油和天然气，而公司本来应该花费约 80 亿美元。直到 2000 年，皇家荷兰壳牌石油公司才将其投资水平提高到每年 90 亿美元，这才和竞争对手差不多。

2001 年，菲利普·沃茨（Philip Watts）接任荷兰皇家壳牌石油公司董事会主席。据报道，他在 2002 年受到警告，称公司年度账目中夸大了石油和天然气储量。这是非常严重的情况，因为会影响公司的整体估值。但是，直到 2004 年初公司才向投资者披露此事。菲利普和勘探与生产负责人沃尔特·范德韦维尔（Walter van de Vijver）于 2004 年 3 月离开了公司。首席财务官朱迪·博因顿（Judy Boynton）也因为合规审核“无效”丢了工作。朱迪·博因顿的职责就是检查油气的台账和保证公司遵守相关的财务法规。

2004—2005 年的发展

2004 年 3 月，杰伦·范德维尔（Jeroen van der Veer）被任命为荷兰皇家壳牌石油公司的董事会主席，接替菲利普。他有两个主要任务。第一个是恢复由于上述问题对公司声誉造成的损害。第二个就是将公司重组为一个更易于管理的整体。2004 年 10 月，荷兰皇家壳牌石油公司宣布将改组为一家总部在荷兰的公司。伦敦的总部将被解散。此外，首席执行官和董事长都将是荷兰人，但随后的任命将根据才能而不是国籍进行。新合并的荷兰皇家壳牌石油公司主要在伦敦上市，只会有一个高管和董事共事的董事会。在撰写本书时，新结构尚未得到股东的批准。还有一些法律和税收问题悬而未决。但是，范德维尔热情很高："如果结构简单了，在各种会议上花费的时间会更少，主管人员也更少，那么决策流程肯定会更快。"

也许员工才最有发言权。储量危机发生一年后，不到一半的员工对公司的管理方式感到满意。这是 2005 年初进行的内部调查的结果。2002 年的调查中，67% 的员工认为公司表现良好。到 2005 年再调查时，这一比例已降至 47%。换句话说，2005 年仍不清楚荷兰皇家壳牌石油公司所面临的压力是否会带来必要的战略变革。但是，一旦公司开始面对问题，在接下来的两年中情况就会发生很大变化。

绿色战略

在 2010 年的年报中，荷兰皇家壳牌石油公司发表了长达 40 页的可持续发展文件：可在 http://sustainabilityreport.shell.com/2010. 上找到。"在壳牌，我们相信在做贡献的时候，我们不会浪费时间。我们今天的努力将为可持续能源的未来做出贡献。"首席执行官彼得·博塞尔（Peter Voser）说。

案例由理查德·林奇根据公开发布的资料编写。[19]

案例问题

1. 为什么 1995 年的重组失败和 20 世纪 90 年代后期的变化都是可预料的？
2. 你认为 2005 年的管理层变动会更加成功吗？为什么？可以用米尔斯和斯诺的分类标准来进行分析。
3. 从这个案例中，我们可以从战略分析的人力资源方面汲取什么教训？

12.4 组织架构的类型

荷兰皇家壳牌石油公司的案例表明，要更改组织架构可能很缓慢而且非常复杂，还有可能会产生意想不到的结果。尽管如此，仍可以列举出和各种组织架构相关的基本原则，本节将对这些基本原则进行探讨。从本质上讲，可以确定六种基本类型的组织架构来实施所选的战略：

- 小型组织架构；
- 职能型组织架构；
- 多部门型架构（有时缩写为 M 型架构）；
- 控股公司型架构（有时缩写为 H 型架构，第 9 章中作为公司总部讨论过）；
- 矩阵型组织架构；
- 创新型组织架构。

本节将一一探讨。

小型组织架构

小型组织架构（small organization structure）由所有者 / 业主以及与其直接相关的小型团队构成。在小型组织中，通常资源有限。每个人都应该有灵活性，可以承担各种各样的任务。该结构的非正式性使其可以快速响应市场机会和客户的服务要求。但是这种结构也有一定的问题：角色重复、职责不清和决策混乱，要绘制清晰的组织架构图可能并不现实。根据所有者 / 领导者的管理风格，可能有很多人，也可能只有领导者才能为组织的战略做出贡献。诸如小型家族公司或专业化的本地电脑服务供应商属于这类公司。

职能型组织架构[20]

职能型组织（functional organization）的基础是根据组织必须从事的主要活动来确定结

构，例如生产、营销、人力资源、研究与开发、财务和会计。随着组织从小公司发展壮大，职能型组织架构通常是要采用的第一个架构（见图 12－4）。它使每个职能的专家可以聚集在一起，实现规模经济。例如，只有单个产品系列或服务的公司，比如当地的公交公司，可能会采用职能型架构。专栏 12.7 列出了这种组织架构的优点和缺点。

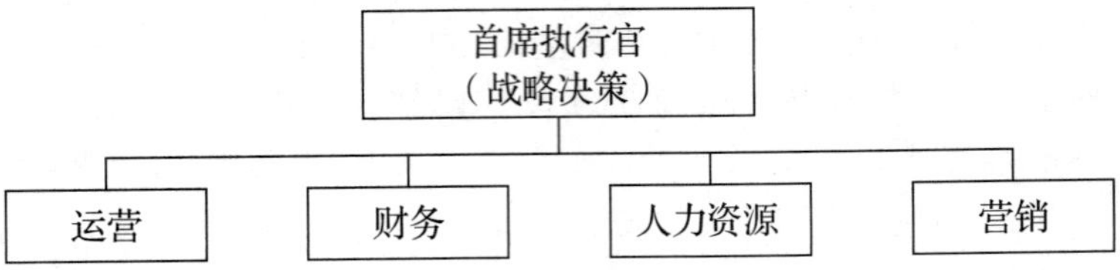

图 12－4 职能型组织架构

专栏 12.7 | 职能型组织架构的优缺点

优点	缺点
• 结构简单，职责明确 • 集中的战略控制 • 可辨识的职能状态	• 协调困难 • 在战略制定中强调职能，而不是整个公司的视角 • 鼓励职能部门间的竞争 • 战略变革可能很慢

多部门型架构

多部门型组织（multidivisional organization）根据产品、市场或地理区域构成独立的业务部门。这种组织架构形式是通用汽车公司负责人阿尔弗雷德·斯隆（Alfred Sloan）在 20 世纪 20 年代初开发的，由阿尔弗雷德·钱德勒[21]著述成文，详见 12.1 节。

随着组织的发展，可能需要细分其活动，以便更好地应对产品、地理区域或业务等方面可能出现的巨大差异（见图 12－5）。钱德勒认为，战略是由总部决定的，但在现代公司中，战略通常由业务部门决定。不过，总部也会影响战略和资源的分配。专栏 12.8 列出了多部门组织架构的优缺点。

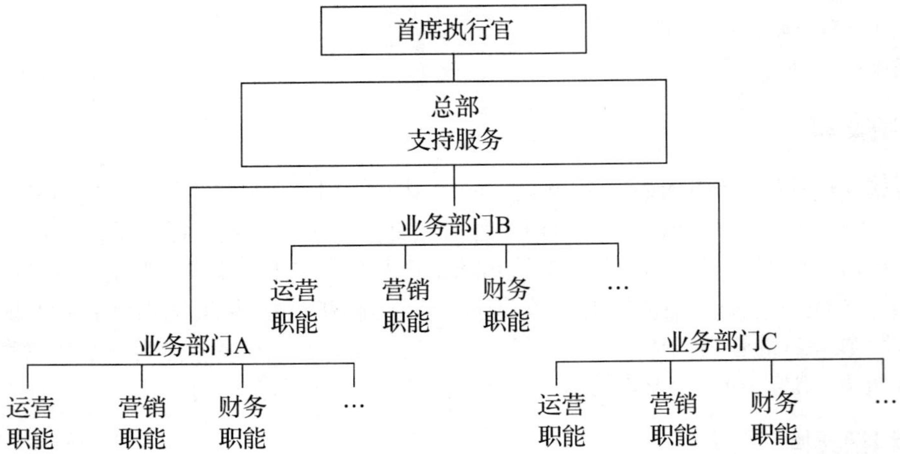

图 12－5 多部门型组织架构

专栏 12.8 | 多部门型组织架构的优缺点

优点	缺点
● 专注业务领域 ● 解决了职能协调的问题 ● 可以衡量业务部门的绩效 ● 可以培养未来的高级经理	● 职能重复，费用高昂 ● 各部门可能会相互竞争 ● 职能专家之间的交流减少 ● 与总部服务机构之间的关系问题

控股公司型架构

控股公司（holding company）拥有多个单独的公司，并作为投资公司在每个独立公司中拥有股份。控股公司战略通常也称为多元化公司战略（参见第 9 章）。

组织的进一步发展可能导致其不同部分与外部公司之间的关系更加复杂。例如，可以与集团之外的全新公司开办合资公司，也可以是战略联盟、合伙和其他形式的合作。这样，原始公司可能会在这些安排中承担主要股东的角色，即成为控股公司（见图 12－6）。其角色就是将资金分配给最有吸引力的获利机会。控股公司的结构从 1970 年开始变得更加突出，威廉姆森对此进行了研究。专栏 12.9 列出了这种组织架构的优缺点。

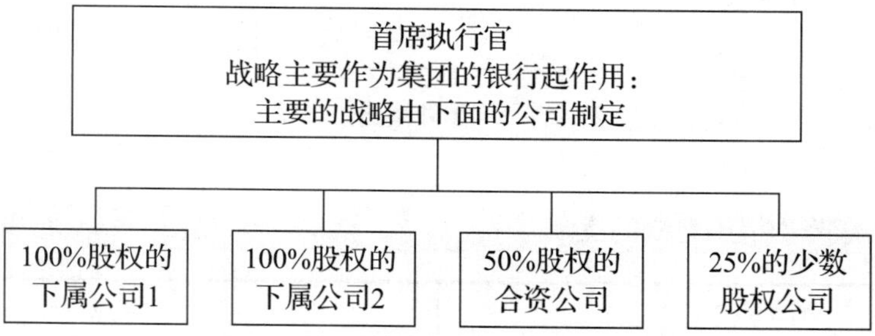

图 12－6　控股公司的组织架构

专栏 12.9 | 控股公司型组织架构的优缺点

优点	缺点
● 考虑了现代公司所有权的复杂性 ● 可以挖掘专业知识并获得新的合作 ● 强化了新市场的进入 ● 分散了公司集团的风险	● 总部控制力不大 ● 除了“控股 / 银行”角色外，对集团没有多大贡献 ● 如果两个合作伙伴无法合作或一个合作伙伴失去兴趣，就会出现问题 ● 协同作用或规模经济可能非常有限

西门子和通用电气就是以这种结构而闻名的大型公司[22]：已将其业务扩展到各种新市场和新产品当中。一些小公司也越来越多地使用这样的战略，以迅速发展并利用新的机会。日本、中国和东南亚的一些大型集团公司也采用这种组织结构。

矩阵型组织架构

矩阵型组织（matrix organization）结合了两种形式的组织架构——例如产品和地理架构——可以就所有主要决策共同运作。在某些情况下，大型公司如果将其独立部门或产品系列按照另一种方法（比如地理范围）进行组织，就可以形成合作的业务战略。例如，荷兰皇家壳牌石油公司可能不仅需要为其石油、天然气和化学产品做出战略决策，而且要为在英国、德国、美国和新加坡等国的业务做出战略决策，可能要建立一个可以同时管理产品和地理范围的组织架构。这种双重责任的决策组织称为矩阵组织。这两个维度不一定是地理范围和产品，任何两个相关的领域都可以（见图12－7）。矩阵型组织架构的优缺点见专栏12.10。

首席执行官

	产品组1	产品组2	产品组3
地理区域1			
地理区域2		战略可能由每个矩阵集团或者总部制定	
地理区域3			

图12－7 矩阵型组织架构

专栏12.10 | 矩阵型组织架构的优缺点

优点	缺点
• 在决策可能发生冲突的地方可以进行密切协调 • 适应特定的战略形势 • 官僚主义被直接讨论取代 • 提高了管理人员的参与度	• 决策复杂而缓慢：需要所有参与者的同意 • 职责定义不明确 • 如果部分团队合作不佳，可能在参与人员之间产生很大压力

创新型组织架构

创新型组织（innovative organization）架构的特点是富有创造力、没有正式报告关系和具有非正式性。在某些情况下，大型组织需要特别关注其创造力和创新性，例如广告代理商、服务公司和创新设计公司。在这种情况下，要建立强大的团队就要将拥有不同技能和知识的专家集合在一起，减少层级，通过开放的方式运作。团队的自由流动性及其理念在战略的某些方面可能很重要。在实践中，到处都需要制定战略。这样就无法为其绘制简单的组织架构图。

总结战略与架构之间的联系

对于大多数组织而言，应该有一定的架构——即使在小型组织中，架构是流动变化的，职责不清，也应该有架构；选择权在于组织现在拥有什么，以及随着战略的变化可能拥有什么。总而言之，组织的业务战略与最合适的组织架构之间存在联系[23]（参见专栏12.11）。

专栏 12.11 | 业务战略的性质和组织架构

业务战略的性质	可能的组织架构
单一业务——针对这一业务的一系列战略	职能型
跨单个业务的产品系列——每个产品系列有多种战略，但业务仍作为一个实体运行，可能具有某些共同的职能	职能型，但使用单独的损益表来监控每个产品系列
集团内联系有限的独立业务——假定每个业务都不相关并且在单独的市场中运营	多部门型
集团内的独立业务但有很强的联系	矩阵型（如果矩阵难以管理，则使用多部门型架构）
创意工厂——战略必须具有强烈的实验性，而且是涌现型的	创新型
不相关的业务——一系列各自解决战略问题的业务	控股公司
共同拥有或由少数股东拥有的相关业务——一系列业务，每个业务要有自己的战略并分别进行管理	控股公司

关键战略原则

- 组织架构有六种主要类型，每种类型都有各自的优点和缺点。
- 小型组织的资源有限，可以用非正式的架构，可以灵活响应，但职责分工不明确。
- 职能型组织架构主要用于只有一个主要产品系列的中小型组织。
- 随着组织开发出更多产品系列，通常要对产品进行分类，然后每个业务部门都有自己的职能架构，包括营销、财务、生产等。
- 随着组织产品种类的多样化，总部可能会变成控股公司。
- 拥有多种产品系列的公司可以采用矩阵型组织架构，其中两个不同的架构可以共同承担责任，例如，产品部门和地理区域或职能部门。这种类型的组织有一些优势，但是很难管理。
- 创新型组织可能拥有跨职能的团队。
- 战略制定的地方取决于组织架构。

12.5 创新的组织架构

上一节介绍了创新的架构和流程，其实创新对于整个公司战略流程都很重要，因此不能将其仅仅局限于某些特定的组织类型。每个组织都需要创新，因此，每个组织都需要能够产生这种创新的架构，即使这些架构只是临时的，也是需要的。例如，为特定项目成立了一个团队，一旦工作完成便解散。

创新需要有商业吸引力

在探索组织如何更好地构建自己来进行创新之前，要先检查一下我们到底需要什么。在竞争激烈的市场中，创新还远远不够：新产品或服务必须对潜在客户具有商业吸引力，即与现有产品和服务相比，它必须物有所值。吉尔伯特（Gilbert）和斯特雷贝尔（Strebel）[24]将其称为完全竞争公式。

除了创新本身，可能还希望有更多的益处。通常，真正的突破不是技术开发，而是在推广、分销、支持和客户服务等方面的拓展。所有这些都要让创新对用户更友好，更具商业吸引力。这需要整合所有业务职能的组织架构。过去几年互联网腾飞的原因之一就是引入了创新型的用户友好软件，例如 Adobe 就是可以进行图片和视频编辑的软件。但是，该公司真正的突破是通过电脑杂志免费发行软件以供个人评估。结果是，在撰写本书时，Adobe 已成为这种新的不断增长的媒体上的主导软件。从组织的角度来看，如果要获得创新的解决方案，就需要在所有职能部门之间进行整合和协调。

创新过程的性质

在第 7 章中，我们研究了奎因"受控混沌"的概念来描述创新过程。创新是灵活开放的，而且可能没有明确的定义或固定的目标。该过程需要自然涌现和不断试验。由此，应该区分以下内容[25]：

- 简单创新，在任何组织中都可能依靠单个员工或单个团队来实现。
- 复杂创新，这可能需要来自各业务职能领域的专家组成项目团队。可能涉及更多的资源和更大的组织复杂性。

明茨伯格在研究创新过程时想的肯定是复杂创新，尤其是在列举组织的项目团队的三项指导原则时（见专栏 12.12）。

专栏 12.12 | 组织创新项目团队的准则

1. 需要灵活的架构，使专家不仅可以发挥自己的技能，还可以突破常规进入新领域。
2. 团队内部的协调需要由有该领域技术背景的专家来实现，而不是外部的权威。
3. 团队中的权力需要在专家之间适当分配。许多活动包括专家在创新思想时的不断联络和讨论。

归根结底，创新过程中涌现出来的战略可能仍然含糊不清，但是具有灵活方便、响应迅速和试验性的优势。然而，由于缺乏定义而带来不足，可能不符合追求快速、准确结果的组织文化的要求。

创新型公司的组织架构和流程

20 世纪七八十年代，坎特（Kanter）[26] 对多家美国公司进行了调查，以期找出最有助于创新的组织架构和流程。她的结论是：

- 矩阵型架构的重要性。这种架构更可能在创新型公司中出现。这种架构可以打破壁垒，形成对创新过程至关重要、更加开放的报告渠道。决策在矩阵型架构中可能是缓慢而复杂的，但可以建立网络，使人们走出自己的思维，相互交流来促进创新。
- 建立并行组织的需要。一个与现有正式等级制度并列运行的独立团队会非常有价值。该团队专门负责寻找解决问题的创新方案，尤其是没有矩阵型架构的情况下，其作用更大。它能够独立运行，不受现有架构的日常压力和政治的影响。然后，现有的组织就可以定义日常工作、职责和报告关系。由于并行的组织取代了现有架构中自上而下的联系和权力，可以开发新的联系和思想。
- 并行组织的相关工作。一定要解决问题，可能要专注于单个业务问题，并围绕团队推进工作。工作应该是整合性的、灵活的，没有等级划分。这种团队的职能通常是重新检查现有的例行程序和系统，要特别关注那些未知和充满挑战的领域。通常可以给组织中的基层人员提供赋能的方式。[27]

- 参与式 / 协作式管理风格。经常被用来鼓励创新。要采取说服而不是命令的沟通方式，要寻求各种建议和批评，还要分享成功倡议的积极结果。[28]

坎特根据她的研究提出了五个建议，指出可以采取哪些措施来帮助实力较弱的组织鼓励创新[29]（参见专栏 12.13）。丰田和麦当劳等最成功的跨国公司在执行此类政策方面成效显著。

专栏 12.13 | 鼓励创新的五个建议

1. 宣传现有的成就并为之感到自豪。
2. 通过与高级经理或者项目团队的更多接触为创新计划提供支持。
3. 通过跨职能的活动将人们聚集在一起，改善整个公司的沟通。
4. 减少组织架构中的层级，并为基层人员授予更多权限。
5. 更广泛、更频繁地宣传公司未来活动的计划，使组织中基层人员有机会提出自己的想法并参与流程。

评论

坎特的所有想法都是在北美公司的背景下提出的。在其他国家文化的背景下，有些可能根本不起作用，或者需要大幅度修正。此外，在创新方面观察到的问题在其他国家可能也不相同。但这些研究确实说明，至少对于战略创新而言，可能要先构建灵活的组织和开放的架构，创新战略才能随后涌现。

关键战略原则

- 所有公司都要在战略流程中进行创新。
- 如果要使这种创新可行，它就必须具有商业吸引力。需要构建组织架构来整合和协调业务的所有职能领域。
- 创新是开放和灵活的，因此该过程应该是试验性的，要有灵活的结构、紧密的协作和在整个创新团队中合理的权力分配。
- 就架构而言，矩阵型组织可能会更有效，因为它更具集成性。在某些情况下，可以单独使用一个负责开发创新解决方案的并行组织。

12.6 战略实施中的激励和人员配备

有能力和有上进心的人才对于战略的实施是至关重要的，特别是高级管理层。本节将探讨实现此目标所需的正式组织体系：

- 可以增加动力的激励制度。
- 为成功的战略制定的员工评估、培训和选拔流程。

与战略实施相关的非正式层面如领导力和文化将在第 15 章讨论。

激励体系

激励体系（reward system）是提供给个人和团体的结构化福利，这些个人和团体因为实施了与组织宗旨一致的战略从而为组织增加了价值。针对组织的目标来衡量成果和奖励优秀绩效，可以为实施战略管理提供强大的动力。在过去几年中，有不少关于激励与动机的研究已经明确了二者之间的联系。[30]激励要比简单的奖金范围更广：激励可以包括其他形式的直接报酬，也可以包括晋升和职业发展机会。

为实现战略目标，在设计激励系统时需要考虑以下几个因素：

- 战略目标。这往往是长期的因素，而管理人员需要的是短期回报。因此，实现战略目标的激励与个人对短期报酬的渴望之间可能会有冲突。此外，并非所有的战略目标都易于衡量，因此很难进行准确的评价。在某种程度上，这些问题已经通过奖励个人公司股份而得到解决，但是这种激励措施可能并非对所有的组织都适用，而且难免会受到操纵。
- 聚焦个人绩效的奖励。如果团队目标对战略至关重要，这些措施可能不合适。因此，需要仔细考虑激励制度的影响。
- 鼓励创新和冒险的激励。除了定量的绩效标准如资本回报率或每股收益，还需要基于所采取的措施的数量和质量进行定性评估。这就会有更多的主观判断，可能导致他人的不公正指控，要谨慎处理。

近年来通过引入绩效合同，激励制度受到了新的关注。有些公司开发了系统，将战略实施分解为一系列可衡量的指标。然后，董事和高管签订实现这些目标的合同，还要对其绩效进行相应的审查。

正式的员工评估、培训和选拔程序

新战略很可能需要新的业务方法、新技能和新知识，现有员工不一定拥有，因此，可能需要引入正式的结构和程序来评估和培训现有的员工，或者招募新员工，这样才能成功地实施战略。[31]

为了激励现有员工，通常先评估他们是否适合新的职位——这就是员工评估。如果他们没有所需的知识和技能，就要组织培训或外部招聘。

在战略管理中，人员问题主要与组织中的最高级管理者有关。在发生重大战略危机的情况下，可能需要更换首席执行官：近年来，无数案例表明这一行动对战略变革至关重要。但是，这可能仅仅是新战略的开始，而不是新战略的实施。1994年，因为出现了严重的利润问题，郭士纳被聘任为IBM负责人，受聘的前提是他有权来确定主要的战略问题、解决方案和战略。在这种情况下，IBM实施新战略的第一阶段就是雇用一名局外人来拯救公司。但是应该指出，前任首席执行官也已经意识到困难和变革的必要性。总的来说，招募高级人才来实施已确定的战略可能是组织存续和成功的关键因素。

对于没有经历过重大危机的许多公司而言，完善的绩效评价体系将为成功实施战略做出重大贡献。员工培训和更广泛的员工发展计划也可以成为战略管理中的重要人事要素。这是公司人力资源管理战略的一部分，与招聘和激励一起强调了该职能领域在最高层的战略管理中起着至关重要的作用。

关键战略原则

- 衡量成果并对良好绩效进行奖励是指导战略管理的有效方法。
- 由于多种原因，可能很难开发与组织的战略目标完全一致的激励体系。
- 诸如招聘、评估和培训人员的问题对于实施战略至关重要。要基于新的或者修改过的人力资源管理流程来构建正式的程序。

批判性反思

组织是否应该在战略制定的早期就重视人力资源方面的问题?

在前几章研究了组织如何制定战略之后，本章探讨了与组织文化、领导风格和架构相关的问题。本章认为战略和架构是相互关联的，从这个意义上说，应在战略制定的早期就考虑组织的人事因素。

但是，许多战略理论家似乎认为战略主要与竞争以及客户而不是人力资源问题有关。人力资源方面的问题——例如领导力、组织架构、文化和风格——是否更重要？是否应该在战略制定之前去考虑？你的观点对组织制定战略的方式有何影响？

思考问题

1. 使用 12.2 节和 12.3 节中概述的元素作为指南，说明你所熟悉的一个组织的架构。

2. 你认为以下组织应该有什么样的架构?

(a) 一家仅在一个国家开展业务的小型管理咨询公司。

(b) 一个志愿者团队，拥有探望老年人和留守人员的志愿者。

(c) 一家有 1 500 名员工、两个工厂和一个单独总部的中型公司。

(d) 由家族公司管控和经营的休闲公园。

(e) 一家中型计算机公司，有 80 名员工为游戏机编写软件。

3. “如果架构确实要跟随战略，那么为什么开发满足新战略行政要求的新组织架构总是落后一步?”(阿尔弗雷德·钱德勒) 你将如何回答这个问题?

4. “每个组织都需要创新要素”(参阅 12.5 节)。这个观点对吗?

5. “对于任何要发掘潜力成为更具创新精神的组织而言，要做的就是观察员工和管理者一起应对重大问题时发生的一切。”(坎特) 请讨论。

6. 为什么构建实现组织目标的激励体系很困难? 在小型创业公司中如何克服困难?

7. 一家生产自行车的大型公司的总经理因为销售增长乏力而忧心忡忡，他认为公司已经失去了早期的创新火花，向你寻求建议。你会推荐什么?

8. “许多成功的商业组织的标志是对人本因素的关注。”(劳里·马林斯 (Laurie Mullins),《管理和组织行为》(*Management and Organisational*)) 人为因素比竞争战略更重要吗?

延伸阅读　　注释和参考文献

第4篇

战略实施过程

关键战略管理问题

第 13 章　战略计划的实施和控制

- 战略实施的定义是什么？
- 如何确定任务和目标？
- 如何配置资源？
- 如何实施战略计划？对战略会产生什么影响？
- 信息处理系统的作用是什么？

第 14 章　绿色战略与可持续发展

- 绿色战略和可持续发展的主要内容是什么？
- 在确定可持续发展资源和能力的时候，还需要分析哪些绿色战略环境因素？
- 采用绿色战略和可持续发展原则以后，组织宗旨会发生什么变化？
- 绿色战略对知识、技术和创新有什么影响？
- 绿色战略和可持续发展对战略选项和选择有什么影响？

第 15 章　战略变革管理

- 人们为什么会抗拒战略变革？
- 战略变革会涉及哪些主要的原则？
- 我们能够设计什么样的方案来管理这样的变革？
- 战略管理会怎样变革？

13 战略计划的实施和控制

学习目标

学习完本章后，你将能够：

- 概述战略实施过程的本质及其局限性。
- 理解实施目标、任务和把握时机的方式。
- 描述如何在组织的各个部门之间分配资源。
- 列举控制和监督的主要内容，并研究其对战略实施的重要性。
- 明确平衡计分卡如何将实施过程的各个要素整合在一起。
- 探究如何进行战略规划，并客观评估其优劣。

引言

无论采用哪种方法选择战略，时机到来时，每个组织都需要将其战略付诸实践，即实施战略。本章将研究这个过程涉及的基本步骤，并厘清战略制定与实施之间的联系。首先探讨战略实施过程本身的含义和局限性，包括其与绿色战略的关系。

实施战略的首要目的是实现组织的使命和目标，本章将讨论这些内容。然后，研究个人要完成的任务的影响，以及如何配置工作必需的资源。在实施这些战略时，显然需要进行监督和控制。为了将所有这些方面整合在一起，本章介绍了平衡计分卡的用法。最后，本章回顾了计划型战略规划的整个逻辑原理，近年来评论家对其批评不断。这些活动相互联系的方式如图 13－1 所示。

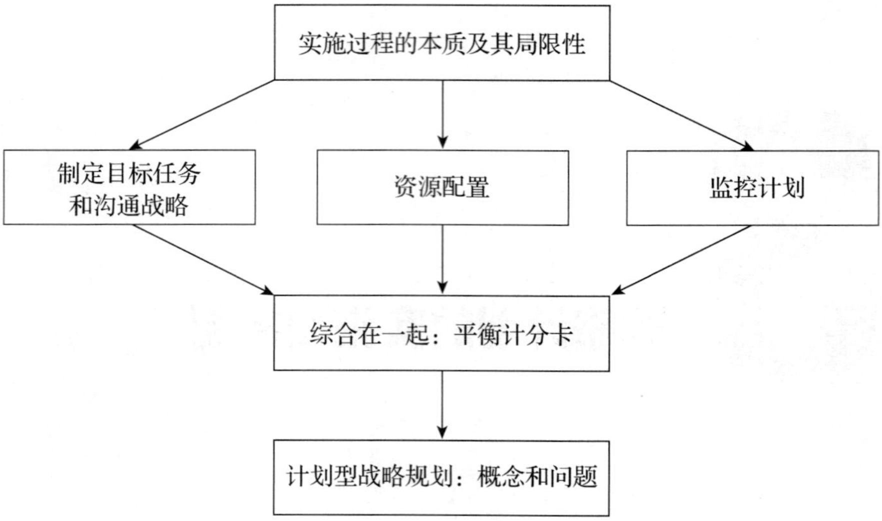

图 13－1 战略实施过程的主要内容

案例研究 13.1

欧洲足球：错误的战略还是失败的实施？

2010年，欧洲一半的主要足球俱乐部都在亏损，其中20%有“巨额”赤字。然而，近年来涌入这些足球俱乐部的资金却不断飙升。本案例将探讨相关的战略问题。

整个欧洲的足球界都举步维艰。例如，著名的意大利俱乐部拉齐奥（Lazio）、2010年英超联赛冠军切尔西（Chelsea）和领先的西班牙俱乐部皇家马德里（Real Madrid）等都报告有重大亏损。欧洲足球协会联盟（Union of European Football Association，UEFA）2009年的研究显示，欧洲733家顶级俱乐部报告的收入为117亿欧元，支出为129亿欧元。除了那些大俱乐部之外，其他俱乐部的情况更糟：近年来，有30～40个英格兰联赛俱乐部要么受到管制，要么受到财务压力的威胁。

基本的战略问题是什么？

即使是像巴塞罗那（Barcelona）和拜仁慕尼黑（Bayen Munchen）这样富有的足球俱乐部也得小心自己的利润。从战略角度来看，这两家俱乐部也无法独自生存——需要其他俱乐部一起举办联赛才有球踢。而且，如果想要使比赛有意思，一定要有赢有输。这意味着各个俱乐部都会有输有赢。曼彻斯特联队（Manchester United）曾在2009年获得英格兰联赛冠军，但在2010年被切尔西击败。在败北期间，可以用战略博弈论来显示可能产生的财务后果。

如果是这样的话，足球俱乐部将始终面临战略的不确定性。这是否也意味着亏损的俱乐部将永远亏损，永远无法挽回局面呢？例如，2001年英格兰联赛俱乐部布拉德福德城（Bradford City）被英超降级。在接下来的2001—2002年度，布拉德福德城电视和其他来源的收入损失总计约4 500万美元，根本无法靠迅速削减成本生存。其替代战略就是找银行贷款一年，希望能在2002年结束的赛季中获得升级，然后再募集资金。它最终于2002年5月申请管制，这个有傲人记录的俱乐部可能会完全消失。不过，这个俱乐部还在——至少在短期内不会消失——但财务上还是困难重重。在2010赛季中，朴茨茅斯（Portsmouth）是第一家申请破产的英超联赛俱乐部。在撰写本书时，它还需要偿还四年的债务才能脱身。不光是英国，整个欧洲的俱乐部都面临着类似的财务问题：2009 年，欧洲足球联盟拒绝了 123 个足球俱乐部的执照申请，其中 41% 是财务原因。

这是整个欧洲足球战略的通病吗？还是只是那些愚钝俱乐部的共同特征，它们难道还没意识到要认真实施变革战略吗？为了探讨这个问题，我们先来研究一下足球俱乐部如何募集资金并合理利用资金。

足球资金的来龙去脉？

在欧洲的主要足球联盟中，资金的来源各不相同，具体取决于俱乐部是否像切尔西那样有财力雄厚的赞助商；是否像国际米兰（InterMilan）那样出名，有忠实的粉丝；是否有可观的电视转播费和联赛收入。例如，比利时联赛比德国甲级联赛或英国超级联赛规模小，因此创收更少。被美国格雷泽（Glazer）家族接管之后，曼联还亏欠银行很多债务；皇家马德里是 5 万名球迷共同拥有的公司，筹资的方式不一样。但是总体来说，主要有五个方面的资金来源：

1. 门票：通常，这要占俱乐部总收入的 15% ～ 30%。

2. 转让费：这可能占总收入的 10% ～ 40%。小俱乐部常通过出售球员来苟延残喘，大俱乐部也深谙此道。2001 年，意大利的尤文图斯（Juventus）以 7 000 万美元的价格将齐达内（Zinedine Zidane）转让给皇家马德里，以 2 500 万美元的价格将菲利波·因扎吉（Filippo Inzaghi）转让给 AC 米兰（AC Milan）。（之后，尤文图斯立即花钱引入了拉齐奥的帕维尔·内德韦德（Pavel Nedved）以及帕尔马（Parma）的力连·图拉姆（Lilian Thuram）和吉安鲁吉·布冯（Gianluigi Buffon）。）

3. 电视转播权：通常情况下，这可能占意大利三大俱乐部总收入的 60%，在较小的俱乐部中则只占 25%。例如，英国天空卫视（BSkyB）花 18 亿美元购买了英超联赛三年的现场转播权——资金由每年获胜的俱乐部平分。2005 年，意甲联赛三年的电视转播权费大概为 5 亿美元。有评论员表示，未来整个欧洲范围内电视转播的费用都将会减少，但是没有证据支持这一点。2007 年，英超联赛签订了一项新的全球电视转播协议，将在三年内为联盟成员带来近 20 亿美元的收入。这种筹资途径还在发展。

4. 商品推销和赞助：通常，这对许多俱乐部而言可占总收入的 15% ～ 50%，其中占比最大的是德国的大型俱乐部。显然，那些著名的俱乐部能够从中获益。

5. 富有的老板：这可能占到总收入的 0 ～ 80%。例如，阿涅利（Agnelli）家族（控制菲亚特汽车）给尤文图斯投资了 1 亿多美元，穆罕默德·法耶德（Mohamed Al Fayed）（拥有哈罗德百货）给英国联赛俱乐部富勒姆（Fulham）投资了近 9 000 万美元。这样的例子还有很多。

这么多钱都花在哪里了？除了行政和管理之外，还有其他显见的费用，例如训练球队和医疗费用、酒店住宿和旅行费用，等等。各个国家和欧洲的足球联盟也用了不少资金来投资和开发赛事，但是大部分资金都用于支付球员的薪资。例如，2002 年大卫·贝克汉姆（David Beckham）签订了为期三年的合同，合同规定每年要向他支付近 700 万美元。大型俱乐部通常由约 40 名球员组成，因此大部分收入都花在了这上面。也许有人会说贝克汉姆及其队友收入过高，但是他的工资用经济租金的概念来看也是合理的。

战略将如何改变？

包括足球在内的所有战略不会停滞不前。例如，尤文图斯和皇家马德里等意大利和西班牙联赛的球队就已经各自签订转播协议，并没有作为各自国家联盟的成员进行谈判。这意味着这些俱乐部的收入要高于同一联盟中的其他俱乐部，而且也开始疏远联盟中的其他成员。2010 年，曼联参与签订英超联赛集体电视转播合同，其收入比尤文图斯多。英超联盟本身也签订了新的电视转播协议，并将曼联、切尔西和利物浦等成员俱乐部像世界一流品牌一样管理。英超联盟甚至考虑在英国以外的地方参加比赛，这样可以照顾国外球迷，但国际足球联合会（FIFA）很快就驳回了这一提议。

但问题还是没有解决，类似交易产生的资金该如何处理，资金的增速是否可以超过成本的增长，等等。“我不认为你从事体育运动是为了赚钱，”利物浦足球俱乐部的新任老板约翰·亨利（John Henry）解释说：“我们希望有一天利物浦会比今天更有价值。”即使利润很低，欧洲足球也正在进入一个新的融资时代，但例如工资结构和新球员转会等基本问题还是悬而未决。

绿色战略

世界足球界的治理主体是国际足球联合会（FIFA），而欧洲的主管机构是欧洲足球协会联盟（UEFA）。这两个机构都宣布了与2014年巴西世界杯相关的可持续发展政策。

案例由理查德·林奇根据公开发表的资料编写。[1]

案例问题

这个案例的问题到底是什么？是正确的战略——财务和成本本质上是合理的，只要调整参与者的工资等就可以了，还是要根据欧洲足球界面临的基本问题从根本上改变战略？

13.1 实施过程的本质及其局限性

实施过程的基本要素

无论组织面临的是欧洲足球界的战略问题，还是面临互联网等新技术的机遇，它都必须制定计划来实施其战略。从本质上讲，战略实施需要解决以下问题：

- 为了达成确定的目标需要开展哪些活动？
- 实施这些计划的时间表是什么？
- 如何监督和控制进度？

将一般的战略转变为具体的实施计划涉及四个基本要素[2]：

1. 确定总体的战略目标——明确各种战略举措要达到的总体预期结果。
2. 制定具体的计划——将总体目标转化为具体的任务和期限（通常是跨职能的）。
3. 资源的分配和预算——指明计划的支付方式（这可以量化计划并允许跨职能的整合）。
4. 监控程序——要确保目标的实现，只使用已经确定好的资源，不超出预算。还要对战略所依据的预测情况进行监控，例如国民经济变化和竞争对手的活动等。

这些活动之间的关系如图13-2所示。

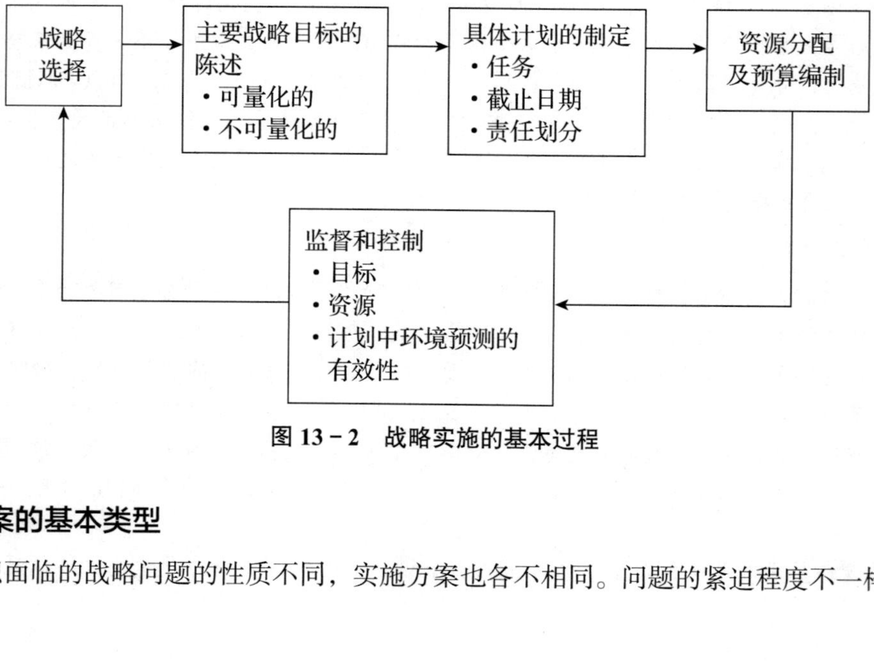

图13-2 战略实施的基本过程

实施方案的基本类型

组织面临的战略问题的性质不同，实施方案也各不相同。问题的紧迫程度不一样，有的非常紧迫，急需变革，例如破产的欧洲足球俱乐部；有的不太急迫，例如佳能或雀巢延续更久的战略发展过程。战略实施中产生变化的原因有两个[3]：

1. 预测环境变化的不确定性程度。

2. 所需战略变革的程度。

针对这些问题，有几种实施方案。一个极端是在战略方向上进行根本性变革的全面实施方案。另一个极端是渐进式实施方案，特点是按照战略的整体方向实施多次小范围、短期的变革。这两种方法都有各自的问题，因此在实践中可能会选择折中的方案：选择性实施方案。

- 当组织在战略方向上有非常明确的重大变化时，如案例研究 13.1 中破产的欧洲足球俱乐部面临危机时，将采用全面实施方案。其他原因则可能是新的竞争或技术机会。因此，无论环境如何变化以及受影响者的反应如何，战略实施都是推动新战略发展的关键。通常需要整个组织密切协调。

- 不确定性很高的情况下——例如，市场快速变化或研发结果不可预料——可以使用渐进式实施方案。相关的时间表、任务甚至目标都可以变动，取决于当前活动的结果。在明确当前活动的结果之前，重要的战略领域可能都会有意留白。从根本上来看[4]，就是用灵活的战略来应对不确定性。

- 如果以上都不是最佳的前进方式，则可以使用选择性实施方案。涉及重大变革的全面实施方案可能要进行根本性的变革，因此可能会遇到巨大的阻力，例如因为最喜欢的足球俱乐部倒闭，球迷会有很多负面的反应。而当确实需要大刀阔斧、一揽子解决问题的时候，采用渐进式实施方案可能于事无补。选择性方案需要折中，也就是只能在选定的领域里实施一个方案。

可以看出，上面两个极端的方案和本书所研究的计划型和涌现型战略是有关联的。

为了确定所需实施方案的类型，可以采用以下三个标准：

1. 是否有特定的领域能够带来明显和实质性的优势，比如投资一种能带来竞争优势的新特效药？

2. 是否有无法细分的增量活动，例如一个建设期很长的新工厂？

3. 是否有必要采取措施保护未来的发展步骤，但目前的证据还不能证明其合理性，比如，要确保实施方案顺利进行是否需要投资建设新的配送设施？

对于许多组织而言，要区分以下两类活动[5]：

- 现有的正在进行的活动，有很大的确定性，很有可能会遭遇导致重大灾难的战略变革。
- 新的活动，不确定性很大，也有可能遭遇重大战略变革。

实施的局限性：佩蒂格鲁和维普的实证研究

通过 1985—1990 年间进行的一系列研究，英国研究人员佩蒂格鲁（Pettigrew）和维普（Whipp）分析了四个英国产业中的战略变革是如何发生的。[6]虽然他们的研究证据仅限于英国，但相关结论也可以在其他国家应用。他们认为，战略变革应该被看成一个连续不断的过程，而不是阶段分明的过程，比如先制定战略，再去实施。据此，他们认为战略并不是有明显阶段划分的线性运动，而是一个不断试验的迭代过程，每个阶段的结果其实都是未知的。可以先采取一个小步骤，然后根据行动的结果再调整战略。

佩蒂格鲁和维普[7]由此得出结论，战略变革有三个相互关联的方面，会对实施产生显著的影响：

1. 分析方面。实施会涉及组织的方方面面。这些都在各种战略模型和框架中强调过，在本书的第 3 章和第 4 章中也进行了探讨。

2. 教育方面。“应该在组织内收获、保有和传播那些在实施过程中产生的针对选定战略的新知识和新见解”（佩蒂格鲁和维普）。因此，不能认为战略实施是一成不变、按部就班的过程。组织在实施战略的过程中也会加深对其战略的理解。

3. 政治方面。“变革的前景会打破现有的位置。战略的制定和实施都会引起组织内部的权力问题。如果放任自流，这种力量会成为变革的障碍……确实，在 20 世纪 70 年代捷豹汽车的例子中，这类问题最终会造成极大破坏”（佩蒂格鲁和维普）。这些重要问题将在第 15 章中探讨。

评论

有很多支持这种观点的实证证据。对连续过程的描述与 13.1 节中描述的渐进过程有异曲同工之妙。根据这种解释，案例研究 13.1 中破产的欧洲足球俱乐部就可以用试验的方式来开展一系列单独的小行动，而不是进行重大重组。第 15 章将进一步探讨佩蒂格鲁和维普的研究。

实施的局限性：有限理性和最低干预

在研究管理者如何制定实施方案时，两位战略专家赫比尼亚克（Hrebiniak）和乔伊斯（Joyce）[8] 建议在实施过程中遵循两个原则：有限理性和最低干预。

1. 有限理性源自相关的研究。研究人员指出，在实践中，管理人员很难对所有可能的选项一一进行思考。因此，他们会将逻辑选择减少为一定数量的“有限”选项。赫比尼亚克和乔伊斯的观点相似，他们认为实施也可能受到限制：管理人员将以合理的方式实施战略，但会将总任务分解为一系列小步骤，这样更容易管理。因此，战略目标和实施过程可能会分解为一系列小任务，这不是最佳的方案，但管理起来比较容易。

此外，上述学者还认为，虽然个人也能做出理性的决策，但在此过程中可能会夹杂其个人的目标，而这些目标不一定与组织本身的目标一致。实施过程需要确保个人目标和组织目标之间的一致性。

2. 最低干预的措施总结如下：

> 在实施战略的时候，只有拥有可以应对战略问题的长久解决方案，管理人员才能进行干预。

职业经理人可以通过一个更简单的说法来理解这个原则：“如果它没坏，就别修（扶着墙不倒）。”这意味着在实施战略的时候要考虑战略本身的影响。

关键战略原则

- 实施包括组织将战略付诸实践的所有活动。此过程有几个基本要素：总体战略目标、具体计划、资源的分配和预算以及监控程序。
- 在实施过程中，要区别不同类型的实施方案。主要有三种：全面实施方案、渐进式实施方案和选择性实施方案。
- 中小型企业的战略实施可能不复杂，但也要遵循一样的基本原则。
- 按照佩蒂格鲁和维普的说法，最好将战略实施视为连续的过程，而不是仅在制定战略后才开始的过程。
- 赫比尼亚克和乔伊斯基于管理者的能力探讨了限制实施的因素，即管理者是否能理性地思考所有选项，以及是否能评估实施对战略本身的影响。
- 涌现型方法认为，战略实施不是孤立的事件，应被视为一系列活动，其结果在某种程度上可以影响战略。

13.2 制定目标任务和沟通战略

在接下来的几年中，所有主要的欧洲足球俱乐部都有明确的体育和商业目标去实现（见案例研究 13.1）。特别是要告知那些报酬丰厚的经理，对其团队有什么期望，在新球员、培训设施等方面他们将获得什么资源，等等。从根本上说，就是要明确列出这些资源，并为使用这些资源的个人确定预期的任务：通常，任务设定和沟通的过程应该明确要完成什么任务，什么时候完成任务，以及完成任务能用什么资源，等等。这是战略实施的关键，包含五个基本问题，如专栏 13.1 所示。

专栏 13.1 | 任务设定与沟通：基本问题

1. 谁制定了目前正在实施的战略？
2. 谁来实施战略？
3. 他们需要完成哪些目标和任务？
4. 在瞬息万变的环境中如何应对各种目标和任务？
5. 如何沟通和协调实施的过程？

实际上，这些问题的答案主要取决于制定战略的方式。从这个意义上讲，战略制定阶段和战略实施阶段是相互联系的。

谁制定了目前正在实施的战略？

过去，一些战略专家认为大型公司的战略在很大程度上是由总部制定的：

公司总部中的大多数人对成功实施战略至关重要，与公司战略的制定其实没有关系。[9]

如果是这样的话，就与经长时间辩论达成共识的战略实施过程大不相同。管理人员会知道他们负责实施的是好几周或几个月前认真讨论过的事情。

因此，关键要解决谁制定战略的问题，而不是简单的由谁来实施的问题。例如，只是总部团队闭门造车，还是经过充分的咨询论证？如何回答这个问题会影响战略实施的过程。

谁来执行战略？

这个问题之所以很重要，是因为它将决定谁负责实施特定的战略。如果没有人对战略的执行方式负责，则很难在后续阶段监督进展。在很多小型公司中，正是因为规模小，可能有许多管理者会参与战略制定的过程。随着组织规模的扩大，这个问题需要更多的关注。

这里的重要问题是谁做决策：是总部给管理人员下指令，还是可以讨论和谈判？总体而言，本书认为讨论的方式更可取，因为这样更能激励员工。但是，有时可能需要对相关人员进行指导。

他们需要完成哪些目标和任务？

在第 6 章中，我们研究了组织自上而下设置的目标层级结构——公司层、业务层和职能层。实施过程中的主要目标和活动也可以按照这样的层级来划分。要将公司的总体目标转化为每个主要业务领域的目标，然后分解为实现这些目标所需实施的任务和行动方案。

图 13－3 给出了一家职能型公司的例子，展示了应该如何分解诠释公司的总体目标。公司的总体目标会转换为职能部门的目标，每个职能目标都会对整体有所贡献。这可不是一锤子的简单任务，有可能需要多次迭代才能获得满意的结果。要依据职能目标来分别定义营销、运营和其他任务。然后将其分解为计划，即实现目标的时间表和所需资源等事项。通常

要设定完成某项任务的截止日期，可以通过各类监督流程审核实施情况，同时在时间来得及的情况下采取补救措施。

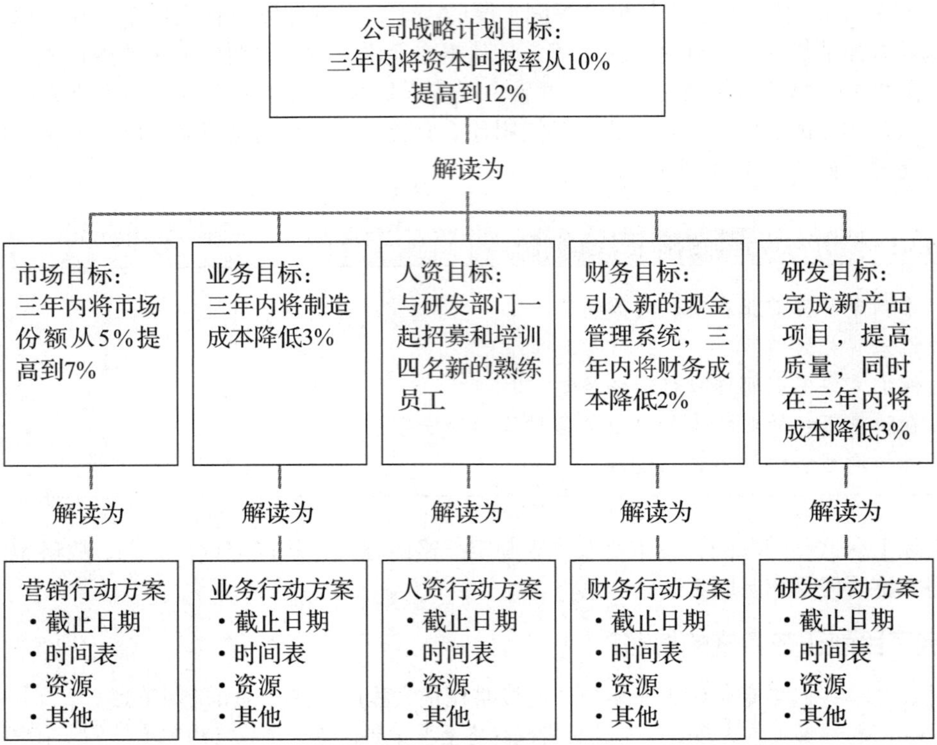

图 13－3 将公司目标转换为职能结构中相关任务的示例

实际上，在小型公司中定义目标、任务和相关方案可能相对简单，在大型公司中可能更复杂。例如，佳能公司制定了三套目标和计划：分别为六年、三年和一年计划。虽然其详尽程度不尽相同，但在整个公司范围内是完全协调一致的。

在瞬息万变的环境中如何应对各种目标和任务？

当环境瞬息万变时，要确定令人满意的目标和任务可能会异常困难：因为好不容易达成一致时，环境可能已经改变了。各类变化的性质不一样，这些目标可能很快就无法实现，或者过于简单直接。在这种情况下，再坚持按照先前情况制定的目标就没有任何意义。因此，要注意三个原则：

1. 在议定的总体范围内相关目标和任务的灵活性。
2. 给那些最了解环境变化的人授权，以便快速响应。
3. 总部认真监督对相关事件做出反应的人员。

监督的目的是确保所采取的行动不会使总部遭遇不必要的战略或财务风险。如果组织希望避免像巴林银行（Baring Bank）那样的命运，这一点就非常关键。1995 年，巴林银行因超过 15 亿美元的债务而破产，部分原因就是其在迅速变化的环境中控制不力。

如何沟通和协调实施的过程？

在小型组织中，对商定的战略进行详尽的沟通可能是必要的，也可能过于复杂或不合时宜。那些在制定战略的过程中已经探讨过战略任务且定期见面的人们在实施过程中可能不必进行冗长的沟通。但是在大型企业中，由于以下四个原因，沟通可能是必不可少的：

1. 要确保每个人都了解情况。
2. 要解决混淆或歧义问题。
3. 要清楚地传达在战略决策阶段做出的判断、假设、突发情况以及可能做出的选择。[10]
4. 要确保组织中有适当的协调。

对于最后一点，要特别谨慎地思考和行动，因为这样的协调涉及两个主要的战略领域：价值链联系和协同作用。

第 4 章介绍过价值链，也讨论了其在整个组织中打造独特联系的能力。这种联系的目的就是打造竞争优势，因为它们不太可能被历史、能力和资源差异不大的公司精确复制。如果缺乏认真的协调，这种联系在实施阶段将毫无意义。

关键战略原则

- 在设定目标和任务的时候，首先要确定的问题是谁制定了将要实施的战略。这个问题的答案将影响实施过程。
- 个人的目标和任务应该符合设定的总体目标。可能需要试验去找到各类事件的最佳组合。
- 在瞬息万变的环境中，不可能或者不希望有严苛的目标，因为外部事件可能会使目标变得多余。
- 沟通和协调对于成功实施战略至关重要。尤其要确保理解计划安排及其基本的假设。

13.3 资源配置

大多数战略要成功实施，需要配置资源。本节探讨了其基本过程，并研究了一些可能影响资源配置的特殊情况。[11]

资源配置过程

在大型多元化公司中，总部在为平衡其运营公司或部门提出的各种战略而配置资源方面发挥重要的作用。[12] 在较小的公司中，也是同样的机制，但可以不那么正式：产品组、业务或职能领域都要争取资金来支持自己的活动。

可以使用四个标准来配置资源。

1. 配置的资源对实现组织使命和目标的贡献程度。在组织的总部，配置资源就是要将资源从那些无法实现组织目标的领域转移到那些可以实现目标的领域。读者会发现这一描述和第 4 章 BCG 产品组合矩阵类似，矩阵中现金从现金牛业务转向明星业务等。此处的原理相似，但是要看总部而不是业务部门有没有可用的资金。

2. 对关键战略的支持程度。在很多情况下，资源配置的问题是，资金需求往往会超过正常可用的资金数量。因此，除了组织的使命和目标之外，还需要其他的选择机制。这第二个标准和第 6 章资源分析中的两个方面有关：

- 只要可能，对核心竞争力的支持程度可以发展和增强竞争优势。
- 只要可能，对价值链的强化程度要特别支撑那些能支持竞争优势的活动。

尽管这两个方面会从长远角度支撑组织的目标，但在配置资源时还是要作为附加标准来考虑。

3. 与特定提议相关的风险级别。显然，如果风险较高，则战略成功的可能性较小。一些组织会比其他组织更有能力承担风险。在这种情况下，需要根据组织的风险承受程度来考虑标准。

4. 对绿色战略举措的支持程度。如果组织要认真执行绿色战略，就需要配置相应的资源。此类资源可以是实物和财务资源，还应该有实施此类政策所需的管理资源。甚至有必要优先将资源配置给那些支持绿色战略的业务。

资源配置中的特殊情况

特殊情况可能会让组织修改其配置资源的标准。基于总部资金可以讨价还价的一般原则，一些组织可以考虑以下情况：

- 不太可能进行重大的战略变革时。在这种情况下，可以根据某个公式来配置资源，例如，可以根据记录和经验按照销售额的百分比来配置营销资金。这种方法的主要问题是有一定的随意性，但它也可能是最便捷的方法。
- 要进行重大战略变革时。在这种情况下，可能需要额外的资源来推动战略流程或响应预期的竞争行为。在这两种情况下，都需要与总部进行具体协商，而不是教条地遵守标准。
- 各部门之间要共享资源时。在这种情况下，总部除了资源配置外还要强化其他的功能。总部要确定协作的程度，而且在各领域意见不同时确定一个解决方案。与这种方法相关的逻辑和动机问题是显而易见的。

资源配置中的注意事项

哈默尔和普拉哈拉德对整个资源配置过程都持保留意见。[13] 他们认为，这为战略提供了错误的思维方法，这实际上是对现有资源的分割，而不是更好地使用战略资源，更好地为战略服务。

> 如果高层管理人员在配置资源的时候更多地承担了评估战略可行性的角色，而不是提高资源有效性的话，那么其增加的价值将会无足轻重。

他们提出了一个要特别注意的环节。

关键战略原则

- 资源配置过程要为确定好的战略提供必要的资金。在资源有限的情况下，总部通常负责使用各种决策标准来配置资金。
- 配置标准包括对实现组织使命和目标的贡献程度、对诸如核心竞争力等关键战略的支持程度、风险承受程度以及对绿色战略发展的贡献程度。因为一些特殊的情况，例如环境中的异常变化，可能要采用其他的资源配置标准。
- 在资源配置的过程中，可能会有忽略有效地和战略性地使用资源的风险。

13.4 信息、监督和控制[14]

为什么监督和控制很重要?

一旦开始实施战略，就要进行监督和控制。监督和控制流程是战略实施的重要内容，因为相关信息可以用来：

- 评估资源配置的选择。
- 监督实施的进度。
- 评估管理者完成实施任务的绩效。
- 监测环境，把控与原始计划的假设和预测有重大差异的变化。

- 提供涌现型战略实施中非常重要的反馈机制和精细调整，在快速变化的市场中更是如此。

一般而言，随着战略的概念从孤立事件变为持续发展的活动，监督变得越来越重要。

制定战略被视为各级公司获取、解释和处理其环境信息的一种涌现型方式。[15]

由于所有这些原因，像雀巢和佳能这样的公司在监控活动上耗费了大量资源。由于潜在信息的范围很广，它们可能首先将精力放在关键成功因素上（参阅第 3 章）。有些大公司有整套的机构，其唯一的任务就是监视竞争对手。这也是一些小型企业的共性，它们密切关注自己的直接竞争对手和客户、市场价格的变动以及其他形式的战略活动。

战略控制系统的要素是什么？

战略控制系统要监控其战略和目标中的主要因素。关键是及时获取信息和采取行动。信息本身的价值有限：真正要检验的是在需要的时候这些信息对修正实施过程是否有用且及时。除了一些财务措施外，战略控制系统还将包括：

- 顾客满意度；
- 质量措施；
- 市场份额。

在很多组织中，还包括对实现绿色战略目标的监控，如可持续性、能源利用、回收利用和其他活动。

为了评估组织相对于市场上其他组织的绩效，可能还需要在外部应用此类指标来监控竞争态势。

要区分财务监控（现金流量、每股收益等）和战略控制，战略控制可能也包括这些财务要素，但视角会更为广阔。

如何改善战略控制？[16]

在某种程度上，除非已经确立明晰的战略风格，否则无法回答这个问题。但不管怎样，还是可以设计一些标准来从此类系统中获得最佳的效果：

- 专注于关键绩效指标和关键成功因素。这种方法存在的风险是监控的要素太多导致信息过载。
- 区分公司层、业务层和运营层的信息，对相关信息进行监控。例如，并非总部的每个人都需要知道某个不重要的产品刚刚达到销售目标。同样，一个部门可能对另一个部门的市场份额数据没多大兴趣，即便该数据对总部很重要。
- 避免对定量数据的过度依赖。数字通常更容易测量，但可能会引起误解和过度简化。在服务等难以量化的领域，定性数据和信息对战略监控可能更为重要。
- 建立控制系统后，考虑如何放宽控制。说到底，控制可能会干扰那些目的明确而且有启发性的战略探索活动。正是出于这个原因，通用电气的杰克·韦尔奇就减少了控制，但他是明白了控制的原理后才这样做的。每个组织在放松控制之前，都可能需要经历学习这个阶段。
- 引入或升级控制系统时，对其效果有切合实际的预期。一些管理者可能认为战略控制就是浪费时间。他们的理由是涉及的时间长，很难在短期内看到效果。这样的反对意见肯定无法避免，但是可以预期。那么还不如承认改进战略、资源和成果也不会立竿见影。

战略监控与财务预算的联系

邦吉（Bungay）和古尔德（Goold）[17] 指出，将战略监控与预算流程联系起来至关重要。

他们认为，如果两个流程由两个不同的部门控制，就存在短期预算考虑优先于长期重要战略决策的危险。这是英美公司对业务运作方式的一种现实但短视的看法。确实存在将战略控制和预算调整混淆的危险。预算关心的是根据收入和成本计算每月或每季度计划目标的实现程度，而战略很少考虑这种短期问题。

关键战略原则

- 监督和控制系统对于评估战略实施以及环境本身变化的方式至关重要。
- 信息和控制的重点是要及时获取信息，并在需要的时候采取行动。
- 有许多方法可以改善战略控制。所有这些都依赖于建立起关于组织及其环境的信息系统，系统要简单、具有成本效益，还能提供有用的信息。
- 有人认为，战略控制和预算应该联系在一起。本书不建议这样做，因为战略控制侧重于探索，而预算侧重于实现特定的短期目标。

13.5 平衡计分卡：卡普兰和诺顿的贡献

平衡计分卡（balanced scorecard）采用战略指标和财务指标来评估所选战略的成效。它认可各种利益相关者的不同期望，并尝试用基于四个主要业务活动领域的“计分卡”来衡量所选战略的结果。

20 世纪 90 年代初期，多家美国公司研究和实施战略，哈佛商学院的罗伯特·卡普兰（Robert Kaplan）教授和国际战略顾问公司 Renaissance Solutions 的戴维·诺顿（David Norton）创制了平衡计分卡。“计分卡不是制定战略的方法。这是一种理解和检查战略有效性的方式，要让整个组织明确该做什么。”[18]

平衡计分卡源自他们对许多公司战略计划实施中两个重要缺陷的认知：

1. 测量差距。尽管大多数公司都会评估经营业绩、质量和生产率，但这些指标主要关注的是历史数据，例如，“与去年相比，我们做得如何？”两位学者发现，这些测量可能与未来的成功无关。此外，尽管这些指标很重要，但它们并不能测量未来战略的其他重要方面，尤其是那些难以量化的方面。例如，未来的战略可能会强调客户满意度和忠诚度、员工敬业度和组织学习的重要性，但这些都是无法衡量的。

2. 总体计划与管理措施之间的战略差距。两位专家认为，很多公司都实施了重大的新战略计划，但这些计划通常对组织本身影响不大。原因是战略计划并没有转换为管理者和员工在日常工作中可以理解和使用的指标。

卡普兰和诺顿认为应该超越常用的财务比率数据，例如资本回报率和每股收益。他们认为这些实质上是功能性的测度指标，而在战略实施中真正重要的是过程本身：“各种流程已取代（或正在取代）各个部门和各种职能。”[19] 他们确定了三种重要的流程：

1. 管理流程——领导者如何管理组织、如何制定决策以及如何执行决策。
2. 业务流程——产品如何设计，如何完成订单，如何让客户满意等。
3. 工作流程——如何完成工作，如何完成购买、储存、制造等。

他们认为，这些才是实施所选战略的活动，但它们与资本回报率、市场份额和增长数据等是不一样的，这些通常用来总结战略管理的结果。

平衡计分卡的四个关键原则

卡普兰和诺顿开发平衡计分卡就是为了解决这些问题。[20] 平衡计分卡结合了所选战略的定量和定性测度。它认可各利益相关者的不同期望，并尝试将计分卡绩效指标与所选战略联系起来。计分卡背后有四个关键原则：

1. 通过澄清和达成共识来解读愿景。
2. 通过设定目标并为成功确立奖励措施来进行沟通和链接。
3. 通过统一目标、分配资源和确立里程碑来明确业务计划。
4. 通过依照计划来审核后续的绩效实现反馈和学习。

在认可每种战略独特性的同时，他们区分了要出现在每个计分卡上的四种战略视角。专栏 13.2 对此进行了总结。这四种视角分别是：

1. 财务视角。通过明确所需要的一切获得支持，将组织的宗旨转化为行动。例如，如果企业的生存很重要，就要在计分卡上突出现金流。

2. 客户视角。在以客户为导向的战略中必须体现宗旨。这不仅应包括市场份额的数据，还应包括第 5 章探讨的相关领域，比如客户保有率、客户利润率和客户满意度。例如，如果战略注重推出新产品，那么计分卡就应该超出销售和份额数据的范围，去测度客户满意度和重复购买率。

3. 内部视角。这涉及生产率、基于成本节省的资本投资水平、劳动生产率的提高等内部绩效指标，这些可以显示组织在公司内部实施战略的程度。这也可能包括要设定内部的战略目标和建立实施战略的里程碑。例如，新网站的开发不仅涉及客户满意度，还应该包括网页的注册、网站的设计和网站的维护——所有这些要素应该有确定的完成日期和成本目标。

4. 未来视角。可以通过战略评审以及分享对事件结果的评价来实现反馈和学习。其作用就是通过教育、目标设定和对完成相关任务的奖励来突出沟通，强化人们和组织使命之间的联系。例如，在实现市场份额目标的同时，可能会回顾一下做得好的地方以及有待改进的地方。

专栏 13.2 | 平衡计分卡：战略视角的总结

战略视角	例子	计分卡度量的示例，即关键绩效指标（KPI）
财务视角	股东对绩效的看法	• 资本回报率 • 经济附加值 • 销售增长 • 降低成本
客户视角	客户满意度	• 客户满意度 • 客户保有度 • 获取新客户的数量
内部视角	评估相关人员和流程的质量	• 制造成本 • 员工流失率 • 产品质量 • 库存周转和库存管理
未来视角	检查组织如何学习和成长	• 新产品开发记录 • 研发核心能力 • 留住员工 • 员工盈利能力

关键绩效指标

四个战略视角可以转化为每个领域的关键绩效指标（key performance indicator，KPI），如专栏 13.2 右栏中所示。关键绩效指标是从特定视角，用数字度量组织目标的完成程度。因此有四个步骤，确定关键绩效指标是第二步，我们可以参考案例研究 13.1 中的足球俱乐部，例如曼联来进行核对。其他国家的读者和其他体育运动的追随者可以轻松地用自己喜欢的体育队和体育明星来代替下面的示例。

1. 步骤 1。从曼联的战略计划中选取某个战略目标。例如，我们可以假设其战略目标为提高俱乐部的盈利能力。曼联在 2005 年的盈利能力很差，因为在年轻的才华横溢的足球运动员韦恩·鲁尼（Wayne Rooney）身上花了一大笔钱，而且球队在欧洲足球锦标赛上的表现不尽如人意。格雷泽家族 2005 年接管曼联，但这只是增加了俱乐部要提高盈利能力的压力。

2. 步骤 2。确定公司应该如何衡量这一特定目标。例如，曼联的盈利能力可能要根据俱乐部能否提供超出其资本成本的资本回报率来衡量。这就需要一个特定的测量指标——该度量标准在平衡计分卡中称为关键绩效指标。请注意，对于平衡计分卡的财务部分而言，关键绩效指标的度量通常会相对容易，在其他领域则比较困难。例如对于曼联，你会同意怎样的“客户满意度”或“创新过程”关键绩效指标？

3. 步骤 3。将该指标转换为战略计划下一个阶段中的特定数字目标。例如，曼联并没有公布其资本成本的数字，我们假设目前为 7%。数字目标可能是实现 8% 的资本回报率。

4. 步骤 4。提出一些具体措施来实现此数字目标。

以这种方式列出步骤会引发许多需要在实践中解决的实施问题。依次来看，步骤 1 因为将战略计划与公司的实施行动联系在一起有一定的价值。但是，还有其他目标和盈利性的目标，需要一些判断才能在二者之间取得平衡。

然后，在步骤 2 中确定的关键绩效指标就变得很重要，因为它将指示步骤 1 是否已经完成。计分卡将在战略计划的整个生命周期中不断与关键绩效指标对照，以判断是否已经实现。这里有一系列问题：例如，可能有不止一种方法来衡量目标，关键绩效指标本身可能从步骤 1 就曲解了基础的战略，因此需要谨慎考虑。关键绩效指标最大的优点就是将战略计划导入可衡量和可控制的领域。

步骤 3 采用关键绩效指标，并将其转化为战略计划下一个阶段的目标。在实践中，此类目标需要做出大量判断，而平衡计分卡在此类问题上未提供任何实质性的指导——读者可参考第 12 章对目标设定的讨论来深入了解这一领域的困难。

步骤 4 易于总结，实际上很难实现，原因有两个。第一个原因是并非所有战略举措都会成功，因此涉及主观判断。第二个原因是每个行动都会有成本，都应该按照实现的可能性和收益水平来评价。举一个极端的例子，曼联可能会选择复制 2002—2004 切尔西俱乐部的战略来实现财务的关键绩效指标——切尔西曾收购全球转会费用最高、水平最高的足球运动员。这当然是一项可借鉴的措施，但是成本可能超出了曼联的财力，因为曼联早已负债累累，而且也没有切尔西老板罗曼·阿布拉曼维奇（Roman Abramovich）那么雄厚的私人财务资源。此外，这样的举措可能会有无法承受的风险，尤其是在充满不确定性的体育和足球世界中。

重要的是，平衡计分卡不止一个关键绩效指标。通常，每个组织可能有 20 个关键绩效指标，甚至更多。每个领域中的关键绩效指标——财务、客户、内部和未来——都需要从战略角度来明确，然后测度、对标，最后确定相关行动。对于任何组织来说，这都是一项艰巨的任务，但有些组织已经从中尝到了甜头。

平衡计分卡的益处

平衡计分卡的真正益处是建立了战略与实施之间的联系。卡普兰和诺顿认为，任何战略的最终目的都是为组织的股东增加价值——这是第 8 章中探讨的股东增值的一种形式。这一点在两位学者提出的方法中得到体现，要将所有方面都与“提高股东价值”联系起来（见图 13－4）。图 13－4 中显示了与四个战略视角相关的可以入选 KPI 的示例。

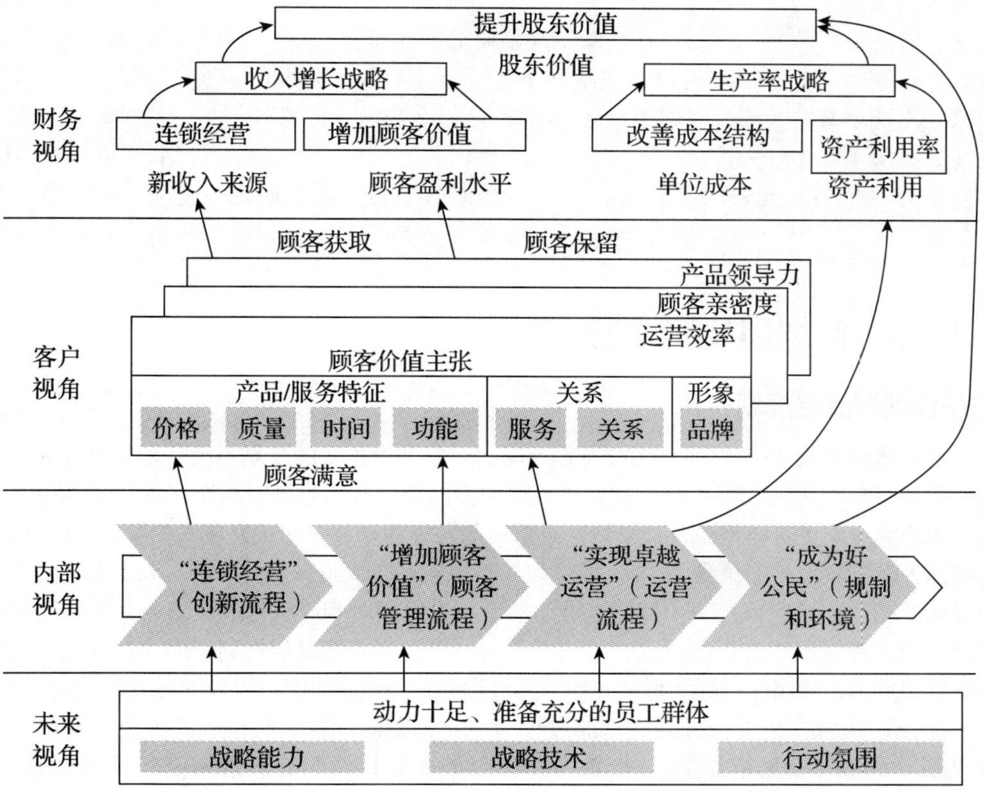

图 13－4　平衡计分卡和战略制定之间的关系

资料来源：Reprinted by permission of Harvard Business School Press. From *The Strategy-focused Organization* by R S Kaplan and D P Norton, Boston, MA 2001, p. 96. Copyright © 2001 by the Harvard Business School Publishing Corporation; all rights reserved.

评论

参考图 13－4，一些战略家肯定不会赞同组织的宗旨只是“提高股东价值”。此外，我们也已经看到，平衡计分卡管理起来很复杂，一些关键绩效指标在实践中很难定义。

此外，有些领域也并不是独创：大家关注教育、获得反馈、设定目标和里程碑已经很多年了。正如诺顿本人承认的那样，平衡计分卡的危险在于它非常强调可衡量的东西，这在战略上不一定重要，因而并不能获得支持和鼓励。平衡计分卡还可能导致大型公司进行过多的评估，使整个过程变成官僚化的噩梦。但是，平衡计分卡确实代表了两个主要方面的有益尝试：

1. 将战略目标的抽象构想转变为切实可行的行动领域。
2. 使战略超越了那些过于简单的指标，例如每股收益和资本回报率。

由于这些原因，组织有必要认真探索。

关键战略原则

- 开发平衡计分卡的目的是将抽象战略转化为公司行动的特定领域，以帮助战略发挥作用。平衡计分卡结合了所选战略的定量和定性度量。它承认各种利益相关者的不同期望，并尝试将计分卡绩效指标与所选战略联系起来。
- 计分卡背后有四个关键原则：通过澄清和达成共识来解读愿景；通过设定目标并为成功确立奖励来进行沟通和链接；通过统一目标、分配资源和确立里程碑来明确业务计划；通过依照计划来审核后续的绩效实现反馈和学习。
- 每个计分卡上都会出现的四个战略视角是：财务、客户、内部和未来。可通过四个步骤——选取战略目标、设定目标、确定衡量标准和制定战略计划——将其转化为关键绩效指标（KPI）。
- 平衡计分卡的益处在于关注如何将战略转变为实施活动，制定超越简单财务指标的目标。

13.6 计划型战略规划

什么是计划型战略规划？

计划型战略规划（prescriptive strategic planning）是一个正式的规划系统，用于制定和实施与组织使命和目标有关的战略。要注意，战略规划不能替代战略思维。战略规划只是规范了某些组织的战略流程。更具体地说，计划将汇总组织的各种活动，并明确完成每个阶段的时间表。

乔治·戴的观点是有道理的[21]，他认为战略规划不应该是孤立的事件，以一刀切的决策来作为终结。相反，这应该是一个持续进行的活动，可以同时响应事件的压力，并明确完成任务的时间。为了确保组织成员的投入，组织内不同的层级都应该参与规划，因为在制定战略和确保整合公司资源、战略、目标和行动计划等的过程中，每个层级都可以发挥各自独特的作用。

许多公司认为，在进行战略规划的过程中，首先要确立背景假设和开展业务的基础，包括关键成功因素（参见第3章）。接着，公司应该探索其长期的愿景和更广泛的战略方向：这些目标可能要很多年才能实现，还有可能会出现新的技术和思想。然后，在环境足够稳定的情况下，可以制定下一个两三年的中期计划。最后再来制定与中期计划一致的短期计划和预算。要注意，这个过程并不是按照顺序发生的，在每个阶段完成之前都需要进行大量的迭代和重新审视。图13－5介绍了基本的过程。

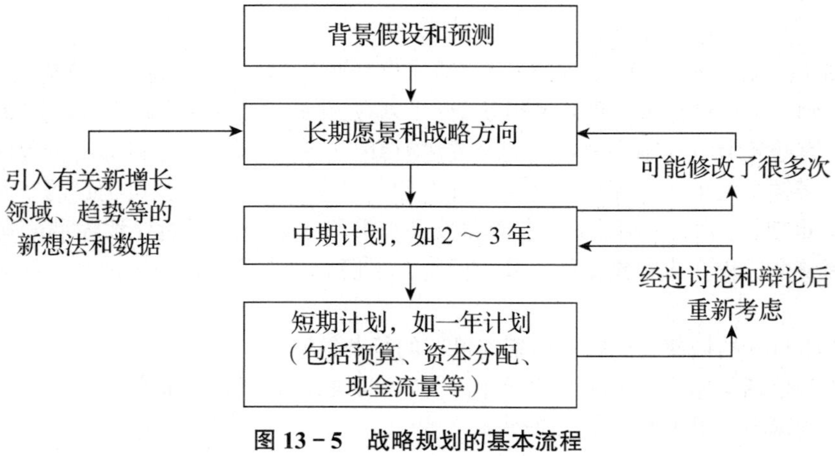

图13－5 战略规划的基本流程

有时候，公司每年都会重复这样的过程。由于此类研究的潜在复杂性和延续时间，每年从长期的视角来审查业务的各个方面并不常见。通常会选择产品组、特定主题、核心竞争力和集团的各类目标作为探讨战略问题的出发点，然后融合到长期规划中。荷兰皇家壳牌石油公司前规划主管阿里·德戈斯（Arie de Geus）写道[22]：

有效规划的真正目的不是制定计划，而是改变决策者头脑中的思维模式。

战略规划地位的变迁

20 世纪六七十年代，战略规划许诺可以带来卓越的财务回报。然而现实并不是这样，70 年代石油价格危机之类的不可预测事件频发，导致规划毫无意义，战略规划陷入混乱。[23]评论家认为，战略规划在实践中变得过于官僚主义和僵化。[24]到 20 世纪 90 年代还有类似的论调。[25]专栏 13.3 总结了对战略规划的主要批评。应当指出的是，这中间有些作者并未使用本章所定义的狭义战略规划，即对整个广泛过程的正式化流程。他们批评的是战略规划更为广泛的作用，因此并不适合这里所用的狭义定义。

专栏 13.3 | 战略计划失败的主要原因[26]

高管人员指导不力	灵活性不足	政治困难	企业文化
• 规划取代了某些环境中所需的灵活性和不确定性 • 深刻的战略思想被计划公式取代 • 注重短期和强调财务 • 对关键问题讨论不足 • 为计划分配的资源不足 • 未关注资源分配的全过程	• 年度预算为重中之重 • 接受了现有的行业界限 • 过分强调程序和表格填写 • 测试资源与计划之间的“契合度”，而不是寻找新资源 • 最好引入改进的系统来增强灵活性，而不是坚持严格的计划	• 计划由专业人员而非直线经理控制 • 一些管理者的权力受到新流程的威胁 • 根深蒂固的利益延迟了决策	• 需要发展能够应对不确定性的组织 • 短期主义 • 过分强调财务业绩 • 缺乏冒险精神和企业家才能 • 不能容忍偶然的失误

注意：有些评论可能被认为适用于任何形式的战略制定，而不是战略规划本身。请注意文中支持某些评论的研究证据。

考虑到这些因素，可能会认为战略规划不再适合对战略流程进行规范化的管理。但是，还有很多公司需要放眼未来，协调其主要活动，尤其要关注必须在较长时间内做出大量努力的地方。这时候，人们对战略规划的态度开始再次改变，即使是过去持批评意见的明茨伯格，现在也承认它确实可以在一定范围内发挥作用。[27]

评论

明茨伯格强调创新思维是对的，如果是强有力的官僚战略规划流程当然无法达到目的。总的来说，本书认为明茨伯格对战略规划作用的认识是正确的：规划可以总结其他地方的决策，对战略付诸实践是有益的。但战略规划不能代替对主要战略问题的创新性思考。

关键战略原则

- 战略规划在某些组织中实现了战略流程的操作化，但它不能替代基本的和创新性的战略思维。
- 基本过程要包括背景假设、长期愿景、中期计划和短期计划。重要的是，不仅要在过程中注入新的想法，不断修订也是规划过程的重要组成部分。

- 一些研究人员曾批评战略规划在方法上过于官僚主义和僵化，但只要对过程进行狭义的界定，对战略规划的批评论调不再那么尖刻。

批判性反思

战略规划：到底需要进行到什么程度？

大多数高级管理人员和战略家都会认同，某种形式的战略规划对于组织是至关重要的。正如平衡计分卡所确定的那样，计划可用于制定战略和财务目标，以及在不同业务之间配置资源。此外，在设计和讨论支持该计划的战略时，即使部分战略要在创新中涌现，所涉及的分析和逻辑过程对组织也是有利的。

不管怎样，本章表明，过去十年来人们对战略规划的好处持怀疑的态度。一些战略家不接受战略规划的概念。这么做可能过于偏激，但的确促使人们思考战略计划究竟能解决哪些根本问题，尤其当很多企业为在不确定的环境中生存而制定战略计划时。

战略规划到底多大程度上有用？在流程中应该有什么约束？应该由谁来负责？

思考问题

1. 小公司需要正式的战略计划吗？

2. 将图 13－1 概述的基本实施过程应用于你所熟悉的组织。有什么异同？你可以得出什么结论？

3. “对计划者来说，最大的约束就是要让他知道自己将要执行计划。”（加文（Gavin）和乔治·戴）请在实施过程的情境中进行评论。

4. 在战略流程中，有限理性和最低干预的含义是什么？

5. 高层管理者应该如何沟通目标和任务，同时又可以激励要执行任务的人员呢？

6. “如果高层管理人员在配置资源的时候，更多地承担了评估战略可行性的角色，而不是增加资源有效性的角色，那么其增加的价值将会无足轻重。”（加里·哈默尔和普拉哈拉德）请讨论。

7. 为你熟悉的组织制定战略计划，并确定在计划期间你将控制的主要因素。考虑一下你自己是否可以全权负责制定这样的计划，或者在实践中你是否还要咨询他人的意见，征得他们的同意。

8. 简要说明为什么需要战略控制，应该如何加以改进。选择一个你熟悉的组织，根据判断来评估其战略控制。

延伸阅读　　注释和参考文献

14 绿色战略与可持续发展

学习目标

学习完本章后，你将能够：

- 概述绿色战略和可持续发展的主要内容，并解读其重要性。
- 定义和解读分析绿色战略环境所涉及的其他要素。
- 解读基于资源的绿色战略的含义。
- 明确采用绿色战略的原则后，组织的宗旨将如何改变。
- 解读绿色战略对知识、技术和创新的主要影响。
- 从绿色战略和可持续发展的角度概述对战略选项、战略选择和实施的影响。

引言

绿色战略（green strategy）关注组织中那些既能保护地球环境，又可以借此来开发商机的各类活动。可持续发展是其基本原则。我们从澄清一个概念开始。在很多书籍和论文中，绿色战略都被称为“环境”或“自然环境”战略。[1] 在本书中，“战略环境”一词的含义却不一样，更为广泛（参见第 3 章）。为避免混淆，本章使用“绿色战略”而不是“环境”一词来探讨与可持续发展相关的战略问题。

毫无疑问，对于绿色战略和可持续发展，无论是公共机构还是私有部门，所有组织都已经认识到进行根本性变革的必要性。国际可持续发展研究院（International Institute of Sustainable Development）的相关说法是：“未来几十年我们将面临结构性变化，包括人口剧增、环境恶化和社会经济预期变革，需要大胆的思考和全新的方法……读者有可能认为这只是指矿产、能源和类似的商品，实际上人们对水的需求最大，水是人类生活和福祉必不可少的宝贵而有限的资源。”[2]

本章总结了有关绿色战略的最新思想，其中可持续发展是关键的基础逻辑。专家在这一领域已经开展了大量学术研究[3]，本章将总结和利用这些材料。相关研究涵盖战略管理和其他众多领域，包括企业社会责任、营销、会计、财务和生产，但只关注了如何确保业务达到或超过可持续发展的标准。对此类活动可能带来的战略性商机（例如，开发太阳能或风能的新兴行业）的研究还很有限。本章将按照绿色战略的主要内容来安排（见图 14－1）。

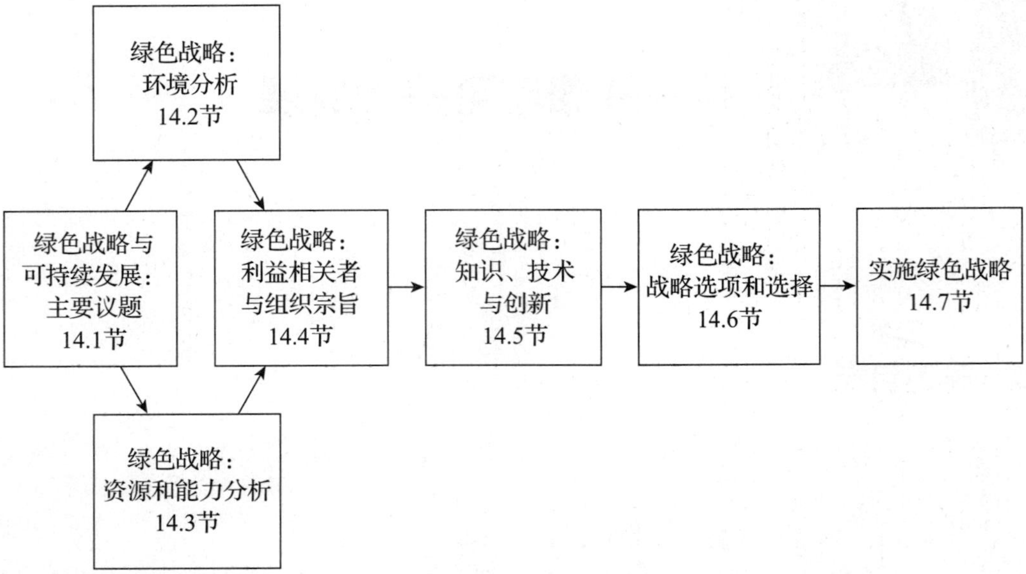

图 14－1　绿色战略的主要话题

14.1　绿色战略与可持续发展：主要议题

2011 年，对 3 000 名公司高管进行的一项调查[4]发现，那些将可持续发展作为关键问题融入战略的公司可以在新的以社会和生态定位的市场中成功实施先发制人的战略，还可以盈利。调查还发现，随意将可持续发展作为战略举措的公司无法在新的市场中进行有效的竞争。换句话说，绿色战略为领先的公司带来了积极的结果。

关于可持续发展，公司需要考虑七个方面的问题[5]：

1. 要通过电气化的举措更加有效地利用能源。安全和可持续的能源至关重要。实际上，这将使组织从天然气和石油转向其他能源。很多方法都对环境更加友好，例如使用水力发电和风力发电。

2. 要以可持续的方式利用好自然资源。可再生资源如水、土壤和森林与不可再生资源如石油、天然气和矿物之间有着本质的区别。如果可能，要尽量使用可再生资源，在使用不可再生资源的时候，要谨慎和计划周全。这样的战略还需要保护野生动植物的栖息地、开放空间、湖泊和荒野。

3. 保护生物圈和发展碳中和组织。许多公司的目标是在未来几年内减少石油和天然气等化石燃料的使用。随着时间的推移，目标变为使用非碳燃料或消除碳基燃料产生的排放。航空公司在实施此类战略的时候会遇到根本性的困难，但是，它们已经在尝试使用生物燃料来减少排放。

4. 要实现国家的自给自足。各个国家应尽可能减少对能源进口的依赖。一些国家拥有丰富的替代能源，一些国家则没有。但是很多国家都在寻找替代能源，例如使用太阳能或核能来替代石油和天然气。

5. 要实现更高的能源和资源使用效率。在能源的生产和使用方面，很多国家政府和公司都在研究和投资更有效的发电方式。此外，很多组织也在寻求更有效地利用其他资源——从各类矿产到水——的方法。研究与开发仍在继续，公司也将此作为战略规划的主要目标之一。

6. 要减少和合理处置废弃物。绿色战略要求尽量减少废弃物，尽可能回收利用，还要制定关于危险废物的特殊战略。

7. 要改变态度和生活方式。为了实现这样的变革，需要从根本上改变公众的态度。工作或休闲、交通和基础设施、城市规划和建筑都要改变。在很多情况下，这可能意味着在整个国家层面上公众态度的根本转变。

上述所有领域为制定绿色战略提供了机遇，也带来了问题。基本原则就是要建设一个可持续发展的地球。这就解释了为什么绿色战略现在已成为许多私有公司和公共部门制定战略的重要因素。

重要的是，本书研究的几乎所有公司都对绿色战略提出了新的意见。这些公司中有许多是全球报告倡议组织（Global Reporting Initiative）的成员，该组织提供了有关可持续发展的全球报告框架，为组织如何披露其可持续发展绩效提供了指导。它包括指南、行业指导和技术条款。

关键战略原则

- 绿色战略需要考虑七个主要趋势：电气化、可持续的自然资源、碳中和组织、国家能源自给自足、各国实现更高的能源和资源使用效率、废弃物的处置以及与能源生产和消费相关的生活方式的改变。
- 绿色战略将为公司提供下一个关键的商业机会。可持续发展政策可以引导新技术和新业务的增长。这是“新一波”创新浪潮的机会。

14.2 绿色战略：环境分析

基础条件

绿色战略在战略管理的研究和文献中已逐渐升级为一个重要的话题。[6] 著名战略期刊上有一些这方面的学术论文[7]，“但在顶级期刊中并未占据重要地位”。[8] 主要有三个原因。首先，这仍然是一个新兴的话题，过去其与理工类的联系要比与战略管理等社会科学研究的联系更紧密。其次，一些评论员，尤其是美国和英国的专家认为绿色环保的问题纯属危言耸听，结果也有待证明。（此观点在本书作者看来是错误的。）最后，话题的本质已经从监管合规转变为保护环境，而且最终演变为积极的商业发展新阶段，公共部门也在朝着可持续发展迈进（见图 14－2）。

本书和许多组织都认为，绿色战略和可持续发展现在对公共部门和私有公司来说都是重要的问题。这个话题首先要求考虑组织周边的战略环境。除了第 3 章讨论过的一般环境分析外，在分析绿色战略环境的时候还需要关注三个主要因素：

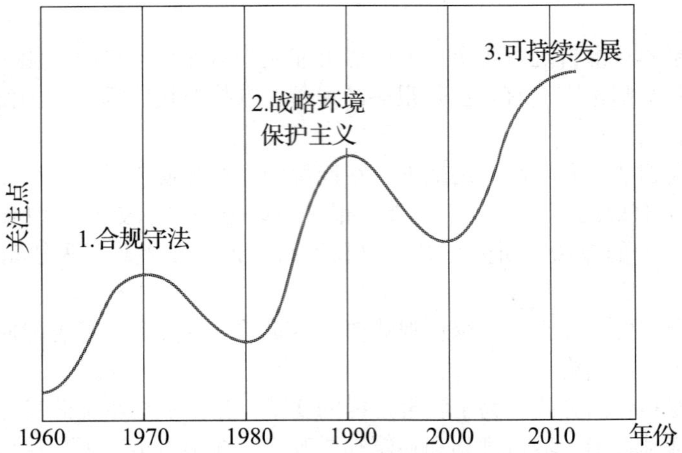

图 14－2 环境管理的三次浪潮

资料来源：*The Oxford Handbook for Business and the Natural Environment* edited by Andrew J Hoffman and Pratima Bansal (2011) Ch 1 'Retrospective, Perspective, and Prospective: Introduction to The Oxford Handbook on Business and the Natural Environment' by Andrew J Hoffman and Pratima Bansal pp. 3-25, © Oxford University Press, Figure 1.1 from p 5 by permission of Oxford University Press.

1. 政府法规和指令；
2. 商机；
3. 顾客和消费者的观念以及变革的压力。

政府法规和指令

无论组织是否愿意，每个国家的政府都已经同意要保护地球的各种资源，并减少因我们在地球上的活动而产生的污染。[9] 各国政府根据这些原则颁布了法律，制定了相关的政策指令。每个国家确定了自己的优先次序、方式方法以及扶持框架。[10] 公司的责任就是要对此进行评估，然后将其纳入战略。组织的出发点就是对其所在国家的绿色问题进行全面、仔细的分析，然后将政府关于污染和节能的目标纳入自己的战略。

商业机会

2009 年的一项国别研究表明，2007 年绿色战略相关活动的价值约为 4.5 万亿美元。到 2015 年这一数字将增至 6.4 万亿美元。[11] 这些活动包括海上风能、波浪和潮汐能、碳收集和储存以及化学制品和生物技术，还包括民用核电。鉴于 2011 年日本核泄漏事件，这还需要进一步分析和思考。由于这些问题，新的绿色战略业务将产生大量需求：从太阳能电池板到风力发电机、新的低排放汽车发动机、更节能的电脑等。尽管绿色战略将带来巨大的商机，但很难从广泛的角度进行分析，要看具体情况。

在把握绿色战略的商机时，要知道有得必有失。一方面，绿色战略会为制造隔热板和太阳能面板的公司带来收益。另一方面，由于实施绿色战略，石油和天然气的消耗量会降低，这会导致相关公司利润的损失。但是，印度和中国等新兴国家对石油和天然气的需求在不断增加，这可能意味着石油和天然气公司的利润还会增加，但其增长率要低于没有绿色战略的情况。总部位于英国的碳信托公司（Carbon Trust）总结了一个矩阵，该矩阵显示了绿色战略在能源方面的得失（见图 14－3）。从本质上看，该矩阵认为，气候变化将带来从低到高的一系列创造价值的机会。公司的价值创造也由此有从低到高的风险。这样就产生了图 14－3 中所示的四个场景，其中包括来自不同行业的示例。

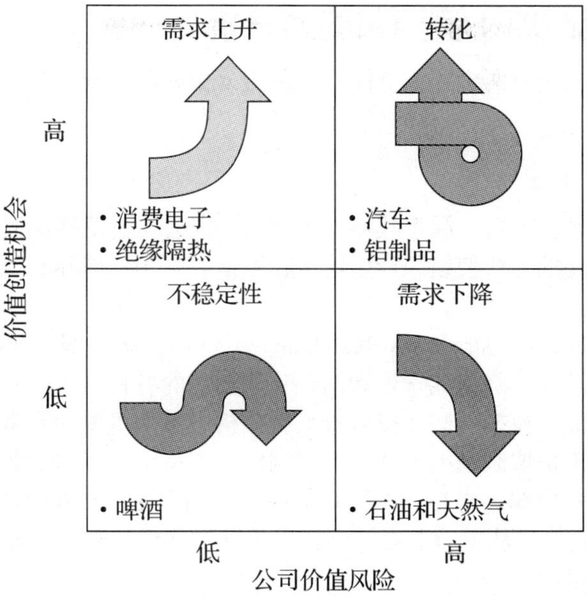

图 14－3　气候变化将如何创造、改变或摧毁公司的价值

资料来源：*Climate Change-A Business Revolution*? Carbon Trust (2008) p. 3 Copyright © The Carbon Trust 2008, all rights reserved.

顾客和消费者的观念以及变革的压力

有些顾客会特别支持绿色战略，几乎不考虑成本问题。有些人对此漠不关心，还有些人会考虑回收再利用的成本、燃料的高价格以及新工作方式带来的不便。绿色战略不仅要识别这些问题，还应当着力去解决这些问题。[12] 例如，2011 年在英国进行的一项调查中，66% 的顾客对公司宣称的气候变化方面的举措表示质疑。但是，同一研究也表明大众对绿色战略持强烈支持的态度，70% 的人希望强制公布每个公司的碳排放情况。

正如上面的调查所表明的那样，要先仔细分析顾客对绿色战略的态度，目的是获得顾客感知的数据，包括观点、评价和问题等。接着，绿色战略要找到既能最大限度减少问题，又能将最佳实践融入组织战略的方式。目前，还没有哪个战略模型能承担这个任务。希望在本书的下一版中，战略家能提供一些结构化的方法来解决这些问题。

从更广泛的层面来看，顾客和消费者可以通过购买符合环境标准的产品和服务或者拒绝购买不符合环境标准的产品和服务来影响公司。尽管绿色消费者影响的程度尚不明确[13]，公司最好尽可能积极地面对这些情形。

关键战略原则

- 绿色战略关注组织中那些既能保护地球环境，又可以借此来开发商机的各类活动。由三个主要部分组成：政府法规和指令；商机；顾客和消费者的观念以及变革的压力。
- 每个组织都要分析有关绿色问题的政府法规和指令，确保公司完全遵守。
- 绿色战略仍处于发展初期，因此还有很多商机。风电场和废弃物处理等许多新能源技术将为组织提供新的增长领域。
- 总体来看，顾客和消费者会支持绿色战略。在某些情况下，他们积极争取变革。公司要尽可能对此类事件做出积极反应。

14.3 绿色战略：资源和能力分析

第 4 章介绍过该主题有两个相关方面：价值链分析和基于资源的分析，本节围绕这两个方面展开讨论。

绿色战略价值链

从资源和能力的角度来看，绿色战略价值链与一般公司价值链不同。绿色战略寻求采取一种长期的甚至理想化的方法使组织产生价值，不惜以采用低碳和其他低能耗的政策导致短期成本的增加为代价。

绿色战略价值链（green strategy value chain）不仅在组织内部，而且要与供应商和客户一起去寻求减少能源消耗、降低碳含量和循环利用资源的各种方法。此外，绿色战略价值链将涉及每个要素和职能，包括那些在很多价值链分析中不太重要的要素和职能。例如，某个组织可能会考虑对员工采取激励措施从而获得制定和支持绿色战略的各种想法。同样，它也可能会考虑如何使用水资源，水是一种稀缺资源，可能会受“CEO 水之使命”（CEO Water Mandate）倡议的约束。[14] 从本质上看，要实现长期的绿色战略，可能需要对组织的价值链进行彻底的重建和重组。

在这些一般性的考虑中，有两个主要的方面：

1. 绿色战略价值链联系；
2. 绿色战略价值链：收益和成本。

绿色战略价值链联系

为了分析绿色战略价值链，要重新检视价值链中的每个要素。第 4 章已经介绍，大多数组织都是更大的商业和公共部门活动链中的一部分。从绿色战略的角度来看，价值链的每个部分都要考虑绿色战略的问题及其对价值链其他部分的影响。例如，一家制造太阳能电池板的公司可能要咨询其工程材料的供应商，问是否可以降低能源消耗。本质上，绿色战略适用于整个价值链。在着力寻求绿色问题的新解决方案时，还需要遵守政府的政策和法规。图 14－4 总结了主要的元素：

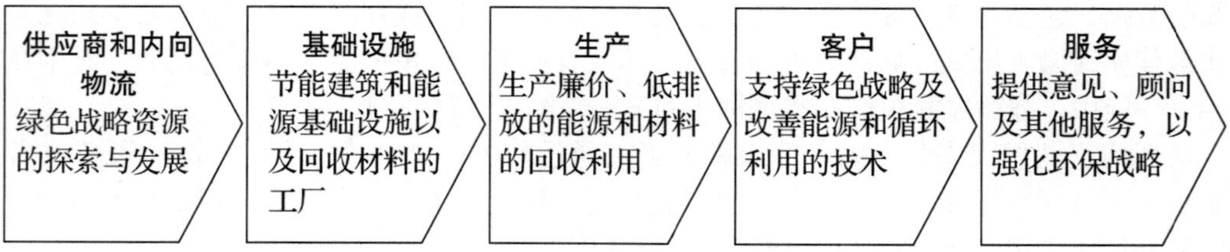

图 14－4 绿色战略价值链：联系

1. 供应商和内向物流。公司要与供应商讨论绿色战略问题。例如，制药公司葛兰素史克估计其碳足迹的 40% 来自其供应链。探讨绿色战略问题可能对双方都有好处。这样的收益和成本可能会影响供应链的内向物流，例如运输和库存成本。

2. 基础设施。如果对组织结构进行彻底的重建，通常会产生大量的资本成本，例如，要使用节能材料进行重建。但是，基础设施不仅仅涉及建设成本问题，还要重新考虑为组织提供服务，并将产品交付给客户的整个关系网络，还可能涉及制造产品过程中使用的各种原料。例如，全球制药公司葛兰素史克已将与其吸入剂相关的温室气体排放量从 1998 年的 2 400 万吨减少到 2010 年的 470 万吨。可持续发展的指导原则是长期收益必须超过成本。受益的可能是整个社会，而不仅仅是单个组织。

3. 生产。随着时间的推移，生产的各个环节都要遵守绿色方面的新法规。此外，公司可能要考虑是否有可能强化其绿色战略，或者自己主动提出这样的要求。在解决绿色战略问题的时候，公司也希望所有员工参与进来。

4. 客户。很多组织希望通过绿色战略来强化其公司治理和伦理立场。此外，一些客户，以后可能是绝大多数客户，可能会对组织的绿色战略提出更高的要求。这些可能包括与客户的沟通，以及提高能源利用效率和回收利用水平的新技术投资。

5. 服务。对于某些组织而言，也许是一小部分组织，可能有提供绿色战略咨询和技术信息的商机。

很多公司和公共部门的组织都在着力实现最终的碳中和。这意味着，到那时不管是原材料采购，还是生产制造、分销、使用和处置产品，都不会有温室气体的排放。

绿色战略价值链：收益和成本

绿色战略将为组织及其更广泛的利益相关者如员工、股东和当地社区带来好处。第 6 章已深入探讨利益相关者的概念。采用绿色战略要切合实际：对组织而言既有成本，也有收益。图 14－5 总结了需要分析的主要领域。因为这些问题中的大多数还要在本章其他节讨论，在此不再赘述。但是，需要仔细监控不断变化的收益和成本。

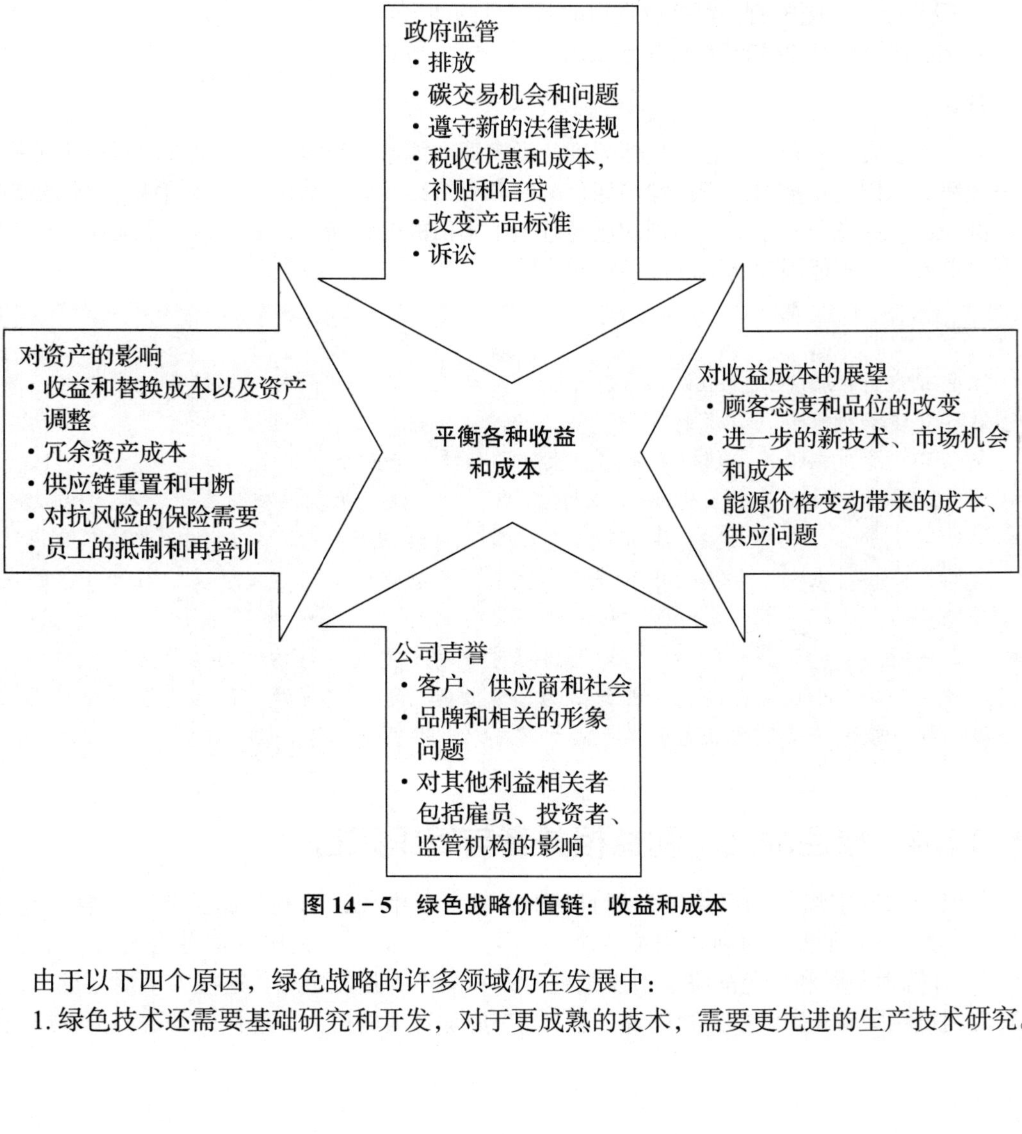

图 14－5　绿色战略价值链：收益和成本

由于以下四个原因，绿色战略的许多领域仍在发展中：

1. 绿色技术还需要基础研究和开发，对于更成熟的技术，需要更先进的生产技术研究。

2. 由于需求的增加和供应的短缺，能源成本正在上升。

3. 当公司大规模生产的时候，与现有绿色技术相关的规模经济将降低成本。

4. 利益相关者对绿色战略的态度，包括客户的态度，仍在发展中。

因此，绿色战略的收益和成本还不明朗，要从涌现型和计划型的视角加以考虑。

绿色战略：资源和能力分析

第4章资源基础观认为，组织的单一资源会比行业分析为战略提供更坚实的基础，因为它们聚焦的是单个公司的竞争优势。此类资源可大致分为有形资源、无形资源和组织资源三类（参见4.6节）。但一些战略家认为，这种基础的区分方法忽略了资源分析的关键方面，即自然环境。“它完全忽略了生物物理（自然）环境带来的限制。”[15]

斯图尔特·哈特（Stuart Hart）认为，组织的竞争优势要从“自然资源基础观”（natural-resource-based view）来判断。这意味着，组织在开展环境可持续性活动时，如果表现比竞争对手更好，组织就有竞争优势。例如多年来有报道称，丰田的混合动力车型普锐斯比其竞争对手有更低的排放量和更高的燃油效率。这样的资源有三种类型，每种都可能涉及战略性的资源和能力：污染预防、产品监管和可持续发展。特定的能力包括[16]：

- 组织能力：组织可持续发展的能力。
- 吸收能力：吸收有关可持续发展的新信息的能力。
- 补充资产：开发和营销可持续发展产品所需的资产。

评论

从可持续发展的角度来看，虽然识别此类资源和能力值得褒奖，但该方法可能不再提供竞争优势。原因是很多组织积极参与绿色战略和可持续发展，减少了在该领域获得优势的机会。例如，一些竞争对手的产品现在已经赶上了丰田的普锐斯。但是，这并不能说明此类活动不再重要，也不能因此就不进行必要的分析。

关键战略原则

- 绿色战略价值链不仅在组织内部，而且要与供应商和客户一起寻求减少能源消耗、降低碳含量和循环利用资源的各种方法。此外，绿色战略价值链涉及每个要素和职能，包括那些原先在很多价值链分析中不太重要的要素和职能。
- 绿色战略价值链有五个主要部分：供应商和内向物流、基础设施、生产、客户和服务。
- 绿色战略价值链既有收益，也有成本。这些可分为四个方面：对组织资产的影响；政府监管；公司在利益相关者中的声誉；随着绿色战略的进一步发展，收益和成本的发展态势。
- 通过分析组织的资源和能力，可以打造比竞争对手更具可持续性的竞争优势。能打造这种优势的三个特定领域包括组织能力、吸收能力和补充资产。因为有很多公司已经涉足这一领域，所以这三者现在可能都不足以提供竞争优势。

14.4 绿色战略：利益相关者与组织宗旨

在识别和制定组织的可持续发展目标时，第6章中探讨的利益相关者是重要的起点。可以说，绿色战略涉及的利益相关者范围会更广泛。而且，其中一部分会有极大的影响力。[17]可持续发展和绿色战略会引发某些个人和团体的强烈意见。这些人可能会发声，并给其他利益相关者（如股东、管理者、客户等）施加巨大的压力。这样的利益相关者还包括有偿游说者、绿色积极分子、智囊团、竞争对手和行业协会。他们可能拥有与组织本身不同的利益和关注点。因此，组织在制定与可持续发展和绿色战略相关的宗旨时，要考虑这些因素。

无论利益相关者的意见如何，组织的领导层即首席执行官和高级董事会成员在制定和调整组织在绿色战略和可持续发展方面的宗旨时要承担主要责任。对于许多公司而言，领导的问题就是如何应对绿色战略的压力团体。对此已经有大量研究。[18] 要把握的关键是，组织的领导将如何调整其宗旨以及相应的政策来处理与可持续发展相关的问题。霍夫曼（Hoffman）和格奥尔（Georg）通过以下四个方面总结了这一过程[19]：

1. 高管的支持。绿色战略的成功关键取决于高管人员的支持。[20] 他们要制定能够强化此类战略的管理体系和政策[21]，如果可能，还要任命相关管理人员来实施此类政策。[22]

2. 框架和讨论。组织要大张旗鼓地提出绿色战略，并进行广泛讨论。相关问题要在理想的和可能的范围内界定。可能还需要进行辩论，这样可让整个组织达成共识。[23]

3. 个人和管理层的观念。绿色战略需要由某个管理者来实施。因此，组织关于此类战略的宗旨完全取决于个人及其对此类战略得失的看法。反过来，这将取决于该管理者的价值观和经验。[24]

4. 组织后续的披露和报告政策。由于利益相关者的压力以及政府的要求，通常要公开绿色战略的成果。因此，绿色战略方面的宗旨在确定其目标时要考虑到这种宣传的作用。其中一些活动可能会在公司的年度报告和账目中有所反映。[25]

就绿色战略的宗旨而言，已经有不少重要且有影响力的压力团体产生了影响，可能同时在政府和公司层面产生影响。例如，绿色和平组织（Greenpeace）和世界自然基金会（World Wildlife Fund for Nature，WWF）等组织。但是每个组织都有很多的直接利益相关者，从股东到试图影响组织宗旨的客户，不一而足。因此，与绿色战略相关的利益相关者分析（参见第 6 章 6.3 节）对于制定组织的可持续发展宗旨至关重要。要确定直接或间接参与和受组织运营影响的各方。该分析将帮助公司确定各种可用的绿色战略选项要面对的利益相关者，明确他们的相对权力和各种反应最终如何影响公司的战略选择。

关键战略原则

- 在识别和制定组织的可持续发展目标时，利益相关者是重要的起点。可以说，绿色战略涉及的利益相关者范围会更广泛。而且，其中一部分会有极大的影响力。
- 在制定和调整组织在绿色战略和可持续发展方面的宗旨时，组织的领导层要承担主要责任。从更广泛的层面来看，有必要对各种绿色战略的压力团体做出回应。
- 组织在制定可持续发展方面的宗旨时要考虑四个主要的方面：高管的支持；讨论绿色战略政策的框架和相关辩论；个人和管理层对此类政策的看法；组织后续的披露和报告政策。
- 基于绿色战略的利益相关者分析是制定组织可持续发展宗旨的基本要素。

14.5 绿色战略：知识、技术与创新

鉴于过去 20 年中组织在绿色战略方面面临的压力在不断变化，也需要考虑涌现型的战略流程。我们对第 7 章讨论的三个涌现型领域进行补充以说明其对绿色战略的影响。

知识创造和绿色战略

在构建绿色战略的知识概念时，“3A”的概念抓住了所需方法的本质[26]：

● 强化（accentuate）。第一步要审视当前的绿色战略实践，然后进一步发展，即强化实践。这也包括现有组织内的知识共享。有些实践将超出知识范围，如回收和新节能系统属于物理领域。但是，此类举措背后的基本原则仍然是知识盘点和知识共享。

● 获取（acquire）。如上所述，许多组织都会从其他公司、行业组织和政府机构那里获取新知识。在实践中，并购也可能意味着合资、信息共享和其他形式的合作。许多组织很可能都需要获取有关绿色战略的新知识。

● 架构（arcbitecture）。知识和绿色战略最重要的方面之一就是建立相应的组织结构，即体系架构，这样才能制定、强化和实施绿色战略。从某种意义上讲，这超出了本话题的知识范围，涉及其他的领域。但最基本的还是支撑所有此类架构的知识基础。

鉴于该主题仍在变化之中，因此需要从各个方面来考虑绿色战略知识。

创新与绿色战略

为了保护地球的资源并更有效地利用，绿色战略应运而生。因此，就地球现有的资源而言，需要在认识和实践上进行深刻的转变。这种变化需要每个组织和每个人对现状进行彻底的重新审视。换句话说，如果能通过更加有力和更加聚焦的方法针对当前的实践和用途找到各种创新思想和过程，对绿色战略会大有裨益。

除了遵守现有的标准外，一些专家还认为地球资源的可持续发展是下一个主要的商业创新机会。正如先前的变革提供了各种可能性一样，变革将产生新的增长。图 14－6 总结了其中的一些问题，并在其历史背景下提供了绿色战略的创新视角。从本质上讲，可持续发展政策是有潜力的，可以带来新的技术和新业务增长。

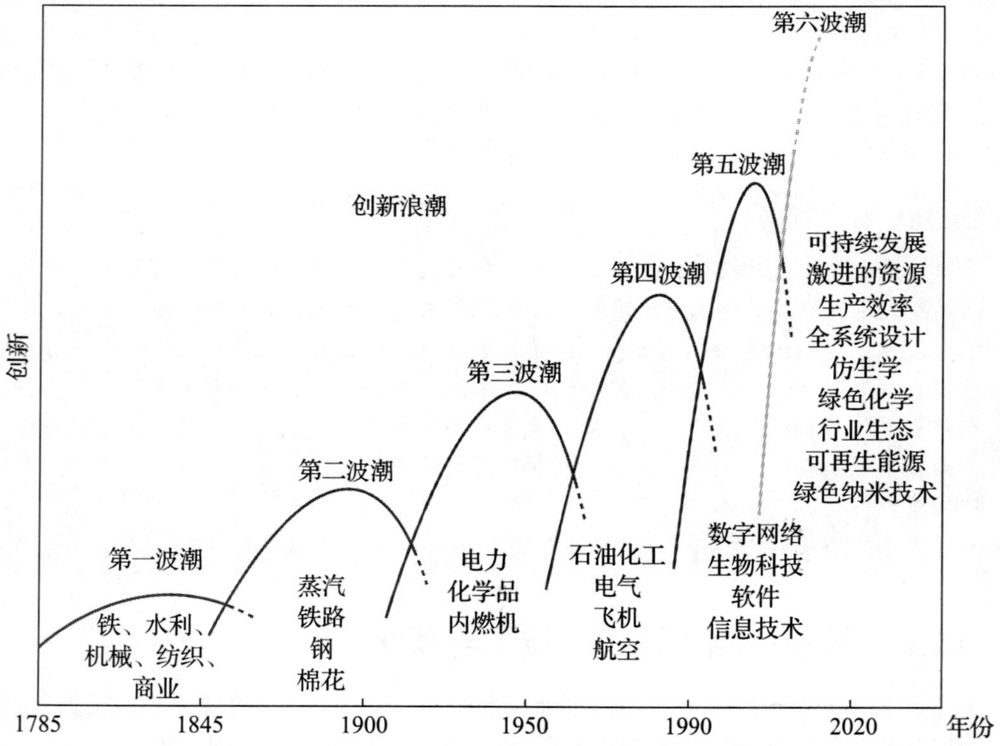

图 14－6 可持续发展是第六波商机

资料来源：Hargroves, K and Smith, M H (2005). *The Natural Advantage of Nations: Business Opportunities, Innovation and Governance in the 21st Century*, London: Earthscan.

新技术和绿色战略

在过去的几年中，绿色战略已通过两种方式与新技术联系在了一起：首先，一些绿色战略计划如电动汽车从根本上是依靠新技术的突破取得成功的。其次，其他绿色战略更好地利用了现有技术。但是，它们都需要加工技术——例如大规模制造太阳能电池板——才能降低制造成本，才能使其产品价格与通过传统技术制造的产品相比更具竞争力。从这两个角度来看，技术为绿色战略的发展做出了重要贡献。

关键战略原则

- 从知识创造的角度来看，绿色战略将受益于“3A”构念：强化当前的绿色战略实践；获取新技术；建立实施新战略所需体系架构。
- 从创新的角度来看，绿色战略有两个方面。第一要审视现有资源的使用，以确保最有效地利用。第二可持续发展可能代表新一波的商业机会，会带来新的业务增长。
- 绿色战略的新技术可以发生在两个领域：技术突破和更好地利用现有技术。

14.6 绿色战略：战略选项和选择

制定战略选项

绿色战略选项弥合了基于环境与基于资源选项之间的鸿沟，因为有些选项同时包含这两个领域。例如，有与政府立法以及可能的能源和商品价格上涨相关的外部考虑。同时，也有基于资源的内部问题，例如技术开发及寻求碳中和的产出。本质上，绿色战略选项将完全取决于行业和行业内单个业务的战略情境。尽管如此，绿色战略选项仍需要考虑八个领域（见图 14－7）。

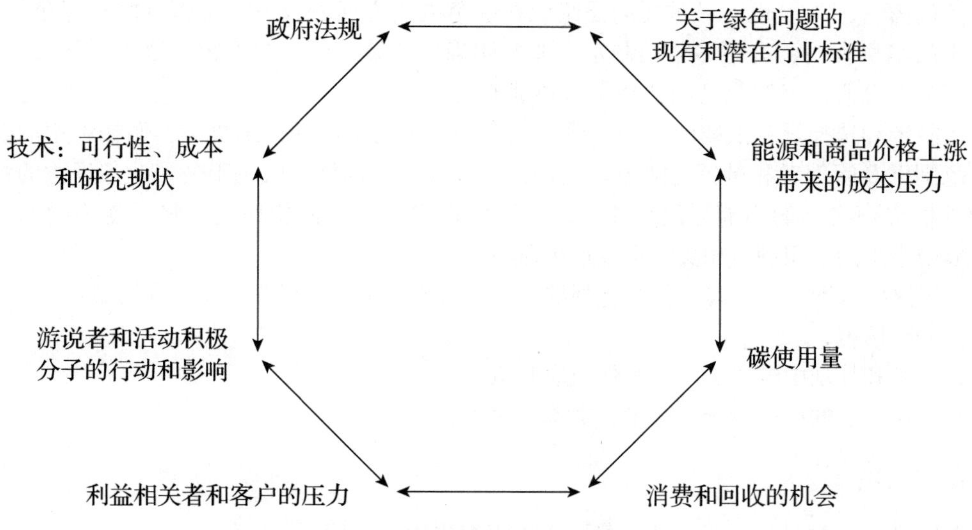

图 14－7 制定绿色战略方案

虽然无法确定哪些绿色战略选项更适用于某个组织，但仍需要考虑的一般领域是：

1. 政府法规。公司要遵守有关绿色问题的现行法规，还应考虑政府在引入新标准方面的目标和时机。

2. 关于绿色问题的现有或潜在行业标准。除政府法规外，行业本身也可以制定和规范绿色标准。某些公司可能会在此类事务中发挥领导作用，某些公司则会尽可能逃避此类标准的管制。[27]

3. 能源和商品价格上涨带来的成本压力。尽管某些价格有所下降，但由于以下两个原因，价格在总体上一直呈上升趋势：新兴国家的需求增加，政府为了鼓励绿色环保提高了税率。

4. 碳使用量。某些行业将成为用碳大户，例如燃煤发电站，而其他行业的用量会逐步减少，例如媒体行业。公司要考虑逐步实现碳中和是否可行和可取。

5. 消费和回收的机会。某些行业将成为各种制成品材料，例如电子元件和包装的主要消费者。它们会考虑减少消耗和增加回收利用的战略选项。

6. 利益相关者和客户的压力。在制定业务选项时，绿色战略要对利益相关者的压力和客户意见做出反应。

7. 游说者和活动积极分子的行动和影响。代表各种公共组织和商业组织的游说者将越来越多地影响战略选项的选择。在一些行业，例如国际捕鲸业中，激进主义者一直在努力，以迫使公司参与特定的行动。

8. 技术。提供更绿色产品和服务的新产品和新工艺的可行性、成本和研究现状，将构成业务选项的重要方面。例如，有关电动汽车发展的技术是当前全球许多汽车制造商战略的重要组成部分（参见第 6 篇中的案例 3）。

各种绿色战略选项的相关性和相对重要性将取决于影响组织的外部压力以及组织拥有的竞争资源和其他资源。可以说，在绿色战略方面，组织不能无所作为。

评估选项和选择[28]

除了第 10 章介绍的基本评估概念，比如现金流和利润，对绿色战略选项的选择还涉及更广泛的考虑因素。也许最重要的是组织在绿色战略方面的政策：是否真的有绿色战略？本书中的案例表明，有很多公司制定了非常明确的政策，而只有少数几家才开始关注。本节的其余部分假设组织都已经选择了绿色战略。

在制定和选择绿色战略时，公司将在其资源许可的范围内做出决策，例如可用的财务、产品范围以及管理者和员工的能力。此外，绿色战略的选择将取决于公司业务运营的性质。与钢铁供应商之类的高能耗用户相比，互联网提供商这类低能耗用户将承受不同的压力。14.4 节中指出的组织利益相关者也会产生压力。

除了这些因素之外，在评估和选择绿色战略方面还需要考虑三个特定的因素：

1. 战略情境；
2. 现有和计划中的立法以及其他政府政策；
3. 公司层面的激励措施、成本、资源和时机。

战略情境

总体来看，对绿色战略的选择将取决于组织周边的环境：国家的目标和期望；一个国家内的地区；公司所在行业的相关政策。例如，表 14-1 列出了十个主要的碳排放国，并对每个国家的战略情境进行了评论。国家和行业都将影响公司做出决策的情境。

表 14-1　绿色战略的情境：十个最大的碳排放国家

国家	2008 年碳排放量（百万吨）	人均碳排放量	战略背景
世界十大排放国			
中国	6 508	4.9	政府的政策主张降低排放量，对绿色能源进行投资
美国	5 596	18.4	复杂的联邦和州立法，但也有很多质疑
俄罗斯	1 594	11.2	雄心勃勃的目标，但新的经济增长和低效率的工厂可能会使目标难以实现
印度	1 428	1.2	基础设施薄弱，对石油的依赖和腐败将阻碍碳排放量的削减
日本	1 151	9.0	高度依赖能源进口和核电，受 2011 年福岛第一核电站核泄漏的影响大
德国	804	9.8	强有力的政府关税政策导致碳排放量的削减
加拿大	551	16.5	能源生产不断增加，但国家政府追求更高效率的目标并不总能得到省政府的支持
英国	551	8.3	政府大力鼓励工业减少排放，并对减排做出约束性承诺
伊朗	505	7.0	贸易制裁使人们难以在减少能源方面进行投资，因为核投资备受争议
韩国	501	10.3	高度依赖进口能源，中央政府青睐新的绿色倡议
与其他一些国家进行比较			
意大利	430	7.2	
沙特阿拉伯	389	15.8	
法国	368	5.7	
巴西	337	1.9	
埃及	174	2.1	

资料来源：Based on data from IEA (2010) CO_2 *Emissions from Fuel Combustion: Highlights*, Paris.

现有和计划中的立法以及其他政府政策

尽管诸如 2009 年哥本哈根会议之类的一些国际会议未能就绿色政策达成实质性协议，但很多国家和地区政府已颁布或正在计划有关绿色战略的立法。它们之所以这样做，是因为可持续发展不能仅靠一家公司实现。它需要被视为一项活动，渗透到各国企业运营的方方面面。因此绿色战略的选择要对这些政策和倡议做出回应。

公司层面的激励措施、成本、资源和时机

无论在理论上还是在实践上，采用绿色倡议通常都有激励措施和成本。其中最复杂的可能就是欧盟的碳交易计划（Carbon Trading Scheme），它旨在鼓励欧盟成员国的 11 000 个工业装置减少排放。欧盟设定了排放限制，迫使污染公司购买配额以补偿其超额排放。对于效率更高的公司有激励措施，因为它们可以将未使用的配额兑换成现金，或留存起来以备将来使用。这些补贴的交易已经形成了一个广泛的市场，甚至出现了欺诈行为，导致税收损失估计

达50亿欧元（合73亿美元）。[29]

除了激励措施和成本，还存在与绿色战略的资源和时机相关的问题。公司通常会在战略变革方面进行取舍。例如公司是否应该立即关闭并替换污染工厂，蒙受销售损失？还是在建造替代工厂的同时让工厂运转，接受政府对污染的罚款？

此外，某些绿色战略解决方案可能需要使用实质上未经证实的资源。绿色技术在某些领域仍在发展，其成本和收益难以确定。在这种情况下，公司在选择战略的时候可能就要放手一搏。

关键战略原则

- 制定绿色战略需要考虑八个方面：政府法规；关于绿色问题的现有或潜在的行业标准；能源和商品价格上涨带来的成本压力；碳使用量；消费和回收的机会；利益相关者和客户的压力；游说者和活动积极分子的行动和影响；技术。
- 关于绿色战略的精准开发和选择将取决于各个组织的情况和资源。
- 选择绿色战略是假设公司希望实施此类战略。在这个框架内，选择将取决于组织可用的资源。
- 以下三个主要方面将影响绿色战略的战略选项和选择：战略情境；现有和计划中的立法以及其他政府政策；公司层面的激励措施、成本、资源和时机。

14.7 实施绿色战略

正如国际可持续发展研究院所指出的那样，"目前对环境、赋权、教育、享受和道德的关注不会成为一时的风尚。人们终将意识到我们需要的是能保护环境和人类社会福祉的组织"。[30]实际上，这意味着组织不仅要考虑如何制定绿色战略，还应该考虑如何实施这些战略。

关于实施，首先可以区分内部和外部行动。内部行动是组织内部采取的行动，要先明确需要实现的目标，再加上执行、监控和控制绿色战略的计划。外部行动则侧重于如何将此类计划传达给包括客户和投资者在内的更广泛的利益相关者社区。专栏14.1中列出的准则反映了二者之间的区别。

专栏14.1 | 实施绿色战略的一些准则

内部行动

1. 绿色战略宗旨。组织需要首先定义自己的可持续发展总体原则。组织的首席执行官需要制定和批准此方案，这样才能提供真正的支持。

2. 制定运营目标以实现可持续发展。确定了绿色战略的宗旨之后，关键要确定在这些领域要实现的具体目标。可能是基准，即能源和其他资源的用量变化以及其他相关指标。然后，要将这些目标细分为组织内不同部门的具体目标。

3. 界定角色、职责和时机。谁来做什么？在什么时间段？在初期阶段，最好组建团队并询问它们如何实现已设定的目标，而不是简单地由总部来强制实施解决方案。

4. 要考虑和评估的主题。这些将因组织而异，也可能包括以下内容：内部浪费、污染预防、循环利用、节水、降低能源消耗、替代燃料、更好的设备设计等。重要的是，这些领域都会产生收益和成本。有些可能会降低成本，例如简单的回收利用，但有些可能需要大量投资，这就需要进行成本估算和评估。通常可以从简单的低成本项目入手，而更复杂的投资要在完成收益/成本评估后再进行。

5. 发布有关可持续发展的反馈和新闻。要报告实现绿色战略目标的进展。还需要根据其他公司和组织的外部可持续活动来确定。更多关于可持续发展问题的一般性新闻可以为进一步行动提供信息，也可能产生新的想法。

外部行动

1. 组织可持续发展的年度报告。本书中介绍的很多大型公司现在都发布年度可持续发展报告，通常与其主要的财务报告和账目相关联。这可能不适用于小型组织和公司。但是，即使是新闻发布形式的活动摘要，也可以帮助外部利益相关者进行总结。

2. 公共关系活动。除了年度报告之外，还可以考虑如何在可持续发展问题上与外部组织进行沟通。如果出现问题，沟通可能更加重要。可以安排一个人专门负责这方面工作，最好是坦率、平易近人和诚实的人选。这些是此类公共关系活动的重要特质。

3. 参与地方和各国的社区活动。尽管这不是必需的，但一些公司对所在地区做出明确而合理的承诺，此举超出了可持续发展的范畴。公司可以对此类活动发表看法。

4. 建立外部联系。绿色战略仍在发展之中，因此在许多情况下，与相关的外部组织，比如专业团体、研究机构、非政府组织等建立联系将受益良多。

批判性反思

谨慎制定绿色战略？

本章重点介绍了绿色战略和可持续发展。事实证明，所有这些战略都有成本和收益：绿色战略也没有“免费午餐”。它对公司有何影响？是否应该不计成本地开发绿色战略？还是应该采取更为谨慎的方法？这里的“谨慎”是什么意思？公司应根据什么标准来判断“谨慎”？

思考问题

1. 以全球太阳能市场为例，解释在该领域开展业务的公司在制定战略时需要考虑有关客户分析的哪些内容。

2. 在引入全新的绿色产品时，在多大程度上值得对客户需求进行分析？对战略会有什么影响？

3. 关于全球变暖的问题，美国前副总统阿尔·戈尔（Al Gore）表示：“我们有为解决这场危机而行动所需的一切，但唯独缺少行动的意愿。”批判他所著《难以忽视的真相》（*Inconvenient Truth*）的人认为，他的证据和预测夸大其词、错误百出。你持什么观点？你的观点对业务战略有什么影响？

4. 选择一个你熟悉的市场，确定其在绿色战略和可持续发展方面需要如何变化。你的区分对战略管理有什么影响？

5. 选择一家品牌早餐谷物制造商、一家大型零售银行和一家全国性慈善机构，比较三家公司所需的绿色战略。

6. 公司是否应不顾成本高低都采用绿色战略？这种方法有哪些困难？根据你的回答，你预计在实践中公司会在绿色战略方面遇到哪些问题？

7. 在开发绿色战略商机的时候，公司可以考虑现有的市场需求，也可以开发全新的产品和服务来满足未被满足的需求。你将如何在这两种方法之间做出选择？你会寻求什么证据？你将采用哪种战略流程？

8. 遵守政府关于绿色战略和可持续发展的政策是否有风险？什么情况下需要特别谨慎？

9. “强大的力量将世界推向趋同的共性，而这种力量就是技术……市场的全球化就在眼前。”（西奥多·莱维特（Theodore Levitt））请讨论绿色战略和可持续发展的意义。

延伸阅读　　注释和参考文献

15 战略变革管理

学习目标

学习完本章后，你将能够：
- 理解战略变革的性质及其对战略管理的影响。
- 分析战略变革的原因。
- 概述管理战略变革的主要方法。
- 将战略变革方案与所需变革的类型联系起来。
- 制定适合战略任务的战略变革方案。

引言

战略管理总是会引起组织内工作人员的变革。有时他们会拒绝这样的提议，使战略难以实施；有时他们会很热情，并为既定的战略发展做出重大贡献。因此，在实施战略时，要了解和探究变革对相关人员的影响。

首先要分析引起战略变革的原因。此外，还需在既定的战略情境中去了解变革过程的动态属性，这样可以从原则上设计管理变革的过程。最后，可以制定一次性或永久的战略变革方案。图 15－1 总结了战略变革管理要研究的主要领域。

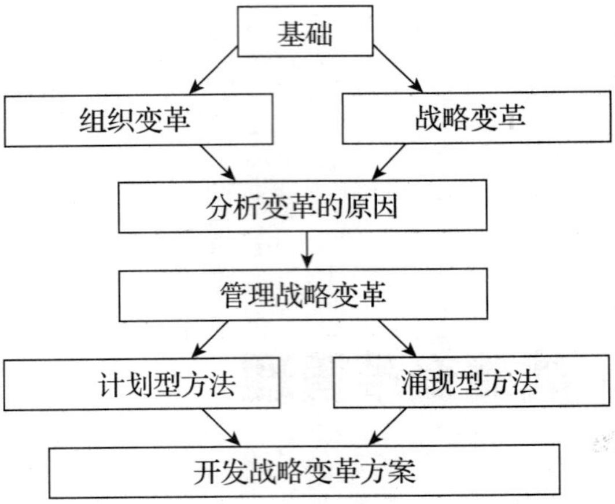

图 15－1 战略变革管理

15.1 战略变革的基本概念

本节将探究战略变革的概念，并解读其对战略实施的重要性。要区别每个组织中都会发生也无法避免的组织变革以及可以管控的战略变革。

组织变革

组织内部会不断发生各种变革。变革的步伐可以用两个极端来表示：

1. 缓慢的组织变革。这样的变革是逐步引入的，可能会遇到较小的阻力，进展更顺利，相关人员的支持度也更高。

2. 快速的组织变革。这种变革是突然引入的，通常是主要战略举措的一部分，即使精心安排，也可能会遇到很大阻力。某些计划型的变革可能是不可避免的，例如，因为实施削减成本的计划而关闭相关的工厂。

如果可能的话，组织通常更愿意选择缓慢的变革，因为这种变革所需成本可能会更低。实际上，很多战略变革都选择了这条路径，否则组织将动荡不休。如果变革步伐更快，很可能与战略变革相关，其本质是主动变革。

什么是战略变革？

战略变革（strategic change）是对组织变革的前瞻性主动管理，目的是要达成既定的、明确的战略目标。既可以使用计划型的方法，也可以使用涌现型的方法。“前瞻性主动”（proactive）是指公司要先发制人，管理好战略及其对组织相关人员的影响。

由于战略从根本上要推动组织前进，因此组织内部的某些人肯定会遭遇变革。战略变革不只是随时间推移的偶然变化，而且是对新工作方式的前瞻性主动探索，所有人都需要适应。因此，战略变革会要求实施新的战略，而新战略会产生超出组织常规范围的变革。这些活动包括：

> 在细分市场的大量人群中引发新的行动模式、理念和态度。[1]

很多研究人员和作者都探讨过组织变革这一重要课题。[2] 本书关注的是那些从战略角度研究此类概念的人。在这一领域，一些研究人员认为变革管理是清晰且可预测的，即认为变革是计划型的。一些研究人员则形成了这样的观点：变革不请自来，其后果难以预测，即认为变革是涌现型的。从涌现型战略的视角来看，变革是无法控制的，但可以“培育”（Handy）。[3]

应该注意的是，涌现型战略理论家使用的“变革”一词可能与计划型战略理论家大相径庭：

● 在计划型的理论中，变革是指某种既定战略所导致的实施行动。在极端情况下，变革很可能强加给相关人员去实施（例如，管理者被迫重新去申请贝尔运营公司（Bell Operating Company，BOC）的工作，还得重新制定公司的战略）。

● 在涌现型的理论中，变革有时指的是制定战略的整个过程，以及制定战略后所采取的行动。这可能涉及试验、学习以及参与变革人员的研讨等。

我们将在 15.3 节和 15.4 节继续进行区分。

战略变革的压力点

战略变革主要涉及人员及其在组织中承担的任务。他们通过正式的组织来开展工作。志趣相投的人也会形成非正式的组织，从而实现特定的共同利益：有时是社交团体，比如公司的体育俱乐部，有时则是商业团体，要实现工作习惯上的微小变化。不可避免地，所有这些团体都会正式或非正式地讨论影响其生活的各种新发展，例如战略变革的正式通知或者传言。重要的是，这样的非正式团体可以遵守、解读或更改战略实施过程中的内容：这可能是有利的，但如果该团体不喜欢所提议的战略，也可能成为所有问题的焦点。

无论这些团体是正式的还是非正式的，都为高级管理人员提供了战略变革的机会，也会被变革波及的人群批评和影响。

对这些团体和个人的识别构成了对组织内部影响的压力点分析（见图 15－2）。压力点可以在基本战略变革过程与相关人员之间建立联系。

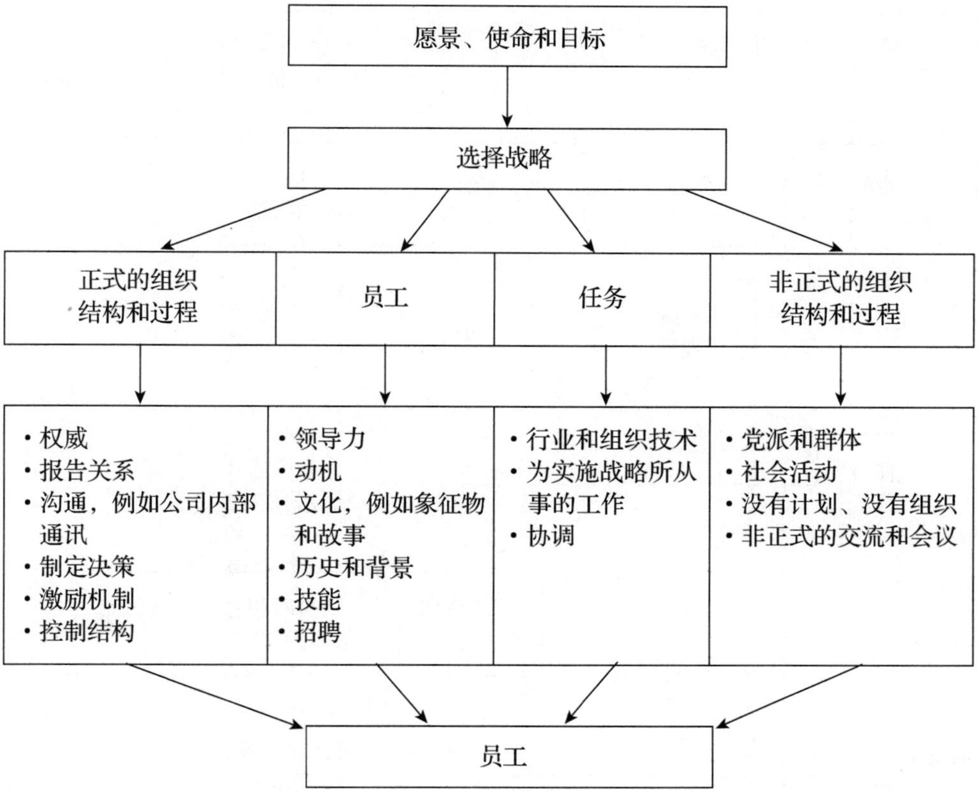

图 15－2　影响战略变革的人员和压力点

资料来源：Based on concepts outlined in Tichy, N (1983). *Managing Strategic Change*, Wiley, New York.

从更笼统的角度来说，战略变革博采众家之长，并没有明确的界限。[4] 本章将探讨其主要的话题，与公司领导力和文化相关的更多专业领域将在第 16 章中讨论。

为什么战略变革很重要？

在许多情况下，战略变革都伴随着一定程度的风险和不确定性。尽管可以在公司层面以非个人的方式进行风险评估[5]，但是在组织中，不确定性却无法用同样的方式在个人层面上进行评估。

在某些组织文化中，个人并不喜欢战略变革的后果，并试图抵制给他们添麻烦的提议。战略变革也可能会引起反对，难以落实。

在其他的组织文化中，如果学习和公开讨论已经成为管理过程中的常态，变革可能会受到欢迎。但即使是这样，变革也需要时间，还得仔细斟酌。即使在经典的学习型组织中，仍有管理者不喜欢变革。

为了解决与抗拒变革相关的问题，通常以较慢的速度进行战略变革——“战略是可能性的艺术”。因此，在这些情况下需要更多的咨询、更多的解释和更多对各种反应的监控。图 15-3 说明了成功实施战略所涉及的众多因素的实际情况，使看似简单的战略行动过程变得更加复杂。

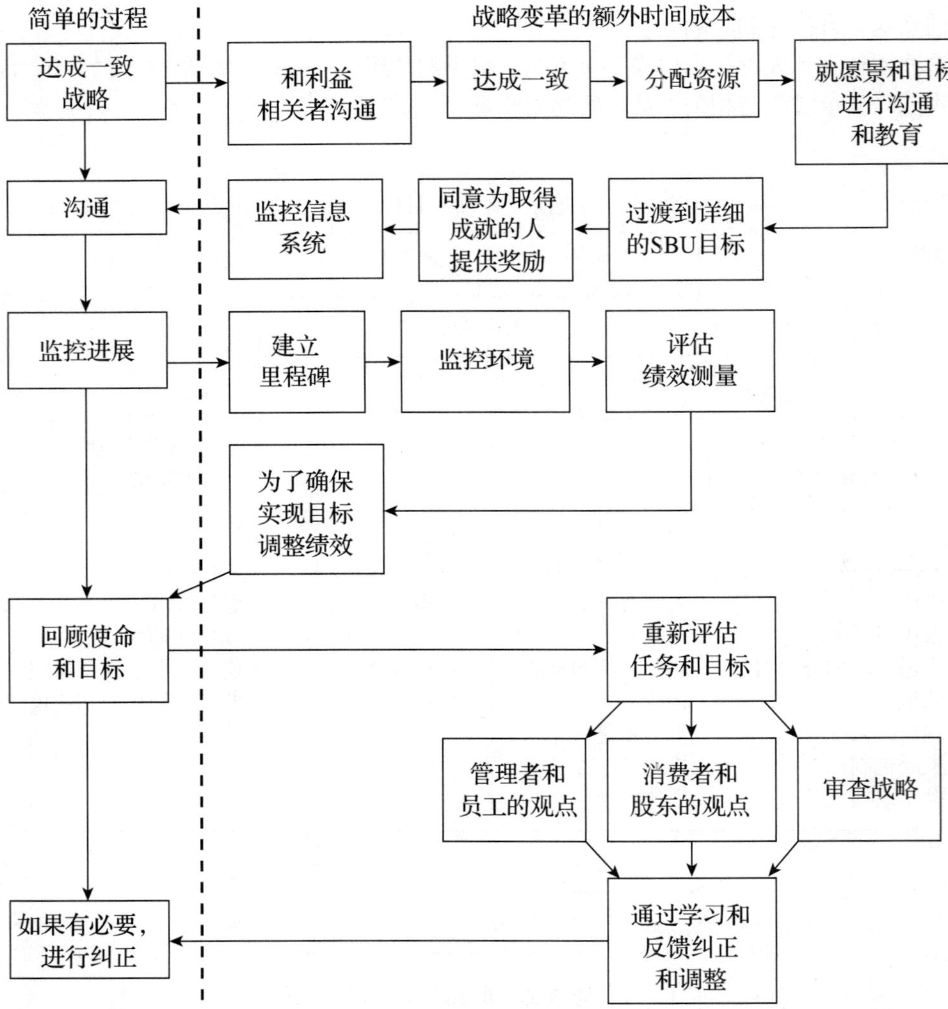

图 15-3 与战略变革过程相关的一些时间成本

所有的这些讨论都需要时间和资源。例如，诺基亚的成本在很多年里是说不清的，在公司开发新的智能手机和新的低成本战略时，销售和利润的损失肯定是无法避免的。因此，战略变革就很重要，因为即使是成功的变革，也会使组织的实施成本抵消新战略所带来的直接利益。战略变革会产生成本，也有可能降低成本。要从侧面检验战略变革是否成功，可以评价实施成本到底可以降到什么程度。

但是，也不要过分夸大战略变革的负面影响。战略变革也可能是积极的：人们可能会对新战略充满热情。他们的贡献可能不仅仅是被动接受战略而使成本降低。因此，检验战略变革计划是否成功的另一个办法就是评估成本的降低程度是否可以超出战略本身所确定的范围。所有这些都取决于变革的情境——组织的文化、引入战略变革的方式以及提议变革的性质。简言之，战略变革是与情境相关的。

关键战略原则

- 要区分或快或慢的变革步伐，以及对组织变革进行前瞻性主动管理的战略变革。
- 战略变革是对新战略的实施，涉及对组织常规惯例的根本性变革。
- 在管理战略变革的时候，应该区分计划型和涌现型的方法。
- 计划型的方法关注为实现变革所必需的计划行动。变革可能是强加的，需要那些负责落实这些变革的人去实施。
- 涌现型的方法关注整个的战略制定过程以及实施阶段。此方法需要与随后落实变革的人员进行协商和讨论。
- 战略变革与人员及其任务有关。要通过组织的正式和非正式结构进行。要使变革起作用，需要了解影响变革的压力点。
- 战略变革很重要，因为可能涉及重大的破坏，人们可能会抵制其后果。即使在愿意接受变革的地方，也需要时间并仔细斟酌。战略变革会带来极大的隐性成本。

15.2 分析战略变革的原因

为了有效管理战略变革，就要了解变革的原因。本书第2篇和第3篇中探讨的所有原因都可能导致战略变革。分析具体的原因可以为应对变革中出现的问题找到最佳的方法和线索。战略变革的原因有两大类：

1. 蒂希（Tichy）的四个主要战略变革原因。
2. 坎特（Kanter）、施泰因（Stein）和吉克（Jick）的三大战略变革动态性。

战略变革的四个主要原因

蒂希[6]提出了引起变革的四个主要原因：

1. 环境。经济形势的变化、竞争压力和立法变革都可能导致重大的战略变革。
2. 业务关系。新的联盟、收购、合作伙伴关系和其他重大发展可能也需要组织架构的重大变化，这样才能利用新的协同效应、价值链联系或核心竞争力。
3. 技术。技术的转变可能会对工作内容乃至公司的生存产生重大影响。
4. 组织的新进入者。新进入组织的员工可能具有不同的教育或文化背景，或者对变革有不同的期望。这对战略变革中的领导力尤其重要。

上述因素的影响要结合组织的动态性和复杂结构来考虑。蒂希认为，在这种情况下，变革不仅是不可避免的，还可以通过精心的管理产生有效的战略成果。本章后面将对此进行探讨。

战略变革的三种动态性

坎特、施泰因和吉克[7]提出了战略变革的三种原因，其中之一与蒂希的分类不谋而合：

1. 环境。针对组织内部情形的环境变化可能导致战略变革。

2. 生命周期差异。当组织中的某个部门进入与另一部门不同的生命周期阶段时，就必须进行变革。例如，像联合利华这样的制造商地理分布极为分散，其发展中国家的产品范围将不断扩大，发达国家的类似产品则可能处于更成熟的市场阶段。通常，变革与这些部门的规模、形态和影响力有关，将涉及各部门之间的协调和资源配置问题。

3. 组织内部的政治权力变化。个人、团体和利益相关者也可能会抢夺决策权，或者去分享与组织相关的利益。例如，从以生产为导向的战略转向以客户导向的变革就会导致这两个职能之间力量平衡的转变。

对上述变革的描述表明，它们不仅与战略变革有关，还与其他的复杂因素有关，比如个人与团体之间的相互作用。研究人员认为，变革的原因是不断变化的，有时缓慢，有时会更迅速。由此，这种因果关系会导致方方面面发生根本性的战略变革。

因果关系分析

在实践中，对特定组织的变革原因要有更准确的分析。上面的解释提供了一些一般性的指导，在管理战略变革的时候，精准的判断尤其重要。上述原因也引发了如何进行战略变革的重要问题。15.3 节和 15.4 节将从计划型和涌现型两个视角对此进行研究。

关键战略原则

- 要管理战略变革，就要理解推动这一过程的重要因素。对变革的动因有多种分类方法，本书探讨其中的两种。
- 蒂希提出了战略变革的四个主要原因：环境、业务关系、技术和组织的新进入者，特别是新的领导者。
- 坎特、施泰因和吉克则提出了战略变革的三种动态性：环境、组织各部门之间生命周期的差异以及政治权力的变化。
- 把握变革原因的精准度对于有效管理变革过程很重要。

15.3 管理战略变革的计划型方法

在制定和实施战略的时候，管理人员应该思考如何管理好变革的过程。例如，惠普在 2001 年着手变革的时候，确实是想管理好的。具体地说，公司采取了以下行动：

- 公司通过精心安排的公告和解释让雇员放心。
- 公司解释清楚了构建更加以客户为中心的组织架构的原因。
- 公司提拔了愿意参与变革的管理者，忽视了那些反对变革的管理者。

本节研究两条管理变革的计划型路径，15.4 节将讨论另外两种涌现型路径。这两个小节的结论是对于计划型变革或涌现型变革的选择取决于情境。

三阶段的计划型方法

20 世纪 80 年代末和 90 年代初，坎特等对变革管理进行研究，确定了三种主要形式的变革过程。[8]他们将这三种形式与参与变革过程的三类人员联系在一起，构建了管理变革的三阶段过程。这三种形式分别是：

1. 组织的身份不断变化。随着环境的变化，组织本身将做出反应。例如，它可能需要对国家政府的政治立场转变做出反应。除非发生政治或其他重大革命，否则变化可能是缓慢的，不是迅速的。

2. 组织在其生命周期中演进时的协调和过渡问题。组织内部的关系会随着组织规模的扩大和组织的成长而不断变化。无论这样的情形是否会发生，就其对群体和个人的压力而言，与之相关的动态性变化都是可以预测的。例如，决定为日益增长的产品创建一个单独的部门，将引起变革问题，但这需要管理。

3. 管控组织的政治方面。这直接来自 15.2 节介绍的政治压力。有时可以有条不紊地进行权力转移，有时则需要采取更激进的举措，例如，“在战略和结构发生冲突之后”[9]，首席执行官会突然离职。

还应该区分参与变革过程的三类主要人员：

1. 变革战略家。即负责组织战略变革的人，他们不负责具体的实施。

2. 变革执行者。即对变革管理负有直接责任的人（本章稍后将探讨变革方案和流程）。

3. 变革承受者。那些要承受变革方案的人焦虑程度不同，取决于变革的性质及其呈现方式。面对组织上层做出的决策，他们常常认为自己无能为力。在极端情况下，他们可能会反对。

从本质上来看，这几位研究人员注意到，在他们的样本中，管理变革是自上而下的计划型过程。涌现型战略家会指出这种方法的明显弱点：缺乏事先的宣贯和合作，很可能会引起焦虑和抵制。计划型战略家反驳道：如果是恶意并购的话，在并购前要探究被并购方不会那么容易。计划型战略家可能会引用 1993 年的一个著名案例，收购方在收购之前与被收购方的员工进行联系，结果工人最终拒绝了该提议。沃尔沃的工人与瑞典的管理层以及多数股东一道拒绝了与法国雷诺汽车公司的合资提议。[10]

评论

坎特、施泰因和吉克提供了一种构建和管理变革过程各个方面的方法。但是，他们的人员分类对如何管理流程的指导有限。他们的模型可能更适合重大变革，而不是战略过程中的一般变革。

态度的解冻和冻结

20 世纪 50 年代，勒温（Lewin）开发了一个三阶段模型来解读变革过程[11]：

1. 解冻当前的态度。如果要进行变革，旧的行为方式无法让人接受，必须结束。重要的是，个人或团体本身必须感受到实施变革的需要：这是一种必须被感觉到的需要，不能是强加于人的。可以通过泄露相关信息或公开对抗相关人员来进行。

2. 转移到新的水平。需要花一段时间来寻找新的解决方案。也就是要研究替代方案，探索新的价值观，改造组织的结构，等等。要继续提供信息来确认新的定位。

3. 在新的水平上重新冻结态度。最后，一旦出现令人满意的情形，就要在新的水平上进行重新冻结。这很可能需要正面强化和支持所做出的相关决策。例如，要发布各类好消息，包括相关状态的变化，以及组织文化、结构和投资决策等方面的变化。

评论

这个看似简单的模型已广泛用于分析和管理变革。其实它更倾向于将人视为操纵的对象，而根本不将他们纳入变革过程。但是，在某些情况下它可能会很有用。

对计划型变革模型的评价

还有其他对组织变革采取计划型方法的类似模型。[12] 我们在本书其他地方也探讨过对计划型方法的批评意见，在此可以总结和变革模型有关的问题。

- 计划型模型有这样的假设，认为可以从某个状态清晰地转换到另外的状态。如果环境本身是动荡的，目标状态就不清楚，可能无法实现。
- 如果新的情形需要学习大量的新方法，或进行大量的长期投资，就无法确定何时能达到新的重新冻结状态——这种情况可能处于软冻结状态。
- 还有假设认为可以对新的冻结状态达成共识。如果组织内部的政治动荡不定，这可能是不现实的。由于计划型模型涉及的协商有限，这样的假设在某些以竞争和权力建设为特征的文化风格中可能就非常弱。
- 此类模型要把变革强加给员工。在某些情况下可能是必要的，例如关闭工厂，但是，如果需要相关人员的合作，或组织的文化是合作风格的，那么计划型的模型可能就完全不适用了。

关键战略原则

- 管理变革有多种计划型的路径方法，本节研究了其中的两种。
- 坎特、施泰因和吉克建议采用涉及三种形式的变革和参与变革的三类人员的三阶段方法。本质上看，这是自上而下的指导方法，要管理整个组织中计划好的变革以及相关后果。
- 勒温为计划型的变革过程开发了一个三阶段模型：解冻当前的态度，转移到新的水平，在新的水平上重新冻结态度。该模型已广泛用于分析和管理变革。
- 计划型的变革模型适用于那些可以从某种状态清晰地转换到另外状态的情形。在快速变化的时代，可能很难找到这样清晰的情形，这种模型也可能不太合适。

15.4 管理战略变革的涌现型方法

从15.3节中可以看出，在某些情况下，通常是在讨论战略的重大转变时，很明显必须采用计划型的方法来管理战略变革。然而，由于有人抵制变革以及由此带来的后果，人力成本可能很高。因此，我们就需要考虑涌现型的方法。

在涌现型的理论体系中，其实有很多种方法。有些人强调在日益动荡的世界中要作出回应，其他人则着眼于从根本上逐步改变组织的技能、风格和运营文化。本章将探讨后面的这些理论，它们与战略变革问题的联系更加紧密。本节要探讨的是前人已经研究过的两个领域：

1. 由圣吉等人开发的学习理论。[13]
2. 佩蒂格鲁和维普开发的战略变革五因素理论。

学习理论

正如我们在第11章中从创新情境的角度来研究学习时看到的那样[14]，学习型组织并不会突然进行战略变革，而是一直在寻求战略变革。学习的过程是连续的：当某个领域“学成”时，就会开辟出新的试验和交流渠道。此外，学习理论还强调以下方面：

- 团队学习；
- 共享对未来的看法和愿景；
- 探索公司中那些可能不再适用的、根深蒂固的惯例、一般性总结和对企业的解读；
- 人员技能是组织最重要的资产；
- 最重要的是系统思考——它是支撑以上四个方面并为环境分析提供依据的整合性

部分。

很明显，当公司有时间和资源在这些领域进行投资的时候，学习方法会大有裨益。目标是使组织中的人员随着时间的推移来塑造未来。

可以说，在战略方向突然发生变化的情况下，学习就不太适用了。如果高管出于外部商业原因要求进行快速的变革，那么逐渐接纳变革和员工掌握自己命运的能力就会受到限制。

评论

学习型组织的原则似乎有很大的问题：到底应该如何以及什么时候将公司发展为学习型组织呢？[15]整体框架性的概念很清楚，但如何实现含糊不清，缺乏操作细节。伊根（Egan）也认为学习理念在定义和概念上有歧义，“扼杀了将原本极其强大的理念付诸实践的想法”。[16]盖文（Garvin）也曾尝试解决这些问题，他探究了这些新过程的管理和测度问题。[17]他建议，在开始的时候可以采用一些步骤进行启动，例如，可以组织针对特定战略问题的学习论坛。

战略变革的五因素理论

佩蒂格鲁和维普[18]（参见第 13 章）对四家公司的战略变革进行了深入的实证研究：捷豹汽车、朗文（Longman）、希尔塞缪尔商业银行（Hill Samuel）和保诚（Prudential）。他们还对这四家公司所处的行业进行了更为广泛的研究。他们的结论是，成功地管理战略变革需要关注五种相互关联的因素（见图 15－4）。

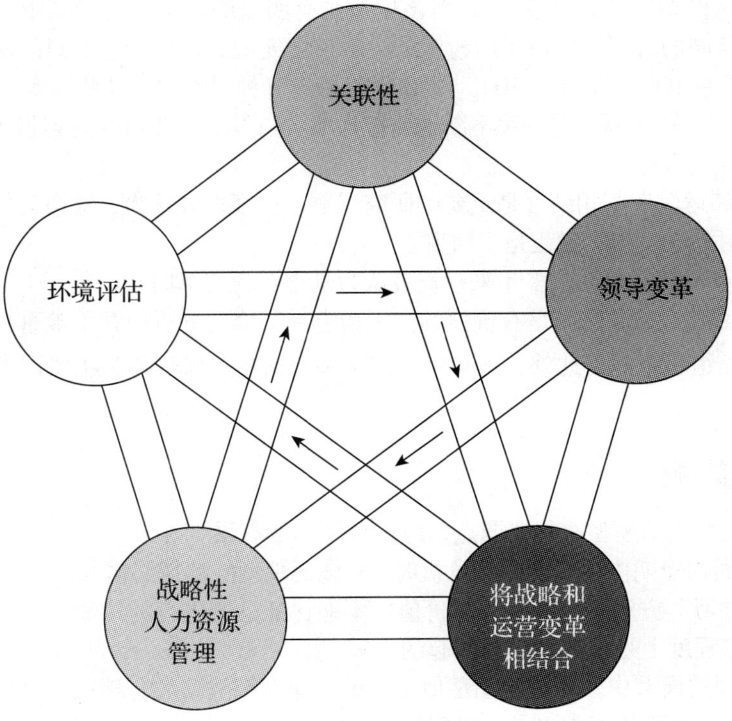

图 15－4　成功管理战略变革的五种因素

资料来源：Pettigrew, A and Whipp R (1991). *Managing Change for Competitive Success*, Blackwell Publishing Ltd, p. 104. Reproduced with permission.

1. 环境评估。这不应该是独立的研究，而应当是独立的职能。组织中每个部门都应持续不断地评估竞争形势，在此过程中才会产生战略。

2. 领导变革。应当视组织的具体情况来评估领导力。没有普遍认可的“好领导者”。最好的领导者总是会受到公司实际情况的限制。如果他们能以恰当且具有挑战性的步伐推动组织前进，这样的领导者就是最好的：过于大胆的行动可能适得其反。

3. 将战略和运营变革相结合。就组织的特定战略而言，这可能有计划型的成分——“这就是我的决定。”战略随着时间的推移而不断演变，有涌现型的成分——“我们在实施新战略的时候，当然也会调整。”

4. 战略性人力资源管理——把人力资源当成资产和负债。这些资源包括组织的知识、技能和态度。关键是在管理人员方面，有些人比其他人做得更好。这是经年累月才能获得的技能，是需要学习的（参见 15.3 节）。组织要挖掘其全部的潜力，就要有长期学习的态度。

5. 变革管理中的关联性。这是五种因素中最复杂的。它试图将上述四个方面整合为统一的整体，并通过以下四个互补的支持机制来强化：

- 一致性——组织的目标不能相互冲突。
- 共鸣——整个过程要很好地响应环境。
- 竞争优势——在该领域必须实现一致性。
- 可行性——战略中不能有解决不了的问题。

请注意，这五种因素与整个战略过程，而不仅仅是实施过程有关。

评论

全面性是该模型的最大优点[19]，但该模型也有明显的缺点。尽管其中一些因素代表了大多数人都会认同的真理，但由于所包含的内容过于笼统，以至于它们对战略变革所涉及的棘手问题只能提供有限的指导。因此，要谨慎对待这五种因素中的某些因素。

- 环境评估，众所周知要持续不断地监控环境。与本书第 2 篇的内容相比，该模型的建议能提供的指导极为有限。
- 将战略和运营变革相结合是重要的研究课题，但很多人认为，这与其他学者讨论的以及在本书中探讨的“实施”过程是一回事。
- 领导变革及其复杂性，多年来一直被认为是重要的变革因素。[20]

强调战略性人力资源资产是有价值的，因为它在其他的分析中并不被重视，例如波特的一般战略或产品组合矩阵。此外，将识别、定义和逻辑的关联性作为主要因素来分析也是有价值的。

对涌现型模型的评价

涌现型的战略变革模型有很多弱点，应用范围非常有限[21]：

- 当组织面临短期内不可预见的危机时，实施涌现型战略所必需的、佩蒂格鲁和维普[22]强调的“长期学习”方法可能没有实际价值。不能保证已经进行的“学习”与危机有关。可以说，危机一定程度上是学习不正确引起的。
- 在涌现型的模型中，环境的动荡似乎验证了涌现型战略的合理性。对环境的这种概括需要实证证据。有些环境通常也是可以预测的。
- 学习文化可能会对某些管理者和员工产生反作用。一些管理者可能会拒绝学习，因为他们意识到这样的过程会削弱他们的权力。[23]授权给某些员工可能意味着给其他员工的权力会减少，这些员工可能对此做出反应。

总体而言，一些涌现型战略家提出的前进方法通常意味着需要尽早引入变革，这样组织才能更好地适应变革。否则，当组织面临突如其来的变化时可能会措手不及。

涌现型和计划型战略变革的选择

对计划型和涌现型路径的选择依赖于情境。暗地里，组织可能希望选择涌现型战略变革，因为它的破坏性较小，成本也较低。但是在某些情况下，战略环境可能会迫使组织采取计划型的变革。这种选择取决于当时组织所面临的情境。

关键战略原则

- 有多种涌现型战略变革的方法。本节探讨的两种方法聚焦于对变革采用长期的、打造学习文化的路径。
- 圣吉认为，学习型组织并不会突然进行战略变革，而是一直在寻求变革。因此，组织会利用学习、试验和沟通的方式来不断提升自己。战略变革是一个持续的过程。
- 佩蒂格鲁和维普通过对战略变革的实证研究，区分了成功管理变革流程的五种因素：环境评估；领导变革；将战略和运营变革相结合；战略性人力资源管理；变革管理中的关联性。
- 当组织面临短期的战略危机时，涌现型的长期战略变革模型的用途可能有限。
- 对计划型和涌现型战略变革过程的选择将取决于当时的情境：理想情况下，应选择涌现型的变革，因为它破坏性较小且成本较低。实际上，计划型的方法可能也是必要的。

15.5 制定战略变革方案

任何战略变革方案的出发点都是明确所需的变革。这与第6章探讨的组织目标相关，但也可能包含更多的试验性元素。战略变革计划可能还包括引入“学习文化”作为其前进路径的一部分。

在实践中，主要问题可能是管理者会对拟定的变革产生抵触，而另一个问题是需要说服相关人员来支持这些建议。因此，在开始实施方案时就要认真考虑这些问题。变更方案应当解决四个问题：

1. 要对哪些领域实施变革？
2. 应该选择哪些领域，为什么？
3. 人们会抗拒变革吗？如果是，如何克服？
4. 人们将如何利用组织政治？

要对哪些领域实施变革？

在15.1节中区分过与人相关的四个行动领域，即影响的压力点——正式的组织架构和过程、员工、任务及非正式的组织架构和过程。这些可以与战略变革活动的三个主要领域[24]结合起来，构成如图15-5所示的变革选项矩阵。实际上，每个进行变革的组织都要在这些选项的大多数领域中同时开展活动。但是，对于大多数组织而言，需要集中精力并监控结果。因此，要聚焦，并且让相关活动的联系更为紧密，这样就需要在各种方案中进行选择。

人员活动的领域

战略变革的三个主要领域	正式的组织架构和过程	员工	任务	非正式的组织架构和过程
实施战略变革要进行的技术和工作改变	• 工作和汇报的组织 • 战略和架构	• 选择和培训 • 管理风格和技能的匹配 • 工作惯例	• 研究环境、技术、学习以及竞争活动 • 学习和开展新的任务	• 理解和监督 • 反馈“好消息”
文化变革 公司的风格、历史和发展年限等	• 管理风格 • 明茨伯格的次生文化（第15章） • 汉迪的文化（第7章）	• 个人和组织的价值的匹配 • 团队管理 • 选择领导	• 象征物、故事 • 解冻 • 为关键人员树立榜样 • 澄清价值观 • 新办法	• 奖励和象征 • 搭建网络 • 鼓励有益的群体 • 开展社会活动
政治变革 组织内的互动和权力关系	• 正式的权力分配 • 不同部门之间的权力平衡	• 利用现有技能和网络 • 与新战略匹配 • 激励和奖励	• 游说 • 构建架构 • 影响正式和非正式群体	• 尽力管理 • 广泛接触 • 网络和交流

图 15-5　变革选项矩阵

我们要从变革选项矩阵中选择哪些领域，为什么?

对这些问题的回答将取决于组织结构、文化和领导力。例如，具有自上而下管理历史的组织可以从变革选项矩阵中选择与这种运作方式相匹配的项目，即工作组织架构和正式的权力分配；选择开放学习、合作运行方式的组织则可能会选择团队建设以及培训和教育作为开端。这里要明确的是，应该回顾组织的文化分析，第16章中有关领导力的部分还会再探讨。

没有放之四海而皆准的答案。如我们所见，一些研究人员倾向于支持合作、学习型组织的方法。但是应该注意，这可能是世纪之交流行的方式，还需要时间的验证。

无论选择哪种途径，随后都需要更详细的答案。为了说明可能出现的问题，在此假设已选择了合作学习的方法。在这条路径中，比尔（Beer）、艾森哈特（Eisenhart）和斯佩克特（Spector）[25]提供了如何实施变革的六个方案，首先强调变革领域不应由高层管理人员选择，而应由实施过程中涉及的人员自己选择。这六个互相交织的领域是：

1. 通过联合诊断由变革目标引起的业务问题来动员全体员工对变革的支持。这适用一个或多个专项工作组，应该能够代表组织中的所有利益相关者，专门针对变革目标的特定方面开展工作。

2. 就如何组织和管理竞争力达成共识。高管可以领导该过程，但是对新角色和职责的识别应该由实施人员来承担。通常，也可以通过专项工作组来完成。

3. 促进对新愿景的共识，打造实现愿景的能力和推动愿景前行的凝聚力。本书已经探讨过愿景、能力和凝聚力。关键的新词是“共识”，研究人员认为共识需要来自高层的强有力领导。可能需要新的能力，也可能会有抵触，有些人可能会比其他人更不情愿。团队合作以及提供支持的培训有助于克服困难，但是，这也需要领导力。

4. 从顶层推动，将振兴计划推广到所有部门。变革可以从专项工作组拓展到提供工作组专员的部门。但是，不能将变革强加给这些部门。必须给它们一些自由度，但可以由高管进行指导和提振。

5. 通过正式的政策、体系和结构振兴整个机构。到现阶段为止，该过程包含一定的选择、试验和行动的自由度。现在是时候"冻结"程序了，既可以确保支持和理解，也可以为将来的监督和控制奠定基础。

6. 通过监督和调整战略，以应对振兴过程中遇到的问题。一旦在某个领域"学有所成"，组织应该能够随着环境的不断变化而重复该过程，对已经引入的变革有更深入的理解。

在强调联合工作组和边做边学的过程中，很可能会有这样的问题，高管到底可以扮演什么角色。研究人员建议他们承担三个主要任务：

1. 要创造变革的主要条件——让大家认识到变革的必要性，设置各种标准，监督绩效。
2. 要找出成功实施变革的团队和组织单位，将它们树立为其他团队的榜样。
3. 要找出那些成功领导变革的个人，并提拔。

最后要再次强调，这种方法只适用于某种类型的组织，不一定适用于其他类型的组织。

人们会抗拒变革吗？如何克服？

实际上，变革阻力可能是成功实施战略变革的主要障碍。原因很多，克服这些阻力的方法取决于具体的情况。专栏 15.1 列出了一些较常见的阻力领域，也提出了克服这些阻力的方法。

专栏 15.1 | 变革阻力

人们为什么会反对变革	如何克服阻力
• 焦虑，比如会暴露出弱点或者失去权力或职位 • 悲观主义 • 易怒 • 不感兴趣 • 反对战略提议 • 个人目标不同	• 让反对的人参与变革 • 构建支持性的网络 • 沟通和讨论 • 利用管理者的权威和地位 • 提供帮助 • 额外的奖励措施 • 支持和鼓励参与人员 • 使用各种象征物表明新时代的到来

更为积极的是，如果变革不是从外部强加的，而是由变革过程中涉及的人员自己开发的，那么阻力就会减少。如果人们认为变革会减少而不是增加相关人员的任务，并且与他们所持价值观一致，那么变革将受到欢迎。如果变革提出了有趣的挑战，并且与现有的惯例有所不同，那么变革也更有可能被接受。重要的是，当高管们真正支持这一过程并且重视其结果时，变革就更有可能得到支持。

人们将如何利用组织政治？

在战略变革的背景下，政治会从说服人们接受新战略入手。这可能不是公开阻力的问题，而涉及不同的优先事项、不同的权力集团或对前进道路的意见分歧。第一步通常要建立组织的"基本规则"，也就是组织接受变革方案的基本标准，例如最低盈利水平等。

政治中比较困难的方面通常是在满足了这些条件后仍然存在阻力。然后，政治就会演变为讨论、谈判，甚至是伎俩。佛罗伦萨的外交官兼作家尼科洛·马基雅维利（Nicolo Machiavelli，1469—1527）至今仍广为人知，他对人们如何运用组织的政治具有深刻见解。[26] 他的作品表面上有些愤世嫉俗、阴险狡诈和自私自利，但他肯定把握了管理政治中最阴暗的层面：

> 好王子没有必要具备我列举的所有素质，但看起来一定要有这些素质。

在说到变革的时候：

没有什么比牵头引入新事物更困难、更危险、更加不确定了。

马基雅维利认为劝说没有好处，只能作为直接使用武力并最终四面树敌的一种替代手段。他的态度是理性比权力更重要，而人性最好要从最坏的动机来考量。对于诸如交流、讨论和授权等战略变革概念，他的反应肯定是冷嘲热讽。

如今，马基雅维利的观点仍适用于某些组织。当然，如果遇到重大的政治障碍，很有可能无法实施重大的战略变革。因此，战略家不仅要有各种提议，还应该学会通过组织的政治结构为其提供支持。因此，要了解决策系统在组织中的工作方式：这不仅包括最终的呈现，还包括之前的讨论、协商和游说。可以去问问有流程经验的人员，他们的建议可能会很有帮助。

当然，组织的政治需要时间来理解。可能包括其他人的活动，以及他们在整个业务领域内与战略的互动。人们会有很多动机：一些动机很好，一些动机则不可告人。他们可能会采用许多不同类型的活动，这些活动可以粗略地描述为政治活动。表 15－1 列出了一些实证研究表明很重要的数据。

表 15－1　组织中的政治 [27]

目标	达成目标的手段	上级或竞争对手的反应
抗拒变革或者反抗权威	• 破坏 • 反叛	• 反击 • 设定新的规则和条例
构建权力	• 卖弄或者假装成专业人士 • 依附于上级 • 和同事结成同盟 • 招募下属：打造帝国 • 控制资源	• 虚张声势 • 找到继任者 • 重组部门 • 重新控制资源
击败竞争对手	• 部门之间的战争 • 职员和直线管理人员的战争 • 揭露失误（人谁无错）	• 好的领导力应该做好平衡
实现战略、权力以及领导力的根本性变革	• 和关键高管构成权力集团 • 和上述其他领域的结合 • 告发反对者 • 向公共媒体透露伤害性材料	• 情报至关重要 • 要识别和培育那些尤其有影响力的人 • 发现竞争性的团体 • 用自己的爆料进行反击

根据定义，变革涉及先前战略的转变，因此说服过程的出发点应该是对现有战略的抨击。但是从政治上看，这可能大错特错。这可能会迫使那些制定先前战略的人捍卫自己的决定，给新提议带来障碍。那些极力反对新战略的人，可能就是对新战略至关重要的人。

除了这些考虑之外，负责寻求达成新战略协议的人员还需要承担以下重要任务：

- 确定潜在和有影响力的支持者，说服他们支持新战略。
- 寻找潜在的反对派，试图改变他们，至少让他们保持中立。
- 在任何正式决策会议之前，最好就新提案达成最大的共识。

最后，客观看待政治问题很重要。本书已经证明战略要面对的就是不确定性。这是一门艺术，也是一门科学。这意味着可以有不同的意见，也有通过判断和辩论达成决策的空间。战略是可能性的艺术。

关键战略原则

- 变革选项矩阵列出了可能进行变革的主要领域：应该聚焦于此范围并从中进行选择。
- 要从矩阵中进行选择。要理解组织的文化才能进行选择：这里的文化网络非常有用（参见 16.3 节）。然后可以计划实施变革的更详细过程，可以从六个相互交织的领域入手。
- 变革阻力可能是成功实施战略的主要障碍之一。如果不是外部强加的战略，变革阻力可能会比较小。
- 战略变革的政治要从说服大家接受新的战略提议入手。除此之外，可能需要采用马基雅维利的方法来实现变革。一般而言，战略变革活动可能包括确定支持者、试图改变反对意见和针对新提议达成最大的共识。最好在决策会议前完成。

批判性反思

公司正在进行的战略变革有多重要？

很多公司的通病是只有在被逼无奈之后才会做出改变。如果所有的组织都持续地参与某种形式的涌现型变革过程，是不是会更好呢？

这样会产生更好的战略吗？会让大家有更好的工作环境吗？

思考问题

1. “高级管理人员的双重任务是消除管理人员之间的误解，并营造一个促进而不是限制变革的工作环境。”（科林·伊根）请讨论。
2. 确定你所熟悉的一个组织中能影响战略变革的压力点。
3. 如果战略变革很重要，为什么有些人会觉得难以接受，这对变革过程有何影响？如何克服这些阻力？
4. “令人悲伤的事实是，几乎所有的组织都尽可能保持不变，而不是尽可能多变。”（罗莎贝斯·莫斯·坎特（Rosabeth Moss Kanter））为什么会这样？该怎么办？
5. 考虑与计划型变革相关的问题：为什么它很重要，可以采取什么措施？
6. 在本章中，有人认为一些涌现型战略家提出的前进路径一定会导致及早开始变革，这是否意味着涌现型的方法几乎没有用处？
7. 分析你所熟悉的组织的政策。如果要在该组织中进行重大的战略变革，你将如何应对？
8. 领导力对于战略变革可能很重要，但这是不可或缺的吗？

延伸阅读　　注释和参考文献

第5篇

战略情境和商业模式

关键战略管理问题

第 16 章　战略领导力

- 战略领导力的主要内容是什么？
- 好的领导拥有哪些特征？
- 领导的角色如何随时间的推移而变化？
- 领导如何影响组织以及如何管理权力？
- 成功战略领导力的主要内容是什么？

第 17 章　创业战略

- 创业战略是什么？
- 创业者有何差异，尤其是在风险承担方面？
- 创业战略的四个主要驱动因素是什么？
- 实施创业战略的主要阶段有哪些？

第 18 章　政府、公共部门和非营利组织战略

- 该领域的战略有哪些主要原则？
- 如果利润不是主要的目标，这样的战略有何差异？
- 可以利用商业领域战略的相关概念吗？需要修改吗？

第 19 章　国际扩张和全球化战略

- 国际和全球扩张的意义是什么？
- 有哪些主要的理论，和某个国家和公司有何联系？
- 企业采取全球化战略有何益处和问题？

第 20 章　战略与商业模式

- 商业战略和商业模式有何区别？
- 商业模式的主要内容是什么？
- 应该如何判断商业模式的优势和劣势？
- 商业模式有何作用？

16 战略领导力

学习目标

学习完本章后，你将能够：

- 概述战略领导力的主要内容。
- 解释好的领导应该拥有哪些特征。
- 说明领导的角色如何随着时间变化。
- 概述领导如何影响和管理组织中的权力。
- 解释成功战略领导力的五个主要方面。

引言

经过讨论和咨询，组织的高层管理团队负责制定主要的战略管理决策。而且，同一人群会领导并指导组织中的其他人做出其他相关的战略决策。因此，战略领导力是获取和保持组织的竞争优势以及为组织的活动增加价值的关键组成部分。

本章首先探究战略领导力的性质。然后，研究其三个主要组成部分，即优秀领导的构成因素，领导角色如何随时间变化，以及领导如何管理组织中的权力。最后，本章讨论成功战略领导力的五个具体组成部分：定义和传递组织的宗旨；管理人力资源的决策；制定伦理标准；将宗旨传递给利益相关者；随着时间的推移保持组织的竞争优势（见图 16－1）。

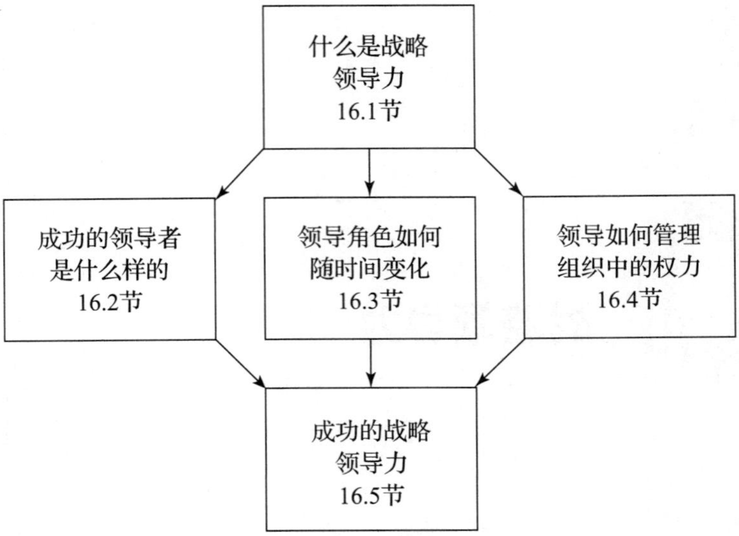

图 16－1 战略领导力的组成部分

16.1 什么是战略领导力

战略领导力（strategic leadership）是影响组织决策并随时间推移实现高价值的能力，不仅是个人的能力，还可以通过激励和管理组织中的其他人来实现。这种领导力始于高管团队，包括首席执行官、其他主要董事以及大型公司中的主要部门主管。[1]

战略领导力要平衡众多因素。正如我们在第 3 章中探讨的那样，它涉及组织如何应对外部的战略压力和环境变化。在第 4 章中，我们还分析过组织的文化，这也是领导力的重要背景。文化要管理组织内部的人力资源——这可能是最重要的战略技能之一。[2]领导力不仅仅意味着对外界事件做出反应，它还可以指明未来方向、动员和激励组织内部的人员。这通常包括与组织内部人员的沟通和倾听他们的意见，目的就是要传播知识，创造和开发新的领域，找到问题的解决方案。[3]重要的是，领导还需要思考和行动来培养组织的未来领导。[4]

战略领导力的核心是制定和实现组织的宗旨（参见第 6 章和第 7 章）。领导者自己不必承担这项任务，需要组织其他成员广泛参与。领导的技能就是要整合和管理这类投入，这样组织中的人员才能感到自己所做的贡献，并愿意按照领导确定的战略方向努力。[5]在完成这项复杂的任务时以下三个因素非常重要：

1. 如何领导才能让其他人员服从和支持：16.2 节。在大多数情况下，领导者会发现，如果决定不是由高层强加的，管理者和员工会表现得更好。

2. 如何塑造组织的文化和风格：16.3 节。要取得成果，工作环境和决策也很重要。

3. 如何建构和影响组织中的决策：16.4 节。当然会有各种各样的团体在组织内部寻求权力，需要对其进行有效管理。

关键战略原则

- 战略领导力是影响组织决策并随时间推移实现高价值的能力，不仅是个人能力，还可以通过激励和管理组织中的其他人来实现。领导力不仅涉及首席执行官，还包括管理组织的整个团队。
- 领导力要平衡与战略有关的众多因素。这些因素包括组织受到的外部影响，从经济形势的变化到不断加剧的竞争态势都会对组织产生影响。同时，领导力还意味着通过指明未来方向来启发和引领组织内部的人员。归根结底，精明的领导者要制定并实现组织的宗旨。

16.2 成功的领导是什么样的

领导力（leadership）是引导人们自觉、热情地为实现组织的宗旨而努力的艺术或过程。本节的基本论点是领导力和宗旨两个相关主题之间的关系很复杂，取决于特定的情况。这意味着很难提供关于这种关系的一般性计划型准则。本节建议采用两种方法。一种认为领导要避免与下属的持久冲突。另一种则提出，特定的领导风格可能与制定宗旨的特定方式有关。最后，本节认为，最成功的领导者不仅要以冷静、抽象的方式来定义组织的宗旨，还要与组织中所有的相关人员进行沟通，激发他们的信任、热情和承诺。

理解领导力的影响

领导力与组织的宗旨有关。领导力这方面的本质可以看作“影响力，即引导人们自觉、热情地为实现组织的宗旨而努力的艺术或过程”。[6]

组织的宗旨和战略不仅是讨论过程的结果，更是具有战略眼光的个人积极指引的结果。

有远见的领导会激发对不可能的挑战：构想也会成真。[7]

领导力是制定组织宗旨和战略的重要组成部分。可以说领导者影响公司整体发展方向的潜力非常大。有很多轶事来支持这一观点，当然也要注意对领导者的过分偶像化（圣人化）倾向。但是，在制定宗旨和相关战略时，应该考虑组织中领导或领导群体的个性、角色和权力。

鉴于领导者在制定公司使命和战略方面的明显影响力，应该注意下面这些基于研究成果的注意事项：

- 领导者应该在某种程度上反映其追随者的特征[8]，在某些公司的文化中，领导者想要变革，需要先成为好的团队成员，否则，团队不会追随他们去变革。
- 愿景可以是天方夜谭，要执着，不一定要合乎逻辑。[9]
- 在领导大型和多元化的团队时，可以强调单个领导者的作用，因为他们非常了解公司内的政治。[10]

当然，后面的这些特征在现代更加复杂的战略管理中很重要。像菲利普－莫里斯、荷兰皇家壳牌石油公司和丰田这样的公司，可能更愿意与要进行演变而不是革命的公司领导共事。由此，我们要当心对管理者的英雄崇拜，不能因为他们有救企业于危难的远见和目标就深信不疑。同样的情形在小型企业、非营利组织和政府组织中也会出现。无论何种情形，领导者都会对宗旨产生深远的影响。

分析领导风格

为了理解成功领导的特质，就要分析领导者所承担的角色。然而，尽管各种研究可以追溯到20世纪50年代，但目前对领导力的分析仍未达成共识。[11]探究领导力主要有以下三种方法：

1. 特质理论（trait theory）认为具有某些特质（特征）的人几乎在任何情况下都可以发挥领导力。根据先前的研究，这样的人应该聪明精干、有自信心，能够高瞻远瞩，而且处于较高的社会经济阶层。近年来，此类理论饱受诟病，因为相关的证据不一致，也不能完整地分析领导力现象。按照这种观点，成功的领导力很大程度上取决于领导者的个人能力。

2. 风格理论（style theory）认为，可以通过适用于组织的一般领导风格来甄别领导者。例如，权威和民主就是两种截然不同的领导风格：前者将领导的意愿强加给他人，后者则允许在制定解决方案之前进行自由的讨论。根据研究来看，这种方法有一定的道理，但是领导要比简单的风格划分复杂得多。例如，需要考虑领导者和下属之间的各种关系、组织中的决策政治以及组织文化等。因此，近年来这些理论也失宠了。在这里，成功的领导力将取决于领导风格。

3. 权变理论（contingency theory）探讨的是组织要根据其在特定时间点的需要来提拔或招募领导者。这种选择取决于当时组织所面临的战略问题：随着情况的变化，要更换领导者。因此，要根据所要领导的团队以及要执行的任务性质来选择领导者。例如，从危机中恢复的战略所需的领导类型与稳定发展战略所需的领导类型就不一样。有一些证据支持这种理论，但只靠轶事趣闻来判断，过分简化了领导的任务。在这里，成功的领导力将取决于战略情境和相关的情况。

从战略角度来看，权变理论最有前途，原因有两个。它抓住了领导者及其与组织中其他人的关系，同时也明确了战略形势与成功领导力分析的相关性。

在权变理论中，有一种方法特别实用——最佳拟合（best-fit）分析方法。其基本理念是，要成功执行战略，必须在领导者、下属和战略之间达成某种妥协。可能会有不同的观点，但最后，组织的宗旨和实现该宗旨的战略之间要有某种共识。这在战略管理中很重要，因为这样就可以根据具体情况进行不同的处理，并且可以确定三个关键的分析要素：

1. 首席执行官或领导者。

2. 执行任务的高层 / 中层管理人员。

3. 要落实的宗旨和战略的性质。

可以按照固定的比例制表，尺度可以从刚性（或高度结构化）到柔性（或支持性的、灵活的）。然后在这三个要素之间寻求最佳拟合。图 16－2 就是一个示例。当然其结果还是模糊的，但可能会帮助我们鉴别风格及其对人员、战略以及宗旨的影响程度。

图 16－2　领导力分析的拟合范例

成功的领导风格

领导风格有很多种，从圣吉的共同愿景到亨利·福特或者前英国首相玛格丽特·撒切尔等人的铁腕统治，不一而足。每种风格都会影响宗旨形成的方式及其产生的内容。

最能描绘领导管理风格的领导力系统要考虑组织的宗旨和战略。当领导者处于主导地位时，他会尽早介入。如果领导者更善于协商，早期的介入就要有参与性。

本质上，领导者及其组织都希望能弄清如何领导的问题。领导风格的选择最终取决于许多因素，不仅仅是个人的性格和意愿。专栏 16.1 中显示了一些能影响领导风格的因素。[12]

专栏 16.1 | 影响组织领导风格的因素

- 领导的个性和能力；
- 公司规模；
- 地理分散度；
- 组织环境的稳定性；
- 组织文化的当前管理风格；
- 组织当前的盈利能力及其对变革的渴望和需求。

信任、热情和承诺的重要性——本尼斯和纳努斯的贡献

成功的领导力将影响组织的很多部门。因此，要使领导力发挥作用，就不能将其视为冷冰冰、抽象的分析性陈述。领导者要在组织的主要成员之间激发对所选宗旨的信任、热情和承诺。

在关于领导力及其与组织任务联系的著作中，沃伦·本尼斯（Warren Bennis）和伯特·纳努斯（Burt Nanus）的著作广为传颂。两人对 20 世纪 80 年代美国组织中的领导力进行了研究，其中既有失败的案例也有成功的案例，书中有很多关于领导力尤其是人事方面的简短轶事和精妙结论。[13]

他们关于成功领导力的结论表明：

- 在制定组织愿景和使命的时候，领导者要在组织的战略过程中和组织的整体诚信层面打造和保持信任度。
- 如果领导者能产生并使用组织的智力资本，他们将能提供更强有力的宗旨陈述。这意味着领导者已经利用了下属的知识、兴趣和经验。
- 成功的领导者需要表现出能寻找和实现既定宗旨的激情和决心。

关于成功领导力的结论

机场的书店里摆满有关领导力的读物，声称已经找到了遴选优秀的领导者和履行这种职责所必需的各种特质。这些通常是领导任务的计划型方法，意味着所有优秀的领导者都有特定的属性。如果权变理论有道理的话，应谨慎对待此类书籍，因为权变理论表明领导力取决于组织的战略环境。没有放之四海而皆准的唯一好方法。

还有另外一个需要谨慎行事的原因。在战略制定的过程中，如果将领导力作为关键因素就会削减其他重要因素的作用。例如，在某些类型的组织中，团队建设和公司的家族所有权可能同等重要。

关键战略原则

- 领导者对使命和目标有深刻的影响。在推动组织应对新的挑战方面，领导者尤其重要。但是，在大型、复杂的组织中，他们的角色更有可能是演化性的，而不是革命性的。
- 关于领导力的分析方法尚无共识。权变理论可能是最有用的方法。该理论认为领导者及其风格的选择应该是权变的，取决于组织当时所面临的战略情境。
- 在权变理论的背景下，可以使用最佳拟合的分析方法。这在战略中很有用，可以区别对待每种情况。

- 领导风格有很多种，从共同的愿景到铁腕强权不一而足。需要根据战略情境来调整风格，根据组织及其环境的差异性，也可以采用其他风格。
- 基于宗旨，成功的领导者要在战略过程中建立信任。他们需要利用组织的智力资本，并表现出激情和决心。
- 在某些情况下，要让领导力发挥作用，领导者就要让宗旨从实施战略的团队中涌现出来，而不是由总部强加。

16.3 领导角色如何随时间变化

上一节分析了领导者的一些重要特征。但是，领导者在组织内部和外部的关系都不是一成不变的。可以从两个方面来考虑：随时间的变化和与两个重要利益相关者群体关系的变化。

领导角色如何随时间的推移而变化

领导者可以通过影响和指导组织内外部人员的信念、风格和价值观来塑造组织。例如，福特汽车公司鼓励并奖励那些取得成果的员工和管理者。其首席执行官雅克·纳赛尔（Joc Nasser）因为未能实现高价值的收购，也未能解决量产车部门的实质性问题而受到冷遇。这些决策反映了公司的文化和价值观，凸显了直接的战略问题，也展示了领导者如何通过收购实现公司的扩张转到通过削减成本提高盈利能力。

一般来说，大型公司首席执行官的任期是五年——通常还要更短。研究[14]显示，领导者的角色将在此期间发生变化：

- 任职前期。首席执行官快速学习并且乐于冒险。领导者会公布公司第一年的任何亏损，因为此类损失的责任可以归咎于前任首席执行官。新任首席执行官通常希望带来新观点，可能会实施变革。
- 任职中期。新活动仍在继续，尤其是要扩大知识面和提升技能。组织的绩效应通过一系列例行程序来提高——在11.5节中称为启发法。除非有竞争者或技术等强大的外部压力，否则实施变革的可能性较小。
- 任职后期。领导者更有可能坚持过时的业务模式。公司可能会规避风险和停滞不前，缓慢地适应外部变化，导致绩效下降和利润损失。

与两个关键利益相关者群体相关的领导角色变化

可以从员工和客户这两个利益相关者群体的角度来看待与首席执行官之间关系的变化。这样的关系会随着时间的推移而改变。它们之所以重要，是因为员工要实施战略，而客户要购买产品或服务。

在任职的最初几年里，首席执行官会从许多渠道寻求信息并进行学习——可以拜访客户，也可以到各个工厂或办公室认识员工。目的就是要了解并加强与两个利益相关者群体之间的关系。

随后，强势的首席执行官会在公司内外部建立起更舒适和更持久的关系。这可以使员工团结一致，还可以拥有可信赖的沟通渠道。但这也可能意味着首席执行官没有在员工中激发重要的变革。此外，这也可能导致与外部客户、市场和技术的脱节。

这对战略制定和领导力意味着什么？领导者会随着时间的推移而变化。他们与重要利益相关者的关系发生了变化，可能看不到外部环境的变化。这就有错过重要发展机遇的危险。

专栏16.2分析了其中的一些问题，展现了福特在2001年被迫进行重大战略变革时其领导力和文化是如何变化的。

专栏16.2 | 福特汽车公司于2001年开始"回归本源"时的领导力和文化[15]

环境

- 高度竞争的全球市场。
- 美国的遗留福利问题，因为福特要履行对前员工在健康和养老金方面的承诺——这会对公司的利润产生压力。
- 围绕排放的"绿色"问题。

组织特有的文化因素

- 历史和所有权：非常重要，现代美国的创始人之一，仍然保持着牢固的家族关系。
- 规模：全球性的、复杂的、有很多相互联系的部分。
- 技术：汽油发动机中成熟的复杂技术。
- 领导力和使命：对未来的远见卓识，但因领导者离职和新的首席执行官接任而功败垂成。
- 文化网络：
  - 故事。战略发展的结果尚不明朗，新任首席执行官比尔·福特（Bill Ford）经验不足，因此请欧洲著名的首席运营官尼克·谢勒（Nick Scheele）来帮忙。在公司里，前首席执行官雅克·纳赛尔被解雇的故事讲得有声有色。在被解雇前的一周，纳赛尔对自己被解雇的消息一笑置之："这就像有人在说你将要被调职，而你对此却一无所知。"
  - 惯例。引入了新的惯例来扭转公司的局面——公司总部多次召集所有高管参加的特别会议。要强调局势的严重性，这可不是常规活动。
  - 仪式。纳赛尔的离职是在一次特别的员工会议上宣布的。比尔·福特的声明"受到福特总部员工的热烈欢迎"。
  - 符号象征。用于设计新的福特基本战略的会议室——被称为"能源室"——设计得并不舒服。召集参加此类会议的高管只能做简短的演讲，议程也很简单——"告诉我们你将如何削减成本"。
  - 组织结构。在2001年11月至2002年1月宣布新战略期间，成立了一个全新的团队来修订成本削减战略。随后将有数千人失业，要关闭四家美国汽车制造厂，还要出售KwitFit等非核心业务。
  - 控制。引入了一些新的控制措施，但福特已经有大量监督绩效的体系。
  - 奖励。危机形势下，"奖励"就是你不会丢工作。在纳赛尔离职时，20名"决定退休"的高管被调任或者替换。
  - 权力。在纳赛尔被解雇之前，曾有一场权力大战。在此之后的一段稳定时期内，权力得到集中，完成了2005年之后三年中拟定的变革。

确定组织的基本文化风格

- 角色文化：福特公司的大规模使这成为可能。
- 一些重大的新项目有时是通过任务文化实现的。

战略影响

- 变革可能会很缓慢，按照计划行事，比较复杂。
- 公司试图恢复其盈利水平，大多数决策都要在压力下做出。

- 应征询管理者、员工和工会代表等利益相关者的意见。
- 股东和金融机构期望通过短期的行动来解决利润问题。
- 员工和金融机构之间可能存在冲突。

关键战略原则

- 领导者角色会随着时间的推移而变化。在任职的早期阶段，首席执行官快速学习并乐于冒险。在中期，他们会制定新的计划，扩大知识面并提升技能。在任期即将结束时，他们可能会厌恶风险，难以适应外部的变化。
- 可以通过首席执行官与两个关键利益相关者群体（即员工和客户）的关系来考虑其角色的变化。在早期阶段，首席执行官将倾听员工和客户的看法并向他们学习。随后，这种关系变得更加正式和舒适，有可能与外界的重要变化脱节。

16.4 领导如何管理组织中的权力

随着战略变革的发生，组织的领导者将不得不应对可能对该过程有兴趣的个人和团体。这可能包括压力团体、竞争对手、掌权者和经纪人、有影响力的人、有不同观点的人以及各种赢家和输家。有些分歧可能是客观和理性的，有些则可能受到强烈观点和利益的支配。所有这些领域构成了组织的权力问题。因此，**权力**（power）与组织中如何行使权威、领导和管理相关。战略变革与此类问题是密切相关的。

如果新战略遭到抵制，领导要以务实的眼光考虑什么是可能的，而不是考虑什么是理想的。例如，可能急需彻底改变公司的结构，但是在某些情况下，即使采用领导层强加的解决方案，管理时间方面的成本也可能太高。随着战略的发展，对组织权力状况的分析很重要。案例研究 12.1 显示了 2004 年荷兰皇家壳牌石油公司新董事长面临的困难，当时他试图实现根本性的变革，还想将自己青睐的解决方案强加给组织。

组织中权力的主要成分是什么？

领导者首先要意识到试图进行“管理变革”可能是一厢情愿的想法，因为需要明确识别组织的前进方向，还需要指示所有人都走这条路。[16] 读者可能认为“培育变革”会更加现实，回报也更丰厚。相关研究表明，如果领导者可以鼓励更加积极的变革态度，再加上学习和说服，效果会更好。

组织中的团体与个人之间的良性竞争并没有什么问题。它可以帮助提升绩效，可以让团队更有凝聚力，还可以帮助选出最佳方案。但当竞争引起冲突和政治操纵时，就会出现问题。领导者需要认识到有两个主要原因会导致组织中的冲突：

1. 目标和意识形态的差异。例如，组织内的不同群体或个人可能有不同的目标，有不同的价值判断，也可能被赋予不同的目标，或者目标相互冲突，等等。各种目标还可能含混不清。在战略变革的背景下，应该尽可能减少目标中的冲突和混乱。

2. 对既有领地的威胁。例如，某些群体或个人可能会因为其他人从事相同的工作而受到威胁，嫉妒其他人的角色，或者受到跨越职能的指示，等等。这一领域最有可能出现战略方面的困难。如果要节省成本或提高绩效，就要接受冲突。

在研究战略变革问题时，明茨伯格[17]认为组织内的竞争是有益处的。竞争可能是实现变革的力量。从这个意义上讲，权力是战略变革的必然结果，需要组织的领导层接受和引导才能取得最佳结果。

领导如何管理权力问题？

在开始战略变革之前，领导者必须阐明组织的目标以及对组织各个部门的影响。如果确实是由于目标的混淆引起了冲突，就需要在其他问题出现之前充分探讨这些问题。

此外，组织的领导层还需要解决五个方面的问题：

1. 组织发展适应性或试验性文化的程度。这种方法有助于以后实施拟定的战略。
2. 识别主要的权力集团和个人，他们对于战略变革的影响和支持是至关重要的。
3. 随着战略分析的推进，进行磋商而不是对抗的意愿或必要性。
4. 领导在组织中的角色和传统以及在何种程度上可以促进成功，并克服与战略变革相关的问题。
5. 组织外部压力的性质和范围。

这五个方面相互关联，其关系如图 16－3 所示。

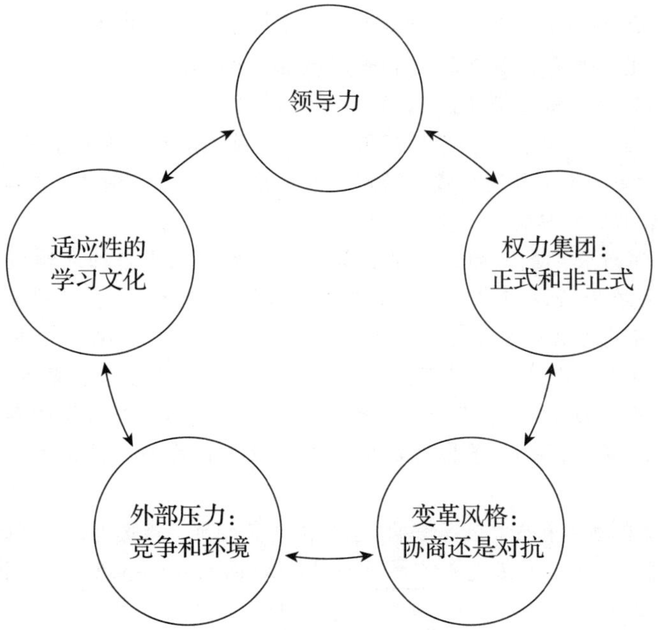

图 16－3　组织的政治网络

> **关键战略原则**
>
> - 在变革中，领导者需要考虑的是哪些是可能的，哪些是期望实现的。他们不一定要有无限的权力。
> - 除非转化为恶性的冲突和政治手段，否则组织中的竞争是良性的。
> - 在解决权力问题的时候，领导者需要研究权力集团、领导力、组织的变革风格、适应性的学习文化以及外部压力的性质。

案例研究 16.1

戴姆勒：三位领导者如何影响战略

1985 年，戴姆勒（Daimler）新任董事长埃德扎德·路透（Edzard Reuter）为公司制定了未来的新战略。在接下来的十年中，事实证明它是有缺陷的。1995年，新任董事长于尔根·施伦普(Jurgen Schrempp)对该战略进行了修改。2005年，该战略再次被证明有问题后，他辞职了。2005年，新任董事长迪特·蔡澈（Dieter Zetsche）为公司制定了一个新战略。在撰写本书时，蔡澈已经取得了一些进展。

埃德扎德·路透任下的戴姆勒：1985—1995年

1985年，当埃德扎德·路透接任戴姆勒董事长时，这家领先的公司多年来一直在生产高质量的汽车。在强大的股东德意志银行（Deutsche Bank）的支持下，路透很快宣布对战略进行重大调整，戴姆勒将成为“整合性的技术集团”。公司将利用其汽车和卡车的高利润为战略转向其他业务提供资金，而和其他业务关联性最高的就是共享技术。

在接下来的四年中，公司斥资47亿美元组建了一个工业集团，就总销售额而言在欧洲排第三。集团收购了以下领域的公司：

- 航空航天和国防：梅塞施米特–博尔科夫–布洛姆（Messerschmitt-Bolkow-Blohm，MBB）、道尼尔（Dornier）、福克（Fokker），还投资了空中客车。
- 电气工程、电子设备、铁路工程和家用电器：AEG。
- 金融服务和软件：戴比斯（Debis）。

战略思维转变的原因本质上与公司的新愿景有关。路透决定，戴姆勒将效仿三菱和通用电气等非常成功的日本和美国企业集团。戴姆勒热衷于发展德国工业，使德国在高科技公司中成为全球强国，还想改造欧洲的航空航天工业，因为公司觉得大有可为。

当时的想法是通过长期的战略，让戴姆勒进入技术相互支持的新领域。例如，随着汽车污染和交通拥堵问题在欧洲城市中加剧，所有城市都将寻求新的方式来平衡公共交通和私人交通。戴姆勒–奔驰将通过其道尼尔子公司制定新的城市战略，在AEG公司建造列车，在戴姆勒–奔驰生产公共汽车，在泰密克（TEMIC）公司研制新的交通控制系统，泰密克是AEG和戴姆勒航空航天公司（Dasa）的合资公司。整个过程将需要总部对集团的各个大型子公司进行仔细而复杂的协调。同时，每个子公司都要开发和销售自己的产品系列：汽车、飞机、电子产品等。

所有这些方面现在看起来不太让人信服，当时对于某些员工来说也是一样的。他们对总部干涉下面的业务牢骚满腹。例如，德意志航空航天公司（Deutsche Aerospace）时任董事长于尔根·施伦普[18]就曾公开将戴姆勒–奔驰公司斯图加特的总部描述为“废话大本营”。

1985—1995年，由于一些无法预料的事件，公司困难重重：

- 德国的货币变得更加坚挺，使戴姆勒的出口价格更高。
- 当戴姆勒大举在航天和国防领域进行投资的时候，政治局势发生了变化。随着苏联与西方冷战的结束，国防开支大幅减少。
- 因为对道尼尔的收购成本很高且判断失误，中型飞机市场出现重大下滑。

此外，在扩张期最昂贵的收购AEG也遇到了重大问题。因公司文化，它很难融入新的集团。而且，产品范围太广，需要更多的关注：AEG生产的产品从核电站到冰箱和打字机，无所不有。公司从没试图打造核心优势。结果在1990—1995年，AEG累计亏损约37亿德国马克（约合20亿美元）。

20世纪80年代末90年代初，戴姆勒–奔驰汽车和卡车的利润一直在补贴上述领域。到1995年，情形已经不能再恶化，必须采取更加激进的措施。埃德扎德·路透解甲归田了。戴姆勒–奔驰不得不将AEG的部分资产转让给其他子公司，然后关闭公司的其他业务。公司不得不撤回对荷兰飞机制造公司福克的财务支持。但是，戴姆勒继续发展空中客车。公司将其新战略聚焦主要涉及基础运输的制造行业，随后任命了新董事长：来自欧洲宇航防务集团的于尔根·施伦普。

于尔根·施伦普管理下的戴姆勒：1995—2005

当于尔根·施伦普1995年接任戴姆勒董事长一职时，这家德国集团在战略上缺乏重点。过去，公司得益于戴姆勒–奔驰备受推崇的汽车和卡车系列获得了高额利润，但旗下还有一家亏损的飞机制造子公司福克，以及多家利润不高、生产从交通信号灯到冰柜等各种产品的子公司。通过专注于汽车和卡车业务并出售其余业务，施伦普拯救了整个集团。但是，他的愿景可不是打造一家盈利的德国运输制造公司，他想建立的是一家全球性的汽车和卡车公司。

在考虑了各种可能性（包括收购日本汽车公司日产）之后，施伦普于1998年完成了收购，用他的话来说就是"永远改变了汽车行业的面貌"。戴姆勒以380亿美元的价格收购了在美国市场上排名第三的公司克莱斯勒（Chrysler）。尽管一些评论员认为收购价格过高，但戴姆勒–奔驰对其在北美的收购价格十分满意。施伦普说："我们现在有了可以接受任何公司挑战的规模、盈利能力和市场覆盖率。"

大约在同一时间，戴姆勒继续实施其全球战略，购买了日本汽车公司三菱（Mitsubishi）34%的股份，还购买了韩国汽车公司现代10%的股份。此外，戴姆勒还收购了其他一些公司来支持其在北美等地区的卡车业务。公司继续为其梅赛德斯旗舰品牌推出新车型。最终，公司使用全新的经销商网络在欧美推出了一款名为Smart的新型小车。公司也更名为戴姆勒–克莱斯勒。

遗憾的是，尽管戴姆勒的业务仍然保持着高利润，但对克莱斯勒的收购和合资公司开始出现问题。2000年，出现了汽车积压和新车型迟迟不能上市的重大问题。此外，德国母公司的企业文化（技术官僚、计划和精确）与克莱斯勒的文化（企业家精神、机会主义和非正式文化）冲突不断。最初被称为"平等公司之间的合并"计划，很快就变成了直接收购。美国克莱斯勒董事长和其他高管离开了公司，戴姆勒成立了自己的高层管理团队。德国公司决心通过整合运营、削减成本来获得高利润。母公司的最高管理者之一迪特·蔡澈被任命为克莱斯勒的执行董事。但是新战略并没有立竿见影——2003年，克莱斯勒的销售额下降12%，经营亏损达11亿美元，原因是新车型迟迟不能上市，而竞争却在加剧。

戴姆勒在三菱的业务也出现了问题。早在20世纪90年代后期，戴姆勒–克莱斯勒就已将三菱确定为其全球战略的重要合作伙伴，并以30亿美元的价格收购了这家日本公司的部分股份。这个合作伙伴和日本政府产生纠纷，还与客户在质量和其他方面陷入麻烦。鉴于此，尽管会给德国公司的全球战略留下空白，戴姆勒还是决定终止与这家日本公司的合作。戴姆勒财务总监曼弗雷德·根茨（Manfred Gentz）说，公司根本不相信能获得所预期的回报。

大约一个月后，戴姆勒–克莱斯勒终止了与现代的广泛合作。公司于2000年以约4亿美元的价格收购了现代10%的股份。戴姆勒出售的价格是大约10亿美元，狠赚了一笔。问题在于现代和戴姆勒–克莱斯勒无法完成在韩国合资生产商用车的计划。此外，现代汽车在中国的业务计划也和德国公司产生了冲突——从根本上说，两家公司要在中国市场上竞争，这是戴姆勒无法接受的。这也意味着戴姆勒–克莱斯勒全球战略的另一部分也就此作罢。

此外，其德国子公司梅赛德斯–奔驰的基本运营和高利润回报也遇到了麻烦。主要的问题是：

- 德国的制造成本过高。
- 新的Smart小型汽车未达到销售目标，没有利润。
- 梅赛德斯车型，尤其是E级轿车，存在严重的质量问题。

2003年接受采访的时候，施伦普对与克莱斯勒的合并毫不怀疑："我仍然相信我们的平等合并真是太棒了……我们正在取得巨大进展。"尽管出现了困难，首席执行官仍然得到了董事会的全力支持。

迪特·蔡澈任下的戴姆勒：2005 年到现在 ①

2005 年年中，戴姆勒－克莱斯勒宣布，施伦普将于 2005 年年末卸任首席执行官一职。这比任期提早了两年。迪特·蔡澈将接任，他此前负责公司在美国克莱斯勒分部的转型工作。

与戴姆勒以前的领导者一样，蔡澈为公司制定了新战略。他认为公司应该聚焦其利润丰厚的德国业务。于是，他开始进行谈判，以 200 亿美元的价格将美国克莱斯勒业务出售给了一家商业银行集团。戴姆勒保留了这家美国公司的少数股权，但实际上克莱斯勒获准以独立公司的身份经营。公司再次更名为戴姆勒。

路透为公司制定的战略早已被遗忘。施伦普的全球公司战略最终也宣告失败。戴姆勒的新领导者迪特·蔡澈制定了新战略。戴姆勒将成为全球汽车市场中优质和高利润高端细分汽车领域的领先汽车公司。

绿色战略

戴姆勒对绿色战略有非常明确的政策。

案例问题

1. 戴姆勒三位领导者的三种战略各是什么？每种战略在多大程度上符合我们所熟知的战略理论，例如竞争环境（第 3 章）、资源基础观（第 4 章）、基于知识的理论（第 7 章）以及有关战略管理的理论（第 9 章）？

2. 新战略在多大程度上是靠领导者推动的？战略逻辑在多大程度上证明了其合理性？

3. 强势的领导者能带来强有力的公司战略吗？

16.5 成功的战略领导力

如果要获得成功和实施有效的领导力，领导者需要解决五个关键领域的问题（见图 16－4）。我们将在本节中一一研究。

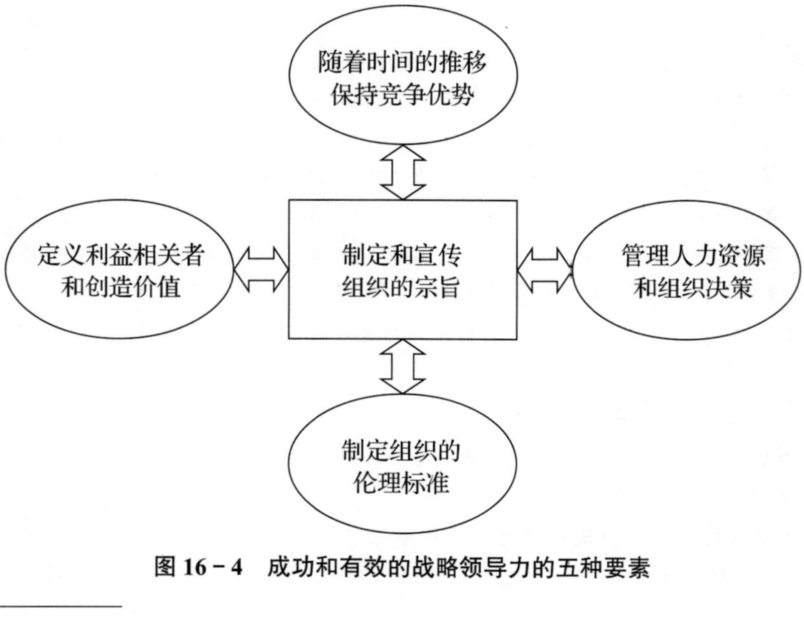

图 16－4 成功和有效的战略领导力的五种要素

① 迪特·察澈于 2019 年 5 月正式卸任。——译者

制定和宣传组织的宗旨

战略领导者的主要任务是制定组织的宗旨，然后将其传递给组织的每个部门。第 6 章和第 7 章探讨过宗旨的内容。在实践中，宗旨是由组织的领导者制定的。[20] 但是，他们通常不会自己完成：他们会广泛咨询，并从组织中的许多管理人员那里集思广益。例如，戴姆勒 – 克莱斯勒曾在公司内外部进行广泛的讨论，研究过成为汽车市场全球领导者的宗旨，也讨论过通过收购克莱斯勒汽车来实现这一目标。但是，有些情形可能并不适合进行广泛的咨询。例如，在收购或出售公司期间，金融市场规则可能不允许这样的咨询。

管理人力资源和组织决策

除了定义和制定宗旨外，战略领导者还要激励和奖励管理者和员工才能实现既定的宗旨。这是公司人力资源决策中的重要组成部分。

人力资源（human resource）是组织中每个成员的技能、才能和知识。战略领导者有特殊的责任来负责指导、发展和培养组织中的员工。对于许多战略家来说，人力资源是公司的关键竞争优势之一。[21] 领导者最重要的工作之一就是要寻找、选择和留住关键员工。[22] 例如，戴姆勒 – 克莱斯勒多年来一直有非常完善的管理人员培养计划。两位首席执行官于尔根·施伦普和迪特·蔡澈就是通过培养计划筛选出来的。此外，公司还投入大量资源来招聘、选拔和培训组织各个级别的员工——这也是其宗旨的组成部分。

尽管人员技能很重要，但领导者还要认识到，发展和维护组织的文化同样重要。本章之前探讨过这个问题，强调过领导者在设定组织文化的基调、氛围和标准方面的关键作用。

最后，战略领导力涉及将公司中的人员凝聚在一起的报告关系和组织架构。[23] 这些问题在第 12 章中探讨过，也是领导者在组织中履行职务的核心内容。

制定组织的伦理标准和定义企业社会责任[24]

尽管所有员工都有责任履行组织中的伦理和企业社会责任，但只有领导者才能设定标准并监督绩效。正如第 6 章所探讨的，这些价值观将指引和疏导关键活动，即使对于组织的初级人员也是这样。因此，这些标准需要从顶层设定，要和组织现行的伦理计划一致，要由领导者发起，还要和组织中的每个人都有关系。[25] 例如，戴姆勒 – 克莱斯勒曾在关键问题上向其全体员工和公众宣布过坚定的伦理立场。

定义利益相关者和创造价值

组织的领导者有广泛的决策权，但也会受到外部的压力，特别是来自利益相关者的压力，其中一些利益相关者在内部，还有一些在组织之外，也有很强的议价能力。在第 6 章中，我们探讨过股东、管理者、雇员和政府机构等利益相关者之间的力量平衡。战略领导者的主要职责之一就是与这些利益相关群体保持良好的关系。[26] 在商业性组织中，可能要向股东提供年终利润和股息，给雇员和管理人员增加薪酬。实际上，这种关系更加微妙和复杂。例如，可能要与金融机构打交道，解决筹集新资金、分红政策、收购和合作形式的问题，也可能要与政府谈判，解决税负、补贴和员工发展之类的问题。例如，在拆分克莱斯勒集团的时候，公司最高层就要和政府、工会、商业银行以及股东进行广泛的磋商。

战略领导力的主要问题之一就要根据对时间和资源需求的优先级进行排序。这需要判断力和经验，还需要外部顾问——通常是公共关系公司。处理这些问题的专业性帮助已成为无论大小的几乎每个组织中战略领导力的重要组成部分。

随着时间的推移保持竞争优势

在第 4 章中，我们探讨过组织的附加价值与其竞争优势之间的关系。本质上，组织可以通过强化竞争优势来实现附加价值的提升。如果战略领导力至少有一部分要随着时间的推移来提升组织的价值，就关系到强化该组织的竞争优势。组织的领导层有责任维护和增强组织的竞争优势。[27]

实际上，这意味着要进行诸如维护和改进产品或服务质量，提高组织声誉，以及为公司新战略投资之类的一系列活动。[28]可能还需要收购和开办合资公司，但是领导者在进入不会增强竞争优势的新领域之前要三思。例如，处于高端市场的戴姆勒汽车公司并不清楚为什么收购低端克莱斯勒品牌会提升集团形象。领导者的重要任务就是识别关键的竞争优势，然后进一步强化这种竞争优势。

关键战略原则

- 首先，战略领导者的首要任务就是制定组织的宗旨，然后将其传递到组织的每个部门。
- 战略领导者有特殊的责任来负责指导、发展和培养组织中的员工，尤其是组织中的关键员工。他们还负有激励和奖励此类员工的特殊责任。此外，战略领导者要培育组织的文化，并构建将公司凝聚在一起的汇报关系及组织架构。
- 领导者的关键任务之一就是要设定和监督组织的伦理和企业社会责任的标准。这样的价值观需要高层制定。
- 战略领导者的首要角色就是与组织内外部的利益相关者保持良好的关系。通常，对领导者的时间和资源有多种要求，因此领导者必须判断如何处理。外部顾问的帮助在高级领导者执行此类任务时已经变得越来越普遍。
- 组织最高领导层的责任就是要保留和强化组织的竞争优势。战略领导者需要识别并支持组织的关键优势。

战略项目

在过去的十年中，新技术对公司人力资源战略产生了重大影响。你可能想研究发生过类似变革的其他公司如柯达，因为照相机已被数码相机取代，公司的胶片业务崩溃，公司也一蹶不振。你还可以考虑一下国有电话公司所面临的困难，因为移动电话越来越普及，而且在中国和非洲地区的某些国家中已经占据市场主导地位。你可以先查看公司的利润记录——通常可以在网络上获取——来确定基本情况，然后再查阅公开的报告声明、人员的变动消息和新闻报刊中的报道。

批判性反思

领导者应该在多大程度上以总部来推动战略?

“我们本来如此”是领导者管理的最佳方式吗?他们应该更积极主动，以组织的总部推动战略吗?戴姆勒的案例表明领导者可以总部推动战略，而不是靠组织中其他下属的战略提议。这种做法显然有可取之处，但和一些人的观点截然相反。

也许可以在领导者和下属之间找到一个平衡点。有什么指导方针?总要领导者承担最终责任吗?如果所有主要的战略决策都由下属做出，那么“领导者”到底意味着什么?

思考问题

1. 选择一个你熟悉的组织，展示其领导者如何影响该组织。领导者在多大程度上反映了成员的意愿？领导者在多大程度上试图将组织转移至新的领域，以拓展组织中的人员？组织是否需要平衡领导力的这两个方面？如果是这样，该怎么办？

2. 从权变理论的角度分析戴姆勒公司的领导层。这样的理论是否可以充分解释案例中所描述的重大战略变革？

3. 组织文化与组织的领导者有何联系？举例说明你的观点。

4. 使用关于组织权力的图 16－3 来研究以下组织中的权力平衡有何不同：一家跨国汽车公司、一家小型计算机软件公司、一家私有电信服务公司（如英国电信（British Telecom）或德国电信（Deutsche Telekom））、一个派出所。“天生的领导者”能够领导所有这些组织吗？

5. “有远见的领导者会启发对不可能的挑战：构想也会成真。”（韦斯特利和明茨伯格）这样大胆的评论是适用于所有组织还是适用于部分组织？为什么？

6. 如果领导力很复杂，很难在各种不同要素之间取得平衡，那么图 16－4 中成功领导力的五个要素中哪个排在前面，哪个排在最后？说明你的观点。

延伸阅读

注释和参考文献

17 创业战略

学习目标

学习完本章后，你将能够：

- 解读制定基本创业战略所涉及的理论和实践。
- 识别创业者的主要特征及其承担风险和把握机会的方式。
- 探究创业战略的四种主要驱动力——想象力、创意、发明和创新。
- 解释创业战略中竞争优势和所有权的重要性。
- 了解实施创业战略的主要阶段。

引言

在本章中，我们将探讨适用于创业活动的特殊战略。创业者要从事新的业务，可能会收获巨大的利润，也可能蒙受巨大的损失。因此，他们对战略提出了特殊的要求，而主要的战略理论并未涉及这样的要求。为创业者进一步扩展本书所探讨的一些概念，是本章的目的。

有人认为创业战略和战略是平行的主题。[1] 本书作者认为创业战略是战略的一个特殊领域，但不是完全割裂的不同领域。本章将围绕图 17 - 1 所示的五个方面进行研究。

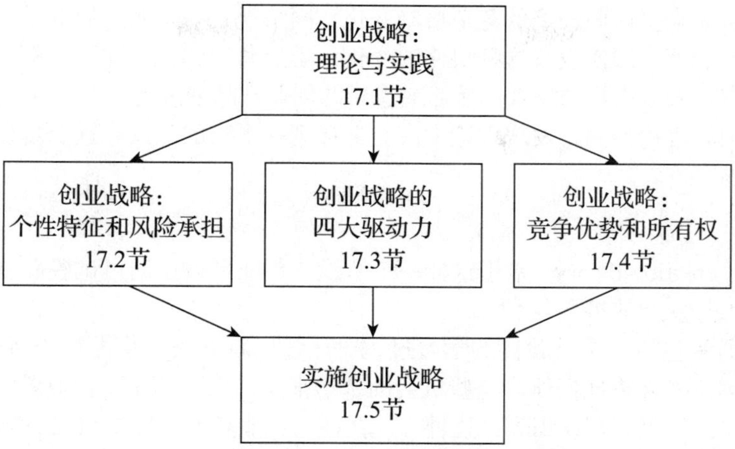

图 17－1 研究创业战略

17.1 创业战略：理论与实践

创业涉及寻找和发掘机会，然后为产品寻找销售网点。创业者通常会创造机会，甚至是全新的机会。在创业活动中承担风险的关键是如何将风险转化为对自己有利的方面，要平衡好风险和潜在的回报。[2]

创业是商业活动中的重要领域，已经有相关文献和研究。我们将构建一些框架来研究创业战略。这意味着要同时兼顾理论和实践。

创业战略理论

创业（entrepreneurship）是一种思考、推理和行动的方式，侧重于在个人或小群体的领导下通过更普遍的视角来识别和利用商业机会。创业战略的主要内容既有计划型也有涌现型的战略因素。创业者的机会可能最好通过涌现型的过程来把握。创业机会究竟是如何涌现出来的呢？有许多理论支持这一过程，我们在这里只挑选了三个进行研究：

1. 创造性破坏理论；
2. 发现理论；
3. 创造理论。

创造性破坏理论

创造性破坏理论（creative destruction theory）的基础是，通过竞争和技术来破坏以前的市场供应，从而产生创新的机会。鉴于创新是创业活动中的一个关键方面，约瑟夫·熊彼特认为创新是一场具有"创造性破坏力的持久风暴"，会用全新的竞争方式击败现有的行业竞争对手。[3]除了直接的市场机会之外，技术、政治和社会等方面的重大变化也可能促进竞争格局的改变。

从创业战略的视角来看，创造性破坏理论的意义在于聚焦客户需求，并推动创业者采用比现有公司更有效或客户满意度更高的新方法来满足客户需求。这样做的结果就是将现有的竞争对手挤出市场。创造性破坏理论的另一个影响就是创业者不能停滞不前，因为从本质上讲，某个创业者的每一项创新都会被另一个创业者取代。

发现理论

发现理论（discovery theory）的前提是市场上已经有新的机会，等着创业者去发现。[4]

有时，这样的机会来自前面提到的竞争格局变化，网络就是一个明显的例子，它改变了我们做生意的方式。然而，即使没有这种快速的变化，学过营销的人都知道，基本的方法就是在某个时点识别客户未被满足的需求，然后通过新的创业产品来满足。

与创造性破坏理论不同，发现理论中没有破坏现存事物的建议。这个过程主要依赖于找到新的客户需求。

创造理论

创造理论（creation theory）基于这样一个假设：创业者可以通过试验和创造以前不存在的新市场需求来开发新的机会。[5]

创造过程通常包括一个试验性的学习过程——尝试新方法，获得对产品和服务的反馈，特别是要依靠创业者并将他们作为这些机会的基本来源。重要的是，创业者的行动对新机会的开发至关重要。许多人都认识到，这种方式往往与创业者的个性交织在一起。

理论和实践

上述理论对创业战略意味着什么呢？首先，没有一种理论被普遍接受以定义创业战略的发展过程。其次，根据战略情境的不同，每种理论都可能有些贡献。在目前的知识状况下，创业战略将继续借鉴这三个领域和其他领域的研究成果。

创业战略实践：一种开发模型

大多数小公司[6]会一直是小公司，能赚钱又能高速增长的公司并不多见。[7]尽管这多少有点让人丧气，但许多人都知道，有人从创业活动中获得了巨额财富。要想把小公司发展壮大，创业者需要一种能扩大最初创业机会的开发模型。

在创业过程中，起点是商机。这可能是公司外部的商机，例如谷歌网络搜索引擎背后的技术；也可能是公司内部的商机，例如一项有商业开发潜力的新技术发明。因此，组织架构首先要能识别外部的业务机会和内部的驱动力。

有多种方法来识别商机[8]：

- 先前经验使个人更有可能识别相关的领域。
- 通过和大学的联系来识别技术机会。
- 先前的知识可能是在其他公司的工作中获得的，通常称为“与路径相关的先前经验”。
- 尝试多种创意，甚至可以发明以前不存在的东西。

图 17－2 显示了这些初步的要素。

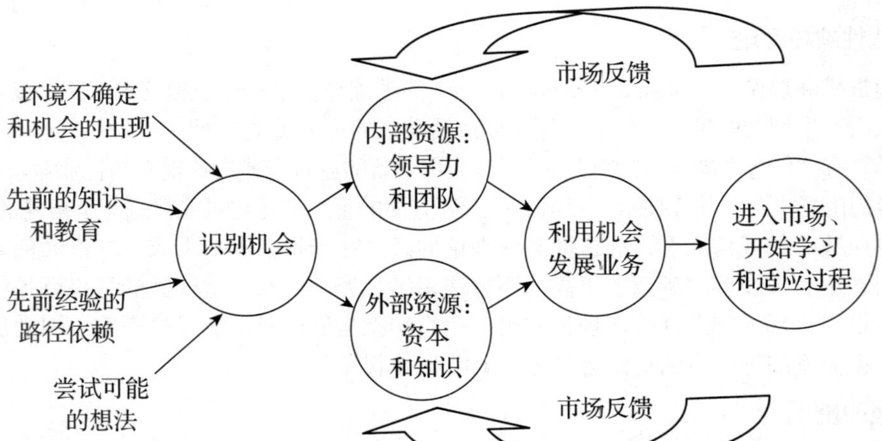

图 17－2 创业过程的模型

麦格拉思（McGrath）[9]认为，接下来就是要成立一家公司来开发商机。通常会有一小群人组成一个内部团队。打造可以成功利用商机的团队可能是最重要的也是最困难的创业任务。从更一般的层面来看，大多数小公司不会在自己的组织内找到多余的资源。因此，在图 17－2 所示的开发模型中有一个“外部资源”区域。

在整合了这些资源之后，通常的做法是成立一家独立的有限公司来开发已确定的商机。一旦完成了这一步，产品或服务就将进入一个新的阶段。客户、分销商、供应商和其他利益相关者将提供市场反馈，这样可以根据需求进一步开发和创造商机。这些要素构成了图 17－2 所示模型的后一部分。

在一些现代企业战略的理论中[10]，图 17－2 所示模型从左到右的线性关系不太明显。整个过程会更具试验性和创造性，有很强的涌现型战略特征，可以在不同的节点上提供反馈。其他模型强调了参与者的竞争资源，尤其是那些拥有独特知识或技术的参与者认为他们对商业机会的整体开发和成功至关重要。[11]图 17－2 中有个领域没有显示，那就是要剥离那些无利可图的业务活动。在创业活动的激情支配之下，最后这个方面常常被忽视，但重要的是，商界人士要学会如何从失败中走出来，如果有必要，还可以再建立一个全新的公司。[12]

关键战略原则

- 创业是一种思考、推理和行动的方式，侧重于在个人或小群体的领导下通过更普遍的视角来识别和利用商业机会。
- 关于创业机会的出现，至少有三种理论。创造性破坏理论认为，创新机会是通过竞争和技术去摧毁先前市场中的产品而产生的。发现理论的前提是市场上已有新的机会，在等待创业者去发现。创造理论则基于这样一种假设：创业者可以通过试验和创造以前不存在的新市场需求来开发新的机会。
- 在实践中，可以构建一个创业过程的模型。模型的早期阶段要确定对业务机会有贡献的外部资源和内部资源。下一个阶段是招募团队和利用外部资源来开发这个机会。然后要创办一个公司，接着产品或服务就可以进入市场。模型的最后阶段中有市场的反馈机制，可能会进一步改变或拓展商机。

17.2 创业战略：个性特征和风险承担

在创业战略的发展过程中，有一个因素更为强大，在某些情况下甚至可能是独一无二的，即创业战略的个性特征。根据定义来看，创业者之所以重要，是因为他们亲自参与了商业机会的设计和战略的制定。从这个角度看，有三个重要的战略问题：

1. 创业者在制定战略时的个性特征；
2. 创业者如何开发战略机会；
3. 创业者的风险水平和回报。

创业者在制定战略时的个性特征

虽然创业者并没有共同的人格特征[13]，但创业者的个人背景和动机对战略发展是很重要的，也是与其相关联的。研究表明，一些创业者有技术和发明背景，一些有把握机会的商业经验，还有一些有金融背景，目的就是要管理各种各样的机会。[14]其他创业者开公司则有其他的背景和动机。

除了动机和个人背景之外，还有很多研究旨在识别成功创业者的个性特征。[15]研究发现的特质包括“勤奋”、“自信”和“愿意接受新思想”。我们将在本章后面关于实施的小节中再次讨论战略发展的这个方面。

在创业者的个人技能中，有一个因素特别重要：创业者在公司内部传授知识的能力。这一点对大型公司和小型公司都是至关重要的：如果可以将知识传播给公司里的所有人，而不仅仅是一两个创业者，那么公司的创业能力就会大幅提升。

创业者如何学习和开发商机?

有多种关于创业者如何开发商机的理论，但并没有单一的方法可用。科尔布（Kolb）和弗赖伊（Fry）开发了一个有益的体验式学习圈，如图17－3所示。[16] 其基本的假设是大多数创业者都将参与到某种形式的学习中去，去学习有关商机的知识。体验式学习圈（experimental learning circle）有四个要素：具体的经验或知识；观察和反思；从观察中形成抽象的概念；在新情况下检验这些概念。虽然这个过程本质上是循环的，可以从任何一个点开始，可以从某种形式的先前经验知识开始，例如技术上的创业突破，即图17－3中的“1”。利用这一知识，采取一些行动，如新机会的初步试验，然后看看结果：图17－3中的“2”。下一步则要考虑是否可以从前面的步骤中形成一个通用的原则，例如，商业机会是否有真正的潜力，如果有，其主要元素是什么：图17－3中的“3”。第四步是在新的情况下测试，例如，进一步开发商机：图17－3中的“4”。

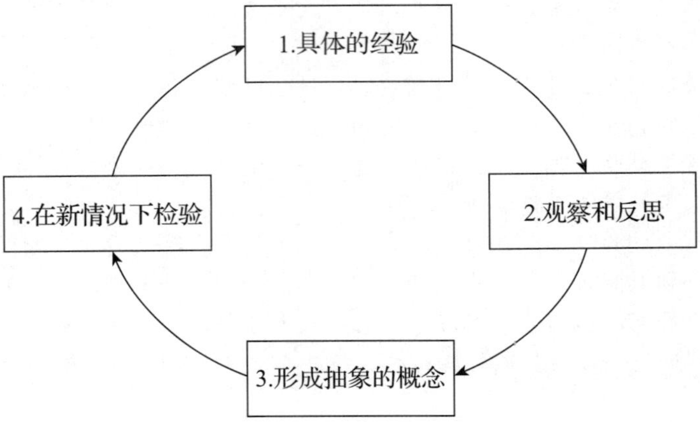

图17－3 体验式学习圈

资料来源：Kolb, D A and Fry, R (1975). “Toward an applied theory of experiential learning”. In: Cooper, C (ed) *Theories of Group Process*, Copyright © 1975 John Wiley & Sons Ltd. Reproduced with permission.

在这种特殊的模型中，创业者的创业经历是开发商机的基础。重要的是，该模型在个人层面上对创业者提出了要求。创业者需要具备以下特殊技能：

- 开发商机所需的特定经验或技能。
- 能够在不过度热情的情况下观察对商机的反应，这样可以避免曲解主要的收益和相关问题。
- 将商机的主要元素概念化。
- 积极参与试验，完善业务方案。
- 将学到的知识传授给他人的能力。

风险、回报和不确定性

用《战略创业杂志》（*Strategic Entrepreneurship Journal*）杰出的编辑丹·申德尔（Dan Schendel）和迈克尔·希特（Michael Hitt）的话来说：“风险是创业中内生的。”[17] 但是，人

们普遍认为，只有风险合理且能带来足够吸引人的更高回报，人们才会承担风险。这里的“合理”是指个人根据其资源和对生活的期望做出的价值判断：很难甚至不可能针对某一类创业活动对这些问题进行归纳。

除了关于风险的价值判断之外，还需要区分承担创业风险过程中的两个方面——风险和不确定性。风险（risk）涉及与业务活动结果的已知概率分布相关的可测量的投入和产出。虽然没有什么是确定的，但获得特定结果的概率是已知的。[18]这意味着可以使用各种分析工具对风险进行统计分析。

不确定性（uncertainty）可能涉及具体的投入，但其结果不能事先完全确定，甚至在事件发生后也可能不清楚。由于存在不确定性，不可能做出任何有把握的预测。这意味着不可能根据统计分析得出可能结果的概率分布。

通常，只有在为特定的创业机会制定商业计划书并把它呈现给诸如银行等外部机构来筹措资金时，才要考虑风险和不确定性。该计划书将包含通过承担商业风险可能实现的销售额、利润和成本的估计。这些数字似乎是理性决策的结果，能够进行统计性的风险分析。此外，同样的数字也可能涉及很大的不确定性和风险，不应在计划书中提及。

在实践中，可以通过开展进一步的研究、将产品送去进行市场测试和开展其他类似活动来降低新创公司的风险。已经有了良好基础但还希望从事创业活动的公司会使用这种形式降低风险。麦格拉思说过：“在一个既定组织内，减小新业务不确定性的过程通常充满了冲突，因为分配资源来减小一个新创意的不确定性意味着不能将资源用于其他新创意和组织原先计划的各种运营活动。”[19]

关键战略原则

- 尽管创业者并没有共同的个性特征，但个人背景和创业者的动机对战略发展很重要，也与其有关联性。成功的创业者很可能很勤奋、充满自信，乐于接受新的想法。有种特别重要的技能就是在组织内部转移知识的能力。
- 关于创业者的机会开发有各种各样的理论。其中之一就是体验式学习圈。它有四个要素：具体的经验或知识；观察和反思；从观察中形成抽象的概念；在新情况下检验这些概念。从本质上讲，该理论基于这样的概念：创业者要通过向市场学习来开发新的机会。这意味着创业者需要发展与学习过程相关的特殊技能。
- 风险是创业中内生的，首先依赖于个人的价值判断和期望。在考虑创业风险时，必须将此与另一个相关的不确定性主题区分开来。风险是可测量的，而不确定性是很难定义的。通过进一步的研究可以降低风险。然而，这可能会导致公司中的紧张气氛，因为风险研究所需的资源可能需要从组织的其他部分获取，从而减少了其他地方的机会。

17.3 创业战略的四大驱动力：想象力、创意、发明和创新

创业战略的本质在于“4I”：想象力（imagination）、创意（ideas）、发明（invention）和创新（innovation）。这四种驱动力“聚焦的是发现或创造新事物，可以通过新的价值主张更好地服务于某一部分人或整个社会的需要。”[20]很多创业者都创造了新的东西，满足了社会的需求，如个人电脑软件、移动电话服务、比萨饼餐厅。问题是，该怎么做？

要发展“4I”，有三种主要的方法：技术、创新以及新产品和服务开发。本书第 7 章已经探讨了其中的两个方面——技术和创新。在此，我们将集中讨论最后一个要素——新产品和服务开发。在本节中，我们还将探讨在小型公司和大型公司中实施此过程的区别，因为后者的过程更加复杂。

创意生成：新产品和服务开发

创业从形形色色的创意想法开始，这些想法会按照一系列商业标准进行精简，然后才会推出现实的商业化产品或服务。

创意可以来自任何地方，但有两种方法可以帮助实现这一过程：

- 头脑风暴（brainstorming）：通过团队迅速产生创意想法的办法，通常团队成员的背景各异，对这些创意想法不要进行任何评价。
- 焦点小组（focus group）：由 5 ～ 8 个人展开讨论，成员要根据他们与主题的相关性进行选择。通常，会招募几个小组来代表特定的目标群体。由此产生的结果探讨的是定性问题，而不是定量问题。

头脑风暴法具有想象力强、独创性高、积极主动的优点。重要的是，它不允许批评，连表示不赞成的面部表情都不允许。原因是显而易见的——任何批评性的评论都会使人们谨言慎行，创意想法就会枯竭。如果鼓励大家将一些看起来不太相关的想法联系在一起，这样的讨论将大有裨益。

焦点小组可以用来进行各种市场研究。应该由训练有素的研究人员组织，经常会用到一些简单的研究材料，比如写在黑板上的产品概念。可以从围绕广泛主题的一般性讨论开始，提出想法并征求意见。在讨论的第二部分中，通常会继续研究具体的建议或想法，然后提出观点并进行评价。

除了这两种创意生成和收集反馈的方法，创业者通常还有其他的方式来创造新的商机。他们会发现未满足的客户需求；观察到供给方面的问题；发现以前不在互联网上提供的服务；访问另一个国家时产生新的想法；等等。创业战略的创意阶段需要开放，而不是限制。

在创意生成阶段之后，其他阶段接踵而至。这些阶段因组织而异，图 17－4 列出了中型公司的一系列典型阶段。

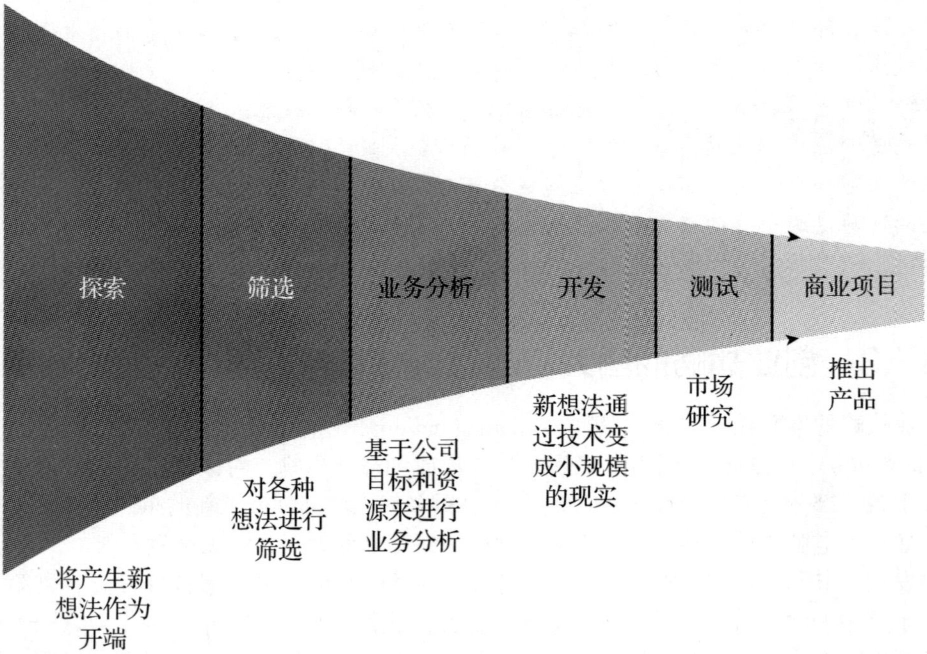

图 17－4　开发和评价创意

- 筛选——排除那些在创意生成会议中出现的疯狂的创意。
- 业务分析——根据公司目标对所有剩余的创意进行评价。通常情况下，会有一些好创意，但并非所有的方法都能针对公司的目标产生足够的利润。
- 开发——剩余的创意随后被开发成实验性产品或服务。同样，有些可能会失败，因为最初的想法在实践中根本无法实现。
- 测试。将开发出的产品针对真实的客户进行小规模测试——通常是家庭或办公室的真实产品。
- 商业项目。最后，将那些在测试中被证明对顾客有吸引力的产品投放市场。

当然，产生创意的过程有很多种。第7章中的案例还有其他的办法：例如，3M流程就是鼓励员工花时间产生想法，然后与组织中的其他人讨论。重要的是，公司的组织文化应该支持创意创新：员工不会因为失败而受到批评。"4I"——想象力、创意、发明和创新——是现阶段创业者的首要出发点。

现有公司内部的创业：内部创业

组织内部的创意过程可能会更加困难，原因有很多——也许是因为公司的历史（"我们两年前就试过了"），也许是因为个人观点和反对意见（"那永远不会起作用"），也许是因为公司的报告层级（"你永远也不会获得董事会的同意"）。[21]有很多研究证据支持这一观点，即一些公司而不是所有公司确实会阻止创意的产生，第12章对这些领域进行了充分的探讨。[22]然而，正如我们看到的，一些公司也会高度支持新的想法和创新。

内部创业（intrapreneurship）聚焦的是在大型的公司或组织中如何识别和利用创新创业的机会。这一过程与创业有些相似，但现有组织中可能存在各种限制等不利因素。在现有组织内创业有明显的好处：

- 更多的技术和研究设施等资源：例如，汽车制造商每年花费500亿美元用于绿色战略的研究。
- 更多的网络联系可以实现更好的创意交融：例如，案例研究7.1中的3M公司。
- 更强的支持有助于将创意投向市场，然后在市场中打造品牌、组织营销、构建销售网络。

可以通过支持此类发展的各种公司政策来鼓励公司内部创业。[23]其中包括：授予公司内部员工对创新的部分所有权；将公司内部创业视为组织中一个单独的利润中心，让创新者享有全部的荣誉和功劳；建立一个公司内部团队，成员可以担任各种角色和组成不同的联盟；建立解决不同团队之间的争端和竞争的协调体系，这样公司内部的团队既有竞争又不至于激化矛盾。重要的是，在某些国家和公司组织文化中，这些方法可能比其他方法更有效。

关键战略原则

- 创业战略的四个主要驱动力是想象力、创意、发明和创新。创造新商机的主要方法有三种：技术、创新以及新产品和服务的开发。
- 对于新产品和服务的开发，可以采用两种技术：头脑风暴和焦点小组。前者尤其擅长产生新想法，即使有些想法完全不切实际。后者可以在更有条理和更具体的过程中产生新的创意。在创意生成阶段之后，开发和评估创业机会的典型过程包括五个阶段：筛选、业务分析、开发、测试和商业项目。
- 大型公司也可以从事创业活动，这被称为公司内部创业。内部创业侧重于识别和利用大型公司或组织中的创新创业机会。可以通过支持此类过程的各种公司政策来鼓励创业。政策包括授予部分所有权、利润中心、公司内部创业团队建设以及建立解决群体之间争端和竞争的协调体系。

17.4 创业战略：竞争优势和所有权

对于创业者来说，只是开发和利用新的商机还不够：竞争对手可能会模仿，进行改善，然后抢夺创业者的业务。这意味着创业者要寻找保护其竞争优势的方法。完成此任务的主要方法有两种：打造可持续的竞争优势和确保合法所有权。

打造可持续的竞争优势

从关于竞争资源的第4章中，我们知道识别和发展竞争优势并没有唯一的方式。我们也知道，这是一个循序渐进的过程——当一个想法逐渐发展和成熟，可以从一个阶段转到另一个阶段。从创业者的角度来看，重要的是要不断试验和观察客户对产品和服务的反馈，同时还要监控和应对各类竞争活动。

不管怎样，竞争优势的各个方面都可能有助于创业战略：

- 声誉和品牌。即使在市场上规模很小，创业者也可以因提供物美价廉的产品和卓越的服务等而声名远扬。[24]
- 知识获取。技术创新和知识可能来自组织内部，在这种情况下，可能已申请专利。但是，也可以通过购买许可证或其他方式从外部公司甚至国外获得。[25]
- 核心竞争力。创业者可能有一些可以利用的专业技术知识，但需要不断强化。[26]“技术进步是大多数创新的基础，而且是变革的主要动力。”[27]这里的关键是要保留这种优势，可能需要申请专利。
- 其他独有资源。有些资源难以被竞争对手复制。其中最重要的两种资源是创新者的团队和区位优势。配搭良好、工作顺畅的团队通常会拥有隐性知识（参见第7章），这是竞争对手在很长时间内难以匹敌的。当公司拥有特别好的地理位置——例如伦敦的萨沃伊酒店，或繁忙的高速路交会处的乐购或沃尔玛超市——可能会产生区位优势，而竞争对手只能花大笔费用才能复制。

如果约瑟夫·熊彼特的理论是对的，那么所有这些优势都将受到本章前面所述创造性破坏理论的支配：实质上，熊彼特认为竞争优势是不可持续的。其他战略理论则建议，要使用其他可以保护和维持竞争优势的方法，例如可以通过合法所有权申请专利。

确保合法所有权

除上述方法外，还有四种方法可以保护创新成果及其相关业务获得的竞争优势。[28]这背后的基本原理称为知识产权保护。**知识产权**（intellectual property）是无形的但具有市场价值的人类智力产物。之所以称为知识产权，是因为它来自17.3节中探讨的“4I”。

保护知识产权的主要方法有四种：

1. 专利。这是确立创新所有权的注册法律文件。在获得保护之前，通常需要完成漫长且花费较多的法律程序，尤其是还要通过政府专门部门的认可。

2. 商标。这实际上是任何可以区分产品或服务的词语、标志或其他标识。商标通常需要在某种形式的政府组织中注册。大多数国家都有商标法来保护创业者免受仿制产品的侵害。

3. 版权。这是保护出版物所有者著作权的一种方式，赋予作者决定作品的使用方式以及从作品中收取使用费的法律权力。出版的作品必须是有形的，如一本书、一本杂志中的文章等，不能直接为某个想法申请版权保护。

4. 商业机密。这是可为信息所有者提供竞争优势的任何公式、模式、物理设备或过程等，可能包括营销计划、财务预测和技术信息。与上述其他领域不同，该领域并没有单一的法律框架或机构可以提供保护。如果某个国家有保密法，则可以对侵权行为提起诉讼。

实际上，要清楚上述所有保护措施很容易产生高昂的法律费用，需要专业建议——不管是在最初注册时，还是后来起诉竞争对手的侵权行为时。但这是有价值的，值得花费相关的成本，也包括申请和注册时花费大量管理时间。

关键战略原则

- 可能会有人模仿新的商机，因此创业者要保护他们的新业务，主要有两种手段：打造可持续的竞争优势和确保合法所有权。
- 保持可持续的竞争优势没有固定的规则可循。然而，有很多方面有助于创业战略：声誉和品牌、知识获取、核心竞争力和其他独有资源。
- 从确保合法所有权的角度来看，有四种主要方法：专利、商标、版权和商业机密。前三个可能涉及高昂的法律费用和专业建议。为保护宝贵的新商机，这是值得的。

17.5 实施创业战略

识别商机只是创业战略的一个部分，实施阶段可能同样具有挑战性。丹·申德尔认为："看到机会是一回事，利用和开发机会则是另一回事。"[29] 因此，本节将从三个方面探讨实施问题：个人方面、实施的资源和制定商业计划书。

创业战略的个人方面

由于创业战略的个人性质，我们首先要讨论对创业者的个人要求以及实施创业战略时重要的个人特征。专栏 17.1 总结了这些内容。

专栏 17.1 | 成功的创业者有哪些特征？

- 聚焦目标和商机的能力。
- 努力工作，不管需要多少时间。
- 自我激励，即使得不到支持也会投入地工作。
- 在可能的挫折中坚韧不拔。
- 提出方案时自信而果断。
- 集思广益，也愿意倾听各种建议。
- 时刻准备着去寻找更多的商机。
- 愿意接受技术、客户和供应商的需求等方面的改变。
- 打造团队和鼓励承诺。
- 不因早期成功带来的权力而得意忘形。

资料来源：Based on P Wickham (2006). *Strategic Entrepreneurship*, 4th edition, Pearson Education.[30]

利用资源来开发商机

除了团队建设外，还有其他各种资源也对实施创业战略至关重要。如前所述，许多新创公司都是从技术开始的。很多新公司不太可能拥有开发机会所需的所有知识和专长。因此，这样的公司需要寻求合作伙伴、创立合资公司或者结成战略联盟。合资公司的优点是有法律框架的保障，缺点是要和合伙人分享利润。联盟则比较松散，有破裂的风险：如果专有技术是与合作伙伴共享的，可能会特别痛苦。

除了与其他公司的联系外，很多新创公司还需要通过资本注入的方式获得资金。通常，需要联系银行或风险投资公司。这些公司肯定会仔细评估这个商机，但它们的评估还会包括新公司的管理者、竞争反应的范围和可能性以及业务的增长潜力。通常需要对新公司的成本进行准确和充分的预估。银行家将从创业者那里寻求某种现实主义的结合，即这些预测不能太过乐观，但又希望对公司未来的成功充满信心。[31]

制定现实的业务目标和商业计划书

一旦初始资源到位，就需要制定商业计划书。关键是要确保计划是灵活的，能够从市场中学习。正是由于这个原因，图 17－2 所示早期的创业过程模型中，针对“环境”有一个强有力的反馈机制，要注意两种特定的具体情况：

1. 外部事件创造和摧毁商机的可能性。

2. 采取一种基于学习的方法来开发和利用商机的必要性。

撰写商业计划书的过程中，可以对本书前面提出的概念稍加修改。采用计划型结构，图 17－5 列出了十个关键要素。有人说，也可以采用涌现型的方法。选择计划型模型的原因是要满足外部投资者的特定需求，如上一节所述，他们通常需要一些精确的预测。

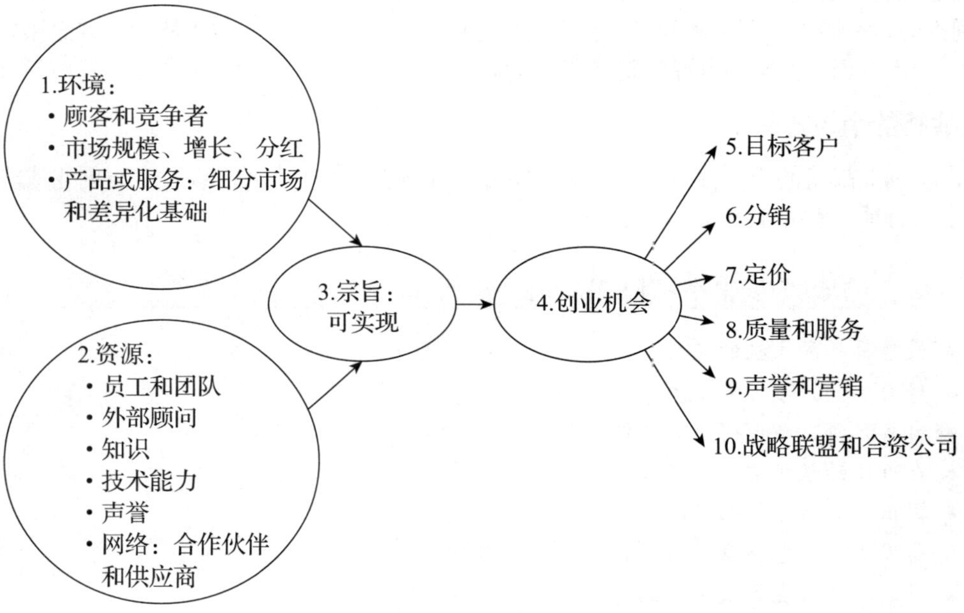

图 17－5 创业战略：商业计划书的十个关键要素

从本章前面概述的主题和本书的其余部分来看，创业商业计划书的大部分要素如对环境和资源的分析都是清楚的。然而，因为缺少战略选项，要对计划型的模型进行调整——当然也会有一些选择，主要的任务是确定商机，然后努力去实现。接下来，要准备六个方面的内容，即目标客户、分销、定价、质量和服务、声誉和营销、战略联盟和合资公司。本章或前几章已经讨论过这些主题，此处不再赘述。

关键战略原则

- 实施创业战略要注意三个主要的问题：个人方面、实施的资源和制定商业计划书。在个人方面，很多创业者需要的一项重要技能就是团队建设。在大多数情况下，创业者需要其他人的协助才能开发一个新的商业机会。
- 在实施阶段，创业公司可能需要一些重要的资源。技术资源往往是一个关键部分，可能要招聘专家，或利用合资公司或联盟从其他公司获得这种资源。除了技术，通常还需要银行和类似机构的财务支持。银行会需要一个清晰的、经过充分论证的计划，然后才能将资金投入新创公司：通常需要详细且成本合理的财务预测。银行家将从创业者那里寻求一种现实主义的结合，即预测不要太过乐观，同时对该公司未来的成功充满信心。

- 为新创业公司制定商业计划时，可以采用计划型的方法，主要是因为需要说服外部银行家和投资者来支持这一商机。然而，因为缺少战略选项，要对计划型的模型进行调整——当然也会有一些选项，主要的任务是确定商机，然后努力去实现。商业计划书有十个要素：环境、资源、宗旨、创业机会、目标客户、分销、定价、质量和服务、声誉和营销以及战略联盟和合资公司。

批判性反思

创业一定是非结构化的吗？

一些战略家认为，无论市场机遇出现在哪里，创业者都得紧紧把握。这意味着创业活动本质上是非结构化和机会主义的。然而在筹集资金时，很多银行和其他机构坚持认为需要一个计划型的方案，然后才会冒险将资金投向此类公司。谁是对的？创业一定是非结构化的吗？

思考问题

1. 以一个你熟悉的小型组织为例——也许是一个学生社团或你工作过的某个地方——你觉得它有增长的机会吗？如果是这样，如何从战略环境和资源的角度进行分析？然后，组织该如何利用这样的分析来实现进一步的发展呢？

2. 基于体验式学习圈，一家小型互联网公司将如何进一步发展其业务？发展过程中有哪些阶段？使用这种方法有什么问题？

3. 用专栏 17.1 作指导，你认为哪些个性特征对创业者尤其重要？如果创业者缺乏某些特征，他们会失败吗？或者这只是理想化的“愿望清单”，不需要在实践中实现？

4. 如果你是一位银行家，正在审查一项关于新创公司的提案，你会对数字或演示者的热情有更深刻的印象吗？你将如何评估提案中包含的风险和不确定性？

5. 在评论创业者的活动时，卢克·约翰逊说：“我认为，[对创业者来说] 打破规则 [不违反法律] 和迎难而上是非常重要的。”你是否同意这种观点？打破规则有什么好处和问题？为了成功，你是否真的要“迎难而上”，是否要夸大你的成就和现有资源？

6. 选取一个仍然具有创新空间的市场，如在网络上提供新服务，研究进入该市场的可行的创业战略。如果可以，确定哪些战略更有可能带来可持续的竞争优势。

7. 在由互联网提供服务的创业市场中，规模较小的公司可以采用哪些战略来获得市场份额和附加值？你要考虑这些公司是否利用了所有可用的战略机会。

8. 思考一个小商机，可能是你想到的，也可能是你希望开发的。考虑你可以采取哪些步骤来开发。可以参考图 17－4 和图 17－5。

延伸阅读

注释和参考文献

18 政府、公共部门和非营利组织战略

学习目标

学习完本章后，你将能够：

- 解释为什么公共部门的战略是不同的，为什么如此重要。
- 了解两种主要的公共部门模型，并解释公共价值的概念。
- 分析公共部门的环境。
- 分析公共部门机构的资源。
- 解释如何制定和界定公共部门机构的宗旨。
- 从情境、内容和过程的角度了解公共部门的战略管理。
- 制定实施既定战略的方案或采用涌现型战略的渐进方法。

引言

本章着重讨论适用于政府、公共部门和非营利组织的战略的特殊因素。政府是指国防和法律等由国家负责的领域。公共是指卫生、交通、能源和其他各类服务，这些服务可能由国家负责，也可能是私有化的，取决于政府的政治观点。非营利组织是指为公共利益服务但独立于国家的机构，例如慈善机构、信托机构和其他类似机构。为了避免重复，这些组织都简称为“公共”机构，其战略称为公共战略，以区别于商业公司的“私营”战略。必要时也会讨论三种不同类型的公共部门机构之间的差异。

为什么公共部门的战略需要单独写一章？主要有两个原因。首先，世界各国的公共部门都很重要。即使是像美国这样的高收入国家，尽管很多服务都已经转到私营部门，公共部门耗费的财富仍会占到整个国家国内生产总值（GDP）的 34%。[1] 换句话说，每个国家都在公共部门中花费

了相当大的支出。因此，公共部门战略也很重要，值得深入探讨。

其次，公共部门更为复杂，涉及与私有部门不同的诸多因素。[2] 例如，凯洛格和谷物联盟等公司在私有部门的早餐谷类食品市场展开竞争。衡量它们成功与否的标准是是否可以为股东带来利润，并为客户提供物有所值的产品。但在像地方或国家警察部门这样的公共部门中，不存在从警察预算中获得“利润”的问题，而要说警务服务“物有所值”的话，恐怕要花很多气力才能解释清楚。[3]

公共部门战略有如此大的差异，本书其余部分探讨的商业战略原则可能不适用于公共部门战略。例如，第 5 章探讨过用“正面攻击”和“侧翼进攻”的竞争战略来打击主要竞争对手。但在如国防或警察部队等国家垄断的领域，这些都没有意义。[4] 因此，我们需要在公共部门的情境下重新考虑商业战略的各种要素。

商业战略家在为公共部门重新定义概念的时候，还面临另一个困难。公共部门管理的理论要比商业战略的理论出现得更早。[5] 这意味着在重新审视商业战略时，还要考虑另一个流派的智力贡献和思潮。仅用一章无法探讨过去形成的所有公共部门行政管理理论。本章只关注与本书其他部分有直接联系的内容。当然，本章也有足够多的参考文献，读者可以继续探索那些值得深入研究的领域。有趣的是，过去 20 年来，公共部门的行政管理理论越来越接近私有部门的概念——这就是我们将在本章后面探讨的新公共管理的概念。[6]

为了探究公共部门的战略管理，我们将遵循本书涉及的商业战略的基本结构。具体方法见图 18－1。

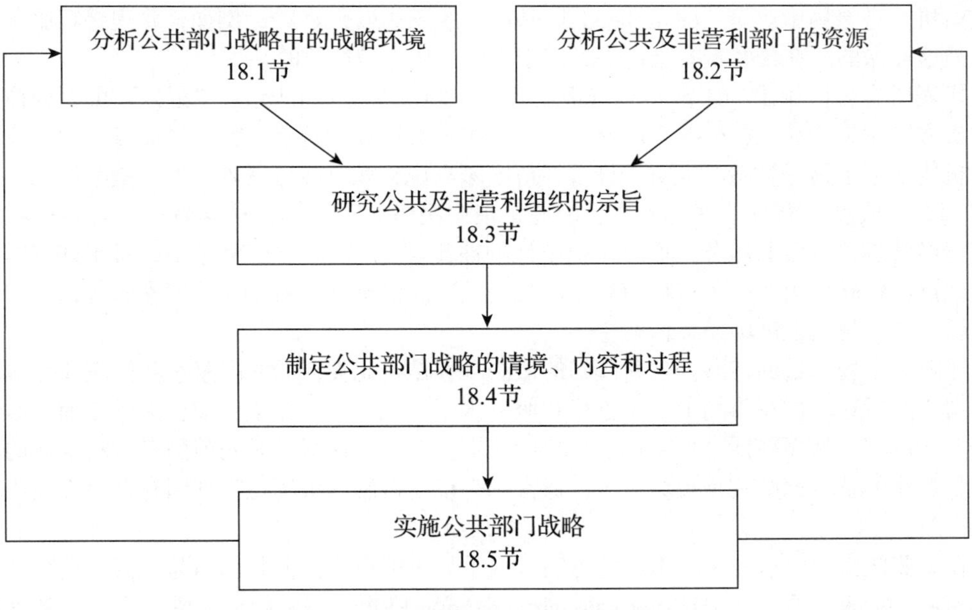

图 18－1 制定公共和非营利部门的战略

18.1 分析公共部门战略中的战略环境

在公共部门，对战略环境的分析要比私有部门更为复杂。主要原因是公共部门战略涉及广泛且定义并不清楚的公共利益问题：**公共利益**（common good）既关注目标，也关注制定和实施公共决策的机构。公共部门战略中的这一基本概念包含两个要素：“公共”是指一般意义上的所有公民，“利益”则指的是公众中个人的[7]意愿。[8]公共利益和在竞争市场中运营的公司追求的利益是不一样的：公共利益——由国家政府和各种国际机构代表以公众名义解读——不仅很重要，而且与在市场上销售产品的公司追求的利益大不相同。有四个主要的环境因素需要分析：

1. 公共服务中市场机制的范围；
2. 公共价值的概念；
3. 利益相关者的权力和复杂性；
4. 非营利组织的特殊问题。

在探讨了这些因素之后，本节将通过分析公共部门的环境得出结论。

公共服务中市场机制的范围

我们可以通过以下三个主要方面进行探讨：

1. 公共部门中市场机制的益处；
2. 公共部门中市场机制的成本；
3. 国家政府自由放任型和计划型政策之间的平衡。

公共部门中市场机制的益处

在公共部门行政管理理论中，政府应该代表所有公民而不是少数几个人做出决定。例如，在给欧盟的伽利略卫星系统投资时，与投标相关的所有公司都可以使用这笔资金，而无须咨询公众的意见。如果要向所有相关方提供公共产品和服务，公共部门的理论家认为，通过政府机构进行集中决策（centralized decision）的方式最有效[9]，例如，管理警察服务的机构就是这样做的。在公共行政理论中，集中决策被认为是有益的。

代表所有公民做出的决定与私有市场大不相同，在私有市场上，“买方”可以选择是否从“卖方”购买产品。在公共行政理论中，公民没有这样的选择，就市场而言，中央集权的官僚机构实际上是一种垄断。对于许多经济学家来说，如果服务提供方处于垄断地位，就不会有什么响应度，而且效率也不高。因此，集中决策是无益的。这样看来，公共行政理论与市场经济理论在公共服务方面存在根本性的冲突。[10]在过去的20年中，对于许多国家而言，观点已经转变为要引入市场力量来降低公共产品的价格。对于这些国家而言，公共行政理论已经越来越接近市场经济理论。

伴随着市场力量的转移，公共部门的做法一直是将此类产品的国家垄断供应商分解成几家公司，然后让它们在市场上基于价格和服务水平相互竞争。竞争可能会降低先前垄断性国有企业的成本，从而降低客户支付的价格：从本质上讲，这就是对先前国有垄断企业的私有化。私有化的基本原则就是市场竞争，通常称为市场机制，市场在管理国有资源方面比垄断更为有效。

在某些国家中，这种基于市场的方法采取了另一种形式：公共部门与私营公司合作，称为政府和社会资本合作（public private partnerships，PPP），即利用私人资金来开发和管理公共服务。例如，可以筹集私人资金来建设公共部门的国立医院，然后指定一家私有公司在一定时期内代表公众管理这家医院的所有服务。这种合作方式有不少争议，尤其是据说要为管理合同支付很高的费用，但这也是公共部门另一种形式的市场机制的一个例子。

公共部门中市场机制的成本

在公共部门的战略中，除了基于市场的益处外，也有成本。市场方法的实施有明确的限制。市场理论表明，由于无法满足需求，失败的产品就会从市场上消失。因此，原则上讲，这意味着应该关闭受市场压力而无法实现目标的相关公共部门机构。比如，因为有其他的学校存在，可以关闭某所不达标的学校，但显然不可能让拥有专业人员和设备的大型地区医院倒闭。就效率和缺乏市场压力而言，要让这些组织继续运行是有成本的。

引入市场机制还涉及私有化的交易成本。在打破先前的垄断来提供公共服务的时候，要制定标准，监测进展，还要评估绩效等。如果不这样做，这些组织可能无法提供先前由垄断机构提供的全部服务：市场机制很强大，但也有可能扭曲绩效。制定此类标准和监管产出有两个主要的成本：

1. 公共监管组织需要检查新私有化的公共部门组织的活动，要确保它们继续履行提供公共服务的义务。

2. 因为要提供绩效和相关活动的数据，在新私有化的组织中会产生额外的行政成本。

从理论上讲，市场机制的收益应该超过上述两种成本。然而在实践中，对这些问题还有一些分歧。在公共部门战略中，重要的是在制定战略时必须仔细考虑监管机制、绩效目标及相关的成本。同时，还应该与监管过程中的参与者——公共监管者——建立联系网络并与他们讨论拟定的战略变革。

国家政府自由放任型和计划型政策之间的平衡

在公共部门的政策中，**市场机制**（market mechanism）是国家利用供应商之间的竞争、市场定价和准市场机制来确定先前由国家垄断的商品供求的手段。在欧盟和美国，对于国家应在多大程度上干预市场存在不同的看法。长期以来，在法国、意大利和希腊，国有企业和国家干预是国民经济的重要组成部分；在英国、新西兰和美国，则截然相反。要采用什么样的方法，实质上是当权者做出的政治选择。表 18－1 总结了这两种方法，即自由放任型和计划型。亚当·斯密、卡尔·马克思等很多政治评论家都为这一领域的重要政治辩论做出了贡献。表 18－1 仅总结了与战略管理最相关的领域。

表 18－1　公共部门环境的两种不同模型

自由放任型：自由市场模型	计划型：中央调控模型
• 进入壁垒低 • 鼓励竞争 • 国家不会或者很少会支持行业 • 自利创造财富 • 相信供需关系铁律 • 失业率比较高 • 利润推动劳动生产率和质量的提升	• 进入壁垒高 • 国有公司支撑，抵御国际竞争 • 国家拥有关键行业 • 牺牲少数人，多数人获得利润 • 市场机制失灵对穷人的影响极大，只能通过国家干预纠正 • 需要纠正由私有公司控制的垄断

在现实中，表 18－1 中的区别是非常简略的。一些国家在一些领域会提供强有力的政策支持，例如教育、受青睐的行业（如新加坡）及道路、电力和水利方面的投资，在其他领域则采用自由市场的方法，例如，国家垄断企业私有化或降低进入壁垒以鼓励跨国公司投资。这类跨国公司如福特、麦当劳和联合利华等。每个国家都有自己的方法，因此任何公共部门的环境分析都必须因国别而异。

公共价值的概念

公共价值（public value）是指拥有和控制某些产品和服务能给整个国家带来的利益。例如，国防力量和警察部门对一个国家所有公民的益处是非常明显的。政府要代表国家做出决定，哪些公共产品和服务应由国家控制，哪些服务应由私人公司控制。实际上，在许多国家，有一些灰色地带既不是完全在政府控制之下，也不是完全私有的；因此，这样的公共价值就是混合型的。图 18 - 2 给出了一些示例。

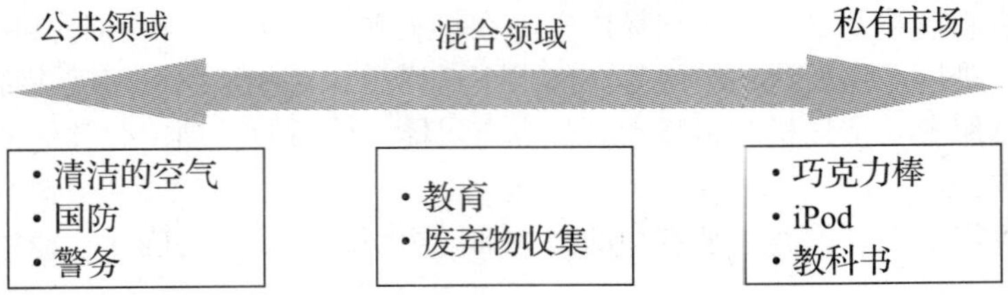

图 18 - 2　公共领域的公共价值是最高的

考虑到公共价值的概念，公共部门的战略分析将产生三个重要结果：

1. 与私有部门的汽车或旅馆市场不同，提供国防或清洁空气的公共服务必须通过具有约束力的集体决策才能生效。需要通过能够约束、治理和分配公共价值的法律框架以及相关法律来制定和支持公共部门的战略。因此，要分析这样的法律框架。

2. 要确保所有人都能真正获得公共价值，而且每个人都有公平的份额，或机会均等——这就是公平的概念。这和商业战略有本质的差异。在制定公共部门的战略时，要分析公共价值的公平性程度和性质。

3. 有时，需要在分配公共价值时纠正一些问题：在私有化以后，市场机制可能会失效。市场失灵可以有多种形式。例如，新私有化的公司可能试图控制市场并人为抬高价格。因此，政府可以设立一个特殊的独立公共监管机构来监督私有化的结果，确保私有化所产生的公共价值得到充分和公平的分配。当公共价值与私人财富混在一起时，这一点尤其重要，例如私有的电信公司。因此，要分析能够确保公平分配公共价值的机制。

利益相关者的权力和复杂性

在公共部门，那些能够影响国家决策的公民拥有利益相关者的权力。现实当中，可以通过民主选举来实现政府的更迭，使国家提供的服务发生实质性变化。但是，也可能不通过民主方式而使用其他形式的国家结构。这里的问题是所有这些变革都可能是短期的，会导致公共部门战略中有很多重大的和不可预测的变化。在制定公共部门的战略时，应该对这种不确定性进行分析。

此外，公民还可以通过其他的方式来施加影响——压力集团、各种运动，甚至是暴动和骚乱。这很重要，因为它显示了公共机构能够被游说，也能在其决策过程中被施加压力。这样就可以进行利益相关者权力分析（参见第 6 章）。但这只能表明，理论上，利益相关者组织比指导公共服务部门的政治家更有影响力。我们将在 18.3 节中再来分析。

非营利组织的特殊问题

非营利组织的定义非常广泛，包括慈善组织、志愿者组织和其他公共利益组织。从公平地将价值分配给所有公民的意义上讲，这些组织并不关心公共价值的分配。此外，非营利组织的资金来源与政府机构也大不相同。公共部门政府机构的收入来自税收。而非营利组织的收入自捐赠、会费等。

在此类组织中，环境分析重点研究以下两个方面：

1. 这类组织的确切作用和宗旨。作用会定义建立非营利组织的环境以及与之打交道的人员。例如，国际红十字会组织的作用是给全球各地遭受灾害的人们提供人道主义援助。因此，其环境就是其他救援机构、需要救援的政府和国家以及这些国家中受到援助的人群。在实践中，这需要仔细定义，以确保充分理解环境。

2. 组织的筹资机制。几乎每个非营利组织都需要财务支持来开展工作。为了获得公共支持和公共资金，这些组织甚至可能相互竞争。例如，2005年全球为亚洲海啸灾难筹集的公共资金就意味着其他公共慈善机构很难为自己的活动筹集足够的资金。这表明，环境分析要仔细检查组织当前和未来的资金来源以及对相关或类似组织的影响。还要研究组织运营所在国家或地区的总体情绪和公众接受度，因为这将影响其筹集足够资金的能力。

分析公共部门的战略环境

通过回顾第3章中的基本战略环境分析，我们可以总结上述讨论的意义并考虑其对公共部门分析的影响（见表18-2）。

表18-2 分析公共部门的战略环境[11]

阶段	商业战略工具	是否可以在公共领域使用
1. 环境基础——定义和研究环境特征的基础分析（见3.2节）	评价环境中的一些基本要素 • 市场定义和规模 • 市场成长阶段 • 市场份额	可以使用，但要细致确定： • 对公共服务的需求 • 提供公共服务的政治意愿 • 提供服务的相关资金和成本
2. 环境的动荡程度（见3.3节）	一般性的思考 • 变革：快或慢？ • 重复性的或颠覆性的未来 • 可预测的或不可预测的 • 对组织有单一或复杂的影响	是，但并不容易分析。需要判断，尤其是政治和压力集团的影响 • 环境是否过于动荡而无法进行预测 • 对组织有何机遇和威胁
3. 绿色战略	• 政府政策 • 市场机遇 • 客户和行业的态度	是，公共利益的问题很清楚，再加上有政府影响绿色市场的机遇
4. 影响竞争环境的背景因素（见3.4节）	PESTEL分析和场景	是，肯定要分析 • 如果可能，要预测 • 要理解各种事件之间的联系
5. 市场发展阶段分析（见3.5节）	行业生命周期	可以分析，但除了国家变革的自然规律外，含义并不清楚
6. 行业中的特定因素：关键成功因素（见3.6节）	关键成功因素分析	是，关键成功因素可以帮助确定成功公共部门战略中的优先事项的次序
7. 行业中平衡竞争力量的特定因素（见3.7节）	五力分析	• 可以分析“顾客”甚至“竞争”（为获得资金，很多公共部门的机构会相互竞争） • 也可以进行“供应商”分析，因为政府也可以是强势的买家 • 在垄断的情况下“替代品”和“新进入者”的相关性不大
8. 行业中合作的特定因素（见3.8节）	四连杆分析	• 一定要进行这种分析 • 网络分析也很有用
9. 直接竞争者的特定因素（见3.9节）	竞争分析和产品组合分析	• 很难想象有什么意义
10. 顾客分析（见3.10节）	市场和细分市场研究	顾客分析是有用的，但要考虑公共部门中的公共价值和选择概念

关键战略原则

- 在公共部门战略中，战略环境的分析比私有部门更为复杂。主要原因是公共部门战略涉及广泛且定义不明确的公共利益主题：公共利益既涉及目标，也涉及制定和实施公共决策的机构。有两种主要的公共部门模型——中央调控（计划型）和自由市场（自由放任型）。
- 市场机制是国家利用供应商之间的竞争、市场定价和准市场机制来确定先前由国家垄断的商品供求的手段。实际上，在过去的20年中，许多国家已经通过将国有公司私有化来扩大市场。每个国家使用这种机制都有其自己的方法。公共部门的环境分析必须因国家而异。与市场机制相关的成本有两个：第一，由于提供了关键的公共服务而无法关闭效率低下的相关机构会产生成本。第二，确保市场机制服务于既定公共目标的监管成本。
- 公共价值是指拥有和控制某些产品和服务给整个国家带来的利益。但是，需要在约束和支配该价值的法律框架内考虑这种价值。另外，公共价值要求公平，要确保将价值分配给所有公民。在某些情况下，公共价值需要监管者来解决市场机制存在的缺陷。
- 那些能够影响国家决策的公民拥有利益相关者的权力。这种权力可以通过民主选举来行使，但也可能导致战略决策中的短期主义。权力也可以通过压力集团和其他形式的利益团队来行使。需要对这种权力进行分析。
- 在非营利部门中，需要进行环境分析来思考组织的宗旨和目标。还需要确定其实际和潜在的资金来源。这些组织不能依靠公共税收来支撑其活动，而要靠自愿的捐款，捐款会因各种因素的影响而有所不同。
- 用于企业战略环境分析的基本阶段也可以用于公共部门的战略分析，但使用的时候要谨慎。

18.2 分析公共及非营利部门的资源

我们在第4章中已经研究过，可持续竞争优势的概念是商业战略中资源分析的基础。但是，传统上一直认为公共部门不参与竞争性的活动，例如，公共的消防和救援服务就是非竞争性的。如果公共部门没有竞争，其资源分析就和商业战略大不相同。因此，首先要分析可持续竞争优势在公共部门是否有意义。如果存在“竞争”，那么竞争采取的形式是什么？

关于公共部门资源的第二个问题是，除了竞争性问题，此类资源相对于商业资源的更为广泛的资源本质。“本质”是指公共部门的战略家可用的资源范围，以及与公共部门资源相关的成本。第三个问题是确定完成此类工作的分析工具。

可持续竞争优势在公共部门是否有意义？

大多数公共部门机构是否符合政府垄断的特点，很少参与竞争呢？答案取决于该国采用的公共管理模式的类型——公共部门行政管理模式还是新公共管理模式。进行资源分析要先确定该国采用的是哪种模式。

多年来，**公共部门行政管理模式**（public sector administration）要求，组织要听从其政治主人的安排。[12] 在这种模式下，专业化的公务员制度体系助力政府立法，并代表政府管理国家的活动。公共部门还包括诸如电力或电信企业，要求大众为其垄断服务支付费用。[13] 在这种模式中，竞争的作用相对较小。例如，一个地区的警察通常不用和另一地区的警察竞争来完成抓捕。但是，警察的年度预算或许要与国防等其他公共服务的预算“竞争”政府资金，从这个意义上讲，有些许竞争成分。重要的是，公共服务本质上是垄断性的，而且几乎没有什么激励，公务员不会去降低成本并提高其效率。[14]更笼统地说，公共部门的这种决策模型并不适合严格的竞争优势的经济逻辑。

在过去的20年中，对于很多国家的政府来说，上面介绍的模式发生了变化，至少部分被新公共管理模式取代。[15]**新公共管理**（new public management，NPM）是公共部门决策的一种模式，在这种模式中，专业的公务员制度在市场竞争中将发挥更大作用，以前的国家垄断则被分割，要为向公民提供各种业务而相互竞争。当然，国家还保留了一些自己控制的领域，比如国防。基于市场竞争带来的更高效率，新模式提出了一系列有关政府应该如何运作的想法。[16]新公共管理有六个核心问题[17]——劳动生产率、市场化、服务导向、权力下放、政策和问责制。从战略角度来看，关键的问题是市场化，因此在这里要对此进行探讨。这意味着本节不是对新公共管理众多方面的完整讨论，其他方面可以通过本章末列出的参考书目进行研究。

新公共管理有两个主要的假设。[18]首先，政府服务的需求可以与这些服务的供给分离。其次，在此类服务的供给中可以引入竞争。我们可以研究那些已经将先前国有化的行业出售给私有部门的国家，看看这些国家发生的情况来研究这些假设。出售给私有部门的国有公司的例子包括电力和电信服务。在私有化之后，对此类服务的需求并未发生根本性的变化，因此，可以证明将供给与需求分离的假设是成立的。而且，私有化的方式就是将垄断分割成几个竞争性的公司，因此在供给中也引入了竞争。

从资源分析的角度来看，当一个国家采用新公共管理的政策时，应该是有竞争的。虽然这里不可能列出所有证据，但是很多公共管理[19]和公共部门战略[20]的研究人员都支持这一结论。这意味着应该在公共部门进行基于资源的竞争分析，诸如有形资源和无形资源、核心竞争力、架构、声誉、创新能力和知识等竞争优势也都可以在公共部门中进行研究。为更全面地了解这一领域，读者可以回顾第4章的相关内容。同样，也可以使用SWOT分析来总结这类问题——第8章已经介绍过主要的要素。[21]

尽管上述论点主要集中在政府组织上，但相同的基本原理也适用于非营利组织。稍后会对此进行更全面的探讨。

公共部门资源的特殊性

除了竞争优势外，还要在以下四个方面探讨公共部门资源的特殊性：

1. 针对宗旨的适当和足够的资源；
2. 作为资源的公共权力；
3. 公共资源的成本和收益；
4. 作为公共资源的说服和教育。

针对宗旨的适当和足够的资源——权衡和平衡

正如我们所看到的，公共部门中的某些部分实际上是垄断性的，例如国防部队和消防救援队，因此它们彼此之间并没有竞争。然而，此类部门确实要提供国家及其政治家所确定的服务，并且成本水平要“合理”（通常要由该国的主要政治家来定义“合理”的水平）。不过，很多国家的举措的都是为了在提供同等服务的同时提高效率和服务水平以及降低成本[22]——波利特（Pollitt）和布卡特（Bouckaert）称之为“权衡和平衡”（trade-offs and balances）。

公共部门的资源分析（public sector resource analysis）要评估是否有足够和适当的资源

来实现国家设定的宗旨。因此，分析资源的第一步就是要研究国家设定的目标，例如，如果要求公共部门的救护车在 15 分钟内应对紧急情况，则需要足够数量的救护车和训练有素的医务人员。然后，公共部门的资源分析要根据可用的资源来设置服务的级别和国家的其他要求。[23] 这种资源分析的方法超出了商业战略识别竞争优势以及其他类似概念的范畴。

在分析实现公共部门目标所需的资源时，主要的问题就在于“足够和适当”。原因是很多国家机构都有理由要求更多的资源。为了解决这个问题，要仔细研究既定的目标和要完成的任务，与过去经验和其他领域类似活动的比较可以提供一些参考。在实践中，主要的决定因素之一可能是政府要根据公共治理机构的政治判断来制定“权衡和平衡”的政策。

作为资源的公共权力

在战略管理中，资源分析往往关注经济实力，将现金流和盈利能力作为主要的产出。即使是像领导力和知识这样的人力资源，也常常通过它们为员工或管理层带来利润或某种形式的附加价值的能力来进行评估。相比之下，公共资源还有另外一个层面需要考虑。

从定义上讲，无论单个公司有多大，国家所拥有的权力是单个公司无法企及的。国家有三种独特和相互作用的体系，而这三种体系在商业中是不存在的：政治体系、市场经济体系和公共行政与法律法规体系。[24] 每一种体系都是在该国公民社会的大背景下设定出来的（见图 18－3）。该国的公民会参与，并对该社会及其机构的合法性做出判断——但不一定要通过民主的方法。

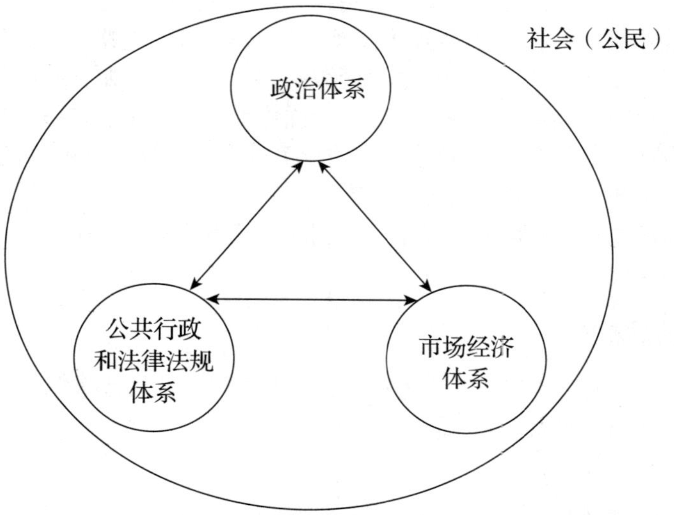

图 18－3 国家三种主要体系的简化图例

资料来源：Pollitt, C and Bouckaert, G (2000). *Public Management Reform*, Oxford University Press. Used by permission of Oxford University Press.

从公共战略的角度来看，这种对国家的看法意味着公民要么公开支持，要么默许国家的决策。从这个意义上说，公民赋予公务员权力，例如，赋予国防部队保卫国家的权力、支持警察和司法部门维护法律的权力等。可以在不同的时点调动这些力量，这也是公共部门战略的重要组成部分。[25] 例如，国家可以决定，用超出单个公司的方式来强调对环境“绿色”问题的重视程度。**公共权力**（public power）是国家所拥有的一种资源，由国家产生的集体决策构成。制定公共部门战略的时候，这种资源分析也很重要。

公共资源的成本和收益

当国家行使权力的时候，相应地还有成本。当国家在国防、法律机构和政府活动的其他领域进行管理和投资时，就会产生成本。[26]还有由于滥用权力以及政治决策的意外副作用等造成的成本。[27]例如，当政府为子孙后代保护环境而将循环经济作为政府政策的时候，分类处理废弃物的成本就很高。重要的是，由于税收的限制，国家不能为这些活动提供无限制的资金支持。对**公共资源**（public resource）的分析是为了判断是否能以最低的成本提供最大的利益。这里定义的“利益”有更广泛的社会意义，而不仅仅是私有部门实现的股东盈利，例如，与改善公共卫生条件相关的社会福利。这意味着，虽然公共部门管理者的任务与私有部门的管理者有相似之处，但其任务职责和影响更广泛。在公共部门的实践中，这可能需要在节约成本资源和通过资源投资改善绩效之间做出战略选择。有人建议，如果政府系统中有一些闲置的能力，或有可能采用新技术来提高效率，这个问题就可以解决。[28]其他以资源为基础的解决办法包括前面讲过的私有化以及确定公共部门的服务质量和服务标准，这样就可以在公共部门的各部分之间进行比较——也许可以比较某个国家内不同地区的医疗状况。

作为公共资源的说服和教育

与公司不同，国家可以通过说服和教育来帮助个人和团体改善他们自己的生活。[29]例如，国家可以开展一个公共教育项目，向公众展示如何预防火灾。这可能和消防服务本身一样有用和有效。国家的这一作用意味着公共部门的资源对个别公司来说是难以得到的，这需要在任何基于资源的公共部门活动的分析中加以考虑。因此，公共部门的资源分析需要考虑说服和教育是否也是可能的国家资源，如果是，应该如何以及在哪里使用这些资源。

非营利部门资源的一些特殊特征

与公共部门不同，非营利部门的资源并没有公共税收资金的支持，这就需要从私人那里筹集资金。这些机构中的大多数需要公共捐赠或者某种形式的商业支持。为了获得这些资金不可避免地会有一些竞争，即使这对于从事此类活动的人来说似乎有点令人反感。在这些机构中，需要仔细分析主要的资源领域，包括联系网络、品牌和声誉以及组织能力等，这样才能调动组织的支持者，其中许多可能是志愿者。

以这种方式描述资源还可以识别资源分析的另一个方面，这在非营利部门中尤其重要：人力资源。通常，有三种相关的资源[30]：

1. 筹集资金和提供服务的志愿协助。此类志愿者非常敬业，是组织真正的力量。他们是志愿服务，没有报酬，因此流动性可能比较大，不好管理。

2. 提供服务时的专业技术知识。某些类型的非营利组织的宗旨是提供高度专业化的知识和技能。例如，备受尊敬的无国界医生组织（Médecins sans Frontières）为难民提供了高质量的医疗救助。因此，要对此类专业化的知识和技能进行仔细的资源分析。

3. 领导力和治理。每个机构都是独特的，但随着时间的推移，当有远见和能力的领袖能指引自己的工作人员、支持者与外部的机构和组织一起发展和提供服务时，这些机构会受益良多。可以说，这种资源比公共部门更重要，因为它们并没有政府机构通常所拥有的官僚传统和接受度限制。

分析公共部门的资源

总而言之，对公共部门资源的分析要考虑第 4 章中商业战略的主要领域：有形资源、无形资源和组织资源；核心竞争力；架构、声誉和创新能力；知识。另外，也要研究本节中深入探讨的其他领域——公共权力、成本和收益、说服和教育等——作为公共部门资源的可能性。在非营利组织中，还要对筹款和人力资源进行分析。

资源分析的结果将确定公共组织最强大的能力，以及最有效的行动和政策。从行政管理的角度来看，还将列出为使其高效运作而经常使用的资源。[31]后一点很重要，因为公共部门通常要通过其常规任务和法律框架来提供高效的行政管理，而这超出了私有部门的范围。

还应强调公共部门资源分析的最后一个方面——实现组织宗旨所必需的适当的资源。[32]我们将在下一节探讨宗旨。

关键战略原则

- 在开始公共部门的资源分析之前，首先要检视国家采用的是哪种管理模式——公共部门行政管理或新公共管理。公共部门行政管理模式包括一个专业的公务员官僚机构，该机构制定法律并代表政府管理国家的活动，为公民提供国家垄断的服务。新公共管理是公共部门决策的一种模式，在这种模式中，专业的公务员制度在市场竞争中发挥更大作用，以前的国家垄断则被分割，要为向公民提供各种服务而相互竞争。当然，还保留了一些受国家控制的领域，比如国防。
- 前者并不支持竞争优势，后者则依赖于在先前垄断性的国有部门引入市场竞争的概念。对于第二种方法，公共部门中基于资源的分析将包括与商业战略中类似的概念——有形资源、无形资源和组织资源等。
- 在分析公共部门的资源时，还有四个因素需要考虑：针对宗旨的适当和足够的资源；作为资源的公共权力；公共资源的成本和收益；作为公共资源的说服和教育。
- 对公共部门的资源分析要评估是否有足够和适当的资源来实现国家设定的宗旨和目标。这意味着资源分析需要确定公共部门的宗旨，然后据此评估资源需求。
- 公共权力是国家所拥有的一种资源，由国家产生的集体决策构成。在制定公共部门的战略时，对这种资源的分析很重要。
- 就公共资源的成本和利益而言，公共部门管理者的任务通常是要用最低的成本获得最大收益。这里的“收益”具有更广泛的社会定义，而不仅仅是私有部门实现的股东盈利。在公共部门的资源分析中需要考虑这种平衡。
- 对公共部门的资源进行分析时，要考虑说服和教育是否也是国家可用的资源，如果是，则应该考虑如何以及在何处使用。
- 在非营利组织中，要检视组织的筹资资源。此外，特别需要从以下三个方面来研究此类组织的人力资源：志愿协助、专业技术知识以及领导力和治理。
- 资源分析的结果将确定公共组织最强大的能力，以及最有效的行动和政策。从行政管理的角度来看，还将列出为使其高效运作而经常使用的资源。

18.3 研究公共及非营利组织的宗旨

公共部门组织面临的困难并不适用于商业组织。它们至少在一定程度上要由那些连任的政治家来指导，这和商界领袖不一样。这意味着公共部门机构的宗旨在选举后可能会发生重大变化，也意味着公共部门长期的战略方向可能难以维持。

在非营利组织中，对自愿的、通常是无偿援助的依赖意味着这种援助是相对不可预测的：由于各种原因，甚至在不提前告知的情况下，这种援助就取消了。此外，与商业组织不同，在许多公共部门的机构中，并没有期待能从投资中获得股息和资本收益的股东。尤其是在非营利部门中，很可能涉及比股东附加值更不精确的目标——这完全是合理的。这样的目标可能很难衡量，甚至进行衡量也是不合适的。例如，许多帮助病人和垂死之人的志愿团体应该不仅仅是一系列统计数字。那么，公共组织如何制定它们的宗旨呢？我们将从以下三个方面进行研究：

1. 利益相关者与公众的意愿；
2. 研究和重申宗旨；
3. 困境与冲突。

利益相关者与公众的意愿

在制定公共部门机构的宗旨时，“公共和非营利机构（以及社区）成功的关键是让主要利益相关者满意”。[33]探讨宗旨的出发点应该是利益相关者的意见、观点和评判。我们在第6章中探讨过利益相关者的概念，还强调了分析利益相关者权力的必要性。因此，读者可参阅有关这一重要主题的资料。

除了利益相关者理论之外，公共部门还依赖于公民向政治家表达他们的意见——尽管不一定如此——通过他们在公共选举中的投票来实现。这尤其适用于政府机构，但也适用于一些非营利机构。这种选择在卢梭（Rousseau）[34]和约翰·斯图尔特·密尔（John Stuart Mill）[35]等学者提出的确定人民意志的基本原则中有其渊源。然而，正如诺贝尔奖获得者阿马蒂亚·森（Amartya Sen）[36]所指出的，类似的想法也可以追溯到其他非西方国家的领导人。他认为，“民主最好看作参与性论证和公共决策的机会，即要从集体讨论的视角来看待政府的作用”。根据这一定义，民主不仅仅是每隔几年才举行一次的全国选举。

从公共部门战略的角度来看，有一个问题：一些战略决策很复杂，要靠专家的知识才能解决。即使参与了上述“参与性论证”[37]，公众也很难充分了解情况。因此，知情的公共选择与公共部门后果之间的关系会受到不可避免的压力的影响。也就是说，既要让公众的讨论和决策更加成熟和更有洞察力，同时还要允许公民——甚至是无知的公民——表达他们的意见甚至投票。[38]英国前首相温斯顿·丘吉尔（Winston Churchill）曾说过，“民主是最糟糕的一种政府形式，但别无他选”，这句话巧妙地表达了其中的困难。

在制定公共部门战略的时候，有时候如果忽略人民的意愿会产生很多问题。因此，在制定公共部门战略的时候，一定要理解公众的看法。然而，让世界各地的民众参与进来的方式有很多种。[39]在确定公共部门战略的宗旨时，丘吉尔对民主弱点的评价也可以拓展为要采用一系列办法来了解民主的意愿。

研究和重申宗旨

要界定战略的宗旨，就必须以公共部门机构的基本使命为出发点——组织到底应该做什么？它要为谁服务？这都需要定义为组织应该满足的、可识别的社会或政治需求。如有必要，一开始就应该通过重新审视商定的正式宪章或其他法律和章程规定来澄清这一点。这将引出该组织的使命，理想情况下，需要根据第6章探讨的原则用一段话来陈述。对该组织在特定时期所处战略情境的研究将揭示其宗旨。

对许多公共和非营利组织而言，使命可能还需要提醒利益相关者，最初促成组织成立的灵感到底是什么，尤其是对志愿者组织来说，这可能是推动它们前进的动力。[40]这种宗旨在制定战略的时候要重申。

困境与冲突

公共部门宗旨的问题之一是许多宗旨陈述必须考虑那些可能相互冲突的目标。[41]我们可以找出两个经常会影响公共部门战略的困境：

1. 掌舵还是摇桨。[42]一些评论员认为，在制定政府战略的宗旨时，如果政府专注于掌舵——指导制定政策，为相关的公共机构提供适当的资金，并评估所提供服务的绩效——而不是摇桨，政府会做得更好。我们不需要在这里解决这个问题，但要认识到，对政府角色的相互冲突的看法将直接影响界定战略宗旨的能力。

2. 改善公共部门绩效还是节约成本。评论员对这两个不同领域的强调点各不相同。[43]改善绩效的出发点在于要适应社会、新文化和新技术的不断变化；节约成本则首先强调的是国家要少做一点，削减公共服务，让市场需求来决定什么才是真正需要的。同样，我们不需要在这里解决这一冲突，但要认识到，需要在宗旨的情境中识别和研究这些冲突。

在实践中，这些冲突和其他冲突将随着当时的战略情境和利益相关者的信念而变化。要识别和讨论这些冲突。如果不能解决这些冲突，则很难清晰地界定宗旨来制定相关的战略。

关键战略原则

- 在制定公共部门组织的宗旨时，公共和非营利组织成功的关键是要让主要利益相关者满意。因此，进行利益相关者权力分析并征询主要利益相关者的意见就很重要。
- 除了利益相关者理论，制定公共部门的宗旨还要体现人民的普遍意愿。因此，需要明确和研究公众的观点。公民有时很难就复杂的问题做出明智的选择，但是要承认这种困难的存在并着力去解决。
- 确定公共部门战略宗旨的起点是要研究公共部门组织的基本任务、作用及其存在的原因。这将产生该组织的使命，并根据当时面临的问题确定宗旨。
- 许多公共部门的组织会有相互冲突的目标。要成功定义宗旨并制定战略，必须解决这些冲突。

18.4 制定公共部门战略的情境、内容和过程

在定义并明确了宗旨之后，就可以制定实现该宗旨的战略。这可以采用计划型模型，比如第8、9和10章中有关战略选项和选择的方法。[44]其结果虽然略有不同，但与前面章节中所阐述的内容类似，将在下面的“战略内容”部分进行简要介绍。鉴于我们关注的是公共部门的战略，而且没必要重复先前研究过的领域，因此本节着重研究与商业战略的差异。我们将研究战略情境、内容和过程。

战略情境

通过环境和资源分析，我们明确了公共和商业战略之间在情境方面的主要差异：

- 在过去20年中，许多国家的公共部门战略从公共行政管理模式转变为市场驱动的模式。
- 公共部门不同政策指令之间经常存在各种矛盾。
- 政治环境的短期性和变化性。
- 在一些非营利部门中，筹集资金的困难以及对专家和志愿者人力资源的依赖性。

减少资源消耗量的压力、国家垄断的私有化以及降低成本的政策都会对公共部门的战略情境产生影响。公众在政治、伦理和社会问题等方面态度的转变也会影响非营利组织的情境。在分析公共部门的战略情境时，还需要将此类问题与全球环境中更激烈的变革相结合。例如，全球变暖、贫困和疾病、战争与冲突、互联网日益强大的力量以及生物技术进步带来的伦理问题都给公共部门带来了重大的挑战。每个公共部门组织都将有自己的因素清单来制定战略。这里的重点是，由于政府和非营利机构的功能更广泛，公共部门的战略情境往

往比商业领域更广泛，危险在于战略情境会变得过于复杂。可以通过至少三种方法来集中注意力：

1. 要根据战略宗旨来确定某些优先事项——可能要通过各种团体的会议来识别哪些会对宗旨和战略产生重大影响。

2. 要针对主要的战略情境问题使用场景来了解各种可能的结果。这将有助于检视特定情况的后果。

3. 要让战略情境分析简单易行。过度复杂和精心安排的程序更可能让人混淆，而不是产生可行的战略。

战略内容

和商业战略一样，可以采用计划型战略的选项和选择方法来制定公共部门的战略内容。[45]在开发此类战略选项时，布赖森（Bryson）建议开发既是"现实的选择"又能实现"梦想"的选项。[46]他建议，一个有用的程序就是明确实现这些结果面临的障碍，然后克服这些障碍。最后，他建议将选定的战略选项转变成具体的提议。尽管"梦想"一词可能不会出现在商业战略中，但这种方法与商业战略并无太大差异。

在制定战略选项时会出现一个问题，即是否可以采用第 8 章中介绍的商业战略选项。相关选项将分为两个不同的领域：与战略环境相关的领域，例如，波特的一般战略；与战略资源相关的领域，例如，降低成本和基于资源的战略选项。公共部门的战略可以使用这些概念吗？

谈到基于环境的战略选项，波特可能是该领域最重要的战略家。在公共部门战略中不太可能使用商业战略环境的选项。引用伦敦大学尤恩·费利耶（Ewen Ferlie）教授的话："由于价格、市场和利润在公共部门中的发展不足，而［波特的］模型非常关注市场、获利能力和竞争力，因此很难真正从字面上来应用［波特的］模型。"[47]尽管如此，费利耶的结论是在将基于市场的概念引入公共部门的过程中，波特的方法确实有一定的优势："对于公共部门的监管者和购买者而言，波特模型在指导他们进行市场开发方面可能特别有用。"[48]这样的方法可能更适用于公共部门战略中的新公共管理方法。此外，那些能确定环境中资金和人员竞争性的选项也可以帮助制定非营利部门的战略。

基于资源的战略选项也可以帮助聚焦那些竞争性的资源，可以让某些公共部门的机构提供比其他机构更优质的公共服务。[49]再次引用费利耶的话："基于资源的模型可以应用于公共部门组织，因为它们的无形资产状况与其在战略变革管理等重要管理任务中的绩效肯定是紧密相关的。"[50]因此，值得采取基于公共部门资源分析的战略选项，如果可能，也包括降低成本。

在下一节中，我们将探讨开发战略选项的涌现型方法。

战略过程

由于公共部门中存在的不确定性——政治层面的政权更替和一般层面上不可预见的灾难性事件——一些公共部门的战略家赞成奎因的受控混沌或逻辑渐进主义，这在第 7 章和第 12 章中探讨过。[51]这就要依照组织的整体宗旨进行一系列小决策，每个步骤的结果决定了后续步骤，换句话说，这采取了制定战略的涌现型方法。除了这个概念，似乎没有对第 11 章中"基于学习的战略前进路径"进行研究。尽管如此，斯特拉斯克莱德大学的科林·伊登（Colin Eden）教授和布赖森教授等人共同开发了扩展化的战略选择过程，也称椭圆定位过程（Oval Mapping Process）[52]，似乎从基于学习的方法中借鉴了不少。

逻辑渐进主义的替代方案也受到一些公共部门战略家[53]的青睐，这也是林德布洛姆（Lindblom）建议的方法。他写了一篇理论性的文章——没有引用任何实证证据——大约 50

年前被称为“得过且过的科学”（the science of muddling through），至今仍被赞同和引用。[54] 从本质上讲，林德布洛姆认为，公共部门战略不可能分析所有可用的战略：因为涉及的因素太多，从政治思想到经济压力再到社会趋势，不一而足。他提出了一个更切合实际的替代战略方法，尤其关注那些小规模的渐进增量决策。这与逻辑渐进主义的不同之处在于，林德布洛姆并没有提及使用上个阶段的结果来决定下一阶段。由此看来，“得过且过”才是根本。布赖森认为，林德布洛姆的方法在某些情况下可能有实在的好处：降低风险，将项目分解为可行的小步骤，简化实施，迅速进行真正的改变，提供即时的奖励，还可以保留收益。[55]

波利特和布卡特也采用了类似的方法，他们认为在公共部门的很多情况下都更适合采用小步骤而不是大变革：

> 要发起、维持和实施全面的改革战略需要一定的条件，而这些条件在公共管理改革的现实世界中却很少被满足……因此，谈论“战略”通常是一种理想化，或者是一系列过程事后的合理化，因为这些过程往往是局部、被动的，优先级也不是确定的。[56]

所有这些都证明了在公共部门战略管理中采用小规模、渐进式过程的现实性。

评论

由于各种原因，公共部门战略的战略情境相对不确定，而且也很复杂。要去推测它是否比商业战略更复杂，其实并没有用。重要的是，公共部门战略的制定有很多难以管理的维度。所有这些都表明，必须谨慎对待公共部门战略的根本性变革——虽然也可以做到这一点，但需要非常明确的愿景、强大的领导力和大量资源，可能还需要专业的培训。[57] 在很多情况下，公共部门战略中的渐进主义可能是更好的选择。

关键战略原则

- 由于各种原因，公共部门战略的战略情境要比商业战略更宽泛。危险在于情境变得更加复杂且难以管理。有三种主要的简化流程的机制：优先级、场景和简洁性。
- 公共部门战略的内容可以遵循某些商业战略中常用的选项和选择路径。但是，必须谨慎对待与战略环境相关的选项，因为在很多公共部门中仍缺乏市场机制。尽管如此，还是可以采用基于资源的分析得出相应的战略选项。
- 就战略过程而言，由于公共部门中的不确定性，会更倾向于采用“逻辑渐进主义”的过程。另一种选择是“得过且过”的方法，将公共部门战略简化为一系列小型决策。
- 重要的是，很多战略家认为公共部门战略中的主要战略决策通常需要在资源和领导力方面有大量的投入。这样的方法在实践中并不容易实现。

18.5 实施公共部门战略[58]

和商业战略一样，有效实施拟定的战略对公共部门至关重要。此类活动需要仔细规划，启动要迅速，实施要平稳。除此之外，实施的形式取决于计划变革的幅度大小：

- 战略方向的重大变革。这需要一群强有力的支持者和实施者，要对所需的变革达成清晰的共识，要了解变革的主要内容，还要为执行任务提供充足的资源。
- 战略方向的渐进式变革。当某些受影响的人对拟定的战略变革持保留甚至反对的态度时，这是更好的选择。可能要采用基于学习的方法进行项目试点，然后传播第一批试点的活动结果，这样其他人可以分析相关的结果并及时进行调整。

除了这些基本问题，公共部门的战略实施还需要在很多特定领域中制定可检验的具体计划：

- 解读和理解附加值。正如本书一贯倡导的，如果成功的战略增加了附加值，那么实施该战略的人员应该清楚地理解该附加值、该战略的目的以及实现该附加值的战略。因此，需要一个教育和解释的阶段。为了消除对这种战略的反对意见，有关各方也可能需要达成协议。

- 解决问题。大多数实施过程中都会出现问题。重要的是，问题一出现就要识别。这意味着在流程中要建立起监督机制和关键节点。
- 总结性评价。应该评价是否实现了战略宗旨。这需要内置到实施过程中。布赖森区分了这一过程的两个方面：产出，即战略所产生的行动；结果，这是变革尤其是象征性的变革的更大后果。[59]他认为，监管这样的评估可能很困难而且很漫长，重要的是确定新战略能否使事情“变得更好”。这种方法最近也被用来证明使用一大群管理人员的合理性，但这些管理人员除了评估战略变革的结果外几乎无所作为——这显然是过度官僚管理所致。[60]
- 新组织和文化。可能有必要重组现有的公共部门领域，也可能要招募或重新界定管理职责。甚至有必要发展一种新的组织文化来保证变革的成果长期持续。这些方面需要从一开始就成为总体计划的一部分，但是应该意识到，可能需要花费数年的时间才能落实。英国最近的一些公共部门战略就低估了这方面的困难。[61]无论是公共部门还是商业部门，都需要给人们时间来学习、调整和适应新的情况。第15章介绍了此方法所涉及的原理。
- 容许有灵活性。公共部门的战略很少有单一、清晰明了的结果。随着战略情境中发生各种事件——包括政治变革，很多战略都将面临挑战，而其他战略也需要调整适应。因此，实施过程必须对此类问题保持警惕，并在出现问题时做出响应。

在公共部门中，一段时间内的预算拨款通常是实施战略的关键因素——“没有钱就没有战略”。困难在于，这种预算要承受政治压力，通常都是短期的、递增的和被动的。没有简单的方法可以解决此问题，但是战略规划最好先于预算制定。此外，还要认识到单个领导人在制定战略中的重要性——达成共识和战略的所有权也是战略制定中的重要因素，而不仅限于“实施阶段”。从这个意义上讲，整个实施环节都需要重新评估，因为它是更广泛的、正在进行的战略制定过程的一部分，而不是战略确定后的附加过程。

评论

最后，要指出的是，参与战略制定的公务员对战略制定负有重要责任。引用罗伯特·赖克（Robert Reich）的话：

> 从事公共政策事务的人——民选官员、行政管理人员、政策分析人员——的核心责任不只是尽可能客观地发现人们的需求，然后确定并实施满足这些需求的最佳方法。他们还应当为公众提供理想的和可能的替代愿景，启发人们对它们的思考，激发对相关前提和价值的重新审视，从而扩大潜在回应的范围并加深社会对自身的理解。[62]

关键战略原则

- 公共部门的战略实施需要进行仔细的规划，启动要迅速、平稳。
- 实施的方式取决于所提议的变革规模。重大变革需要大量的支持。较小的变革可能最好以渐进的方式进行。
- 在实施公共部门的战略时，重要的是确定附加值，然后向参与实施的人们进行解释。还有必要建立一种机制，这样可以解决在实施新战略时不可避免的各种问题。
- 实施之后，可能需要对战略进行总结性的评估，以了解拟定的改进是否已经实现。然而，这种方法可能是漫长且费时的，也可能是过度官僚化的。
- 对于某些新战略而言，可能需要新的组织结构和文化。这要花时间，需要一开始就嵌入过程。这样的过程不应该被低估，可能需要数年才能完成。随着环境的变化，还需要在实施过程中有一定的灵活性。

- 预算过程对于新战略可能至关重要，最好在确定战略后再制定预算。重要的是，这只是更广泛的实施过程的一部分，该过程需要获得关键决策者的同意。可以说，实施是更广泛的、正在进行的战略制定过程的一部分，而不是战略确定后的附加过程。

批判性反思

公共部门战略：增加服务还是降低成本？

近年来，公共部门战略的一个基本主题是要找到努力的重点。一些人认为，提高公共部门为公众提供的服务质量非常重要。另一些人则认为，公共部门已经变得过于庞大，最好是削减开支，即使这会减少向公众提供的服务。如果要制定战略，就需要解决这种冲突，因此需要一个答案。你在这个问题上的立场是什么？你怎么看？

思考问题

1. 以你的国家为例，分析其在公共部门中采用自由放任型政策或计划型政策的程度。与其他国家相比如何？

2. 你期望下面的组织采取什么样的公共部门战略？

（a）设在一个小镇中的公共图书馆。

（b）一个志愿者团体，提供志愿探望老人和留守人员的服务。

（c）一个繁荣的城镇，有 10 万居民，从事制造业到休闲业等一系列活动。

（d）服务于一个地区的警察队伍。

3. “提高服务质量一直是很多公共部门组织和为其活动提供资金的组织的主要工作。”（约翰逊（G. Johnson）和斯科尔斯（K. Scholes），《探索公共部门战略》（*Exploring Public Sector Strategy*））请选择一个你熟悉的组织并考虑这样的评价：该评论是否适用于你选择的组织？应该如何看待？应该如何处理？

4. 温斯顿·丘吉尔评论说：“民主是最糟糕的一种政府形式，但别无他选。”这种说法对吗？这对公共部门的战略有什么影响？

5. 对你选择的公共部门组织进行利益相关者权力分析：可以是一个志愿者组织，例如学生会或社团。你的分析对该组织的战略有何影响？

6. 为什么在公共部门战略中应用波特的市场观念很难？在城市的消防和救援服务中，该观念没有任何意义吗？

7. 非营利慈善组织的首席执行官因收入水平下降而感到担忧，该组织一直为身患绝症的人提供服务。他认为该组织已经输给了那些出镜率更高的机构，向你寻求建议。你会提供什么建议？

8. “要发起、维持和实施全面的改革战略需要一定的条件，而这些条件在公共管理改革的现实世界中却很少得到满足。”这是波利特和布凯特的观点。他们对公共部门战略的改革前景是否过于悲观？这是否意味着几乎可以肯定公共部门的重大改革注定要失败？

延伸阅读

注释和参考文献

19 国际扩张和全球化战略

学习目标

学习完本章后，你将能够：

- 解释全球化的含义，并将其与国际扩张区别开来。
- 概述国际贸易的主要理论并解释其与战略管理的相关性。
- 区分参与国际贸易和投资的主要机构及其对战略管理的影响。
- 解释自由贸易区的重要性及其与战略管理的关系。
- 探究全球化战略的主要益处和问题，批判性地评论全球化理论。
- 理解成功实施全球战略所需的主要组织架构。
- 概述全球扩张的主要发展路径和方法。

引言

对一些公司来说，国际扩张和全球化已经成为制定和实施战略的重要方面。它们提供了创造额外附加价值的新机会，值得探索。它们也可能带来更大的竞争风险——国际扩张可能使一家公司面临新的经验丰富的竞争对手。本章将探讨这个主题。

本章首先区分了国际化战略和全球化战略：两种战略是不同的。为了理解国际扩张，需要在国际贸易和投资发展这一更广泛的背景下来研究。这涉及国际贸易理论和管理这些活动的各类机构。

在这种背景下，接着探讨国际化和全球化战略：要使这些战略取得成功，需要了解各自特定的益处和问题。由于国际业务范围的扩大，组织架构的问题也特别重要。此外，在国际发展中公司之间的关系如战略联盟和合资企业，也要仔细研究，因为它们可能因市场和国家的不同而有所不同。图 19－1 总结了本章的结构。

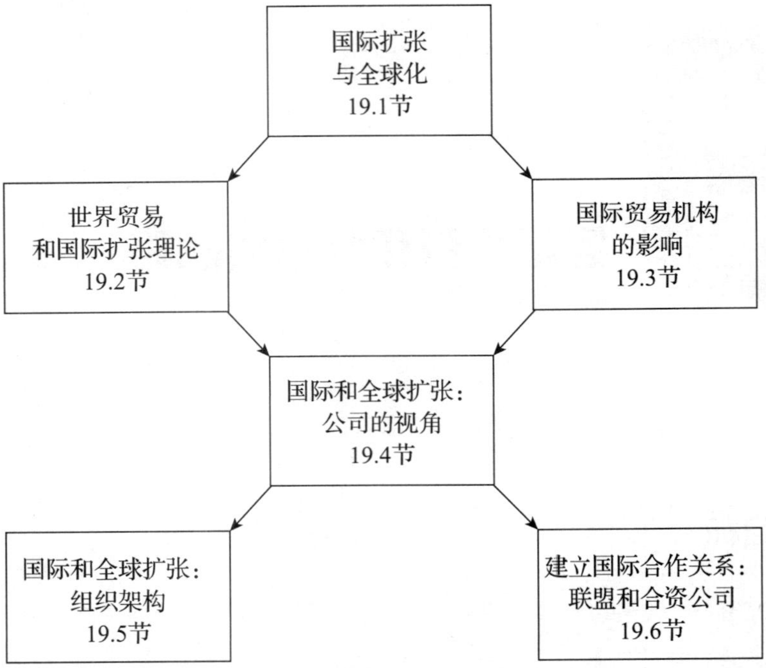

图 19－1 探究国际和全球战略

国际贸易的起源和理论基础是计划型视角的国际经济学。因此，国际化战略的某些部分要寻求计划型的解决方案。但是，最近一些领域采取了更多的试验性路径，其实更加符合涌现型战略的观点。因此，本章的前半部分关于贸易发展更多采用了计划型的视角，而在后半部分关于公司国际扩张的章节更适合采用涌现型的方法。

19.1 国际扩张与全球化：意义和重要性

由于稍后将探讨的一系列结构性原因，国际贸易活动——国家之间的出口和进口——在过去 50 年中大幅度增加。除了贸易之外，企业还在东道国以外的国家大量投资来建设工厂和其他设施。世界正变得越来越国际化，这对战略管理具有重大影响。国际扩张和全球化问题是 21 世纪商业环境中对战略影响最大的因素之一。

国际扩张不仅仅是像美国福特汽车和可口可乐这样的大型跨国企业所面临的问题。对于许多从事国际贸易的规模较小的企业来说，这可能也是一个大问题。它在国际援助和国际救援等非营利活动中也变得越来越重要。限于篇幅，本章主要讨论商业活动。

作为我们理解全球化的基础，本节首先考察世界贸易活动的最新趋势。然后，利用这一战略背景来探讨全球化的意义。虽然像“全球化”和“国际化”这样的词语在探讨战略问题时可以互换使用，但它们是不一样的。二者之间的区别很重要，因为这可能导致不同的战略活动。最后，将从国家和公司活动的角度来考察全球化的主要战略影响。

世界贸易和投资的重要性：战略情境

1994 年，全球商品贸易的总额为 4 万亿美元，比上一年增长了 9% 以上。[1] **外贸**（foreign

trade）是指世界各国和公司之间的进出口活动。与此同时，全球商品的产出增加了 3.5%：产出是公司和公共组织在世界范围内汇总在一起的商品总产量。实际上，如表 19－1 所示，在 20 世纪 70—90 年代，全球商品贸易超过了全球产出。[2] 各国之间的贸易量更大，交易速度也更快，超过了全球产出增加的速度。这为战略管理提供了不断发展的机会。

表 19－1　全球出口和制造业附加值比较

	1960—1970 年（%）	1970—1980 年（%）	1980—1990 年（%）
全球贸易年增长率	9.2	20.3	6.0
全球制造业附加值年增长率（1990 年美元）	不适用	3.1	2.1

资料来源：UNIDO.[3]

专栏 19.1 显示了世界贸易大幅增长的原因。

专栏 19.1　世界贸易大幅增长的原因

● 在过去的 20 年中，建立了很多新的自由贸易区或者原有的贸易区得到了强化，例如 1986 年的《单一欧洲法案》（Single Euorpean Act）无疑鼓励和支持了整个欧盟的贸易发展。《东盟协定》（ASEAN）也得到了扩展，因为其利益是明确的。各种新的贸易协定有望在未来几年保持这种势头。其他的例子包括：

1.《关税和贸易总协定》（简称《关贸总协定》）（GATT）的乌拉圭回合于 1993 年 12 月签署，以 1992 年的美元价值计算，到 2002 年全球福利估计增加 2 130 亿～2 740 亿美元。[4]

2. 南方共同市场（Mercosur）汇集了南美的巴西、阿根廷、巴拉圭和乌拉圭等国，形成了新的区域贸易协定。

3.《北美自由贸易协定》（NAFTA）于 1994 年年末签署，增加了美国、墨西哥和加拿大之间的贸易量。

● 世界和区域性贸易组织一直在强化自己和不断改革。例如，经过艰难的初期发展，欧洲复兴开发银行（EBRD）脱胎换骨，开始为东欧的发展提供大量资金。世界贸易组织（WTO）、世界银行（World Bank）和国际货币基金组织（IMF）等的作用也得到了加强。这些机构将在 19.3 节中说明。

● 跨国公司已成为全球销售和投资的重要来源。据联合国估计[5]，跨国公司的海外销售额在 1992 年就达到了 5.5 万亿美元。这些公司的外商直接投资累计达 2 万亿美元。

● 新技术使电信、交通、媒体和所有的国际交流变得更加容易。这拉近了各国之间的距离，对政治和经济决策也产生了影响。

在很多方面，商品贸易已成为全球各国经济增长的重要驱动力。战略管理在实现这一目标的过程中发挥了重要作用，也从中受益匪浅。我们在这里关注的是国际市场和行业结构，以及与国际公司的活动相互作用的方式。有些行业如果没有海外贸易就无法生存。例如，美国波音公司（Boeing）、法国航空宇航公司（Aerospatiale）和英国宇航公司（British Aerospace）等航空航天和国防公司都需要在本国以外销售才能获利。

对外贸易和外商直接投资的区别

除了从事贸易活动外，公司还可以从事外商直接投资。要区分二者：

1. 对外贸易是指世界各个国家和公司的进出口活动。

2. **外商直接投资**（foreign direct investment，FDI）是一家公司对其在另一个国家的子公司在技术、管理技能、品牌和有形资产方面长期的投资。这些投资在该国带来销售额，很可能取代东道国的出口。

对许多公司来说，海外贸易和外商直接投资的作用已经发生了重大变化，也已成为战略管理的直接组成部分。但国际活动的增加与全球化的增加并不相同。

定义和探究不同类型的国际扩张

在分析跨国公司的活动时，巴特利特（Bartlett）和戈沙尔（Ghoshal）区分了三种不同类型的战略[6]：

1. 国际化（international）——当一个组织的大部分活动都在本国之外，而且是作为一个独立的领域来管理的时候，就实现了国际化。例如，根据这一定义，一个将部分产品出口到本国以外的小公司也是国际化的。此类业务的重点是国内业务，国际活动则是对其国内业务的补充。

2. 跨国化（multinational）——尽管仍可能只有一个总部，但当一家公司在多个国家经营时，就实现了跨国化。这些行动的目的之一是满足当地的需求。

3. 全球化（global）——在全球范围内，当一家公司将整个国际市场当作一个市场和供应来源时，就实现了全球化。其对本地需求的响应有限，例如，劳力士手表或迪士尼的米老鼠——参见案例研究 8.1。该业务的重点是全球市场，每个业务部门都为此做贡献。

这些区别很重要，因为它们对战略的影响不同：

- 在国际化活动中，主要的战略驱动力是国内市场及其创造的竞争优势，而国际销售只是补充。
- 对于跨国业务而言，要分别确定组织参与的各个国家或地区的市场的竞争优势。
- 随着全球业务战略的发展，竞争优势通常来自共同的全球品牌和集中的生产活动，而集中的生产活动可实现显著的规模经济和资源采购。产品或服务可能会针对本地需求进行一些调整，但在世界范围内基本上是相同的。全世界被视为一个市场。

除了上述有关公司活动的内容外，“全球化”一词还涵盖其他三个主题领域[7]：

1. 经济、贸易活动和监管体系的全球化。世界经济正在缓慢融合，贸易壁垒在不断降低。我们将在 19.2 节和 19.3 节对此进行探讨。

2. 行业全球化。汽车行业、航空航天业以及造纸和纸浆行业等开始作为一个市场而不是一系列区域市场进行交易。我们将在 19.4 节和 19.5 节对此进行探讨。

3. 全球化的道德。一些评论家认为，全球化进程导致一些企业掠夺环境资源，扰乱生活，也没能兑现让穷人致富的承诺。[8]这些是重要的问题，但不在本书的讨论范围之内。本书的基本原则是公司应该以负责任的态度行事，要符合更广泛的社区以及组织所有者的利益。这些问题值得我们密切关注。

评论

那些无法区分国际化、跨国化和全球化战略的组织忽略了战略管理的重要内容。从以上所述意义来讲，许多声称是“全球”公司的实际上并不是全球性的——它们只不过是在世界的许多地区销售产品。这类公司可能是国际公司或跨国公司，不一定是全球性的公司。实际上，正如我们将在后面看到的那样，这些领域之间的区别并不像前文阐述的那样清晰，但是它们可以作为探索全球战略的有益起点。

国际扩张和全球化：C-C-B 范式

为了探究公司与其业务活动所在的众多国家之间的联系，要先确定基本的要素。这些要素在图 19－2 所示的 C-C-B 范式中列出。它是由国际经济学家约翰·邓宁（John Dunning）开发的早期范例发展而来的，已经做了实质性的改动来专门解决战略管理问题。[9] 该范式的关键要素是：

- C-C-B。这是该范式的基本要素，即公司（company）、公司运营所在的国家（country）以及公司与国家之间进行的议价（bargaining）。
- 范式隐含的基本假设。企业和国家的利益不同。这些利益之间的冲突将通过双方之间的议价来解决。通过竞争优势的概念可以确定主要的优势领域（公司的情况参见第 6 章），国家的相关情况在 19.2 节介绍。
- 公司。每个公司都有基于资源的可持续的竞争优势。竞争优势可用于制定针对各个国家的国际化战略。
- 国家。每个国家都有基于资源的竞争优势。这可能包括地理位置，例如新加坡在欧洲和亚洲之间航线上的位置。资源还应包括该国在教育方面的投资，例如新加坡在过去 20 年中对该领域大量投资；包括技术知识，例如新加坡在此期间开发的金融和电子专业知识。
- 讨价还价能力。公司和国家将根据客户市场规模、所需投资、可获得的投资激励措施、国家基础设施等进行谈判。
- 结果。这种讨价还价的结果将为接受贸易和外商直接投资的国家带来财富，并为公司提供附加值。
- 公司附加值。该公司可能有不止一家子公司。某些子公司彼此之间可能也有联系，而且并不总是在国内。公司的利益相关者也不太可能都在国内。结果该公司的战略不一定能与某个国家的战略保持一致。

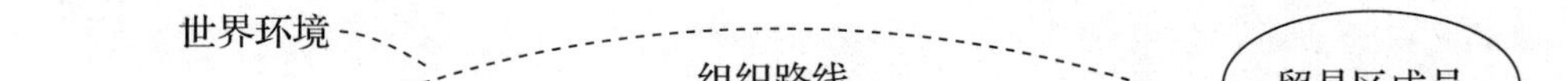

图 19－2　全球各类公司：C-C-B 范式

在本章的其他小节中，我们将进一步探讨这些要素。

战略管理和国际扩张——包括全球化

为了创造附加值和可持续竞争优势，战略管理要从国际扩张中寻求两个主要的机会：

1. 很多国家的市场机会将产生重大的新增销量，尤其是在过去 50 年中贸易壁垒已经大幅降低的情况下。

2. 由于一些国家的特殊资源，例如廉价劳动力、特殊技能和自然资源（如石油）的供应，在某些国家会有进行生产和获得资源的机会。

结果创建了涵盖所有商业领域的新的国际商业体系：贸易；服务（例如广告和技术）；人员（例如本地管理业务所需的人员）；要素支付（例如利润、利息支付、许可证）；前面提到过的外商直接投资。一方面，无论是在某个国家还是在全球范围内，战略管理的原则都是一样的；另一方面，全球竞争和个别国家或国家集团的利益会带来一些额外的影响。在 19.2 节和 19.3 节中，我们先从国家层面来研究。然后，在 19.4 节至 19.6 节中再研究公司层面的问题。

关键战略原则

- 国际扩张和全球化是 21 世纪商业环境中最重要的战略影响因素。
- 国际扩张已成为国家经济增长的重要驱动力。公司为此做出了贡献，也从中受益匪浅。
- 要区别对外贸易（进出口）和外商直接投资（在国外的资本、工厂和人员方面的投资）。
- 区别国际和全球扩张的三种类型也很重要：国际化，组织很大一部分活动发生在本国市场之外，但战略的首要重点仍然是国内市场；跨国化，公司在许多国家开展业务，要根据不同国家来调整战略；全球化，在全球范围内，公司将世界视为一个市场。
- 重要的是，以上三个方面均要求采用不同的国际扩张战略。
- C-C-B 范式研究了公司、公司业务活动所在的国家以及二者之间进行的议价。议价的目的是既为公司提供附加值，又为国家创造财富。

19.2 世界贸易和国际扩张理论

要了解公司国际扩张和全球化的基础，应该先探究过去 50 年中各国市场日益全球化的缘由和过程。1950—1996 年，世界商品贸易额增长了 1 500%。实际上，所有这些增加的活动都是通过从事国际业务的公司实现的。因此，全球化能够为公司创造重大的战略机遇。

但是，全球化也取决于国家政府的战略。例如，对于那些自己拥有消费电子行业的国家来说，如果政府不允许电子产品进出口，世界消费电子行业将完全无法运作。我们先来探讨世界贸易的理论，这些理论主要研究国家层面而不是公司层面的问题。在讨论了理论设定的历史背景之后，我们将探讨一些主导的理论，并研究它们对战略的影响。

直到最近，世界贸易主要还是交易农产品之类的商品。[10] 20 世纪 30 年代，各国试图保护其新兴的工业公司，世界贸易有所萎缩。从 40 年代后期开始，由于各国降低了贸易壁垒，还建立了鼓励国际贸易的机构，世界贸易增长迅速。增长的原因显然与战略管理有关，但这些原因非常复杂，不容易理清。

在过去的 200 年中，经济学家一直在研究能够解释国际贸易增长和优势的各种理论。他们基于实证证据探讨国际贸易的益处和问题，这些证据表明，普遍看来，贸易的增加对那些从事贸易的国家是有利的。[11] 这些理论对战略管理的重要性体现在三方面：

1. 解释了国家如何看待自己与那些要实现国际扩张的公司的谈判地位。

2. 提供了分析战略管理的框架，专门解决国际层面的机会和威胁。

3. 帮助确定了各国可供公司选择的可持续竞争优势，这些优势可以构成其国际战略管理的一部分。

在国际经济增长的众多理论中，有三种理论由于其对战略管理的影响值得单独探讨，我们将在以下各节一一探讨。经济学家对“正确”的理论并没有达成共识：各种理论各有千秋，但都无法解释整个国际战略含义的复杂性。

基于国家禀赋资源的贸易理论——国家的比较优势

国家的比较优势（comparative advantage of nations）是指国家拥有的禀赋资源使该国可以获得超越其他国家的竞争优势。在19世纪至今的理论中，一些经济学家认为，国家之间的自由贸易将创造更多的财富。支持该论点的早期理论基于国家之间比较劳动力成本的简单观点。最近的理论则关注各个国家内部公司的大规模生产，因为规模经济降低了成本。在这两种情况下，理论的基础都是国家的禀赋资源——如原材料和能源的可得性——以及国家内各个公司和行业的资源。这通常称为国家比较优势理论。但这些理论都不足以解释世界贸易增长的复杂原因。[12]

无论由于何种原因，1965—1995年消除某些贸易壁垒的良好效果得到了证实，这就是东亚的经验。[13]新加坡以及韩国都降低了自己的贸易壁垒，而不是去保护自己的行业。其人均平均实际收入从1965年高收入国家（如美国和欧盟国家）的20%增长到1995年的70%。朝鲜和韩国、德意志联邦共和国和德意志民主共和国之间的差距拉大了。从20世纪80年代中期开始，中国的改革取得了成功，尤其是上海和广东省。20世纪90年代后期，像印度这样担心贸易自由化会对本国行业产生影响的国家也开始重新思考。

从战略管理的角度来看，该理论的重要性在于它强调了在制定国际战略时要研究国家或国家内部地区禀赋资源的重要性。

国家竞争优势的钻石理论——波特的贡献

波特的国家竞争优势钻石理论确定了一个国家内由四个相互关联的领域构成的钻石模型，可使该国在国际市场上更具竞争力。这四个领域分别是要素条件，相关及配套条件，公司战略、结构和竞争，需求条件。20世纪80年代后期，迈克尔·波特着手对十个国家和四个主要的全球行业进行实证研究。[14]他的目的是确定有助于国家在国际市场取得成功的因素。他调查的国家分别是：丹麦、意大利、日本、新加坡、韩国、瑞典、瑞士、英国、美国和德意志联邦共和国。行业则包括德国印刷业、美国患者监护设备行业、意大利瓷砖行业和日本的机器人行业。结果得到由四个相互关联的因素组成的钻石模型（见图19-3）。

四个因素如下：

1. 要素条件。波特强调，竞争力不仅仅是比较优势的问题。资源也可以是“内生”的和专业化的。虽然基础教育、高等教育、优质的电信服务等远远超出了自然资源的范畴，但还是有助于提高国家的竞争力。新加坡和马来西亚等国的成功至少部分取决于中央政府在这些领域进行长期投资的意愿。

2. 相关及配套行业。具有国际竞争力的供应商和其他相关行业是在国际市场取得成功的关键资源。这些行业的集群至关重要，每个都会提供专业的知识和世界一流的服务。例如，美国好莱坞在全球的成功不仅取决于其电影制片厂，还取决于电影录制、电子、设计和音乐方面的相关公司。

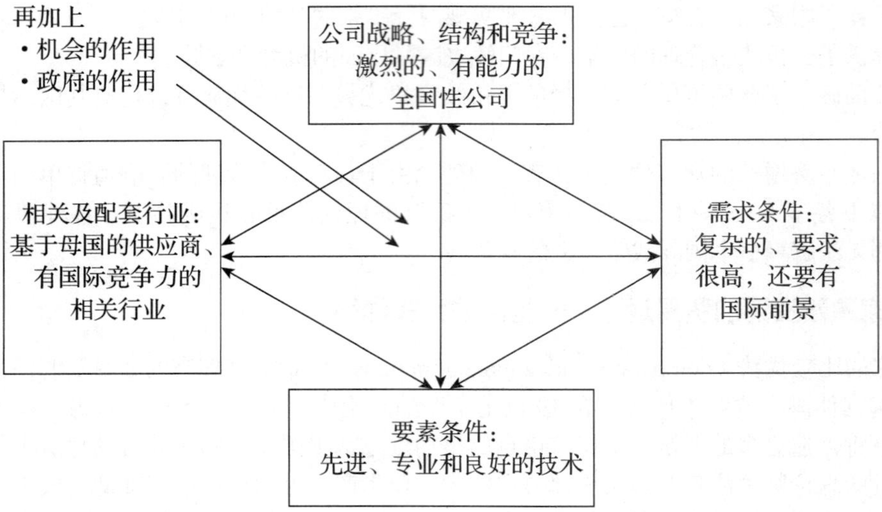

图 19－3 国际竞争优势的钻石理论

资料来源：Reprinted with the permission of Free Press, a Division of Simon & Schuster, Inc., from *The Competitive Advantage of Nations*, by Michael E. Porter. Copyright © 1990, 1998 by Michael E. Porter. All rights reserved.

3. 公司战略、结构和竞争。激烈的全国性竞争将推动创新，降低成本，并开发出新的竞争方法，这些方法随后可被同一公司在国际上使用。例如，波特认为，诸如三菱和日立这样的日本消费电子公司的全球实力，与此类产品在竞争激烈的国内市场上的实力直接相关。

4. 需求条件。高度复杂且要求很高的本国客户将推动创新和质量提升。波特指出，佳能相机的先进性以及宝马汽车的高质量都是本国客户要求的结果。

此外，波特还确定了其他两个重要因素：

1. 政府的作用：可以通过补贴、法规、教育投资等来影响上述各项因素。

2. 机会事件的作用：可能以无法预测的方式改变竞争优势，例如，战争、发明创造、石油价格上涨等。

从战略管理的角度来看，这一重要的理论可以帮助选择和确定进行生产投资的国家，也提供了有关这些国家的客户和竞争对手性质的证据。重要的是，这表明市场规模不如市场特征重要。

评论

尽管波特的理论与国际和全球战略有明显联系，但这一理论仍存在很多问题[15]：

- 样本。读者自己也能明白那些被剔除在外的国家和行业会对结论的正确性有何影响。
- 政府。钻石模型没有纳入的很多要素，例如国家的竞争政策，至关重要。
- 机遇。这可能是很多关键事件的唯一解释。
- 公司而非国家的竞争。波特理论的出发点是国家与国家在国际市场上竞争。这是具有误导性的，因为竞争发生在公司之间。例如，瑞典和芬兰在纸和纸浆方面并没有竞争，竞争的是像爱生雅（SCA）和斯道拉・恩索（Stora Enso）这样的纸浆和造纸公司。
- 跨国公司的影响。波特完全忽略了大型跨国公司的作用，但它们才是对外贸易和外商直接投资的最大贡献者。邓宁认为，在 20 世纪 80 年代中期，跨国公司的贡献占全球市场经济 GDP 的 25% ～ 30%。它们还贡献了全球大约 3/4 的商品贸易以及 4/5 的技术和管理技能贸易。[16]

● 东道国优势。对于某些跨国公司而言，其东道国的位置其实并没有多大关系。这意味着波特理论的基础——“东道国”优势（例如，日本的消费电子产品）——并不适用于这些公司。

上述内容和其他的批评都表明，该理论只是对复杂问题的片面解读。但是，该理论确实提醒了公司要解决的国家层面的重要问题。

有限国家干预理论——世界银行的影响

在对发展中国家过去几年的支持性投资中，世界银行曾经研究过哪些领域的投资可以真正增加国家的财富。当然，世界银行从未将研究成果以“理论”的形式发表，但可以在其年度报告中找到实证结果。正是基于这些数据才总结出图 19－4 所示的有限国家干预理论。

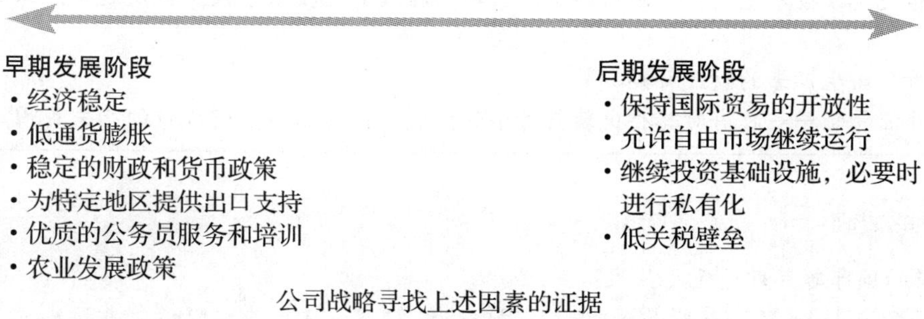

图 19－4 有限国家干预理论

有限国家干预理论（theory of limited state intervention）认为，最初国家在电信和公路等领域进行投资的时候，公司可以从中获益，但随着国家变得更加富裕，国家不再提供相关支持，而让自由市场发挥作用。这意味着，如果要让公司在国际市场上进行竞争，国家就应该减少对本土行业的支持。

从战略管理的角度来看，研究结果表明了公司对政府干预的态度。这表明公司应警惕拒绝开放市场准入的政府。在政策方面，各国政府还应稳定本国经济及其货币，并投资于本国的基础设施和教育。这可以为公司选择有潜力的市场和建设工厂的地点提供明确的指导。

国际贸易理论对战略管理的启示

总而言之，国际贸易理论从以下方面指出了政府政策的重要性：

● 基础设施建设。包括供水、电信和道路等。如果政府不愿在这些领域进行投资，则企业战略管理在这个国家很难取得建树。

● 培训和教育质量。这方面也很重要。人力资本的存量是新投资的重要组成部分，因为需要招募和培训国民为企业工作。在选择实施国际战略的国家时，这可能也是一个主要因素。

● 经济稳定性和特定的出口刺激政策。如果通货膨胀率低，经济稳定，那么大多数组织都可以发展得更好。有证据表明，在发展的初期，政府也可以提供援助来支撑某些行业实现增长。

● 竞争性和开放式的东道国市场。尽管有大型国际公司进入后吞噬东道国行业的危险，但实际并不是这样。东道国开放市场会刺激新进入者开设工厂，创造就业机会进而创造财富。例如，印度过去一直不愿意针对国际贸易全面开放国内市场，而新加坡和马来西亚因为开放了市场受益良多。在这些国家投资的日本索尼和荷兰飞利浦公司也获利颇丰。

从更具体的公司层面来看，重要的是研究与自由贸易相关的机会中可能存在的主要壁垒的程度和性质（见专栏19.2）。从短期来看，某些壁垒可能很低，也超出了战略管理的基本范围。从更深层次上讲，这些壁垒可能是公司生存和发展的基础。例如，20世纪八九十年代，日本的汽车公司日产、丰田和本田在欧盟内部对生产商的投资至少一定程度上是对这一领域内的贸易壁垒以及敏感问题的直接战略反应。

专栏19.2 | 主要的贸易壁垒

- 关税——对进口商品征收的税款。这不会终止进口，但会使进口产品缺乏竞争力。
- 配额——某一时期内可以进口商品的最大数量。
- 非关税或技术壁垒——政府强加的当地法律或其他技术手段，会使进口产品难以进入该国。
- 对本国生产者的财政补贴。
- 外汇管制——政府对其公民获得外币的控制，使其很难支付进口的相关费用。

关键战略原则

- 早期的国际贸易理论主要关注国家的资源。
- 在解释过去50年国际贸易增长的原因时，这些理论建议应该降低贸易壁垒并打造公司可用的规模经济。
- 波特的国际竞争优势钻石理论确定了四个东道国因素，解释了某些国家在国际市场上特别成功的原因：要素条件；相关及配套行业；公司战略、结构和竞争；需求条件。此外，他还确定了两个重要的外部因素——政府政策和机会。
- 有限国家干预理论归功于世界银行，确定了在经济增长不同阶段的政府权力。当国家变得更加富裕时，政府应让自由市场发挥作用。
- 国际贸易理论明确了政府在鼓励国际投资中的作用。这些理论还可以帮助公司去选择那些拥有最佳国际前景的国家。

19.3 国际贸易机构的影响

在制定国际和全球战略时，应当了解相关的机构及其在发展国际贸易中的作用。企业战略家可能会直接与这些机构打交道，并且迟早会间接地涉及其政策。注意，虽然下面没有将联合国单独列出来，但是，联合国在教育、卫生和农业等许多领域发挥了重要的政策作用，这对于相关产品的战略一定会产生影响。

三个国际贸易机构

为纠正20世纪30年代后期的错误和促进自由贸易，主要的西方国家在20世纪40年代决定建立新的机构来监管国际贸易。它们先后建立了三个与国际贸易公司直接相关的国际机构：

1. 国际货币基金组织（IMF）。该组织旨在为在国际上遇到困难的国家提供资金，并通过合作和讨论促进贸易稳定。直至1973年，它还组织过规制各国货币的论坛。

2. 国际复兴开发银行。通常称为世界银行（World Bank）。其目的是为各国的经济发展提供长期的资本援助——每年约 100 亿美元；也为基础设施、旅游业和其他项目提供贷款，目的也是长期改善增长。

3. 国际贸易组织（ITO）。建立该组织是为了规范贸易活动，并解决 1918—1939 年期间造成灾难性后果的贸易争端。该组织从未运行，但是 1995 年成立的世界贸易组织（WTO）是其直接继承者。

国际货币基金组织和世界银行持续运行至今。不幸的是，美国未能批准 1948 年建立国际贸易组织的条约。作为一项临时措施，1947 年 23 个国家签署了《关税和贸易总协定》（General Agreement on Tariffs and Trade，GATT），简称《关贸总协定》。这是国与国之间的一项条约，旨在通过提供一套商定的贸易规则和裁定违反这些规则的手段来鼓励和支持世界贸易。直至 1995 年，该协定一直是确保自由贸易的主要机制。专栏 19.3 显示了《关贸总协定》的主要原则。由于意识到它的益处，到 20 世纪 90 年代后期已有 140 多个国家签署《关贸总协定》。

专栏 19.3 | 《关贸总协定》的主要原则

有三个主要原则：

1. 不歧视。每个国家都将给予所有其他国家相同的进口关税税率。给予某个国家优惠就意味着要给予所有签署国同样的优惠（称为最惠国待遇）。

2. 咨询。发生纠纷时，《关贸总协定》将各方召集在一起讨论，鼓励协商解决，而不是像 20 世纪 30 年代时争论不休。

3. 违规制裁。无法协商解决的时候，世界贸易组织有权裁决并提出解决方案。它具有半司法的地位。

为了推动世界贸易，从 1947 年开始，《关贸总协定》发起了八轮削减关税和降低其他贸易壁垒的谈判。每一轮谈判均以发起的国家或城镇命名。第八轮是乌拉圭回合，于 1986 年开始，1993 年签署。[17]

世界贸易组织成立于 1995 年，负责管理《关贸总协定》并履行最初设想的国际贸易组织的一部分职能。[18] 世界贸易组织已成为国际贸易持续发展的原动力，并且非常支持那些进行国际战略管理的公司。例如，1998—1999 年美国和欧盟之间的"香蕉战争"最终就是根据《关贸总协定》的规则裁决的。世界贸易组织认为，美国有权出口其香蕉，如果不能出口，则可以对一系列欧盟公司实施制裁。这一举动影响了许多公司的战略，包括不涉及香蕉的公司。

发展中国家与《关贸总协定》

虽然小国和弱国在针对大国和强势合作伙伴降低壁垒的时候，《关贸总协定》为其提供了重要的保护措施，但这些国家仍然觉得《关贸总协定》对工业化国家更为有利。它们指出，自己在世界贸易中所占的份额正在下降。因此，它们鼓励联合国建立了联合国贸易和发展会议（United Nations Conference on Trade and Development，UNCTAD）。该机构关注的是发展中国家的贸易问题，但其在战略管理中的作用比较有限。

参与货币监管的机构

除贸易外，1945 年各方关注的另一个主要领域就是国家之间的货币汇率：无论关税怎样，如果报价单位崩溃，要固定价格几乎没有意义。显然这将直接影响公司的盈利能力。20世纪30年代，国际贸易的这一领域确实存在问题。1944年，国际上商定了一种固定汇率体系：布雷顿森林体系（Bretton Woods）。该协议一直持续到1973年，随后被全球浮动汇率取代。成立国际货币基金组织就是为了监督固定汇率体系，但当固定汇率体系结束时，该组织并没有消失。今天，它更多发挥的是后台作用。它向国际收支困难的国家提供资金，并通过合作与讨论来稳定国际贸易形势。

自由贸易区的重要性

为了实施国际战略，公司通常需要与国家政府进行谈判。从最基本的层面来看，这意味着公司要评估政府的政治态度（参见第3章）。本节仅关注国际层面。

除单个国家外，世界各地还形成了各种自由贸易区。**自由贸易区**（trade block）是一组同意互相给予国际贸易最惠国待遇的国家。基于贸易壁垒和规模经济的理论，建立自由贸易区的目的就是促进成员国之间的贸易。这有助于自由贸易，也可能有助于稳定一个国家的政治和经济环境。

前面已经提到了一些自由贸易区，其中最著名的就是欧盟。其他知名自贸区还包括东南亚国家联盟（Association of South East Asian Nations，ASEAN）和北美自由贸易协定（North American Free Trade Agreement，NAFTA）。每个贸易区都有自己的规则。例如，欧盟有一整套严格的规则，合作程度也相对比较紧密；东盟则较为松散，每个国家的独立程度都比较高。

从事国际扩张的公司要评估特定国家的机会，以及这些国家所属自由贸易区的情况。

对战略管理的结论

在高层，大型跨国公司与上述主要机构之间的联系日益紧密。而对于较小的公司，也总有通过游说获得好处并影响决策的机会。例如，全球的大银行通常也派代表参加国际货币基金组织每年两次的会议，而世界贸易组织也有公司的代表。对于任何公司的高管而言，这些都是影响战略的重要领域。

关键战略原则

- 三个主要的国际机构对国际贸易产生了很大影响。国际货币基金组织（IMF）负责监管国际支付。世界银行提供长期的资本援助。世界贸易组织（WTO）则规范贸易活动并解决国家之间的贸易争端。
- 《关税和贸易总协定》（GATT）是涵盖全球很多国家的一般性关税协定。在《关贸总协定》下，发起了多轮削减关税的活动。这在过去50年内开拓了国际市场，并大大增加了国际贸易。
- 联合国贸易和发展会议（UNCTAD）代表了发展中国家在国际谈判中的利益。
- 自由贸易区由愿意互相给予最惠国待遇的国家组成。战略管理要研究这些自由贸易区及其对国际贸易的影响。

19.4 国际和全球扩张：公司的视角

现在，我们从国家竞争优势的问题转向与公司相关的问题。本节围绕国际和全球扩张战略的基本问题展开，包括基本业务、全球战略、全球和本土并举的战略情形，以及国际方面的其他一些注意事项。随后两节将探讨组织结构以及进入海外市场的具体路径和相关问题。

国际扩张中的基本业务情形

研究国际扩张的时候，首先要研究战略业务，及任一形式的国际扩张对公司的影响。

海默的贡献

尽管一些基本的产品已经在国际市场销售了多年[19]，但国际扩张的业务逻辑还是基于两个主要的论点[20]：

1. 成熟的本国市场意味着在国外可以实现更高的增长。

2. 可以在本国以外获得更高的回报率。

这两项益处需要与国际扩张要承担的额外风险（货币风险、政治风险、经济风险等）和成本对应起来。大多数经济学家多年来一直认为顺差——国际扩张的回报率大于风险和成本——是公司进行国际扩张的原因。[21]海默（Hymer）认为，公司通过在某个国家投资而进行国际扩张的原因更加微妙。他指出，一些公司选择走得更远，而不是简单地采取从本国出口的低风险选择。它们为什么要冒险在另一个国家进行直接投资呢？原因是要利用其他公司难以复制的、可以在本国以外使用的竞争优势：品牌、技术、专利、因规模而产生的效率等。他认为，这将使公司能以主导本国市场的方式来占领国外市场。理查德·凯夫斯（Richard Caves）教授随后进一步深化了这种观点，但最初的理念还是来自海默。[22]如果一家公司有这样的竞争优势，它就可能从国际扩张中受益。[23]

全球战略的情形——戈沙尔的贡献[24]

全球战略意味着要将世界视为一个市场和一个相互联系的供应来源。有些市场可能是区域性的，而不是全球性的。例如，吉百利在欧洲拥有一系列口香糖品牌——法国的好莱坞（Holly Wood）、英国的清至（Trident）和丹麦的斯迪麦（Stimorol）——所有这些品牌都在各自的国家或区域运营，公司在全世界范围内并没有统一的品牌。公司要探究是否可以将其业务扩展到全球市场运营。戈沙尔（Ghoshal）设计了一个研究全球战略业务情形的框架。他认为，全球战略将在三个主要领域带来潜在的竞争优势：

1. 利用国家的比较优势——19.2 节已经探讨过。

2. 获得规模经济——随着公司规模的扩大改善边际成本水平。

3. 实现范围经济——将技能从一项业务转移到另一项业务来节省成本。

他认为，从全球战略中可以获得三种主要的结果：

1. 提高效率，通过成本领先和差异化来实现——在最大限度地减少投入的同时，实现公司经济产出的最大化。

2. 更好地管理风险——通过进入其他国家来分散风险，这在经济和政治上可能都是有益的。全球战略也可能降低竞争和资源风险，例如，如果某个国家出现问题，则从多个国家采购原材料会有切实的好处。

3. 激发创新和学习，跨越国家的边界分享知识、思想和见解可能会激发创新和学习。

随后，他将这些因素组合成了一个矩阵，如专栏 19.4 所示。它为制定一项全球战略构建了逻辑推理，但并没有说明是否有简单可行的解决方案。因此，应该将其视为要考虑的领域，而不是明确的指导方案。

专栏 19.4 全球战略——原则背后的逻辑

		全球战略的竞争优势		
		国家的比较优势	规模经济	范围经济
全球战略的结果	提高效率	利用国与国之间工资和资本成本方面的差异	在每个业务领域开发规模经济的潜力	在各种产品和子公司之间共享活动和分摊成本
	更好地管理风险	管理因不同国家的比较优势变化而产生的各种风险	实现规模优势和战略以及运营灵活性之间的平衡	实现产品种类的多元化并分散各类战略的风险
	激发创新和学习	向世界不同地区、各种组织和管理体系学习	吸取降低成本和创新方面的经验教训	在不同市场和业务中分享学习经验和知识

资料来源：Based on the late Sumanthra Ghoshal's 1987 paper on global strategy-" Global Strategy: an organising framework", *Strategic Management Journal*, Vol 8, pp. 425-440.

1983 年，西奥多·莱维特教授提出，全球战略可以带来额外的附加值和可持续的竞争优势。要证明全球战略的合理性，需要考虑两个主要因素[25]：

1. 资源。这些资源可以在全球范围内实现更经济地制造和采购活动。[26]这是消费电子行业普遍使用的因素，因为在一些生产设备效率比较高和劳动力成本较低的国家中，比如某些亚洲国家，通过生产劳动密集型的产品既可以实现规模经济，又可以节省大量成本。现在，索尼和飞利浦等公司都是以这种方式运作的。

2. 客户需求。某些产品在世界范围内基本上是相同的。诸如古驰、劳斯莱斯等公司生产的产品，在所有国家基本上都采用了相同的品牌。即使有差异，上述全球制造业务的规模经济带来较低的价格，客户也是愿意接受的。

叶恩华（George Yip）进一步拓展了支持全球化的论点。[27]他认为，一些组织可能担心自己被落下。他特别强调，全球性的产品可以将巨额的研发成本分摊到更多国家，例如，第 4 章讨论的药物研发成本。

叶恩华认为，从根本上讲，全球化可能会增强公司的竞争实力，也就是说，全球化可能会提升公司的竞争优势。这是全球化明显的机遇。但这也提出了一个问题，即到底有多少市场是真正全球化的：就连麦当劳也不得不调整部分菜单以适应当地人的口味，在印度还完全取消了巨无霸。劳力士手表和圣罗兰（Yves St Laurent）服装已经走向全球，但很多其他产品可能必须大幅调整才能满足当地的需求。

评论

一些战略家特别是盖莫沃特（Ghemawat）、鲁格曼（Rugman）和维伯克（Verbeke）认为，制定真正的全球战略确实有困难。[28]他们认为，所需的大量投资、对本地客户口味的低估以及与全球战略相关的组织和协调问题都表明，最好用“半全球化”的战略来取代它。有不少证据支持这种论点，尤其是在较成熟的产品领域，例如食物和饮料。[29]我们稍后继续讨论。

全球 / 本土战略的情形

在为全球战略进行辩护时，莱维特的论点很大程度上只限于上述两个考虑因素。但是对很多组织来说，全球性的思考必须与应对本土需求变化的要求相平衡，即全球 / 本土战略的情形。有时会用以下短语来进行概括："全球化思维，本土化行动。"

大约在莱维特发表支持全球化的论文三年后，苏珊·道格拉斯（Susan Douglas）和约拉姆·温德（Yoram Wind）做出了适当和有力的回应。[30] 对于大多数公司而言，可能需要进行一些满足本土需求的调整：即使像耐克这样的跨国公司也得进行局部调整，因为不同国家的人的身材比例是不一样的。

本土的响应能力显然与全球活动的力度方向相反。这背后有四个主要原因：

1. 客户品位和使用条件可能因国家而异。

2. 国家政府可能会关心针对特定国家的调整对该国是否有利。本章前面已对此进行了探讨。

3. 不同的技术标准、不同的立法和其他社会问题可能使为特定国家生产产品成为必要。例如，每个国家的电源接头（两相或三相）不同，要为欧盟国家生产不同的家用电源插头和插座。

4. 不同国家的竞争对手可能很难在每个市场中都形成相同的竞争优势。例如，英国巧克力公司吉百利很难在法国和西班牙出售其巧克力产品，因为与本土市场相比，公司在这些市场上要面临美国跨国公司卡夫更加激烈的竞争。后来，卡夫收购了吉百利，这意味着吉百利再也没机会在法国和西班牙销售其大部分产品。

实现本土响应，可能会稀释全球化规模效益带来的附加值。但是，很多公司发现，也可以在全球扩张的框架中解决此类本土化问题。

因此，很多所谓的全球化举措也需要有适应各国不同情况的本土化应对措施。像可口可乐、迪士尼和麦当劳等公司也分别在口味、语言或菜单选择方面进行了一些本土化的调整。通常，难点是在全球扩张与本土响应之间找到平衡。表 19 - 2 总结了全球 / 本土之间的平衡。

表 19 - 2　全球扩张和国家响应之间的平衡

全球战略的压力 *	响应各国差异的国际化战略压力 *
• 全球性或跨国竞争对手 • 需要大规模销售才能收回成本的高投资或者技术，比如生产、品牌化或研发 • 生产和采购方面的规模经济 • 市场营销和品牌建设方面的高投资 • 客户对全球"形象"的期望 • 寻找低成本劳动力来源降低成本 • 原材料或能源的全球采购	• 不同国家或地区有不同的竞争对手和分销商 • 要对产品进行大幅度的调整才能满足各个国家的要求 • 本国的产品生命周期处于不同阶段 • 本国技术水平高，可以实现符合该国要求的产品改造 • 不同的使用条件，比如天气 • 政府对本国活动的压力，比如对全球活动的关税或配额限制 • 关键原材料的全国采购

* 这些并不相互排斥。

国际扩张的四种计划型战略选项

考虑到上述问题，在国际扩张层面公司至少有四种战略选项。[31] 本质上，这些都是计划型的战略，主要考虑了以下两个方面的收益：全球战略和国家（或地区）需求。这四个战略选项分别是：

1. 一些公司可能会决定实施纯粹的全球扩张。

2. 一些公司会选择同时兼顾全球战略和国家响应。

3. 一些公司要更大程度地响应本国的需求，而从全球活动中没有什么收益。

4. 一些公司可能没有上面的这些压力，但也会看到在国际市场销售产品或服务的机会。

这四个选项如图 19－5 所示。但是要注意，使用某个选项并不排除在以后的阶段使用其他选项。例如，叶恩华认为公司不会立即选择全球化。[32] 全球化的过程要经历三个阶段，需要时间来实现，而且有些公司不会超越前两个阶段。叶恩华提出的全球化过程是：

- 阶段 1：制定核心战略，即构建竞争优势的基础，通常先在本国开发。
- 阶段 2：核心战略国际化，即在多个国家推行该战略。
- 阶段 3：全球化战略，即获得全球市场的整合优势。

全球规模机会的益处	对各个国家回应性的要求：低	对各个国家回应性的要求：高
高	全球化战略，很大程度上所有地方使用同样的产品或服务	跨国化战略，对大规模生产以及各国本土化的整合
低	国际化战略，从本国进行出口	多国化战略，主要关注满足当地的需求

图 19－5　国际扩张的四种计划型战略选项

在实践中，也有其他各种国际战略选项。它们的名称不一而足，具有代表性的如下：

- 多国战略。即根据客户的潜力和竞争对手的情况，针对单个国家或一系列国家的战略。与逐国扩张计划相比，国际协调是次要的。例如，法国达能（Danone）根据当地的扩张机会在整个欧洲销售饼干，而不是使用全欧洲统一的品牌。
- 全球低成本战略。即在全球生产成本最低的地方生产，然后在全球销售。例如，荷兰飞利浦在中国制造产品，然后在欧洲销售。
- 全球利基战略。即同一产品在全球所有国家的相同利基市场中销售。例如，英国登喜路和法国圣罗兰的产品在所有国家的高端市场销售。
- 国际区域化战略。即全球各地区各自生产，所生产和销售的产品在区域或国家范围内有所变化，但背后的全球战略是明晰的。例如，诸如日本丰田和美国通用汽车等大多数汽车公司都采用了这种战略。

还有其他战略选项。最终的决定应该视具体产品系列和组织而异，可以参考表 19－2 中的总结。

国际扩张和全球战略中的其他考虑

全球 / 本土的争议并非国际扩张方面唯一的分歧。随后的小节将讨论两个主要问题：组织架构和国际市场进入方式。当然，还需要探讨其他三个领域的问题：竞争、分销渠道和政府。图 19－6 对此进行了总结。

- 竞争。全球扩张必须考虑竞争对手公司的活动及其在目标市场中的资源和定位。
- 分销渠道。它对产品或服务的成功至关重要。如有必要，要将其作为战略的基本组成部分。
- 政府。政策可能会产生过多的关税或其他壁垒。即使公司能够获利，也可能会缴纳很多税，而且剩余的利润也无法转回本国。在技术转让和国家基础设施方面也可能存在限制（见本章前面的内容）。

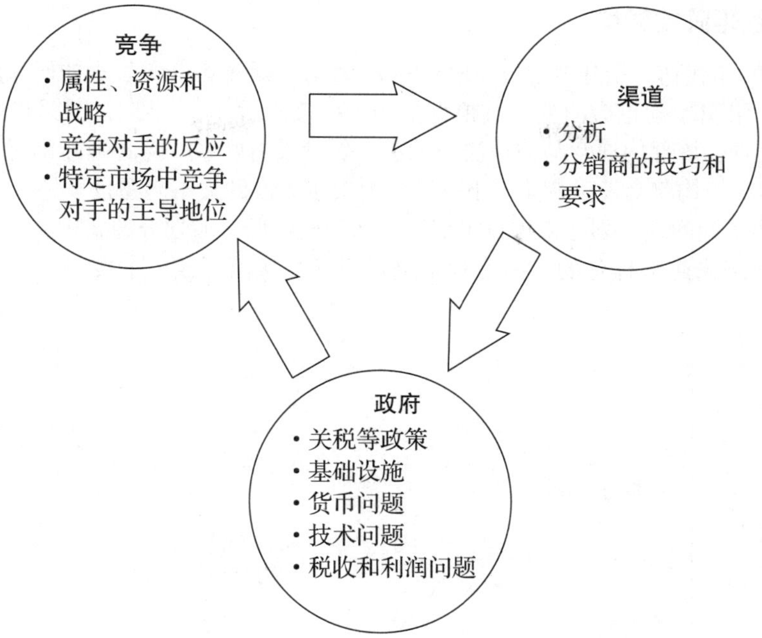

图 19－6　全球扩张中的其他三个考虑

关键战略原则

- 国际性的战略扩张也遵循战略管理的基本原则。但是，因为更复杂和不确定性更高，要采用分阶段的发展过程，选择也更加复杂。起点是要明确国际扩张的目标和原因。
- 通常要考虑基于本国高管人员的组织历史和文化。
- 全球战略的情形有两个方面的要素：可以更经济地在全球范围内获得资源和进行生产。此外，全球各地的客户需求要基本相同，这样可以将全球视为一个市场。
- 兼顾全球和本土的战略既要获得全球市场的收益，又要满足各国市场不同的需求。由于不同的客户需求和使用条件、不同的各国政府关注点、不同的技术标准和不同的国家竞争对手，可能会存在区域差异。
- 在实践中，战略管理要平衡全球化和本土化的问题。
- 上述考虑因素至少形成了四种计划型的战略选项：全球化、国际化、跨国化和本土响应。在实践中，还有其他各种国际扩张战略。
- 在国际扩张中还要仔细考虑竞争对手、调查分销渠道以及全面分析国家政府的限制和要求。

19.5　国际和全球扩张：组织架构

到目前为止，本章中的大部分内容都采用了计划型的方法。这可能是因为在进行国际经济分析和营销战略制定时采用了计划型方法的背景和基础。我们也知道，诸如明茨伯格和奎因等组织理论家是从涌现型的角度来研究战略的。这在最近有关国际扩张的组织架构研究中有所反映。

组织发展导致矩阵式架构

20 世纪 70 年代初，斯托普福德（Stopford）和韦尔斯（Wells）发表的研究成果表明，随着国际扩张，组织架构也会演变，其模型如图 19－7 所示。[33] 早期，国际扩张由一个独立的国际部门负责，该部门通常与战略决策的主要领域没有联系。随着国际销售和业务活动的持续增长，组织架构就会发生变化。下一阶段取决于关键的战略问题是不是：

- 要按照不同的地理划分来进行组织，从而形成按照区域划分的架构。
- 要按照越来越多样化的产品系列来进行组织，从而形成一个按照产品系列划分的全球架构。

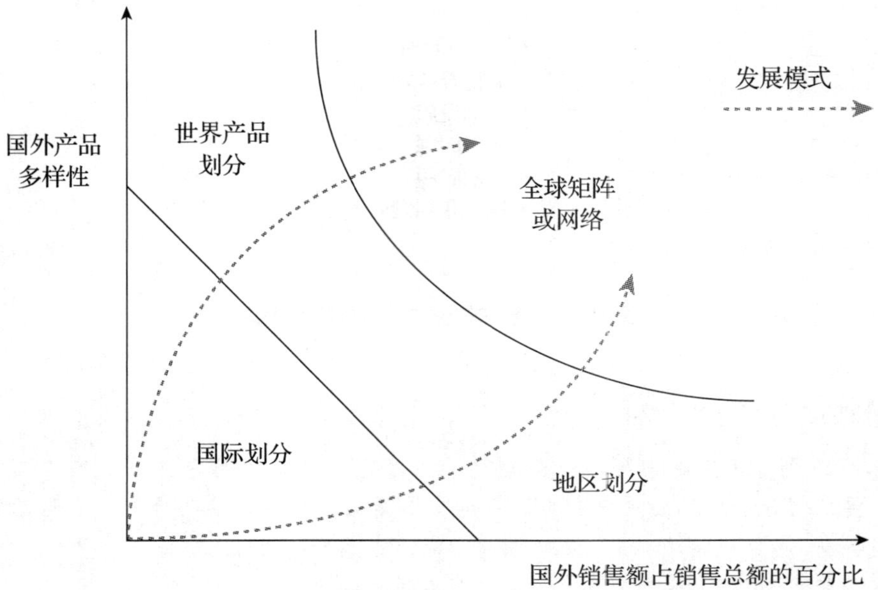

图 19－7 组织进行国际扩张的结构化阶段模型

资料来源：From *Managing the Multinational Enterprise* by John M Stopford and Louis T Wells. Copyright © 1972 by Basic Books, Inc. reproduced with permission of Basic Books, Inc, Pearson Education Ltd and the authors.

20 世纪 80 年代，关于全球 / 本土的争论导致了新的组织架构：矩阵式架构，同时采用了区域和产品划分的方式。[34] 第 12 章探讨过这种组织架构形式，相关的评论也适用于此：

- 双重职责难以管理，如区域和产品。
- 由于具有双重指挥链，矩阵会放大观点和利益之间的差异。
- 管理效率降低，成本更高，甚至可能导致激烈的冲突。

结果，诸如联合利华等大型公司先尝试了矩阵式组织架构，后来又放弃了。20 世纪 80 年代末，出现了一种新的组织解决方案——“跨国结构”。应当指出，这其实并不是一种新的组织形式，而是一种大型国际业务的组织方式。

组织架构：跨国性的解决方案

20 世纪 80 年代后期，巴特利特和戈沙尔发表了一项对九家跨国公司的研究结果，研究的重点是它们组织业务的方式，以及对全球和本土响应的能力。研究强调了创新和技术开发的重要性，它们可以在公司内部迅速传播。[35] 九家公司可以分为三个产品领域：

1. 品牌包装的商品——联合利华（英国 / 荷兰）、花王（日本）和宝洁（美国）。
2. 消费电子产品——飞利浦（荷兰）、松下（日本）和通用电气（美国）。

3. 电信交换机——ITT（美国）、NEC（日本）和爱立信（瑞典）。

通过对这些公司的战略要求以及每个公司处理其主要资源的方式的研究，两位学者指出了现有的问题和解决这些问题的方法。

巴特利特和戈沙尔认为，矩阵式组织架构的基本问题是它只关注了一个变量——正式的结构，其实并没有抓住国际战略任务的复杂性。他们认为，最重要的任务是重塑大型跨国公司的核心决策体系和管理流程：行政管理体系、沟通渠道和人际关系。在全球业务复杂且瞬息万变的环境中，很难像钱德勒所建议的那样，在战略和架构之间实现简单的契合（参见第12章）。重要的是战略和组织的灵活性。因此，他们开发了具有以下特征的跨国架构：

- 资产和负债——分散、相互依存，组织中的不同部门各有专长。因此，某个国家 / 公司可以引领一个产品，其他的则引领其他产品，但是所有国家和部门都应该充分协调和合作。
- 海外运营的作用——在全球一体化的架构内，每个国家或产品系列各有贡献，不一而足。
- 知识的开发和传播——要在全球范围内共同发展和共享知识。第7章探讨过。

两位学者评论说，跨国架构“并不是组织形式而是管理思想”。[36] 依据实战研究证据，他们认为，决策的核心要根据以下情况进行调整：

- 要跨职能，如财务和营销（可能要比其他职能更加集中）。
- 要跨不同的产品类别（某些产品可能比其他产品更具全球性）。图19－8对此进行了总结。

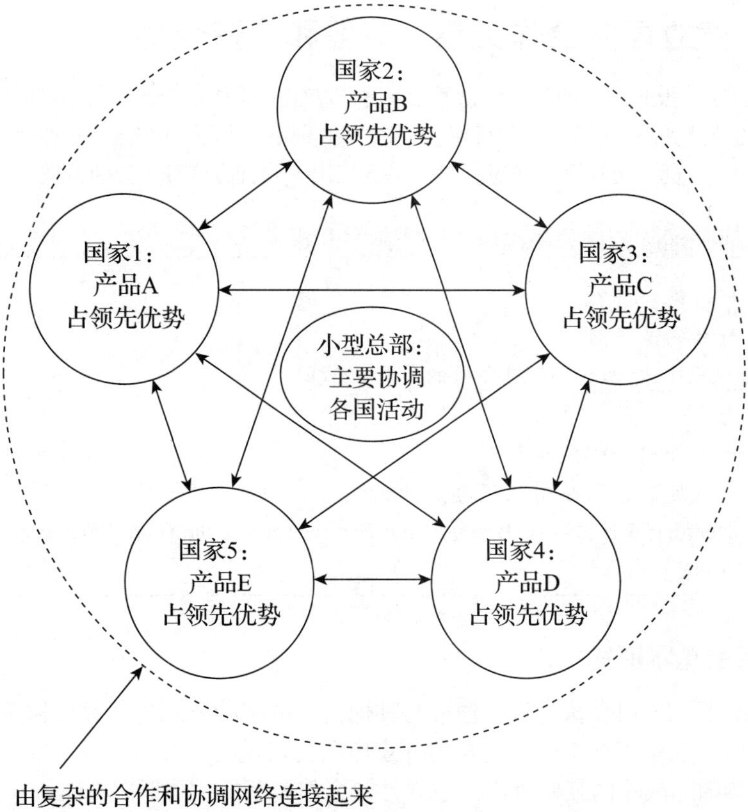

图 19－8　跨国性组织的一个示例

后来，科古特（Kogut）提出了重要的警告：新的组织架构在跨国公司中传播的时候比技术创新需要更长的时间。[37] 这意味着跨国架构不能简单地在一夜之间引入公司。互联网对组织架构的发展起到了辅助作用，并导致了所谓的“网络整合”（netchising），即公司建立了一个在国际范围内高度整合的相关业务网络。[38] 通过这样的网络联系，国际性的研发中心可以通过各种机构来交换知识。[39]

评论

该研究对很多大型国际公司的运作方式都有深远的影响。从本质上讲，这是一种涌现型的方法，强调了其他模型中没有注意到的组织发展中的知识和学习方面，而且这是根据对九家公司的研究得出的结论。相关的建议并不明确，对各国公司和产品系列的相对作用等关键问题也没有明确的指导。20 世纪 90 年代后期，联合利华的重组（参见案例研究 9.1）显然从该方法中借鉴了一些内容，但这不足以向公司展示应该如何平衡其长远利益涉及的各个因素。

关键战略原则

- 国际扩张的组织架构要先为国际活动设立一个独立的部门。随着该部门的重要性不断提高，可以按照地理划分或产品划分组织此类活动。这可能带来矩阵架构的各种问题。
- 一些公司在组织国际架构的时候采用了跨国性的解决方案。分散但相互依赖的子公司会在全球范围内进行整合。

19.6 建立国际合作关系：联盟和合资公司

很多参与国际扩张的公司都要重新思考与其客户、供应商和合作伙伴公司之间的联系。有可能建立多种不同的外部关系——第 8 章介绍过一些主要的选择。因为其与国际扩张密切相关，本节将探讨其中的两种：合资公司和战略联盟。专栏 19.5 列出了两种方式都需要研究的一些基本问题。

专栏 19.5 | 有关国际合作关系性质的一些基本问题

- 性质——与谁合作？
- 目的——目的是什么？
- 战略——怎样才能符合跨国公司的目标和战略？
- 议价能力——谁获得什么？
- 垂直性——如何分担风险？
- 行为——政府对合资公司的预期是什么？

资料来源：Dunning, J H (1993). *Multinational Enterprises and the Global Economy*, Addison Wesley, Wokingham, p. 240.

外部合作关系的基本形式

在很多情况下，公司会认为最好通过与其他公司的某种形式的外部合作关系来实现国际扩张。外部合作关系是指在本国公司与国外东道国公司之间的合同关系。本质上，本国公司不再完全控制其国际战略的某些方面。建立外部合作关系的主要原因有三个：

1. 学习——有关国家及其文化的情况，了解本国和东道国公司各自技术的贡献，以及和新东道国公司组织和资源相关的信息。

2. 成本最小化和风险降低——例如，成本更低的生产来源、研究、不同的监管体系和项目的经济性。

3. 市场因素——国际市场准入和分销、竞争定位、客户服务。

合作关系的性质对于新公司的成功很重要：所有权是重要的起点。如果新公司是全资的，那么该外部合作关系是否适用于价值链的其他部分，例如供应商和分销商？如果是合资公司，那么本国公司和东道国公司是否应该拥有相同的股份？如果是战略联盟，那么是不是不要涉及任何股份，而直接采取某种形式的简单合作？这些问题的答案会因每个公司及其战略情况的不同而有所不同。当然，也可以就影响外部合作关系成功的因素设定一些一般性的指导原则（参见专栏 19.6）。

专栏 19.6 | 影响外部合作关系成功的因素

- 互补性。合作伙伴应给合作带来不同的资源支持。
- 目标的达成程度。如果无法达成目标，则这种关系将很难维持。
- 战略和文化的兼容性。不一定要完全一样，但应该有一定的同理心。
- 对关键资源或核心竞争力的把控。母国的合作伙伴必须保持对重要战略要素的控制。
- 利益相关者的共识。绝对不能有冲突。
- 东道国合作伙伴成为竞争对手的风险较低。有时候，建立起来的强势地位只会让东道国公司与母国合作伙伴形成竞争。

合资公司[40]

合资公司（joint venture）即两个或两个以上的公司共同创办法律上独立的公司来分享母公司的资源，目的是开发竞争优势。合资公司可以采取多种形式，最常见的方式是双方各占一半股份。谷物联盟就是运作成功的合资公司。这是一家由跨国食品公司雀巢（瑞士）和通用磨坊（美国）共同成立的合资公司（参见第 2 章），两家母公司各占 50% 的股份。成立这家公司是为了占领北美以外全球各地的谷物早餐市场，目前已经取得了一些显著的成效。对于不同的战略环境、战略资源和竞争对手而言，这样分配股份可能并不合适。因此，既要对市场也要对选定的合作伙伴进行深入的研究。

大型跨国公司和本国公司成立的合资公司可以获得以下主要益处：

- 通过共享项目降低风险。
- 快速进入外国市场和快速盈利。
- 本国公司的参与和联系可能使跨国公司更容易被当地社区接受。

但是，这样的合资活动也可能会产生以下问题：

- 本土合作伙伴控制了本地市场，跨国公司无法直接和客户联系。
- 由于组织文化、信任和民族文化的差异，无法与本土伙伴合作。
- 跨国公司的全球目标可能与本土合作伙伴的国家目标相冲突。

并没有简单的方法来确定合资公司是否能获得长期的发展。邓宁很谨慎，他指出很难研究有如此多变量的话题。[41] 科古特则更悲观，他认为可研究成熟的市场，但没法研究快速增长的市场，原因是高增长往往需要快速注入额外的现金，而通常至少有一个合作伙伴在这方面会有问题。[42] 汤姆林森（Tomlinson）强调了合资公司的合伙性质[43]，这可能是有道理的。他认为，合资公司必须为双方带来互惠互利的机会。此外，要使合作起作用，就必须相互信任和忍让。这意味着双方的目标最后是兼容的。这可能也意味着要对资产所有权和各自的贡献领域进行清晰的界定，这样合作双方才能清楚各自的资源贡献。

战略联盟[44]

战略联盟（strategic business alliance，SBA）是某种形式的合同关系，旨在建立不涉及股权的国际合作。近年来，战略联盟数量大增，原因有很多：第一，研发成本的增加带来了分担此类成本的压力；第二，战略联盟通过分摊规模经济和范围经济可以降低成本；第三，战略联盟可以获得由合作伙伴运营的专门化或合理化带来的其他收益。邓宁认为："设计战略联盟的目的就是要提高参与公司的可持续竞争优势。"[45]下面是一些战略联盟的示例：

- 欧洲和北美的制药公司一直采用战略联盟来分销新药，这样就无须建设全新的营销网络。
- 电信公司也建立了全球性的战略联盟，这样不必在每个国家开设公司，就可以向世界各地的主要跨国客户提供无缝对接的电话服务。
- 全国性的航空公司也形成了战略联盟，这样不用在每个机场都开设办事处，就可以为客户提供无缝对接的全球机票订购服务。

在实践中，这种关系的广泛性表明构建战略联盟的原因有很多。专栏19.7总结了主要的原因。

专栏 19.7 | 构建国际战略联盟的原因

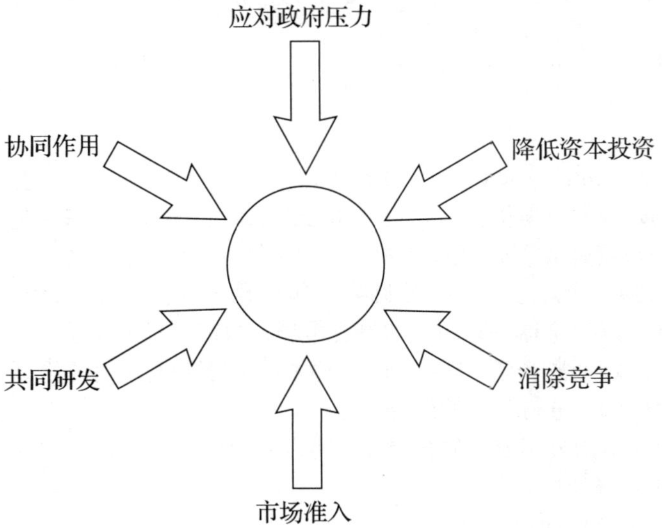

20世纪90年代早期，欧洲工商管理学院（INSEAD）的伊夫·多兹（Yves Doz）教授和伦敦商学院的加里·哈默尔曾研究过战略联盟关系。[46]他们得出的结论是：当每个伙伴清楚对方的意图，而且接受这种关系很可能随着时间而变化的时候，联盟关系更有可能获得成功。他们还建议，在这样的联盟中，双方的治理关系最好也是相似的。原因是这样可以避免目标方面的冲突。同样重要的是，要尊重战略联盟各方在国家或组织文化方面的差异。他们还发现，如果参与方能够平衡它们在战略联盟内部以及合作之外的其他利益，效果会更好。

尽管有上述结论，对战略联盟的研究还是比较困难，因为有太多的联盟形式。因此，在制定国际战略的时候，应该谨慎对待战略联盟在国际战略发展的长期成功方面发挥的作用。

关键战略原则

- 与其他公司建立国际合作关系时，要研究所有权问题。合资公司和战略联盟在国际合作中的紧密程度不同。
- 跨国公司与本土公司建立的合资公司可以帮助跨国公司快速进入市场和融入本土市场。但是，合作双方的目标不同可能会带来一系列问题。

- 战略联盟涵盖了不涉及交叉持股的合作关系。收益包括对成本的节约和对市场的开拓，但这种联系的本质是脆弱的，可能无法长期维持。

批判性反思

全球战略：有足够的吸引力吗？

实施全球化的成本会高达数百万美元，这超出了除大型公司之外的所有公司所能承受的范围。全球化的收益通常会因为满足本地需求所做的调整而受到限制，这样就会丧失全球化的规模优势。

同时，如果没有全球化战略，有些公司将难以生存。例如，如果新药的研发成本只能从全球市场的一小部分中收回，那么新药的成本可能会让人望而却步。迪士尼和可口可乐等公司则从其全球战略中受益颇多。

关于制定全球战略的争论很多。但这对大多数公司有意义吗？或者对它们来说，选择国际战略或跨国战略更好？

思考问题

1. 如果国际扩张是21世纪最重要的战略趋势，那么是不是每个组织，甚至最小的组织，都应该制定国际化战略？如果是这样，下面的公司应该采取什么战略？

(a) 主要在世界的某个地区（例如欧洲）开展业务的中型工程公司。

(b) 主要在一个国家进行销售的大型杂货零售商。

2. 国际化、跨国化和全球化意味着哪些不同的国际扩张战略？举例来解释你的答案。

3. 国际贸易理论是否可以解释通用汽车和泰莱（Tate & Lyle）等公司在国际市场发展的原因和方式？

4. 世界贸易的主要机构对战略管理有何影响？

5. 列举两个自由贸易区，并说明它们分别如何影响国际战略，特别要说明每个自由贸易区特有的因素。

6. 在制定公司的业务战略时，波特的国家竞争优势钻石模型有多大用处？

7. “全球化以及如何实施全球化已成为全球经理人最迫切要解决的两个战略问题。”（叶恩华）请评价这种概括在制定国际商业战略中的作用。

8. “跨国性组织架构”是否可以解决大型公司在组织国际业务时面临的困难？

9. 在制定国际战略的时候，使用战略联盟和合资公司有哪些问题？如何解决？

10. “采用全球化的视角与产品和品牌全球化的战略是不一样的。对于大多数公司而言，这种视角意味着要考虑更广泛的战略选项，而标准化只是其中之一。”（苏珊·道格拉斯和约拉姆·温德）你是否同意这一评论？这对国际战略有哪些影响？

延伸阅读　　注释和参考文献

20 战略与商业模式

学习目标

学习完本章后，你将能够：

- 定义商业模式，并将其与战略区分开来。
- 确定商业模式的不同部分，并展示如何将它们组合在一起。
- 概述各种商业模式的主要优点和缺点。
- 评估商业模式在战略实施中的作用和价值。
- 关注长期战略问题，包括宗旨、附加值和可持续竞争优势。

引言

在制定了组织的战略之后，一些组织——不是全部——会定义和开发其商业模式。原因有两个：首先，商业模式有助于确定组织增加价值和利润的地点和方式[1]；其次，商业模式对于实施和监控所选的战略也很有用。那么，为什么只有一些组织有商业模式呢？可能是因为它们认为自己选择的战略与商业模式是一回事。实际上，两个概念并不一样。[2]因此，本章首先定义商业模式并将其与战略区分开来。

尽管本章探讨的是商业模式，但其中一些概念也可以应用于公共部门。公共部门和非营利组织可能也希望开发这样一种模式——“公共部门模式”，这种模式关注的是如何在公共部门实现增值，而不是与商业部门相关的获利能力。公共部门组织也要确定自己与其他部门的差异，这样才能产生区别并向公众提供服务。限于篇幅，本章不再进一步探讨公共部门模式。

在定义了商业模式之后，就要解决如何制定商业模式的问题：其关键要素是什么？这并不容易回答，因为关于商业模式要素的共识非常有限。[3] 重要的是，商业模式并没有单一的支持逻辑。本章将回顾我们所了解的内容，并提出一种可以识别公司商业模式的方法。和战略以及各类模型的大多数情形一样，商业模式有益处，也有问题。因此，在概述有关商业模式的结论之前，我们需要确定并研究这些问题。图 20－1 总结了本章的内容。本章以关于战略管理的一些简短且更笼统的结论作为结尾。

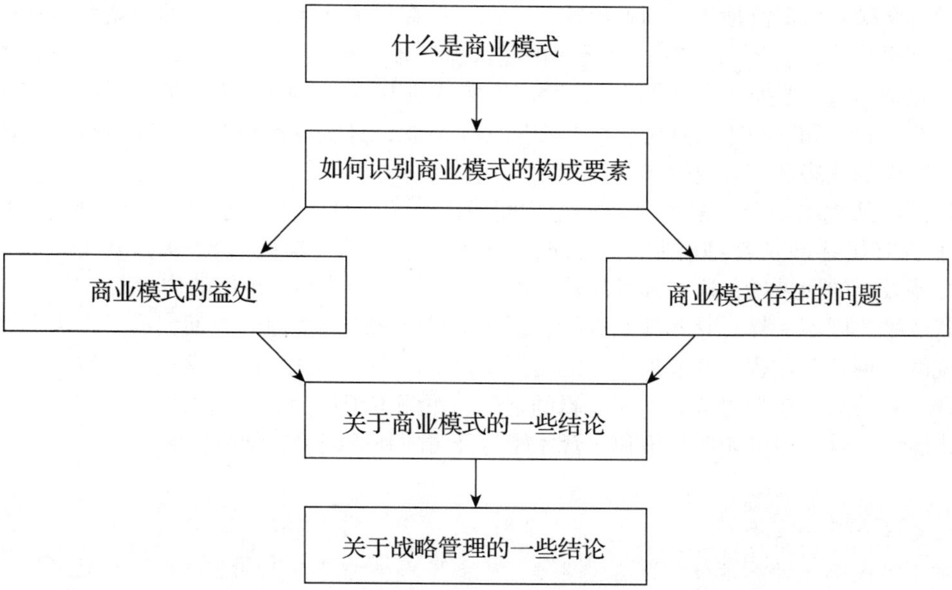

图 20－1　开发商业模式

20.1　商业模式是什么

商业模式（business model）是对公司的逻辑、经营方式以及如何为利益相关者创造价值的总结。[4] 本质上，商业模式是一种把握组织所选战略主要内容的公式化套路，目的是在特定的战略情境中实现公司的利润（或公共部门组织的附加值）。商业模式并不会显示怎么制定所选的战略：这是战略管理的功能。

定义商业模式

尽管以上定义抓住了商业模式的本质，但它并未完全涵盖现有的众多定义。例如，巴登－富勒（Baden-Fuller）和摩根（Morgan）在一篇学术论文中就列出了八个定义，它们强调了商业模式的不同方面。[5] 例如：

- 蒂斯将商业模式定义为如何在为客户创造价值的同时为公司获取价值，公司的行为应该反映这一关系。[6]
- 伊丹敬之（Itami）和西野和美（Nishino）认为商业模式是可以用来描述公司并使其成长的利润模型、活动体系和学习项目的组合体。[7]
- 佐特（Zott）和阿米特（Amit）将商业模式视为一个相互依存的活动体系，可以超越公司的中心并拓展其边界。[8]
- 甘巴德利亚（Gambardella）和麦加恩（McGahan）则认为，商业模式是一种以合理的成本将想法转化为收入的机制，强调了创新在价值链中的重要性。[9]

为什么在定义上有如此大的差异？原因是在经济学或商业研究中，并没有单一的商业模式基础理论。[10]虽然商业模式被广泛用于讨论和解决商业问题，但对其基本的逻辑尚未达成共识。这样就很难研究商业模式的概念。

区分商业模式和商业战略

尽管金融媒体广泛使用“商业模式”一词，但在过去几年中，主要的战略期刊对该概念的研究却极为有限。不过，在商业新闻中经常出现各类相关文章和论文。[11]在创业战略的背景下也进行过一些研究。[12]但是，对该领域的研究还是不够。特别是，商业媒体有时会把“商业模式”和“战略”这两个词当作同一个概念，其实并不是这样。很多战略家认为应该区分组织的战略及其商业模式。

我们先从战略说起。战略是在特定时间段内组织实现主要目标的主要行动。本书已经展示了战略始终涉及管理层制定的战略选项和选择过程（参见第8、9和10章）。用迈克尔·波特教授的话来说，这种选择涉及在市场上“创造独特和有价值的位置”。[13]

商业模式则不一样，它不涉及选择，因为选择已在较高的战略层面完成了，也不涉及波特所说的“创造”过程，商业模式是战略制定之后的事。因此，商业模式更多地关注如何实施所选定的战略，包括对战略定位逻辑的理解，更侧重于作为战略结果出现的应变计划。商业模式展示的是公司将如何竞争和运营才能为公司的利益相关者创造价值。[14]

关键战略原则

- 商业模式是一种总结公司逻辑、运作方式以及如何为其利益相关者创造价值的公式化套路。
- 公司战略与商业模式之间有显著的差别。战略涉及为公司创建独特的定位，还要做出业务选择。商业模式则总括这些选择，并将战略转变为组织的实施方案。

20.2 识别商业模式的要素

为了确定公司商业模式的关键要素，首先要总结公司的核心业务战略。商业模式的每个部分都必须与此核心业务保持一致。在实践中，可以进一步研究来确定公司的核心战略。

在确定了核心战略之后，商业模式开发的下一阶段将分为两个方面：首先，要研究公司外部的客户和合作伙伴；其次，要研究公司内部的主要职能领域。图20-2总结了商业模式的各种要素。

总结核心战略

这里要关注两个方面：在组织的什么地方增加价值，以及怎样使组织和竞争对手产生差异。本过程分为两个阶段：

1. 定义产品或服务：

- 现有的产品范围和价值要素——可以使用价值链来充实相关的描述（参见第4章中的价值链部分）。

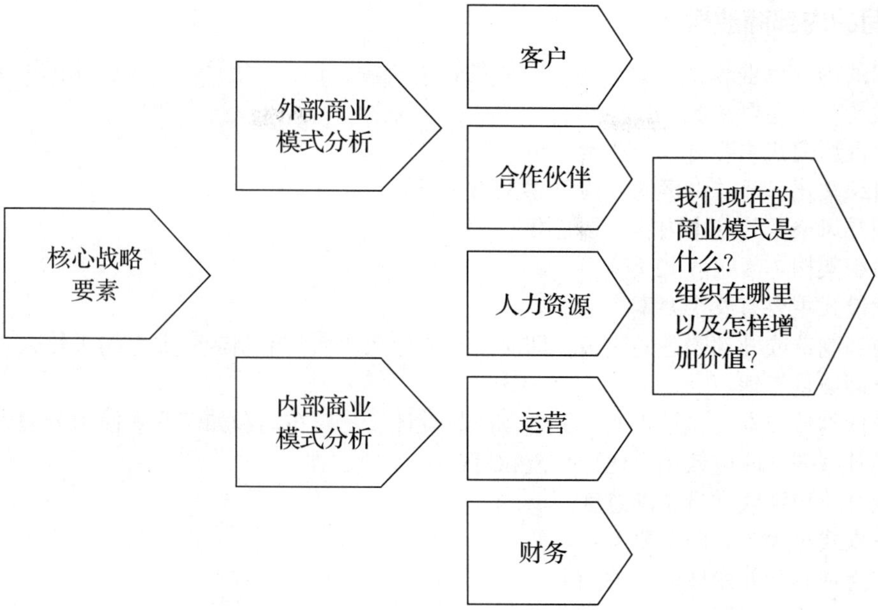

图 20－2 商业模式的关键要素

- 客户——谁购买产品 / 服务，原因是什么（参见第 3 章的具体介绍）。

2. 要通过下面所列的内容实现差异化：

- 对竞争性资源和能力的分析（参见第 4 章）。
- 识别其他关键资源——不一定要比竞争对手好，但对公司来说是必不可少的（参见第 3 章中的关键成功因素）。
- 结论——客户为什么购买我们的产品 / 服务，而不是购买竞争对手的产品，要通过什么样的益处来获得附加值？

分析公司的外部商业模式

在确定了核心战略之后，外部商业模式应该研究公司外部的客户及其合作伙伴。尽管在评估附加值的时候竞争对手很重要，但不需要研究，因为它们不会给公司带来直接价值。

客户互动模式至少包含五个要素：

1. 客户导向的战略：组织的每个部门都需要积极应对客户的问题和机会。
2. 市场定位：包括专有技术或独特的位置。
3. 物有所值：价格与产品或服务的对应关系——不一定是最便宜的。在一些商业模式中，该互动模式可能是成本最高的。
4. 公司声誉和品牌：多年的业务和广告所产生的知识、信任和服务。
5. 客户关系：将客户和公司联系在一起的正式和非正式关系。

合作伙伴互动模式则主要有四个要素：

1. 供应商：与某些供应商建立合作关系，与其他供应商保持距离或竞争关系。
2. 渠道力量：与分销商和分销渠道的联系——不一定是合作伙伴。
3. 战略联盟和合资公司。
4. 其他重要联系：例如与影响行业政策的政府和行业机构的联系。

分析公司的内部商业模式

公司的内部商业模式需要分析与公司的人力资源、运营（生产）以及公司的财务资源和活动相关的三个主要领域。

人力资源模式主要有三个要素：

1. 组织文化——“做事的方式”(参见第4章)。
2. 领导风格及其基本内容（参见第16章)。
3. 组织架构（参见第12章)。

运营模式主要有五个要素：

1. 内部制造或外部购进的决策，即应该制造什么和从其他制造商那里购买什么。
2. 全面质量管理。
3. 降低制造成本，包括供应商关系、产品设计、工厂布局和如何有效使用劳动力。
4. 提升服务，改进效率，比如物流和运输。
5. 提升工作绩效和员工满意度。

财务模式至少包含四个要素：

1. 支持现有和新发展的相关融资。
2. 税收和法律问题。
3. 现金流。
4. 国际贸易，如定价折算和货币兑换。

实际上，这些职能领域中的每一项都会有更多的活动。例如，财务职能方面的财务汇报。以上要素仅仅考虑了与商业模式分析相关的内容。

通过分析简化商业模式

在实践中，上面的分析可能有非常多的要素。有充分的理由简化它们。原因是对这些要素会在整个公司范围内辩论、沟通以达成共识，如果它们很复杂，则很难做到这一点。卡萨德苏斯－马萨内尔（Casadesus-Masanell）和里卡特（Ricart）提出了两种简化商业模式分析的主要方法[15]：

1. 聚合。这意味着要抛开细节，关注要点，确定关键的选择及其影响，这样才能展示主要要素之间的相互作用。

2. 分解。有些商业模式内部存在相互之间没有互动的要素，因此可以分开分析。这样就可以在商业模式中只展示组织的几个关键部分。

为了展示聚合的工作原理，图20－3显示了低成本航空公司瑞安的复杂商业模式以及简化商业模式。简化的模式更容易把握关键要素，也更易于沟通和实施。

一般而言，可以从四个主要的方面来总结商业模式，如图20－4所示。

1. 客户互动——目标细分市场、公司的市场定位、和定价相关的事项等。

2. 公司战略资源——识别和开发通过公司人力资源、财务和运营活动实现附加值的战略资源和能力。

3. 合作者和合作伙伴——与供应商、分销商和其他重要机构要建立长期合作关系来提高附加值，例如与政府机构合作。

4. 与竞争对手的差异化——要不断监控、定义和维护公司的竞争优势，这样才能强化附加值，而且不受竞争对手的侵害。

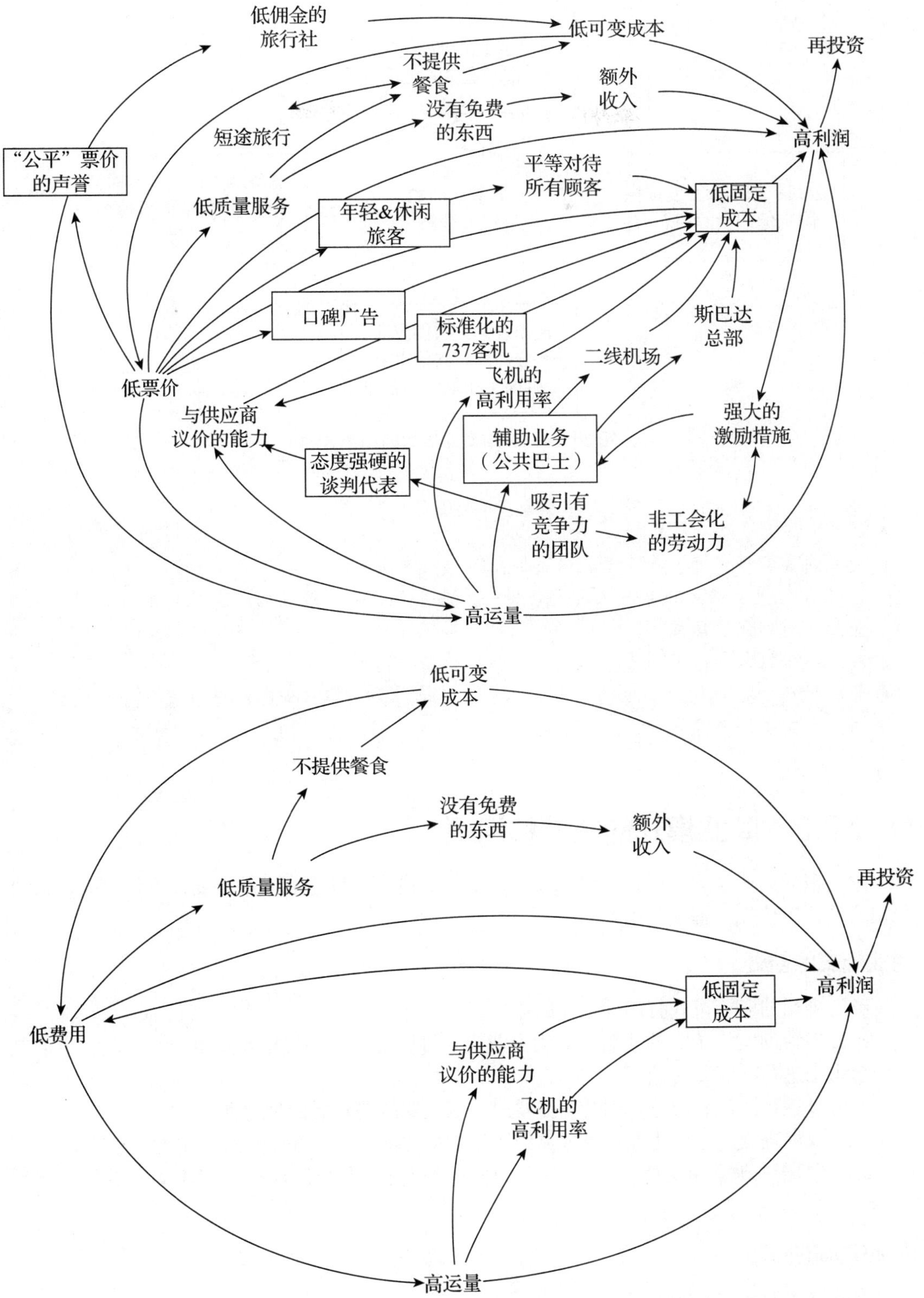

图 20－3　瑞安航空的复杂商业模式及简化商业模式

资料来源：Casadesus-Masanell, R and Ricart J E (2010). “From strategy to business models and onto tactics”, *Long Range Planning*, 43, 195-215.

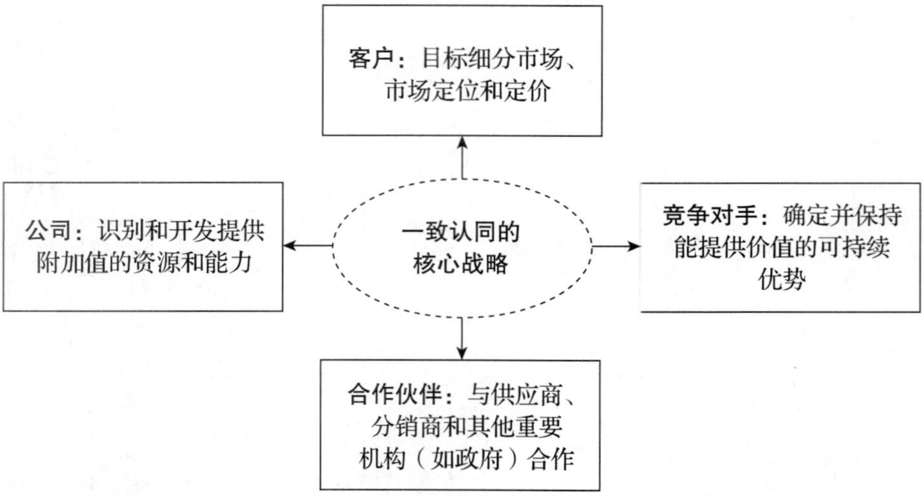

图 20－4 总结商业模式的四个方面

关键战略原则

- 要确定商业模式的各种要素，需要先总结核心业务战略。
- 接着有两个步骤：外部商业模式分析——客户和合作伙伴；内部商业模式分析——业务的主要职能领域。
- 最后一步可以通过聚合或分解的方法来简化商业模式。
- 简化的商业模式包含四方面的内容：客户互动；公司战略资源；合作者和合作伙伴；与竞争对手的差异化。

20.3 商业模式的益处和问题

像大多数商业概念一样，识别和使用商业模式既有益处也有问题。要评判该理念的价值和相关性，应该先了解这些内容。

商业模式的益处

确定公司的商业模式有四种主要的益处：

1. 可以帮助实施选定的战略，因为商业模式可以将主要的战略要素整合在一起，方便在整个组织中进行交流和讨论。

2. 可以进行测试和辩论，因为商业模式可以阐明战略背后的理解和逻辑。

3. 可以促进交流，因为商业模式总结了组织的方向，可以在整个组织中沟通战略。

4. 可以增进理解和支持，获得公司中那些没有直接参与制定核心战略的人员的理解和支持。

商业模式的问题

商业模式的概念有两个主要的问题：

1. 很大程度上是计划型的过程。商业模式的基础是在一个相对可预测的市场中寻求与其他公司的差异化。但它基本不关注动态竞争，也没有强调快速变化的环境。

2. 忽略了创新的结构、理念和学习。这样的商业模式通常反映的是当时业务的静态图景，完全没有提及本书所探讨的涌现型过程。

关于商业模式的结论

对商业模式的批评意见并不能说明这个概念是错误的，但这确实表明需要将商业模式的益处——对战略的总结和沟通——和其缺陷进行对比，比如对创新和学习不够重视。

一些战略家可能会争辩说商业模式之所以薄弱，是因为它着眼于过去而不是未来。但是，其他人会说这样的批评不合适，因为研究未来是战略管理的职能，而不是商业模式的职能。因此，在本章的最后，我们将回到战略管理的主题。

关键战略原则

- 商业模式有四种主要的益处：帮助实施战略；允许进行测试和辩论；促进交流；获得未直接参与制定核心战略的相关人员的理解和支持。
- 商业模式有两个主要问题：很大程度上是计划型的过程；忽略了创新的结构、理念和学习。

20.4 战略管理和商业模式

战略实施和商业模式

正如第 1 章所指出的，在计划型战略中要区分战略分析、战略方案制定、战略选择、战略执行。但是，这并不能如实反映组织正常状态下正在进行的战略工作。即使发生重大的变化，公司也需要根据相对短期内实施战略的情况来做出研判。这些问题将一直是组织长期战略任务的一部分。但商业模式提供了一个模板，可以用来判断特定的战略活动，例如，在哪里增加价值。

商业模式只是战略实施的第一步，还要设置关键节点和实施相关控制措施来监督这一过程：

- 关键节点是为了在某些中间点准确衡量战略在实现最终目标的过程中所取得的进展。这些节点之所以重要，是因为只有在活动进行时评估，才能及时采取纠正措施。
- 控制的目的是确保在实施的过程中不违反财务、人力资源方面的规定。这可能涉及现金流、预算支出、培训成效、工厂安装流程等。这与关键节点的差异在于控制会更加细致、更有持续性，而且会因职能而异。

重新研究未来环境和商业模式

在制定一个连贯的战略时，组织可能想了解未来几年影响它们的主要趋势是什么。商业模式可以使用场景分析来解决这一问题（参见第 3 章）。

关于预测，有两个方面需要注意。首先，构建场景的部分原因不是预测，而是为不可预料的事件的发生做准备。其次，最受推崇的管理专家之一彼得·德鲁克对这样的预测持谨慎的态度：

> 预测未来并不是很困难，只是没有意义。很多未来学家的平均成功率很高——这是他们衡量自己和别人衡量他们的方法。有些事情他们预测得很准，但更重要的是那些没人预测或本来可以预测到的根本性变革。[16]

因此，尽管商业模式可以通过场景发挥作用，但在预测未来方面确实存在问题。不过，仍有人认为战略应该试图塑造而不只是预测未来。[17]

组织的宗旨和商业模式

除了强调附加值的重要性外，商业模式并没有提供组织在重新考虑其愿景、宗旨和使命时需要注意的细节。此外，很少有组织会停滞不前，一些组织会迅速崛起，例如脸书和推特。有些公司，例如大型的跨国公司，除非进行重大的战略转变，否则其增长会很缓慢。有些公司则由于各种原因逐渐衰败。

从更深层次的宗旨来看，商业模式并没有解决以下四个方面的问题：

1. 组织宗旨的变化。如果公司衰落了，真有关系吗？我们实现既定的增长目标有意义吗？这些问题的答案依赖于组织及其管理层、员工和股东的价值观。

2. 可持续竞争优势的动态性。我们应该如何以及怎样实现进一步的发展？对组织的资源有何影响？

3. 组织的文化和风格。我们应该怎样开展工作？我们应该采用哪种风格？这些都是根本性的问题，它们超越了直接的商业模式问题，而成为潜在的商业哲学问题。

4. 组织的价值观和伦理标准。我们应该坚持什么价值观？为什么？我们应该怎样行动？我们怎样才能实现这些理想？迈入21世纪，有些组织已经在重新审视自己，审视以前关于保护环境、少数族裔平等待遇、政治派别等的看法。这些都是超越商业模式的战略管理合理性问题。

本书支持以客户为导向的，注重质量、创新和学习的组织。应该将宗旨简化为企业社会责任和附加值。战略也可简化为找到目标客户和打造可持续的竞争优势。这些因素不一定适用于所有组织，但无论是哪类组织，都得基于这些因素来设定其长期的视角。商业模式在这里可以作为起点，但是并没有解决细节问题。

随着环境和组织的各种变革，战略管理本身不断涌现出新的研究主题，其中很多都超越了商业模式的概念。本书所引用的研究论文、书籍和杂志将为当前正在研究的主题提供参考[18]——这些课题使得战略管理具有动态性、刺激性，充满争议，且与我们的未来有关。

结尾

最后，要牢记，尽管战略管理尝试了各种办法来指引和应对未来，但总有一些不可预测的因素会超出战略理论和商业模式的静态性质。用德国化工公司汉高（Henkel）的话来说，“要在生意上取得成功，你需要技能、耐心、金钱……再加上一点点运气”。[19]

关键战略原则

- 商业模式仅是战略实施的第一步，还需要设置关键节点和实施相关控制措施。
- 很多组织都会试图重新审视未来的环境。可以将商业模式与构建场景结合起来预测未来的趋势，但是做此类预测时一定要非常谨慎。
- 商业模式未能解决组织宗旨的四个关键问题：组织宗旨的变化；可持续竞争优势的动态性；组织的文化和风格；组织的价值观和伦理标准。
- 战略管理中总是有机遇的成分。运气也有助于制定可行的方案。

批判性反思

运气到底有多重要？

在本章的最后，引用了德国汉高公司的话：“要在生意上取得成功，你需要技能、耐心、金钱……再加上一点点运气。”如果运气也可以算作一个因素，那么这是否要否定贯穿全书的战略内容和战略过程的价值？你自己有什么样的经验呢？和运气有关系吗？你的观点对战略管理有何启示？

思考问题

1. 是否可以找到商业模式特别有效的竞争对手公司来比较业绩？

2. 找一个你熟悉的例子，用商业模式来总结其战略。你构建的商业模式有哪些优点和缺点？

3. 本书强调“以客户为导向的，注重质量、创新和学习的组织”在战略管理中特别重要。你还希望有其他可选领域吗？如果是，有哪些领域？你为什么要选择这些领域？

延伸阅读　　注释和参考文献

第6篇

综合性长案例

如何分析和准备战略案例

除了本书正文中使用的案例，后面将会呈现一些篇幅更长的案例。案例是对某种战略情形的书面描述。案例通常研究某一时期的真实公司，描述其当时面临的或者将要面临的战略问题——这意味着组织可能并没有完全理解自己当时的战略情形。

分析案例的目的是：

- 应用书中介绍的理论框架。当然，不必在回答案例问题的时候再次描述理论的细节：可以假定读者已经知道这些理论。
- 思考影响业务问题的很多因素及其现实复杂性，而不是采用在研究各章案例时的单一主题视角。很多战略问题涉及多个方面，会超出各章的主题。
- 要明确战略问题，并提出建议。

尽管大多数情况下案例本身的材料能够满足你的要求，但案例不一定是完美的。此外，有些案例中的数据相关性可能较小：这反映了管理者的现实生活，要选择相关的数据才能解决战略问题。

尽管案例后面列出了一些问题，但不一定能够反映案例背后的真正问题。比如，有可能会问及组织的竞争资源和能力。但是，在研究竞争资源之前，可能要先研究组织的竞争环境，因为这会影响资源。例如，某品牌的竞争资源可能要在市场中众多现有品牌的情境中来思考。

尽管如此，在学习的时候还是应当认真回答每个案例后面的所有问题。

在准备分析案例的时候，通常要完成下述五个步骤：

一是，快速通读案例。

二是，再次阅读案例，这一次要根据问题做些记录。

三是，对相关的组织进行 SWOT 分析——即便没有要求，也得完成——分析的过程会帮助理解案例的结构和了解相关可用的数据。

四是，基于本书中的计划型或涌现型模型来准备一个关键问题清单。在现实中，如果市场的环境特别不确定，那么要在两种方法之间进行选择。或许可以根据 3.3 节中关于市场动荡程度的内容来选择：

- 如果动荡程度很高，使用涌现型方法更合适。
- 如果动荡程度比较低，使用计划型方法更合适。

当然，即使动荡程度不高，你可能也想在组织的战略中加入更多的创新性和试验性成分。这样的话，你可能会采用涌现型方法，或者同时采用计划型和涌现型方法。

五是，列出一个基于计划型方法进行分析的可用结构：

- 环境。根据专栏3.1进行选择。除非有其他要求，否则只需选择那些真正有关的内容。影响组织的关键背景因素有哪些？客户是谁？竞争者是谁？市场的规模、份额以及成长情况如何？等等。
- 竞争资源。根据图4－8进行选择。除非有其他要求，否则只需选择那些真正有关的内容。有哪些主要的有形资源和无形资源？组织有哪些能力？核心竞争力如何？等等。
- 宗旨。宗旨是什么？如果没有明确说明宗旨，你可以假定有宗旨——但在汇报或作业中要说明。对组织明确提出的宗旨，你也可以持批评的态度——可能是因为该宗旨不合伦理，或者对绿色“环境”问题关注不够，又或者过于模糊。在汇报的时候你应该区分组织自己陈述的宗旨和你添加的内容。
- 战略选项。你可能想在这里展示其他的基本战略理念，比如，可以采用降低成本的流程或者波特的一般竞争战略。但是，如果要利用这些理念做出好的汇报，还应该说明这些理念在现实中的缺陷。
- 战略选择。你应该用清晰的逻辑来说明自己采用相关战略的原因。你选择的相应战略路径应该是清楚的，论据要充分——这意味着在解释自己的选择时，应该和其他的选项进行比较，用理性的讨论和数据来说话。
- 实施。你可以在这里设定时间表，讨论战略变革的问题，或者对所需的相关资源进行估计。要知道，你所有的建议都会产生成本，有些成本可能很难量化，比如，和战略变革相关的成本就很难量化。

你可能觉得采用涌现型的路径更好。这样的话，你也可以采用上面所列的某些领域作为起点。但是，你的目的肯定更具试验的性质，相关的建议也是为了在市场中进行测试。你可以提出一系列战略选项，但不用选择，而只是建议对各种可能性进行尝试。因为通常没有唯一的建议，涌现型的路径可能无法展现你的逻辑和思维技能。在准备报告的时候就要注意，可以使用其他的逻辑，也可以采用其他形式的计划型分析来支撑涌现型的方法。

还有一些要注意的地方：

- 制定有效的战略其实并没有“公式”。
- 不要写冗长的案例介绍，也不要将案例中已有的材料用来充当自己的分析。
- 要落地：要记得组织有资源、预算和时间方面的限制。
- 要将假设说明白，只要合理也是可以接受的。
- 建议要具体。
- 很多院校要求案例材料有足够详细的参考文献，这需要和导师确定。
- 要回答提出的所有问题。

总而言之，学习案例的目的是要给大家提供在实践中应用理论的机会。案例中的证据以及根据证据来使用的逻辑和理论原则，才是好的案例分析和汇报的基础。

案例1

欧洲主要航空公司：廉价战略还是破产出局

20世纪90年代，欧洲国家放松了航空市场的管制，2007年与美国签署了“开放空域”的协定。欧洲主要航空公司面临廉价航空公司的竞争挑战和机遇：有些公司可以生存下去，有些公司肯定会破产出局。为了生存，欧洲主要航空公司是否必须采用廉价预算的战略呢？

“机票价格下跌的时候，我们赚钱。而当机票价格上涨的时候，我们赚成堆的钱……真吓人。”瑞安航空首席执行官迈克尔·奥利瑞（Michael O’Leary）在2000年时说。欧洲三家航空公司的命运和这样的感叹形成了鲜明对比——瑞士航空（Swiss Air）和比利时的撒贝纳（Sabena）航空公司在2001年破产了，意大利航空（Alitalia）在政府的支持下苟延残喘到2007年。近些年，有些低成本的廉价航空公司也消失了，比如，马德里航空（Air Madrid）、布兹航空（Buzz Air）、波兰航空（Air Polonia）。本案例探究国际航空市场的战略问题，主要关注的是欧洲市场。案例开篇先介绍引起战略变革的三个主要因素：航空管制的放松和“开放空域”的政策；航空公司盈利的不同模式；市场的压力和机遇。案例接着介绍欧洲航空市场的基本背景，最后探讨航空公司未来的发展路径。

开放市场和“开放空域”的挑战和机遇

1993—1997年，欧洲的航空市场逐渐开放，政府放松了对竞争、定价和服务的相关管制。这就使得所谓的廉价航空公司可以在整个欧洲开辟新的服务领域。这些公司抓住了机会，它们制定的票价远远低于现有的国家航空公司。结果刺激了全新的需求，比如，突然间很多人都可以到柏林和布拉格过周末了。

尽管大型航空公司受到了冲击，但它们还能想办法获得很高的利润。原因是，传统上这些航空公司的主要利润来自长途航线，比如从阿姆斯特丹到纽约或者从伦敦到新加坡的航线。它们的短途航线，也就是国内航线或者欧盟内部的航线，并不赚钱，有时候还会亏损。对于某些航空公司而言，长线市场尤其重要（参见表C1－1）。那些能赚钱的长途航线和目的地占很大比重的公司——比如汉莎航空、英国航空和法国航空——从这些业务中获利丰厚。像伊比利亚航空（Iberia）、斯堪的纳维亚航空（SAS）和意大利航空这样的公司，长途运输的周转率相对较小，比如，从斯德哥尔摩飞纽约的人肯定没有从法兰克福飞纽约的人多。小航空公司无法从长途航线中获得同样的收益。

表C1－1 长途航线对某些主要航空公司的重要性

航空公司	国家	长途航线占公司销售额的比重（%）	短途航线占公司销售额的比重（%）
英国航空公司	英国	63	37
法国航空公司	法国	57	43
汉莎航空公司	德国	48	52
意大利航空公司	意大利	35	65
伊比利亚航空公司	西班牙	32	68
斯堪的纳维亚航空公司	瑞典、丹麦和挪威	15	85

资料来源：基于公司年度报告和账目。注意，表中数据通过估算而来。

在长途航线上，主要的航线可以收取较高的机票价格，因为欧盟各国和其他国家如美国有特别的约定。2002年，欧盟委员会代表欧盟对这样的约定提出了异议，认为这和欧盟《罗马条约》（Treaty of Rome）的开放性竞争规则相悖。2007年，欧盟和美国达成了全新的协定。从根本上看，该协定要在2009年向其他的欧洲航空公司和美国的大型航空公司开放欧洲所有的机场。这导致竞争更加激烈，机票价格也下降了。

尽管开放空域的政策到2009年才生效，对于那些要拓展航线的航空公司而言，还有其他关键问题需要解决。主要有两方面的问题。首先，航空公司不能直接在新机场运营。它们只能在每个机场获得可进行起降的跑道。实际上，肯定还有其他限制，因为机场只能承载一定流量的飞机。其次，美国对在美国之外运营的航空公司也有限制。这意味着欧洲的航空公司要在美国找航线会受到很多的限制。现实中，欧洲和美国的航空公司通过“代码共享”的办法来绕过这样的限制。下面会继续介绍。

航空公司两种不同的盈利模式——辐射型和低成本型

除了控制长途航线成本，国家航空公司还有产生利润的其他方法。这些航空公司与低成本的廉价航空公司的获利模式大不相同。表 C1－2 比较了产生利润的两种战略，总结了各航空公司主要的差异。

表 C1－2　航空公司的两种盈利模式

诸如法航、汉莎和英航等大型国际航空公司：辐射型模式
• “辐射型”航班：用大型飞机将长途航线的乘客运送到主要的机场，即中心机场，比如法兰克福或者伦敦。接着再飞到各自的目的地，即支线机场——对法兰克福来说就是慕尼黑或维也纳，对伦敦来说就是爱丁堡或者巴黎。 • 和其他的航空公司达成“代码共享”协议——这样可以无缝预订后续的航班，而且可以分享乘客：其中的一个例子就是汉莎、大陆航空（Continental Airlines）、南非航空和斯堪的纳维亚航空组成的星空联盟（Star Alliance）。三大航空联盟的作用不容置疑，而且某些航空公司的成员身份要比其他公司重要。例如，汉莎是星空联盟的核心，因为其中心地位收获了不少的营业额（和利润），尤其是还有其他相关的业务，包括维护（汉莎技术，Lufthansa Technik）、餐饮（天厨，Skychefs）以及市场研究 / 商务服务（汉莎咨询，Lufthansa Consulting）。 • 提供全套服务：包括预订座位和机上餐饮等。这对于长途航线来说很重要，但对于短途来说食品和舒适性的影响较小。 • 常旅客俱乐部可以对那些总是飞同一航线的乘客进行奖励：有用，但是管理起来花费成本。 • 运营商务舱的相关设施，价钱更高，利润也更高。 • 长途和短途航线使用不同的机型：管理费用很高，因为相关设计、服务和地面维护都不是标准化的。 • 利用政府对于相关航线的保护和限制政策。
诸如瑞安、易捷和柏林航空等廉价航空公司：低成本型模式
• 基于单程票设计的简单定价结构：使用网络订票，定价更方便，也更便宜，还可以对最后剩余的舱位设定较高的价格，让收入最大化。 • 点对点飞行：不需要后续的转机航班。这意味着廉价航空公司可以避免因转机造成的延误，也没有转机航班额外的行李托运费用，更没有转机产生的更加复杂的航线结构等问题。 • 机场的快速周转——通常只有 25 分钟，其原则是只有飞机飞行的时候才有利润，只要飞机在地面上就会产生成本。 • 可靠的飞行记录——准时，很少取消航班，很少丢失行李。通常比长途航空公司的记录更好。 • 利用动态定价法出售机票——早期定价低，然后剩余座位越少，机票价格越高。注意，很多航空公司包括国际性的航空公司现在也采用这种方法。 • 聚焦单个国家——先用几条航线在某个国家确立盈利的基础，然后再转到另一个国家。 • 使用起降费用低的机场——即使机场离市区较远。注意，并不是所有的低成本航空公司都采用这种战略。 • 不提供餐饮或者其他机上服务——除非另外付费。清理食物以及废纸也会延误周转时间。 • 外包非基础性的服务，比如地面接待，并且通常会将维护业务外包出去。 • 整个机群采用同一机型的飞机，这样可以降低培训费用以及储存零配件的成本等。 • 工作中的限制很少，再加上实施绩效的额外奖励——理论上飞行员也可以搬行李。 • 运营比较密集的舱位：比如，据说瑞安航空公司曾经去掉了机舱中间的卫生间，以增加几个座位。

注：低成本的廉价航空公司并没有影响飞行安全：瑞安和易捷都有非常好的安全飞行记录。

采用辐射型战略的主要国际航空公司受益于长途飞行时满载带来的规模经济。但是，受益的只能是国际主要的空港，比如巴黎、法兰克福和伦敦。这只能降低在主要的国际枢纽运营的航空公司的成本。此外，从中心向四周运送行李和乘客的系统会很复杂，费用也高。较高的固定成本意味着辐射型的模式对于小型国际航空公司没什么吸引力。这就是像瑞士航空和撒贝纳航空这类公司失败的原因：苏黎世和布鲁塞尔可不是主要的空港。

主要国际航空公司的战略从本质上来看是高成本的。飞机上的餐饮和其他服务提供起来很复杂，清理费用也很高。常旅客奖励计划、代码共享和不同等级的座位也需要很高的管理费用。高成本意味着航空公司要想办法提高每个航班的上座率，用航空界的行话说就是“负载系数”。实际上，负载系数有更复杂的影响因素。表 C1－3 列举了主要航空公司的数据。注意，廉价航空公司通常要比主要的大型航空公司有更高的负载系数。高成本的模式可能只适用于大型国际航空公司，小型航空公司合并才能得到同样的结果。2004 年，法航和荷兰皇家航空（KLM）就采用了合并战略。2011 年，英航和伊比利亚航空公司合并。

采用低成本的廉价航空战略，利润的定位变得既简单又清晰。很多年来，欧洲各地一直有廉价航班：假日包机公司提供廉价航班，用特定的航班和专用的飞机运送游客去旅行。但是，这样的航班并不能让大众获得有确定飞行日期的“座位”。随着 20 世纪 90 年代欧洲航空市场的管制放开，情况大变。比如，2001 年 10 月，英航从伦敦盖特威克机场飞阿姆斯特丹的经济舱固定航班收费 250 美元，易捷收费 170 美元。英航和其他欧洲大型航空公司的问题在于它们不能通过取消报纸和咖啡的供应就将票价降至廉价航空公司的水平，还能赚钱。2011 年，这种定价格局发生了变化：英航取消了它无法竞争的航线，或降低了其他航线的机票价格，部分原因是让飞机满载。比如，同一航线，易捷的价格是 121 美元，英航的价格是 145 美元。2011 年的机票价格包括新的更高的航空旅行税，这是各国政府的新规定，目的是减少航空出行并保护环境。

对于廉价航空公司来说，低价本身并不是可持续的竞争优势。比竞争对手低的成本才是优势——要一直保持这种优势。问题是，大家都知道这类竞争优势的路径。瑞安航空起初就照搬了 20 世纪 90 年代早期美国西北航空公司的做法：“我们研究了西北航空。这就像是找到了去大马士革的大路。这才是能让瑞安航空运转的办法。”瑞安航空首席执行官迈克尔·奥利瑞这样说。

尽管低成本战略具有吸引力，但应该承认，欧洲廉价航空公司的服务水平恐怕令某些乘客难以忍受。此外，欧洲的有些机场离旅游和商业目的地太远。易捷和柏林航空采取了飞主要机场的政策，即便起降费用更高也在所不惜。其目的就是吸引商业常客，尤其是那些需要省钱的小业主和创业者。而且，廉价航空也只是为很难出售的机票定非常低的价格——试试在主要假期的周末订票，你就知道了！或许欧洲主要航空公司在成本方面根本没有竞争优势。

商业模式：辐射型和低成本型

由表 C1－3 中的数据可以得出结论，辐射型的模式有很严重的局限性：很多使用该商业模式的公司在 2009 年都有亏损。土耳其航空公司对其伊斯坦布尔起飞的一些航班也采用了辐射型的模式，但它实现了盈利。表中负载系数和盈利水平之间的关系也很复杂。比如，尽管汉莎的负载系数比法航 /KLM 低，但其利润比法航 /KLM 高。在现实中，航空公司的盈利水平确实和负载系数有关，但影响利润水平的还有其他因素。

航空公司的固定成本很高，通常还得支付租借飞机的高昂费用。这使得它们严重依赖比较大的航运规模：负载系数测量了这一点。高成本也使得航空公司在经济周期的变化中非常脆弱。航空公司盈利水平的另一个问题和燃料成本有关。2008 年，每桶燃料的成本是 61 美元左右，2010 年涨到 75 美元，估计到 2011 年会涨到 95 美元。这有很大的影响，因为 2009 年燃料占航空公司总成本的 26%。有些航空公司会对燃料上涨采取防范措施，但这也不是长久之计。

表 C1－3　欧洲相关航空公司的比较——廉价航空公司的发展更快、利润更高

航空公司	国家	2009 年收入（百万美元）	2009 年营业利润（亏损）*，百万美元	负载系数（%）	乘客数量（百万人次）	战略评价
法航 /KLM	法国	38 262	（1 729）	80.7	71	法航与 KLM 的合并提高了效率，但是巴黎戴高乐机场也有廉价航线
汉莎航空	德国	31 924	388	77.7	56	采用了廉价航空的战略：灵活的工资，网络售票等；2006 年收购了瑞士国际航空公司
英航	英国	12 057	（348）	78.5	32	不包括和伊比利亚合并后的数据——受到行业问题的严重影响
伊比利亚航空	西班牙	6 317	（665）	79.8	26	很多廉价航空公司都有飞往西班牙的廉价航班
SAS	瑞典、丹麦和挪威	6 256	（429）	71.6	21	在丹麦和瑞典的新目的地与挪威航空、瑞安和易捷展开竞争
土耳其航空	土耳其	4 659	479	70.9	25	可能是成长最迅速的国家航空公司
意大利航空	意大利	4 183	（392）	65.4	22	多年来一直承受财务压力
维珍大西洋航空	英国	3 679	37	82.1	6	新加坡航空拥有 49% 的股份
奥地利航空	奥地利	2 951	（421）	74.0	10	2003 年差点破产；2004—2006 年的新战略聚焦飞东欧的航线——匈牙利等；和汉莎的关系密切
俄罗斯航空	俄罗斯	2 849	359	69.5	9	有政府的某些保护措施
芬兰航空	芬兰	2 708	（178）	75.9	7	与北欧的航空公司展开竞争
部分廉价航空						
柏林航空	德国	4 703	41	77.3	28	不是“真正”的廉价航空——可以预订座位、食物等
易捷航空	英国	4 246	96	86.9	45	比其竞争对手瑞安航空更关注主要机场
瑞安航空	爱尔兰	4 021	541	82.0	66	利润和乘客数量大幅增长，但包括那些除了政府税收以外几乎不用支付任何费用的乘客
挪威航空（Norwegian）	挪威	1 259	98	78.0	11	基于斯堪的纳维亚的大型网络
泛航航空（Transavia）	荷兰	921	20	81.5	5	法航 /KLM 旗下的廉价航空公司
伏林航空（Vueling）	西班牙	862	102	73.7	8	以西班牙为主的快速增长的廉价航空公司
德国之翼(Germanwings)	德国	831	34	80.0	7	和汉莎合作的廉价航空公司

* 该列中加括号的表示亏损。

资料来源：基于 ATW 在 2010 年的世界航空报告。

为了缓解利润方面的压力，采用辐射型模式的航空公司的主要战略就是进一步深化合作或合并。通常有两种形式。第一种就是航空公司之间的合并，比如法航和KLM航空公司的合并，以及2011年英航和伊比利亚航空公司的协议。分摊管理费用、系统等相关成本的好处简单明确。

第二种形式就是采用和运行“代码共享”的协议。从根本上看，全球的航空公司都愿意在订票系统和无缝航班对接方面合作，以提供更完善的服务。目前有三种主要的代码共享系统：

天合联盟（Sky Team），包括达美航空（Delta）和法航/KLM。每年大约共享4.6亿乘客。

星空联盟，包括汉莎航空、联合航空（United Airlines）和全美航空（US Airways），以及新加坡航空。每年大约共享5亿乘客。

寰宇一家（One World），包括美国航空（American Airlines）、英航、伊比利亚航空和国泰航空（Cathay Pacific Acruays）。每年大约运送3.5亿乘客。

有迹象表明，航空公司希望从代码共享转向全面合并的战略。但这要受到各国管理竞争的相关机构的严格规制和审查。大多数评论家认为任何类型的合并都要花费很多年。

以英国为基础的维珍大西洋航空竭力避免合并的命运。它的战略是当市场需求减小的时候，通过减少各类服务来保持盈利，而不是去合并。它与几家航空公司有代码共享的协议，但数量很有限。公司董事长理查德·布兰森（Richard Branson）一直在积极活动，强烈反对英航和伊比利亚航空的合并，以及未来和美国航空的进一步合并。但他功败垂成：英航在2011年1月和伊比利亚航空合并。对布兰森而言，问题是如果这样的合并继续进行，他的航空公司就会被孤立。另外还有一个问题，维珍大西洋航空49%的股份由新加坡航空高价买入。2012年结成新的联盟后，在2013年整合伦敦航线的时候，新加坡航空将其股份卖给了美国的达美航空。维珍大西洋航空在2010年、2012年和2013年都有大量亏损。

欧洲航空市场：顾客和市场细分

欧洲航空市场大致上可以分为两个主要的细分市场：商务顾客和休闲/国内顾客。大约80%的乘客属于后一种——他们出行的目的要么是度假，要么是学习或者探亲访友，多为国内旅行。从提高上座率来说，这些乘客很重要，但他们并不是航空市场中利润最多的那个细分市场。按照瑞安航空的迈克尔·奥利瑞的说法，“在这个行业中，低成本为王。99%的人都希望获得最便宜的价格。他们才不管飞机上的杂志或咖啡。品牌？谁在乎啊？只要安全、准时和便宜就行。这就相当于公共汽车，就是将人送到目的地。”

另外20%是商业顾客。他们出行所需费用由公司支付，从事与公务相关的活动。这个群体通常会买全价票，也会要求旅行的舒适性。对航空公司而言，商务顾客才是最赚钱的。基于商务顾客的高盈利水平，理论上要对该市场进一步细分，尤其要针对商务顾客下功夫。2006年，这样的举措落地了，好几家航空公司都推出了从欧洲飞美国的纯商务舱航线。但到了2009年，这类航空公司只剩一家，其他都倒闭了：银捷（Silverjet）、麦克斯（Maxjet）和伊欧斯（Eos）等航空公司都因为燃料价格上涨的压力而倒闭。唯一生存下来的是开放天空航空公司（OpenSkies）。这是英航旗下的公司，每天飞巴黎、纽约和华盛顿。

或许欧洲航空市场最重要的战略特征就是除了上述两个细分市场外，缺少强大的细分市场。这使通过特殊的价格、服务和相关活动来定位这些细分市场的专用利基战略很难实施。正是因为缺少细分市场，廉价航空公司很容易攻击欧洲主要的航空公司。

对廉价航空公司竞争威胁的战略反应

面对欧洲主要航线上的威胁，欧洲主要航空公司的反应在某种程度上并不一致。比如，1999年英航决定推出自己的廉价航空公司，称为去飞航空（Go）。该公司在2000年成立。2001年，英航决定从低端市场撤出，聚焦商务顾客。公司在2001年中将去飞航空以管理层收购项目的形式出售。到了年底，英航又宣布了新的战略：公司将把自己的欧洲航线按照低成本战略进行重组，但不会去开设一家新的公司。英航的战略是通过一系列措施来降低机群的成本，这和廉价航空公司的战略没多大差异。

2011年，英航和西班牙的伊比利亚航空公司合并，形成了国际航空集团（International Airlines Group，IAG）。合并后，集团的目的就是要进一步削减成本，办法就是整合相关的服务，和工会谈判减少员工数量，以及引入新的工作实践。到2013年，集团的英航部分已经扭亏为盈，而伊比利亚航空还在亏损。

汉莎对廉价航空公司的回应虽然不一样，但也是防御性的。其首要战略就在国内航线上也制定很低的价格，这样就可以与其低成本的竞争对手日耳曼尼亚航空（Germania）竞争。接着瑞安航空也增加了德国市场中的航班，还与汉莎公开打了一架。这导致德国的公共竞争办公室警告汉莎不能以低于成本的价格销售机票。2001年下半年，在激烈竞争的英国/德国航线上，汉莎取消了一些航班。此外，公司也用法律手段投诉了瑞安航空在德国的广告，因为瑞安航空告知德国人别让“汉莎把你们扒个精光”。2002年瑞安航空只有150万名德国乘客，到2013年有1 250万名乘客。最后，汉莎成立了一个新的分公司，只占一部分股份——德国之翼——这是它自己的廉价航空公司，这样也能从德国市场中分一杯羹。

除了自己的廉价航空公司之外，汉莎还并购了两个类似的竞争公司，奥地利航空（Austrian Airlines）和瑞士国际航空公司（Swiss International Airlines）。这样就可以利用它自己的规模经济和范围经济。但到2014年，公司还是面临非常大的成本压力。

荷兰的航空公司KLM应对廉价航空公司挑战的方式是成立自己的低成本航空公司，即布兹航空（Buzz）。2004年，公司将其卖给了瑞安，而瑞安在关闭了其部分航线后，将剩余的部分和瑞安合并。与此同时，KLM也支持本国另外两家低成本航空公司——马丁航空（Martinair）和泛航航空（Transavia）。但欧盟对这样的安排不太满意，因为这可能会降低市场竞争水平。

在此期间，KLM的主公司和法航合并，以降低管理成本。但是，这次合并非常复杂，直到2007年以后才享受到相关的好处。法航一直担心的竞争对手自由航空（Air Lib）倒闭了。于是巴黎的戴高乐机场空出了一些跑道。易捷本来想全部拿下，结果只获得了其中的一部分。斯堪的纳维亚航空（SAS）和丹麦的马士基（Maersk）和瑞典的天空之路（Skyways）等低成本竞争对手签订了一系列协议，结果违反欧盟竞争规定，需要重新协商。差不多同一时间，瑞安也开始向斯堪的纳维亚地区拓展航线。很多欧洲主要航空公司都无法抵御廉价航空公司的战略挑战。

2002年3月，欧洲主要航空公司联合起来推出了自己的网站（www.opodo.co.uk），以便在最后一分钟将剩余的机票便宜出售。这种做法取得了巨大的成功。现在，所有的航空公司都开发了网上订票系统。受益的是普通的顾客，倒霉的是那些受理订票的票务代理。航空公司自己并没有从这样的措施中获得竞争优势，因为它们提供的系统其实都是一样的。

结论

2001年，瑞安航空和易捷航空分别运送了740万和710万乘客。到2013年，数字分别是8 200万和6 000万——不管以什么标准来看，都令人叹为观止。部分原因是开发了新的市场需求，而不是抢了其他航空公司的乘客。重要的是这样的增长还获得了盈利，而它们现有竞争对手中的大多数举步维艰。低成本航空公司的商业模式肯定是可行的。

就廉价航空公司的战略增长而言，关键问题是需求是否会继续增长——要么开辟新的短途航线，要么进入长途航线。不管采用哪种战略，都要考虑燃油价格上涨，以及政府想增加机票税赋的意愿，这样会导致机票价格的上涨和需求的降低。

老航空公司面临的战略问题是如何长期恢复盈利。除了和低成本航空公司一样要面对成本和价格的压力外，老航空公司还面临另外一个问题。中东的一些航空公司决心要在长途航线上扩大自己的市场份额。比如，据报道阿联酋航空（Emirates）就预订了大概 60 架空客 A380 大型客机。这肯定会显著影响一些航线上的运力，也会影响相关的需求、定价和竞争。除了采取廉价战略的西南航空公司之外，美国的很多航空公司都因为放松管制和航空运力饱和多年来濒临破产。并购是这些航空公司可能采取的战略，但肯定不容易实现。

或许老航空公司可以从瑞安航空和易捷航空学习更多的经验。

案例由理查德 · 林奇根据公开发表的资料编写。作者感谢开放大学（Open University）的托马斯 · 劳顿（Thomas Lawton）教授对本案例早期版本提供的建议。

案例问题

1. 对于欧洲主要航空公司而言，为什么战略管理如此重要？

2. 采用战略管理的三个主要阶段理念，说明一家低成本航空公司的战略计划可能包括的主要元素。

3. 欧洲主要航空公司有哪些可持续竞争优势？

4. 欧洲主要航空公司采用什么战略才能生存？它们可以向廉价航空公司学习吗？

战略项目

全球有些航空公司正面临严重的财务压力，比如，在编写本案例的时候，印度航空（Air India）和斯堪的纳维亚航空正面临较大的财务压力。但是，有些航空公司解决了这样的问题，比如新加坡航空公司和印度的喷气航空（Jet Airways）公司。为什么有的航空公司比其他的更成功？它们采用了什么战略？有哪些有利的外界因素？你通过浏览主要公司的网站来获取信息。然后采用本案例提供的方法，对乘客、政府对竞争的态度以及燃油价格的压力等方面进行分析，完成一个更完整的研究报告。

资料来源：ATW World Airline Reports 2008, 2009 and 2010. *The Economist*, Special Survey, 12 June 1993; Annual Report and Accounts of Ryanair, easyJet, British Airways, Lufthansa, etc.; also from some selected *Financial Times* articles. For reasons of space, only the most recent articles are listed below. Earlier sources are listed in full in the sixth edition of *Strategic Management*. *Financial Times*: 8 June 2011, p. 22; 21 October 2011, p. 15; 8 January 2012, p. 18; 16 January 2012, p. 18; 31 January 2012, p. 21; 7 February 2012, p. 17; 9 February 2012, p. 18; 21 February 2012, p. 21; 1 March 2012, p. 18; 5 June 2012, p. 14; 7 December 2012, p. 11; 6 December 2013, p. 24; 19 December 2012, p. 18; 28 February 2014, pp. 16-21.

案例 2

全球啤酒市场：探索成熟市场中的战略

2013 年，全球啤酒市场的规模很大，但每年的增长只有 3% 左右。而且，四家大公司垄断了市场，它们合起来的份额占市场的一半以上。这些都是成熟市场的特征。在这样的市场中，公司最好的战略是什么呢？

全球啤酒市场的合并潮——市场规模、增长和份额

2012 年，全球各类啤酒的市场价值高达 1 400 亿～2 100 亿美元。全世界的消费者要消费 2 000 亿升啤酒。主要国家的啤酒产量见图 C2－1：除了德国有出口外，大部分啤酒都在本国消费。很明显，全球最大的啤酒生产商在过去的几年里都瞄准了中国市场。中国市场的问题是，啤酒相对便宜，利润并不高。

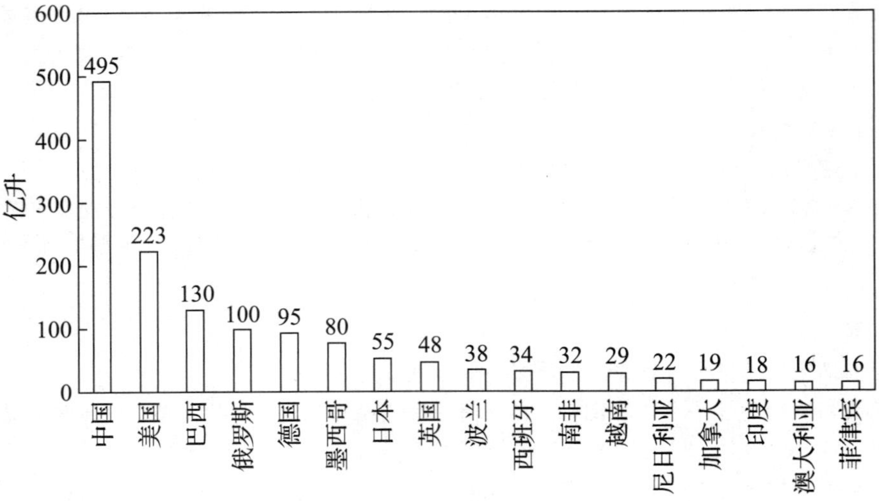

图 C2－1　2012 年全球啤酒产量最大的 20 个国家

资料来源：基于作者对各行业的估计。

到 2013 年的 13 年间，全球啤酒市场采用了合并战略。独立啤酒厂商的数量在减少，而其在全部市场中的份额却在增加。2000 年，全球五大啤酒酿造商的销售额占啤酒销售总额的 19%。12 年以后，全球四大啤酒公司的销售额占到全球的一半以上，利润则占 75%。英国纽卡斯尔（Scottish and Newcastle）是世界第五大啤酒公司，在 2009 年被另外四大啤酒公司中的两家收购并分拆。合并战略在成熟市场中的典型做法就是，为数不多的几家公司控制行业，然后通过并购来巩固其市场份额。

2005—2013 年的 9 年间，全球啤酒市场销售的年复合增长率为 3% 左右。但这掩盖了发达国家市场下降 –3.5%，而发展中国家市场增长 7% 的事实。发展中国家的市场增长水平超过了其他食品和饮料品类，因此对那些寻找新市场机遇的公司来说是有吸引力的。

增长最迅速的市场在中国和非洲。早些年东欧市场增长也很快，之后因政府加强管制、增加税收而减缓。某些非洲市场的增长来源于消费者从非法酿酒商转向大型酿酒商那里购买合法酒。因此，总体上来看，全球比较低的增长水平实际上掩盖了某些国家和地区的高速增长。

这样的差异也反映在四大厂商在全球不同地区的优势上。比如，百威英博（AB Inbev）在北美市场尤其强势（见图 C2－2），主要原因是公司拥有全球销量最大的品牌百威（Budweiser）。相比而言，喜力（Heineken）更加关注欧洲市场。

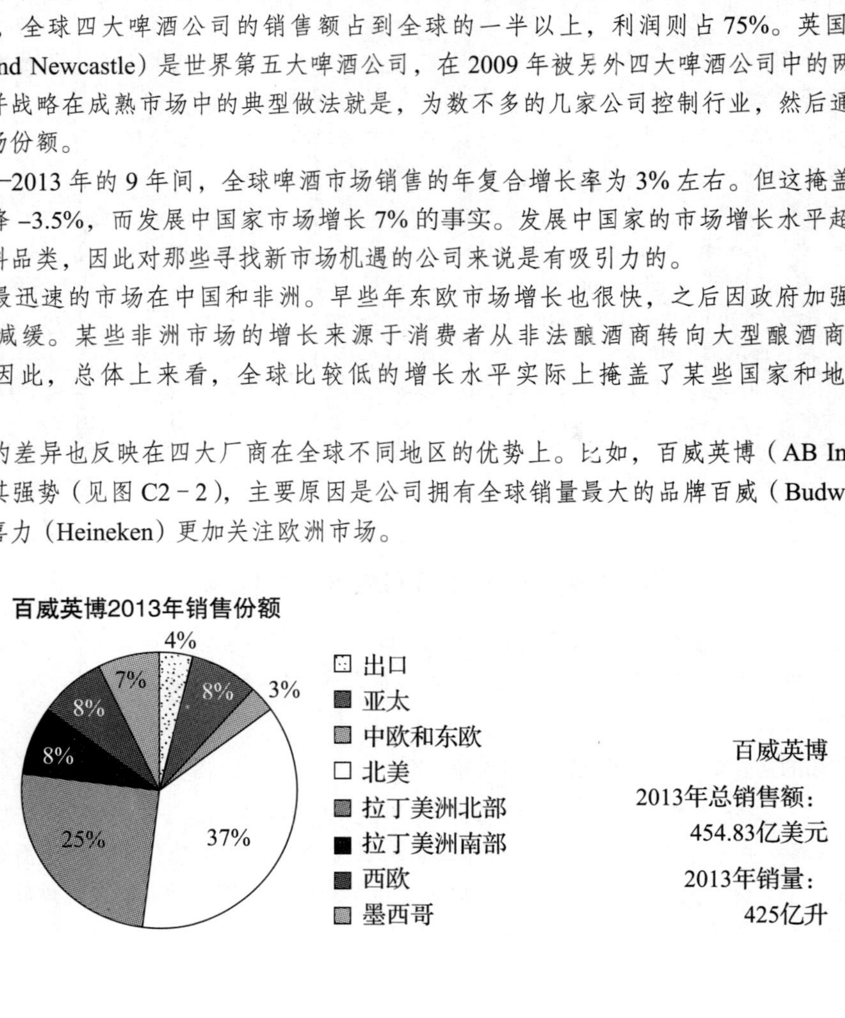

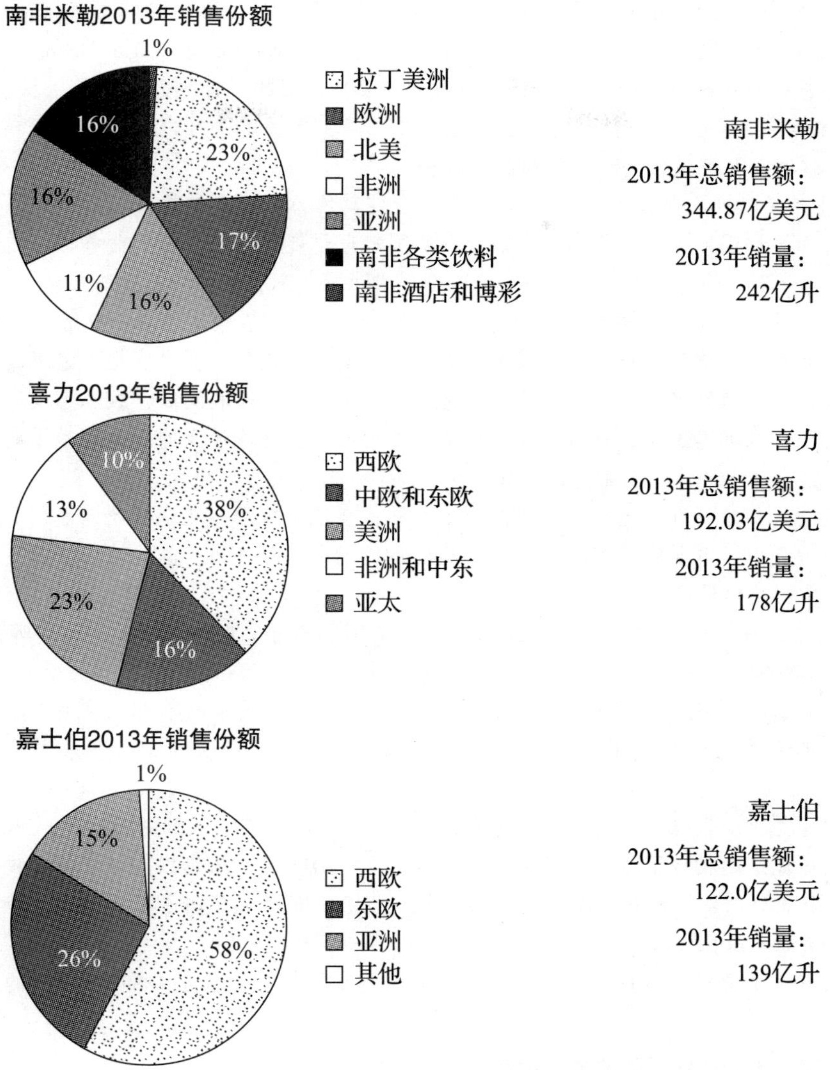

图 C2－2　全球四家主要啤酒酿造商的销售份额比较

注：作者对喜力和嘉士伯的营业额来源进行了简化。

资料来源：基于相关公司的报告和账目。

从市场份额来看，全球啤酒行业的合并是通过各类并购实现的。比如，2001—2006 年完成了 280 多笔并购，总金额达 800 亿美元。

2011 年，全球四大啤酒制造商分别是：

- 百威英博。该公司 2008 年由英博啤酒集团和美国的安海斯－布希啤酒公司（Anheuser-Busch）合并而成。此前通过一系列并购，英博旗下拥有比利时的时代（Stella Artois）、加拿大的拉贝特（Labatts）、德国的贝克（Beck's）和英国的惠特贝瑞（Whitbread）等啤酒公司。巴西的安贝夫——南美市场的领导者——则占据了巴西市场，而且在南美其他的国家也很强势，其主要的品牌是布哈马（Brahma）。兼并后，布哈马作为顶级品牌推向了全球——质量很好，盈利非常高。2008 年，英博和安海斯－布希合并，成立全球最大的啤酒公司，目的就是要进一步提高集团的利润水平。安海斯－布希过去（和现在）一直是美国最大的啤酒公司，其旗舰品牌就是众人皆知的百威。

● 南非米勒（SABMiller）。最近的三次并购改造了集团：2002年并购了美国的米勒（Miller Brewing），2005年并购了拉丁美洲的巴伐利亚企业集团（Grupo Empresarial Bavaria），2008年收购了荷兰的高仕（Grolsch）。但其在美国的业务受到百威英博的严重冲击。

● 喜力。它是登上世界舞台的荷兰家族公司。其主要品牌是喜力和阿姆斯特尔（Amstel）。现在正利用这两个品牌进军全球顶级品牌的市场。

● 嘉士伯（Carlsberg）。它是由丹麦慈善基金控制的公司，也在积极进行并购。公司在西欧特别是斯堪的纳维亚地区占据优势，在东欧一些国家也开展了业务，这些业务都是通过并购开展起来的。

图C2-2提供了每家公司更详细的资料，特别突出了它们在全球各地的优势。

在某种程度上，啤酒生产公司的规模至关重要。生产和销售方面也有规模经济。打造和推动全球的品牌也有规模经济，可以形成顶级价格的定位，这意味着利润高，顾客忠诚度也高。像喜力、嘉士伯和百威英博这样的公司可以竭尽全力打造品牌。全球最大的品牌就是百威。其在美国的销量最大，全球各地也有非常好的销售记录（倒不一定是主导厂商）。

该行业的成熟市场和其他行业的成熟市场不同，全球的啤酒行业没有产能过剩的问题。在一些地区性的市场中，主要的厂商实际上还在建设新的厂房，即关闭了其他地区的旧厂房，将生产转移到了效能更高的地方。

啤酒生产过程中规模十分重要，欧洲啤酒公司英特布鲁（InterBrew）和南美啤酒公司安贝夫（AmBev）2004年合并成立的英博确实获得了不少好处。公司宣称，合并后每年能节省约3.5亿美元的成本，“通过各种技术、采购和其他一般性行政成本的节约来实现”。每年的各类交易会可节省大约1.75亿美元的开支。后来和安海斯-布希的合并也使公司获得了类似的规模优势。

安贝尔不是行业里唯一采用合并战略的公司。过去几年还有一系列并购活动。2007年嘉士伯和喜力就成功地一起收购了英国的纽卡斯尔啤酒公司。2011年，米勒以100亿美元收购了福斯特（Foster）旗下欧洲以外的品牌。2012年，百威英博以200亿美元控制了墨西哥的大型啤酒厂商莫得罗集团（Grupo Modelo）。

大规模并不是啤酒酿造行业唯一的战略。有些小公司也可以盈利：小微酿造商的情况将在后面说明。

全球品牌战略：当地顶级品牌的主要优势

从可见的市场营销支持水平来看，全球四大啤酒公司的主要优势似乎在于它们的顶级全球品牌——表C2-1列出了主要的品牌。但是，按照米勒的看法，国际性的品牌只占到2009年全球消费的6%以上。在很大程度上，每个主要啤酒公司的系列品牌都因国家而异。

表C2-1 主要啤酒公司及其品牌

公司	国家	部分国际品牌
百威英博	美国和比利时	百威、时代、贝克
南非米勒	南非（总部在伦敦）	皮尔森之源（Pilsner Urquell）、蓝带（Peroni）、米勒、高仕
喜力	荷兰	喜力、阿姆斯泰尔、克鲁兹坎波（Cruzcampo）
嘉士伯	丹麦	嘉士伯、乐堡（Tuborg）、克伦堡（Kronenbourg）1664

资料来源：基于年度报告和账目。

举例而言，喜力在英国有以下品牌：Newcastle Brown Ale、Strongbow（苹果啤酒）、John

Smith、Bulmers（苹果啤酒）等。在爱尔兰和世界其他地区，还包括墨菲世涛（Murphy’s Stout）。在德国，喜力旗下有31个品牌。在中国，喜力持有包括虎牌啤酒在内的9个品牌的少量股份。在印度，公司拥有虎牌和翠鸟（Kingfisher）品牌啤酒销售企业的股份。在俄罗斯，其品牌还包括当地的市场领导者波罗的海啤酒（Baltika），以及其他6个国家级和7个地区级的品牌。

全球啤酒市场为什么有这么多纷繁复杂的品牌呢？尽管该市场可以按照全球市场来定义，但从很多方面来看它又是地方性的。战略的很多方面也能体现啤酒市场的地方性。比如，全球的啤酒口味各不相同；不同国家关于酒类消费的法律也不一样；有些国家主要通过酒吧销售，有些国家主要通过超市销售。用南非米勒啤酒首席执行官格雷厄姆麦凯（Graham Mackay）的话来说，“啤酒是地方性很强的产品。这是地方性的行业：品牌是地方性的，分销系统也是，顾客也是地方性的，所以我们不能从伦敦[总部]来对每家公司实施日常的经营管理”。战略的这个方面稍后探讨。

此外，许多国家的城市化以及日益增长的财富也意味着需要更多品牌的啤酒，而不是当地自酿的啤酒。财富的增加尤其促进了当地高档品牌啤酒的消费。这类啤酒有高端的包装、定位和质量，但与喜力以及百威等国际高价大品牌相比，它们的售价更接近某个国家的当地收入水平。这可能意味着当地老百姓买不起这些国际品牌。无论如何定价，全球大型啤酒商都热衷于推广自己的全球品牌。但是，它们也认识到这需要花时间，还要进行大量投资。

盈利率、定价和竞争

盈利率

从产生利润的角度来看，全球的啤酒商有两种极端的情况：特别大的啤酒酿造商和特别小的公司。

首先，那些大型的国际酿酒公司有非常显著的规模经济和范围经济，还有品牌优势。唯一的限制因素就是运输成本。因为长途运输很重的液体（比如啤酒）的费用很高。此外，有些啤酒的保质期相对比较短，长时间的运输会缩短保质期。因此，在地域广袤的国家很多国际酿酒公司往往都在当地生产。此外，各个国家对啤酒的口味偏好差异很大，因此最好由各地的酿酒厂来满足这样的需求。

其次，在非常小的范围内运营的小型酿酒厂即小微厂商比较痛苦，因为没有规模经济。但它们的优势是没有国际性大厂商那么高的人工成本。小微厂商通常都会收取溢价。它们的产品定位为本地独有的高质量品牌，酒精含量通常也比较高。

在两个极端之间的中型酿酒厂可能也会盈利，但它们最终会被大型国际酿酒厂收购。

定价和竞争

或许是受全球大型厂商强势广告战略的影响，市场上的价格竞争非常有限。但是，通过各地的促销活动、店内定价以及其他类似的战略，也有些价格的竞争。啤酒商也会推销满足本地需求的本土啤酒品牌，但价格比前面介绍的国际品牌要低一点。

尽管如此，价格竞争并不激烈。全球主要啤酒商的成本结构和竞争对手差不多。有时候也有些本土的优势，但行业内采用低成本和低价格战略的情况不多见。全球主要的啤酒商也没有定价策略方面的合作——这是非法的。但它们相互盯得很紧，市场上每个领域的价格差不多。通常，这些公司并不会在价格上相互压制。

更普遍的是，有另一种形式的价格竞争。这种竞争发生在米勒、嘉士伯或喜力这类公司的内部。每个主要啤酒商旗下拥有各种各样的国家和地区品牌，这意味着同一公司内的品牌之间会竞争。公司的应对战略就是要在每个可能的细分市场和利基市场中打造不同的品牌。结果，每个大型啤酒公司一直在采用多品牌战略。这或许能解释为什么世界级的大品牌只占2009年全球消费的6%。

案例问题

1. 大型的啤酒酿造公司采用了什么战略？为什么？

2. 成熟行业中的其他公司可以从世界啤酒酿造行业中吸取什么教训？

资料来源：SABMiller Annual Report and Accounts for various years; InBev Annual Report and Accounts for various years; Anheuser-Busch Annual Report and Accounts 2004 and 2007; Heineken Annual Report and Accounts for various years; Carlsberg Annual Report and Accounts for various years; Scottish and Newcastle Annual Report and Accounts 2004 and 2007. All these companies have extensive websites which can be accessed quickly via any web search engine. Earlier sources for this are listed in *Strategic Management* 6th Edition. New sources from the *Financial Times*: 11 May 2011, p. 21; 18 August 2011, p. 15; 24 August 2011, p. 18; 27 May 2013, p. 21; 1 August 2013, p. 14; 28 September 2012, p. 11; 1 February 2013, p. 15; 14 February 2013, p. 14; 21 January 2014, pp. 14-19; 20 February 2014, p. 16; 27 February 2014, pp. 16-18.

案例3

计划型和涌现型战略：全球汽车市场以及世界顶级汽车公司之间的大战

2008年，日本汽车公司丰田超过了自己的竞争对手——美国的汽车巨头通用汽车，成为全球最大的汽车制造商。但是2010年，德国的汽车公司大众宣称其目标是在2016年之前成为全球汽车市场的顶级公司。此外，其他的大型汽车公司如福特以及雷诺/日产对抢占市场份额也雄心勃勃。本案例研究了这几家公司在全球汽车市场展开的大战，以汽车的销量为统计标准。案例中也有法国大型汽车公司标志/雪铁龙的相关数据。

案例首先介绍全球汽车行业在2008—2009年的衰退情况，探讨汽车行业当时所面临的战略问题。接着介绍发展中国家不断增长的机遇，以及2012年以后的市场趋势。案例还总结了全球汽车公司面临的生产和顾客方面的问题。

2008—2009年全球汽车市场的衰退

2007年，全球汽车乘用车市场的需求增长到5 600万辆，货币值达1.5万亿美元。但是，市场在2008—2009年突然萎缩，西方的有些市场甚至缩减至33%（见表C3-1）。2009年，全球市场缩减至1.2万亿美元的规模。这是美国经济表现不佳和世界主要银行不负责任行为的灾难性后果。汽车行业的规模经济很重要，汽车市场的衰退对汽车公司的利润冲击非常大。

表C3-1 全球汽车市场按地域划分的销量估计（包括卡车和巴士） 单位：1 000辆

	2009年	2007年	2002年	2000年	评价
北美自由贸易区	13 073	19 634	20 118	20 595	2000年，美国传统的三大公司通用汽车、福特和克莱斯勒与日本公司丰田一起垄断了市场。2009年，克莱斯勒被意大利的菲亚特收购，另外两家都在亏损。
欧洲，包括东欧	18 827	23 123	19 172	20 158	除了福特和通用汽车外，大众、菲亚特、PSA标志、雪铁龙和雷诺是主要的公司。菲亚特控制着意大利市场，但其在2000—2003年一直亏损，2006年开始扭亏为盈。
南美、拉丁美洲、非洲和中东	9 980	9 780	3 673	3 664	全球大型的汽车制造商有几个地区性的生产设施，比如，墨西哥有福特，巴西有大众。

续表

	2009 年	2007 年	2002 年	2000 年	评价
亚太地区，包括日本和韩国	23 303	17 767	14 373	12 880	丰田是日本本土市场最大的公司，本田位居第二。现代是韩国的顶级企业。印度最大的四家公司铃木·马鲁蒂（Suzuki Maruti）、塔塔汽车、马恒达（Mahindra）和印度斯坦（Hindustani）的规模都比较小。

注：在分析全球汽车市场的数据时，有些数据会让人糊涂。有的公司——比如雷诺——会按照“乘用车”来发布销售和市场份额数据。有的公司——比如通用汽车——在定义市场的时候则会涵盖巴士和工程车等商用车。尽管商用车的客户是工业公司，销售途径也不一样，但是很多全球性的大公司会同时涉足乘用车和商用车市场，因为二者的技术和生产方式差不多。因此，案例中的汽车市场是所有机动车的市场，也包括巴士和卡车。

资料来源：基于通用汽车 2009 年的年度报告和账目，以及 OICA 2009 年的年度生产数据。这些是良好的生产数据来源，但没有单一的销售数据来源。

全球汽车行业的供给多年来远远大于潜在需求，使获得盈利更困难。比如，即使在“实现盈利”的 2007 年，主要公司的全球汽车产能是 7 300 万辆，而全球对汽车的需求却只有 5 600 万辆。当全球经济在 2008—2009 年下滑的时候，产能过剩的问题更加突显。

2008—2009 年主要汽车公司的战略问题

所有主要汽车公司的问题都是要顺利度过 2008—2009 年的经济低迷时期。在很多发达国家的市场中，消费者需求的下降对利润和现金流都会产生直接的影响。对于大多数汽车公司而言，政府的支持就变得很重要——新汽车的价格折扣，政府推动收支平衡的资金支持，还有政府对新的战略联盟和合资公司的支持。

政府支持的原因在于汽车公司对很多国家整个国民经济和行业的贡献很大，尤其在日本、欧洲和美国。汽车制造会创造就业机会、带来税收、实现出口，还能推动顶尖技术的发展。各国政府会利用其他外国公司的费用来支持本国的汽车制造和零配件公司。政府支持的方式是提供各种补贴以及出台限制措施。以下三个示例可以对此加以说明：

1. 德国最大的汽车公司大众的部分股权由德国政府持有，因此国家肯定要保持生产和就业的水平。国家会为买新车的顾客提供补贴。

2. 2008—2009 年美国最大的三家汽车公司在亏损的时候就获得了美国政府大笔资金支持。

3. 印度政府会保护自己国家的汽车公司，比如塔塔汽车（Tata Motors）。其采取的办法就是对外国汽车收重税，而且对想在印度建厂的外国汽车公司设置很高的最低投资壁垒。

很明显到 2010 年最困难的时期已经过去，所有的大型公司都生存下来了。政府会减少相关的支持，但有些国家仍有比较严格的进口限制。很多国家的市场环境不容乐观。

此外，所有的公司特别是国际公司面临三个更加根本性的战略问题：

1. 因为长期的高成本问题，公司承受了极大的利润压力。比如美国汽车公司会给员工提供养老和健康保障（被称为“遗留成本”（legacy cost））。对于亚洲的公司来说，这种成本没那么高。但对于欧洲和美国的公司，比如戴姆勒、大众、福特和通用汽车而言，这是非常重要的问题。

2. 燃料价格上涨使得用车成本更高，对很多西方发达市场和其他发展中市场而言，买车不再那么吸引人。有些大的车型如宝马、戴姆勒和捷豹－路虎受到重大的冲击，因为要重新设计很多新的车型和发动机。即使在美国，燃料成本一直很低，公众也越来越关注燃油价格的上涨。

3. 越来越多的人开始意识到驾驶汽车在污染环境和使用稀缺资源方面的后果，这已经对汽车设计产生影响。各国政府都颁布了法律，更加严格地控制排放标准以及燃油使用的经济性。比如，印度汽车公司塔塔就收购了一家挪威公司的股份来开发电动汽车的引擎。法国汽车公司雷诺和其日本伙伴日产公司也开发了全电动汽车，于2011年推向市场。实际上，所有的汽车公司都会由于如下三个原因来采取绿色战略：政府立法、燃油价格上涨和保护环境的要求。这些关键战略在本书第14章关于绿色战略和可持续发展的部分已经探讨过。

从根本上看，这些问题都会推动全球的大型汽车公司开发全新的汽车。

此外，整个行业也开始出现汽车公司之间的重组，目的是降低成本、减少产能和恢复利润水平，重组现象在美国尤其常见。美国政府倾注了大量公共资金进行大型的重组。结果通用汽车、福特和克莱斯勒关闭了几十家汽车生产工厂。2009年，通用汽车也受到威胁，声称要分解成北美公司和独立的欧洲公司两部分，后者将被出售。2010年，通用汽车宣布要拆分，但还是同一家公司。

重组的结果是到了2011年年末，通用汽车在美国的业务已经有很高的利润。但是其在欧洲的业务——使用了欧宝（Opel）和沃克斯豪尔（Vauxhall）品牌——亏损严重。原因是欧洲的汽车生产并没有进行重组。《金融时报》这样解释："欧洲的汽车行业在[2008—2010年]金融危机中并没有进行自我治疗。底特律的汽车制造商在2006—2009年关闭了几十家工厂，现在就可以重新满足市场的供给……但欧洲市场还背负着超过市场需求的百万级产能。因为政治和工会的压力，有太多高成本的工厂还在国内运转，而增长和利润却全部转移到国外了。"2008—2011年期间，欧洲只关闭了两家汽车工厂：欧宝在安特卫普的工厂和菲亚特在西西里的工厂。

总而言之，2008—2009年期间，全球需求的萎缩、大规模的车型改进设计和重大的公司重组都增加了汽车制造公司的财务压力。美国公司的应对措施是实施重组，欧洲的汽车公司则疲于保住工作岗位。此外，汽车市场的主要增长都发生在发展中国家。

2010年以后发展中国家的市场增长

尽管全球汽车市场出现了问题，但在中国、巴西和印度等发展中国家，汽车市场却在持续增长。部分原因是这些国家汽车的保有率比较低，家庭收入却在增长。和发达国家相比，这些国家只占全球汽车需求的很小一部分（见表C3-1）。美国和欧盟在全球市场的份额有所下降，2008年这一比例为60%左右。2010年，中国成为世界上最大的新车市场，印度也在快速发展。巴西比这两个国家有更高的汽车保有率，预计在2016年以前还会以每年5%～7%的速度增长——部分原因是2014年世界杯和2016年奥运会都在巴西举办。到2018年，上面提到的发展中国家都将跻身世界最大的汽车市场。

2012年仍然非常脆弱的全球汽车市场和公司

2009年下半年，全球汽车行业逐渐恢复，但并没有恢复到之前的水平。全部乘用车的销量恢复到5 000万辆，再加上1 500万辆客车和巴士等商用车（见表C3-1）。美国和欧洲的经济也得到了改善，很多政府都为购买者提供直接补贴来促进销售，同时提升汽车制造业对经济的贡献水平。这样的补贴都是短期的，到2012年除了对新的零排放汽车的补贴之外，大部分都取消了。

燃油的价格一直居高不下，由于下述三个原因还会持续上涨。第一，亚洲不断增长的需求会持续对供给施加压力。第二，欧洲政府对燃料征收更高的税，目的就是要减少消耗，鼓励公众使用公共交通工具。第三，全球最大的石油生产区中东在政治方面存在很大的不确定性。这些都会对汽车的使用产生影响，会使需求转向新的、更节省燃料的汽车——或许会让2011年和2012年上市的新电动汽车和混合动力汽车受益。

另外一个让汽车市场雪上加霜的因素就是行业内的产能过剩。据估计，2010年全球的汽车产能达到8 600万辆（包括卡车和巴士），比2007年显著增长18%。中国、巴西和印度等增长强劲的国家还在建设新的产能。此外，很多现有汽车公司在自己的传统市场中增加新的产能，如建设制造诸如电动机的新型引擎的工厂。

产能过剩的问题在欧洲尤其严重。上面说过，美国政府为2009—2011年期间通用汽车、福特和克莱斯勒大规模的重组提供了支持。这导致28家工厂关闭，使3家公司在2011年扭亏为盈。欧洲政府的类似支持只导致2家欧洲工厂关闭，政府仍支持主要是提供购车补贴，因此只在短期内促进了汽车的销售。结果有些欧洲汽车公司2011—2012年的利润水平很低，甚至处于亏损状态。

在重重压力之下，全球主要汽车公司需要在2012年专注于各自的竞争优势。很多公司在全球的不同区域有优势。比如，大众、菲亚特和雷诺在各自的国家即德国、意大利和法国都很重要。大众是整个欧洲最大的汽车公司，福特和通用汽车分别在日本和美国占据市场领导地位。尽管这些公司因为在全球主要市场上销售汽车而有“全球”的属性，但它们中的大多数只是在某个国家或地区才有最高的市场份额。这有助于实现规模经济和范围经济（见表C3－2）。

表C3－2 全球汽车公司——规模更大但利润不一定更高（按照2009年对汽车总销量的估算排序）

公司	国家	汽车总销量*（百万辆）	主要品牌和车型
丰田	日本	7.6	大发（Daihatsu）、雷克萨斯（Lexus）、奥鲁斯（Aurus）、雅力士（Yaris）、卡罗拉（Corolla）
通用汽车	美国	7.5	别克、凯迪拉克（Cadillac）、雪佛兰（Chevrolet）、欧宝、沃克斯豪尔、萨博（Saab）（2010年售出）
大众	德国	6.3	奥迪、高尔夫（Golf）、波罗（Polo）、兰博基尼（Lamborghini）、宾利（Bentley）、斯柯达（Skoda）、西雅特（Seat）
福特	美国	4.8	福星（Fusion）、林肯（Lincoln）、水星（Mercury）、蒙迪欧（Mondeo）、嘉年华（Fiesta）、福克斯（Focus）
PAS集团	法国	3.6	标致（Peugeot）、雪铁龙（Citroën）、赛特拉（Setra）（卡车）、斯特林（Sterling）（卡车）、西部之星（Western Star）（卡车）、托马斯校车（Thomas Built）（巴士）
日产	日本	3.5	英菲尼迪（Infiniti，和雷诺关系密切）
本田	日本	3.4	讴歌（Acura）
雷诺	法国	2.3	达西亚（Dacia）、马克（Mack）（卡车，和日产关系密切）
铃木	日本	2.3	数据不包括马鲁蒂－铃木
菲亚特	意大利	2.2	阿尔法·罗密欧（Alfa Romeo）、玛莎拉蒂（Maserati）、法拉利（Ferrari），还有美国克莱斯勒（占25%）
戴姆勒	德国	1.6	梅斯德斯－奔驰（Mercedes-Benz）、福莱纳（Freightliner）（卡车）、托马斯（Thomas）（巴士）
现代	韩国	1.6	起亚（Kia）
宝马	德国	1.3	迷你（Mini）、劳斯莱斯（Rolls Royce）
克莱斯勒	美国	1.3	菲亚特获得了控制权
马自达	日本	1.2	先前和美国的福特合作
三菱	日本	1.0	
塔塔	印度	0.8	捷豹（Jaguar）、路虎（Land Rover）

*根据各公司年报估算。

资料来源：基于公司年度报告和账目。

但是，只采用这样的规模战略远远不够。规模大、市场份额大，不一定会产生高利润。2012年销量最高的是低价细分市场，即小型车细分市场，包括雷诺的丽人行（Twingo）、大众的高尔夫和福特的嘉年华，但它们的利润都很低。大型豪华汽车细分市场的销量则比较低，像丰田、宝马和梅赛德斯的豪华轿车，但它们的利润都很高。

此外，全球的主要汽车公司都有强势的品牌，表C3－2列举了一些。很多公司还有非常好的分销网络和售后服务。问题是尽管这些优势也是关键成功因素，但它们并不能构成竞争优势。原因是强势的品牌和分销方面的优势是这些大型公司共同的特点，还有各种各样的品牌分割了市场。不过，这确实为新进入者设立了壁垒，使得要成为全球玩家的中国和印度很难进入。分销和售后服务也是印度塔塔汽车收购捷豹－路虎和中国吉利收购沃尔沃的原因。

生产战略：规模经济、供应链和劳动生产率

从战略角度来看，全球汽车行业每年可以生产7 000万～8 000万辆。而在现实中，大部分公司只生产当年可以销售出去的数量，在销量比较低迷的时候期望工厂继续运转。行业中的剩余产能至关重要，因为汽车公司都要靠规模经济和范围经济才能盈利。这样的经济性会降低公司的成本。全球汽车行业的产能过剩意味着有些公司无法实现全面的成本削减。

劳动生产率也是成本降低战略中的经典做法。还可以使用像适时生产（just-in-time）、持续改善（Kaizen，日语）和供应商管理等方法来降低相关的成本。日本公司本田、日产和丰田是这方面的先驱。然而，很多美国和欧洲的公司实现了赶超，日本公司先前的竞争优势几乎不复存在。

劳动生产率不是生产战略中唯一的重要因素，在过去的20年里，制造质量已经变得非常重要。“制造质量”指的是新车出厂时没有瑕疵和内生的设计缺陷。高质量的竞争优势是可持续的，因为要持续投资很多年才能让新厂生产出高质量的汽车。此外，很可能还要花同样多的时间来培训和提升工人的实践水平才能保证高质量。当然，公司打造了高质量，就可以降低生产成本，因为浪费更少，次品也更少。全球大部分汽车公司都显著提升了制造质量，但它们之间也存在一定的差别。

汽车工厂的劳动生产率也和对新机器设备以及某个工厂其他设计的投资相关。但是，很多研究都表明，工厂使用和管理工人的方式也很重要。比如，著名的丰田生产系统（Toyota Production System）就非常关注丰田工厂中的工人和他们的工作方式，而不是机器设备。其他公司现在也采用了这样的方法，开始在新工厂投入大量资金来提升劳动生产率。但是差别还在，很大程度上和工厂里的工人以及合作的方式有关。比如，大众就曾报告，因为工会对劳动实践的协议，其德国工厂的劳动生产率比较低。这些将在后面关于五家汽车公司的部分再仔细讨论。

就生产战略而言，供应商关系也很重要。每家公司通常只生产汽车的某个部件。比如，大型公司都不生产轮胎和电池。如果外部的供应商成本很高，就会增加汽车生产公司的成本。丰田传统上和其他的汽车制造商就不一样，要从外部公司买进很多产品，福特这类公司则自己生产部件。

然而，最大的成本削减不是来自供应商关系，而是来自研发。通常，重新设计部件最能降低成本，而不是在工厂车间寻求成本削减。最近研发方面的进展包括车辆上的电子设备——电子诊断、电子传感器等。此外，公众和政府对更环保汽车的需求压力也会推动更加根本性的进展。

顾客和质量战略

多年以来，全球很多地区的汽车市场被过度细分，以满足顾客对汽车的性能、价格、喷漆和质量等各种各样的要求。最近几年的变化主要有：

1. 将更高质量的产品和附加功能作为标准产品。比如，卫星导航、电动车窗、额外的安全带、保险杠、车载电脑等。

2. 推出了更节省燃油和尾气排放量更少的引擎。

此外，很多公司在战略上都非常关注汽车的品牌，这既包括基本的汽车生产，也包括特定的车型。高层次的品牌支持和其他促销型的投资可以构筑防止新进入者的壁垒。同时，这也为某些公司打造了可持续的竞争优势。

还可以从另一项重要的客户活动中构筑可持续的竞争优势：售后服务和经销商网络。全球主要的汽车公司都有非常广泛的经销商网络，很难说有真正的差异化。然而，美国、日本和欧洲的某些公司却可以从这些服务中构建一些竞争优势，顶级公司都有训练有素的工程师来覆盖网络。对于发展中国家而言，要建立可靠的网络不仅需要大量的资金，而且会很吃力，尤其是那些幅员辽阔的国家。全球性汽车公司一直通过战略联盟或合资公司在当地建立合作关系，以提供与发达国家相同的高水平汽车服务。

过去几年，对汽车公司而言既是机遇又是威胁的一个领域是汽车的质量和耐用性以及其对客户满意度的影响。2000年，丰田打造了可靠性的声誉，这已经成为公司的竞争优势。但因为2008—2009年的油门踏板粘滞和脚垫错位问题，丰田在某种程度上失去了这样的优势。公司随后实施了大范围的组织结构变革来解决问题。像戴姆勒－梅赛德斯和福特这样的公司，也在2005年前后遇到了一些质量问题。这会使竞争对手获得短期的竞争优势。

全球最大的五家汽车公司：全球竞争大战中的变化

多年以来，美国的通用汽车和福特控制着全球的汽车市场。它们是美国市场的领导者，在欧洲也有很大的份额，但不一定是欧洲市场的领导者。然后是日本的汽车公司丰田、本田和日产，其生产的汽车质量高、耐用，生产成本低，营销上的投入也不少。美国的汽车公司因为与工会商定的和养老金以及医疗相关的“遗留成本”而不堪重负，其市场份额减少（见图C3－1）。很多年里，这些美国大公司靠着美国政府的支持才没有出局。

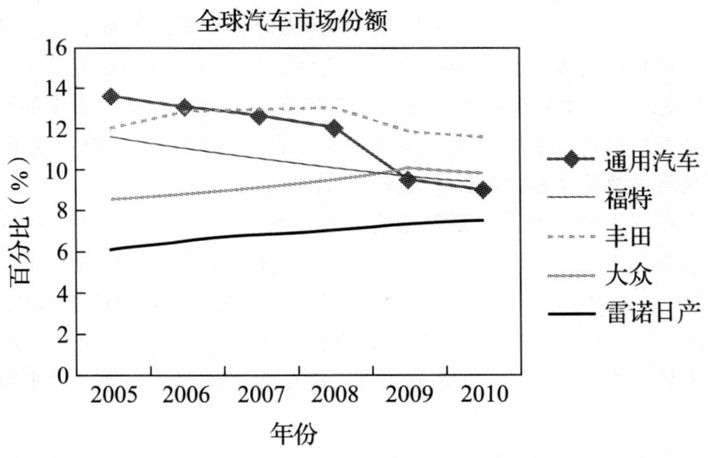

图C3－1 全球主要汽车厂商的全球市场份额

资料来源：基于公司年度报告及账目。

在欧洲，主要的汽车公司保住了自己的市场地位，特别是在本国的地位。德国的大众公司是欧洲的市场领导者，随后是两家法国公司雷诺和PSA——后者有标致和雪铁龙两个品牌。本案例主要关注雷诺，因为雷诺规模更大，而且增加了其日本合作伙伴日产的市场份额。其实，这些公司的优势主要来自它们本国的市场，即德国和法国。大多数公司也有其他的品牌，比如大众有奥迪、西雅特、斯柯达和劳斯莱斯。如图C3－1所示，过去几年里欧洲公司的市场份额大幅上升，美国公司和丰田的市场份额则在萎缩。为了找出其中的原因，需要研究每个公司的战略。这些稍后讨论。

从战略的角度来看，市场份额并不是评判竞争力的唯一标准。盈利水平和附加值至少也同样重要。2008—2009年五大汽车公司中的四家都有严重的亏损。原因是这段时间全球汽车市场呈下滑趋势。案例中没有列出具体的盈利数据，因为在编写案例的时候很难进行比较，主要有三个问题：第一，每个公司的财年节点不一样；第二，每家公司计算亏损的方式和期限也不一样；第三，个别公司发生了重大变革：通用汽车修改了本期内的交易和损益表——主要是破产后美国政府实施了救援——这就没法和前期进行比较。尽管其他四家公司的经历没这么戏剧化，但也都对自己的业务进行了重新评估，还进行了大幅度调整，这些都无法在2009年的财务数据中反映出来。

尽管如此，基于2007年和2010年的数据，我们可以对三家公司的相对规模有个概念。要注意，雷诺和日产通常并不会汇报它们合在一起的情况，这和表上的内容不一样。但是，两家公司合作非常紧密，而且交叉持股，因此将两家公司的市场和整体的投资能力综合看待也是合理的。

有两个事项要注意：

1. 日产和雷诺之所以合并在一起是因为它们之间关系密切，不过两家公司通常各自发布财务绩效。

2. 戴姆勒 – 梅赛德斯的销售额要高于日产 / 雷诺。

丰田战略的总结——自主战略，除了某些发展中市场

2000年前后，丰田将自己的宗旨确定为在2010年成为全球市场的领导者，它将其称为"2010全球愿景战略"。20世纪八九十年代，公司将北美作为其主要的战略聚焦点。和本田一道，丰田推出了质量好且生产成本比美国竞争对手更低的汽车。2003年，丰田在北美最受欢迎的车型是凯美瑞（Camry）。丰田的许多基本车型都在北美生产，因此不太可能受日元汇率变化的影响。公司是北美的大雇主，并不只是将工作外包到日本。

20世纪90年代，丰田决定进入欧洲市场，这是当时世界第二大市场。丰田在欧洲销售汽车已有多年，1995年决定在英国的博纳斯顿开设自己的工厂。20世纪90年代末，丰田又开设了其他工厂，还在法国建立了一个研究机构。这么多年丰田在欧洲小心经营的原因有两个：首先，欧洲的汽车行业有贸易壁垒的保护；其次，日本公司自愿达成协议，限制在欧洲的销售。20世纪90年代中期，当欧洲取消了壁垒，丰田才大举进入该地区。

早些年，丰田在欧洲的战略是销售质量可靠但在设计方面不是最吸引人甚至有些老套的汽车。但是，像大众这样的欧洲生产商会很快复制任何质量方面的竞争优势。于是，丰田开始专门为欧洲市场设计车型。丰田在欧洲业务的主管丰田章男（Shuhie Toyoda）解释说："欧洲的车型和性能通常要求很高。欧洲人更享受开车的乐趣，比如，就比美国人更享受。1999年，公司引入了雅力士，这是专门为欧洲设计的。在这之前，我们也曾尝试设计适合欧洲的车型，但主要的目标不是欧洲。"

但是丰田的欧洲战略不尽如人意，原因有两个。首先，它的工厂没有日产的效率高。顾客也没有把丰田汽车的质量看成最好的，所有赞誉都留给了大众。而且，欧洲业务的利润空间也小。其次，丰田因为要召回某些车型，在质量和可靠性方面给公众留下负面印象。公司承认要对自己的质量监控体系进行大幅度改革，期望到2012年有非常显著的改善。因为这些问题，丰田在1999—2008年销量和利润均显著增长之后，于2009年出现亏损。

从长期利润稳定增长的视角来看，丰田的战略是成功的。这在一定程度上归因于丰田生产系统，它使得工厂降低了成本。该战略还包括与供应商建立密切关系，以降低成本、库存，且能灵活生产。公司的设计能力也很重要，比如很早就引入了混合动力汽车普锐斯（Prius）。通过强势的品牌和细致开发的经销商网络，其营销部门也做出了贡献。

此外，丰田对采用相同的基本车型在各地销售的简单全球战略也持怀疑态度。它对量产

车的系列采用了模型设计，但是生产针对全球特定区域设计的车型。比如，雅力士就是为了满足欧洲市场的要求而设计的小型车，公司没有把它开发为全球性汽车的计划。丰田的新车威驰（Etios）是针对印度这个规模大、增长快的市场，此款车由丰田和当地合作伙伴吉洛斯卡汽车公司（Kirloskar）共同设计。

在2008—2010年的三年间，丰田因为其部分车型存在质量和可靠性问题而损失惨重。美国对丰田是否对安全问题明知故犯进行了调查。公司自己也承认确实存在问题，还召回了一些车型进行整改。更重要的是：丰田认识到必须彻底改革自己的质量控制系统。2010年公司年报的第一部分是这样开头的："对丰田来说是新的开始——要通过提供安全可靠的车辆来回报社会。"公司在日本总部进行协调来实现根本性的变革。尽管丰田的主要工厂设在全球主要工业化国家——质量问题的发生地，但丰田的董事会并没有外国人。

通用汽车战略的总结——保持市场份额，破产然后重组

很多年来，通用汽车在其传统的北美和欧洲市场采取了量产和占据市场份额的战略，有时候以利润为代价。其中包括降价战略，目的就是要保持市场份额，特别是本国市场。

通用汽车的本国市场就是美国，那里有很多知名品牌，比如别克、凯迪拉克、雪佛兰和庞蒂克（Pontiac）。有一段时间，它在北美的业务包括100套生产、组装和仓储设施。公司还在欧洲经营数年，其旗下品牌包括欧宝（德国）、沃克斯豪尔（英国）和萨博（瑞典）。它在欧洲7个国家有10个生产和组装工厂。

在2008—2009年全球汽车市场大衰退之前，通用汽车已经出现巨额亏损，在美国政府的救援下，通用汽车宣告破产重整。然后公司采取了节省开支的战略，砍掉了一些品牌，关闭了一些工厂，还将全球业务进行了整合。比如，公司将萨博品牌出售给荷兰公司斯贝德（Spyder），完全撤销了悍马（Hummer）品牌和车型的业务。结果2011—2012年通用汽车成功瘦身，其在中国的合资公司成为最大的利润来源。通用汽车的美国业务在2011年恢复盈利，而欧洲的业务还在亏损。

福特战略的总结——首先是全球化战略，然后是并购，最后"回归本源"

全球化战略

多年以来，福特在北美和欧洲处于领先地位。其在20世纪90年代的战略主要是通过全球化获益。1995—1998年，公司曾尝试在全球范围内整合业务。它将核心的工程和生产业务进行了简化，采用了通用的部件和通用的车辆平台，还实现了外部供应商的统一采购，目的就是实现规模经济，并且通过在多个国家销售来分摊特定车型的研发成本，总体上每年可节省420亿美元。这一战略为福特削减了大量成本，公司利润开始回升。

并购战略

在全球化战略取得成功以后，公司开始实施"全球利基"战略。公司认为，全球的市场需求正在转向利基车型，比如越野车、面包乘用车等，公司应该在这些领域投资。因此，公司斥巨资并购在这些领域拥有专业品牌的公司——捷豹汽车、林肯豪华车、沃尔沃汽车、路虎汽车、阿斯顿·马丁（Aston Martin）运动汽车等。并购竞争公司面临很大的风险，因为有时候很难在支付高溢价后获得足够的规模经济效益。并购战略的另外一个风险是公司可能因忙于整合并购业务而分散注意力。1999—2004年期间，福特对基本的车型，比如欧洲的蒙迪欧和嘉年华就缺少足够的投入。这使得其他公司在这些领域取得进展。

回归本源的战略

事后来看，福特的全球利基并购战略是错误的，时任公司首席执行官杰克·纳赛尔（Jac Nasser）被解雇。在福特创始家族成员比尔·福特的领导下，福特采用了新的"回归本源"的战略。福特开始聚焦现有的车型系列，并不断提高质量和降低成本。福特还着力重新设计中型车，除了提高质量，还配备了许多豪华车型才具备的功能——更高的驾乘位置、更大的储物空间等。

"重新定义北美的轿车是项艰巨的任务，但这是我们一定要竭力完成的。"福特负责产品创新的副总裁菲尔·马腾（Phil Marten）这样说。这一战略成效显著，2008—2009年福特无须美国政府提供救援基金。当然福特也有亏损，但控制得很好，并没有影响继续运转，还保住了公司的全球地位。重要的是，因为福特越来越重视质量战略，消费者对公司质量和可靠性的评价越来越高。2012年，福特成为该领域的全球领导者之一。

雷诺 / 日产战略的总结——共享高管、供应商和汽车零件、研发，但保持独立的品牌和车型

日产和雷诺是两家独立的公司，一家是日本公司，一家是法国公司。但两家公司共享了某些关键的资产，还交叉持股。在全球汽车行业中，它们拥有合并公司的优势，尤其享有关键领域的规模经济。日产在两个公司中销量更高，因此我们先介绍日产。

20世纪90年代后期，日产是日本第三大汽车公司，紧随丰田和本田之后。因为受到两大日本竞争对手的挤压，日产出现了严重的财务问题。雷诺是比较成功的法国汽车公司，部分股权由法国政府持有。其首席执行官卡洛斯·戈恩（Carlos Ghosn）是个非常有魅力的领导者，拥有扭转败局的能力。戈恩认识到，雷诺要成功，必须增加自己在欧洲以外地区的销量。他说服日产与其合作，雷诺持有日产44%的股份，而日产持有雷诺25%的股份。

按照协议，戈恩成为日产和雷诺的首席执行官。他开始安排在一系列车型和设计上的合作。雷诺一直竭力保持日产半独立的地位，这样，这家日本公司可以持续开发自己的车型，还可以在美国、欧洲和日本投资自己的工厂。2010年，日产拥有世界上效率最高的工厂，其中包括它在英国桑德兰的汽车工厂。公司一直生产各种车型，其在2010年的销量超过雷诺。

雷诺是法国公司，法国政府持有公司15%的股份。其主要的生产和研发设施都在法国。雷诺是法国市场中最具竞争力的两大公司之一，另外一家公司是标致－雪铁龙（PSA）。雷诺在创新以及特色车型方面有良好的记录，包括太空车（Espace）、科雷傲（Clio）、丽人行和梅甘娜（Mégane），汽车的安全性能记录也很好。其最近的成功很大程度上归功于和日产合作的战略。

2009年，雷诺宣称和日产合作产生的协同效应节省的费用超过15亿欧元。2010年，公司计划再节省10亿欧元。成本削减主要来自三个方面。第一，两家公司共享了一些汽车配件、生产平台和传动系统。第二，雷诺和日产一起从外部供应商那里购买相同的汽车配件，由此获得更低的价格。第三，两家公司分担研发费用。比如，分开来看，日产和雷诺都没有足够的资源来开发新的电动汽车。两家公司保留了各自的文化和管理风格，但集团的首席执行官是同一个人，因此可以确保一致的愿景和领导力。

大众的战略总结——质量、多品牌和多厂区，但并非最低成本

大众创立于20世纪30年代的德国，一直保持着引以为傲的德国根基。虽然公司在很多国家都有工厂，但核心还是在德国沃尔夫斯堡的总部。这是公司组织结构和情感的中心。

多年以来，大众并购了很多公司，也进行了大量的投资，包括西班牙的西雅特、捷克的斯柯达和英国的宾利豪华车。此外，公司利用单独的品牌奥迪开发了高端市场。在全球汽车市场中，所有的品牌和车型都有精心的定位和细分市场。此外，大众是最早在中国开设合资公司的，合资公司有上海大众和一汽大众。大众还获得了日本公司铃木20%的股份，部分原因是马鲁蒂－铃木是印度市场的领导者。

尽管有这些全球性的联系，大众基本的战略还是有很强的德国根源。世界上最大的汽车生产厂就在大众公司的总部——德国的沃尔夫斯堡。这意味着公司生产的汽车质量高，品牌也声名远扬，比如Polo、帕萨特和高尔夫尽人皆知。但是，公司的德国根基也意味着和其他的汽车生产商相比，公司采用的是高成本人工战略。原因是，德国公司有很强的文化，以及与德国汽车工会合作和共同决策的文化。其好处是罢工少，当需求和生产发生变动时具有很大的灵活性；坏处是劳动力成本很高。大众的观点是多年来的共同决策战略对公司的发展是有利的，没必要做出改变。

结论

根据大家广泛接受的观点，全球性汽车公司每年要销售500万～600万辆汽车才能盈利。规模较小的意大利汽车公司菲亚特在2011年获取了美国克莱斯勒公司25%的股份，2012年增至57%，公司由此获得了成本和车型方面的协同效应。最大的五家公司通过采用不同的战略保持了领先的地位。福特和通用汽车采用了低成本的办法扭亏为盈。但是福特和通用汽车还要解决欧洲业务的亏损问题。大众在亚洲和北欧的优势则帮助公司解决了其在欧洲其他地方遇到的问题。

丰田仍是全球市场的领导者，但其保持低成本和可靠性的战略有待完善。大众的目标是超过丰田成为全球市场的领导者，可能需要通过和中国以及印度公司的战略联盟才能在亚洲快速发展的市场中获得效益。但这样的战略并不一定会成功，它仍然依靠燃油驱动的汽车作为主要增长手段。全球汽车行业的战略还有很长的路要走。

案例问题

1. 哪些主要因素导致了全球汽车行业的不确定性？对于大型汽车公司的计划型战略而言有什么影响？在这样的情形下，是否可以采取计划型战略？

2. 大型汽车公司的主要竞争优势是什么？有些战略家认为，这样的竞争优势是所有大型汽车公司都有的，因此各个公司没有区别。你同意这种观点吗？

3. 如果大众想要成为全球最大的汽车公司，你对丰田的应对措施有什么建议？

4. 从全球主要汽车公司战略的优点和问题中，其他公司可以吸取哪些教训？

战略项目

你可以持续关注五大公司之间的战略大战，看看会如何发展。大众想要成为全球市场的领导者。多年来通用汽车和福特也一直想赶上丰田。雷诺/日产也想在现有车型的基础上同时推出新的绿色节能车型。网上有很多汽车市场的数据，可以先从这些公司的官方网站入手。案例的参考文献也提供了更多的网络数据，你可以分析每个公司最新的战略，然后评价这些战略的成功水平。

资料来源：Annual Report and Accounts of Toyota, GM, VW, Fiat, Ford, Renault and Nissan. Earlier information from the sources is fully listed in *Strategic Management* , 6th edn, so not repeated here. The new sources are from the *Financial Times*: 8 June 2011, p. 22; 7 July 2011, p. 22; 29 July 2011, p. 19; 21 December 2011, p. 25; 25 October 2012, p. 19; 29 January 2013, p. 19; 31 Januaray 2013, p. 14; 15 March 2013, p. 20; 12 April 2013, p. 19; 14 May 2013, p. 14; 20 November 2013, p. 22; 26 November 2013, p. 20; 6 December 2013, pp. 23-26; 8 January 2014, p. 21; 9 January 2014, p. 9; 24 January 2014, p. 18.

案例 4

竞争战略：塔塔汽车的好消息和坏消息

2008—2009年的两年间，塔塔汽车——印度最大的汽车和卡车公司——采取了两项重大的战略举措：第一，实施世界级的并购；第二，推出了革命性的全新车型。结果，一个战略获得了成功，另一个战略以失败告终。案例研究了该公司的好消息和坏消息。

两项新的重大战略举措，成败参半

2008年，塔塔汽车以23亿美元收购了福特的两个全球品牌及其相关的资产——捷豹和路虎。

对于当时的情形，公司的说法是："对于我们塔塔汽车的所有人来说，这是关键的时刻。捷豹和路虎是有世界影响的品牌。我们要全力支持捷豹和路虎以发挥它们的竞争潜力。"

一年以后，这一并购出现了严重的问题。路虎的销售和前一年相比下降32%，并购10个月内损失了4.5亿美元。塔塔集团董事长拉坦·塔塔（Ratan Tata）在2009年5月评价说："如果有人事先知道会出现崩盘，那么[塔塔确实走得太远]，但是没人知道。可以说，因为两家公司都在市场顶端，两次并购的时间都没选好。"尽管这样，路虎在2010年恢复了盈利水平。对于全球豪华汽车而言，这次并购是非常成功的。对于塔塔而言，这是好消息。

差不多在塔塔汽车并购路虎的同一时间，公司因为推出了印度最便宜的汽车纳诺（Nano）令世界瞩目。其价格大约是2 000美元（10万印度卢比），新车定位于印度和其他发展中国家的大型低价车市场。纳诺代表着创新生产的战略，还有简单和节能的特性。靠着印度的低制造成本，公司试图将纳诺设计成全世界最便宜的汽车，而且为塔塔创造利润。由于各种原因，纳诺上市的时间从2008年10月推迟到2009年7月，因此损失了一些销售额和利润。接着2010年纳诺又遇到了其他没有预料到的重大问题，稍后再说。到2013年，纳诺只是塔塔在印度国内汽车市场面临的各种问题之一。对于塔塔而言，这是坏消息。

本案例研究了塔塔汽车应该去往何方？应该怎样解决其在印度汽车市场中的问题？应该怎样支持路虎？是否应该投资公司有优势的业务领域，比如卡车和巴士？下一步应该采取什么战略举措呢？

为了研究这些问题，案例包括以下内容：

- 印度汽车和卡车市场：停止增长。
- 塔塔汽车及其竞争对手。
- 塔塔汽车：资源和能力。
- 塔塔汽车：印度本土市场中的问题。
- 塔塔汽车：早期困难重重，后来成功的并购。
- 优势突出的商用车系列。
- 结论：塔塔现在该何去何从？

印度汽车和卡车市场：停止增长

案例3已经介绍过，所有的汽车公司都严重依靠量产获利：规模经济和范围经济是行业中的关键成功因素，这当然也包括印度。此外，所有的大型公司都要持续开发新的设计，特别是研发新的引擎。这里主要有两种压力：一要满足新的排放标准；二要生产使用低成本燃料或使用替代能源的引擎，比如电动汽车。比如，十大主要汽车制造商在2007年一年的研发投入就达到500亿美元左右。因此，塔塔汽车及其在印度的竞争对手都计划在2016年前投入大量资金研发新的车型和新的能耗更低的引擎。

2013年，按照制造商的销售价格（MSP）来计算，印度本土乘用车市场大约是90亿美元，这和全球汽车市场规模1.3万亿美元来比是很小的市场。全球市场已经从2007—2010年的衰退中逐渐恢复，而印度市场却出现了问题。2009年，印度市场的年增长率在11%左右，但在2013年之后停止增长。印度的商用车市场——卡车、三轮摩托车和巴士——价值大约为75亿美元，也出现了停滞。

尽管印度的轿车和卡车市场规模比较大，但以世界的标准来看还是小的。不过印度10亿级的人口，特别是其不断增长的中产群体，表明印度市场有很大的潜力。

表C4-1展示了世界主要的汽车公司，同时列出了印度主要的汽车公司。任何在新德里或孟买高峰时段遇到拥堵的人，看到主要印度公司这么低的市场地位时都会大吃一惊。很多印度人买不起汽车，开的是更便宜的摩托车：印度是全球最大的两轮摩托车市场。但印度汽车市场在2009年之后开始逐渐增长。

表 C4－1　汽车行业中按销量排名的世界主要汽车公司

公司	国家	2007 年销售额（百万美元）	产量（千辆）	评价（“合资公司”意味着当地公司持有 51% 的股份）
丰田	日本	187 420	7 211	和中国一汽及广汽有合资公司
通用汽车	美国	181 122	6 259	和中国上汽大众有合资公司
大众	德国	160 079	5 964	和中国一汽及印度马鲁蒂－铃木有合资公司
福特	美国	154 400	3 565	和中国长安汽车有合资公司
戴姆勒－梅赛德斯	德国	133 300	1 335	和中国北汽有合资公司
日产	日本	92 500	2 651	雷诺拥有部分股份，和中国东风有合资公司
菲亚特	意大利	86 000	1 991	和中国广汽及印度塔塔有合资公司
宝马	德国	79 100	1 541	
本田	日本	76 000	3 868	和中国东风及广汽有合资公司
标致－雪铁龙	法国	73 600	3 024	和中国东风有合资公司
雷诺	法国	55 500	2 276	由新合资公司推出，在印度开设了自己的公司；还和印度的马恒达开设了一个更大的合资公司
马自达	日本	36 641		和中国长安汽车有合资公司
现代	韩国	32 334	2 292	和中国北汽有合资公司
三菱	日本	28 193		和中国北汽有合资公司
一汽	中国	24 613	1 436*	同上
铃木	日本	21 200	2 284*	和中国长安汽车有合资公司
上海大众	中国	20 731	1 137*	同上
起亚	韩国	16 664		
广汽	中国	14 724	510 000	同上
长安汽车	中国	7 860	850 E	同上
东风汽车	中国	7 782	638	同上
北汽	中国	N/a	600 E	同上
塔塔	印度	5 778**	228	包括与菲亚特的合资公司
吉利	中国	5 640	185	
马鲁蒂－铃木	印度	3 172	633	同上
奇瑞	中国	2 100	428	
马恒达	印度	1 775	100	包括与雷诺的合资公司
印度斯坦	印度	1 230	—	包括与通用汽车在卡车领域的合资公司，以及与三菱在大型车领域的合资公司

注：

E= 作者根据公开发表的公司数据估计。

* 包括合资公司的产量，所以外国合作伙伴公司的数据计算了两次。

** 塔塔汽车包括客车和巴士的销售额，单车的价格很高，因此产量虽低但销售额更高。

俄罗斯的大型汽车公司拉达（LADA）没有包括在上述销售额中，因为在编写案例的时候没有数据。其在表格中大致处于上海大众与起亚之间的位置。

克莱斯勒的数据没有太大意义，因为在 2007 年之前它一直是戴姆勒旗下的公司，2008 年被出售给了个人，2009 年又和菲亚特合并。世界汽车组织（OICA）的数据显示公司在 2007 年生产了 75.5 万辆汽车。

资料来源：基于某些公司的营业额和 OICA 2007 年生产数据，但中国公司的数据来自公司账目，原因是 OICA 低估了中国的汽车产量。

外国的汽车公司，比如全球五大汽车公司，被吸引到印度市场主要有两个原因：首先，现有车辆的使用率低于其他国家，说明印度市场有很大的增长潜力；其次，数据表明印度的财富在稳步增长，可以支撑更高的汽车占有率。此外，这些公司还预期印度经济将会有长期的增长，再加上印度政府对改善交通基础设施（道路和桥梁）的投资，使得印度市场更有吸引力。

说到扩张战略，中国市场可以给印度提供一些借鉴。从两种相关战略来看，中国的汽车市场要比印度发展得快。首先，中国政府鼓励外国公司进入中国市场。除了对中国汽车公司的所有权份额有所限制外，其他方面鼓励外国公司进入。其次，中国汽车公司自身也全力实施合资战略（见表 C4-1），以快速提升制造能力。结果中国的汽车市场要比印度市场获利更高也更加开放。而全球主要的汽车公司和印度汽车公司之间几乎没有成立合资公司。

受世界经济危机的影响市场经历了短暂的萎缩，2010 年印度的乘用车和商用车市场都开始增长（见图 C4-1），但随后就停滞不前。报道的原因是印度市场增长乏力。尽管如此，2014 年，全球主要的汽车公司都在寻找进入印度市场的方式——这会对塔塔汽车产生新的竞争。

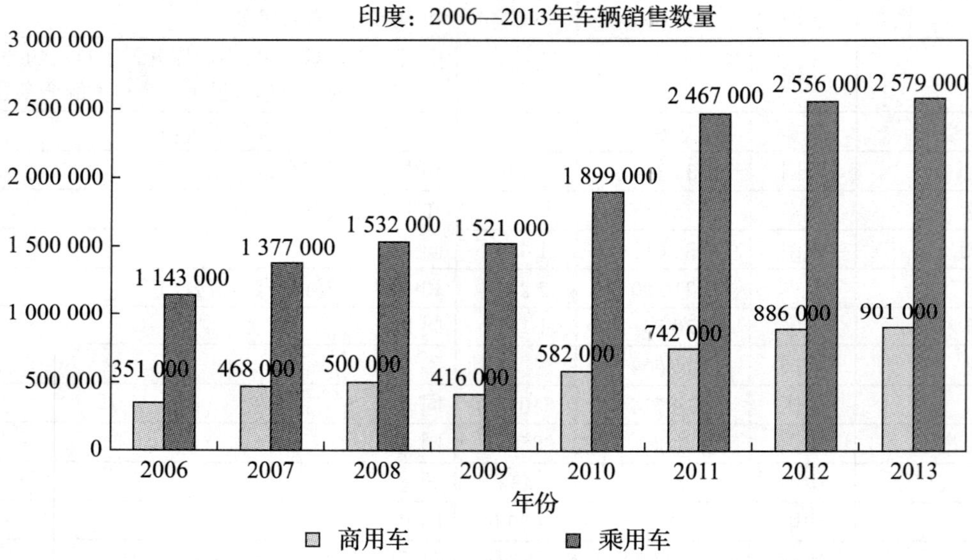

图 C4-1 停止增长的印度汽车市场

资料来源：基于塔塔汽车 2013 年的年度报告。

塔塔汽车及其竞争对手

印度的汽车市场过去受到保护，不允许外国汽车公司进入，因此，2009 年之前塔塔汽车在国内市场只有三个主要的竞争对手，分别是：

1. 马鲁蒂-铃木。公司由日本汽车公司铃木控制，在印度的乘用车细分市场中是领导者。后面会对该公司再做研究。

2. 马恒达。该公司在印度的多功能休旅车（MUV）市场中占有很大份额。这种车要比乘用车大一些，根据车的具体配置不同，可以用来载人或者运货。马恒达是 MUV 市场中的领导者，大约占 50% 的份额。马恒达和法国汽车公司雷诺还有一家合资公司，但雷诺已经开始独立开拓市场。

3. 印度斯坦汽车。该公司生产的乘用车、卡车和其他商用车的产品系列更加特殊。它是印度四大汽车公司中最小的，由印度最知名的家族集团比尔拉集团（Birla Group）控股。

此外，塔塔还面临新的全球竞争对手。截至 2009 年，这些公司只是销售大型豪华汽车。全球的汽车公司并没有把印度作为主要的市场：21世纪早期关注的是小型紧凑车型。但是到了2009年前后，这些公司都注意到印度的中产群体越来越需要高质量的小型汽车。但对全球主要的汽车公司而言，问题是进入印度市场的壁垒很高。应该怎么解决这一问题呢？在印度设厂。结果，丰田、福特和雷诺都在印度建设新的生产工厂。

- 丰田。公司在班加罗尔设厂生产中等价位的卡罗拉。此外，公司还在2010年推出了新的车型——威驰，其价格比较低而且专门针对印度市场。
- 福特。其在印度金奈的工厂在生产新的车型——菲戈（Figo），专门针对马鲁蒂－铃木的车系。福特的全球总裁和首席执行官阿兰·姆莱里（Alan Mullaly）解释说，福特已经涉足印度市场很多年，这是公司的第一种小型车。“我们正处于进入印度市场的最佳时期。这将改变我们在印度的业务。”
- 雷诺。2007—2010年，公司在印度汽车市场占据了一席之地。2011年推出了风朗（Fluence）和科雷傲（Koleos）两款汽车。2012年还在整个印度建立了广泛的销售网络，覆盖了至少35个城市。此外，雷诺在印度公司内部还成立了专门的销售和市场营销团队。

所有这些都意味着塔塔汽车面临更加激烈的竞争。公司的车系包括更加广泛的类型，不仅有纳诺等便宜车型，还有路虎等豪华车型。塔塔的有些车型会和丰田、雷诺以及福特汽车直接竞争。

塔塔汽车：资源和能力

成立于1954年的塔塔汽车是印度最著名的家族企业，是塔塔集团的重要组成部分。公司是靠与德国公司戴姆勒－奔驰合作制造商业车——卡车和巴士起家的。戴姆勒一直是这类车辆在全球的市场领导者，但后来其与塔塔的合作破裂了，塔塔就采用了独立发展的战略。基于印度对乘用车和卡车市场的保护，塔塔在1991年从商业车中分出了乘用车。公司在随后的几年里推出了一系列车型，向多个乘用车细分市场进军。

2009年，商用车是塔塔汽车的主要优势。公司在印度市场中是领导者，占据60%以上的市场份额（见图C4－2）。公司和印度的中央政府以及很多邦的政府有很好的关系，它们是塔塔大型卡车和巴士的主要客户。塔塔的商用车在印度周边国家，比如尼泊尔和斯里兰卡也有很大的市场。

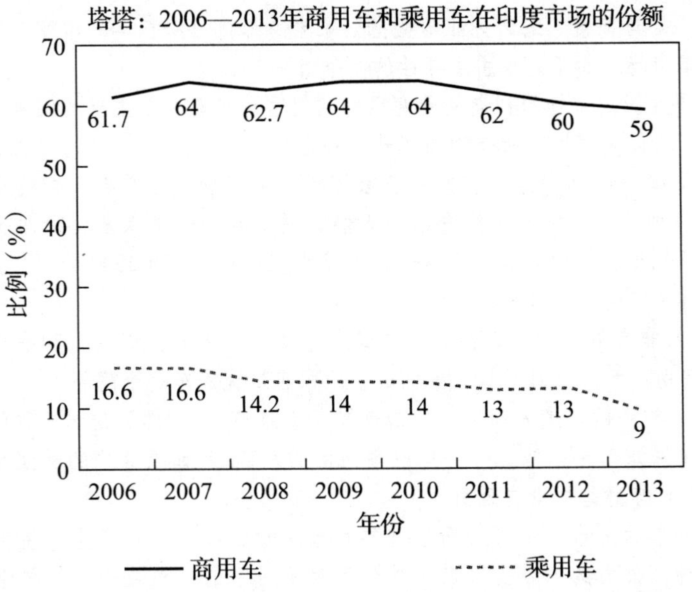

图C4－2 塔塔占领了印度的商用车市场，但在乘用车市场节节败退

资料来源：基于塔塔汽车2013年的年度报告。

此外，塔塔还利用自己在本国的优势发展了全球业务。2004年，公司兼并了韩国大宇公司（Daewoo）的卡车和巴士业务。2005年，塔塔收购了西班牙商用车公司伊斯巴诺－卡罗塞拉（Hispano Carrocera）的部分股份。2006年，塔塔和巴西的公司马可波罗（Marcopolo）建立了一家合资公司，后者的强项就是巴士和长途大客车。塔塔还在阿根廷和南非建设了生产商用卡车和巴士的工厂。但是，公司在全球最大的两大商用车市场北美和欧洲的业务非常有限。

转向印度的乘用车市场后，塔塔并没有获得和其商用车一样的市场领导地位。图C4－2显示商用车在印度本土市场中的份额比较小，而且还在萎缩：这是公司在2013年面临的重要战略问题。

多年以来，塔塔汽车一直想扩大自己在印度市场中的份额。除了自己设计以外，塔塔还和意大利的菲亚特建立了联系，借此推出菲亚特设计的一些车型。此外，塔塔还获得了菲亚特柴油引擎的技术，这大大缓解了对于更高能效与日俱增的压力。尽管采取了这些措施，塔塔的市场份额仍很小，而且自2013年以来开始萎缩。不管是纳诺汽车的推出，还是2008—2009年在印度出现的第一批路虎销售商，都没有给塔塔带来变化。当然，对于路虎这样的豪华车品牌而言，只能获取印度汽车市场中的一小部分份额也不奇怪。关键问题在于纳诺汽车缺乏影响力。

前面解释过，多年来印度市场由马鲁蒂－铃木控制，它占据50%以上的份额。马鲁蒂－铃木的成功源于设计了适合印度市场的车型。这还不是马鲁蒂唯一强势的领域。比如，很多年前，马鲁蒂就先于塔塔成立了专门出售二手车的公司，而塔塔到2008年才开设此类公司。马鲁蒂建设汽修厂和加油站也很早——这对于印度很关键，它还开设了驾校，帮助顾客应对印度非常复杂的道路交通状况。可以说，这是塔塔汽车比印度市场领导者马鲁蒂－铃木薄弱的环节。

塔塔汽车：印度本土市场中的问题

经过四年的开发，塔塔在2008年推出了全新的小型车，并进行了大量的宣传，定价是2 000美元，是世界上最便宜的汽车。公司希望纳诺汽车可以蚕食马鲁蒂控制的市场份额，却宣称纳诺汽车的主要目标不是马鲁蒂。纳诺关注那些把全家老少都挤上摩托车的印度家庭。塔塔的目标是拓展印度的乘用车市场，而不是攻击主导性的竞争对手。

尽管纳诺在印度国内市场的初期接受度很好，但这种车有两个主要的问题。首先，有报道说纳诺汽车会自燃。这促使塔塔为所有的顾客升级安全系统。

第二个也是更要命的问题是，有些分析家怀疑印度市场是否需要这样的车型。该车型起初的目标是提供“一种安全、价格可接受的全天候交通工具……供原来骑乘两轮摩托车的家庭使用——父亲开着摩托车，前面站着一个孩子，妻子坐在后面，怀里还抱着一个婴儿。”但问题是，这一理念可能误解了印度汽车市场：

- 对那些收入非常低的印度人而言，纳诺汽车是不适用的：第一，和摩托车相比，它有较高的维护和燃油费用；第二，对于居住条件很差的顾客来说停车是个问题。
- 对那些收入较高的印度人而言，纳诺汽车又太寒酸了。“你总是想让你的第一辆汽车拥有一些高端市场的特殊东西……能让你的车脱颖而出的东西。”如果这样的看法是有道理的，那么纳诺汽车对这两个目标群体都没有吸引力。

此外，纳诺汽车的上市分散了公司管理层和市场营销部门的注意力，使得塔塔无暇关注印度其他的汽车市场，公司的中等价位汽车受到了竞争对手的强烈攻击。结果塔塔汽车全系车在2010—2013年出现萎缩，图C4－3显示了塔塔汽车的销售和利润所受到的影响。起初，在公司并购路虎之后，其销量大增。接着印度国内市场中的问题戳中了公司的要害。

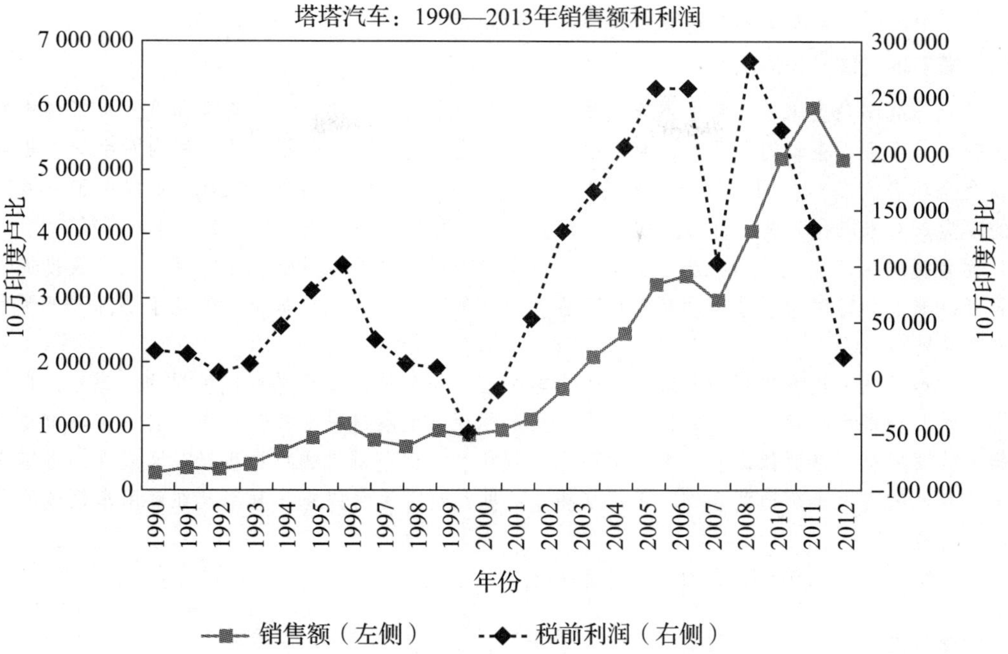

图 C4－3 塔塔汽车的销售和利润因为印度国内市场的问题而下滑

资料来源：基于塔塔汽车 2013 年的年度报告。

塔塔汽车：早期困难重重，后来成功的并购

在宣布推出纳诺汽车的同时，塔塔汽车从美国公司福特那里收购了捷豹－路虎。捷豹－路虎乘用车定位的是世界高端的汽车市场：价格高，性能也好——捷豹的定位是豪华运动车系，路虎则是 SUV。捷豹－路虎一直都面临全球非常激烈的竞争，对手是宝马、梅赛德斯－奔驰和雷克萨斯。

在实施并购时，捷豹－路虎有一个要在 2016 年实施的新车发售计划，其中很多车型都是豪华车，为满足北美和欧洲日益严格的燃油能耗和排放标准而设计。捷豹－路虎的总部在英国，有三个大工厂，共拥有 14 500 名员工，还有一个研发机构。

开始的时候，塔塔汽车决定对新并购的公司和印度母公司分开管理——可能的原因是历史、市场定位和资源方面的差异。这样做的不利之处在于塔塔没法在整个集团分享捷豹－路虎的专有知识。2013 年前后，捷豹－路虎宣称要继续研发新的车型，再招募 7 000 名员工，还将一款路虎车型的零部件送到塔塔在浦那的工厂进行组装，然后在印度市场销售。

捷豹－路虎的转变在 2013 年的销售和利润数据中有所反映（见图 C4－3）。塔塔销售额的增加完全是因为有了新并购的捷豹－路虎，税前利润下滑则是因为塔塔在印度汽车市场中的问题。如果没有捷豹－路虎，塔塔很有可能会面临严重的亏损。

优势突出的商用车系列

2010—2013 年，塔塔汽车推出了几款新的商用车。公司必定为这些成功的业务投入了大量资源。公司也面临新进入者的威胁，比如，世界领先的商用车制造商戴姆勒－奔驰在 2010 年就发布了专门针对印度这类发展中国家的新车型。特别是在印度，戴姆勒卡车收购了其印度子公司尚未拥有的 40% 的股份，然后又建立了戴姆勒印度商用车有限公司（Daimler India Commer Vehicles Pvt.Ltd）。2009 年，戴姆勒称子公司亏损，但公司下定决心在随后的几年里要用自己世界级的卡车和巴士设计取得成功。塔塔的商用车系列肯定要面临真正的威胁，不仅是其控制的国内市场，其比较弱小的海外业务也面临威胁。

结论：塔塔现在该何去何从？

从全球战略角度来看，塔塔汽车的战略定位既有优势也有劣势。塔塔在印度汽车市场中的份额比较小，而且还在萎缩。同时，它还面临与日俱增的竞争，这包括主要的国内对手马鲁蒂－铃木以及全球各大汽车公司。纳诺汽车的问题也悬而未决。但是，公司在2013年推出了一系列全新的车型，对未来也充满了信心。和国外竞争对手共同开办一家合资公司是不是更好呢？

而且捷豹－路虎也还有机会。公司针对这部分业务应该采取什么战略？还应该大量投资吗？是否可以通过和印度的联系增加销售？可否利用任何印度公司先前都没有的竞争资源——两个全球性的品牌？

尽管印度的商用车市场增长缓慢，但卡车和巴士系列的增长还是非常可观的。此外，在该领域塔塔是亚洲市场的领导者。或许公司应该更加积极地发展这一业务？或许，公司应该重建与全球领先的商用车制造商戴姆勒－奔驰的联系，强化其全球范围内的特许生产？又或许，塔塔应该和全球其他的商用车制造商合作，但规模要小一些？这是否可以充分利用其在商用车领域的专用知识和技能？

案例问题

1. 从塔塔汽车的角度来看，在进行战略环境分析时应该强调哪些内容？塔塔有哪些主要的竞争资源和能力？

2. 你的分析对塔塔未来的战略有何影响？公司应该坚持发展所有的现有领域吗？在选择机遇的时候是否应该更有针对性？你是否有优先考虑的机遇？你是否有要放弃的机遇？

3. 其他公司可以从塔塔公司最近几年的战略中吸取哪些教训？考虑塔塔实施成功的战略以及其失败的地方。

资料来源：Annual Report and Accounts for Tata Motors 2007-13, Maruti Suzuki 2008 and 2009, Mahindra and Mahindra 2008, Hindustan Motors 2008 all available on the web. References for the earlier case ‘ Tricky Time for Tata Motors ’ can be found in *Strategic Management*, 6th edn. New *Financial Times* references are as follows: 9 May 2011, p. 19; 19 July 2011, p. 22; 4 October 2012, p. 26; 9 October 2012, p. 23; 12 February 2013, p. 19; 11 April 2013, pp. 16-21; 21 July 2013; 10 September 2013, p. 21; 6 December 2013, p. 26; 7 February 2014, p. 16; 11 February 2014, p. 16; 7 March 2014, p. 19.

Authorized translation from the English language edition, entitled Strategic Management, 7e, 9781292064666 by Richard Lynch, Copyright © Aldersgate Consultancy Limited 1997, 2000 (print) © Richard Lynch 2003, 2006 (print) © Richard Lynch 2009, 2012 (print) © Richard Lynch 2015 (print and electronic). This translation of Strategic Management is published by arrangement with Pearson Education Limited.

图书在版编目（CIP）数据

战略管理：第 7 版 /（英）理查德·林奇著；赵雁海，姚烨译. -- 北京：中国人民大学出版社，2021.7

（工商管理经典译丛）

ISBN 978-7-300-29483-4

Ⅰ.①战… Ⅱ.①理… ②赵… ③姚… Ⅲ.①战略管理 Ⅳ.① C931.2

中国版本图书馆 CIP 数据核字（2021）第 112199 号

工商管理经典译丛
战略管理（第 7 版）
［英］理查德·林奇　著
赵雁海　姚　烨　译
Zhanlüe Guanli

出版发行	中国人民大学出版社		
社　　址	北京中关村大街 31 号	**邮政编码**	100080
电　　话	010－62511242（总编室）		010－62511770（质管部）
	010－82501766（邮购部）		010－62514148（门市部）
	010－62515195（发行公司）		010－62515275（盗版举报）
网　　址	http://www.crup.com.cn		
经　　销	新华书店		
印　　刷	北京宏伟双华印刷有限公司		
规　　格	185 mm × 260 mm　16 开本	**版　　次**	2021 年 7 月第 1 版
印　　张	29.25 插页 1	**印　　次**	2021 年 7 月第 1 次印刷
字　　数	767 000	**定　　价**	75.00 元

Pearson

尊敬的老师：

您好！

为了确保您及时有效地申请培生整体教学资源，请您务必完整填写如下表格，加盖学院的公章后以电子扫描件等形式发我们，我们将会在2～3个工作日内为您处理。

请填写所需教辅的信息：

采用教材			□ 中文版 □ 英文版 □ 双语版
作　者		出版社	
版　次		ISBN	
课程时间	始于　年　月　日	学生人数	
	止于　年　月　日	学生年级	□ 专科 □ 本科 1/2 年级 □ 研究生 □ 本科 3/4 年级

请填写您的个人信息：

学　校			
院系/专业			
姓　名		职　称	□ 助教 □ 讲师 □ 副教授 □ 教授
通信地址/邮编			
手　机		电　话	
传　真			
official email（必填）（eg：×××@ruc.edu.cn）		email（eg：×××@163.com）	
是否愿意接受我们定期的新书讯息通知：　□ 是　□ 否			

系/院主任：________________（签字）

（系 / 院办公室章）

____年____月____日

资源介绍：

——教材、常规教辅资源（PPT、教师手册、题库等）：请访问 www.pearsonhighered.com/educator。（免费）

——MyLabs/Mastering 系列在线平台：适合老师和学生共同使用；访问需要 Access Code。（付费）

地址：北京市东城区北三环东路 36 号环球贸易中心 D 座 1208 室（100013）

Please send this form to：copub.hed@pearson.com

Website：www.pearson.com

教师教学服务说明

中国人民大学出版社管理分社以出版经典、高品质的工商管理、统计、市场营销、人力资源管理、运营管理、物流管理、旅游管理等领域的各层次教材为宗旨。

为了更好地为一线教师服务，近年来管理分社着力建设了一批数字化、立体化的网络教学资源。教师可以通过以下方式获得免费下载教学资源的权限：

在中国人民大学出版社网站 www.crup.com.cn 进行注册，注册后进入“会员中心”，在左侧点击“我的教师认证”，填写相关信息，提交后等待审核。我们将在一个工作日内为您开通相关资源的下载权限。

如您急需教学资源或需要其他帮助，请在工作时间与我们联络：

中国人民大学出版社　管理分社

联系电话：010-82501048，62515782，62515735

电子邮箱：glcbfs@crup.com.cn

通讯地址：北京市海淀区中关村大街甲 59 号文化大厦 1501 室（100872）